Ulrich Brasche
Europäische Integration

Ulrich Brasche

Europäische Integration

Wirtschaft, Euro-Krise, Erweiterung und Perspektiven

4., vollständig überarbeitete Auflage

DE GRUYTER
OLDENBOURG

ISBN 978-3-11-049547-8
e-ISBN (PDF) 978-3-11-049548-5
e-ISBN (EPUB) 978-3-11-049281-1

Library of Congress Cataloging-in-Publication data
A CIP catalog record for this book has been applied for at the Library of Congress.

Bibliografische Information der Deutschen Nationalbibliothek
Die Deutsche Nationalbibliothek verzeichnet diese Publikation in der Deutschen National-
bibliografie; detaillierte bibliografische Daten sind im Internet über http://dnb.dnb.de abrufbar.

© 2017 Walter de Gruyter GmbH, Berlin/Boston
Einbandabbildung: Paul Tearle/Stockbyte/Thinkstock
Satz: Meta Systems Publishing & Printservices GmbH, Wustermark
Druck und Bindung: CPI books GmbH, Leck
♾ Gedruckt auf säurefreiem Papier
Printed in Germany

www.degruyter.com

Inhalt

Das neue und vereinte Europa, wo sich der deutsche Perfektionismus, die britische Voraussicht, die französische Erfindungsgabe, die italienische Phantasie, die polnische Geistesfreiheit und die tschechische Genauigkeit verbinden, muss ein Europa von Menschen sein, die gemeinsam eine Antwort gefunden haben auf die Frage, was wesentlicher ist: Sein oder Haben.
(Andrzej Szczypiorski: Europa ist unterwegs, Zürich 1996: 94)

Vorwort

Jenseits der Krise – ein informierter Blick auf die Europäische Union

Die positive Sicht auf eine „immer engere Union" scheint verflogen. An ihre Stelle sind Krisensorgen, Untergangsszenarien und die Diskussion um Austritt und Herauswurf getreten. Einige der negativen Aspekte haben Substanz und werden die öffentliche Diskussion zu Recht noch weiter begleiten. Jedoch darf der Blick auf die positiven Wirkungen der Europäischen Integration und auf das bisher Erreichte dahinter nicht verschwinden.

Jenseits aller Krisen und Unzulänglichkeiten gewinnt die EU für die Bürger ebenso wie für Unternehmen und Personen in der öffentlichen Verwaltung, in Politik und Verbänden immer mehr Bedeutung, und gleichzeitig fällt es nicht leicht, deren Strukturen und Prozesse zu durchschauen. Aus der Unkenntnis bilden sich Mythen und Gerüchte über dieses unbekannte Europa. Dieses Buch will helfen, einen nüchternen und analytischen Blick auf die Europäische Union zu werfen, aus dem ein differenziertes und informiertes Urteil erwachsen kann.

Vor allem die wirtschaftlichen Aspekte Europas werden für den kundigen Laien verständlich gemacht, indem die grundlegenden Annahmen dargestellt, bisherige Abläufe sowie Erfolge und Misserfolge geschildert und die Probleme und Widersprüche der Europäischen Wirtschaftsintegration benannt werden. Im Vordergrund stehen der Binnenmarkt und die gemeinsame Währung Euro, die wirtschaftlichen Wirkungen der Erweiterungen nach dem Zusammenbruch der Sowjetunion sowie die immer noch nicht entschiedene Mitgliedschaft der Türkei. Über institutionelle Fragen der EU erfährt der Leser/die Leserin genug, um das Spiel um Macht und Einfluss zwischen Mitgliedsstaaten, Europäischer Kommission, Europäischem Parlament und anderen Interessengruppen zu durchschauen.

Worum es geht

In diesem Buch wird die politische und wirtschaftliche Integration in Europa nach dem Zweiten Weltkrieg behandelt. Die Gemeinschaft hat sich über mehrere Stufen (EGKS, EURATOM, EWG, EG) bis zur heutigen EU entwickelt. In diesem Buch wird vereinfachend immer die Abkürzung EU verwendet.

DOI 10.1515/9783110495485-202

Im **ersten** Kapitel werden die Fundamente geklärt: Die EU ist eine Wertege-meinschaft, die sich zu Solidarität miteinander verpflichtet. Wie sich die Mitglieder Aufgaben und Budget mit Brüssel teilen, legt das Spannungsverhältnis zwischen Nationalstaat und Gemeinschaft offen.

Im **zweiten** Kapitel wird der Binnenmarkt besprochen. Er ist eine – meist unterschätzte – Erfolgsgeschichte der EU. Allerdings liegt im Zwang zum grenz-überschreitenden Wettbewerb auch vieles, was Unbehagen und Ängste auslöst. Die Grenze zwischen dem fürsorglichen Staaten und dem effizienten Markt soll in der EU richtig gezogen werden – was teilweise gelingt.

Im **dritten** Kapitel erweist sich die vermeintliche Krönung der Gemeinschaft, die gemeinsame Währung, als problematisches Projekt. Ist der Euro eine gute Idee, die nach etwas Nachbesserung Vorteile für alle bringt, oder ist der Euro eher die Ursache von Krisen und Problemen? Die andauernde Finanzkrise jedenfalls weist über den Euro hinaus auf die grundlegende Anfälligkeit kapitalistischer Systeme.

Im **vierten** Kapitel wird eine historisch einmalige, ungeplante Entwicklung und ihr Einfluss auf die EU untersucht: Der Zusammenbruch der Sowjetunion und die daraus resultierende Erweiterung der EU nach Osten. Zehn Staaten, die sich nach dem Zusammenbruch neu erfinden mussten, wurden Mitglieder. Das hat auch die bis dahin bestehende EU nachhaltig verändert.

Im **fünften** Kapitel wird die bisher unglückliche Anbahnung einer wichtigen Beziehung beleuchtet: Die Türkei wird immer noch nicht Mitglied der EU. Die ver-passten Chancen, die bestehenden Risiken und die Ängste und Erwartungen machen sich nicht hauptsächlich an wirtschaftlichen Fragen fest.

Im **sechsten** Kapitel soll in Zeiten zunehmender EU-Skepsis nach möglichen Perspektiven der EU gesucht werden. Einige dringende Reparaturen am „Europä-ischen Haus" werden vorgeschlagen. Außerdem wird diskutiert, ob die EU Pro-bleme besser lösen könnte, wenn sie bisher unantastbare Regeln aufgibt und sich flexibler aufstellt.

In verschiedenen Kapiteln werden zusätzlich aktuelle Themen, wie BREXIT, GREXIT und das mögliche Ende der Freizügigkeit, aufgegriffen.

Für wen das Buch geschrieben ist

Das Buch wendet sich an Studierende der Wirtschafts-, Sozial- und Politikwissen-schaften sowie des Europarechts, an Lehrer der Sekundarstufe und an Dozenten in der Erwachsenenbildung ebenso wie an Mitarbeiter in Politik, Verbänden und Verwaltung. Auch Europa-Interessierte, die keinen wirtschafts- oder sozialwissen-schaftlichen Hintergrund haben, werden unkompliziert und schnörkellos an kom-plexe Zusammenhänge der Europäischen Integration herangeführt. Einige wenige Grundlagen der Volkswirtschaftslehre werden vorausgesetzt.

Aktuelles

„Europa" bleibt dynamisch: Um auch nach dem Redaktionsschluss im Januar 2017 dem Leser/der Leserin den „aktuellen Rand" sowie Hintergrundinformationen leichter zur Verfügung stellen zu können, biete ich unter der folgenden Web-Adresse zusätzliches und vertiefendes Material an und freue mich auf Kommentare und Hinweise

http://4.brasche-europa.de

Dank an ...

Für zahlreiche wertvolle Anregungen und Hinweise danke ich insbesondere Heiner Brockmann, Bettina Burger-Menzel, Rüdiger Eschenbach und Michael Stobernack sowie meinen Studierenden. Alle Fehler und Unzulänglichkeiten bleiben in meiner Verantwortung.

Tabellen

Abbildungen

Abkürzungen

Acquis	In allen Ländern der EU geltendes, gemeinsames Recht (EU-Verträge, Richtlinien, Verordnungen)
AEU-V	Vertrag zur Arbeitsweise der EU; Teil des Vertrags von Lissabon; ehemals EG-Vertrag (siehe auch EU-V)
BIP	Bruttoinlandsprodukt
BNE	Bruttonationaleinkommen
COREPER	Comité des Représentants Permanents (Ausschuss der ständigen Vertreter des Rates)
EG	Europäische Gemeinschaften (Kohle und Stahl, Atom, Wirtschaft)
EGKS	Europäische Gemeinschaft für Kohle und Stahl
EG-V, EU-V	EG-Vertrag, EU-Vertrag; Teile des Vertrags von Nizza
ESM	European Stability Mechanism (Permanenter „Rettungsschirm")
EU	Europäische Union
EU-6	Die sechs Gründungsmitglieder Belgien, Deutschland, Frankreich, Italien, Luxemburg, Niederlande
EU-9	EU-6 plus Dänemark, Großbritannien, Irland
EU-12	EU-9 plus Griechenland, Portugal, Spanien
EU-15	EU-12 plus Finnland, Österreich, Schweden
EU-27	EU-15 plus EU+12
EU-28	EU-27 plus Kroatien
EU+10	Die zehn am 1.5.2004 beigetretenen Länder Estland, Lettland, Litauen, Malta, Polen, Slowakei, Slowenien, Tschechien, Ungarn, Zypern
EU+2	Die im Jahr 2007 beigetretenen Mitglieder Bulgarien und Rumänien
EU+12	EU+10 plus Bulgarien, Rumänien
EuGH	Europäischer Gerichtshof

DOI 10.1515/9783110495485-203

Euro-11	Die 12 Länder, die den Euro am 1.1.1999 eingeführt haben
Euro-12	Euro-11 plus Griechenland
EU-V	EU-Vertrag; Vertrag von Nizza, abgelöst durch den Vertrag von Lissabon und die Unterteilung in EU-V und AEU-V (siehe auch EG-V)
EWG	Europäische Wirtschaftsgemeinschaft
EWS	Europäisches Währungssystem
EZB	Europäische Zentralbank
MOEL	Mittel- und osteuropäische Länder (Estland, Lettland, Litauen, Polen, Slowakei, Slowenien, Tschechien, Ungarn)
NATO	North Atlantic Treaty Organisation
OMK	Offene Methode der Koordination
PHARE	Poland-Hungary: Action for Restructuring of Economies
RGW	Rat für gegenseitige Wirtschaftshilfe
SAPARD	Special Accession Programme for Agriculture and Rural Development
WTO	World Trade Organization
WWU	Wirtschafts- und Währungsunion

Für Gabriele

1 Europäische Institutionen und Prozesse

Europa ist ein Prozess, eine Aktion, eine Unternehmung, etwas, das in Bewegung ist.

Neben vielfältiger nützlicher Kooperation bietet die Europäische Union uns auch Schutz gegen unsere Dämonen.

Wenn kühnes Denken in provinzieller Verdrossenheit versinkt, ... betreten die Wortführer einer nationalen Separation die Bühne, und der alte Wahnsinn greift von neuem um sich. Wer nicht erkennt, dass diese zerbrechliche Europakonstruktion auch seine Sicherheit erhöht, der hat noch nie existentielle Bedrohung erfahren.
(György Konrád, Karlspreisträger 2001)

Die Europäische Union ist ein einzigartiges Gebilde, in dem – ehemals verfein-dete – Nationalstaaten Gemeinsamkeiten entwickeln und den Ausgleich ihrer Inte-ressen verhandeln. Nichts an dieser Union ist statisch, vielmehr wandelt sie sich ständig. Im Kern geht es um die Verteilung von Macht, Zuständigkeiten und Res-sourcen zwischen nationaler und europäischer Ebene. In diesem Prozess wurden neue Institutionen und Verfahren der Zusammenarbeit geschaffen und weiterent-wickelt.

Die Basis sollen gemeinsame Werte bilden, an die sich alle halten müssten. Die Macht zu teilen fällt nicht leicht und die Kompetenzen sind nicht zweckmäßig aufgeteilt. Der oft mühsame Prozess zu „mehr EU" ist aber auch umkehrbar, wie der Austritt Großbritanniens zeigt (1.1). Die nationalen und europäischen Institutio-nen regieren gemeinsam in einem kaum durchschaubaren Geflecht von Zuständig-keiten und Verantwortung; letztlich ist die EU aber demokratischer verfasst, als viele Kritiker behaupten (1.2). Um den Haushalt gibt es mehr Streit, als sein gerin-ges Volumen rechtfertigt (1.3).

1.1 Integration Europas

1.1.1 Werte und Ziele

1.1.1.1 Wertegemeinschaft und Sanktionen

Welche Werte bilden die Basis für die EU?
Kann die Einhaltung dieser Werte durchgesetzt werden? **?**

Die EU ist von einer Vielfalt an Kulturen, Lebensstilen und Präferenzen geprägt. Dennoch hat sie sich auf ein gemeinsames Fundament von Werten verpflichtet, die unabhängig von nationalen Unterschieden für alle Mitglieder bindend sein sollen. Damit beansprucht die EU mehr zu sein als eine wirtschaftliche Zweckgemeinschaft.

DOI 10.1515/9783110495485-001

Einheit in der Vielfalt

Mit der Verpflichtung zur Koordination auf europäischer Ebene oder gar bei der Übertragung von Rechten wird in der Öffentlichkeit immer wieder die Befürchtung von „Gleichmacherei" verbunden. Regionale, nationale, linguistische oder kulturelle Eigenheiten könnten durch die Integration in einem „europäischen Einheitsbrei" untergehen. Entgegen dieser Angst hat sich die EU auf das Motto „In Vielfalt geeint" verpflichtet, das sich auch in den Verträgen wiederfindet:

- Die Union „... wahrt den Reichtum ihrer kulturellen und sprachlichen Vielfalt und sorgt für den Schutz und die Entwicklung des kulturellen Erbes Europas." (Art. 3(3) EU-V)
- Die Union beachtet die Vielfalt ihrer Kulturen und Sprachen. (Art 165, 167 AEU-V)
- „Die Union achtet die Vielfalt der Kulturen, Religionen und Sprachen." (Art. 22, Charta der Grundrechte der EU)

Dieses Bekenntnis zur Vielfalt kann jedoch nicht verdecken, dass es zwischen den Mitgliedsstaaten gewachsene Unterschiede gibt, die zu Konflikten führen können: Nicht jede Vielfalt kann bestehen bleiben. Ein Beispiel dafür sind die Auffassungen über die Rolle des Staates in Wirtschaft und Gesellschaft. Wo ein Land eher zu einer liberalen Sicht neigt und dem Markt als Regelungsmechanismus vertraut, wollen andere eher einen fürsorglichen und intervenierenden Staat, da sie den Marktkräften misstrauen. Bei der Vereinbarung gemeinsamer Standards in der Sozialpolitik oder bei der Privatisierung von bisher staatlich erbrachten Dienstleistungen (Kapitel 2.3.5) wurden diese Konflikte deutlich. Auch die Rolle von Religion und Kirche wird unterschiedlich gesehen. Während in einem Land die Schulen noch von der katholischen Kirche beeinflusst werden und andere die christliche Religion in einer europäischen Verfassung festgeschrieben sehen wollten (Spanien, Polen), ist in anderen Ländern eine lange Tradition des Säkularismus, d. h. der strikten Trennung von Kirche und Staat, anzutreffen (Frankreich).

Grundlegende Werte

Die EU versteht sich als Wertegemeinschaft, die sich auf zwei Pfeiler eines gemeinsamen europäischen Erbes (Artikel 2 EU-V, Präambel) stützt:

1. Unverletzliche und unveräußerliche **Rechte** des Menschen
   In der Charta der Grundrechte der Europäischen Union (2007) ist ein umfangreicher Katalog von Rechten festgehalten: „Sie stellt die Person in den Mittelpunkt ihres Handelns, indem sie die Unionsbürgerschaft und einen Raum der Freiheit, der Sicherheit und des Rechts begründet." (Charta der Grundrechte, Präambel). Weiterhin werden die Europäische Konvention zum Schutze der Menschenrechte und Grundfreiheiten, die Sozialchartas sowie die Rechtsprechung des Gerichtshofs der Europäischen Gemeinschaften und des Europäischen Gerichtshofs für Menschenrechte in das europäische Vertragswerk aufgenommen.

2. Universelle **Werte**

„Die Werte, auf die sich die Union gründet, sind die Achtung der Menschenwürde, Freiheit, Demokratie, Gleichheit, Rechtsstaatlichkeit und die Wahrung der Menschenrechte einschließlich der Rechte der Personen, die Minderheiten angehören. Diese Werte sind allen Mitgliedsstaaten in einer Gesellschaft gemeinsam, die sich durch Pluralismus, Nichtdiskriminierung, Toleranz, Gerechtigkeit, Solidarität und die Gleichheit von Frauen und Männern auszeichnet." (Artikel 2 EU-V)

Seit dem Gipfel von Kopenhagen im Jahr 1993 ist die Einhaltung dieser Normen eine der Voraussetzungen dafür, dass ein Land in die EU aufgenommen werden kann (Kopenhagen-Kriterien, Kapitel 4.2.2).

Werte sind kaum durchsetzbar

Was aber kann die EU tun, wenn ein Mitgliedsstaat gegen diese grundlegenden Normen verstößt? Für einen solchen Fall waren keine Eingriffs- und Sanktionsmöglichkeiten vorgesehen, bis im Vertrag von Lissabon (2009) dazu ein Verfahren definiert wurde. Im Artikel 7 EU-V wird festgelegt, dass ein stufenweiser Prozess gestartet werden kann, der bis zu einer Bestrafung des entsprechenden Landes führen kann (Poptcheva, E.-M., 2013, 2015, 2016):

1. Präventiv

   Ein Drittel der Mitgliedsstaaten oder das Europäische Parlament oder die Europäische Kommission stellen die Gefahr einer Verletzung der Werte nach Artikel 2 fest. Der Rat hört den beschuldigten Staat und stellt – sofern 80 % seiner Mitglieder zustimmen – fest, dass eine Verletzung der Normen droht. Daran können sich Empfehlungen zur Behebung des Problems anschließen.

   Im Jahr 2014 hat die Kommission ein zusätzliches Verfahren definiert (COM/2014/0158 final), in dem sie in einen „Dialog" mit dem beschuldigten Staat tritt, den Sachverstand anderer Institutionen zur Konkretisierung der Anschuldigungen heranzieht, diese veröffentlicht und so den öffentlichen Druck auf den Staat schrittweise erhöht. Da die Kommission aber keine Verurteilung oder gar Sanktionen aussprechen kann, ist die Wirksamkeit des Verfahrens begrenzt.

2. Sanktion

   Ein Drittel der Mitgliedsstaaten oder das Europäische Parlament oder die Europäische Kommission fordern den Rat auf, eine tatsächliche, schwerwiegende Verletzung der Werte nach Artikel 2 festzustellen. Nach einer Anhörung des beschuldigten Staates kann der Rat Empfehlungen an den Staat richten oder sofort das Vorliegen einer solchen Verletzung feststellen. Der Rat muss hier einstimmig entscheiden, d. h. jedes Mitgliedsland hat eine Veto-Position. Der beschuldigte Mitgliedsstaat nimmt an der Abstimmung nicht teil.

Sofern einstimmig eine Verletzung der Werte festgestellt wurde, kann der Rat mit qualifizierter Mehrheit beschließen, bestimmte Rechte des Mitgliedsstaates auszusetzen, einschließlich der Stimmrechte des Vertreters der Regierung dieses Mitgliedstaats im Rat. Die Vertreter des beschuldigten Landes sind nicht stimmberechtigt. Für eine qualifizierte Mehrheit im Rat sind hier 55 % der Mitgliedsstaaten erforderlich, in denen mindestens 65 % der EU-Bevölkerung leben müssen (Artikel 354 AEU-V).

Da eine Bestrafung nach Artikel 7 nur einstimmig erfolgen kann, ist es eher unwahrscheinlich, dass sie je ausgesprochen wird. Als gegen Polen um die Jahreswende 2015/16 ein Verfahren der Kommission eröffnet wurde, hat der ebenfalls unter Beobachtung stehende Regierungschef von Ungarn in der Presse mitgeteilt, dass er Polen durch die Verweigerung seiner Stimme schützen wird.

Da die Einhaltung dieser grundlegenden Werte nur bei Kandidaten vor der Mitgliedschaft geprüft werden kann, aber bei Mitgliedern der EU kaum noch sanktioniert werden kann, erwägt das Europäische Parlament zumindest einen Überwachungsprozess einzuführen, um Verletzungen dieser Werte zu dokumentieren (Bárd, P., Carrera, S. et al., 2016).

Nicht justiziabel ist z. B. die Verletzung der versprochenen Solidarität, wie sie im Rahmen der Flüchtlingskrise beklagt wird. Was konkret unter Solidarität in diesem Fall zu verstehen ist, unterliegt einer politischen Definition. Dieses Problem betrifft das Verhältnis vieler Mitgliedsstaaten untereinander und es handelt sich nicht um das Verhalten eines einzelnen Staates, das an einer gemeinsamen Norm gemessen werden könnte. Lösungen können also nur politisch ausgehandelt werden.

1.1.1.2 Ziele und Instrumente

? Sind die Ziele der EU klar und ohne Zielkonflikte erreichbar?
Welche möglichen Ziele hat die EU ausgeblendet?
Hat die EU die Kompetenzen und Ressourcen zur Erreichung der Ziele?

Ihre Mitglieder haben sich im Verlauf der Integration Europas schrittweise auf gemeinsame Ziele (Artikel 3 EU-V) geeinigt, die unter Beachtung des Subsidiaritätsprinzips und der Zuständigkeiten der EU erreicht werden sollen. Durch die Formulierung von Zielen werden bei den Bürgern der Mitgliedsstaaten Erwartungen an die EU geweckt, die möglicherweise enttäuscht werden. Es stellt sich damit auch die Frage nach dem Grad der Zielerreichung, den die EU jeweils vorweisen kann. Im Folgenden werden die Ziele mit wirtschaftlichem Bezug hervorgehoben.

Als oberstes wirtschaftliches Ziel will die EU „das Wohlergehen ihrer Völker" (Artikel 3,1 EU-V) fördern. Laut Vertrag errichtet sie dazu einen Binnenmarkt, in dem zahlreiche Unterziele gleichzeitig verwirklicht werden sollen: Ausgewogenes

Wirtschaftswachstum, Preisniveaustabilität, soziale Marktwirtschaft, Vollbeschäftigung, Umweltschutz, regionaler Ausgleich, Solidarität zwischen den Mitgliedsstaaten und sozialer und technischer Fortschritt. Eine gemeinsame Währung soll ebenfalls eingeführt werden.

Mit diesen Zielsetzungen wird implizit angenommen, dass die Verschärfung des Wettbewerbs durch die Einführung eines Binnenmarktes und des Euro geeignete Mittel seien, Wachstum und Beschäftigung zu fördern. Darin findet das wirtschaftsliberale Element der europäischen Grundphilosophie seinen Ausdruck. Darüber hinaus wird davon ausgegangen, dass eine gleichmäßige und konvergente Entwicklung der Mitgliedsstaaten, die auch einen Ausgleich regionaler und sozialer Ungleichgewichte einschließt (wirtschaftlicher, sozialer und territorialer Zusammenhalt), mit der Öffnung der Grenzen für wirtschaftlichen Austausch (Binnenmarkt) und dem Euro harmonieren könne. Dies ist jedoch in der ökonomischen Fachliteratur umstritten: So kann der Wettbewerb bei fortschreitender Integration dazu führen, dass die Teilhabe am Wohlstand für Regionen und soziale Gruppen nicht im gleichen Umfang möglich ist. Auch die EU selbst stellt an anderer Stelle diese Zielharmonie in Frage: Sie begründet die Förderung benachteiligter Länder und Regionen damit, dass der Binnenmarkt zu einer Verstärkung der regionalen Disparitäten führe. In diesem Zielkatalog sind weitere mögliche Zielkonflikte enthalten: So können z. B. Preisniveaustabilität und Vollbeschäftigung oder Umweltschutz und Vollbeschäftigung im Konflikt zueinander stehen.

Die Ausgestaltung einzelner Ziele kann im konkreten Fall kontrovers sein: Wie viel „Soziales" in einer sozialen Marktwirtschaft enthalten sein soll oder was Solidarität konkret bedeutet und wie weit sie gehen soll, ist jeweils zwischen unterschiedlichen gesellschaftspolitischen Auffassungen und Interessen auszuhandeln.

In diesem Zielbündel geht es um wirtschaftliche und z. T. auch um soziale Aspekte. Die Weiterentwicklung der Union zu einer politischen Einheit bleibt unerwähnt. Der Grund dafür liegt in der großen Unterschiedlichkeit der Auffassungen der nationalen Regierungen über die jeweils erwünschte politische Entwicklungsrichtung Europas.

Nicht für alle Ziele hat die EU die Zuständigkeit oder die erforderlichen Ressourcen und Instrumente zur Verfügung. Die Auflistung der Ziele schließt mit dem Hinweis in Absatz 6, dass die EU diese Ziele nur im Rahmen der ihr im Vertrag übertragenen Zuständigkeiten verfolgen darf. Damit soll unterbunden werden, dass die EU sich mit dem Hinweis auf gesetzte Ziele zusätzliche Kompetenzen und Ressourcen aneignet. Allerdings wird so auch verhindert, dass die EU in Krisensituationen handelt, wie sich in der Finanzkrise sowie an der nicht funktionierenden Sicherung der Außengrenzen der EU zeigt.

Auch im Kernbereich der wirtschaftlichen Ziele, bei der Vollbeschäftigung, liegt das Instrument der makroökonomischen Steuerung der Konjunktur nicht in der Zuständigkeit der EU. Fiskal-, Arbeitsmarkt-, Sozial- und Steuerpolitik verbleiben in nationaler Hand, und die Geldpolitik, die mit dem Euro vergemeinschaftet ist, trägt keine beschäftigungspolitische Verantwortung, sondern ist nur der Stabilität des Geldwertes verpflichtet.

Zusammenfassend ist festzuhalten, dass die EU zwar hehre Ziele formuliert, aber im Prozess der Integration nicht alle dafür erforderlichen Zuständigkeiten und Ressourcen erhalten hat. Wenn in den Volkswirtschaften der Mitgliedsstaaten wichtige Ziele nicht erreicht werden, dann wachsen die Enttäuschung und die Unzufriedenheit mit der EU, da diese zuvor suggeriert hat, diese Ziele für die Bürger erreichen zu können.

1.1.2 Macht und Kompetenzen

Am Ende des Zweiten Weltkriegs versuchten die Völker Europas, ihre Beziehungen künftig ohne den Einsatz militärischer Mittel zu gestalten. Damit verbunden war auch die Einsicht, dass damit die – zumindest teilweise – Aufgabe nationaler Souveränität verbunden ist. Die Balance für die Verteilung von Entscheidungsmacht und auch von Ressourcen zwischen der nationalen und der gemeinschaftlichen Ebene muss immer neu ausgehandelt werden.

1.1.2.1 Konzepte für eine Arbeitsteilung

? Gibt es objektive Kriterien für die Verteilung der Kompetenzen zwischen EU und Mitgliedstaat?

Theoretisches Konzept
Die Verteilung von Macht, Kompetenzen und Ressourcen zwischen der EU und den Mitgliedsstaaten ist historisch gewachsen und das Ergebnis zahlreicher Motive und Einflüsse. Hier soll versucht werden, möglichst objektive Kriterien für eine solche Verteilung zu finden. In der ökonomischen und politischen Theorie werden die folgenden Entscheidungskriterien angeboten (Wyplosz, C., 2015; Pelkmans, J., 2006:36–52).

Tab. 1-1: Zuordnung von Kompetenzen Nationalstaat – EU.

Nationale, lokale Zuständigkeit	Zentrale (EU) Zuständigkeit
– Lokale Präferenzen – Informationsasymmetrie – Demokratische Kontrolle	– Größenvorteile – Gemeinschaftsgut – Grenzüberschreitende Wirkungen – Abfedern von lokalen Schocks – Politikversagen, Trittbrettfahren

Brasche 2016 nach Wyplosz, C., 2015.

Für Zuständigkeit auf lokaler bzw. nationaler Ebene

- **Präferenzen** für die Ausgestaltung gesellschaftlicher Systeme und politischer Lösungen sind in vielen Regionen oder Nationen der EU unterschiedlich; die EU ist auch diesbezüglich heterogen.
- **Informationsasymmetrie** besteht zwischen der lokalen bzw. nationalen Ebene und der EU, wenn „vor Ort" besser bekannt ist, welche lokalen Probleme bestehen und welche Lösungen dafür bevorzugt werden. Bei einer Zentralisierung würde „eine Lösung für Alles" angewandt.
- Politisches Handeln unterliegt in einer **Demokratie** der Kontrolle durch die **Wähler**. Diese können durch die Vergabe ihrer Stimme oder gar durch „Abstimmung mit den Füßen" die Politik formen. Je enger der Kontakt zwischen Wähler und Gewähltem ist und je kleiner der Wahlbezirk, desto direkter kann diese demokratische Kontrolle wirken. Bei Zentralisierung ist dieser Effekt entsprechend schwächer.

Für Zuständigkeit auf zentraler Ebene (EU)

- **Größenvorteile** liegen vor, wenn eine Aufgabe besser oder effizienter in größeren Einheiten erledigt wird (Landesverteidigung, Binnenmarkt, Grundlagenforschung, Terrorabwehr, Währung, globale Ressourcensicherung, einheitlicher rechtlicher Rahmen, gemeinsame technische Standards und Sicherheitsauflagen, etc.).
- Die Herstellung eines **Gemeinschaftsgutes**, bei dem die Nutzbarkeit durch eine große Zahl an Nutzern nicht abnimmt und keiner von der Nutzung ausgeschlossen werden kann (Landesverteidigung, Binnenmarkt, Kampf gegen Steueroasen, Konjunktursteuerung, Terrorabwehr, Währung, Frieden bei den Nachbarn, etc.).
- Wenn das Handeln oder Unterlassen eines Landes **grenzüberschreitende – positive oder negative** – Wirkungen entfaltet (Umweltschutz, transeuropäische Netze für Transport und Energie, Regulierung der Finanzindustrie, Zuwanderung, Kriminalitätsbekämpfung, etc.).
- Wenn lokal begrenzt auftretende **Schocks** besser durch eine größere Gemeinschaft abgefedert werden können (Bankenzusammenbrüche, Naturkatastrophen, etc.).
- Wenn die Politik in einem Land egoistisch handelt und als **Trittbrettfahrer** die Lösungen anderer Länder mit in Anspruch nimmt, ohne dazu beizutragen (Finanzierung von Flüchtlingslagern, Bankenaufsicht, etc.).

Jedes Politikfeld kann Elemente enthalten, die einerseits für eine zentrale und andererseits gleichzeitig für eine nationale oder lokale Zuständigkeit sprechen. Aus den Kriterien kann daher keine eindeutige Zuordnung zu einer der Handlungsebenen abgeleitet werden (Wyplosz, C., 2015:22). Einige Beispiele sollen dies verdeutlichen.

Der **Binnenmarkt** erzwingt durch seine wirtschaftsliberale Grundauffassung die Öffnung für Wettbewerb und verbietet so auch die Subventionierung von Unternehmen. Darüber hinaus drängt er die Staatstätigkeit in der Wirtschaft zurück; dies gilt im Grundsatz auch in Märkten für öffentlich erbrachte Leistungen. Er erfordert einen einheitlichen Rechtsrahmen für alle Aspekte wirtschaftlichen Handelns. Beim Binnenmarkt sind **Größenvorteile** zu erwarten und auch eine Senkung der Transaktionskosten durch Vereinheitlichung von Vorschriften. Gleichzeitig sind in den verschiedenen Mitgliedsstaaten die **Präferenzen** für das Wirken weitgehend freier Marktkräfte und die Rolle des Staates in der Wirtschaft unterschiedlich. **Politikversagen** liegt nahe, wenn durch die Behinderung des Wettbewerbs aus dem Ausland, die Subventionierung der einheimischen Industrie, durch Senkung der Sozial- und Umweltstandards oder durch laxe Besteuerung vermeintlich ein – wenn auch „unfairer" – Vorteil für ein Land erreichbar scheint. Wer eine Zentralisierung der für Politikversagen anfälligen Felder bevorzugt nimmt implizit an, dass eine zentrale Instanz der EU fehlerlos und effizient handeln würde. Diese Annahme ist jedoch nicht realistisch.

Die EU hat zwar einen Binnenmarkt vertraglich vereinbart, aber seine Lücken (Steuersysteme, etc.) und Unzulänglichkeiten (Digitaler Binnenmarkt, transnationale Netze, Dienstleistungen, etc.) zeugen von der Unterschiedlichkeit nationaler Präferenzen, die eine Weiterentwicklung bisher behindert haben.

Die EU muss ihre gemeinsamen Außengrenzen schützen und ihre **sicherheitspolitischen Interessen** weltweit vertreten. Wenn sie die Ressourcen dafür bündelt, kann sie effektiver und effizienter auftreten (**Größenvorteil**). In der Flüchtlingskrise wurde es zwar als sinnvoll angesehen, die Lager nahe am Herkunftsland besser auszustatten, um die Menschen dort zu halten, aber die zugesagten Finanzbeiträge und das Personal für die gemeinsame Grenzpolizei FRONTEX wurden nicht oder nur verzögert bereitgestellt, da einige Länder damit rechneten, vom unmittelbaren Problemdruck verschont zu bleiben (**Trittbrettfahrer**) (Berger, M. und Heinemann, F., 2016).

Gerade beim Einsatz des Militärs gibt es ausgeprägte nationale **Präferenzen**. So ist das Militär in Großbritannien anders verfasst als das in Dänemark, weil die jeweiligen Bewohner unterschiedliche Traditionen und Auffassungen dazu haben. Mit einer Zentralisierung könnten diese Unterschiede nicht mehr berücksichtigt werden, so dass mehr Bürger unzufrieden wären. Die steigende Unzufriedenheit wird als Kosten zunehmender Homogenität bezeichnet. Bei dem gewählten Beispiel der äußeren Sicherheit sind gleichzeitig auch Größenvorteile und Eigenschaften eines Gemeinschaftsgutes gegeben, so dass eine Abwägung zwischen nationaler und zentraler Zuständigkeit politisch getroffen werden muss. Diese nationalen Präferenzen haben bisher den Aufbau einer europäischen Armee verhindert. In verschiedenen militärischen Konflikten konnte keine gemeinsame politische Linie gefunden werden (Balkankriege, Irak, Nordafrika, Syrien). Nach dem Fall der Sowjetunion haben viele europäische Länder ihre Militärausgaben gekürzt (Friedensdividende) und sich auf die überlegene militärische Kraft der NATO verlassen, ohne selbst substanzielle Verpflichtungen zu übernehmen (**Trittbrettfahrer**).

Die **Agrarpolitik** liegt in den Händen der EU. Dafür gibt es historische und politische Gründe; eine Legitimation durch ökonomische Kriterien oder das Subsidiaritätsprinzip liegt nicht vor. Die Agrarwirtschaft könnte auf nationaler Ebene wie jede andere Branche den Kräften des Weltmarktes überlassen werden.

In der **Forschungs- und Technologiepolitik** könnte bei sehr großen Projekten eine supranationale Kooperation begründet werden, da dort **Größenvorteile** vorliegen; Beispiele sind Großanlagen der physikalischen Grundlagenforschung und die Weltraumfahrt. Tatsächlich aber macht die EU-Forschungsförderung detaillierte inhaltliche Vorgaben zur Förderung einzelner, auch kleiner, Projektverbünde.

Die **Regulierung von Finanzmärkten** war weitgehend in nationaler Hand, was nicht nur die Nutzung von **Größenvorteilen** sowie das gemeinsame **Abfedern von Schocks** verhinderte. Es führte auch zu Politikversagen, da nationale Egoismen zu einer zu laxen Aufsicht führten, während gleichzeitig die Folgen einer lokalen Finanzkrise sich EU-weit auswirkten (**grenzüberschreitende Wirkungen**). Unter dem Druck der Finanzkrise haben sich einige Mitgliedsstaaten zwar zu mehr gemeinsamem Handeln bei der Aufsicht und Abwicklung von Banken durchgerungen (Banken-Union, Kapitel 2.3.6.5), diese aber (noch) nicht mit einer im Prinzip sinnvollen Vergemeinschaftung der Einlagensicherung verbunden.

Auch in der **Sozialpolitik** finden nationale **Präferenzen** ihren Ausdruck: Wie viel Besteuerung zur Umverteilung von Primäreinkommen gewünscht ist und wie die Balance zwischen individueller Verantwortung und staatlicher Fürsorge festgelegt werden soll, wird in Großbritannien anders beantwortet als in Schweden. Ein einheitliches „europäisches Sozialmodell" (Sapir, A., 2005; Busemeyer, M. R., Kellermann, C. et al., 2006) würde den Unterschieden in den Auffassungen der einzelnen Mitgliedsstaaten nicht gerecht.

Subsidiarität

Institutionen haben generell die Tendenz zu einer schleichenden Zentralisierung, bei der sie immer mehr Kompetenzen an sich ziehen; dies wird auch den Organen der EU unterstellt. Als Gegengewicht zu einem übermächtigen „Brüssel" wurde das Prinzip der **Subsidiarität** in den Europäischen Vertrag eingeführt. Es schreibt die Reihenfolge der Akteure vor, die für die Problemlösung zuständig sind. Zuerst sollte das betroffene Individuum für sich selbst aktiv werden. Familie und Nachbarn sind dann als Nächste zum Tätigwerden aufgefordert. Wenn diese keine Problemlösung erreichen können, sollen sie sich an die Gemeinde wenden. Nur wenn auch diese Instanz nicht ausreicht, sind die Region – z. B. das Bundesland – und danach die Zentralregierung hinzuzuziehen. In dieser Logik ist die EU die letzte Instanz, die zuständig sein sollte. Mit diesem Prinzip wird implizit auch der Grundsatz „Privat geht vor Staat" aufgestellt (Wagener, H.-J. und Eger, T., 2014).

Nur dort, wo die Ziele „von den Mitgliedsstaaten weder auf zentraler noch auf regionaler oder lokaler Ebene ausreichend verwirklicht werden können, sondern vielmehr wegen ihres Umfangs oder ihrer Wirkungen auf Unionsebene besser zu verwirklichen sind", darf die EU gesetzgeberisch tätig werden und Kompetenzen ausüben (Artikel 5, Abs. 3 EU-V). Die Regelungen der EU müssen „angemessen" sein, d. h. sie dürfen nicht über das unbedingt erforderliche Maß hinausgehen.

Subsidiarität bleibt als Prüfkriterium unscharf (Begg, D., Cremer, J. et al., 1993). Außerdem ergibt sich daraus lediglich eine Selbstverpflichtung für den europäischen Gesetzgeber. Sofern die EU ihren durch die Subsidiarität vorgegebenen Handlungsrahmen überschreitet, beschneidet sie damit den Machtbereich der nationalen Parlamente. Mit dem Vertrag von Lissabon wurde den nationalen Parlamenten daher das Recht eingeräumt, Gesetzesvorhaben der EU vor ihrer Verabschiedung auf ihre Vereinbarkeit mit der Subsidiarität zu überprüfen und ggf. Einspruch einzulegen (Protokollanhänge 1 und 2 zum AEU-V; Piedrafita, S., 2013). Die Beschwerde muss von mindestens einem Drittel aller Mitgliedsstaaten erhoben werden. Durch das Heben der „Gelben Karte" sind die EU-Gesetzgeber gezwungen, das Vorhaben nochmals unter dem Gesichtspunkt der Subsidiarität zu überprüfen. Kommt keine Einigung zustande, kann ein Mitgliedstaat gegen das Vorhaben vor dem Europäischen Gerichtshof klagen.

Die Parlamente der Mitgliedsstaaten haben bislang von dieser Möglichkeit wenig Gebrauch gemacht, da sie sich untereinander zu wenig abstimmen und so nicht die erforderliche Stimmenzahl erreichen. Die Reaktionszeit, die die nationalen Parlamente insgesamt haben, ist mit acht Wochen recht kurz und erschwert die Bündelung der Interessen, zumal bei vielen Gesetzen die Landesinteressen unterschiedlich sind („Brüssel wird ...", 2014; „Yellow cards ...", 2014; Blockmans, S., Hoevenaars, J. et al., 2014; Piedrafita, S., 2013; Koch, J. und Kullas, M., 2010).

Europäischer Mehrwert

Entsprechend dem Subsidiaritätsprinzip können einige Ziele besser auf zentraler Ebene erreicht werden. Daran wird in der EU mit dem Begriff des **„Europäischen Mehrwerts"** angeknüpft. Der Begriff suggeriert, dass es für alle Beteiligten von höherem Wert sei, wenn eine Aufgabe ausschließlich oder zusätzlich von der EU erledigt wird. In einem methodisch sehr ambitionierten Ansatz versuchen Autoren (Regout, B., Goudin, P. et al., 2011; Bassford, M., Brune, S.-C. et al., 2013) die Kosten und den Nutzen zweier Situationen zu vergleichen: Eine Aufgabe wird

1. auf der zentralen Ebene, d. h. von der EU
2. auf nationaler Ebene, d. h. in der Regie der einzelnen Mitgliedsstaaten

ausgeführt. Je nach dem, bei welcher Variante der Netto-Nutzen größer ist, soll auch die Ausführung erfolgen. Da zurzeit Aufgaben auf einer der beiden Ebenen ausgeführt werden, kann man versuchen Kosten und Nutzen zu bestimmen. Die

Quantifizierung des Nutzens nicht quantifizierbarer Größen (Frieden, Solidarität usw.) führt hierbei bei Kosten-Nutzen-Analysen generell zu einer gewissen Beliebigkeit. Besonders vage wird die Methode jedoch dann, wenn es darum geht, die „Gegenwelt" zu definieren: Welche Politiken würden wohl ergriffen, wenn die Aufgabe auf der jeweils anderen Ebene angesiedelt wäre. Weiterhin müssen auch für diese fiktive Variante Kosten und Nutzen beziffert und saldiert werden. Bei der Anwendung der Methode ist zu erwarten, dass die Methode von offenen oder verdeckten politischen Vorgaben dominiert wird und so keine objektivierbare Entscheidung zur Schlichtung von Interessenauseinandersetzungen begründen kann.

Das Europäische Parlament hat eine Studieneinheit geschaffen, die vor der Verabschiedung europäischen Sekundärrechts dessen möglichen „europäischen Mehrwert" abschätzen soll (Dunne, J., 2014).

Weiterführende Literatur

Marks, G., 2012. Europe and Its Empires: From Rome to the European Union. Journal of Common Market Studies 50(1): 1–20.
Berger, M. und Heinemann, F., 2016. Why and How There Should Be More Europe in Asylum Policies. ZEW Policy Briefs (01): 1–20.

1.1.2.2 Tatsächliche Kompetenzen der EU

Ist die tatsächliche Verteilung der Kompetenzen sinnvoll?

Welche gemeinschaftlichen Kompetenzen jeweils vertraglich festgelegt wurden, folgte nicht immer einer sachlichen Logik, sondern wird von der Bereitschaft zur Abgabe nationaler Souveränität bestimmt. Der ständige Konflikt besteht zwischen der Einsicht, dass ein Land in einem Verbund stärker sein kann, und dem Wunsch, über die Geschicke des Landes ohne Abstimmung und Kompromisse mit anderen Staaten alleine im Landesinteresse entscheiden zu können. Auf diesen politischen Prozess wirken viele Kräfte ein:

- Vertreter der Nationalstaaten mit ihren historisch gewachsenen, unterschiedlichen Strukturen, Präferenzen und Interessen;
- politische Strömungen („Links – Mitte – Rechts") mit ihren Weltbildern und Wählerpräferenzen;
- Interessengruppen, Industrie- und Wirtschaftsverbände, Gewerkschaften;
- Rechtsprechung auf nationaler und europäischer Ebene;
- Nicht-Regierungsorganisationen, Medien.

In einigen Handlungsfeldern wurde die Bereitschaft zur Vergemeinschaftung gefunden, während bei anderen die Nationalstaaten weiterhin alleine oder dominierend bestimmen wollen. Die Zuständigkeiten der EU werden einstimmig in den

Verträgen festgelegt. Ein Handeln der EU ist jenseits der zugewiesenen Themenfelder ausdrücklich verboten.

„Nach dem Grundsatz der begrenzten Einzelermächtigung wird die Union nur innerhalb der Grenzen der Zuständigkeiten tätig, die die Mitgliedsstaaten ihr in den Verträgen zur Verwirklichung der darin niedergelegten Ziele übertragen haben. Alle der Union nicht in den Verträgen übertragenen Zuständigkeiten verbleiben bei den Mitgliedsstaaten." (Art 5, Absatz 2, EU-V)

Drei Konfigurationen von Zuständigkeit

Nur in ausgewählten Themenfeldern hat die EU durch Vertrag Zuständigkeiten erhalten. Aus diesem Prozess zögerlicher Übertragung von Macht vom Nationalstaat auf die EU sind drei Konfigurationen der Zuständigkeiten hervorgegangen (AEU-V, Art. 3 bis 6):

a) Ausschließliche Zuständigkeiten der EU, d. h. die Mitgliedsstaaten haben keine nationale Macht mehr über die Ausgestaltung in diesen Themen.

b) Geteilte Zuständigkeiten, d. h. die EU und die Mitgliedsstaaten teilen sich die Macht, was aber nicht zwingend eine jeweils gleich starke Rolle für beide Seiten beinhaltet.

c) Die EU darf lediglich Unterstützungs-, Koordinierungs- und Ergänzungsmaßnahmen durchführen, wohingegen die Zuständigkeit alleine bei den Mitgliedsstaaten verbleibt.

Wo im Vertrag die Zuständigkeit nicht mit der EU geteilt bzw. ganz auf die zentrale Ebene verlagert wurde, verbleibt diese beim jeweiligen Mitgliedsstaat.

Zu a): Ausschließliche Zuständigkeit der EU

Ausschließlich zuständig ist die EU für die Regulierung jener Aspekte der Wirtschaft, bei denen grenzüberschreitende Effekte wirtschaftlichen Handelns zu erwarten sind. Dies wurde für die Zollunion, den Binnenmarkt, die Wettbewerbspolitik, die Währungspolitik für die Euro-Länder sowie für die gemeinsame Handelspolitik gegenüber Drittstaaten vereinbart. Bemerkenswert ist hierbei besonders, dass die Fiskalpolitik (Besteuerung und Staatsausgaben) nicht in die Zuständigkeit der EU fällt, obwohl die Krise der Staatsfinanzen offenbar über Ländergrenzen hinweg ausstrahlt und eine gemeinschaftliche Fiskalpolitik möglicherweise diese Probleme lösen könnte (Kapitel 3.3.3).

Zu b): Geteilte Zuständigkeiten

Geteilte Zuständigkeiten in der Sozial-, Arbeitsmarkt- und in der Regionalpolitik geben der EU lediglich die Möglichkeit, die Kommunikation zwischen den Mitgliedsstaaten anzuregen; die Gestaltung und Durchführung bleibt jeweils in nationaler Hand. Auch bei der Konzeption und dem Bau transeuropäischer Netze für Kommunikation, Verkehr und Energie darf die EU ihre Hilfe bei der Kommunikation und Planung einbringen – die Zuständigkeit und Mittel zum Bau dieser Anlagen haben die Staaten jeweils auf ihrem Territorium. In der Innen- und Rechtspolitik, „Raum der Freiheit, der Sicherheit und des Rechts" genannt, gibt es eine Zusammenarbeit bei der grenzüberschreitenden Verbrechensbekämpfung, die jedoch keine Zuständigkeiten auf die europäische Ebene verlagert.

Zu c): Nationale Zuständigkeit

Unterstützungs-, Koordinierungs- und Ergänzungsmaßnahmen der EU sind die schwächste Form der Zuständigkeit. Sie existieren zu den Themen Schutz und Verbesserung der menschlichen Gesundheit, Industrie, Kultur, Tourismus, allgemeine und berufliche Bildung, Jugend und Sport, Katastrophenschutz und Verwaltungszusammenarbeit.

Komplexe Verträge mit Drittländern als Sonder- und Konfliktfall

In einigen Verträgen zwischen der EU und Drittländern, z. B. dem Handelsvertrag CETA mit Kanada, sind nicht nur Handelsfragen enthalten, für die die EU alleinige Entscheidungsbefugnis hat. Vielmehr sind weitere Themen (Urheberrechte, Dienstleistungen, etc.) eingeschlossen. Dies macht solche Verträge zu „gemischten" Verträgen, für die die Zustimmung aller Mitgliedsstaaten eingeholt werden muss. Dies führte bei CETA im Herbst 2016 dazu, dass eines von fünf Regionalparlamenten Belgiens, das wallonische, seine Zustimmung verweigerte und damit die erforderliche Einstimmigkeit nicht erreichbar war. Auch die Verträge zwischen der EU und dem dann ausgetretenen Großbritannien über die Regelung ihrer wirtschaftlichen Beziehungen werden möglicherweise gemischte Verträge sein.

Falsche Kompetenzverteilung?

Die EU verfügt in einigen Bereichen, die besser zentral geregelt würden, nicht über Handlungskompetenz, da die Mitgliedsstaaten dort nicht bereit waren, diese abzugeben. Die Beispiele zeigen die Diskrepanz zwischen ökonomischer Logik und der tatsächlichen Verteilung. Die Außen- und Sicherheitspolitik ist überwiegend national kontrolliert, das Luftkontrollsystem ist in einen „Flickenteppich" von 28 nationalen Zuständigkeiten und technischen Systemen aufgeteilt und auch die langfristig orientierte Sicherung von Energielieferungen wird von bilateralen Verträgen einzelner Mitgliedsstaaten mit Drittstaaten dominiert. Auch die Fiskalpolitik (Steuern und Staatsausgaben) blieb in nationaler Hand, obwohl die Geldpolitik mit der Einführung des Euro auf die zentrale Ebene überging.

Beispiel: Flugsicherung in der EU

Flugzeuge, die sich im Luftraum über den Mitgliedsstaaten bewegen, müssen von einer Flugsicherung dirigiert werden. Nun hat jedes Land sein eigenes System der

Flugsicherung, was die Koordination beim Überfliegen mehrerer Staaten erschwert. Diese Aufgabe zählt zu den hoheitlichen Aufgaben und kann daher nur schwer aus der Hand des Staates gegeben werden. Daher hat die EU ersatzweise versucht, die einzelnen Staaten zu einer Harmonisierung ihrer technischen Systeme zu bewegen („Single European Sky"). Sie versucht, den Flickenteppich der Flugleitung und -sicherung zu vereinheitlichen, indem sie die Mitgliedsstaaten dazu zwingen will, neun „Flugraumblöcke mit einheitlicher Technologie" einzurichten. Dadurch könnten die Effizienz des Luftverkehrs sowie die Transportkapazität gesteigert und Kosten und Umweltbelastung gesenkt werden (European Commission, 2011p). Nationale Egoismen verhindern jedoch die Umsetzung der entsprechenden Richtlinie. Daher hat die Kommission im Dezember 2012 Verfahren vor dem EuGH angedroht („Single Sky ...", 2012). Die Fluglotsen befürchten dadurch eine Verschlechterung ihrer Position und haben im Januar 2014 sogar mit Streik gegen die EU-Richtlinie gedroht.

Beispiel: Europäisches Patent
Eine Erfindung mit wirtschaftlicher Verwertungsaussicht kann durch ein Patent geschützt werden. Diesen Schutz erteilen nationale Patentämter nach ihren jeweiligen Regeln. Da der europäische Binnenmarkt zwar ein einheitlicher Wirtschaftsraum ist, in ihm aber viele unterschiedliche Amtssprachen gesprochen werden, ist die Patentanmeldung sehr aufwändig, da sie in jedem Mitgliedsstaat in der jeweiligen Sprache beantragt werden muss. Außerdem fallen jedes Mal Gebühren an. Diese Hürden benachteiligen gerade kleine und mittlere innovative Unternehmen. Zur Lösung ist es ist naheliegend, ein einheitliches Patent für die ganze EU einzuführen, das von einer europäischen Behörde erteilt wird. Um diese vernünftige Lösung wurde lange in der EU gerungen. Die Einigung scheiterte an dem Wunsch weniger Länder, ihre Landessprache beibehalten zu dürfen sowie an den nationalen Interessen, die durch eine Aufgabe der nationalen Patentbehörden verletzt würden.

ⓘ Weiterführende Literatur
Nugent, N., 2010. The government and politics of the European Union. Basingstoke, Palgrave Macmillan.

Baldwin, R. E. und Wyplosz, C., 2012. The economics of European integration. London [u. a.], McGraw-Hill Higher Education.

Pelkmans, J., 2006. European integration – Methods and economic analysis. Harlow et al., Pearson Education, pp. 36–52.

Benz, A. und Zimmer, C., 2010. The EU's competences: The 'vertical' perspective on the multilevel system. Living Reviews in European Governance 5(1).

1.1.3 Integration als Prozess

Welche Richtungen könnte die EU nehmen? ▐**?**▌

Die Entwicklung der Europäischen Integration folgt nicht einem von vornherein vereinbarten „Bauplan" des künftigen, integrierten Europa; Themen und Ziele für die gewünschte Gemeinsamkeit werden immer wieder neu ausgehandelt. Eine gemeinsame Vision für die endgültige Gestalt, die das vereinigte Europa annehmen soll, die Finalität, wurde (bisher) nicht gefunden.

Warum und wer mit welchen Methoden welches Europa anstrebt, versuchen zahlreiche Theorien zu fassen oder zumindest zu beschreiben. Die politischen Wissenschaften und die Geschichtswissenschaften ebenso wie die Ökonomie befassen sich mit ihrem jeweils spezifischen Blick mit diesen Fragen. Über die Kräfte und Mechanismen der Integration zeichnet sich bisher kein Konsens ab (Rosamond, B., 2009; Spolaore, E., 2013).

Zwei konträre Sichten auf die angestrebte Gestalt des integrierten Europa lassen sich vereinfacht wie folgt beschreiben:

- **Intergovernmentalisten**

    Akteure bleiben starke Nationalstaaten, die keine Macht für immer abgeben, sondern bei Themen von gegenseitigem Interesse kooperieren. Souveränität wird nicht aufgegeben und eine von den Staaten unabhängige, supra-nationale Organisation entsteht nicht. Die Felder und Verfahren der Kooperation werden in Verträgen festgelegt – diese können auch wieder gekündigt werden. Europäische Organisationen sind Werkzeuge der nationalen Regierungen beim Vollzug der Kooperation.

- **Federalisten**

    Die Nationalstaaten verteilen die Aufgaben so, dass eine unabhängige, supranationale Organisation einige ausgewählte Aufgaben übertragen bekommt, bei denen der Nationalstaat auf Souveränität endgültig verzichtet, während alle anderen Aufgaben (vorerst) in nationaler Zuständigkeit verbleiben. Das Leitbild der Federalisten sind die „Vereinigten Staaten von Europa", die nach dem Vorbild der USA geformt sein könnten.

In der bisherigen Integration Europas lassen sich beide Richtungen ausmachen. In der Geschichte der Integration Europas nach dem Zweiten Weltkrieg (Loth, W., 2014) waren schon früh starke Tendenzen zu einer Föderalisierung festzustellen, die nach dem Willen treibender Persönlichkeiten zu einer „immer engeren Union" führen sollte (Schuman, Monnet). Andere dagegen, z. B. de Gaulle, wollten ein „Europa der Vaterländer".

1.1.3.1 Impulse

 Wovon wurde die Entwicklung der EU angetrieben?
Braucht die EU Krisen für ihre Weiterentwicklung?

Die Integration folgte nach dem Zweiten Weltkrieg keinem gemeinsam vereinbarten Plan, sondern der „Methode Monnet": Die Nationalstaaten bewegten sich in einzelnen kleinen Schritten dort gemeinsam voran, wo es in der jeweiligen historischen Situation für alle Beteiligten sinnvoll und politisch annehmbar war. Dieses pragmatische Vorgehen, benannt nach dem französischen Europapolitiker Jean Monnet (Wessels, W., 2001), war sinnvoll, da die Pläne, Erwartungen und Ängste der Akteure in den Mitgliedsstaaten äußerst heterogen waren und es zu einem „Großen Entwurf" keine Einigkeit und damit keinen gemeinsamen Fortgang der Integration gegeben hätte.

„Method Monnet"
„Europe will not be made all at once, or according to a single plan. It will be built through concrete achievements which first create a de facto solidarity. The coming together of the nations of Europe requires the elimination of the age-old opposition of France and Germany. Any action taken must in the first place concern these two countries."
Schuman Deklaration: Erklärung vom 9. Mai 1950
http://europa.eu/abc/symbols/9-may/decl_de.htm (16. 3. 12)

Dieser sogenannte (neo-) funktionalistische Ansatz beschreibt einen Integrationsprozess, bei dem schrittweise ausgewählte wirtschaftliche Funktionen der Staaten integriert werden. Daraus soll – so Monnet – eine „Kettenreaktion" entstehen, die immer weitergehende Integrationsschritte nach sich zieht und so letztlich in eine politische Integration einmündet.

Ein Beispiel soll dies verdeutlichen: Nach der Einführung von Arbeitnehmerfreizügigkeit tritt das Problem der wechselseitigen Anerkennung von Ausbildungen ein. Dies wird gelöst, indem die Ausbildungssysteme aneinander angeglichen und letztlich an eine europäische Instanz verlagert werden. Die treibenden Kräfte sind hier die **Eliten** der jeweiligen Länder sowie **Interessengruppen**, die ihre Vision von einem vereinten Europa auch losgelöst – oder gar hinter dem Rücken – der jeweiligen Völker verfolgen. Es wird implizit angenommen, dass die Komplexität international verflochtener Gesellschaften sowie die Erfahrungen mit dem Horror des Krieges quasi automatisch zu einer immer weiter fortschreitenden „Europäisierung" führen würden. Dies wird auch in der „Fahrrad-Metapher der Integration" aufgegriffen, der zufolge bei Stillstand ein Sturz drohe (Walter Hallstein, zit. nach Moravcsik, A., 2008:158).

Krisen als Beschleuniger der Integration?

Jean Monnet sah Krisen als nützliche Vehikel an, wie in seinen Memoiren zu lesen ist: „Menschen akzeptieren Veränderungen nicht, außer in der Notwendigkeit und die Notwendigkeit sehen sie nur in der Krise". Im Narrativ der europäischen Integration hat sich die Behauptung etabliert, Europa habe sich immer wieder aus und durch Krisen weiterentwickelt. Beispiele sind

- die Krise des Weltwährungssystems nach der Aufgabe fester Wechselkurse zum US-Dollar, die durch die Einführung eines Europäischen Währungssystems (EWS) bekämpft werden sollte.
- Die „Euro-Sklerose" der 1980er Jahre, die durch die Einführung des Binnenmarktes bekämpft werden sollte (Kapitel 2.2.1).

Parsons und Matthijs (2015) bestreiten diese Interpretation, indem sie darauf verweisen, dass die großen Schritte zu mehr Integration nicht als Reaktion auf tatsächlich drängende Probleme getan wurden. Nur die aktuelle Finanz- und Euro-Krise lassen sie als Beispiel gelten. In dieser Krise war tatsächlich der Bestand der EU durch den drohenden Austritt einzelner Länder bzw. durch den Zusammenbruch der Europäischen Währungsunion gefährdet. Als rasche Reaktion darauf wurden eine Banken-Union eingeführt und Schritte in Richtung einer Fiskal-Union gegangen. Es wurden ad-hoc Finanzinstrumente geschaffen (ESFS, ESM), die eine Vergemeinschaftung von Risiken aus der Staatsverschuldung einzelner Mitgliedsstaaten mit sich bringen. Weiterhin haben sich der Charakter der Europäischen Zentralbank sowie ihre Instrumente unter dem Druck der Krise grundlegend verändert (Marhold, H., 2015). Allerdings führen diese kriseninduzierten Veränderungen von einer einheitlichen Union weg, da die neu geschaffenen Institutionen und Instrumente nicht in den Europäischen Verträgen verankert wurden – somit also auch nicht für alle Mitglieder gleichermaßen gelten. Stattdessen wurden mit den Regierungen eines jeweils eingeschränkten Teilnehmerkreises internationale Verträge geschlossen.

Bei zwei aktuellen Krisen zeichnet sich zum Zeitpunkt der Erstellung dieses Textes (Dezember 2016) ab, dass sie zu einer Veränderung der EU führen werden:

- In der andauernden Flüchtlingskrise könnte sich die Politik der EU an den Außengrenzen zu einer gemeinsamen Schließung und Überwachung weiterentwickeln.
- Der angekündigte Austritt Großbritanniens (BREXIT) könnte die derzeitige Gestalt der EU nachhaltig verändern.

Beide Krisen dürften wohl kaum zu einer Fortführung der „immer engeren Union", wie es noch von Monnet angenommen wurde, führen.

Interessenpolitik

Eine weitere Sicht auf die treibenden Kräfte der Integration betont die Rolle von spezifischen Interessen. Dazu zählt die Großindustrie, die sich vor dem Hintergrund der Globalisierung durch fragmentierte Märkte in Europa in ihrer Entfaltung behindert sieht und daher die Einrichtung des Binnenmarktes befördert hat. Im politischen Raum wird die Einführung des Euro als gemeinsame Währung auf die Interessen Frankreichs zurückgeführt, das sich durch die Dominanz der Deutschen Bundesbank in der Durchführung seiner wirtschaftspolitischen Linie behindert sah und daher die Übergabe der geldpolitischen Macht an eine Europäische Zentralbank wollte.

 Weiterführende Literatur

Monnet, J., 1978. Erinnerungen eines Europäers. München, Wien, Carl Hanser Verlag
Guiso, L., Sapienza, P. et al., 2014. Monnet's Error?
Falkner, G., 2016. The EU's current crisis and its policy effects: research design and comparative findings. Journal of European Integration 38(3): 219–235.

1.1.3.2 Erweiterung und Vertiefung

Warum strebt die EU nach der Aufnahme neuer Mitglieder?
In welchen Schritten wurde immer mehr Macht an „Brüssel" abgegeben?

Die Europäische Union hat sich im Verlauf der Zeit in zwei Dimensionen weiterentwickelt: Es kamen mehr Mitglieder in den Club (Erweiterung), und es wurden mehr Kompetenzen der Mitgliedsstaaten mit der EU geteilt oder gar ganz an die EU übertragen (Vertiefung). Auch die Abgabe nationaler Souveränität durch Einführung von Mehrheitsentscheidungen im Rat ist ein Schritt zur Vertiefung. Das Leitbild der „immer engeren Union" steht für eine immer weiter voranschreitende Vertiefung – bis hin zu den Vereinigten Staaten von Europa.

Erweiterung und Vertiefung stehen in einem Spannungsverhältnis zueinander. Die Aufnahme (vieler) zusätzlicher Mitglieder vergrößert das Spektrum an Präferenzen und Interessen, so dass eine Einigung auf gemeinsame Ziele und Vorgehensweisen auf dem Weg der Einstimmigkeit oder qualifizierten Mehrheit schwerer wird. Vertiefung, d. h. der Übergang zu Abstimmungen nach dem Mehrheitsprinzip, könnte also Erweiterungen erleichtern (**„Vertiefung vor Erweiterung"**). Andererseits kann die Aufnahme neuer Mitglieder die einstimmige Verabschiedung neuer Verträge, in denen das Mehrheitsprinzip ausgedehnt wird, erschweren oder gar unmöglich machen (**„Erweiterung statt Vertiefung"**). Mitgliedsstaaten wie Großbritannien, die eine Vertiefung der EU nicht wünschen, unterstützten daher eine Erweiterung, da dadurch vermeintlich die Fähigkeit der EU zur Vertiefung gemindert würde.

Die Machtbalance in Europa und die strategischen Interessen einzelner Länder können durch eine Erweiterung berührt werden. So wurde der Beitrittsantrag von Großbritannien, Irland, Dänemark und Norwegen 1963 vom damaligen französischen Staatspräsidenten De Gaulle blockiert: Er stand einer Aufnahme Großbritanniens ablehnend gegenüber und kritisierte eine zu enge Bindung Großbritanniens an die USA (Dinan, D., 2005). Mit dem Beitritt eines weiteren großen Nationalstaates befürchtete er eine Konkurrenz zu der von ihm angestrebten französischen Vorherrschaft in (West-) Europa. Die Umwälzungen auf dem Balkan im Gefolge des Zerfalls Jugoslawiens sowie der Beitritt Österreichs im Jahr 1995 hatten die Position Deutschlands gestärkt, da es traditionell gute Beziehungen zum wieder entstandenen Kroatien sowie zu Österreich hat. Länder wie Großbritannien, Frankreich und Italien befürchteten, dass die Mitgliedschaft der mittel- und osteuropäischen Länder, die mit Österreich und Deutschland eng verbunden sind, zu einer Dominanz Deutschlands in der EU führen könnte. Damit würde auch die traditionelle „Achse Paris–Berlin" geschwächt.

Warum Erweiterung?

Durch die Aufnahme zusätzlicher Mitglieder steigen die Größe des „Clubs" und auch die Heterogenität der Traditionen und Erwartungen der Mitglieder. Es wird angenommen, dass die Bereitschaft der einzelnen Mitglieder zu einem gemeinsamen Interesse (Gemeinschaftsgut) beizutragen, geringer wird, wenn die Anzahl der Mitglieder größer ist. Dies wird damit begründet, dass der Nutzen des eigenen Beitrags sich auf eine größere Gruppe verteilt, so dass jeder versucht sein könnte, als „Trittbrettfahrer" mehr zu profitieren, als beizutragen (Chalmers, D., Jachtenfuchs, M. et al., Eds., 2016a; Majone, G., 2014b:218 ff.; Olson, M., 1965).

Europa ist in mehreren Erweiterungsrunden gewachsen: Nach der Gründung der EWG durch die EU-6 ist diese auf 28 Mitglieder angewachsen und weitere Länder bewerben sich. Die größte Erweiterungsrunde ging auf ein singuläres historisches Ereignis zurück: Der Zusammenbruch des „Ost-Block". Die Motive der einzelnen Länder für oder gegen eine Erweiterung sind sowohl politische als auch wirtschaftliche: Die Sicherung des Friedens, die Stärkung der eigenen außenpolitischen Position durch Zusammenschluss sowie die positiven wirtschaftlichen Effekte einer Marktöffnung stehen dabei im Vordergrund. Auch die Ausdehnung der Einflusssphäre der NATO war von Bedeutung. Eine gewisse Rolle mag bei einzelnen Interessengruppen bzw. Ländern auch die Hoffnung auf den Zugang zu Subventionen aus der europäischen Agrar- und Regionalpolitik spielen. Für Länder mit geringerem Wohlstand sowie schwieriger politischer Vergangenheit sind **Frieden und Prosperität** immer noch die zentralen Versprechungen einer EU-Mitgliedschaft, für die sie bereit sind auch Anpassungslasten auf sich zu nehmen.

Bisherige Mitglieder sowie die Organe der EU könnten aus verschiedenen Gründen eine Erweiterung anstreben, wobei diese je nach Land, Kandidat und historischer Situation unterschiedlich sind. Unter den wirtschaftlichen Motiven dominiert die Vergrößerung des Binnenmarkts um neue Mitglieder und damit neue Optionen für die Allokation von Kapital und Arbeit. Dies ist insbesondere für international agierende Unternehmen attraktiv. Ein bisher einmaliger Fall ist das Kandidatenland Norwegen. Die Regierung hatte den Beitritt zur EU bereits ausgehandelt, aber dieser konnte nicht vollzogen werden, da die Bevölkerung Norwegens sich in einem Referendum gegen den Beitritt aussprach – dies geschah sogar zwei Mal: 1972 und 1994.

Die Mitgliedsstaaten der EU gehören zu unterschiedlichen **regionalen Interessenkreisen**. Sie haben historisch gewachsene politische und ökonomische Beziehungen zu ihren Nachbarn – diese müssen nicht immer nur positiv gewesen sein. Daraus ergibt sich, dass jeder Mitgliedsstaat eine Erweiterung der EU um jenes Land präferiert, mit dem es bereits engere Wirtschaftsbeziehungen pflegt, um diese im Rahmen des Binnenmarktes noch besser nutzen zu können. Dies wird an den folgenden Beispielen deutlich. Eine Süd-Erweiterung der EU könnte für Spanien, Italien und Griechenland als Mittelmeer-Anrainer ökonomische Vorteile bringen, die sie aus einer Ost-Erweiterung nicht ziehen können. Dagegen waren Deutschland und Österreich aus den gleichen Gründen eher an einer Mitgliedschaft Polens, Tschechiens und Ungarns interessiert.

Griechenland sieht mehr wirtschaftliche Chancen in einer Mitgliedschaft Rumäniens und Bulgariens sowie enge politische Verbindungen zu Serbien und Zypern; es war daher an einer Aufnahme dieser Länder mehr interessiert als an einer Mitgliedschaft z. B. Polens.

Die nordischen Mitgliedsländer Finnland und Schweden sehen mit den drei baltischen Staaten Estland, Litauen und Lettland gemeinsame Entwicklungen im Ostsee-Raum als attraktiv an; dies hat auch dazu geführt, dass Schweden Lettland und Litauen gleichzeitig mit dem weiter entwickelten Estland bei der Gewinnung des Kandidatenstatus unterstützt hat.

Die Option auf eine Mitgliedschaft in der EU kann in den virulenten oder potenziellen Krisenherden Europas zu einer **Befriedung** und zu einer positiven politischen und wirtschaftlichen Entwicklung beitragen. Die Vorbereitung der Kandidaten auf die „Aufnahmeprüfung" der Kopenhagen-Kriterien (Kapitel 4.2.2), die durch Heranführungshilfen der EU finanziell unterstützt wird, lenkt die Entwicklung in diesen Ländern. Daher wurde Bulgarien und Rumänien, die unter den Folgen der Balkankriege besonders zu leiden hatten, auf der Ratssitzung in Helsinki 1999 eine Beitrittsoption angeboten, obwohl diese Länder damals von einer Beitrittsreife noch weit entfernt waren. Ebenso war und ist auf dem Balkan nicht nur die unmittelbare politische und finanzielle Hilfe der EU von Nutzen; auch die gleichzeitig am Horizont aufscheinende Option einer EU-Mitgliedschaft ist für den Friedensprozess und die Entwicklung geordneter staatlicher und zivilgesellschaftlicher Strukturen förderlich.

Gesellschaftlich und sozial stabilisierend soll auch die Verpflichtung der EU zur **Solidarität** mit den wirtschaftlich schwächeren Mitgliedsländern wirken. Durch eine Politik der **Kohäsion**, d. h. durch den Abbau wirtschaftlicher Ungleichheit, können auch daraus resultierende Spannungen gemindert werden.

Für Reformen in der Türkei sowie für eine Stabilisierung und Weiterentwicklung der Wirtschaft des Landes war die Perspektive eines EU-Beitritts lange hilfreich, da dadurch Tempo und Richtung der Entwicklung zu einem modernen und prosperierenden Nationalstaat günstig beeinflusst wurden. Dies war auch im Interesse bisheriger Mitgliedsstaaten, da die Türkei eine Brücke zwischen den „westlichen" Staaten und den „islamisch geprägten" Ländern des Nahen und Mittleren Osten bilden kann. Mit der Flüchtlingskrise hat die Türkei eine noch wichtigere Position für die EU bekommen. Allerdings führt die politische Entwicklung in der Türkei aktuell (2016) eher von einem Beitritt weg (Kapitel 5).

Mit der Erweiterung der EU verbindet sich auch die Vorstellung wachsender internationaler Macht und der Ausdehnung des politischen Einflusses der EU als Gegengewicht zu den USA und zu China in einer globalisierten Welt. Unklar bleibt dabei aber, wie angesichts der außenpolitischen Uneinigkeit der Mitgliedsstaaten und ohne ein handlungsfähiges und schlagkräftiges europäisches Militär überhaupt Einfluss ausgeübt werden könnte. Zumindest aber durch die Entwicklung einer gemeinsamen Verhandlungsposition gegenüber Rohstofflieferanten wie Russland könnte die EU ihre gewachsene Größe als außenpolitische Stärke einsetzen.

Vertiefung

Die Vertiefungsschritte wurden jeweils durch Änderungen der Europäischen Verträge beschlossen; sie bezogen sich auf engere innen- und außenpolitische Kooperation, gemeinschaftliche Steuerung der Wirtschaft sowie die Stärkung der Institutionen Parlament und Rat sowie deren Funktionsmechanismen (Schulhoff, W., 1997:139 ff.; Baldwin, R. E., 1994:142 ff.).

Vertiefungsschritte zu einer „immer engeren Union"

Politische Vertiefung:
Europäische politische Zusammenarbeit und gemeinsame Außen- und Sicherheitspolitik (1986, 1992) eingeführt
Schengener Abkommen zur gemeinsamen Grenzsicherung unterzeichnet (1997)

Institutionelle Vertiefung:
Abstimmung mit qualifizierter Mehrheit im Europäischen Rat (1975) eingeführt
Parlament gestärkt und Mehrheitsentscheidungen im Rat bei weiteren Themen vereinbart (1992, 2000, 2009)
Gesetze nach dem „ordentlichen Verfahren", d. h. mit gleichberechtigter Position von Rat und Parlament (2009)

Wirtschaftliche Vertiefung:
Gemeinsame Agrarpolitik (1962) vereinbart
Zollunion (1968) eingeführt
Europäisches Währungssystem (EWS-I) (1979) eingeführt
Binnenmarkt sowie wirtschaftlicher und sozialer Zusammenhalt als Ziele in den Vertrag aufgenommen; Wettbewerbspolitik auch auf europäischer Ebene (1986)
Einführung des Euro und damit Abschaffung einer nationalen Geldpolitik beschlossen (1992)
Einführung des Euro als Zahlungsmittel (1999: Buchgeld, 2002: Bargeld)

Diejenigen, die eine „immer engere Union" als Ziel der Integration verfolgen, streben einen weitergehenden Transfer von Zuständigkeiten auf die europäische Ebene an. Ebenso wurde im Zuge der andauernden Finanzkrise von einigen vorgeschlagen, sowohl die Fiskalpolitik als auch die Arbeitslosenversicherung zu vergemeinschaften. Diese Schritte zur Vertiefung sind politisch jedoch nicht konsensfähig.

Vertiefung und Differenzierung

Selbst wenn in einzelnen Nationalstaaten grundsätzlich Zustimmung zur Mitgliedschaft besteht, werden dennoch gegen einzelne geplante Neuregelungen Vorbehalte vorgebracht. Dies ist besonders dort der Fall, wo die geplanten europäischen Regulierungen nicht mit der gesellschaftspolitischen Sicht der Bevölkerung im jeweiligen Nationalstaat übereinstimmen. Dann ist ein Kompromiss erforderlich, um den Fortgang der Europäischen Integration nicht insgesamt zu gefährden: Schließlich müssen die Verträge einstimmig beschlossen werden. Als Lösung können Sondervereinbarungen für ein Land bzw. eine Gruppe von Ländern getroffen werden. Dies können Ausnahmen sein (Opt-out) sein, die einem Land die Möglichkeit einräumen, bestimmte Regelungen nicht anzuwenden (Adler-Nissen, R., 2014). Auch (lange) Übergangsfristen bis zum Inkrafttreten können vereinbart werden. Beispiele sind
- die Aufschiebung der Übernahme des Euro durch Großbritannien und Dänemark,
- Ausnahmen bei der Anwendung des Schengener Abkommens durch Dänemark,
- die Möglichkeit für Großbritannien, sich nicht an der Weiterentwicklung der Sozialcharta von 1989 zu beteiligen,
- das Recht Dänemarks, den Erwerb von Zweitwohnungen durch EU-Ausländer zu begrenzen,
- eine Übergangsfrist von sieben Jahren für die meisten Mitglieder der EU, bevor sie nach der „Ost"-Erweiterung die Freizügigkeit für Arbeitskräfte aus den neuen Ländern zulassen.

Solche Sonderregeln für einzelne Mitglieder können zu einem „Europa à la carte" führen, in dem zwar kein einheitlicher Rechtsrahmen mehr besteht, aber Vereinbarungen getroffen werden können, durch die anstehende Probleme in der EU gelöst werden können.

ℹ Weiterführende Literatur

Bellamy, R., 2013. An ever closer union among the peoples of Europe: Republican intergovernmentalism and democratic representation within the EU. Journal of European Integration 35(5): 499–516.

1.1.3.3 Differenzierung und Des-Integration

Welche Alternativen zur „immer engeren Union"?
Wie ist eine teilweise Rücknahme der Integration zu bewerten?

Die zahlreichen Schritte zur Weiterentwicklung der Europäischen Integration gingen bisher immer von dem Leitbild „Alle gemeinsam tun gleichzeitig die gleichen Schritte" aus. So entstünde ein homogener Regelungsrahmen für alle Mitgliedsstaaten auf dem Weg zu einer „immer engeren Union". Dieses Konzept bzw. einzelne Elemente werden jedoch von einigen Mitgliedsstaaten abgelehnt. Daraus entwickelt sich eine Differenzierung in der Integration, die vom Leitbild der Homogenität wegführt. Weiterhin führen verschiedene Kräfte zu einer teilweisen Reduzierung des bisher erreichten Niveaus der Integration.

In der europapolitischen Debatte wird häufig zwischen den „guten Europäern" und den „Spaltern" unterschieden. Diese wertende Zuschreibung zu den verschiedenen Positionen fußt implizit auf der Annahme „mehr Integration ist besser als weniger Integration". Es ist jedoch nicht objektiv festzustellen, ob der bisher erreichte Stand der Integration gerade der richtige ist. Es ist nicht von vornherein auszuschließen, dass größere Differenzierung oder partielle Des-Integration eine Europäische Union formen können, die stabiler und näher an den Wünschen der Bürger ist, als der Zwang zu einer „immer engeren Union".

Differenzierung

Durch eine differenzierte Integration kann ein heterogenes europäisches Konstrukt entstehen (Europa a la carte), das möglicherweise die zentrifugalen Kräfte neutralisieren kann und so die Fortführung der Integration erleichtern kann. Drei Prozesse sind hier hervorzuheben:

- **Re-Nationalisierung:** Bisher erreichte Stufen der Integration in Teilbereichen werden wieder reduziert, indem die Zuständigkeit von der EU auf die Mitgliedsstaaten zurückverlagert wird. Für die Agrarpolitik wird dies von einigen gefordert. Die Forderung der britischen Regierung, über die Zuwanderung aus der EU wieder alleine bestimmen zu dürfen, sowie der Rückzug aus dem Schengen-Abkommen, mit dem die Bewachung der Außen- und Binnengrenzen der EU geregelt wird, sind weitere Beispiele. Politische Kräfte in Finnland fordern die Aufgabe des Euro zugunsten einer nationalen Währung. Eine Rückverlagerung von Zuständigkeiten in den Nationalstaat muss nicht zwingend als ein Scheitern des Integrationsprozesses gesehen werden. Vielmehr kann es sich auch um eine Dezentralisierung handeln, die ein unerwünscht hohes Maß an Zentralisierung korrigiert.
- **Opt-out:** Einige Mitgliedsstaaten dürfen oder wollen Teile der europäischen Regulierung einführen, sobald sie eine „Eingangsprüfung" (Konvergenzkrite-

rien) bestanden haben. Großbritannien und Dänemark wurde hier eine Ausnahme zugestanden: Sie müssen den Euro nicht einführen; bei Schweden wird toleriert, dass die eigentlich fällige Einführung des Euro mit einem kleinen Trick blockiert wird: Die Unabhängigkeit der Schwedischen Zentralbank wird formal nicht hergestellt.

– **Vertiefte Zusammenarbeit:** Da nicht alle Mitglieder eine zur Diskussion stehende Vertiefung befürworten, diese aber nur einstimmig beschlossen werden kann, sind weitere Vertiefungsschritte nur schwer möglich. Daher ist im EU-V (Artikel 20) die Möglichkeit einer „verstärkten Zusammenarbeit" vorgesehen, nach der eine Teilgruppe der Mitgliedsstaaten gemeinsam weitere vertiefende Schritte tun darf, die die anderen Mitgliedsstaaten nicht binden. Allerdings ist diese Option politisch umstritten, da diejenigen Staaten, die an einer Vertiefung nicht oder noch nicht Interesse haben, befürchten von einer „fortschrittlichen Ländergruppe" unter Zugzwang gesetzt zu werden oder als „2. Klasse" zurückzubleiben; daher wurde von dieser Option lange Zeit kein Gebrauch gemacht. In zwei Themenbereichen wird an der Nutzung dieser Option gearbeitet: Die Schaffung eines **europäischen Patents** kam auch nach langjähriger Diskussion nicht zustande. Im Jahr 2012 wurde das Vorhaben auf dem Weg der verstärkten Zusammenarbeit realisiert, der sich lediglich zwei von 27 Ländern (Spanien, Italien) nicht anschlossen. Zur Einführung einer **Finanztransaktionssteuer** haben sich 11 Mitgliedsstaaten der EU im Rahmen der verstärkten Zusammenarbeit im Januar 2013 zusammengeschlossen – jedoch auch in dieser kleinen Gruppe keine Einigung erzielt.

Des-Integration

Politische Prozesse innerhalb von Mitgliedsstaaten sowie zwischen ihnen können auch zu einer Reduktion des bisher erreichten Standes der Integration führen oder gar den Bestand der Union insgesamt gefährden.

In einigen Mitgliedsstaaten streben **Separatisten** nach staatlicher Unabhängigkeit durch Abspaltung von dem bisherigen Staat. Zu nennen sind hier die Basken und Katalanen in Spanien, die politische Bewegung Lega Nord in Italien, die Flamen in Belgien oder die Schotten in Großbritannien. Diese Bestrebungen sind eine Angelegenheit des jeweiligen Staates. Jedoch entstünde bei einer Abspaltung für die EU eine nicht geregelte Problemlage: Es ist nicht definiert, ob ein neu gegründeter Staat automatisch Mitglied der EU bliebe oder die Mitgliedschaft neu beantragen müsste. Über einen Antrag auf Mitgliedschaft kann nur einstimmig entschieden werden. Es ist zu erwarten, dass die Stimmen der Staaten, die Separatismus nicht unterstützen wollen, nur schwer zu gewinnen wären. Es entstünde für längere Zeit eine unklare Lage, in der der neue Staat wie ein Drittland behandelt werden müsste und seine bisherigen wirtschaftlichen und politischen Beziehungen zur EU verlöre – einschließlich des Euro. Die EU hat es bisher vermieden, sich zu dieser Frage offiziell zu äußern. Einerseits könnte durch die Zusage einer fortdauernden Mitgliedschaft Abspaltung ermutigt werden und andererseits könnte ein Ausschluss als unangemessene Bestrafung empfunden werden.

Trennung in wechselseitigem Einvernehmen

Die Mitgliedschaft in der EU wurde lange Zeit als unumkehrbar angesehen und der freiwillige Austritt eines Mitgliedes oder sein „Rauswurf" waren kein Thema. Dies hat sich mittlerweile geändert. Im Vertrag von Lissabon (Artikel 50) ist erstmals ein Verfahren für eine **„Trennung in wechselseitigem Einvernehmen"** vorgesehen. Zuerst erklärt der austrittswillige Staat seine Absicht, die EU zu verlassen. Danach wird ein Vertrag zwischen den Vertretern der verbleibenden Mitglieder und dem Austrittswilligen ausgehandelt, in dem die Beziehungen nach der Trennung geregelt werden. Verhandlungen und Entscheidung liegen beim Rat, also bei den Regierungen der Mitgliedsländer. Für eine Annahme des Vertrags ist eine qualifizierte Mehrheit erforderlich. Die Frist von zwei Jahren kann verlängert werden, sofern die verbliebenen Mitglieder der EU dies einstimmig billigen. Damit lastet auf dem Verfahren ein sehr hoher Zeitdruck.

Nach der Unterschrift unter einen Austrittsvertrag gilt das europäische Recht nicht mehr in dem ausgetretenen Land. Es könnte eine erneute Mitgliedschaft nur im regulären Verfahren (Artikel 49 EU-V) – so wie jeder andere Kandidat – beantragen. Der Austritt Großbritanniens (BREXIT) ist der erste Anwendungsfall für dieses Verfahren (Kapitel 1.1.4).

Rauswurf außerhalb der Regeln

Eine weitere, nicht vorgesehene Form „europäischer Scheidung" wurde in der Finanzkrise im Fall Griechenlands diskutiert: Der befristete oder endgültige **Entzug der Mitgliedschaft** („Rauswurf", GREXIT) durch die anderen Mitglieder. Dies ist jedoch gegen den Willen des betroffenen Mitglieds nach europäischem Recht nicht möglich und wäre im Fall Griechenlands im Jahr 2015 nur um den Preis einer Verweigerung weiterer Finanzhilfen und nach dem Zusammenbruch des Staates politisch erzwingbar gewesen. Die langfristigen Wirkungen wären wahrscheinlich für keine der beteiligten Parteien positiv (Kapitel 3.5.4.2).

Weiterführende Literatur

Blockmans, S., Ed., 2014. Differentiated Integration in the EU – From the inside looking out. CEPS EU Foreign Policy.

Adler-Nissen, R., 2014. Opting Out of the European Union – Diplomacy, Sovereignty and European Integration. Cambridge, Cambridge Univ. Press.

Eppler, A. und Schelle, H., Eds., 2013. Europäische Desintegration in Zeiten der Krise – Zur Konzeptionalisierung europäischer Desintegration: Zug- und Gegenkräfte im europäischen Integrationsprozess. Schriftenreihe des Arbeitskreises Europäische Integration. Baden-Baden, Nomos.

Baldwin, R. E., 1997. Concepts and speed of an Eastern enlargement. Quo Vadis Europe? Siebert, H. Tübingen: 73–95.

Warleigh, A., 2002. Flexible Integration: Which model for the European Union? Sheffield.

Kühnhardt, L., 2005. Erweiterung und Vertiefung: Die Europäische Union im Neubeginn. Baden-Baden, Nomos.

Ruiz-Jimenez, A. M. und Torreblanca, J. I., 2008. Is there a trade-off between deepening and widening? What do Europeans think? EPIN European Policy Institutes Network Working Paper (17), April.

Faber, A., 2007. Die Weiterentwicklung der Europäischen Union: Vertiefung versus Erweiterung? Integration 30(2): 103–116, April.

1.1.4 BREXIT – ein Abenteuer mit ungewissem Ausgang

? Wie kam es zum BREXIT?
Welche Beziehungen könnten EU und Großbritannien eingehen?
Sind die Folgen des Austritts absehbar?

Der Abschied Großbritanniens aus der EU zeichnete sich schon länger ab. Vom Beginn an war die Mitgliedschaft von Ambivalenz gekennzeichnet (Minford, P., Gupta, S. et al., 2015). In den letzten Jahren hat eine EU-feindliche Presse zusammen mit Teilen des britischen Establishments – quer durch die Parteien – die vermeintlichen oder tatsächlichen Nachteile der EU-Mitgliedschaft betont. Die „Hinterbänkler" der Regierungspartei haben die Ablehnung der EU für parteiinterne Machtkämpfe genutzt. Letztlich wollte der Regierungschef Cameron diese Stimmen abschließend zum Schweigen bringen, indem er ein Referendum zur Frage „Bleiben oder Gehen" abzuhalten versprach. In der Öffentlichkeit hat sich die Zuwanderung von Arbeitskräften aus den neuen Mitgliedsstaaten zum zentralen Problem der Mitgliedschaft aufgebauscht. Trotz anderslautender wissenschaftlicher Untersuchungen wurden in einer „post-faktischen Medienwelt" unzutreffende und nicht erfüllbare Versprechungen über die Vorteile eines Austritts aus der EU (BREXIT) verbreitet.

Das Referendum vom 26. Juni 2016 ging knapp zugunsten eines BREXIT aus. Ausschlaggebend waren die Stimmen von älteren, britischen Männern mit geringer Ausbildung, die in ländlichen Regionen mit kleinem Ausländeranteil leben. Sie wurden als die „Verlierer der Globalisierung" charakterisiert, die ihre vermeintliche oder tatsächliche Benachteiligung oder Gefährdung durch einen Rückzug „in die gute alte Zeit" aufheben wollten (Arnorsson, A. und Zoega, G., 2016). Ähnliche Bevölkerungsgruppen bilden die nationalistische Partei AfD in Deutschland und die Unterstützer des nächsten Präsidenten der USA, Donald Trump. Der Sieg im Referendum ist also eher Ausdruck verbreiteten Unbehagens an der Situation und Entwicklung im Land, das Teile der Bevölkerung verspüren, und nicht ein durch Analysen gestütztes Votum gegen die EU.

Nach Artikel 50 haben die EU und Großbritannien zwei Jahre Zeit, um ihre Beziehungen neu zu regeln. Die Einigung muss mit qualifizierter Mehrheit im Rat gebilligt werden (Kapitel 1.1.3.3). In einigen Mitgliedsstaaten muss dieser Vertrag noch in einem Referendum gebilligt werden. Sollte es nicht zu einem Vertrag kommen, dann endet die Mitgliedschaft Großbritanniens und es erhält automatisch den Status eines WTO-Mitglieds. Außerdem muss die EU nach einem Austritt Großbritanniens die Europäischen Verträge zumindest überall dort ändern, wo die Namen der Mitgliedsstaaten aufgelistet sind. Außerdem muss geregelt werden, wie die frei werdenden Sitze in Rat (Kirsch, W., 2016) und Parlament verteilt werden – dies ist bisher nicht geregelt. Änderungen der Verträge müssen einstimmig vollzogen werden.

Kritische Aspekte

In der politischen Diskussion in Großbritannien werden von verschiedenen Gruppen weitreichende und sich gegenseitig widersprechende Forderungen und Erwartungen an die Zeit nach dem Austritt geäußert:

- Die Autonomie Großbritanniens soll wieder hergestellt werden („We want our country back"). Daher sollen die Gesetze nicht mehr in der EU gemacht werden und die Rechtsprechung des Europäischen Gerichtshofs soll nicht mehr für Großbritannien gelten.
- Arbeitskräfte aus der EU sollen nur noch nach den Regeln Großbritanniens Zugang zum Arbeitsmarkt haben.
- Die (Netto-) Zahlungen an den EU-Haushalt sind einzustellen. Auf die frei werdenden Mittel wird insbesondere von den Stellen Anspruch erhoben, die bisher Mittel aus dem EU-Haushalt erhalten (Arme Regionen, Landwirte, Forschungseinrichtungen, Hochschulen).
- Die Gesetze der EU zum Binnenmarkt sollen nicht mehr gelten, aber die Güter und Dienstleistungen aus Großbritannien, und insbesondere die Unternehmen der Finanzindustrie (City of London), sollen weiterhin ungehinderten Zugang zum europäischen Markt haben.

Modelle für EU und Großbritannien

Die künftigen Beziehungen zwischen der EU und Großbritannien können nur aus einem Verhandlungskompromiss geformt werden. In diesen fließen die partikularen Interessen aller 27 Mitgliedsstaaten ein, die vom BREXIT jeweils ganz unterschiedlich betroffen sind. Hierdurch öffnet sich eine Tür für „Kuhhandel" und „deals" zwischen den Mitgliedsstaaten, was den gesamten Vorgang weiter komplizieren kann.

Die EU ist mit verschiedenen Drittländern bereits Beziehungen eingegangen; hier ist zu prüfen, ob ein Modell für den BREXIT daraus abgeleitet werden könnte, das den o. g. Erwartungen in Großbritannien nahe kommt und gleichzeitig mit den vermuteten Interessen der Mehrheit der 27 verbleibenden Mitglieder vereinbar ist (Booth, S.; Howarth, C. et al., 2015:48–76; Baldwin, R. E., Ed., 2016a; Emerson, M., Ed., 2016a:7–38; Emerson, M., 2016c; Piris, J.-C., 2016).

Modell 1: Europäischer Wirtschaftsraum (EWR)

Liechtenstein, Island und Norwegen sind volle Mitglieder im Binnenmarkt in allen vier Grundfreiheiten. Damit müssen sie auch die Normen, Standards und Regulierungen übernehmen, haben jedoch keine Stimme bei deren Schaffung. In Extremsituationen kann die Zuwanderung zeitlich befristet einseitig ausgesetzt werden. Beiträge zum EU-Haushalt müssen gezahlt werden. Der EWR umfasst weder den Euro noch Agrar- und Regionalpolitik. Dieses Modell erfüllt nicht die Erwartungen an rechtliche Unabhängigkeit und Beendigung der Zahlungen. Salopp formuliert: „All pay, no say".

Modell 2: Schweiz

Die Schweiz hat mit der EU eine Vielzahl von Verträgen über wirtschaftlichen Austausch geschlossen. Allerdings konnte noch keine Einigung zur Dienstleistungsfreiheit gefunden werden, so dass Schweizer Banken Niederlassungen in der EU gründen mussten, um ihre Kunden in der EU zu bedienen. In diesem „maßgeschneiderten" Rahmen lässt die EU jedoch kein „Rosinen-picken" zu. Sobald die Schweiz einen Aspekt aus den Verträgen löscht, wie z. B. die Freizügigkeit, werden automatisch alle anderen Verträge nichtig. In einem Referendum hat die Schweiz dafür gestimmt, den bereits hohen Ausländeranteil von 23 % zu begrenzen. Die Neuregelung muss bis Februar 2017 verabschiedet sein. Der daraus resultierende Konflikt mit der EU soll durch eine „Schutzklausel" gelöst werden, die es der Schweiz erlaubt, den bereits in der Schweiz lebenden Menschen Vorrang am Arbeitsmarkt einzuräumen. Darüber hinaus soll der Zugang zu Sozialleistungen für Ausländer eingeschränkt werden. Inwieweit diese Konzepte von der EU gebilligt werden, bleibt abzuwarten.

Modell 3: Assoziierungsabkommen mit „Nachbarn"

Die EU hat mit Nachbarstaaten im Osten (Ukraine, Moldawien, Georgien) im Jahr 2016 Assoziierungsabkommen abgeschlossen, aus denen möglicherweise Elemente für den BREXIT entnommen werden können (Emerson, M. und Movchan, V., Eds., 2016). Bemerkenswert ist darin die Vereinbarung von drei Grundfreiheiten: Kapital, Waren, Dienstleistungen. Die vierte, Freizügigkeit bleibt ausgeklammert – wie dies auch in den Freihandelsabkommen der EU mit Drittstaaten der Fall ist. Es ist im Grundsatz möglich, auch mit Großbritannien flexible Zuwanderungsregeln zu vereinbaren, die den Erfordernissen des britischen Arbeitsmarktes entsprechen.

Modell 4: Welthandelsorganisation (WTO)

Großbritannien bleibt Mitglied der WTO und hat nach deren Regeln Zugang zum EU-Markt für Güter. Jedoch würden die Produktstandards und Regulierungen der EU nicht mehr gelten, so dass die Zulassung von Gütern zum europäischen Markt neu erreicht werden müsste. Dies schließt auch Handel innerhalb globaler Wert-schöpfungsketten ein, so dass Großbritannien als Produktionsstandort weniger attraktiv würde. Die Personenmobilität sowie Finanz- und andere Dienstleistungen sind in der WTO nicht geregelt, so dass zwar der Zustrom von Arbeitskräften aus der EU blockiert werden könnte, aber gleichzeitig die Finanzindustrie nicht mehr von London in der EU operieren könnte. Die Vereinbarungen zur Dienstleistungs-freiheit der WTO sind restriktiv.

Weiterhin gelten nach dem BREXIT die Freihandelsabkommen, die die EU für ihre Mitglieder mit vielen Ländern der Welt abgeschlossen hat, nicht mehr für Großbritannien. Es müsste also all diese Abkommen durch eigene Abkommen ersetzen; die Verhandlungsmacht eines alleine agierenden Großbritannien ist dabei nicht so groß, wie die der EU als Block. Bis zum Vertragsschluss können fünf bis acht Jahre vergehen, in denen Großbritannien vor Handelsschranken steht.

Ein Kompromiss ist möglich und nötig

Zwischen der EU-27 und Großbritannien ist in Verhandlungen ein Kompromiss zu finden, der die Interessen aller Beteiligten widerspiegelt. Jedes Land hat dabei eine jeweils eigene Position (Wyplosz, C., Ed., 2016a). Ein eigenes, maßgeschneidertes Assoziierungsabkommen dürfte diesem Ziel eher entsprechen, als die weitgehende Übernahme eines der o. g. Modelle. Emerson (2016c:7–14) hat dafür eine Skizze vor-gelegt.

Die Begrenzung der Freizügigkeit für Arbeitnehmer und des Zugangs zu Sozial-systemen dürfte vor allem von den mittel- und osteuropäischen Mitgliedsstaaten abgelehnt werden. Die Zahlungen an den EU-Haushalt dürften als unvermeidbare Eintrittsgebühr in den Binnenmarkt zu leisten sein. Für die Finanzindustrie am Standort London ist der Zugang zum Binnenmarkt möglich, wenn sie sich an die EU-Regulierung hält.

Über die wirtschaftlichen Effekte und Vereinbarungen hinaus hat der BREXIT zwei gravierende politische Nebeneffekte, die noch nicht abgeschätzt werden kön-nen:

– Zwischen dem EU-Mitglied Irland und dem britischen Nord-Irland gibt es eine Landgrenze, die lange Zeit im Bürgerkrieg Nord-Irlands eine negative Rolle gespielt hat. Je nachdem wie der BREXIT vollzogen wird, kann die erneute Errichtung einer bewachten Grenze erforderlich werden, an der sich erneut Konflikte entzünden (FitzGerald, J. und Honohan, P., 2016a).
– Schottland ist zwar ein Teil Großbritanniens, strebt aber mit großer Zustim-mung in der Bevölkerung nach Unabhängigkeit. Außerdem wollen die Schot-

ten mit deutlicher Mehrheit Mitglied der EU bleiben. Durch den BREXIT könnte sich also der Wunsch nach Abspaltung durchsetzen (Wooton, I., 2016a).

ℹ️ Weiterführende Literatur

Emerson, M., Ed., 2016a. Britain's Future in Europe – The known Plan A to remain or the unknown Plan B to leave. London.
BREXIT 2016 – Policy analysis from the Centre for Economic Performance, 2016. London, LSE-CEP.
Chancellor of the Exchequer, 2016. HM Treasury analysis: the long-term economic impact of EU membership and the alternatives. London
Lannoo, K., 2016b. EU Financial Market Access after Brexit. CEPS POLICY BRIEF.
TheCityUK, 2014b. A legal assessment of the UK's relationship with the EU A financial services perspective. London.

1.2 Institutionen und Entscheidungen in der EU

Im folgenden Kapitel wird dargestellt, wie die Mitgliedsstaaten und die Europäische Union gemeinsam Gesetze erlassen und Entscheidungen treffen. Dafür haben sie sich auch Institutionen geschaffen. Andere Institutionen, wie Gericht, Rechnungshof oder nachgeordnete Agenturen werden nicht behandelt. Die Europäische Zentralbank (EZB) wird im Zusammenhang mit der Geldpolitik (3.3.2) dargestellt.

1.2.1 Das europäische Macht-Dreieck

❓ Wie werden die Interessen von Nationen und Gemeinschaft verhandelt?
Wie wird Macht in der EU begrenzt?

Die EU hat sich im Verlauf ihrer Geschichte eine Reihe von Institutionen geschaffen, die ihre Politiken beschließen und zum Teil auch ausführen; die EU hat also sowohl legislative als auch exekutive Zuständigkeiten. Um verständlich zu machen, wie in der EU Entscheidungen getroffen werden, wie der Kampf um Macht und Einfluss geführt wird, welche Blockaden dabei drohen und welche möglichen Defizite im demokratischen Mechanismus Europas festzustellen sind, sollen die drei europäischen Institutionen Parlament, Rat und Kommission im Folgenden näher dargestellt werden.

Diese drei Institutionen bilden das Machtdreieck Europas. Sie vertreten jeweils einen spezifischen Teil des Interessen- und Entscheidungssystems aus den Mitgliedsstaaten sowie die supranationale Ebene. Sie stellen in ihrem Zusammenspiel ein aus Verhandlungen hervorgegangenes System dar, das als Rahmen für weitere

Verhandlungen dient (Bolle, M., 2011). Dieses Konstrukt ist der Tatsache geschuldet, dass die EU weder rein zwischenstaatlich (Staatenbund), noch supranational (Bundesstaat) organisiert ist und auch keine durchgängige hierarchische Struktur aufweist.

Im **Nationalstaat** spiegelt das Parlament (Legislative) den politischen Willen der wählenden Bürger wider und die Regierung (Exekutive) setzt diesen unter der Kontrolle durch das Parlament um. Für die Bürger bildet der Nationalstaat die Gemeinschaft, die die Grenze zwischen dem „Wir" und dem „Ausland" zieht. Die öffentliche Meinung, wie sie sich in den Medien artikuliert, konzentriert sich auf inländische Themen und Ereignisse. Der Nationalstaat stiftet Identität für seine Bürger und verlangt Loyalität von ihnen. Diese Loyalität legitimiert der Staat durch das Versprechen von Gegenleistungen wie innere und äußere Sicherheit und Versorgung. In letzter Konsequenz kann der Nationalstaat von seinen – dann meist männlichen – Bürgern den Einsatz von Gesundheit und Leben beim Militär verlangen.

Auf der Ebene der Europäischen Union existiert keine analoge Aufgabenteilung von Parlament und Regierung. Vielmehr sind hier drei anders geartete Gruppen vertreten:

1. **Repräsentanten einer politischen Richtung**, die in jedem Mitgliedsstaat aus direkten Wahlen in das Europäische Parlament gewählt wurden und sich dort zu politischen Fraktionen – nicht zu Ländergruppen – zusammenschließen.
2. **Vertreter des Nationalstaates** im Europäischen Rat (Regierungschefs) und Rat (Fachminister); sie sind Vertreter der Interessen ihres Landes auf der EU-Ebene – sie dürfen und sollen also Deutsche, Spanier, Esten usw. sein, wenn sie sich in der EU treffen.
3. **Vertretung Europas** (Europäische Kommission), die allein dem Interesse der Europäischen Union verpflichtet ist und keinerlei spezielle Rücksichten auf politische Strömungen oder nationalstaatliche Interessen nehmen soll.

Dieses Machtdreieck bildet die Plattform, auf der Themen, die die EU betreffen, verhandelt werden. Die speziellen Interessen einzelner Mitgliedsstaaten, die mehr oder minder offenen Einflussnahmen von Interessengruppen und die Präferenzen verschiedener politischer Richtungen treffen aufeinander und in Kompromissen wird versucht, eine gemeinsame, europäische Sicht und Aktion auszuhandeln.

Zur Unterstützung bei der Umsetzung ihrer Politiken hat die EU für die jeweiligen Themen eine Vielzahl von Institutionen geschaffen. Diese nachgeordneten Einrichtungen können hier nicht detailliert vorgestellt werden.

Die Europäische Zentralbank ist nicht Teil dieses Geflechts. Sie soll unabhängig von Länderinteressen und politischen Richtungen für die Stabilität des Geldwertes der gemeinsamen Währung sorgen. Dieses Konzept hat sich unter dem Druck der Finanzkrise seit 2008 verändert (Kapitel 3.5.3).

Weiterführende Literatur
Europäische Kommission, 2014. Die Europäische Union erklärt – So funktioniert die Europäische
Union. Brüssel.
Institutionen und Einrichtungen der EU (http://europa.eu/about-eu/institutions-bodies/
index_de.htm)
Peterson, J. und Shackleton, M., Eds., 2012. The Institutions of the European Union. The new
European Union series. Oxford, Oxford University Press.
Kenealy, D., Peterson, J. et al., Eds., 2015. The European Union: How does it work? Oxford,
Oxford Uni Press.
Nugent, N., 2010. The government and politics of the European Union. Basingstoke, Palgrave
Macmillan.

1.2.2 Europäisches Parlament

Wen vertritt das Europäische Parlament?
Welche Rechte hat das Europäische Parlament?

Das Europäische Parlament (Artikel 14 EU-V; 223–234 AEU-V) wird von den Bürgern
der Mitgliedsstaaten für jeweils fünf Jahre direkt gewählt. Jedes Land der EU kann
eine näherungsweise bevölkerungsproportionale Anzahl von Mitgliedern des Parlaments wählen, wobei die größeren Länder weniger Stimmen erhalten als ihrem
Bevölkerungsanteil entspräche und die kleineren dafür mehr. Die Parlamentarier
repräsentieren nicht die Mitgliedsstaaten, sondern politische Richtungen. Sie bilden über die nationalen Grenzen hinweg politische Fraktionen, denen sie auch in
Abstimmungen verbunden bleiben (Smith, J., 1999; Noury, A. G. und Roland, G.,
2002).

Das Europäische Parlament hat sich von einer beratenden Versammlung hin
zu einem machtvollen Gremium nach dem Vorbild eines nationalen Parlaments
nach den Grundgedanken demokratischer Gewaltenteilung entwickelt. Es hat jedoch bis heute nicht die volle Funktion der Legislative, über die ein nationales
Parlament verfügt. Vielmehr kommen ihm lediglich Mitwirkungs- und Kontrollbe-
fugnisse im Zusammenspiel mit den anderen beiden Gremien zu. Diese Befugnisse
sind im Lauf der Zeit gewachsen und umfassen:
–   **Haushaltsrecht:** Der Haushalt der EU wird in einem mittelfristigen Finanzplan
    beschrieben, und die jährlichen Budgets werden als Teil dieses Plans verab-
    schiedet. Im mittelfristigen Finanzplan werden die Ausgabenschwerpunkte für
    sieben Jahre festgelegt (Kapitel 1.3). Dieser Plan kann nur mit einer mehrheitli-
    chen Zustimmung des Parlaments verabschiedet werden. Beim Jahresbudget
    hat es das Recht, Änderungen vorzuschlagen und diese in einem Vermittlungs-
    verfahren durchsetzen: Ohne mehrheitliche Zustimmung des Parlaments kann
    der jährliche Haushalt nicht verabschiedet werden. Allerdings kann das Parla-
    ment nicht über die Höhe der Einnahmen entscheiden. In Nationalstaaten gilt

es als das wichtigste Recht des Parlaments, über die Finanzen zu beschließen. In der EU ist die Stellung des Parlaments in dieser Frage zwar stärker geworden, aber es muss die Macht mit dem Rat teilen.

- **Kontrolle der Kommission:** Eine neue Kommission muss durch das Europäische Parlament akkreditiert und sein Präsident muss durch das Parlament gewählt werden. Damit kann das Europäische Parlament auf die Auswahl der Personen für die Kommission Einfluss ausüben; davon hat es auch Gebrauch gemacht. Außerdem hat die Kommission eine Berichtspflicht gegenüber dem Parlament; dieses kann der Kommission sogar das Misstrauen aussprechen und sie damit aus dem Amt entfernen. Das Europäische Parlament kann bei Missständen in der EU Untersuchungsausschüsse einrichten und Petitionen von Bürgern behandeln.

- **Teilnahme an der Rechtsetzung der EU** (Kapitel 1.2.5): Im Verlauf der Zeit hat das Europäische Parlament eine wachsende Bedeutung erfahren und wird bei der Gesetzgebung einem herkömmlichen nationalen Parlament ähnlicher. Sekundäres europäisches Recht kann nur mit Zustimmung des Europäischen Parlaments geschaffen werden (Verfahren der Mitentscheidung), und es kann Gesetzesvorschläge sogar endgültig scheitern lassen. Es hat aber immer noch kein Recht, eine Gesetzesinitiative auf den Weg zu bringen; allenfalls kann es die Kommission auffordern, eine solche zu ergreifen.

Seine Macht kann das Europäische Parlament auf der europäischen Bühne also nur im Zusammenspiel mit den beiden anderen Gremien, dem Rat und der Kommission, ausüben. Es ist (noch) nicht in gleicher Art wie ein nationales Parlament der Ort politischer Diskussion, der Willensbildung und der Gestaltung in Ausübung des Wählerauftrags. Dies liegt auch daran, dass der politische Diskurs im Europäischen Parlament nur schwach zu den nationalen Wählern rückgekoppelt ist: Eine intensive Diskussion der im Europäischen Parlament behandelten europäischen Themen findet keine starke Begleitung in der Öffentlichkeit der Nationalstaaten, weil die nationalen Medien diese Themen – wenn überhaupt – vorrangig aus nationaler Perspektive aufgreifen.

Weiterführende Literatur

Hix, S. und Høyland, B., 2013. Empowerment of the European Parliament. Annual Review of Political Science (January).

Shackleton, M., 2012. The European Parliament. The New European Union Series. J. Peterson and M. Shackleton. Oxford, Oxford University Press: 124–147.

Hix, S. und Scully, R., Eds., 2003. The European Parliament at fifty. Journal of Common Market Studies – Special Edition.

1.2.3 Europäischer Rat und Ministerrat

1.2.3.1 Die Stimmen der Nationalstaaten

? Wen vertreten der Europäische Rat bzw. der Rat?

Die EU ist heute immer noch weitgehend ein Gebilde, in dem die Mitgliedsstaaten nach dem „Verfahren der zwischenstaatlichen Zusammenarbeit", oder auch intergouvernemental, Vereinbarungen untereinander treffen. Dies ist gegeben, wenn die einzelnen Mitgliedsstaaten zwar die Entscheidungsmacht über ein Thema behalten haben, sich aber über ein gemeinsames Vorgehen einigen wollen.

Teilnehmer dieser zwischenstaatlichen Zusammenarbeit sind die Regierungschefs bzw. die Fachminister der Mitgliedsstaaten. Die Regierungen der Mitgliedsstaaten kommen in der EU in zwei „Konfigurationen" zusammen: Die Regierungsspitzen (**Europäischer Rat**) bzw. die Fachminister (**Rat**) aus den Nationalstaaten treffen sich in Brüssel oder Straßburg, um über Themen zu beraten und zu beschließen, die nicht gemeinsam behandelt werden. Der Rat verabschiedet zusammen mit dem Europäischen Parlament Gesetze.

Der „**Europäische Rat**" (Artikel 15 EU-V; 235–236 AEU-V) setzt sich aus den Staats- und Regierungschefs sowie dem Präsidenten der Kommission zusammen. Er trifft sich zweimal jährlich – bei Bedarf auch häufiger. Den Vorsitz hat ein Mitgliedstaat jeweils für sechs Monate. Entscheidungen fallen in der Regel im Konsens. Die Mitglieder des Europäischen Rates vertreten ihre nationalen Interessen auf der europäischen Ebene und orientieren sich in ihrer Politik an der Wirkung auf die Wähler zu Hause, von denen sie auch in der nächsten nationalen Wahl wieder gewählt werden wollen. Dieses Gremium gibt der EU wesentliche politische Impulse und nimmt zusätzliche Aufgaben, z. B. in der Wirtschafts- und Währungspolitik, wahr.

Der „**Rat**" (Artikel 15 EU-V; 237–243 AEU-V), auch Ministerrat genannt, besteht aus Treffen der Fachminister der nationalen Regierungen. Der Rat ist Teil des Gesetzgebungsmechanismus in der EU. Diese Macht musste er im Lauf der Entwicklung Europas mehr und mehr mit dem Europäischen Parlament teilen, das seinen Einfluss auf die Rechtsetzung ausweiten konnte (Kapitel 1.2.5). Der Rat sorgt auch für die Abstimmung der Wirtschaftspolitiken der Mitgliedsstaaten. Zusammen mit dem Parlament übt der Rat die Haushaltshoheit aus.

Die Organisation der Arbeit des Rates übernimmt die Ratspräsidentschaft, die alle sechs Monate zu einem anderen Mitgliedsstaat wechselt. Das Land der vorherigen sowie der nachfolgenden Präsidentschaft bildet mit dem Land, das den Vorsitz innehat, einen Verbund, um den Informationsfluss und die Kontinuität der Arbeit zu erleichtern.

Als ständiger Apparat zur Unterstützung der Arbeit des Rates wurde ein „Ausschuss der ständigen Vertreter" (COREPER, Comité des Représentants Permanents) eingerichtet, der aus Botschaftern und Beamten der Mitgliedsstaaten besteht. Dieser Beamtenapparat, der ständig in Brüssel präsent ist, ist für die Effizienz und Effektivität der Sitzungen des Rates entscheidend. Er bereitet die Beschlussvorlagen für die Sitzungen so weit wie möglich konsensfähig vor. Dabei sind Kompromisse und „Kuhhandel" notwendige Elemente der Einigung unter Partnern mit unterschiedlichen nationalen Interessen. Lewis (2012) bezeichnet diesen Ausschuss als den Ort, an dem die „deals gemacht" werden, wo die Entscheidungen des Rats defacto vorgeformt werden. Da COREPER unter Ausschluss der Öffentlichkeit tagt, wird er als Ausdruck der Intransparenz der EU und der Herrschaft eines undurchsichtigen Apparats kritisiert. Themen, über die im COREPER keine gemeinsame Beschlussvorlage erarbeitet werden konnte, werden von den Ministern während der Sitzung des Rates entschieden.

Finanzpolitische Entschlüsse werden vom Wirtschafts- und Finanzausschuss vorbereitet, in dem Staatssekretäre der Finanzministerien der Mitgliedsstaaten, Vertreter der nationalen Notenbanken sowie je ein Repräsentant der EU-Kommission und der EZB vertreten sind.

1.2.3.2 Mehrheitsprinzip und Aufgabe von Souveränität

Welcher Konflikt besteht zwischen Souveränität und Effektivität der EU?
Sind qualifizierte Mehrheiten im Rat der richtige Weg?

Die Mitglieder des Rates sind Delegierte nationaler Regierungen und sind bei ihren Entscheidungen ihren jeweiligen nationalen Parlamenten gegenüber politisch verantwortlich und an einer positiven Resonanz bei ihrer jeweiligen nationalen Wählerklientel interessiert. Wenn die Interessen und Ansichten der Ratsmitglieder aus den verschiedenen Mitgliedsstaaten nicht zu einem einstimmigen Votum führen, dann muss die Abstimmung nach dem Mehrheitsprinzip erfolgen. Es gibt dann spiegelbildlich auch eine Minderheit, die sich – wie in Demokratien üblich – der Mehrheit beugen muss. Weiterhin muss „Mehrheit" definiert werden: Es ist festzulegen, wie groß der Stimmenanteil mindestens sein muss, um eine Abstimmung gewinnen zu können.

Um diese Fragen wurden bei der Weiterentwicklung der Europäischen Integration heftige Auseinandersetzungen geführt. Zuerst wurde nur einstimmig entschieden, aber dann gab es eine Entwicklung hin zu Mehrheitsentscheidungen und damit zu einer teilweisen Aufgabe nationaler Souveränität.

Für eine zügige und effektive politische Gestaltung in der EU ist es wichtig, welche Politikbereiche nach welcher Abstimmungsregel behandelt werden sollen. Bei einzelnen Themen wollen Mitgliedsstaaten die Option eines Vetos behalten (Einstimmigkeit), während sie bereit sind, andere Themen nach dem Mehrheitsprinzip behandeln zu lassen. Im Vertrag – und damit einstimmig – ist jeweils festgelegt, welches Thema mit welcher Mehrheitsregel entschieden wird. Mit jeder Vertragsrevision wurden mehr Themen von der Einstimmigkeit unter die Mehrheitsregel verschoben. Im Lissaboner Vertrag (2009) wuchs die Anzahl der Politikbereiche, die im Rat mit qualifizierter Mehrheit behandelt werden, von bisher 137 auf 181 an. Darüber hinaus können der Europäische Rat bzw. der Ministerrat beschließen, dass einige Themen, die noch einstimmig behandelt werden, künftig auch nach dem Mehrheitsprinzip behandelt werden – sofern die nationalen Parlamente dagegen keinen Widerspruch einlegen.

Für Abstimmungen im Rat sind im Vertrag von Lissabon (2009) drei verschiedene Verfahren vorgesehen:

- Einstimmigkeit
- Einfache Mehrheit
- Qualifizierte Mehrheit.

Zu: Einstimmigkeit

Die **Einstimmigkeit** war die alleinige Regel unter den sechs Gründungsmitgliedern. Damit hat jedes Land ein Veto – unabhängig von der Landesgröße. Es können nur Beschlüsse gefasst werden, mit denen jeder Mitgliedsstaat einverstanden ist, was die Harmonie fördert, aber die Entscheidungsfähigkeit dämpft und zur Einigung auf den kleinsten gemeinsamen Nenner führt. Je sensibler das Thema in den Augen einzelner Mitgliedsländer ist, desto geringer ist deren Bereitschaft, eine Minderheitsposition zu akzeptieren.

Heute ist Einstimmigkeit erforderlich, wenn es um Geld geht (EU-Finanzen, indirekte Besteuerung), in der Außen- und Sicherheitspolitik, bei der Gewährung neuer Rechte für EU-Bürger, bei der Aufnahme neuer Mitglieder, im Bereich Justiz und Inneres sowie im Bereich soziale Sicherheit und Sozialschutz.

Die Drohung mit einem Veto kann auch missbraucht werden: Im Jahr 2016 hat Griechenland damit gedroht, alle Abstimmungen in der EU, bei denen Einstimmigkeit erforderlich ist, zu blockieren, wenn die Politik einiger Länder in der Flüchtlingsfrage für Griechenland unangenehm sei.

Zu: Einführung des Mehrheitsprinzips

Da die Entscheidungsfähigkeit mit wachsender Mitgliederzahl bei Einstimmigkeit nicht mehr gegeben war, wuchs der Druck zur Einführung des Mehrheitsprinzips. Die politischen Verwerfungen bei der schrittweisen Einführung von Mehrheitsentscheidungen zeigen sich markant an drei **Krisen und Kompromissen.**

„Luxemburger Kompromiss" (1966)

Zwar war der Übergang zum Verfahren der qualifizierten Mehrheit bereits beschlossen worden, seine anstehende erstmalige Anwendung führte jedoch 1966 zu einer ernsten Krise: Der französische Staatspräsident De Gaulle blockierte durch demonstratives Fernbleiben die EU („Politik des leeren Stuhls"). In einem gemeinsamen Beschluss wurde dann festgelegt, dass das neue Prinzip der qualifizierten Mehrheit gelten solle, aber dann nach dem Prinzip der Einstimmigkeit verfahren werden sollte, wenn ein einzelnes Mitgliedsland dies wünschte (Ludlow, N. P., 2007; Dinan, D., 2000:162, 332). Damit hatte die EU die Weiterentwicklung der Abstimmungsverfahren gerettet, indem sie einen Kompromiss fand, bei dem Frankreich sein Gesicht wahren konnte.

„Kompromiss von Ioannina" (1995)

Ab 1.1.1995 kamen neue Mitgliedsstaaten dazu, somit wuchs auch die Anzahl der Stimmen im Rat. Es war zu klären, welche Stimmenzahl künftig für eine Sperrminorität gelten sollte. Spanien und Großbritannien plädierten für eine Beibehaltung der Anzahl der Stimmen, die eine Sperrminorität bilden könnte. Dies käme einer Verschärfung der Anforderungen gleich, da künftig ein größerer Prozentsatz der Stimmen für eine qualifizierte Mehrheit erforderlich wäre. Länder, die eine Ausdehnung der Mehrheitsentscheidungen in der EU wünschten, lehnten dies ab. Auf der Ratssitzung von Ioannina wurde als Kompromiss vereinbart, dass der Rat versuchen wird, eine größere als die mindestens erforderliche Stimmenzahl für einen Beschluss zu erhalten (Geiger, R., 2000:682). Eine solche Klausel wurde auf Drängen Polens auch in den Reformvertrag (2007) übernommen (Erklärung Nr. 7, Vertrag von Lissabon).

„Nizza oder Tod" (2007)

Im Vertrag von Nizza (2003) war dem künftigen Mitgliedsstaat Polen der gleiche Stimmenanteil wie Spanien zugewiesen worden, da es genau so groß war wie Spanien. Beide Länder hatten aber einen deutlich höheren Anteil an Stimmen als ihrem Anteil an der Bevölkerung der EU entsprach. Dies sollte im Reformvertrag (2007, 2009) korrigiert werden. Mit der populistischen Formel „Nizza oder Tod" drohte die polnische Regierung, die Verhandlungen um einen neuen Vertrag deshalb vollständig scheitern zu lassen. Erst nach der Schaffung einer langen Übergangsfrist, nach der die alte Regelung statt nur bis 2009 noch bis 2017 gelten kann, lenkte Polen ein.

Zu: Einfache Mehrheit

Für Abstimmungen mit **einfacher Mehrheit** hat jedes Land – unabhängig von seiner Größe – eine Stimme. Sofern 15 Mitglieder mit „Ja" stimmen, ist die Abstimmung gewonnen. In einer solchen Abstimmung könnten viele kleine Staaten, die nur einen kleinen Teil der Bevölkerung der EU repräsentieren, sich gegen eine kleine Gruppe von großen Ländern durchsetzen, die die überwiegende Mehrheit der EU-Bürger repräsentieren. Ein solcher Beschluss würde nicht so breit akzeptiert, wie es wünschenswert ist.

Heute wird nach diesem Verfahren nur in wenigen Themen entschieden; dazu zählen die eigene Geschäftsordnung des Rates sowie Aufforderungen des Rates an die Kommission, einen Gesetzesvorschlag zu erarbeiten.

Zu: Qualifizierte Mehrheit

Um die Zustimmung zu einer Beschlussvorlage auf eine möglichst breite Basis zu stellen, aber dabei ein Veto auszuschließen, wurden die Entscheidungen mit **qualifizierter Mehrheit** eingeführt. Für einen Beschluss wird verlangt, dass deutlich mehr als die Hälfte der Mitgliedsstaaten zustimmt; es ist dann einfacher, eine kleine Gruppe zusammenzustellen, die den Beschluss ablehnt („Sperrminorität"). Aber selbst wenn das Prinzip der qualifizierten Mehrheit akzeptiert wird, bleibt noch als Konfliktstoff, dass die Mitgliedsstaaten so ungleich groß sind. Daher soll bei Abstimmungen gleichzeitig noch die **Bevölkerungszahl** berücksichtigt werden.

Seit November 2014 gilt für Abstimmungen mit qualifizierter Mehrheit das Prinzip der **doppelten Mehrheit**:

1. Es müssen 55 % der Mitgliedsstaaten zustimmen (16 von 28) und
2. in den Ländern, deren Ratsvertreter zustimmen, müssen mindestens 65 % der EU-Bevölkerung wohnen.

Eine **Sperrminorität** ist erreicht, wenn mindestens vier Länder gegen einen Vorschlag stimmen, in denen mindestens 35 % der EU-Bevölkerung leben.

Dieses Verfahren wird für ca. 80 % aller Abstimmungen im Rat verwendet.

Diese neuen Regeln bedeuteten einen weiteren Schritt zur Abgabe von Macht an die europäische Ebene und waren entsprechend umkämpft. Um den Bedenken einiger Länder Rechnung zu tragen, wurden daher zwei Kompromisse vereinbart:

- Bis Ende März 2017 kann ein Mitgliedsstaat im Einzelfall verlangen, dass eine Abstimmung nach den alten Regeln des Vertrags von Nizza abzulaufen hat.
- Die Anwendung des „Kompromisses von Ioannina" kann verlangt werden, wenn eine Gruppe von Ländern, die es nicht schaffen eine Sperrminorität zu bilden, dennoch mit einem Mehrheitsbeschluss nicht einverstanden ist.

Die Regierungsvertreter zögerten bei der Einführung des Mehrheitsprinzips, da jedes Land um seinen Einfluss fürchtete. Betrachtet man dagegen die tatsächlichen Abläufe im Rat, so fällt auf, dass in der Vergangenheit nur selten nach den Regeln der qualifizierten Mehrheit abgestimmt wurde. Stattdessen wurde überwiegend versucht, durch Verhandlungen und Kompromisse einen Konsens zu erreichen. Allenfalls enthielten sich die Vertreter der Länder, die gegen einen Vorschlag sind, der Stimme – was defacto als „Ja" gezählt wird. Dadurch wurde in 70 %–85 %

dieser Abstimmungen zwischen 2004 und 2010 einstimmig entschieden (Hayes-Renshaw, F., 2012:80; Häge, F., 2013). Somit stellte sich heraus, dass der Einfluss eines Mitgliedsstaates im Rat nicht vorrangig von seinem Stimmengewicht abhängt, sondern eher von seinem Verhandlungsgeschick und seiner Kompromiss-fähigkeit sowie seinem sonstigen politischen Gewicht (Sidjanski, D., 2011:281).

Konflikte bei qualifizierter Mehrheit brechen auf

Eine Ausnahme war die Mehrheitsentscheidung in einer besonders sensitiven Situation im Jahr 2015. Durch die stark erhöhte, unkontrollierte Zuwanderung von Flüchtlingen in die EU wurde eine verpflichtende Aufnahme von Flüchtlingen im Rat (Rat für Justiz und Inneres am 22. 9. 2015) durch eine Mehrheitsentscheidung festgelegt. Dieses Vorgehen hat bei den in der Abstimmung Unterlegenen zu großer Empörung geführt und der slowakische Ministerpräsident hat sogar offen mit einem Bruch europäischen Rechts gedroht („Slowakischer Premier ...", 2015).

Um die Konflikte zwischen nationaler Souveränität und zügigem und effizientem Handeln der EU zu lösen, sollte auch über eine Veränderung der Abstimmungsregeln nachgedacht werden (Kapitel 6.2.2).

Weiterführende Literatur

Schoutheete, P. d., 2012. The European Council. The New European Union Series. Peterson, J. und Shackleton, M. Oxford, Oxford University Press: 43–67.

Hayes-Renshaw, F., 2012. The Council of Ministers. The New European Union Series. Peterson, J. und Shackleton, M. Oxford, Oxford University Press: 68–95.

Nugent, N., 2010. The government and politics of the European Union. Basingstoke, Palgrave Macmillan.

1.2.4 Europäische Kommission

Wie kommt die Kommission zu Stande und wem legt sie Rechenschaft ab?
Welche Rechte hat die Europäische Kommission?
Können die Mitglieder der Kommission „unabhängige Europäer" sein?

Die Europäische Kommission (Artikel 17 EU-V, 244–250 AEU-V) ist als europäischer Gegenpol zu den nationalstaatlichen Interessenvertretern im EU-Rat zu verstehen. Die wesentlichen Rollen der Kommission sind:

- **„Hüterin der Verträge"** gegenüber Vertragsverletzungen durch Regierungen, nationale Behörden und Unternehmen. So hat die Kommission ein Recht auf Auskunft gegenüber den Mitgliedsstaaten sowie das Klagerecht vor dem EU-Gerichtshof. Gegen Unternehmen kann sie Bußgelder bei Vertragsverletzungen verhängen.

- **„Unabhängige Europäerin"**: Die Mitglieder der Kommission dürfen von keiner nationalen Regierung Anweisungen anfordern oder entgegennehmen und somit auch nicht die Interessen eines Mitgliedsstaates vertreten. Vielmehr müssen sie das übergeordnete Interesse Europas vertreten.
- **„Motor der Gemeinschaft"** durch alleiniges Initiativrecht zur Weiterentwicklung der Gesetze Europas, d. h. der Rat und das Parlament können Gesetze nur dann verabschieden, wenn diese von der Kommission in das Entscheidungsverfahren eingebracht worden sind. Nach dem Reformvertrag von Lissabon erhält der „Hohe Vertreter für die Außen- und Sicherheitspolitik" ebenfalls ein Initiativrecht. Außerdem verpflichtete sich die Kommission freiwillig, eine Gesetzesinitiative des Parlaments binnen drei Monaten aufzugreifen.
- **„Exekutive der Gemeinschaft"** bei der Durchführung solcher Maßnahmen, die der Rat der Kommission übertragen hat. Sie ist für die Durchführung der Gemeinschaftspolitiken und der Programme verantwortlich, erlässt die Durchführungsverordnungen, die für die konkrete Umsetzung von europäischen Gesetzen nötig sind und ist auch für Rahmen- und Aktionsprogramme der Gemeinschaft in den Bereichen Bildung, Forschung oder Kultur zuständig. Im Bereich des Wettbewerbsrechts erlässt sie Vollzugsmaßnahmen wie Bußgelder und Verbote gegenüber Unternehmen (Seifert, M., 2006).

Der Kommission wird damit die Rolle einer unpolitischen, neutralen Behörde, die über die Einhaltung der Verträge wacht, zugeschrieben. Tatsächlich jedoch tritt sie immer wieder als politischer Akteur auf, der in die politische Gestaltung eingreift. Dies zeigte sich z. B. in den Verhandlungen über die „Rettung" Griechenlands, als der Präsident der Kommission die Richtung der Mitgliedsstaaten und der EU mitgestalten wollte.

Eine Kommission wird für eine Amtszeit von fünf Jahren berufen. Die Regierungen der Mitgliedsstaaten einigen sich mit qualifizierter Mehrheit auf einen neuen Präsidenten der Kommission und berücksichtigen bei der Auswahl auch die politischen Mehrheiten im Europäischen Parlament. Das Europäische Parlament wählt diesen Kandidaten mit einfacher Mehrheit. Der Rat einigt sich auf eine Liste von Kandidaten für die Kommission und legt diese dem Parlament zu Ernennung vor. Das Parlament kann den Austausch von politisch unerwünschten Kandidaten durchsetzen (Bache, J. und George, S., 2006:214; Scully, R., 2010:166). Nach der Zustimmung des Parlaments ernennt der Rat die Kommissionsmitglieder.

Die einzelnen Mitglieder der Kommission oder die Kommission als Ganzes waren in der Vergangenheit nach Amtsantritt nicht mehr abwählbar. Nach erheblichen Vorwürfen der Korruption und Vetternwirtschaft gegen einzelne Mitglieder der Kommission unter der Leitung von Jaques Santer (Ausschuss unabhängiger Sachverständiger, 1999) wurde im Vertrag von Lissabon (Artikel 234, 247 AEU-V) dem Europäischen Parlament die Möglichkeit gegeben, die gesamte Kommission durch ein

Misstrauensvotum aus dem Amt zu entfernen bzw. ein einzelnes Kommissionsmitglied durch den Europäischen Gerichtshof des Amtes entheben zu lassen.

Die Kommission funktioniert als Gremium nach dem Kollegialprinzip, dem ein Präsident als *„Primus inter Pares"* vorsteht. Zwar haben die einzelnen Mitglieder der Kommission ein „Portfolio", d. h. sie sind für bestimmte Themen zuständig, die Beschlüsse werden jedoch gemeinsam im Gremium mit absoluter Mehrheit gefasst. Zur Unterstützung der Kommissionsmitglieder bei der inhaltlichen Arbeit dient der permanente Verwaltungsapparat der Kommission, der in thematisch zuständige Generaldirektionen unterteilt ist, die „ihrem" Kommissionsmitglied zugeordnet sind.

Nur noch Europäer – wirklich?

Die Mitglieder der Kommission sollen mit dem Wechsel aus ihrem Heimatland in die Kommission ihre nationale Zugehörigkeit „vergessen". Sie dürfen also in der Kommission nicht nationale Interessen vertreten oder Weisungen von einem, d. h. ihrem Mitgliedsstaat, annehmen. Damit kontrastiert, dass jedes Land Wert darauf legt, ein Kommissionsmitglied zu stellen. Neben dem damit verbundenen Prestige und den erhofften Einflussmöglichkeiten spielt für diesen Wunsch auch das Initiativrecht der Kommission eine Rolle: Die Staaten sehen in „ihrem" Kommissar einen informellen Einflusskanal im Vorfeld einer Gesetzesinitiative.

Im Grundsatz hat sich das Prinzip der Unabhängigkeit der Kommission von nationalstaatlichen Interessen bewährt. Ähnlich wie die Mitglieder der Europäischen Zentralbank, die meist aus Regierungsfunktionen kommen und von der Regierung für das neue Amt vorgeschlagen werden, orientieren sich auch die Kommissionsmitglieder an der Forderung nach Unabhängigkeit, wie es das neue Amt von ihnen erwartet, um sich Ansehen in der Öffentlichkeit und im Kollegium zu erwerben. Dies funktioniert jedoch nicht immer reibungslos, da

- nationalstaatliche Akteure aus Regierung und Unternehmen versuchen können, zur Vertretung ihrer Interessen im Hintergrund Druck auf die Kommission oder einzelne Mitglieder auszuüben, um deren Handlungen und Entscheidungen zu beeinflussen;
- Mitglieder der Kommission aus eigenem Antrieb die Interessen ihres Herkunftslandes vertreten könnten, z. B. weil sie dort nach ihrer Rückkehr weiter Karriere machen wollen.

Der Economist nannte die vollständige Unabhängigkeit der Kommissionsmitglieder sarkastisch einen der besten Witze in Brüssel („In defence ...", 2007). Allerdings greift es zu kurz, der Kommission vorschnell die verbotene Berücksichtigung einzelner nationaler Interessen zu unterstellen, wenn sie auf Wünsche und Interessen aus den nationalen Regierungen eingeht: Schließlich sind es diese Regierungen, die im Ministerrat dann über die Vorlagen der Kommission abstimmen und die

Kommission will politisch vernünftigerweise vorher sondieren, ob ihre Vorschläge die Chance auf eine Mehrheit haben.

Die Einhaltung der Neutralität der einzelnen Kommissionsmitglieder ist unter drei Gesichtspunkten gefährdet: Erstens können Interessengruppen versuchen mit legalen Methoden der **Lobbyarbeit** Einfluss auf Kommissare zu nehmen oder diese gar zu bestechen versuchen. Ein solcher Fall der illegalen Einflussnahme wurde publik, als dem damaligen Kommissar für Gesundheitspolitik, Dalli, vorgeworfen wurde, er unterhielte zu enge Kontakte zur Tabakindustrie und hätte von Bestechungsversuchen zumindest Kenntnis gehabt. Der damalige Kommissionspräsident Barroso hat ihn daraufhin zum Rücktritt gedrängt („Hello again ...", 2016). Zweitens können Kommissionsmitglieder im Anschluss an ihre Tätigkeit in der Kommission eine **politische Karriere in ihrem Herkunftsland** anstreben und daher bereits vorher möglicherweise die Interessen dieses Landes besonders berücksichtigen: Die damalige Kommissarin für Haushaltsfragen bewarb sich im Jahr 2009 erfolgreich um die Präsidentschaft ihres Herkunftslandes Litauen und das Kommissionsmitglied aus Estland wurde vom Europäischen Parlament im Jahr 2014 angegriffen, weil er sich um die Position des Regierungschefs in seiner Heimat bewarb. Drittens ist es problematisch, wenn Mitglieder der Kommission kurz nach Beendigung ihres Amtes private Positionen in den Wirtschaftsbereichen einnehmen, für die sie zuvor zuständig waren („**Drehtür-Effekt**"). Die Institutionen der EU versuchen solche problematischen, unethischen oder gar kriminellen Verhaltensweisen zu bekämpfen. Ein wichtiges Mittel dabei ist eine möglichst hohe Transparenz über die Vorgänge im Inneren des Apparates.

ℹ️ Weiterführende Literatur
Peterson, J., 2012. The College of Commissioners. The New European Union Series. Peterson, J. und Shackleton, M. Oxford, Oxford University Press: 96–123.
Bauer, M. W. und Heisserer, B., 2010. Die Reform der Europäischen Kommission. Modernisierungskonzepte aus vier Jahrzehnten im Vergleich. Integration 33(1): 21–35.

1.2.5 Gesetzgebung in der EU

Politisches Handeln in einem Rechtsstaat muss sich durch Gesetze legitimieren. Im Gesetzgebungsprozess liegt also der Schlüssel zur politischen Gestaltungsmacht. Auf europäischer Ebene werden zwei Arten von Recht unterschieden: Primärrecht und Sekundärrecht. Das Primärrecht wird in den Europäischen Verträgen niedergelegt und beschreibt die Grundlagen der EU allgemein. Im Sekundärrecht werden auf der Grundlage des Primärrechts die Anwendung und Durchführung der Tätigkeiten der EU festgelegt.

Der „gemeinschaftliche Besitzstand", auch **Acquis Communautaire** genannt, ist die Summe aller rechtlichen Vorschriften, d. h. das gesamte von der EU geschaffene Primär- und Sekundärrecht.

1.2.5.1 Die europäischen Verträge

Wie wird Primärrecht als Grundlage der EU geschaffen?

Das europäische **Primärrecht** besteht aus den Europäischen Verträgen in der jeweils letzten Fassung. In den Verträgen werden u. a. auch die Themenbereiche festgelegt, für die die Gesetzgebungskompetenz ganz oder teilweise vom Nationalstaat an die EU abgegeben wird.

Die Gründungverträge wurde 1957 in Rom unterzeichnet („Römische Verträge"). Für die Weiterentwicklung der EU ist es erforderlich, dieses Primärrecht durch Unterzeichnung einer neuen Fassung der Verträge anzupassen. Die jeweiligen Versionen werden meist nach der Stadt benannt, in der die Staats- und Regierungschefs die Änderungen der Verträge unterschreiben (Vertrag von Rom, Nizza, etc.) (Tab. 1-2).

Tab. 1-2: Europäische Verträge in zeitlicher Reihenfolge.

1951	Paris (Europäische Gemeinschaft für Kohle und Stahl, EGKS)
1957	Rom („Gründungsverträge": Europäische Atomgemeinschaft, EURATOM und Europäische Wirtschaftsgemeinschaft, EWG)
1967	Fusionsvertrag von Brüssel (Zusammenführung von Kommission und Rat der getrennten Gemeinschaften)
1986	Einheitliche Europäische Akte
1992	Maastricht (Vertrag über die Europäische Union, Vertrag über die Europäischen Gemeinschaften)
1999	Amsterdam (Ergänzungen und Änderungen zu Maastricht)
2003	Nizza – Vertrag über die Europäische Union (EU-V) – Vertrag über die Europäischen Gemeinschaften (EG-V)
(2005)	Rom („Verfassungsvertrag", Ratifizierung in Frankreich und Niederlanden gescheitert)
2009	Lissabon („Reformvertrag"; 2007 unterzeichnet; 2009 Ratifizierung abgeschlossen; einige Übergangsfristen bis 2017) – Vertrag über die Europäische Union (EU-V) – Vertrag über die Arbeitsweise der Europäischen Union (AEU-V, ehem. EG-V).

Jeweils beim Beitritt weiterer Länder werden die Verträge angepasst, z. B. indem die Liste der Mitglieder der EU um die neuen ergänzt wird.

Der Kampf um den (neuen) Vertrag

Wenn eine größere Zahl der Mitgliedsstaaten zu der Auffassung kommt, dass das Primärrecht angepasst werden müsste, dann können sich alle Mitglieder darauf einigen, eine Regierungskonferenz einzuberufen. In dieser Versammlung kommen die Staats- und Regierungschefs („Europäischer Rat") zusammen. Nach meist langen Nachtsitzungen („Nacht der langen Messer") werden Kompromisse und „deals" zu politisch brisanten und strittigen Themen gefunden, denen sich die Vertreter aller Mitgliedsstaaten ohne Gesichtsverlust anschließen können.

Der neue Text muss **einstimmig** beschlossen werden. Darin liegt eine erhebliche Hürde, da jedes Mitglied ein Veto hat. Die Drohung, das Veto auszuüben, kann genutzt werden, um möglichst viele Zugeständnisse an das eigene Interesse von den anderen zu erlangen. Auch muss jedes teilnehmende Land berücksichtigen, wie die Wähler zuhause den neuen Vertrag bewerten dürften. Nachdem alle Mitglieder unterschrieben haben, muss der Vertrag noch ratifiziert werden, um in Kraft zu treten. Dafür hat jedes Mitgliedsland seine eigenen Vorschriften: In einigen Ländern reicht eine Parlamentsmehrheit, während in anderen auch noch die Bevölkerung in einem Referendum zustimmen muss. Ein Scheitern der Zustimmung im Referendum in einem einzigen Land führt dazu, dass der neue Vertrag nicht zustande kommt. Dies ist mehrfach in der Geschichte der EU eingetreten.

Zwar kann ein Vertrag nur einstimmig beschlossen bzw. verändert werden, aber während der Laufzeit des Vertrags kann der EuGH durch seine Rechtsprechung die Intention des ursprünglichen Textes verändern und so durch „Richter-Recht" die Erfordernis der Einstimmigkeit aushebeln. Die Integration durch Rechtsprechung führt so zu einem Legitimitätsproblem (Grimm, D., 2016b:241 ff.).

Da die Anpassung der Verträge ein politisch schwieriges Unterfangen ist, dessen Ausgang und Zeitbedarf kaum vorhersehbar ist, schrecken die politischen Akteure davor zurück und suchen juristisch legale „Umwege" – wie den Abschluss von internationalen Verträgen außerhalb des europäischen Rahmens. Auch die Verhandlungen mit Großbritannien um Reformen, die einen BREXIT verhindern sollten, sahen aus diesem Grund keine Änderung des Primärrechts vor.

ℹ Weiterführende Literatur

Referendum madness – Plebiscite-pushers have got Europe's voters hooked on the cheap rush of direct democracy. 2016. ECONOMIST (16. Jan.).

Marhold, H., 2011. Von der Währungsunion zur (gescheiterten) Konstitutionalisierung der Europäischen Union – zehn Jahre Systemreform, ein Kapitel Integrationsgeschichte (1999–2008). Integration 35(1): 3–23, Februar.

Marchetti, A. und Demesmay, C., Eds., 2010. Der Vertrag von Lissabon: Analyse und Bewertung. Schriften des Zentrums für Europäische Integrationsforschung (ZEI). Baden-Baden, Nomos.

1.2.5.2 Verordnungen und Richtlinien

Wie wird sekundäres Recht in der EU geschaffen?
Inwiefern ist europäisches Recht in den Mitgliedsstaaten wichtig?
Wer setzt sich bei Gesetzgebungsverfahren durch?

Die Verträge legen Grundsätze fest, während die Details auf der Grundlage der Verträge in fünf Arten von **sekundärem EU-Recht** (Artikel 288 AEU-V) spezifiziert werden. Die zwei wichtigsten sollen hier behandelt werden:

1. **Verordnungen:** Sie haben im von der EU festgelegten Wortlaut sofortige Geltung als Gesetze in allen Mitgliedsstaaten.
2. **Richtlinien:** Sie können auch als Rahmengesetze bezeichnet werden, die Vorgaben an die Mitgliedsstaaten bilden. Sie müssen ihre jeweiligen nationalen Rechtsvorschriften so anpassen, dass die in der EU-Richtlinie gesetzten Ziele auch auf nationaler Ebene gesetzlich verankert sind.

In den Verträgen wird erstens definiert, in welchen Politikbereichen die EU Befugnisse zur Gesetzgebung hat und zweitens, welche Institution (Kommission, Rat, Parlament) daran in welcher Phase mitwirken darf. Heute haben Rat und Parlament in etwa gleich viel Macht bei der Gesetzgebung. Dies ist Resultat einer Entwicklung, in der

- das Parlament immer stärker in die Gesetzgebung einbezogen wurde, wobei von der Hypothese ausgegangen wird, dass ohne Parlamentsbeteiligung das Gesetzgebungsverfahren auf einer schwachen demokratischen Basis stünde (Kapitel 1.2.5.3);
- im Rat immer mehr Themen nicht einstimmig, sondern nach dem Mehrheitsprinzip behandelt wurden. So bestehen weniger Möglichkeiten für ein Veto und die EU ist besser handlungsfähig.

Schaffung von europäischem Sekundärrecht

Die Verabschiedung eines neuen Gesetzes erfolgt in der Regel nach dem „**ordentlichen Gesetzgebungsverfahren**" (Artikel 294 AEU-V). Damit ist das Verfahren, das dem Parlament die größten Mitwirkungsrechte gab, zum Regelfall geworden. Für ausgewählte Themen legt der Vertrag davon abweichende, „besondere Gesetzgebungsverfahren" fest.

Das ordentliche Gesetzgebungsverfahren läuft in Stufen ab, auf denen jeweils eine Einigung von Parlament und Rat versucht werden kann; ohne die Zustimmung beider Seiten kann es letztlich nicht verabschiedet werden. Der Ablauf ist näherungsweise wie folgt:

Gesetzesvorschlag

1. Die Kommission nimmt das alleinige Initiativrecht wahr; nur sie darf einen neuen Gesetzesvorschlag formulieren und auf den Weg bringen. Darin findet die Rolle der Kommission als „Motor Europas" ihren Ausdruck. Jedoch kann der Rat die Kommission auffordern, die Initiative in bestimmten Themenfeldern zu ergreifen und einen Gesetzesvorschlag zu erarbeiten. Den Inhalt des Vorschlags jedoch bestimmt allein die Kommission.

   Da die drei mächtigen Institutionen Rat, Parlament und Kommission letztlich gemeinsam an der Schaffung eines neuen Gesetzes mitwirken müssen, hat sich im frühen Stadium des Prozesses ein informelles Verfahren, der „Trilog", herausgebildet, in dem in internen Zirkeln konsensfähige Vorschläge ausgelotet werden, die dann später möglichst unverändert durch die Abstimmungen gebracht werden sollen. Da dieses Verfahren „hinter verschlossenen Türen" stattfindet und die offene Diskussion im Parlament dadurch nicht mehr möglich scheint, wird es als intransparent und undemokratisch kritisiert („Ombudsfrau eröffnet ...", 2015).

Erste Lesung

2. Das Europäische Parlament (EP) legt seine Position zu der Initiative fest („**Standpunkt des EP**") und übermittelt diese an den Rat.

3. Einigung von Rat und Parlament auf die Formulierung des Standpunkts des EP: Damit ist das Gesetz verabschiedet. Bei Uneinigkeit legt der Rat dem Parlament einen eigenen Standpunkt vor. Dieser geht in eine zweite Lesung.

Zweite Lesung

4. Der Standpunkt des Rates wird vom Parlament
   - angenommen: Das Gesetz ist in der Fassung des Rats verabschiedet;
   - mit einfacher Mehrheit abgelehnt: Das Gesetz ist gescheitert;
   - mit Mehrheit abgeändert und dann – unter Einbeziehung der Kommission – zur nächsten Runde an den Rat geschickt.

5. Der Rat kann den geänderten Vorschlag des Parlaments
   - mit qualifizierter Mehrheit billigen: Das Gesetz ist verabschiedet;
   - nur einstimmig annehmen, falls die Kommission Einwände gegen die Änderungen hatte: Das Gesetz ist verabschiedet;
   - (teilweise) ablehnen und dann den Vermittlungsausschuss anrufen.

Vermittlung

6. Der **Vermittlungsausschuss** besteht je zur Hälfte aus Vertretern von Rat und Parlament. Er kann nach sechs Wochen ohne Einigung auseinandergehen: Das Gesetz ist gescheitert

Dritte Lesung

7. Wird der Vorschlag im Vermittlungsausschuss innerhalb von sechs Wochen gebilligt, dann müssen das Europäische Parlament mit Mehrheit und der Rat mit qualifizierter Mehrheit diesen Vorschlag als Rechtsakt erlassen, um ihn Gesetz werden zu lassen.

Delegierte Rechtsakte und Durchführungsrechtsakte

Zur Konkretisierung der Inhalte der Verordnungen und Richtlinien sowie für deren Durchführung durch die Mitgliedsstaaten kann die Kommission nach den Bestimmungen des Vertrags weiter Rechtsakte vornehmen: Delegierte Rechtsakte und Durchführungsrechtsakte.

In **delegierten Rechtsakten** fügt die Kommission neue Regeln hinzu oder nimmt Änderungen an bestimmten Aspekten eines Rechtsakts vor. Im Gesetz brauchen so nur die Grundlinien und Ziele der Politik festgelegt zu werden, da technische Details in dem delegierten Akt beschrieben werden. Eine wesentliche Änderung der Intention des Gesetzes darf dadurch allerdings nicht erfolgen.

Einige EU-Rechtsakte müssen auf der Basis einheitlicher Regeln in den Mitgliedsstaaten umgesetzt werden. Die Kommission kann dafür **Durchführungsrechtsakte** verabschieden. Allerdings muss sie sich dabei von Ausschüssen begleiten und beraten lassen, in denen die Vertreter der Mitgliedsstaaten unter dem Vorsitz der Kommission sitzen (**Komitologie**-Verfahren) (Töller, A. E., 2013).

Umsetzung von Richtlinien im Mitgliedsstaat

Nach der Verabschiedung einer Richtlinie müssen die Gesetzgeber der Mitgliedsstaaten aktiv werden, um die Intention der Richtlinie im nationalen Gesetzeswerk abzubilden. Die Mitgliedsstaaten haben die Freiheit, über die Vorgaben der Richtlinie hinauszugehen und im nationalen Recht weiter gehende Regulierungen zu verankern („Handvergoldung"); dies kann dazu führen, dass in jenem Mitgliedsstaat „Brüssel" zu Unrecht für überbordende Regulierungen verantwortlich gemacht wird (Schaefer, S. und Young, E., 2006).

Da die Umsetzung der europäischen Richtlinien in nationales Recht nicht immer reibungslos abläuft, hat die Kommission das Recht zur Überwachung dieses Prozesses und kann einen Mitgliedsstaat vor dem Europäischen Gerichtshof verklagen, wenn dieser die Richtlinie zu spät oder nicht im Geiste der europäischen Vorgabe umsetzt. Für die korrekte Anwendung des Rechts sind die Mitgliedsstaaten zuständig und verantwortlich.

„Hüterin der Verträge"

Die Kommission wacht darüber, dass die Mitgliedsstaaten das gesamte europäische Recht korrekt anwenden. Sie hat die Möglichkeit, vermutete Rechtsverstöße abzumahnen und letztlich vor den europäischen Gerichtshof zu bringen.

Zu viel und „schlechtes" europäisches Recht?

Europäisches Recht hat Vorrang vor den Gesetzen des Mitgliedsstaates. Es entwickelt sich durch die Verabschiedung neuer Gesetze ständig weiter. In der öffentlichen Diskussion entsteht zuweilen der Eindruck, dass die überwiegende Mehrheit der Gesetze „in Brüssel" gemacht würde. Dies geht auch zurück auf eine Äußerung des damaligen Präsidenten der Kommission, Jaques Delors, der 1988 meinte, binnen zehn Jahren würden 80 % der Wirtschaftsgesetze in der EU gemacht werden. Diese Zahl wurde später als vermeintlich empirischer Befund weiter verwendet. Die tatsächliche Bedeutung der Vorgaben aus der EU für die bundesdeutsche Gesetzgebung ist nur schwer zu ermitteln; Messungen ergaben einen Anteil, der nicht einmal bei der Hälfte des „80 %-Mythos" liegt (Töller, A. E., 2008). Für Großbritannien wurde ein Prozentsatz von ungefähr 20 % ermittelt (House of Commons, 2010). Von einer Aushöhlung des Mitgliedsstaates als Gesetzgeber kann also nicht gesprochen werden, zumal die EU nur dort Gesetze erlassen kann, wo es ihr durch die Verträge zugestanden wurde.

Die oft populistische Kritik am Verlust nationaler Kompetenzen bei der Regulierung der Märkte verkennt zudem, dass die zentrale Vorgabe von Standards gegenüber einer nationalen Regulierung für die meisten Produzenten und Konsumenten erhebliche Vorteile hat: Durch die zentrale Standardisierung bzw. die wechselseitige Anerkennung von Standards werden sowohl Informationskosten gesenkt als auch positive Skalenerträge aus steigenden Losgrößen erst möglich. Zugespitzt formuliert: Wer will „Liter", „Meter" und „Kilogramm" wieder aufgeben zugunsten einer Vielfalt von regional gültigen Maßen und Gewichten?

Die EU hat auf die Kritik an einer als überbordend empfundenen „Regelungswut" reagiert; dies wurde besonders im Wahlkampf für die Europa-Wahl 2014 deutlich, als der prospektive Kommissionspräsident Juncker versprach: „Europa soll groß sein in großen Dingen und klein in kleinen Dingen". Als dann die neue EU-Kommission unter Juncker tatsächlich weniger Gesetzesvorhaben entwickelte, protestierten verschiedene „Mitspieler": Umweltverbände äußerten den Verdacht, dass selektiv gerade solche Vorhaben nicht weiter verfolgt würden, die für die von ihnen vertretenen Belange wichtig seien. Über das EU-Parlament wurde in den Medien kolportiert, es fühle sich unterbeschäftigt und nutzlos (de la Baume, M., 2015). Mit einer Initiative für „bessere Regulierung" versucht die Kommission, die Kritik aufzugreifen.

ℹ️ Weiterführende Literatur

Generalsekretariat des Rates, 2010. Leitfaden für das ordentliche Gesetzgebungsverfahren. Luxemburg.

Borchardt, K.-D., 2010. Das ABC des Rechts der Europäischen Union. Luxemburg, Europäische Union.

Nugent, N., 2010. The government and politics of the European Union. Basingstoke, Palgrave Macmillan, pp. 307–322.

Warleigh-Lack, A. und Drachenberg, R., 2009. Policy making in the European Union. European Union Politics. Cini, M. und Perez-Solorzano Borragan, N. Oxford: 209–224.

Töller, A. E., 2013. Die Reform der Komitologie mit und nach dem Vertrag von Lissabon: The end of the world as we know it? Integration 36(3): 213–232.

1.2.5.3 Demokratie-Defizit der EU

Ist die EU demokratisch verfasst?
Sind die Vorwürfe eine „Demokratie-Defizit" gerechtfertigt?   **?**

Im Verlauf der Integration hat die EU immer mehr Einfluss auf die Gesetzgebung gewonnen. In diesem Zusammenhang wird der schwerwiegende Vorwurf eines Demokratiedefizits in der EU erhoben. Zur Prüfung dieses Vorwurfs ist zu klären, welche Kriterien für das Bestehen demokratischer Strukturen und Verfahren herangezogen werden sollen. In der umfangreichen Literatur zum Demokratiedefizit zeichnet sich dazu kein Konsens ab, so dass hier die Positionen lediglich gegenübergestellt werden sollen.

Kriterien für demokratische Legitimation

Jede Regierung übt Macht über den Souverän – die Bürger – aus. Der Unterschied zwischen einer Demokratie und nicht-demokratischen Gemeinwesen liegt in der Delegation und Kontrolle von Macht. Häufig wird die Gewaltenteilung zwischen Legislative, Exekutive und Jurisdiktion als Maßstab dafür herangezogen, ob ein Gemeinwesen demokratisch organisiert ist. Die Kontrolle von Macht durch Gegenkräfte ist hier konstituierend („checks and balances"). Von einigen Autoren wird die EU als nicht-demokratisch bezeichnet, weil in der EU – anders als in den Mitgliedsstaaten – eine solche Form der Gewaltenteilung nicht bestünde. Bevor dazu Position bezogen wird, sollen weitere Kriterien für das Bestehen demokratisch legitimierter Macht zur Diskussion gestellt werden.

Beetham (1991) und Scharpf (1999) schlagen Kriterien vor, an denen gemessen werden kann, ob die Ausübung von Macht demokratisch legitimiert ist:

- Legitimierung durch Verfahren (input)
- Legitimierung durch Ergebnisse (output)
- Legitimierung durch Substanzpflege.

Legitimierung durch Verfahren (input) bedeutet, dass der Verfahrensweg, auf dem Macht delegiert wurde, demokratische Prinzipien erfüllt. Dies ist z. B. durch freie und faire Wahlen gegeben, an denen sich im Vorfeld alle politischen Gruppen ohne Repression beteiligen konnten. Ob die Wahlen zum Europaparlament und dessen Politik hinreichend legitimiert sind, ist strittig. Bisher sind keine europaweit aktiven Parteien als Plattform der europaweiten politischen Willensbildung entstanden; vielmehr wird die politische Diskussion in den Parteien, den Medien und der sonstigen Öffentlichkeit der einzelnen Mitgliedsstaaten immer noch stark um nationale Themen und aus nationaler Sicht geführt.

Um der Kritik an dem Demokratiedefizit Rechnung zu tragen, ist in den Verträgen schrittweise die Position des Europäischen Parlaments gestärkt worden. Darin muss aber nicht zwingend auch eine Verbesserung der demokratischen Legitimation europäischer Entscheidungsprozesse innerhalb des gegebenen institutionellen Gefüges der EU gesehen werden. Das deutsche Bundesverfassungsgericht (BVG) vertritt in seinem „Maastricht-Urteil" von 1993 die Position, dass nur ein Staatsvolk demokratisch legitimiert wählen kann. Dieses wird durch Sprache, Kultur, gemeinsame Geschichte und Gefühl einer gemeinsamen Bestimmung konstituiert. Ein Staatsvolk gibt es aber nach der Auffassung des Gerichts nur auf der nationalen, nicht aber auf der europäischen Ebene. Im Jahr 2009 hat das BVG geurteilt, dass der Transfer von Souveränität auf die europäische Ebene nicht durch ein Erstarken des Europäischen Parlaments legitimiert werden kann.

Eine demokratisch legitimierte Abstimmung bringt Mehrheiten und bezüglich des Abstimmungsthemas unterlegene Minderheiten hervor. Sofern alle Bürger auch das Gemeinwohl schützen wollen, kann die Minderheit eine Niederlage akzeptieren, da sie im Prinzip der Gesamtheit der Bürger vertraut. Umstritten ist auch, ob das Prinzip von Mehrheit und Minderheit überhaupt in der EU angewendet werden kann, da diese keine Bürgerschaft mit einer kollektiven Identität darstelle (Pollak, J., 2004).

Weiler u. a. (1995) hielten es für möglich, dass die Volkszugehörigkeit allmählich durch eine Wertegemeinschaft der „Citizenship" abgelöst würde, so dass die nationale Zugehörigkeit in den Hintergrund tritt und einer „europäischen Identität" weicht. Diese Hoffnung wird durch den in letzter Zeit sich verstärkenden Nationalismus getrübt.

Legitimierung durch Ergebnisse (output) liegt dann vor, wenn die Regierung die Macht so ausübt, dass im Endergebnis das Wohlergehen der Regierten gesteigert wird. In dieser Definition ist die EU dann legitimiert, wenn die Bürger das Gefühl haben, von ihr zu profitieren. Die Feststellung der Qualität des Output bleibt willkürlich und kann in zwei Dimensionen erfolgen: Politisch und technisch. Das Regierungshandeln wird als politisch befriedigend empfunden, wenn es die Werte und Normen der Bürger (Verteilungsgerechtigkeit, Fairness, Gleichheit, etc.) respektiert. Ein technisch befriedigendes Ergebnis werden Experten anhand von Kennziffern feststellen, die sich auf Größen wie Wettbewerbsfähigkeit, Wirtschaftswachstum, Defizite oder Einkommensverteilung beziehen (Scharpf, 1999:16–46; Schmidt, V. A., 2015:11–16). Für die politische Dimension des Outputs ist die subjektive Einschätzung der Bürger entscheidend – sie muss der „objektiven", technokratisch geprägten Auffassung nicht entsprechen. So kann der freie Markt aus technischer Sicht die bestmöglichen wirtschaftlichen Ergebnisse hervorbringen und gleichzeitig fühlen sich die Bürger durch den Wettbewerb bedroht und ziehen staatliche Intervention vor. Ähnlich war die Zufriedenheit mit dem Euro so lange groß, bis er in der Finanzkrise nicht mehr als Lösung, sondern als Problem wahrgenommen wurde.

Weitere Kritik an der demokratischen Verfasstheit der EU

Für das Bestehen eines **Demokratiedefizits** werden weitere kritische Aspekt vorgebracht (Groeben, H. von der, 1987; Weiler, J. H. H., Haltern, U. et al., 1995; Galloway, D., 2001):

- invertierter Regionalismus
- Mangel an Gewaltenteilung
- Mangel an Kontrolle der nationalen Regierungen.

Bei Entscheidungen im Europäischen Rat und im Europäischen Parlament wiegt die Stimme jedes einzelnen Bürgers der EU weniger, da in diese Entscheidung Stimmen aus allen Mitgliedsstaaten eingehen („**invertierter Regionalismus**"). Damit sinkt das relative Gewicht einer einzelnen Stimme. Dadurch verlieren auch die nationalen Werthaltungen gegenüber einzelnen Themen innerhalb eines vergrößerten Abstimmungsgebietes an Gewicht: Die „sparsamen Deutschen" haben im Chor der „fröhlichen Defizitsünder" weniger Einfluss oder die „wirtschaftsliberalen Briten" müssen sich die Macht mit den „staatswirtschaftlich orientierten Franzosen und Italienern" teilen.

Wenn man das demokratische Grundprinzip der **Gewaltenteilung** (Legislative, Exekutive, Judikative) als Maßstab anlegt, dann sind die Gesetzgebungsverfahren in der EU nicht demokratisch. Das Europäische Parlament ist nur gemeinsam mit dem Rat am Gesetzgebungsverfahren beteiligt. Außerdem kann das Parlament keine Gesetzesinitiative einbringen, dies ist der Kommission vorbehalten. Die Möglichkeit des Europäischen Parlaments, über die nationalen Medien die europapolitische Willensbildung voranzutreiben und Einfluss auszuüben, ist sehr begrenzt, da europäische Themen nicht im Fokus der Medien in den einzelnen Staaten liegen. Die Bedeutung des Europäischen Parlaments leidet auch darunter, dass es keine Möglichkeit hat, den Rat aus dem Amt zu entfernen, wie es ein nationales Parlament mit der nationalen Regierung tun kann.

Durch das Zusammenspiel von Legislative, Exekutive und Judikative auf der europäischen Ebene gewinnen die nationalen Regierungen an Einfluss, da sie maßgeblich die Verabschiedung von Gesetzen bestimmen und danach deren Umsetzung auf nationaler Ebene betreiben. Das heißt, nationale Regierungen können „über Bande spielen", indem sie Gesetzesvorhaben, für die sie im Parlament zu Hause keine Mehrheit sehen, über die europäische Ebene auf den Weg bringen. Auch kommt es zum „Spiel der ‚gebundenen Hände'", wo zu Hause unpopuläre Maßnahmen nicht etwa als Ergebnis eigener Entscheidung, sondern als unvermeidliches Resultat der Mitgliedschaft in der EU dargestellt werden. Damit kann der Wählerwillen ausgehebelt werden und die **parlamentarische Kontrolle der Regierung** auf nationaler Ebene wird schwächer.

Die Ergebnisse von **Wahlen zum Europäischen Parlament** und eine damit eventuell verbundene Verschiebung im politischen Spektrum bleiben für den Rat ohne Konsequenzen. Die politischen Richtungen, die sich bei Wahlen in einem Nationalstaat durchsetzen und den Mehrheitswillen der nationalen Wähler repräsentieren, müssen auf der Ebene des Rates nicht zum Tragen kommen, wenn die Mehrheit im Rat eine andere politische Richtung hat. Dies gilt besonders ausgeprägt für den Fall der einstimmigen Abstimmung im Rat, wo eine Regierung mit ihrer Auffassung eine Mehrheit durch Veto blockieren kann. Eine proportionale Repräsentierung der Wähler in ihrer Regierung ist dann nicht mehr gegeben.

Die Einführung der Regel der **qualifizierten Mehrheit im Rat** hat zu Situationen geführt, in denen der Rat einen Beschluss fasst, der von den Vertretern eines oder mehrerer Mitgliedsstaaten abgelehnt wird – der Beschluss gilt dennoch auch für diese Staaten. Grimm (2016a) sieht darin ein Demokratiedefizit, da der „Legitimationsstrom" von den nationalen Parlamenten über die nationalen Regierungen zum Rat abgerissen sei.

Verteidigung der EU gegen den Vorwurf des Demokratie-Defizits

Diese kritischen Positionen werden jedoch nicht von allen Fachleuten geteilt. Grundsätzlich wird das Bestehen eines Demokratiedefizits von Moravcsik (2002) in Abrede gestellt. Er verweist darauf, dass die EU zwar nicht nach dem herkömmlichen Modell der Gewaltenteilung zwischen Legislative, Exekutive und Jurisdiktion konstruiert sei, aber durch die folgenden Elemente eine Kontrolle von Macht („**Checks and Balances**") gegeben sei:

- Die Organe handeln nur nach einem engen Mandat, das in den Verträgen niedergelegt ist. Eine Aneignung von zusätzlicher Macht („Ermächtigungsermächtigung") ist nicht gegeben.
- Ein fiskalischer Handlungsspielraum für die Ausgestaltung von Politik ist nicht gegeben bzw. ist sehr eng gefasst. Eine Umverteilung von nationalen Ressourcen gegen den Willen der Mitgliedsstaaten und damit eine Verletzung der Präferenzen der nationalen Wähler ist nicht möglich.
- Die Anforderungen an das Erringen einer Mehrheit sind sehr streng, so dass Beschlüsse meist auf einem breiten Konsens beruhen.
- Die Macht ist aufgeteilt und sowohl Parlament als auch Rat müssen bei der Rechtsetzung mitwirken. Die Vertreter der nationalen Regierungen (Rat) sind ihren Wählern „zuhause" rechenschaftspflichtig.
- Ein Element der **Machtbegrenzung** liegt auch in der Kontrolle über die Kommission durch das Europäische Parlament: Bei der Bildung einer neuen Kommission kann das Parlament die Ernennung von Kommissionsmitgliedern ablehnen und im Konfliktfall die gesamte Kommission durch ein Misstrauensvotum stürzen.

– Mit dem **Europäischen Gerichtshof** wacht eine unabhängige Instanz über die Einhaltung der europäischen Gesetze. Allerdings wird gerade diesem Gerichtshof auch eine problematische Weiterentwicklung des Rechts durch Rechtsprechung vorgeworfen (Grimm, D., 2016b:241 ff.).

Krisenintervention contra Demokratie?

Zum vornehmsten Recht eines Parlaments in der Demokratie gehört die Entscheidung über den Haushalt und damit über die Besteuerung der Bürger und die Schwerpunkte der Staatsausgaben. Im Rahmen der Euro-Krise kam es seit dem Jahr 2011 in Deutschland zur Auseinandersetzung zwischen Parlament und Regierung um die Position des Parlaments bei weitreichenden Beschlüssen auf der Ebene der Regierungschefs der Euro-Gruppe. Insbesondere das Haushaltsrecht war berührt, als es um Vergemeinschaftung von Schulden der Mitgliedsstaaten ging („Rettungsschirme", „Euro-Bonds" etc.). Das Verfassungsgericht hat das Parlament gestärkt und die Regierung verpflichtet, die Übernahmen großer finanzieller Verpflichtungen gegenüber der EU vom Parlament genehmigen zu lassen.

Ebenso ist das Erstarken der **„Euro-Gruppe"**, in der die Ratsmitglieder der Länder, die den Euro als Währung haben, zusammen kommen, kritisch zu sehen. Diese Gruppe verabredete in der Krise seit 2008 wesentliche Schritte und Maßnahmen, ohne anderen EU-Institutionen oder anderen Mitgliedsstaaten dafür Rechenschaft zu schulden. Der Vorsitzende hat im Dezember 2015 die Initiative ergriffen, um die Legitimation der Arbeit der Euro-Gruppe zu verbessern. Er schlug vor, die Transparenz zu erhöhen, indem Tagesordnung, Zusammenfassung der Sitzung sowie die Arbeitsmaterialien veröffentlicht werden (European Ombudsman, 2016).

Noch weiter gehen Vorschläge für eine Verschiebung von Teilen des Budgetrechts auf die europäische Ebene. Die Einführung einer „europäischen Fiskalkapazität", einer Europa-Steuer oder gar einer Fiskal-Union würde die Aushöhlung des „Königsrechts des Parlaments" bedeuten: Die Bestimmung über Steuern und Staatsausgaben. Diese Maßnahmen könnten nur durch eine einstimmige Verabschiedung eines neuen Europäischen Vertrags zur Einführung einer politischen Union demokratisch legitimiert werden (Scharpf, F. W., 2011, 2013). Auch V. A. Schmidt (2015) kritisiert das von Krisen getriebene Handeln der vier mächtigen Organe der EU (Rat, Parlament, Kommission, Zentralbank) als nicht legitimiert.

Weiterführende Literatur

Schmidt, V. A., 2015. The Eurozone's Crisis of Democratic Legitimacy. Can the EU Rebuild Public Trust and Support for European Economic Integration? European Economy Discussion Papers (15).
Naßmacher, H., 2013. Mehr Europa – weniger Demokratie? München, Oldenbourg.
Piedrafita, S., 2013. EU democratic legitimacy and national parliaments. CEPS essay (7), 25. Nov.
Follesdal, A. und Hix, S., 2006. Why there is a democratic deficit in the EU: A response to Majone and Moravcsik. Journal of Common Market Studies 44(3): 533–562.

Majone, G., 2014a. From Regulatory State to a Democratic Default. Journal of Common Market
      Studies 52(6): 1216–1223.
Moravcsik, A., 2002. Reassessing legitimacy in the European Union. Journal of Common Market
      Studies 40(4): 603–624, November.

1.2.6 Regieren im System der EU

? Gibt es eine klare Hierarchie bei Entscheidungen zwischen Staaten und EU?
Was ist einzigartig am politischen Rahmen der EU?
Wie übt die EU auch dort Einfluss aus, wo sie keine Zuständigkeit hat?

Die einzelnen Mitgliedsstaaten konnten vor ihrem Beitritt zur EU in ihren Grenzen
Regeln schaffen und durchsetzen. Die Verteilung der Macht auf Institutionen und
die Verfahren zur Ausübung von Macht waren jeweils historisch gewachsen: Neben
eher zentral und hierarchisch organisierten Staaten gab es auch dezentral strukturierte. Mit dem Beitritt zur EU kommt eine weitere Ebene hinzu und die Verteilung
von Macht und Entscheidungsbefugnissen zwischen Nationalstaat und EU muss
neu definiert werden.

   Ehemals verfeindete Staaten in Europa setzten nach dem Zweiten Weltkrieg
einen Prozess der Annäherung in Gang, der seitdem die Art, wie nationale Regierungen ihre Verantwortung ausüben, kontinuierlich verändert. Die politische Willensbildung und ihre demokratische Kontrolle sind für gemeinsame politische
Handlungsfelder neu zu justieren.

   Die EU hat sich in ihrer Regierungsführung heterogen entwickelt: Sie hat sowohl zentrale Macht in supranationale Institutionen aufgebaut als auch Elemente
einer Regierungskooperation entwickelt. Ein Beispiel für eine supranationale Komponente ist die Geldpolitik, die von den Mitgliedsstaaten endgültig an die Europäische Zentralbank abgegeben wurde.

   In kaum einem Politikfeld jedoch ist die Entscheidungsbefugnis einheitlich
und eindeutig zugeordnet, so dass es kaum klare Hierarchien von „oben = Brüssel"
und „unten = Mitgliedsstaat" gibt. Vielmehr hat die EU die Gestalt eines **Mehr-
Ebenen-Regierungssystems (Multi-level Governance)** angenommen, wo Entscheidungen über viele Ebenen und auf viele Akteure verteilt werden: Von den
lokalen und nationalen Parlamenten und Regierungen der Mitgliedsstaaten über
das Europäische Parlament, die Kommission und den Rat bis zu den verschiedenen
Gerichtsinstanzen wirken viele Akteure an der Formulierung und Implementation
von Gesetzen und deren Anwendung in der täglichen Politik mit. Keine Ebene –
weder die lokale oder nationalstaatliche noch die europäische – kann allein bestimmen. Außerdem sind nicht nur staatliche Akteure beteiligt, sondern auch Organisationen der Zivilgesellschaft auf der lokalen, nationalen und internationalen
Ebene (Umweltschützer, Religionsgemeinschaften, Industrieverbände, Arbeitge-

ber- und Arbeitnehmerorganisationen, etc.) mit beratender Funktion. Dieses europäische Konstrukt der internationalen Kooperation wird als einzigartig und kennzeichnend für die Europäische Union bezeichnet. (Marks, G., Hooghe, L. et al., 1996; Knodt, M. und Hüttmann, M., 2005; Nugent, N., 2010:417–443). Tömmel (2016) weist anhand von Fallbeispielen auf die vielfältigen Muster und Entwicklungen dieses Ansatzes hin:

Fall 1: Partnerschaft (Regionalpolitik der EU)

In der Förderung wenig entwickelter Regionen hat der jeweilige Mitgliedsstaat die alleinige Zuständigkeit und Verantwortung. Die EU hat jedoch erhebliche Finanzmittel für das Ziel des regionalen Ausgleichs bereitgestellt und bindet die Mittelvergabe an einen Prozess der „partnerschaftlichen" Definition von Zielen und Projekten. Die Partner sind dabei auch Akteure unterhalb des Zentralstaats (Bundesländer, Gemeinden) oder nicht-staatliche Einrichtungen (Verbände, etc.), was der EU weitere Einflussmöglichkeiten auf das Handeln im Mitgliedsstaat gibt.

Fall 2: Netzwerke (Wettbewerbspolitik)

Ein einheitlicher Markt erfordert die Einhaltung eines grenzüberschreitend freien und unbehinderten Wettbewerbs. Anfangs versuchte die EU die Einhaltung zentral zu kontrollieren. Da sie mit der Menge der Fälle überfordert war, wurden diese Kompetenzen an ein Netzwerk aus europäischen und nationalen Aufsichtsbehörden übertragen, in denen die Einhaltung der Regeln für alle Mitgliedsstaaten einheitlich gewährleistet wird.

Fall 3: Offene Methode der Koordination (Beschäftigungspolitik u. a.)

Die Sozial- und Arbeitsmarktpolitik lag in der alleinigen Zuständigkeit des Nationalstaates – die EU hat hier kein Gestaltungs- oder Weisungsrecht. Um in diesem sozial und politisch sensitiven Feld dennoch handeln zu können, hat die EU auf der Ratssitzung in Lissabon im März 2000 einen neuen Politikprozess geschaffen: Die **„Offene Methode der Koordination"** (Hodson, D. und Maher, I., 2001). In einem gemeinsamen Prozess der Akteure auf allen Ebenen der Mitgliedsstaaten sowie der EU werden Ziele und Maßnahmen formuliert, die dann die autonome Politik im Nationalstaat „freiwillig lenken" sollen. Dazu treten die Mitgliedsstaaten unter Koordination durch die Europäische Kommission zu einem bestimmten politischen Themenbereich zusammen und durchlaufen die folgenden Stufen:

- Festlegung von Leitlinien und eines Zeitplans,
- Festlegung quantitativer und qualitativer Indikatoren und Benchmarks im Vergleich zu den Besten der Welt,
- Umsetzung der Leitlinien in konkrete Ziele und Schritte zu ihrer Erreichung,
- Selbstverpflichtung der teilnehmenden Staaten zur Durchführung geeigneter Maßnahmen in der nationalen und regionalen Politik,

–   Überwachung, Bewertung und gegenseitige Prüfung der Maßnahmen und des Grades der Zielerreichung im Rahmen eines Prozesses, bei dem alle Teilnehmer voneinander lernen wollen oder sollen („good practice").

Der Druck zur Einhaltung der Selbstverpflichtung soll aus dem Gruppendruck (peer pressure) bei der transparenten Überprüfung der Zielerreichung kommen, was bis zum Anprangern des Landes führen kann, das die Ziele nicht energisch anstrebt oder erreicht (name and shame). Andere, harte Sanktionen stehen nicht zur Verfügung, da dafür eine rechtliche Grundlage in den EU-Verträgen fehlt.

Nachdem die OMK im Thema der Beschäftigungspolitik erstmals entwickelt wurde, fand sie in weiteren Themen Anwendung. Beispiele sind die „Lissabon-2010-Strategie" sowie die „Grundzüge der Wirtschaftspolitik" (Nugent, N., 2010:297).

i **Weiterführende Literatur**
David, M., Caviedes, A. et al., Eds., 2016. Sixty-Five Years of European Governance – JCER Special Issue.
Enderlein, H., Wälti, S. et al., Eds., 2010. Handbook on multi-level governance. Cheltenham, Northampton, Edward Elgar.
Diedrichs, U., Reiners, W. et al., Eds., 2011. The dynamics of change in EU governance. Cheltenham, Northampton, Edward Elgar.
The open method of coordination: governance after Lisbon, (2006): in: Journal of Contemporary European Research JCER 2(1) Special Issue.
Warleigh-Lack, A. und Drachenberg, R., 2009. Policy making in the European Union. European Union Politics. Cini, M. and Perez-Solorzano Borragan, N. Oxford: 209–224.

1.3 Der Haushalt der EU

Die EU ist kein Staat und kann daher auch keine Steuern erheben; dennoch braucht die EU Mittel, um ihr Personal zu bezahlen und die ihr übertragenen Aufgaben zu erfüllen. Daher musste ein Mechanismus entwickelt werden, um zu definieren, woher die Einnahmen kommen sollten und wofür die Ausgaben getätigt werden sollten: Die **EU-Haushaltspolitik**.

Um den europäischen Etat wird immer hart gerungen – der „Streit ums Geld" wird in den Medien jeweils ausführlich gespiegelt. Es soll im Folgenden zuerst dargestellt werden, wie das System von Einnahmen und Ausgaben der EU aufgebaut ist, um die politisch brisante Nettozahler-Position zu erläutern. Damit werden auch die politischen Spannungen um die Aufstellung des Haushalts verständlich, die sich besonders anlässlich größerer Erweiterungen zuspitzten.

1.3.1 Grundzüge des EU-Haushalts

1.3.1.1 Grundsätze und Verfahren

Nach welchen Grundsätzen und Verfahren entscheidet die EU über ihren Haushalt?
Wer hat die Macht über das Budget?

Aus einer langen Entwicklung ging das heutige System des EU-Haushalts hervor
(Europäische Kommission, 2009a). Es ist durch die folgenden **Merkmale** charakterisiert (AEU-V, Art. 310–324):

- Die Höhe des gesamten EU-Budgets ist auf einen festgelegten Prozentsatz des
  BIP der EU begrenzt. Damit kann der EU-Haushalt zwar wachsen, jedoch nur
  im Ausmaß des Wirtschaftswachstums der EU-Mitgliedsstaaten.
- Eine Verschuldung ist der EU **nicht** gestattet, d. h. der Haushalt muss für jedes
  Jahr ausgeglichen sein.
- Die EU darf keine neuen Rechtsakte (Richtlinien, Verordnungen etc.) erlassen,
  die Ausgaben auslösen würden, die den Haushaltsansatz übersteigen.
- Es wird ein **mehrjähriger Finanzrahmen** – aktuell von 2014 bis 2020 – mit
  Obergrenzen für die Ausgaben verabschiedet.
- Der Haushalt wird **jährlich** jeweils für das nächste Kalenderjahr aufgestellt;
  die Jahresbudgets müssen sich in den mehrjährigen Rahmen einpassen.

Im **mehrjährigen Finanzrahmen** wird auch die Verteilung der Ausgaben auf Ver-
wendungszwecke („Rubriken") festgeschrieben. Die für die einzelnen Kategorien
vereinbarten jährlichen Haushaltsansätze stellen die Ausgabenobergrenze dar.
Sinn der längeren Planungsfrist ist es, einen Zeitraum zu erhalten, der frei ist von
heftigen Kämpfen um die Verteilung von Ressourcen. Der Nachteil ist eine für diesen Zeitraum verringerte Flexibilität bei der Verwendung des Budgets, da die Lösung neuer Probleme immer auf den Widerstand derer treffen wird, die einen Teil
„ihres" Budgets dafür aufgeben müssten. Für die Annahme des Finanzrahmens
ist Einstimmigkeit beim Rat erforderlich. Damit hat jedes Mitgliedsland eine **Veto-
Position**, d. h. ein einziges Nein reicht, um den Finanzrahmen scheitern zu lassen.

Die Vertreter der Mitgliedsstaaten suchen den Vorteil der von ihnen vertretenen
Gruppen und geben früher zugestandene Ressourcen auch nach Wegfall der ursprünglichen Begründung nicht wieder frei. Sie orientieren sich an der Nettozahler-
Position, d. h. an der Frage, ob ihr Land mehr an Brüssel abgeben soll als es an
Rückflüssen verbuchen kann. Neue Ansprüche – sei es von neuen Mitgliedsstaaten
oder durch neue Aufgaben – können weder durch eine Ausdehnung des Budgets
noch durch eine Umschichtung problemlos finanziert werden. Gegen die Budget-
ausdehnung wehren sich die Nettozahler, während Verlagerungen von Prioritäten
durch diejenigen bekämpft werden, die dadurch verlieren würden. Eine Änderung

der Anteile einzelner Politikbereiche am Gesamtbudget ist daher – wenn überhaupt – nur langfristig durchzusetzen. Dies wurde im Jahr 2016 besonders merk-
lich, als es um neue Politikschwerpunkte wie Grenzsicherung und Flüchtlingshil-
fen ging.

Das Parlament muss dem gesamten Haushalt mit Mehrheit zustimmen. Es kann
mit der Drohung einer Ablehnung des Budgetentwurfs versuchen, seine Position
zu stärken. In diesen komplexen Verhandlungssituationen müssen Kompromisse
gefunden werden, die nicht immer sachlich überzeugend sind.

Für jedes Jahr des Finanzrahmens läuft der **jährliche Haushaltsprozess** ab:
Die Kommission stellt einen Haushaltsvorentwurf auf, der die geplanten Einnahmen sowie Ausgaben der einzelnen Organe integriert, aber auch Ideen der Kommission enthalten kann. Den Entwurf legt die Kommission dem Rat vor, der diesen
einschließlich seiner Änderungsvorschläge an das Parlament weiterleitet. Wenn
die Vorstellungen des Parlaments mit dem vom Rat übermittelten Entwurf nicht
übereinstimmen, so ist ein Vermittlungsverfahren vorgesehen. Tritt der Haushalt
nicht bis zum Beginn des Kalenderjahres in Kraft, dann dürfen jeden Monat höchstens ein Zwölftel des Haushaltsansatzes des Vorjahres ausgegeben werden, d. h.
der alte Haushalt gilt fort.

Überwachung des Haushalts

Für die Ausgaben von EU-Mitteln in ihren Grenzen tragen die Mitgliedsstaaten die
Verantwortung; sie müssen den ordnungsgemäßen Mitteleinsatz und die Verhinde-
rung von Verschwendung, Missbrauch und Betrug sicherstellen. Auf europäischer
Ebene prüft der Europäische Rechnungshof die Haushaltsführung (Rechtmäßig-
keit, Wirtschaftlichkeit und Ordnungsmäßigkeit) aller Einnahmen und Ausgaben.
Die Einheit OLAF ist als Dienststelle der Europäischen Kommission zur Betrugsbe-
kämpfung eingesetzt.

ℹ Weiterführende Literatur

Núñez Ferrer, J., Le Cacheux, J. et al., 2016. Potential and Limitations of Reforming the Financing
of the EU Budget.
Tarschys, D., Ed., 2011. The EU budget: What should go in? What should go out? Stockholm,
Swedish Institute for European Policy Studies SIEPS.
Becker, P., 2012. Lost in Stagnation – Die Verhandlungen über den nächsten mehrjährigen
Finanzrahmen der EU (2014–2020) und das Festhalten am Status quo. SWP Studie (S. 18),
August.

1.3.1.2 Die Ausgaben

Wofür gibt die EU ihre Mittel aus?
Entsprechen die Ausgabenschwerpunkte den wichtigsten Zielen der EU?

Im weiteren Verlauf des Haushaltsprozesses wird für jede Ausgabenkategorie jedem Mitgliedsstaat ein Betrag zugewiesen. Eine Verschiebung zwischen den Kategorien oder gar zwischen den Mitgliedsstaaten ist nicht möglich. Dies verhindert zwar im Haushaltsvollzug das Aufflammen erneuter Verteilungskämpfe zwischen verschiedenen Gruppen und Ländern, macht aber auch den Mitteleinsatz über die sieben Jahre der Finanzplanung hinweg fast völlig unflexibel.

Insgesamt hat der EU-Haushalt ein Volumen, das nahe bei 1 % des aggregierten Sozialprodukts (Bruttonationaleinkommen, BNE) aller Mitgliedsstaaten liegt; er ist also gemessen an der Wirtschaftsleistung der EU insgesamt sehr klein und kann daher auch nur wenig makroökonomische Wirkung im Sinne einer Konjunktursteuerung entfalten.

Seit 1988 sind die **Ausgabenschwerpunkte** bei Landwirtschaft und Regionalförderung geblieben, wenn auch der Anteil der beiden Kategorien an den Gesamtausgaben zurückging. Die Landwirtschaft musste zwar ein deutliches Sinken ihres Anteils am Gesamthaushalt hinnehmen, sie behielt aber immer noch den größten Betrag.

Die Zahlungen aus der **Agrarpolitik** an die einzelnen Mitgliedsländer richten sich nach der dort vorhandenen Bemessungsgrundlage, also z. B. nach der produzierten Menge, der bewirtschafteten Fläche bzw. den Zahlungen der Vergangenheit. Daraus folgt auch, dass ein Mitgliedsland Zahlungen aus dem EU-Agrarhaushalt unabhängig von seinem Wohlstandsniveau erhält: Im reichen Dänemark erhalten Bauern Zahlungen nach den gleichen Regeln wie die Bauern im armen Griechenland.

Die **Regionalpolitik** hat ihren Anteil am gesamten EU-Budget mit dem Maastrichter Vertrag (1992) deutlich gesteigert. Dies setzten die ärmeren Länder durch, die behaupteten, dass sie durch die Wirtschafts- und Währungsunion benachteiligen würden.

Für die eigene **Verwaltung** gibt die EU mit 6 % weniger aus, als die populistische Diskussion über den angeblich überbordenden Brüsseler Beamtenapparat suggeriert.

Da die beiden Ausgabeschwerpunkte Landwirtschaft und Regionalförderung die meisten Mittel erhalten, gibt es kaum Spielraum für die Finanzierung wichtiger zusätzlicher Ausgaben, wie Grenzsicherung, Flüchtlingshilfe oder Innovationsförderung. Eine Umschichtung des Budgets wird von den bisherigen Empfängern blockiert und eine Vergrößerung der Einzahlungen für diese zusätzlichen Aufgaben wird von den Zahler-Ländern nicht genehmigt.

1.3.1.3 Die Einnahmen

? Kann die EU über ihre Einnahmen bestimmen?
Aus welchen Quellen speisen sich die Einnahmen der EU?

Die EU hat keine Steuerhoheit, wie sie einem Nationalstaat zusteht, und kann daher auch ihre Einnahmen nicht selbst bestimmen. Sie erhält ihre Mittel aus Beiträgen der Mitgliedsstaaten, über deren Zahlung diese sich verständigen. Seit 1970 verfügt die EU über ein – 1994 reformiertes – **Eigenmittelsystem** (Europäische Kommission, 2011q:9–23).

Die **Einnahmen** werden – bis zur zulässigen Obergrenze – erhoben, um die geplanten Ausgaben decken zu können. Sie fließen der EU aus den folgenden Einnahmequellen zu:
- Zölle und Abgaben, die an der Außengrenze erhoben werden (traditionelle Eigenmittel),
- Teil des Aufkommens an Mehrwertsteuer aus den Mitgliedsstaaten,
- Anteil am Bruttonationaleinkommen (BNE) der Mitgliedsstaaten.

Die **traditionellen Eigenmittel** setzen sich aus Zolleinnahmen und Agrarabgaben zusammen. Zölle werden nur an den Außengrenzen der EU auf Importe aus Drittländern erhoben, denn mit der Einführung der Zollunion sind Zölle nach innen abgeschafft. Daher gibt es in der EU keine nationalstaatlichen Zölle mehr: Die Zölle, die in einem Mitgliedsstaat von Drittländern erhoben werden, stehen der Gemeinschaft als Ganzes zu.

Die Zölle und Agrarabgaben müssen von den nationalen Behörden kassiert und an die EU abgeführt werden; als Ausgleich für den Verwaltungsaufwand dürfen sie 25 % der Einnahmen behalten. Wenn beim Kassieren nicht mit der nötigen Sorgfalt gearbeitet wird, müssen die dadurch entstehenden Einnahmelücken von allen Mitgliedsstaaten ausgeglichen werden. Daher ist die Kommission gegen Dänemark vorgegangen, das irrtümlich Zölle nicht erhoben hatte: Es musste den Fehlbetrag aus eigener Kasse an die EU zahlen (Urteil des EuGH 2005/C 330/01).

Um der EU ein größeres Budget zu ermöglichen, wurde beschlossen, dass die Mitgliedsländer einen „harmonisierten" Anteil an ihrem Mehrwertsteueraufkommen an den EU-Haushalt abführen.

Die beiden ersten Einnahmearten schwanken in ihrer Ergiebigkeit mit der Konjunktur bzw. hängen von der Veränderung handelspolitischer Vereinbarungen ab: Die Handelsliberalisierung in der WTO zielt auch darauf ab, das Zollniveau im gesamten Welthandel abzusenken, daher sinken diese Zolleinnahmen der EU immer weiter. Agrarabschöpfungen und die Zuckerabgabe werden auf Agrarimporte aus Drittländern erhoben, um diese Anbieter auf das höhere EU-Preisniveau anzuheben. Auch diese Einnahmen fließen nicht mehr im früheren Umfang, da die EU-Agrarpreise sich an das Weltmarktniveau angenähert haben.

Um eine stabile Ausgabenplanung möglich zu machen und um eine weitere Einnahmequelle erschließen zu können, erhält die EU den Anspruch auf einen **Anteil am Bruttonationaleinkommen (BNE)** jedes Mitgliedsstaats. Wie viel tatsächlich abgefordert wird, richtet sich nach der Lücke, die bleibt, wenn die beiden ersten Einnahmequellen nicht ausreichen, um die geplanten Ausgaben zu decken. Jedes Land leistet den gleichen Beitrag bei dieser zusätzlichen Einnahmeart in Proportion zu seinem BNE-Anteil am gesamten BNE der EU-Mitgliedsstaaten. Die Ausnahme war für längere Zeit Großbritannien, das für sich einen Beitragsrabatt aushandeln und bisher verteidigen konnte. Später haben auch andere Länder einen „**Rabatt**" bei ihrer Zahllast durchsetzen können, so dass ein komplexes und uneinheitliches System entstanden ist.

Neben diesen drei Einnahmequellen hat die EU noch Finanzierungsquellen für andere, nicht im Haushalt geplante und geführte Aktivitäten. Die im Folgenden aufgeführten „**Off-Budget Aktivitäten**" erreichen bereits beträchtliche Größenordnungen und drohen daher die Kontrolle des Parlaments im Haushaltsverfahren auszuhöhlen:

- Europäischer Entwicklungsfond (EEF) für Entwicklungshilfe im Rahmen des Lomé-Abkommens,
- Emission von Anleihen zur Finanzierung von Darlehen, die die EU zur Förderung regionaler und sektoraler Investitionen und als Hilfen für mittel- und osteuropäische Länder gibt,
- Vergabe von anleihe- und kreditmarktfinanzierten Darlehen durch die Europäische Investitionsbank (EIB) für Infrastrukturinvestitionen, meist mit regionaler Zielsetzung, innerhalb und außerhalb der EU.

Weiterführende Literatur

Núñez Ferrer, J., Le Cacheux, J. et al., 2016. Potential and Limitations of Reforming the Financing of the EU Budget.
European Union, 2014b. Public Finance, 5th ed. Luxembourg.
Europäische Kommission, 2013c. Mehrjähriger Finanzrahmen 2014–2020 und EU-Haushalt 2014 – Übersicht in Zahlen. Luxemburg.

1.3.2 Der Streit um die Nettozahler-Position

Was sagt die Netto-Position?
Stehen Zahllast und Nutzen in einem angemessenen Verhältnis?

Die im Rat vertretenen Mitgliedsstaaten ringen bei der Aufstellung des mehrjährigen Finanzrahmens erbittert darum, wenig in die gemeinsame Kasse einzahlen zu müssen, aber viel daraus zu erhalten; dies wird vorrangig mit dem Blick auf den Wähler zu Hause so kontrovers betrieben, obwohl die strittigen Zahlen – gemessen am Sozialprodukt des jeweiligen Mitgliedsstaates – relativ gering sind. Die nationale Perspektive ist damit machtvoll vertreten, während das europäische Gesamtinteresse keine Stimme hat (Gros, D. und Micossi, S., 2005).

Die **Einzahlungen** eines Landes sind an seine **Wirtschaftskraft** gekoppelt, die Auszahlungen und damit der Rückfluss der Mittel aus dem EU-Budget in ein Land hängen dagegen hauptsächlich von den beiden Politikfeldern Agrar- und Regionalpolitik ab. Je nach der Konstellation in einem Land saldieren sich Zahlungen und Rückflüsse zu einem positiven oder negativen Gesamtergebnis: Nettozahler sind Mitgliedsländer, die weniger Mittel erhalten als sie einzahlen.

Die Nettozahler-Position ist in den Mitgliedsstaaten eine heftig diskutierte Größe, an der Wähler und Politiker den Nutzen der Mitgliedschaft für ihr Land festmachen. So war der **Beitragsrabatt Großbritanniens** deshalb von erheblicher innenpolitischer Brisanz, weil das Land nach damaligen Regelungen nur geringe Rückflüsse aus der Agrarpolitik zu erwarten hatte und daher erhebliche Nettozahlungen hätte leisten müssen. Ebenso war beim Beitritt Finnlands und Schwedens die politische „Erfindung" eines neuen förderfähigen Regionentyps („Ziel-6: Besonders dünn besiedelte nördliche Gebiete") erforderlich, um diesen Ländern Zugang zu den Regionalsubventionen zu ermöglichen, ohne die sie ebenfalls erheblich höhere Nettozahlungen hätten leisten müssen. Auch in den Beitrittsverhandlungen Polens wurde in der öffentlichen Diskussion im Frühjahr 2002 darauf verwiesen, dass Polen ohne Anpassung der Regelungen für die Direktzahlungen bei den Agrarsubventionen nach dem Beitritt zum Nettozahler werden würde. Auch die deutsche Öffentlichkeit nimmt seit Jahren sehr sensibel den Sachverhalt wahr, dass nicht nur ein sehr großer – wenn auch proportionaler – Beitrag zum EU-Budget aus Deutschland kommt, sondern dass darüber hinaus Deutschland den größten Nettobeitrag leistet.

Die Mitgliedsländer haben sich auf **Solidarität** und den Ausgleich von großen Unterschieden verpflichtet. Auch in der europapolitischen Diskussion wird es generell als gerechtfertigt angesehen, dass reichere Länder mehr bezahlen als sie empfangen, so dass ärmere Länder per Saldo mehr aus der EU-Kasse erhalten. Offen bleibt dabei allerdings, ob die derzeitige Größenordnung und Verteilung von Empfängern und Zahlern als **angemessen** bezeichnet werden kann. Letztlich gibt es mehrere Methoden zur Ermittlung der Nettosalden eines Landes (Heinemann, F., 2005:13 f.; D'Apice, P., 2015).

Dem Gesichtspunkt der „fairen" Lastverteilung sowie der finanziellen Solidarität zwischen ärmeren und reicheren Mitgliedern wird dann entsprochen, wenn die Länder mit dem überdurchschnittlichen Wohlstandsniveau eine Nettozahlerposition haben, während diejenigen am anderen Ende der Wohlstandsskala Nettoempfänger sind. Als **ungerechte** Verteilung der finanziellen Lasten kann auch noch gewertet werden, dass Länder, die ein ähnliches Wohlstandsniveau aufwiesen, sehr unterschiedlich stark zur Nettozahlung herangezogen wurden: Italien, Frankreich und Großbritannien lagen nicht so deutlich unter dem Wohlstandsniveau

Deutschlands oder Schwedens, hatten aber einen deutlich geringeren Nettobetrag pro Kopf zu zahlen.

Zu den **Nettoempfängern** zählte Irland, auch nachdem es bereits zum „keltischen Tiger" geworden war, wenn auch die ihm zufließenden Beträge im Lauf der Zeit drastisch reduziert wurden. Die drei Kohäsionsländer Griechenland, Spanien und Portugal konnten ihre Empfängerposition – wenn auch deutlich reduziert – verteidigen. Spanien musste im Einklang mit seiner guten wirtschaftlichen Entwicklung die größten Einschnitte hinnehmen. Die anderen neuen Mitglieder können bis zu 4,5 % ihres BNE als Nettotransfer erwarten; sie sind damit ebenso gut gestellt, wie es Griechenland zu Beginn der Kohäsionspolitik war. Insgesamt zahlen die „Reichen" mehr ein und die „Armen" empfangen einen Betrag, der dem Maximum ihrer Absorptionsfähigkeit entspricht (Busch, B., 2016).

Nettozahlungen erfassen Nutzen der EU-Mitgliedschaft nicht

Werden Kosten und Nutzen der EU-Mitgliedschaft auf die Zahlungsströme des EU-Haushalts eingeengt, so bleiben andere Effekte, die weniger konkret und greifbar sind, unberücksichtigt:

- Die Mitgliedschaft entfaltet ihre **wirtschaftlichen Effekte** durch die einheitlichen Regeln zur Marktöffnung und zum Wettbewerb. Die Kräfte des Marktes wirken dann, ohne dass die EU selbst dabei finanzielle Mittel aus ihrem Haushalt einsetzen muss. So führen die vier Grundfreiheiten des Binnenmarktes zu insgesamt positiven wirtschaftlichen Entwicklungen. Auch hat die Einführung des Euro für viele Mitgliedsstaaten zu niedrigerer Inflation und damit zu geringeren Kosten der Kapitalbeschaffung geführt.
- **Politische Effekte** der Erweiterung sind in ihrer Größenordnung zwar nicht einfach berechenbar, aber dennoch von wirtschaftlicher Bedeutung: Die politischer Stabilität ist für Investoren die wesentliche Grundlage für langfristige Engagements. Auch jenseits der kaufmännischen Betrachtung ist die Sicherung von Frieden für die Bevölkerungen aller Länder Europas ein kostbares und schützenswertes Gut – eine Tatsache, die in der Nachkriegsgeneration in den Hintergrund zu treten droht. In den Nationalstaaten findet oft eine innenpolitisch geprägte Auseinandersetzung um Europa statt, in der einzelne Akteure sich dazu veranlasst sehen, eine nationalistische und anti-europäische Haltung einzunehmen, um eine entsprechende Wählergruppe zu gewinnen: Europa muss dann als Sündenbock für nationale und partikulare politische Interessen herhalten und die „Zahllast" wird dazu instrumentalisiert.

Deutschland wird in populärer Darstellung auch als „Zahlmeister Europas" bezeichnet (Willeke, F.-U., 2011). Hingegen trägt es als großes Land lediglich einen entsprechend großen Anteil der Zahlungen. Bei knappen Kassen wird die Forderung nach einer Reduktion der Beiträge an Brüssel erhoben. Mit jeder Erweiterung um arme neue Mitglieder steigt die Befürchtung, neue Zahllasten tragen bzw. auf angestammte Leistungen verzichten zu müssen. Dabei wird vernachlässigt, dass die Größenordnung dieser Finanzströme eher bescheiden ist: Mit einem Netto-Betrag von 0,6 % des BNE sichert sich Deutschland den Zugang zu den Märkten der Mitgliedsstaaten und – noch wichtiger – trägt zur Sicherung des Friedens auf dem Kontinent bei.

Zusammenfassend ist festzustellen, dass im Wesentlichen die Länder mit dem höheren Wohlstand per Saldo in den EU-Haushalt einzahlen und die weniger wohlhabenden Nettoempfänger sind. Dieses Bild entspricht dem intendierten Ausgleich zwischen den Ländern bzw. Regionen. Allerdings trifft dies nicht für alle Länder zu, was auf die jeweiligen Gewichte des Agrarsektors und der empfangsberechtigten Regionen sowie die ausgehandelten Beitragsrabatte zurückzuführen ist. Es bleibt zu betonen, dass die EU nicht den Anspruch an sich hat, das Wohlstandsgefälle in der EU über den EU-Haushalt auszugleichen. Dies würde neben der Bereitschaft der Mitgliedsstaaten zum Teilen auch einen wesentlich größeren Haushalt voraussetzen.

2 Der Europäische Binnenmarkt

Die veraltete Abschließung der Länder Europas untereinander hat bisher nur künstliche Pro-
duktionsbeschränkungen mit sich gebracht und infolgedessen zu einer Stagnierung unseres
Lebensstandards geführt.
(Jean Monnet, Karlspreisträger 1953)

Wenn wir es nicht schaffen, in den nächsten 10 Jahren, aus dieser höchst erfolgreichen wirtschaftspolitischen Konstruktion Europa, auch eine sozialpolitisch erfolgreiche Europäische
Union zu machen, inklusive die Massenarbeitslosigkeit in Europa abzubauen, dann wird Europa scheitern.
(Jean-Claude Juncker, Karlspreisträger 2006)

Der markanteste Schritt zu mehr Gemeinsamkeit wurde auf den Märkten getan:
Das Prinzip des freien grenzüberschreitenden Wettbewerbs für Arbeitskräfte, Kapital, Güter und Dienstleistungen wurde als Grundlage vereinbart. Damit gab sich
die EU eine marktliberale Wirtschaftsverfassung. Zur Realisierung hat die EU Umsetzungsprogramme verabschiedet und Regelungen zur Wettbewerbsüberwachung
eingeführt, mit denen sie tief in die nationalen und auch staatlichen Marktteilnah-
me eingreift, was immer wieder Konflikte provoziert. Die Verlierer der Entwicklung
wurden wenig beachtet (2.1). Der freie Warenverkehr funktioniert in der EU durch
den Abbau von Barrieren weitgehend (2.3.1). Die Freizügigkeit für Arbeitnehmer ist
formal möglich, schließt aber Lohnkonkurrenz aus. Dennoch leisten Arbeitnehmer
in den wohlhabenden Mitgliedsstaaten erheblich Widerstand (2.3.2). Die Gründung
von Niederlassungen und die selbständige Tätigkeit unterliegen engen nationalen
Regulierungen, die Barrieren an der Grenze bilden (2.3.3). Dienstleistungen lassen
sich nur schwer liberalisieren und für den grenzüberschreitenden Austausch öffnen (2.3.4). An Netze gebundene Dienstleistungsmonopole sind nur unter Schwierigkeiten in eine Wettbewerbssituation zu überführen (2.3.5). Investitionskapital
bewegt sich relativ reibungsarm über die europäischen Grenzen, wohingegen Finanzdienste sich stark auf nationale Märkte konzentrieren. Mit der Banken-Union
hat die EU bereits einen wichtigen Schritt zur Marktöffnung getan (2.3.6).

DOI 10.1515/9783110495485-002

2.1 Mehr Wettbewerb durch Integration

2.1.1 Wettbewerb und Barrieren

? Welches grundlegende Prinzip verfolgt der Binnenmarkt?
Welche Barrieren trennen Märkte in der EU?

Für den Binnenmarkt der EU sind zwei Konzepte grundlegend:
- die Auffassung über die Rolle und Wirkung von freiem Wettbewerb auf vollkommenen Märkten;
- die Bedeutung von Grenzen zwischen Nationalstaaten für den freien Wettbewerb.

Beide Konzepte werden hier kurz erläutert.

Zu: Vollkommene Märkte
Die dominierende ökonomische Theorie behauptet, **ungehinderter, freier Wettbewerb** zwischen den Anbietern von Gütern, Dienstleistungen, Arbeit und Kapital sei anderen Formen der Organisation ökonomischen Handelns überlegen: Durch Wettbewerb würden Kapital und Arbeitskräfte, die sogenannten Produktionsfaktoren optimal eingesetzt und die Preise würden minimiert. Dies soll, so die Theorie, zu einem Maximum der gesamtwirtschaftlichen Wohlfahrt führen. Die Basis für eine solche ökonomische Weltsicht bildet das Modell des „**vollkommenen Marktes**", in dem alle Teilnehmer auf der Basis vollständiger Informationen rational entscheiden. Weiterhin ist der Zutritt und Austritt aus dem Markt für alle Anbieter unbeschränkt möglich und kein Teilnehmer besitzt Marktmacht, durch die er sich dem Wettbewerb entziehen oder seine Mitbewerber oder Kunden dominieren könnte. Auch wird implizit angenommen, dass die Infrastruktur für den Austausch von Gütern und Diensten, Kapital und Arbeit vorhanden ist. Ein optimal funktionierender Markt benötigt eine „gute" Regulierung sowie neutrale und durchsetzungsstarke Institutionen zu deren Überwachung. Diese Voraussetzungen beschreiben eine Modell-Welt; die reale Welt dagegen ist durch diverse „Marktunvollkommenheiten" geprägt (Fritsch, M., 2014; Quiggin, J., 2010:35–78), die zu partiellem oder totalem **Marktversagen** führen.

Außerdem greifen Interessengruppen in den Marktmechanismus ein, indem sie z. B. Einfluss auf politische Entscheidungen nehmen (Lobbyismus). Sie suchen dabei ihren Profit nicht im Markterfolg, sondern in der Herstellung eines für sie günstigen Umfeldes („rent seeking"). In einigen Gesellschaften sind die politische Macht sowie wesentliche Teile der Wirtschaft in den Händen von mächtigen „Familien" und deren Gefolge. Dies kann hohe Profite für bestimmte Gruppen hervorbringen, wie sie im Wettbewerb nicht zu erringen wären und gleichzeitig zu einem suboptimalen gesamtwirtschaftlichen Ergebnis führen (Eleftheriadis, P., 2014; „Business and ..." , 2014).

Wenn der Staat in ausgewählten Märkten das Angebot von Gütern und Dienstleistungen nicht privaten Unternehmen überlässt, sondern selbst als (einziger) Anbieter auftritt, ist der Marktmechanismus völlig außer Kraft gesetzt. In der Diskussion um die **Privatisierung** wird um die gesellschaftlich erwünschte Grenze zwischen Markt und Staat gerungen (Kapitel 2.1.3).

Zu: Grenzen als Barrieren zwischen Nationalstaaten

Folgt man dem Modell des vollkommenen Marktes, dann hat das Prinzip des Wettbewerbs nicht nur innerhalb eines Nationalstaates, sondern auch beim Austausch über **Ländergrenzen** hinweg seine Gültigkeit. Diese bilden jedoch Barrieren für freien Wettbewerb im Wirtschaftsaustausch. Ghemawat (2011) beschreibt vier Dimensionen, die für die Intensität des wirtschaftlichen Austauschs ursächlich sind und führt dafür weitere Faktoren an:

- kulturelle Distanz (Sprache, Ethnizität, Religion, Werte, Traditionen, Geschmack, Vorlieben, etc.);
- administrative Distanz (Mitgliedschaft in Handelsblöcken, gemeinsame Währung, Rechtssysteme, soziales Klima, Schutz des Eigentums, etc.);
- geografische Distanz (Räumliche Entfernung, Zeitzonen, Klima, Erreichbarkeit, etc.);
- wirtschaftliche Distanz (Einkommen, Qualifikation, Infrastruktur, Zugang zu Finanzierung, Rohstoffe, etc.).

Die jeweilige Ausprägung dieser Dimensionen und Faktoren kann die Intensität des wirtschaftlichen Austauschs zwischen Ländern erklären. Einige dieser Faktoren kann die EU versuchen so zu beeinflussen, dass die wirtschaftliche Integration vertieft wird, während andere einem gestaltenden Einfluss der Politik nicht oder kaum zugänglich sind.

Barrieren an der und hinter der Grenze

Einige Barrieren wurden auf der nationalstaatlichen Ebene an der oder hinter der Grenze errichtet (Emerson, M., Aujean, M. et al. 1988:21 ff.) und können daher auch wieder beseitigt werden.

An der Grenze behindern u. a. die folgenden Faktoren den Austausch von Gütern, Dienstleistungen, Arbeit oder Kapital:

- Zölle und Beschränkungen der Mengen, die zur Ein- bzw. Ausfuhr zugelassen werden,
- Forderung zur Einhaltung einheimischer technischer Produktstandards bei importierten Waren,
- Mangel an Transport- und Lagerkapazitäten,

- Anti-Dumping-Zölle auf Importe, die angeblich unfair erzeugt und zu billig seien,
- Zu geringe Abfertigungskapazitäten der Behörden für Importe,
- Korruption im Grenzregime,
- Bürokratische Anforderungen bei der Abwicklung von Grenzformalitäten.

Hinter der Grenze, d. h. im Land, können Barrieren die Handelsströme unabhängig von rechtlichen Regelungen und Erleichterungen beeinflussen (Wilson, J. S., Luo, X. et al., 2010). Dazu zählen
- Subventionierung von einheimischen Produzenten,
- Mangel an Transport- und Lagerkapazitäten,
- Korruption bei den Behörden,
- Bürokratische Anforderungen,
- Mangel an Labor- und Testkapazität, um Produkte zu zertifizieren,
- Mangel an digitaler Infrastruktur, z. B. Breitband-Internet,
- Beschaffung im öffentlichen Auftragswesen nur bei Anbietern aus dem Inland,
- staatliches Eigentum an Produktionsmitteln oder Monopole mit öffentlichem Auftrag,
- Verbot des Marktzutritts für ausländische Anbieter,
- Beschränkungen der selbstständigen oder abhängigen Erwerbstätigkeit für ausländische Anbieter durch Zuwanderungsverbote, nationale Zulassungsvorschriften zu Berufen, Nicht-Anerkennung von Abschlüssen und Zertifikaten, etc.,
- fiskalische Barrieren, die z. B. aus Unterschieden in den Steuersystemen resultieren können („Steuer-Oasen").

Nicht jede der genannten Barrieren wird vom Konzept des Binnenmarkts der EU erfasst. So bleiben z. B. die Steuersysteme weitgehend in nationaler Hand, was zu einem „unfairen" Wettlauf um die geringsten Unternehmenssteuern führen kann. Auch andere wettbewerbsrelevante Merkmale wie die Löhne, das „soziale Kapital" (Putnam, R., 2001) oder das korruptionsarme Funktionieren der Behörden sind kaum von der EU beeinflussbar.

Überwindung von Barrieren im Binnenmarkt
Zur Überwindung von Barrieren dient eine Vielzahl von Maßnahmen, die in zwei Gruppen unterteilt werden könne (Tinbergen, 1964:76; Scharpf, F. W., 1999:47–80). **„Negative Integration"** liegt vor, wenn Barrieren beseitigt werden und der grenzüberschreitende Wirtschaftsaustausch dann dem freien Spiel der Marktkräfte überlassen wird. Ein Beispiel für negative Integration ist das Verbot der Diskriminierung ausländischer Anbieter wie es in den „vier Freiheiten des Binnenmarkts" (Arbeitskräfte, Kapital, Güter und Dienstleistungen) verankert ist.

Die aktive Unterstützung des grenzüberschreitenden Austauschs wird als „**positive Integration**" bezeichnet. Beispiele sind die Einrichtung von gemeinsamen Institutionen zur Förderung des Handels, die Harmonisierung von Produktstandards oder die Verbesserung der grenzüberschreitenden Infrastruktur. Auch die Europäische Arbeitsvermittlung, die Harmonisierung der Berufsausbildung und der Anerkennung der Ausbildungsabschlüsse oder die Einführung eines europaweit geltenden Patents gehören zu den Maßnahmen der positiven Integration. Beide Integrationstypen kommen im Binnenmarktprogramm zur Anwendung (Hix, S., 2005:235–270; Pelkmans, J., 2006).

Maßnahmen der positiven und negativen Integration sind Ausdruck der Tatsache, dass Märkte nicht aus sich heraus funktionieren, sondern ein Regelwerk brauchen, in dessen Rahmen sie sich erst entfalten können (Egan, M. P., 2001). Dies gilt insbesondere für die Internationalisierung von bisher national stark regulierten Märkten. Dabei kann es nicht um ein Minimum an Regulierung gehen („schlanker Staat"), sondern vielmehr um „gute Regeln", die ein reibungsarmes grenzüberschreitendes Funktionieren des Marktmechanismus ermöglichen. An dem offensichtlichen Versagen der bisherigen Regulierungen der Finanzmärkte zeigt sich die Bedeutung dieses Themas.

2.1.2 Gewinner und Verlierer der Integration

Was bewirkt die Beseitigung von Barrieren im Binnenmarkt?
Welche Konflikte bei der Durchsetzung des Binnenmarktes bestehen in der EU?

Auf eine einfache Formel gebracht, ist die **Stimulierung von Wettbewerb** das Ziel und die erwünschte Folge eines integrierten Wirtschaftsraums. Dabei wird angenommen, dass sich aus verschärftem Wettbewerb ein geringeres Preisniveau durch eine Verringerung der Gewinnspanne der Unternehmen, ein höheres Wirtschaftswachstum, mehr Innovationen und damit mehr Arbeitsplätze und Wohlstand ergeben.

Diese vermuteten positiven ökonomischen Effekte der wirtschaftlichen Integration beziehen sich auf eine Volkswirtschaft insgesamt. Auf dem Weg zu diesen Vorteilen finden Anpassungen in vielen Bereichen der Wirtschaft und des Arbeitsmarktes statt, was auch „kreative Zerstörung" (Schumpeter) einschließt. Daher sind bei der Einführung von mehr Wettbewerb auch **negative Effekte** zu erwarten:
- Die Marktintegration begünstigt besonders große Unternehmen, da diese steigende Skalenerträge nutzen können. Durch Fusionen steigen die Firmengröße und die Konzentration. Am Ende eines solchen Prozesses können sich sogenannte friedliche Oligopole oder nicht angreifbare Monopole herausbilden, die nur geringe Wettbewerbsintensität aufweisen. Auch die Zusammenballung

unkontrollierbarer internationaler Wirtschaftsmacht, die den Gestaltungsspielraum nationaler Politik unangemessen einschränkt, kann die Folge sein. Daraus leitet sich die Notwendigkeit einer **flankierenden Politik zur Wettbewerbssicherung** ab (Kapitel 2.2.2).

– **Gewinner und Verlierer des Wettbewerbs** verteilen sich ungleich in der Gesellschaft. Der Zwang zu häufigerem Wechsel des Arbeitsplatzes, schärferer Wettbewerb auf dem Arbeitsmarkt durch Zuwanderung und Betriebsverlagerungen, sinkende Löhne und geringere Kaufkraft sind ebenso zu erwarten wie das Verschwinden von denjenigen Betrieben, die durch sinkende Stückerlöse unter die Rentabilitätsschwelle gedrückt werden. Die positiven und negativen Gesamteffekte des Wettbewerbs verteilen sich möglicherweise **sektoral, regional** und **national** ungleichmäßig; auch einzelne Berufs- und Qualifikationsgruppen können besonders negativ betroffen sein (Mariniello, M., Sapir, A. et al., 2015:6–8).

Wettbewerb wirkt zweischneidig

Wie sehr sich eine geringe Wettbewerbsintensität in höheren Preisen niederschlagen kann, zeigt das Beispiel eines Discounters im Lebensmittelbereich. Dieser verkauft seine Produkte in Deutschland deutlich billiger als in Griechenland. Die starke Konkurrenz großer Lebensmittelketten prägt den Markt in Deutschland, während eine kleinteilige Struktur von Familienunternehmen in Griechenland vorherrscht. Der weitere Marktzugang großer Anbieter in Griechenland würde den Konsumenten durch Preissenkungen nutzen, aber die kleinen Unternehmen vom Markt verdrängen, womit viele Familien ihr Einkommen verlören („Wie Lidl …", 2012).

Auch der **Faktor Zeit** spielt bei der Einschätzung des Binnenmarktes durch die Öffentlichkeit eine Rolle. Die Anpassung der Unternehmen und Arbeitnehmer an die neue Wettbewerbslage wird schnell erforderlich und von den Betroffenen als negativer Effekt der Marktöffnung wahrgenommen. Die möglichen positiven Effekte dagegen treten eher mit Verzögerung ein und sind nicht ohne weiteres als Resultat der Integration der Märkte zu erkennen. Daher besteht die Gefahr, dass bei denen, die ihren Besitzstand in Gefahr sehen bzw. sich als (künftige) Verlierer des grenzüberschreitenden Wettbewerbs sehen, eine negative Bewertung des Binnenmarktes überwiegt; dies wurde von Monti (2010:23, 30) auch empirisch untermauert.

Eine Unterstützung der Verlierer liegt generell in der Verantwortung der einzelnen Mitgliedsstaaten. Sie kann z. B. durch aktive Arbeitsmarktpolitik und durch Umverteilung im Steuer- und Sozialsystem erfolgen (Asatryan, Z., Braun, S. et al., 2014a, b). Regierungen könnten aber auch versucht sein, die wertschöpfungsstarken Branchen durch Subventionen und Industriepolitik in ihren nationalen Grenzen zu konzentrieren bzw. den Wettbewerbsdruck auf die bestehenden Firmen durch Intervention zu vermindern, um Wähler zu gewinnen. Da dies den im Binnenmarkt angestrebten freien Wettbewerb verfälschten würde, sind solche nationalen Hilfen generell verboten. Aus dem von steigender Wettbewerbsintensität ausgelösten Anpassungsdruck können politische und soziale Spannungen resultierenden.

In der politischen Diskussion um die Ausgestaltung der nächsten Integrationsschritte treffen auch immer unterschiedliche gesellschaftspolitische Auffassungen über das soziale Gesicht Europas aufeinander: Die einen wollen ein spezifisch **europäisches Sozialmodell** mit deutlicher Fürsorgepflicht von Nationalstaat und EU errichten, während andere einen „schlanken Staat" und hohe individuelle Eigenverantwortung als Leitbild haben (Aust, A., 2004; Sapir, A., 2005; Monti, M., 2010: 32–35). Für keines dieser beiden Leitbilder gibt es unter den Mitgliedsstaaten einen Konsens. In den Europäischen Verträgen finden sich Elemente aus beiden Konzepten, wobei die Wettbewerbsorientierung dominiert. Die Zuständigkeiten und Gestaltungsmöglichkeiten der EU in sozialen Belangen sind gering (Pelkmans, J., 2010a). Allerdings haben sich diejenigen Gruppen der Gesellschaft, die sich als Verlierer der Entwicklung fühlen, nunmehr auch politisch stärker artikuliert, was bei der Abstimmung in Großbritannien zum Austritt aus der EU sichtbar wurde. DeGrauwe (2016a) fordert daher, dass die EU die Verlierer von Globalisierung und Integration entschädigen sollte. Dafür müsste sie dann aber auch die Zuständigkeit und das erforderliche Budget erhalten.

Über die tatsächliche Ausprägung der „sozialen Gerechtigkeit" (Schraad-Tischler, D. und Schiller, C., 2016) gibt ein Index Auskunft, der aus einer Vielzahl von Indikatoren die Situation in den Mitgliedsstaaten vergleichbar macht.

Weiterführende Literatur

Baldwin, R. E. und Wyplosz, C., 2012. The economics of European integration. London [u. a.], McGraw-Hill Higher Education, part II.

Pelkmans, J., 2006. European integration – Methods and economic analysis. Harlow et al., Pearson Education, Chapter 12.

Jovanovic, M., 2005a. The economics of European integration. Cheltenham, Northampton, Edward Elgar, Chapter 5.

Sapir, A., 2011. European integration at the crossroads: A review essay on the 50th Anniversary of Bela Balassa's theory of economic integration. Journal of Economic Literature 49(4): 1200–1229.

Mariniello, M., Sapir, A. et al., 2015. The long road towards the European Single Market. Bruegel Working Paper (01): 1–36.

2.1.3 Zwischen Staat und Markt

? Wie soll die Grenze zwischen Markt und Staat gezogen werden?
Warum wandelt sich die Auffassung von der Rolle des Staates in der Wirtschaft?
Warum wird gegen Privatisierung Widerstand geleistet?

Der europäische Binnenmarkt ist ein Projekt zur Intensivierung des Wettbewerbs auf Märkten. Damit wird auch die gesellschaftspolitisch zu beantwortende Frage aufgeworfen, wie weit die Überantwortung von Produktion an die – möglichst ungehinderten – Marktkräfte gehen soll.

Die Auffassungen zur **Rolle des Staates** als Anbieter von Gütern und Dienstleistungen wandelt sich im Zeitablauf: Nach dem Zweiten Weltkrieg herrschte in vielen europäischen Staaten die Auffassung vor, dass „wichtige" Industrien in die Hände des Staates gelegt und nicht von den Kräften des Marktes bestimmt werden sollten. Dafür werden unterschiedliche Gründe angeführt, wie

– allgemeines Misstrauen gegen den Markt als politisch nicht leicht beeinflussbarer Regelungsmechanismus der Gesamtwirtschaft,
– Befürchtungen, wirtschaftliche Interessen könnten den politischen Gestaltungsprozess dominieren,
– Sicherheit der Versorgung mit Rohstoffen und Gütern des Grundbedarfs,
– hohe Anforderungen an die Sicherheit des Betriebs oder der Leistungserstellung, die unter dem Druck, Gewinne zu erzielen, vernachlässigt würden,
– Gewährleistung des Zugangs zu bestimmten Leistungen für alle Bevölkerungsgruppen unter sozialen Gesichtspunkten,
– Versagen des Marktes wegen Defekten im Marktmechanismus.

Das weltweite Umfeld war nach dem Zweiten Weltkrieg von der **Systemkonkurrenz** zwischen den beiden Machtblöcken geprägt, die sich um die Führungsnationen Vereinigte Staaten von Amerika und Sowjetunion gruppiert hatten; in einigen Ländern West-Europas existierten starke sozialistische oder kommunistische Parteien, zu deren Weltbild eine starker Einfluss des Staates auf die Wirtschaft zur „Bändigung des Marktes" gehörte. Als Konsequenz waren – mit Unterschieden in den einzelnen Ländern – erhebliche Teile der Wirtschaft und insbesondere der Dienstleistungen in staatlichem Eigentum oder unterlagen starker staatlicher Reglementierung (Parker, D., 1998). Neben den Grundstoffsektoren wie Landwirtschaft, Kohle und Stahl betraf dies z. B. Post und Telekommunikation, Bahnverkehr, Flughäfen und Fluggesellschaften, Sparkassen als Banken mit öffentlichem Auftrag, Wasserversorgung, öffentlicher Nahverkehr, Bildung und Gesundheit, Wohnungswesen und Infrastruktur. In einigen Ländern und Branchen gab bzw. gibt es in diesen Bereichen ein staatliches Monopol.

Seit den 80er Jahren hat sich die vorherrschende Auffassung von der Rolle des Staates in der Wirtschaft hin zu einer **liberalen Grundauffassung** gewandelt; in diesem Zusammenhang wird auch die Überführung des staatlichen Eigentums an Produktionsmitteln in privates Eigentum und damit in die Sphäre von Markt und Wettbewerb betrieben. Diese Veränderung der Grundauffassung resultierte auch daraus, dass

- Krisen und Stagnation der sozialdemokratisch geprägten Wohlfahrtsstaaten in den 70er Jahren des vorigen Jahrhunderts das Vertrauen in den Staat als Unternehmer erschütterten,
- das Leitmodell der staatlichen Aufsicht über Wirtschaft und Gesellschaft mit dem offenbaren Misserfolg und schließlich dem Untergang der Sowjetunion an Anziehungskraft verlor und die Einführung des Kapitalismus im ehemaligen „Ost-Block" und in der Wirtschaft Chinas eine große Privatisierungswelle auslösten,
- die Globalisierung transnationale Allianzen und Fusionen erforderlich machte, die durch nationale oder staatliche Akteure nicht hergestellt werden können.

Diese Tendenz zu „mehr Markt" erfordert eine **neue Grenzziehung** zwischen den eindeutig dem Staat bzw. eindeutig dem Markt zurechenbaren wirtschaftlichen Aktivitäten. Diese Grenze wird auch durch gesellschaftspolitische Vorstellungen und Werte bestimmt. Die Frage, welche Dienstleistungen in öffentlicher Hand bleiben sollen und welche voll oder teilweise privatisiert werden sollen, wird letztlich politisch entschieden (Wissenschaftlicher Beirat beim BMWi, 2002). Dazu gibt es in einzelnen Mitgliedsstaaten unterschiedliche Auffassungen: Während z. B. Großbritannien eine liberale Linie verfolgt, gibt es in Frankreich und Italien erheblichen Widerstand gegen den Abbau und die Privatisierung des öffentlichen Sektors. Auch in den verschiedenen gesellschaftlichen Gruppen (Arbeitgeberverbände, Gewerkschaften, Kirchen und Sozialverbände) bestehen dazu unterschiedliche Positionen, die z. T. zu erheblichen Konflikten führen.

Widerstand gegen Privatisierung

Umstritten ist Privatisierung auch wegen offener oder verborgener Interessen einzelner Gruppen am Fortbestehen staatlichen Unternehmertums. Während staatliche Unternehmen höhere Löhne zahlen und aus politischen Gründen weniger geneigt sind Entlassungen vorzunehmen, führt der Wettbewerbsdruck nach der Privatisierung häufig zu diesen befürchteten Maßnahmen (Trotman, R., 1997); daher werden Gewerkschaften und Beschäftigte Privatisierungen aus ihrer Interessenlage heraus mit Skepsis betrachten. Auch ist nicht auszuschließen, dass die politische Klasse ehemalige Politiker in öffentlichen Unternehmen mit attraktiven Positionen versorgen will („Elefanten-Friedhof").

Arbeitnehmer und ihre Vertreter gegen Privatisierung

Wenn Arbeitnehmer gegen eine Verschlechterung ihrer Position kämpfen, so ist dies mikroökonomisch rational, wenn auch die Gesellschaft eventuell für Ineffizienz mehr bezahlen muss. Allerdings haben sich in einigen Unternehmen Privilegien entwickelt, deren Verteidigung weit über den Kampf um angemessene Löhne hinausgeht, wie an den folgenden Beispielen gezeigt wird:

1. Beim französischen staatlichen Monopolist der Elektrizitätswirtschaft, EdF, hat der Betriebsrat ein Prozent des Umsatzes, das sind etwa 400 Mio. Euro pro Jahr, für seine Arbeit zur Verfügung. Dies ist ein Privileg, das nach der Privatisierung kaum beizubehalten sein dürfte („Der 400-Millionen ...", 2003).

2. Die Dockarbeiter in den staatlichen griechischen Häfen wehrten sich wiederholt mit Streiks gegen Privatisierung, da sie um ihre generösen Löhne fürchteten, die sie sich gegen die Regierung erstritten hatten – sie können bis 120.000 € pro Jahr verdienen („Dockarbeiter legen ...", 2008).

3. Die Gewerkschafter griechischer Staatskonzerne haben in erheblichem Maße Gelder für eigene Vergnügungen verbraucht und gegen die Privatisierung gekämpft, um diese Privilegien beibehalten zu können (Höhler, G., 2012a).

Die Privatisierung in **sicherheitsrelevanten** Branchen ist strittig, wenn unterstellt wird, dass das Streben nach Profitmaximierung zur Vernachlässigung von Sicherheitsaspekten führt. Allerdings ist Sicherheit kein Widerspruch zu verstärktem Wettbewerb, wenn geeignete Mechanismen greifen. Dazu zählen erstens das Streben des Anbieters nach Erhalt seiner Reputation durch Vermeiden „schlechter Nachrichten" und zweitens ein breites Spektrum gesetzlicher Auflagen für alle Anbieter, die von der Haftung für Schäden bis zur Durchsetzung einer engmaschigen Regulierung und Aufsicht reichen, wie dies z. B. bei Fluggesellschaften („Billigflieger") oder dem Betrieb von erfolgreich Industrieanlagen geschieht. Außerdem bleibt anzumerken, dass der Staat als Anbieter von Dienstleistungen nicht automatisch Sicherheit garantiert: Der Zerfall der auch sicherheitstechnisch veralteten Bahninfrastruktur in Großbritannien unter den jeweiligen Regierungen mit den daraus resultierenden Unfällen mag als Hinweis dienen.

Kritik am Staat als Unternehmer

In staatlich gesteuerter Produktion agieren „**Beamten-Manager**", die nicht an Gewinn oder Verlust beteiligt sind, aber bei betriebswirtschaftlichen Entscheidungen Rücksicht auf politische Interessen nehmen müssen: Dies macht z. B. Entlassungen aus Staatsbetrieben vor einer politischen Wahl schwer durchsetzbar. Darüber hinaus können die Haushaltsrisiken, die in missglücktem unternehmerischem Handeln für die öffentliche Hand liegen, erhebliche Ausmaße annehmen. Dies wurde z. B. im Jahr 2002 beim Zusammenbruch der „Bankgesellschaft Berlin" und im Jahr 2007 bei der Verwicklung der sächsischen Landesbank in gescheiterte Finanzspekulationen deutlich.

Unternehmen in öffentlichem Eigentum können nicht in **Konkurs** gehen, wodurch der Wettbewerb mit privatwirtschaftlichen Unternehmen im gleichen Marktsegment verzerrt werden kann.

Andere aus- und inländische Anbieter haben **keinen Zutritt** zum Markt des Monopolisten.

Monopolisten – besonders jenen in der Hand des Staates – wird vorgeworfen, **weniger effizient** zu arbeiten als sie es unter Wettbewerbsbedingungen tun müssten. Dies führt zu einer unangemessenen Belastung des Verbrauchers bzw. Steuerzahlers.

Privatisierung führt nicht immer zu mehr Effizienz

Auch bei einer grundsätzlichen Überlegenheit privat geführter über staatlich geführte Unternehmen haben dennoch die Privatisierungen nicht immer zu den erwünschten Verbesserungen geführt. Die finanzielle Effizienz von privatwirtschaftlich verfassten Unternehmen ist nicht durchgängig besser als in vergleichbaren Unternehmen der öffentlichen Hand (European Commission, 2016l). Am Beispiel der Energie- und Trinkwasserversorgung in Deutschland wurde nachgewiesen, dass keine Effizienzgewinne bei einer privaten Bereitstellung gegenüber einem kommunalen Angebot erzielt wurden (Cullmann, A., Nieswand, M. et al., 2016).

In einzelnen Fällen war die Leistung des Unternehmens nach der Privatisierung für den Kunden schlechter und wurde weniger effizient erbracht als vorher. Ein häufig genanntes Beispiel ist die Privatisierung der britischen Bahn. Hier ist jedoch zu berücksichtigen, dass erstens der britische Staat ein weitgehend vernachlässigtes Bahnsystem privatisiert hat und zweitens durch die gesetzten Rahmenbedingungen Fehlanreize gegeben wurden und ein Funktionieren des neuen Konstrukts kaum reibungsarm möglich war (Weidauer, M., 2005; Wolmar, C., 2005; Gómez-Ibáñez, J. A. und Rus, G., Eds., 2006). Hier handelt es sich um das Scheitern einer schlecht organisieren Privatisierung – nicht um den Nachweis, dass Privatisierung von netzbasierten Unternehmen unterbleiben solle. Das besondere Problem netzbasierter Dienstleistungen wird im Kapitel 2.3.5 ausführlicher behandelt.

Die Marktintegration in der EU wird zwar von einem wirtschaftsliberalen Geist getragen, aber dennoch verpflichtet der Europäische Vertrag die Mitgliedsstaaten keineswegs zwingend dazu, die traditionell in öffentlicher Regie erzeugten Güter oder Dienstleistungen aus der Hand des Staates in den Markt zu überführen, d. h. zu privatisieren.

2.1.4 Eingriff des Staates in die Wirtschaft erforderlich

In welchen Fällen darf der Markt sich nicht selbst überlassen werden? **?**

In den folgenden **drei Fällen** besteht weitgehend Konsens über die Grenzen des Marktes als Regelungsmechanismus, so dass der Staat in den freien Markt eingreifen muss: Hoheitliche Aufgaben, Marktversagen sowie gesellschaftspolitische und soziale Ziele.

Zu 1.: Hoheitliche Aufgaben

Unbestritten ist, dass der Staat die alleinige Zuständigkeit für die so genannten **hoheitlichen Aufgaben** hat. Hier übt der Staat legitimierten Zwang aus, indem er dem Bürger mit Geboten, Verboten und Erlaubnissen gegenübertritt, in ihr Einkommen und Vermögen eingreift und Mittel zur Durchsetzung der Eingriffe einsetzt. Dazu gehören die Ausübung des staatlichen Gewaltmonopols zur Wahrung der inneren und äußeren Sicherheit (Polizei, Justiz, Militär) und die Finanzverwaltung. Solche Aufgaben dürfen nicht privatisiert werden. Die Privatisierung von nichthoheitlichen Teilfunktionen innerhalb der hoheitlichen Aufgaben, z. B. Reinigungsdienste in Gefängnissen, ist auch in Deutschland in der Erprobung. Die Nutzung privater Sicherheitsdienste, bis hin zu kämpfenden Söldner-Truppen („Sicherheitsdienstleister"), zeigt, dass die Grenze zwischen der staatlichen und der privaten Aufgabenerfüllung fließend ist.

Zu 2.: Marktversagen

Die Grenzen des Marktmechanismus liegen im **Marktversagen** (Fritsch, M., 2014:79–321). Folgende Fälle können unterschieden werden:
- Vollständiges Marktversagen bei „**öffentlichen Gütern**", bei denen sich kein Preis und damit kein Angebot bildet, da bei der Nutzung keine Rivalität besteht und ein Ausschluss der Nichtzahler von der Nutzung nicht möglich oder nicht sinnvoll ist (Deichbau, Straßenbeleuchtung).
- Partielles Marktversagen bei fehlender oder „**asymmetrischer**" Information. Diese Situation ist dann gegeben, wenn entweder der Nachfrager oder der Anbieter nicht über alle erforderlichen Informationen über die geplante Markttransaktion verfügen und so ihre Entscheidung möglicherweise nicht optimal ist. Ein Kunde kann möglicherweise dann die Qualität der Angebote nicht zutreffend beurteilen und vergleichen und daher auch nicht beurteilen, welcher Preis angemessen wäre. Dies ist u. a. bei technisch anspruchsvollen Produkten der Fall. Besonders aber kann bei Dienstleistungen die Informationsasymmetrie besonders ausgeprägt sein. So kann z. B. der Kunde die erwünschte Leistung vorher nicht genau beschreiben („Verschönerung" beim Friseur, Leistungen einer Software; Verwaltung von Vermögen). Hier handelt es sich um sogenannte „**Erfahrungsgüter**", die erst nach der Erstellung bzw. nach dem Konsum, wenn der Preis bereits feststeht, beurteilt werden können. Bei „**Vertrauensgütern**" kann nicht einmal nach dem Konsum der Dienstleistung beurteilen werden, wie gut die Leistung tatsächlich war (Beratung von Unternehmen, Taxifahrt in einer fremden Stadt, ärztliche Leistung, Bildung an der Hochschule). Bei asymmetrischer Information kann eine schlechte Leistung erbracht, zu viel verlangt, überflüssig viel Leistung erbracht oder eine Leistung in Rechnung gestellt werden, die nicht erbracht wurde (Dulleck, U. und Kerschbamer, R., 2006; Dulleck, U., Kerschbamer, R. et al., 2011). Aber auch der Anbieter kann gegenüber dem Kunden weniger Information haben und so eine nicht-optimale Entscheidung treffen. So kann z. B. der Kunde nach dem Abschluss einer Versicherung sich leichtsinnig verhalten, da der Schaden ja durch die Versicherung gedeckt ist („**moral hazard**").
- Marktprozesse können zu „**kurzsichtiger**" Reaktion der Nachfrager führen, die sich erst auf lange Sicht als nicht optimal erweist, deren Korrektur aber später nicht mehr möglich ist, z. B. langfristiger Aufbau einer Alterssicherung, die Investition in Bildung oder der (unterlassene) Schutz des Klimas. Hierbei spielt auch die Präferenz der Menschen für gegenwärtige Belohnung eine Rolle.

Allerdings folgt aus der Existenz von Marktversagen nicht zwingend, dass ein staatliches Angebot in diesem Marktsegment erfolgen muss. Vielmehr sind auch bei privater Leistungserbringung unterschiedliche „Reparaturen" des Marktdefektes denkbar, wie die folgenden Beispiele zeigen. Bei asymmetrischen Informationen können neutrale Testinstitute (Stiftung Warentest, Rating-Agenturen) oder ein Feedback durch die Kunden selbst (Bewertung im Internet) zur Verbesserung der Informationssituation beitragen. Durch Regulierung kann die Bereitstellung und die Verständlichkeit von Informationen erzwungen werden. Die Vergabe von Lizenzen an und die Aufsicht über Dienstleister sowie die Regulierung ihrer Tätigkeit kann die Wirksamkeit des Marktmechanismus unterstützen; die Notwendigkeit und zugleich Schwierigkeit dieses Vorgehens zeigt sich bei der Regulierung der Finanzindustrie (Kapitel 2.3.6.3).

Im Haftungsrecht kann festgelegt werden, dass der Anbieter eines Produktes oder einer Leistung nicht nur den Schaden kompensieren muss, sondern darüber hinaus auch zur Abschreckung mit extrem hohen **Strafzahlungen** belegt wird. Da ein Schadensfall auch die über lange Zeit aufgebaute **Reputation** eines Anbieters beschädigen kann, dürfte ein Eigeninteresse dazu vorliegen, einen Informationsvorsprung nicht auszunutzen.

Zu 3.: Gesellschaftspolitische und soziale Ziele

Wenn **kein** Marktversagen vorliegt, wird gemäß der ökonomischen Theorie angenommen, dass der Preis die tatsächlich erwünschte Nachfrage spiegelt und das Angebot gemäß der Gewinnmaximierungsregel auf diesen Preis reagiert. In einer solchen Welt des funktionierenden Marktes können jedoch Effekte eintreten, die aus außerökonomischen Gründen als nicht optimal und als unerwünscht eingestuft werden. Dies gilt z. B. wenn **sozial schwache** Personen, die nicht über genug Kaufkraft verfügen, sich unverzichtbare Dinge nicht leisten können und daher auch nicht als Nachfrager auftreten. Mit Sozialleistungen, die sich an der Einkommenssituation der Person und ihres Haushalts orientieren, kann dieses Problem angegangen werden. Diese Leistungen stellen keinen Eingriff in den Marktwettbewerb unter den Anbietern dar, da gezielt die „armen" Nachfrager subventioniert werden. Somit kann auch in solchen Marktsegmenten privatisiert werden, in denen einkommensschwache Kunden auf die Leistungen angewiesen sind.

Weiterführende Literatur

Chari, R., 2015. Life after Privatization. Oxford, Oxford Uni Press.

Megginson, W. L. und Netter, J. M., 2000. From state to market: A survey of empirical studies on privatization. Journal of Economic Literature 39(2): 321–389.

OECD, 2003e. Privatising state-owned enterprises – an overview of policies and practices in OECD countries. Paris.

2.2 Der Binnenmarkt

2.2.1 Das Programm

? Welche Motive und Triebkräfte standen hinter dem Binnenmarktprogramm?
Welche Stationen durchlief das Programm und wann ist es vollendet?

Die EU hatte sich das Ziel der wirtschaftlichen Integration zu einem einheitlichen, wettbewerbsorientierten Wirtschaftsraum gesetzt. Zwar war mit der Vollendung der Zollunion im Jahr 1968 im Prinzip der Handel mit Gütern in der damaligen EG frei und ohne Verzerrungen durch Zölle. Dennoch konnte von einem einheitlichen Markt noch nicht gesprochen werden:
- Nicht-tarifäre Handelshemmnisse (Kapitel 2.3.1.2) im Warenhandel bestanden weiter,
- die freie Bewegung von Arbeitskräften war noch nicht möglich,
- bei Dienstleistungen stand der Staat als monopolistischer Anbieter außerhalb jedes Wettbewerbs,
- im Kapitalverkehr wurden Unternehmen vor der Übernahme durch ausländisches Kapital geschützt, und die Anbieter von Finanzdiensten sahen sich einem durch vielfältige nationale Regulierungen fragmentierten Markt gegenüber,
- zusätzlich wurden einheimische Anbieter durch Subventionen, protektionistische Maßnahmen und Diskriminierung gegenüber der ausländischen Konkurrenz bevorzugt.

Globalisierung: Öffnung oder Abschottung Europas?
Der Prozess der ökonomischen Integration Europas war damit Anfang der 80er Jahre nahezu zum Erliegen gekommen. Die Behauptung einer „**Euro-Sklerose**" (Servan-Schreiber, J. J., 1970; Olson, M., 1996), in der Europa eine Wachstumsschwäche und ein technologischer Rückstand gegenüber den USA und den vier asiatischen „Tiger-Staaten" (Japan, Südkorea, Taiwan, Singapur) bescheinigt wurde, führte zur Besorgnis über einen wirtschaftlichen, politischen und militärischen Rückstand Europas.

Als mögliche Reaktionen auf die unbefriedigende Position Europas im globalen Wettbewerb wurden Mitte der 80er Jahre zwei unterschiedliche Strategien diskutiert. Die eine Diskussionslinie kam aus den großen, auf europäische Märkte konzentrierten Unternehmen (ERT-Round Table of European Industrialists, 1999). Da die europäische **Großindustrie** weniger konzentriert war als ihre Konkurrenten in Asien und den USA, wollten diese Unternehmen eine Stärkung ihrer Operationsbasis in Europa durch Beseitigung von innereuropäischen Barrieren (Cowles, M. G., 1995). Die entgegengesetzte Strategie war auf Abschottung Europas gegenüber der globalen Konkurrenz („Festung Europa") gerichtet. Damit sollten die Probleme des globalen Wettbewerbsdrucks ausgeblendet und die sozialen Errungenschaften und hohen Löhne gegen sogenanntes Lohn- und Sozialdumping aus den Ländern mit geringeren Löhnen verteidigt werden. Eine innereuropäische Öffnung von Märkten wurde dabei als Notwendigkeit akzeptiert. Global agierende Unternehmen waren gegen Abschottung und für eine Stärkung der Wettbewerbsfähigkeit europäischer Standorte durch Verbesserung der Angebotsbedingungen. Dazu zählten die Beseitigung von Wettbewerbshemmnissen sowie Deregulierung und Liberalisierung, verbunden mit einer Reduzierung der sozialen Leistungen.

Der Visionär der Europäischen Integration – der damalige Kommissionspräsident **Jacques Delors** – wollte Elemente beider Ansätze kombinieren: EU-weit sollten die gleichen Wettbewerbsvoraussetzungen auf den Märkten für Güter, Dienstleistungen, Arbeit und Kapital durch Beseitigung von Schranken und Diskriminierungen sowie die Sicherung einer Wettbewerbsordnung gelten. Dies wollte er mit einer europaweiten Sicherung des sozialen Schutzes verbinden. Dazu sollten sich die Mitgliedsstaaten zu einer gemeinsamen Re-Regulierung verständigen, um ein Rennen um die niedrigsten sozialen Standards zu unterbinden (Ziltener, P., 2001, 2002; Aust, A., 2004). Delors gab den Anstoß für das „Binnenmarkt-Programm 1992", mit dem der lang andauernde Prozess der ökonomischen Integration ab Mitte der 80er Jahre einen neuen Schub erreichte. Seine Vision lässt sich auf die griffige Formel **„Ein Europa ohne Grenzen"** bringen.

Wiederholte Runden auf dem Weg zum Binnenmarkt

Das Ziel eines grenzenlosen europäischen Marktes wurde politisch in immer neuen Reformprojekten verfolgt. Es handelt sich weniger um einen einmaligen Akt („Big Bang"), als vielmehr um einen andauernden Prozess, der immer wieder neue Impulse braucht, aber auch stagniert oder gar Rückschritte erfährt.

Nach dem Neustart zu Beginn der 1980er Jahre wurden 280 Maßnahmen im **Weißbuch zum Binnenmarkt** durch die Europäische Kommission (1985) formuliert, durch deren Umsetzung bis 1992 der Binnenmarkt vollendet sein sollte. In der „Einheitlichen Europäischen Akte (EEA)" von 1987 sowie im **Maastrichter Vertrag** (1992) wurde der Binnenmarkt im Rechtsrahmen der EU verankert. Seine wichtigsten Elemente sind

– Grundfreiheiten auf den Märkten für
  – Arbeit und Kapital
  – Güter und Dienstleistungen,
– gemeinsame Wettbewerbspolitik,
– Liberalisierung und Privatisierung.

Seit dem Start des Binnenmarkt-Programms haben verschiedene Ereignisse und Einflüsse seine Entwicklung befördert bzw. behindert. **Fördernd** wirkte sich eine

Verschiebung der politischen Prioritäten in vielen Mitgliedsstaaten der EU aus, wodurch die Privatisierung staatlicher Unternehmen und die Liberalisierung von staatlich reglementierten Dienstleistungen einen höheren Stellenwert erhalten haben. Damit gewann die Dienstleistungsfreiheit zusätzliche Dynamik, die sich wegen der Widerstände in den Nationalstaaten nur auf lange Sicht durchsetzen dürfte. Ein weiterer Schub ergab sich Anfang der 1990er Jahre durch den Fall des „Eisernen Vorhangs". Die ehemaligen RGW-Länder wurden mit den Europa-Abkommen in wichtige Bereiche des Binnenmarktes eingebunden; sie haben durch die Übernahme der Marktwirtschaft und ihren Beitritt zur EU (2004, 2007) den Binnenmarkt substanziell ausgeweitet (Kapitel 4.2.1).

Als eher **hemmend** erweist sich eine Veränderung der politischen Präferenzen in einigen Mitgliedsstaaten, die nach einer langen Phase der Bereitschaft zur Öffnung und Liberalisierung der Märkte zunehmend Tendenzen zu einem Wirtschaftspatriotismus (EEAG, 2007b:133–147) zeigten; dies lässt sich z. B. am Widerstand gegen die Übernahme „nationaler Champions" durch ausländisches Kapital feststellen (Kapitel 2.3.6.2). Zu Stand und Perspektiven des Binnenmarktprogramms äußerte sich der damals (1999–2004) zuständige Kommissar Frits Bolkestein im Rückblick recht pessimistisch (Bolkestein, F. und Gerken, L., 2007). Er sah zunehmenden Protektionismus und den Vorrang nationaler Interessen oder der Daseinsvorsorge, die Tendenz zu mehr statt weniger Regulierung, die wettbewerbsschädliche Harmonisierung von sozialpolitischen Normen auf „hohem Niveau" und populistisch motivierte Markteingriffe der Kommission.

Der Ausbruch der Wirtschafts- und Finanzkrise im Jahr 2008 hat in den Bevölkerungen einiger Mitgliedsstaaten die Skepsis gegenüber einem integrierten europäischen Markt verstärkt und die Bereitschaft zur gemeinsamen Lösung europäischer oder gar globaler Probleme gemindert. Dennoch akzeptiert eine deutliche Mehrheit der Bürger in den Mitgliedsstaaten die wettbewerborientierte Marktöffnung der EU. Die Haltung ist weniger abhängig von der objektiven Betroffenheit durch die Globalisierung, als vielmehr von dem subjektiven Gefühl, gefährdet zu sein (Gerhards, J. und Hessel, P., 2008). Mit dem Andauern der Finanzkrise, dem Auftreten neuer Bedrohungen (Terror) und Belastungen (Flüchtlingskrise) verstärkt sich die Ablehnung internationaler Kooperation und der Rückzug in den vermeintlich sicheren Nationalstaat gewinnt politischen Einfluss.

ℹ️ Weiterführende Literatur

Cowles, M. G., 1995. Setting the agenda for a new Europe: The ERT and EC 1992. Journal of Common Market Studies 33(4): 501–526.

Jones, E., 2010. The economic mythology of European integration. JCMS 48(1): 89–109.

Höpner, M., Petring, A. et al., 2009. Liberalisierungspolitik – eine Bestandsaufnahme von zweieinhalb Dekaden marktschaffender Politik in entwickelten Industrieländern. MPIGF discussion paper (09/7).

2.2.2 Die Flankierung des Binnenmarktes

2.2.2.1 Subventionskontrolle und Wettbewerbsaufsicht

Warum muss der Binnenmarkt durch eine Wettbewerbsaufsicht ergänzt werden?
Wo endet die Macht der EU bei der Herstellung eines „einheitlichen Spielfeldes"?

?

Die Grundlage des Europäischen Binnenmarktes ist das Credo, dass Wettbewerb das beste Regelungsprinzip für die Wirtschaft sei und daher Verzerrungen des Wettbewerbs im Grundsatz abzulehnen seien. Die Maßnahmen des Binnenmarktes zielen auf eine Verschärfung des Wettbewerbs, z. B. durch die Beseitigung von Handelshemmnissen, die Öffnung der Märkte für mehr Anbieter und die Vergrößerung der Transparenz über Preise.

Da Wettbewerb aber aus einzelunternehmerischer Sicht unbequem oder gar bedrohlich ist und aus nationaler Sicht zu vermeintlichen oder tatsächlichen Nachteilen im Vergleich zu einem anderen Land führen kann, haben sowohl Unternehmen und Arbeitnehmer als auch politische Akteure die Tendenz, sich dem Wettbewerbsdruck zu entziehen. Daher muss die EU zur Flankierung des Binnenmarkt-Programms eine Wettbewerbsaufsicht ausführen. Die EU ist nicht für den Wettbewerb innerhalb der Mitgliedsstaaten zuständig, sondern nur für den verzerrungsfreien Wettbewerb im grenzüberschreitenden Austausch. Daher übt EU-Kommission die Wettbewerbsaufsicht in Kooperation mit den nationalen Kartellbehörden aus. Nach einer weiten Interpretation kann bei nahezu allen den Wettbewerb beschränkenden oder ihn verfälschenden Handlungen, die innerhalb eines Nationalstaates erfolgen, auch eine grenzüberschreitende Wirkung vermutet werden (Schmidt, I. und Binder, S., 1998; Schmidt, A., 2001). Daher ist die EU-Kommission bei fast allen Fällen mit zuständig.

Versuche zur Rechtfertigung von Subventionen und Protektionismus

Die folgenden Argumente werden in der öffentlichen Diskussion zur Rechtfertigung von Subventionen und Protektionismus vorgebracht; einige werden hier aufgeführt, ohne dass damit gesagt werden soll, dass diese auch zutreffen:

1. Der Strukturwandel führt zu Anpassungshärten, die durch Beschränkung der Konkurrenz so lange abgefedert werden müssen, bis die einheimische Industrie ihre Wettbewerbsfähigkeit in dem umkämpften Markt (wieder) gewonnen hat bzw. bis der Umbau der Wirtschaftsstrukturen ohne zu große soziale Härten, wie z. B. Arbeitslosigkeit, bewältigt ist.

2. Die Öffnung der eigenen Märkte für Anbieter aus dem Ausland hilft diesen, ihre Beschäftigungsprobleme auf dem Rücken der inländischen Bevölkerung zu lösen; dies stellt einen unfairen Import von Arbeitslosigkeit dar.

3. Die Markterfolge der ausländischen Anbieter basieren auf „unfairem" Wettbewerb, der aus niedrigen Löhnen, besserer Technologie oder niedrigen Standards bei Umweltschutz und Arbeitssicherheit resultiert.

4. Einer staatlichen Industriepolitik wird die Aufgabe zugewiesen, „nationale Champions" zu schützen oder „strategische Industrien" im Land aufrecht zu erhalten (z. B. Kohle, Luftfahrt, Schiffe, Landwirtschaft, Elektronik, Wehrtechnik).
5. Wenn ein Land einen Rückstand in wichtigen Technologiegebieten sieht, kann dies eine technologische Aufholjagd erfordern, während der die noch schwachen nationalen Firmen vom Konkurrenzdruck abgeschirmt werden (Infant Industry).

Quellen: Dieckheuer, G., 2001, Kapitel 5; Meiklejohn, R., 1999a:25–31.

Der AEU-V (Artikel 101–106) benennt Bereiche der Wettbewerbsverfälschung, die im Grundsatz verboten sind. Dies sind **Kartelle** als Vereinbarungen zwischen Wirtschaftssubjekten bzw. deren abgestimmtes Verhalten mit dem Ziel der Beschränkung des Wettbewerbs. Sie sind grundsätzlich verboten, außer wenn sie vom Verbot freigestellt sind. Ebenso gilt die **missbräuchliche Ausnutzung einer marktbeherrschenden Stellung** auf einem Markt, durch den die Wettbewerber ohne sachlichen Grund behindert werden als Verstoß gegen das Wettbewerbsrecht. **Fusionen** sind im AEU-V nicht explizit behandelt, können aber nach laufender Rechtsprechung einen Missbrauch darstellen, wenn durch sie eine wesentliche Minderung des Wettbewerbs wahrscheinlich wird. Die EU-Kommission behält sich weitgehende Prüfungsrechte und Einspruch gegen Fusionen vor. Besonders konfliktreich sind staatliche **Beihilfen**, die als Begünstigungen von Unternehmen definiert sind, mit denen diese ihre Wettbewerbsposition gegenüber nicht begünstigten Unternehmen verbessern können: Dies kann den grenzüberschreitenden Wettbewerb verfälschen und unterliegt daher einer Kontrolle durch die Kommission (Artikel 107–109 AEU-V). Im Grundsatz sind nach EU-Recht Subventionen durch die Mitgliedstaaten verboten, sofern sie sich nicht auf eine Genehmigung der Kommission berufen können.

Im Grundsatz darf die EU-Kommission als Aufsichtsbehörde dann eingreifen, wenn eine Diskriminierung grenzüberschreitender wirtschaftlicher Aktivitäten droht oder erfolgt. Sie kann auf die Gleichbehandlung der EU-ausländischen Akteure mit den Inländern hinwirken. Der Eingriff der europäischen Wettbewerbsaufsicht gegen Subventionen und **Protektion** in den Mitgliedstaaten wird in der öffentlichen Meinung häufig negativ reflektiert, wenn damit vermeintlich oder tatsächlich die Interessen nationaler Akteure verletzt werden. Ungeachtet dessen wird die These eines negativen Einflusses von Subventionen auf den Wettbewerb und damit auf die optimale Wirkung der Marktkräfte bestätigt (Nitsche, R. und Heidhues, P., 2006).

Politische Gestaltungsbereiche wie Steuerwesen, Sozialwesen, Lohnfindung, Ausbildung und Forschung, die für die Wettbewerbsfähigkeit von Unternehmen eine Rolle spielen, bleiben aus der Herstellung gleicher Bedingungen ausgeklammert, da die Mitgliedstaaten in diesen Bereichen der EU keine Rechte übertragen haben. Eine Verzerrung der Wettbewerbsbedingungen kann also durchaus gegeben sein, ohne dass die EU intervenieren könnte.

Weiterführende Literatur

Pelkmans, J., 2006. European integration – Methods and economic analysis. Harlow et al., Pearson Education, pp. 242–266.

European Central Bank ECB, 2009a. Assessing global trends in protectionism. ECB Monthly Bulletin (February): 85–101.

Cini, M. und McGowan, L., 2009. Competition policy in the European Union. Houndmills, Palgrave Macmillan.

2.2.2.2 Staatliches Beschaffungswesen

Warum muss sich der Staat als Kunde ebenfalls wettbewerbsgerecht verhalten?
Warum wird Widerstand gegen EU-weiten Wettbewerb geleistet?

Der öffentliche Sektor wird von den lokalen, regionalen und zentralen Dienststellen des öffentlichen Dienstes sowie von den Unternehmen im Eigentum der öffentlichen Hand gebildet. Sein Anteil an der Gesamtwirtschaft hat sich historisch entwickelt und ist in jedem Mitgliedsstaat unterschiedlich groß. Zu den Handlungsfeldern, in denen der öffentliche Sektor in den meisten Mitgliedsstaaten (bisher) eine dominante Rolle einnimmt, gehören Bildung, Gesundheitswesen, Post, Wasser, Bahn und Strom.

Zur Erfüllung seiner Aufgaben kauft der öffentliche Sektor in erheblichem Umfang Rohstoffe, Güter und Dienstleistungen am Markt sowie vergibt Aufträge zur Durchführung von Arbeiten: Diese Käufe erreichten 1985 in der EU ca. 15 % des BIP; im Jahr 2011 waren es etwa 19 %. Damit ist der Staat einer der größten Marktteilnehmer, ohne Marktbedingungen unterworfen zu sein. Vielmehr wird vermutet, dass der öffentliche Dienst sowie Unternehmen mit öffentlicher Leitung nicht so effizient arbeiten wie private Unternehmen, die im Wettbewerb stehen. Der Staat verhält sich auch in seiner Rolle als Nachfrager von Gütern, Diensten und Bauleistungen nicht immer wettbewerbsorientiert: Durch gesetzliche Vorschriften oder durch die Gestaltung der Verfahren konzentriert sich der Zugang zu diesen öffentlichen Aufträgen auf nationale oder lokale Anbieter („Hoflieferanten").

Nationale **„Platzhirsche"** erhielten häufig die Staatsaufträge. Besonders eng waren die Beziehungen zwischen staatlich abgesicherten Monopolen, z. B. in der Telekommunikation, und ihren „Hauslieferanten" für Endgeräte und sonstige technische Ausstattungen. Hinter dem Schutzzaun der nationalen Märkte konnten und mussten diese Unternehmen nicht international wettbewerbsfähig werden; deshalb überwand die europäische Industrie ihre Schwäche gegenüber der Konkurrenz aus USA, Korea und Japan nicht. Ähnliche Konstellationen waren z. B. in der Bahnindustrie zu beobachten, wo staatliche Eisenbahngesellschaften und national begrenzte Bahnproduzenten zusammenarbeiteten. Auch die Elektrizitätswirtschaft und das Bauwesen waren ähnlich abgeschottet.

In der Konsequenz konnten erhebliche Preisdifferenzierungen bei den Gütern und Diensten, die die Öffentliche Hand kaufte, aufrecht erhalten werden; so waren in den 80er Jahren die Preise einiger von der öffentlichen Hand eingekaufter Güter und Dienste in einigen Ländern der EU mehr als doppelt so hoch wie der jeweils niedrigste Preis für diese Leistung in der EU (European Commission, 1997f:62f.).

Das Ziel der EU ist es, diese „National Closed Shops" für den EU-weiten Wettbewerb zu öffnen. Dafür sollten eine offenes, europaweites Ausschreibungssystem und transparente Vergabeverfahren verpflichtend eingeführt werden. Flankiert wurde das neue System staatlicher Käufe und Auftragsvergabe durch Überwachungs- und Strafvorschriften. Diese Regeln wurden auch auf diejenigen öffentlichen und privaten Unternehmen ausgedehnt, die Dienste der Daseinsvorsorge (Kapitel 2.3.5.2) erbringen: Wasser, Energie, Transport, Kommunikation.

Nicht jede Beschaffung oder jeder Auftrag der öffentlichen Hand muss europaweit ausgeschrieben werden, sondern nur solche, deren Wert eine von der EU vorgegebene Schwelle überschreitet. Für Aufträge zur Ausführung von Arbeiten gilt als Schwelle 5,2 Mio. Auftragswert; andere Beschaffungen von Gütern und Dienstleistungen müssen erst ab 0,2 Mio. ausgeschrieben werden. Eine Stücklung des Gesamtvorhabens in mehrere Teile, die jeweils unter der Ausschreibungsschwelle liegen, war ein häufig genutzter „Trick" zur Umgehung der Ausschreibungspflicht. Gerichte haben dies jedoch als nicht zulässig zurückgewiesen.

Um einen möglichst breiten Zugang von Bietern zu den öffentlichen Ausschreibungen zu erreichen hat die EU seit dem Jahr 2014 die Veröffentlichung auf elektronischem Weg zur Pflicht gemacht (VO 2014/24/EU). Dennoch wird auf der elektronischen Plattform TED nur rund ein Zehntel der Fälle berichtet, da viele Verwaltungen und Unternehmen noch nicht über die erforderlichen Ausstattungen und Verfahren für e-Government verfügen (European Commission, 2014g:20–22; Buyse, A., N. Dewyngaert, et al., 2015). Während in der gesamten EU rund 13 % des BIP für öffentliche Arbeiten oder den Kauf von Gütern und Diensten der öffentlichen Hand ausgegeben wird, umfasst das in TED berichtete Auftragsvolumen nur rund ein Viertel davon (European Commission – DG GROW, 2016: Tab 2, 8).

Von der Auswahl der Anbieter nach dem günstigsten Preis darf abgewichen werden, wenn weitere Ziele der EU, wie z. B. die Einhaltung von Sozial-, Beschäftigungs-, Gleichstellungs- oder Umweltkriterien mit berücksichtigt werden: Unternehmen, die diese Ziele besser als ihre Konkurrenten erreichen, dürfen bevorzugt werden, auch wenn sie teurer anbieten.

Eine interessante Frage wirft die Zusammenarbeit zwischen Kommunen und privaten Unternehmen, die als **Öffentlich-private-Partnerschaft (ÖPP)** bezeichnet werden, auf. Hier liegt eine enge und exklusive vertragliche Beziehung zwischen zwei Partnern vor. Eine Ausschreibung dieser Leistung scheint hier also ausgeschlossen und die Wettbewerbsregeln des Binnenmarktes sind vermeintlich nicht durchzusetzen. Ein deutsches Gericht jedoch hat die Pflicht zur öffentlichen

Ausschreibung trotz einer ÖPP für erforderlich gehalten (Mai 2003, OLG Düsseldorf Az. Verg 67/02). Auch der EuGH (C-27/03) hat im Januar 2005 festgelegt, dass auch bei einer ÖPP eine Ausschreibungspflicht besteht, da sonst der Wettbewerb umgangen würde. Das engt den Handlungsspielraum der Kommunen bei der Gestaltung dieser Form der Zusammenarbeit erheblich ein. Daher versuchen einige Kommunen die Ausschreibungspflicht zu umgehen, indem sie Aufgaben wieder ausschließlich in der Kommune ansiedeln („Re-Kommunalisierung"). Effizienzgewinne einer Privatisierung gehen nach Auffassung der Monopolkommission (2014a:439–510) so verloren.

Ein großes Umsatzvolumen erreichen in einigen Ländern diejenigen Arbeiten, die aus der **europäischen Regionalförderung** mit finanziert werden. Die meisten Projekte aus diesem Bereich werden von der öffentlichen Hand vergeben. In diesem Bereich hat der Europäische Rechnungshof in einer Sonderuntersuchung im Jahr 2015 erhebliche Mängel bei der europaweiten Ausschreibung festgestellt. Häufig werden Aufträge in nicht formgerechten Verfahren an lokale oder nationale „Platzhirsche" vergeben (Europäischer Rechnungshof, 2015a).

Ab April 2016 gelten neue Regeln, mit denen u. a. die Ausschreibungsfristen verkürzt und die Anforderungen an die Dokumentation bei den Bietern verringert werden sollen. So soll es mehr – und auch kleineren – Unternehmen leichter fallen, sich an den Bieterverfahren zu beteiligen. Außerdem soll Korruption bei Staatsaufträgen besser bekämpft werden – zumal in einigen Ländern erhebliche Beträge davon aus dem europäischen Haushalt finanziert werden. Es wird möglich, die Auftragserteilung auch von der Erfüllung sozialer Ziele sowie dem Schutz der Umwelt abhängig zu machen (European Commission, 2016d). In ihrem Aktionsplan will die Kommission demnächst u. a. die Kapazität und Bereitschaft der zuständigen Stellen in den Mitgliedsstaaten prüfen und verbessern und die Korruption bei öffentlichen Aufträgen bekämpfen.

Wettbewerbsdruck nimmt ab – Korruption nimmt zu

Allerdings geht die Entwicklung im öffentlichen Beschaffungswesen nicht zufriedenstellend in die Richtung offener Märkte. Dafür ist die zunehmende Korruption in einigen Ländern der EU verantwortlich. Auch ist der Wettbewerbsdruck nicht hoch, wie sich an der geringen und sinkenden Zahl von Angeboten zeigt, wie sie im elektronischen Ausschreibungsportal der EU, TED, abgegeben werden. Erhielten im Jahr 2006 nur 17 % aller Ausschreibungen nur ein Gebot, so stieg dieser Anteil auf 30 % im Jahr 2015. Das kann auch darauf zurückzuführen sein, dass Ausschreibungen einem bestimmten Bieter „auf den Leib geschneidert werden", was als Form der „weichen Korruption" bezeichnet werden kann. („Procurement spending ...", 2016).

i **Weiterführende Literatur**
European Commission, 2014g. Annual Public Procurement Implementation Review 2013.
    Commission staff working document (SWD(2014) 262 final): 1–38.
Gelderman, K., Ghijsen, P. et al., 2010. Explaining non-compliance with European Union
    procurement directives: A multidisciplinary perspective. JCMS 48(2): 243–264.

2.2.3 Erwartungen an den Binnenmarkt

2.2.3.1 Zur Bestimmbarkeit von Effekten des Binnenmarktes

? Kann festgestellt werden, wie sich die Einführung des Binnenmarktes bisher auswirkte?
Welche methodischen Probleme sind zu berücksichtigen?

Die Vollendung des Binnenmarktes war und ist ein Projekt, mit dem die EU große
Erwartungen verbindet und das auch in der Öffentlichkeit der Mitgliedsstaaten, bei
Gewerkschaften und Industrieverbänden sowohl positiv als auch negativ gesehen
wird. Im Kontrast zu dieser Aufmerksamkeit stehen die nur geringen Möglichkeiten
der Fachwissenschaften, die erwarteten Wirkungen vorab zu schätzen oder die tatsächlich eingetretenen Wirkungen nachzuweisen, in ihrer Größenordnung abzuschätzen und mit dem Binnenmarkt in ursächliche Verbindung zu bringen. Der
politische Diskurs zum Pro und Contra des Binnenmarktes kann also kaum auf der
Grundlage gesicherten Wissens geführt werden.

Die Ursachen für diese Kenntnislücken liegen u. a. in der **hohen Komplexität**
des wirtschaftlichen und gesellschaftlichen Gesamtsystems, das sich über die nationale sowie internationale Ebene erstreckt. Die Veränderungen, die durch die Vorbereitung und Umsetzung des Binnenmarktprojekts in diesem System ausgelöst
werden, sind nur schwer von anderen, gleichzeitig wirkenden Einflüssen zu isolieren. Dazu gehören in Europa z. B. die Süd-Erweiterung in den 80er Jahren, der
Beitritt der DDR zum Bundesgebiet 1990, die Nord-Erweiterung (Finnland, Schweden und Österreich) 1995 und der Zusammenbruch des „Ostblocks" Anfang der
90er Jahre mit der anschließenden Öffnung dieser Länder für den Weltmarkt und
der Mitgliedschaft von acht dieser Länder im Jahr 2004.

Parallel zur wirtschaftlichen Integration Europas findet der Prozess der **Globalisierung** statt: Im Grundsatz wachsen Märkte seit mehr als 100 Jahren weltweit
bzw. in regionalen Blöcken zusammen. Internationale Organisationen wie die WTO
flankieren und betreiben diesen Prozess. Durch den verstärkten Einsatz von In-
formationstechnik – besonders durch das Internet – werden raumübergreifende
Unternehmensprozesse leichter möglich. Die wirtschaftliche Integration der EU ist
in diese weltweite Tendenz eingebettet – sie wird nicht nur durch den Binnenmarkt
angetrieben.

Will man überprüfen, ob der Binnenmarkt zu mehr wirtschaftlicher **Prosperität** geführt hat, so können andere Einflüsse auf die wirtschaftliche Entwicklung Europas nicht ausgeblendet werden; dazu gehört der **internationale Konjunkturzusammenhang**, durch den **Krisen** in anderen Weltregionen sich auch in Europa auswirken können. Zu nennen sind u. a. der Börsenkrach im Oktober 1987, Währungskrisen in Argentinien (1998–2002), Mexiko (1995), Brasilien (1998/99), Asien (1997/98) und Russland (1998/99), der Zusammenbruch der „New Economy" im Jahr 2001 sowie die anhaltenden weltweiten Turbulenzen auf den Finanzmärkten nach einem Einbruch im US-amerikanischen Immobilienmarkt im Jahr 2007. Auch rapide Veränderungen von Rohstoffpreisen oder durch Kriege ausgelöste Schocks wirken sich erheblich auf die wirtschaftliche Entwicklung aus. Aufgrund der großen Komplexität weltweiter Wirtschaftsverflechtungen können die Einflüsse einzelner Faktoren – und damit auch der Einfluss des Binnenmarktes – kaum zuverlässig aus dem gesamten Wirkungsgeflecht herausgelöst werden.

Die **ökonomische Theorie der Integration** ist nur wenig entwickelt. Sie beschäftigte sich zwar schon lange mit dem internationalen **Handel** (Außenhandelstheorie, Theorie der Zollunion). Die Zollunion war jedoch in der EG schon 1968, d. h. weit vor dem Binnenmarkt verwirklicht, so dass sie die aktuellen Integrationseffekte nicht erklären kann. Zu den heute bedeutenden nicht-tarifären Handelshemmnissen und ihrer Beseitigung hatte die Wissenschaft nur wenige Erkenntnisse beizutragen. In der Handelstheorie dominierte die Sicht auf Nationalstaaten als Untersuchungseinheiten, während die Unterteilung nach **Regionen** und **Branchen**, die die Gewinner-Verlierer-Muster deutlicher abbilden kann, erst relativ spät zum Forschungsgegenstand wurde. Für die Folgen der Internationalisierung der anderen drei Grundfreiheiten **Kapital, Arbeit und Dienstleistungen** existieren Erklärungsansätze, die sich aber nicht auf eine jeweils breit akzeptierte theoretische Basis stützen können und zu einer Vielzahl, z. T. widersprüchlicher, Aussagen kommen. Auch ist die mögliche Wirkung einer **Interaktion aller vier Grundfreiheiten** bisher nur unzureichend erklärt bzw. untersucht worden.

Ein methodischer Ansatz, die Wirkung des Binnenmarktes festzustellen, ist der Vergleich der Wirtschaft wie sie ist, d. h. mit dem Binnenmarkt, mit einer gedachten Welt, in der das Binnenmarktprojekt nicht existiert (Campos, N. F., Coricelli, F. et al., 2014). Die Konstruktion einer solchen **Vergleichswelt** (counter factual) ist jedoch willkürlich und kann die Komplexität des Untersuchungsfeldes nicht hinreichend berücksichtigen. Insbesondere reicht es nicht, von der Annahme auszugehen, es hätte den Binnenmarkt nicht gegeben, aber die restliche Welt sei unverändert geblieben. Vielmehr müsste für eine Vergleichswelt ohne Binnenmarkt auch die Frage gestellt werden, welche anderen Mechanismen wohl installiert worden wären, um wechselseitigen Marktzugang zu erleichtern (Eichengreen, B. und Boltho, A., 2008). Eine **ex ante**-Abschätzung der erwarteten Wirkungen bleibt jedoch auf Annahmen zu alternativen Entwicklungen angewiesen.

Eine **ex post**-Messung der Binnenmarktwirkungen versucht, die tatsächlich eingetretenen Wirkungen nach der Implementation festzustellen. Sie wird dadurch erschwert, dass die Effekte möglicherweise bereits im Vorfeld der Einführung des Binnenmarktes als **Ankündigungs- und Vorzieheffekte** eingetreten sind. Dies ist z. B. bei Unternehmen außerhalb der EU der Fall, die mit Fusionen, Allianzen und Direktinvestitionen ihre Produktionsstandorte in den 1980er Jahren bereits in die EU verlegt haben, da sie durch den Binnenmarkt eine Abschottung der EU gegenüber Drittländern („Festung Europa") befürchteten. Tatsächlich haben asiatische und US-amerikanische Konzerne ihre „verlängerten Werkbänke" frühzeitig innerhalb der EU, z. B. in Irland und Schottland, aufgestellt. Damit haben sie die bisherigen Importe von Gütern aus Drittländern durch Produktion in der EU ersetzt – der Handel mit Drittländern hat dadurch abgenommen und die Wirtschaft in den Zielländern wurde gefördert. Wenn keine Binnenmarktwirkungen feststellbar sind, muss dies nicht die Wirkungslosigkeit des Binnenmarktes bedeuten, sondern kann an seiner **verzögerten Implementation** liegen. Wenn die Umsetzung noch Zeit braucht oder wenn die Statistik erst verspätet zur Verfügung steht, können mögliche Veränderungen auch erst zu einem späteren Zeitpunkt untersucht werden.

Im einfachsten Fall könnte man die Wirkung des Binnenmarktes durch die Entwicklung eines Indikators „vorher" und „nachher" vergleichen (**inter-temporaler Vergleich**): Wenn z. B. zwischen 1990 und 2000, d. h. seit Einführung des Binnenmarktes, das Wirtschaftswachstum zugenommen oder die Preisdifferenzierung abgenommen haben, könnte man dies als Beleg für die Wirksamkeit des Binnenmarktes halten. Es ist aber nicht gesichert, dass das Ergebnis **ursächlich** auf die Einführung des Binnenmarktprogramms zurückgeführt werden kann bzw. mit welchem Anteil der Binnenmarkt zu dem Ergebnis beigetragen hat.

Der **Zeithorizont** der Untersuchung von Binnenmarkteffekten entscheidet auch darüber, welche Effekte überhaupt betrachtet werden. Kurzfristig betrachtet bleiben Produktionstechnologie, Spezialisierungsmuster und regionale Standorte der Unternehmen konstant, und der Einfluss des Binnenmarktes wird lediglich als Verstärkung oder Abschwächung von Handel oder Wirtschaftswachstum aufgrund steigender Effizienz interpretiert (Statische Effekte). Regieren Kapitaleigner und Arbeitnehmer auf den Binnenmarkt durch die Anpassungen von Technologie, Veränderungen der räumlichen Verteilung von Kapital und Arbeit oder durch die Spezialisierung von Unternehmen, so ist dies erst in längerer Frist möglich (Dynamische Effekte). Diese Veränderungen gehen aber möglicherweise tiefer als die statischen Effekte. Je kürzer also der Untersuchungshorizont, desto geringer sind vermeintlich die Effekte des Binnenmarktes – je länger der Zeitraum, desto eher können dynamische Effekte sich entfalten, aber umso mehr Einfluss haben auch andere, gleichzeitig wirkende Größen.

Das **Aggregationsniveau** entscheidet mit über die Befunde: Je gröber das Untersuchungsfeld aufgeteilt wird, desto geringer sind die vermuteten oder nachgewiesenen Veränderungen durch den Binnenmarkt, da die einzelnen positiven und negativen Effekte nur saldiert verbucht werden. Wie das Beispiel zeigt, kann der Effekt sogar verschwinden: Einzelne Regionen prosperieren durch die Öffnung der Märkte, während andere negative Effekte hinnehmen müssen. Per Saldo können sich solche regionalen Verschiebungen auf der Ebene des Nationalstaates aufheben.

Die Modelle für die Berechnung möglicher Integrationseffekte kommen zu deutlich unterschiedlichen Größenordnungen, da sie unterschiedliche Methoden und Daten verwenden sowie sich auf unterschiedliche Zeiträume beziehen. Die Interpretation der vorhandenen Studien muss im Lichte dieser methodischen Probleme und politischen Interessen erfolgen. Die Ergebnisse sind daher kaum vergleichbar.

Es ist nicht auszuschließen, dass solche Methoden ausgewählt werden, die ein möglichst positives Ergebnis liefern, wenn die Akteure ein Eigeninteresse an einem möglichst positiven Blick auf den Binnenmarkt haben. Somit besteht die Gefahr der Beliebigkeit oder Willkür in den erzielten Aussagen (Tsoukalis, L., 1997:19, 69, 77; Ziltener, P., 2004).

Weiterführende Literatur

Pelkmans, J., Renda, A. et al., 2014. Indicators for Measuring the Performance of the Single Market – Building the Single Market Pillar of the European Semester (IP/A/IMCO/2014–03). Straßbourg, European Parliament IMCO.

Grimwalde, N., Mayes, D. G. et al., 2011. Estimating the effects of integration. International handbook on the economics of integration, Vol. III: Factor mobility, agriculture, environment and quantitative studies. Jovanovic, M. Cheltenham, Northampton, Edward Elgar: 259–284.

Badinger, H. und Breuss, F., 2011. The quantitative effects of European post-war economic integration. International handbook on the economics of integration, Vol. III: Factor mobility, agriculture, environment and quantitative studies. Jovanovic, M. Cheltenham, Northampton, Edward Elgar: 285–315.

2.2.3.2 Ex-ante erwarteter Nutzen

Mit welchen Ansätzen wurden die Wirkungen des Binnenmarktes vor seiner Einführung abgeschätzt?

Die „Vollendung des Binnenmarktes" war von Anfang an politisch umstritten: Einige gesellschaftliche Gruppen sowie Mitgliedsstaaten befürchteten eher Nachteile für sich, während andere sich wirtschaftlichen Gewinn versprachen. Für die politische Durchsetzung des Binnenmarkt-Projekts war die einstimmige Verabschiedung eines Europäischen Vertrags zwischen den Mitgliedsstaaten die Voraussetzung; dieser wurde in Maastricht im Jahr 1992 unterzeichnet.

Im Vorfeld des „Maastrichter Vertrags" (1992) haben Studien versucht, die erwartbaren wirtschaftlichen Effekte des Binnenmarktes abzuschätzen. Die methodischen Schwierigkeiten eines solchen Unterfangens wurden im vorigen Kapitel erwähnt. Die Abschätzung der erwarteten Effekte hat an drei Ebenen angesetzt.

1. Unternehmensebene

Die Effizienz wirtschaftlichen Handelns steigt, wenn Produzenten sich spezialisieren und Skalenerträge nutzen können; dies greift insbesondere dann, wenn sie vorher auf zu kleine einheimische Märkte begrenzt waren. Durch einen international einheitlichen Absatzmarkt können sie ihre mindestoptimale Betriebsgröße erreichen, wodurch Kosten und Preise sinken können (European Commission, 1997c; Scherer, F. M. und Ross, D., 1990, Kapitel 4). Durch steigenden Wettbewerbsdruck werden die einzelnen Unternehmen zur Nutzung aller firmeninternen Effizienzreserven gezwungen, d. h. X-Ineffizienzen werden beseitigt. Auch Innovationen werden als Mittel des Wettbewerbs mehr eingesetzt.

2. Beschaffungen des Staates

Die Kosten des Staates für seine Beschaffungen können sinken, wenn er auch auf Anbieter aus dem Ausland zurückgreift; dadurch können die Staatsverschuldung und Steuerlast verringert werden, was sich positiv auf steuerzahlende Unternehmen und Haushalte auswirken kann.

3. Grenzüberschreitende Externalitäten

Grenzüberschreitende wirtschaftliche Effekte, wie z. B. Umweltschäden oder die Nutzung von öffentlichen Infrastrukturen des Nachbarlandes, können in einem integrierten Wirtschaftsraum besser geregelt werden. Das Recht der Verbraucher gegenüber dem Hersteller (z. B. Produkthaftung) sowie die Sicherheit von Zahlungen und Lieferungen im grenzüberschreitenden Handel, wie er z. B. durch E-Commerce an Bedeutung gewinnt, brauchen transparente, einheitliche und einfach durchsetzbare Regeln. Dafür ist eine internationale Basis erforderlich.

Die Cecchini-Studien

Über die wirtschaftlichen Effekte, die sich insgesamt aus der Einführung des Binnenmarktes ergeben könnten, hat die Kommission im Vorfeld der Einführung des Binnenmarktes (ex-ante) ein umfangreiches Studienvorhaben „The cost of Non-Europe" durchgeführt (Commission of the European Communities, 1988; Emerson, M., Aujean, M. et al., 1988; Karakaya, E. und Cooke, A., 2002).

Die Autoren der Studien haben versucht, aus den vermuteten Wirkungen des Binnenmarktes auf der Mikro- und Makroebene ein zusätzliches Wachstum mit entsprechenden Arbeitsplatzeffekten abzuleiten. Ihr Ansatz ist im Kern statisch und auf eher kurze Frist orientiert.

Auf der **mikroökonomischen** Ebene wurde Folgendes erwartet (Cecchini, P., 1988; Emerson, M., Aujean, M. et al., 1988, Abb. 125, Tab. 10.1.1):

- Für Unternehmen ergeben sich, je nach Unternehmensgröße und Exportanteil, direkte Kostensenkungen durch den Wegfall von Bürokratiekosten und Zeitersparnis an den Grenzen sowie durch verringerte Entwicklungs- und Produktionskosten bei europaweit einheitlichen Standards.
- Die Nutzung von steigenden Skalenerträgen und Spezialisierungsvorteilen in einem vergrößerten Absatzgebiet ermöglicht günstigere Stückkosten und damit geringere Preise.
- Bei steigendem Wettbewerbsdruck unter den Anbietern können die Verbraucherpreise bei steigender Auswahl sinken; dies dürfte auch den Spielraum für Preisdifferenzierung verringern.
- Die Innovationsrate kann steigen, wenn die Unternehmen Produkt- und Prozessinnovationen einsetzen, um Kosten zu senken und sich am Absatzmarkt besser behaupten zu können; das kann einen positiven Gesamteffekt auf die Wachstumsrate und die Wettbewerbsfähigkeit der Industrie auslösen.

Die Effekte auf der einzelwirtschaftlichen Ebene werden von den Autoren zu **makroökonomischen** Effekten aggregiert. Die Begründungen für das dabei ermittelte zusätzliche Wachstumspotenzial sind:

- Geringere Kosten bei Unternehmen steigern die Wettbewerbsfähigkeit der Volkswirtschaft.
- Die Liberalisierung des öffentlichen Auftragswesens senkt Staatsausgaben, vermindert dadurch den Kreditbedarf des Staates und ermöglicht dadurch Zinssenkungen.
- Sinkende Importpreise steigern die Binnennachfrage.
- Sinkende Exportpreise vergrößern die Exporte und damit die Produktion und den Arbeitskräfteeinsatz.
- Die Produktion steigt wegen steigender Skalenerträge und Spezialisierungsvorteilen.
- Steuern können bei steigendem Wachstum und sinkenden Kreditkosten gesenkt werden.

Modellrechnungen prognostizierten, dass das europäische Sozialprodukt im Verlauf von sechs bis zehn Jahren durch die Einführung des Binnenmarktes zusätzlich um bis zu 6 % wachsen könnte; die Zahl der Arbeitsplätze dürfte jedoch anfangs sinken und längerfristig nur in geringerem Maß steigen, da durch den Binnenmarkt die Wettbewerbsintensität steigt und arbeitssparende Rationalisierungen durchgeführt werden. Aufgrund der zahlreichen methodischen Probleme bleibt eine solche Schätzung jedoch mit erheblichen Unsicherheiten behaftet und kann auch langfristige Wirkungen nicht erfassen.

Ergebnisse eher zu optimistisch

Die Absicht hinter diesen Studien war es vermutlich auch, positive Erwartungen an die künftigen Wirkungen des umstrittenen Vorhabens zu untermauern und das durchaus umstrittene Projekt so zu unterstützen. Die Studien erwiesen sich später als überoptimistisch und thematisierten kaum negative Aspekte, wie die ungleiche Verteilung von Anpassungslasten und damit die Existenz möglicher Verlierer (Harrison, G. und Rutherford, T. et al., 1994).

Die **regionalen Effekte** einer wirtschaftlichen Integration sind erst später in den Blick der wissenschaftlichen und politischen Diskussion um den Binnenmarkt gerückt. Besonders der Forschungszweig der „ökonomischen Geografie" hat diese regionalen Effekte thematisiert (Krugman, P., 1991, 1998; Barry, F. und Begg, I., Eds., 2003). Als Folge des Binnenmarktes können verstärkte regionale Disparitäten erwartet werden, wenn sich Unternehmen zur Nutzung von Skalenvorteilen in einigen spezialisierten Regionen konzentrieren oder wenn Handelsbeschränkungen wegfallen und dadurch überlegene Unternehmen ihren Marktanteil zulasten nicht so wettbewerbsfähiger Unternehmen in weniger entwickelten Regionen ausdehnen. Auch Vorteile, wie sie aus einer zentralen Lage und einer guten Verkehrsanbindung resultieren, können im Binnenmarkt zur weiteren Polarisierung zwischen gut entwickelten und weniger entwickelten Regionen beitragen. In der politischen Diskussion vor der Einführung des Binnenmarktes wurden die möglichen negativen regionalen Effekte der Wirtschafts- und Währungsunion von den vermeintlichen Verlierern thematisiert. Im einstimmig zu schließenden Maastrichter Vertrag (1992) konnten einige Länder eine verstärkte finanzielle Förderung schwacher Regionen als Kompensation durchsetzen.

Die tatsächlich feststellbaren ex-post Effekte des Binnenmarktes werden in den einzelnen Kapiteln zu den vier Grundfreiheiten thematisiert.

ℹ️ Weiterführende Literatur

European Commission, 1990. One market, one money: An evaluation of the potential benefits and costs of forming an economic and monetary union. Oxford (u. a.), Oxford Univ. Press.

European Commission, 1991. The economics of EMU: background studies for European economy, No 44 'One market, one money'. Luxembourg.

2.3 Die „Vier Grundfreiheiten"

❓ Welche Themen wurden (nicht) in das Binnenmarktprogramm einbezogen?
Mit welchen grundsätzlichen Ansätzen sollte der Binnenmarkt verwirklicht werden?

In der Diskussion um die Vollendung des Binnenmarktes bis 1992 wurde auf die „Vier Grundfreiheiten" Bezug genommen, die schon in den Römischen Verträgen von 1957 formuliert wurden. Sie sind im AEU-V (Artikel 26,2) wie folgt definiert: „Der Binnenmarkt umfasst einen Raum ohne Binnengrenzen, in dem der freie Verkehr von Waren, Personen, Dienstleistungen und Kapital gemäß den Bestimmungen der Verträge gewährleistet ist". Die Grundidee besteht darin, eine Schlechterstellung von Wirtschaftssubjekten aus einem EU-Mitgliedsland gegenüber inländischen Wirtschaftssubjekten für unzulässig zu erklären (**Diskriminierungsverbot**). Im dritten Teil des AEU-V (Artikel 28–66) sind die „Vier Grundfreiheiten" im Einzelnen geregelt, und es werden jeweils spezifische Maßnahmen zur Herstellung der Grundfreiheiten abgeleitet.

Arbeitskräfte sehen sich grenzüberschreitenden Barrieren gegenüber. Dies sind u. a. die mangelnde Information über Arbeitsangebote, fehlende Regelungen zur Anerkennung von Ausbildungsabschlüssen, verlorene Ansprüche an Sozialversicherungen oder die Zurückweisung von EU-ausländischen Arbeitskräften wegen der Nationalität. Zulassungsverfahren zu Berufen dürfen selbständige und abhängige Erwerbspersonen aus dem EU-Ausland nicht benachteiligen. Zusätzlich sind Maßnahmen der positiven Integration vorgesehen, wie sie z. B. in der Bereitstellung von Informationen oder der Verbesserung von Regulierungen bestehen (Kapitel 2.3.2). Auch beim **Produktionsfaktor Kapital**, d. h. bei Investitionen und Finanzdienstleistungen, sind Diskriminierungen verboten und nationale Regulierungen, die wie eine Barriere wirken, sollen abgebaut werden (Kapitel 2.3.6).

Der **Output** in Form von **Gütern** (Kapitel 2.3.1) oder **Dienstleistungen** (Kapitel 2.3.4.3) konnte grenzüberschreitend nicht ebenso wie im Inland gehandelt werden, da die Marktzulassung von ausländischen Produkten durch nicht-tarifäre Handelshemmnisse, wie Zulassungshürden oder Mengenbeschränkungen, erschwert wurde. Bei Dienstleistungen war dort überhaupt kein Wettbewerb möglich, wo der Staat selbst monopolistischer Anbieter war oder wo EU-Ausländern die Erbringung von Leistungen erschwert oder gar verwehrt wurde. Eine besondere Situation ist bei den netzgebundenen Dienstleistungen gegeben, die nur nach einschneidenden Veränderungen der Rahmenbedingungen für Wettbewerb geöffnet werden können (Kapitel 2.3.4.3). Neben einem generellen Diskriminierungsverbot sollten zur Vollendung des Binnenmarktes erstens die **staatlichen Regelungen** zum Marktzutritt angepasst und zweitens diejenigen Dienstleistungsbereiche, in denen staatlich geregelte Monopole den Markt beherrschten, durch **Privatisierung** für den Wettbewerb geöffnet werden. Dies bedeutet eine tiefgreifende Umstrukturierung wesentlicher Teile der Dienstleistungswirtschaft, bei der zudem soziale Aspekte berührt werden.

Die oben genannten Veränderungen dienen dem Ziel der Wettbewerbsintensivierung in der Wirtschaft; dies kann aber nur erreicht werden, wenn alle Akteure sich dem Wettbewerb stellen. So ist eine **Flankierung** des Binnenmarktes durch Wettbewerbsaufsicht, Subventionsabbau und wettbewerbsgerechtes Verhalten des Staates als Nachfrager unerlässlich (Kapitel 2.2.2).

Tab. 2-1: Vollendung des Binnenmarktes – Barrieren und Lösungen.

	Produktionsfaktoren		Output	
	Erwerbspersonen (abhängig oder selbständig)	Kapital	Güter	Dienstleistungen
Barrieren (nicht „natürlich")	Anerkennung von Abschlüssen, Recht zur Erwerbstätigkeit, Transfer von Sozialleistungen, Familienmitglieder	Ungleiche und fragmentierte Vorschriften und Aufsichten auf Finanzmärkten, nationale Vorbehalte gegen „ausländische" Übernahmen	Nicht-tarifäre Handelshemmnisse, mengenmäßige Beschränkungen, Zulassungsmodalitäten	Staatliches Monopol, Zugangsvorschriften. Netzbindung
Allgemeine Lösung	Diskriminierungsverbot			
Spezifische Lösungen	Transparenz und Anerkennung erleichtern, Vermittlung, Regulierung des Transfers von Sozialleistungen	Vereinheitlichung der Finanzplätze und Regulierungen	Harmonisierung, wechselseitige Anerkennung	Privatisierung und Wettbewerb, Abgrenzung der Daseinsvorsorge

Flankierung des Binnenmarktes:
- Überwachung der Einhaltung aller Regeln durch die Kommission
- Wettbewerbsaufsicht (Kartellverbot, Missbrauchsaufsicht, Subventionskontrolle)
- Staat muss sich als Anbieter und Nachfrager wettbewerbsoffen verhalten (Privatisierung, EU-weite Ausschreibungen von Staatsaufträgen)

Funktion der Märkte verbessern:
- Infrastruktur für Transport von Gütern, Diensten etc.
- „gute" Regulierung zur Verbesserung der Marktfunktion, z. B. auf Finanzmärkten oder bei digitalen Leistungen

Brasche 2016.

Die Strukturierung der Grundfreiheiten im Vertrag ergibt keine überschneidungsfreie Zuordnung von Sachverhalten und Problemlagen aus einzelnen Wirtschaftssektoren oder Tätigkeiten; z. B. sind beim Erbringen von Dienstleistungen auch Fragen der Niederlassungsfreiheit und der Freizügigkeit berührt und auf den Verkauf von Waren folgen oft darauf bezogene Dienstleistungen (after sales services).

Ausgeklammert aus dem Wettbewerbsgebot im Binnenmarkt bleiben
- der Agrarmarkt, der im Rahmen der „Gemeinsamen Agrarpolitik" außerhalb von Wettbewerbsregeln quasi-planwirtschaftlich organisiert ist, obwohl er im Vertrag als Teil des Binnenmarktes bezeichnet wird,

- die Systeme der sozialen Sicherung (Rente, Arbeitslosigkeit, Gesundheit), die allein in nationaler Zuständigkeit organisiert und finanziert werden.
- alle Leistungen, die nicht am Markt mit dem Ziel der Gewinnmaximierung erbracht werden, wie z. B. staatlich finanzierte Bildung oder staatliche Gesundheitsversorgung, da dort definitionsgemäß keine grenzüberschreitende Marktverzerrung stattfinden kann.
- Leistungen im Bereich Kultur, die in nationaler Hoheit verbleiben.
- das Steuersystem, zu dessen Harmonisierung oder Vergemeinschaftung es keine politische Mehrheit gibt.
- der Dienstleistungsbereich Verkehr, für den im Vertrag eine geteilte Zuständigkeit in ausgewählten Bereichen gesondert geregelt wird (Artikel 90–100, AEU-V).

Diese Regelungsbereiche, die für den grenzüberschreitenden Wirtschaftsaustausch relevant sind, wurden nicht in das Binnenmarktprogramm aufgenommen, da über ihre Europäisierung keine Einigung erzielt werden konnte. Einige Mitgliedsstaaten wollten in diesen Feldern ihre Handlungskompetenz nicht teilen oder gar ganz abgeben.

Auffällig ist außerdem, dass die EU einerseits im Binnenmarkt den Wettbewerb als Regelungsprinzip verankert und Verstöße gegen den freien Wettbewerb zu unterbinden versucht und gleichzeitig in anderen Bereichen erhebliche Staatsinterventionen betrieb bzw. betreibt: Die gemeinsame Politik für Kohle und Stahl sowie die gemeinsame Agrarpolitik. In der Regional- und Strukturpolitik subventioniert die EU mehr oder minder erfolgreich den Ausgleich zwischen prosperierenden und weniger wohlhabenden Regionen.

Die folgenden Abschnitte behandeln die einzelnen Grundfreiheiten, wobei Ergebnisse der Einführung des Binnenmarktes überwiegend für die EU-12 bzw. EU-15 dargestellt werden, da es sich bei den mittel- und osteuropäischen Ländern, die 2004 bzw. 2007 beitraten, um Transformationsländer handelt, die spezielle Entwicklungsbedingungen haben. Sie werden daher separat dargestellt (Kapitel 4.2).

2.3.1 Freier Warenverkehr

2.3.1.1 Aspekte und Motive des Außenhandels

Warum die Grenzen für Handel öffnen?
Wie unterscheidet sich das Interesse am Handel bei verschiedenen Gruppen?
Ist freier Handel immer und für alle von Vorteil?

?

Der weiträumige, teils inter-kontinentale, Handel mit Gütern findet seit vielen Jahrhunderten statt. Besonders begehrte oder lebensnotwendige Güter wie exotische

Gewürze, Salz oder Erze konnten nicht in allen Regionen im erwünschten Umfang selbst gewonnen oder hergestellt werden und wurden so zum Gegenstand riskanten und ertragreichen Austauschs. Dieser freundliche Blick auf den Handel, der vermeintlich oder tatsächlich allen Beteiligten nutzt, darf jedoch nicht die bis heute bestehenden Einwände vernachlässigen. Importe werden auch heute noch in der öffentlichen Debatte immer wieder als Bedrohung heimischer Arbeitsplätze sowie anspruchsvoller Produkt- und Sicherheitsstandards bezeichnet: Wäre es nicht für ein Land am besten, wenn es die im Inland verbrauchten Güter selbst herstellt oder bestenfalls Güter exportiert, um heimische Produzenten sowie die Arbeitsplätze der eigenen Bevölkerung zu schützen? Diese Diskussion wurde schon im Merkantilismus unter ähnlichen Vorzeichen geführt, wo der Herrscher im Import von Waren den Abfluss von Reichtum in die Taschen – möglicherweise verfeindeter – Fürsten sah. Stattdessen sollte durch die Herstellung von Exportgütern Gold für die Kasse der Herrscher verdient werden: Export ja, aber Import nein. Dass eine solche Asymmetrie nicht funktionieren kann, ist offensichtlich. Im Wahlkampf um die US-amerikanische Präsidentschaft wurde im Jahr 2016 in einer scharfen Kritik an den (vermeintlichen) Schäden durch chinesische Importe der Nutzen des Außenhandels generell infrage gestellt („Trading places ...", 2016; „Trump accuses ...", 2016). Der Widerstand gegen internationale Abkommen für mehr Handel (CETA, TTIP) ist in weiten Teilen der Bevölkerungen auch der Länder groß, die besonders von offenen Märkten profitieren.

Selbst wenn die Beteiligung eines Landes am internationalen Güteraustausch per Saldo wirtschaftlich wirken kann, so verteilen sich diese Vorteile nicht gleichmäßig. In der Debatte um die Globalisierung wird von den Einen ein möglichst freier Warenhandel befürwortet, während andere diesen als Ausdruck von Machtungleichgewichten zwischen „schwachen" Produzenten in Entwicklungsländern und überlegenen Produzenten in Industrieländern ansehen (Bhagwati, J., 2002, 2004; Krugman, P., 1996; Stiglitz, J., 2004). Eine (zu) schnelle Öffnung der Märkte unterschiedlich entwickelter Länder kann zum Zusammenbruch der Industrie auf der schwächeren Seite führen. Aber auch in „reichen" Ländern wirkt sich die Intensivierung des Handels nicht für alle Gruppen der Bevölkerung gleich aus. So wird der Exportüberschuss Chinas als Ursache für den Verlust vieler Arbeitsplätze in den USA gesehen (Autor, D. H., Dorn, D. et al., 2016; Acemoglu, D., Autor, D. H. et al., 2016). Besonders gering qualifizierte Industriearbeiter in einigen von der Importkonkurrenz besonders betroffenen Regionen („rust belt") schaffen es kaum, neue, ähnlich gut bezahlte Arbeit zu finden, während höher Qualifizierte in Dienstleistungsberufen kaum negativ betroffen sind.

Die unterschiedlichen Akteure haben bezüglich offener Grenzen für Importe und Exporte jeweils unterschiedliche Sichtweisen und Interessen:
– Die **Unternehmen** wollen dort ihre Vorprodukte einkaufen und ihre Produkte verkaufen, wo sie sich den besten Ertrag versprechen. Dabei spielt die Landesgrenze aus der Sicht eines einzelnen Unternehmens nur dann eine Rolle, wenn

sich daraus zusätzliche Kosten oder Hemmnisse ergeben. Andererseits sind Unternehmen und Arbeitnehmer durch zusätzliche Anbieter höherem Wettbewerbsdruck ausgesetzt.

- Die **Konsumenten** wollen gemäß ihrer Präferenzen Produkte und Dienstleistungen einkaufen. Kaufentscheidend können der Preis, die Qualität und die Beschaffenheit sein; aber auch eine große Auswahl unter ähnlichen Gütern oder Produkteigenschaften wird gesucht. Im Allgemeinen interessieren die Konsumenten sich nicht für die Anteile unterschiedlicher Herkunftsländer am Gesamtprodukt, sofern die gewünschte Eigenschaft des Produkts gegeben ist. Andererseits sind Konsumenten auch Arbeitnehmer, deren Einkommen und Arbeitsplatz von Importkonkurrenz möglicherweise negativ berührt wird.
- Die **Regierung** eines Landes ist vorrangig an ihrer Wiederwahl interessiert und orientiert sich daher an den möglichen unerwünschten, kurzfristig sichtbaren Effekten des Handels: Wenn z. B. viele Konsumenten ausländische Produkte bevorzugen, müssen die einheimischen Produzenten Arbeitskräfte entlassen, was die öffentlichen Kassen belastet und politisch unerwünscht ist. Die Chancen der Wiederwahl würden dadurch geschmälert.
- **Interessengruppen** versuchen Politik und Öffentlichkeit im Sinne ihrer Auftraggeber zu beeinflussen. Dies kann dazu führen, dass auf einzelnen Märkten ein „Schutzzaun" aus Zöllen, Einfuhrkontingenten, Subventionen oder anderen Maßnahmen errichtet wird, durch den ausländische Anbieter vom einheimischen Markt ferngehalten werden. Beispiele sind die Landwirte, die die Öffnung der europäischen Märkte für Produkte aus Drittländern behindern.

Absolute und komparative Vorteile als Rechtfertigung für Handel

Angesichts der Widerstände gegen Importe soll geklärt werden, ob und warum es überhaupt vorteilhaft sein kann, die Grenzen für Warenaustausch zu öffnen. Dazu wird die gesamtwirtschaftliche Sicht auf den Außenhandel im Lichte der Theorie des internationalen Handels dargestellt, die **absolute und komparative Vorteile des Außenhandels** unterscheidet (Krugman, P., Obstfeld, M. et al., 2012; Breuss, F., 2004). Die Handelstheorie der Wirtschaftswissenschaften konzentrierte sich anfangs auf die Begründung für eine Beseitigung von Handelsschranken, wie sie im Merkantilismus von den Fürsten errichtet wurden. Die Theorie absoluter bzw. komparativer Handelsvorteile will zeigen, dass alle am Handel beteiligten Länder von einer Öffnung ihrer Grenzen profitieren: Eine „Win-win-Situation". Dieses vorherrschende Paradigma wurde und wird immer wieder in Frage gestellt.

Ein Land kann **absolute Vorteile** bei der Produktion eines Gutes aufweisen, wie es bereits von dem Ökonomen Adam Smith 1776 dargestellt wurde: Es verfügt z. B. über Bodenschätze oder Produkte, die ein anderes Land nicht hat oder stellt diese billiger her als andere Länder. Durch eine Spezialisierung auf die Produktion dieser Güter kann es dann den Überschuss gegen solche Güter aus dem Ausland tauschen, die es selbst nicht erzeugen kann. Die Märkte für Öl oder industriell nutzbare Rohstoffe sind Beispiele dafür.

Wie könnten und warum sollten jedoch solche Länder, die bei **keinem** Produkt über absolute Vorteile verfügen bzw. die bei **allen** Produkten über einen absoluten Vorteil verfügen, mit anderen Ländern in Austausch treten? Darauf gab David Ricardo 1817 mit der „Theorie der komparativen Vorteile" eine erste Antwort. **Komparative Vorteile** hat ein Land, wenn das Faktoreinsatz**verhältnis** bei der Produktion zweier Güter besser ist als in einem anderen Land. Dabei kann ein Land sogar bei beiden Gütern einen geringeren absoluten Faktoreinsatz haben als das andere Land. Für jedes Land ist es dann dennoch von Vorteil, sich auf das Produkt zu spezialisieren, bei dem es das günstigere Faktoreinsatz**verhältnis** hat. Dabei wird nicht gefragt, warum ein Land günstiger produzieren kann als ein anderes, sondern die Existenz von unterschiedlichen Produktivitäten wird als gegeben vorausgesetzt und es wird ausschließlich auf der Basis von Mengen (Arbeitsstunden, Liter, Ballen) argumentiert. Spätere Modellvarianten haben die Spezialisierung der Länder mit Unterschieden in der Ausstattung mit Produktionsfaktoren erklärt und weitere restriktive und realitätsferne Annahmen wurden getroffen, um die Theorie des wechselseitigen Vorteils zu stützen (Schumacher, R., 2013).

Besonders ungleich sind Vorteile des Handels dann verteilt, wenn sich ein Land auf Güter mit geringen Einkommen konzentriert, während sein Handelspartner hochpreisige, technologieintensive und durch begehrte Marken geschützte Produkte herstellt. Dies kann zur **„Spezialisierung auf Armut"** führen. Als Beispiele mögen hier Länder an der touristischen Mittelmeerküste dienen, die begehrte Waren aus den Industrieländern mit dem Servieren von Speisen bezahlen müssen. In der Auseinandersetzung über die Vor- und Nachteile der Globalisierung verstärkte sich diese Kritik an der Theorie der komparativen Vorteile, da

- die noch wenig wettbewerbsfähigen Industrien der Entwicklungs- bzw. Transformationsländer dem Wettbewerbsdruck aus den hochentwickelten Ländern nicht standhalten können und
- die Anpassung an die globale Arbeitsteilung nicht durch die Mobilität von Arbeit und Kapital geleistet wird, sondern zu Arbeitslosigkeit oder regionalen Ungleichgewichten führt.

Was wird gehandelt: Gleiches oder Unterschiedliches?

In den Theorien der absoluten bzw. komparativen Vorteile wird der Fall zugrunde gelegt, dass **unterschiedliche** Güter gehandelt werden („Wein gegen Tuch"). Ein Blick in die Statistik zeigt jedoch, dass auch **gleichartige** Güter (z. B. deutsche Autos gegen japanische Autos) gehandelt werden, was auf den ersten Blick widersinnig zu sein scheint, da dadurch ja vermeidbare Transportkosten entstehen.

Der Austausch unterschiedlicher Güter, d. h. solcher Güter, die in unterschiedlichen Gruppen der Klassifikation der Gütersystematik verbucht werden, wird

inter-industrieller Handel genannt. Diese Art des Handels verweist darauf, dass die Länder in der Produktion mehr oder minder spezialisiert sind, da sie absolute oder komparative Vorteile bei bestimmten Produkten haben. Dies wurde am Beispiel von Portugal und Großbritannien bereits von Ricardo verdeutlicht und kann auf aktuelle Handelsbeziehungen zwischen Ländern mit reichlichen und kostengünstigen Arbeitskräften einerseits und Hochtechnologieländern andererseits übertragen werden. So produziert Vietnam Schuhe und Textilien in arbeitsintensiven Verfahren und tauscht dafür in Deutschland Fahrzeuge und Maschinen ein, die kapital- und technologieintensiv hergestellt werden. Vom Typ inter-industriell ist also im Wesentlichen der Handel zwischen **hoch und niedrig entwickelten Ländern** bzw. zwischen **Rohstoff** besitzenden und Rohstoff verarbeitenden Ländern. Eine zweite Ursache für inter-industriellen Handel kann in **Skalenerträgen** liegen, die die Spezialisierung innerhalb eines integrierten Marktes vorantreiben und zur räumlichen Konzentration von einzelnen Industrien führen, die dann von ihrem Standort aus länderübergreifenden Handel mit dem Produkt treiben, auf das sie sich spezialisiert haben. Ein Beispiel dafür ist elektronische Hardware (Computer, Smartphones), die in einigen Ländern Asiens für den Weltmarkt gefertigt werden.

Der überwiegende Teil des Welthandels findet aber innerhalb der Gruppe der hoch industrialisierten Länder statt, die nicht unterschiedliche Güter, sondern weitgehend gleiche oder ähnliche Güter austauschen. Dieser Typ von Warenaustausch wird **intra-industrieller** Handel genannt, weil Im- und Exporte aus der gleichen Kategorie der Warensystematik stammen (Stone, J. und Hyun-Hoon, L., 1995; Aturupane, C., Djankov, S. et al., 1999; Amiti, M., 1998). Die dabei in Austausch tretenden Länder unterscheiden sich bezüglich ihres technologischen Entwicklungsstands und ihres Pro-Kopf-Einkommens und somit in den Präferenzen der Konsumenten nur wenig. Warum treiben sie dann überhaupt Handel, statt die Güter im eigenen Land herzustellen und zu verkaufen? Zur Erklärung dieses Phänomens muss die bisher bei der Betrachtung des inter-industriellen Handels stillschweigend gemachte Annahme vollkommener Märkte aufgegeben werden. Berücksichtigt man die folgenden Unvollkommenheiten des Marktmechanismus, so wird deutlich, warum intra-industrieller Handel wirtschaftlich Sinn macht:

- Wenn die Mobilität von Arbeit eingeschränkt ist oder das Angebot an Spezialisten auf dem lokalen Arbeitsmarkt begrenzt ist, muss die Produktion jeweils dort stattfinden, wo die benötigten Arbeitskräfte verfügbar sind. Wenn daher an räumlich verteilten Produktionsstandorten ein ähnliches Güterspektrum erzeugt wird, werden von dort aus dann ähnliche Güter grenzüberschreitend gehandelt.
- Wenn Güter zwar homogen zu sein scheinen, weil sie aus der gleichen Branche stammen, aber in der Wahrnehmung des Konsumenten sich unterscheiden (z. B. französische Autos gegenüber deutschen Autos), dann führen die Präferenzen für das jeweils „ausländische" Erzeugnis zu intra-industriellem Handel.

Analoges gilt, wenn die Konsumenten eine Präferenz für die Auswahl unter einem vielfältigen Angebot haben und dort bevorzugt einkaufen, wo eine breite Palette in- und ausländischer Produkte angeboten wird („preference for choice").

– Der Absatz von Produkten ist vorrangig in solchen Ländern möglich, in denen der Geschmack und die Kaufkraft der Bevölkerungen vergleichbar sind („preference similarity"). Deshalb treiben Länder ähnlicher Produktionsstruktur miteinander Handel mit ähnlichen Produkten.

Die Zuordnung von Im- und Exporten zu den Kategorien inter- bzw. intra-industriell basiert auf dem Konzept der (Un-) Ähnlichkeit der gehandelten Produkte. Dabei wird auf die Klassifikation der Güter in der Handelsstatistik zurückgegriffen. Wenn die verwendete Klassifikation der Güter nicht tief gegliedert ist, dann stammen Im- und Exporte zwar aus der gleichen Güterklasse der Handelsstatistik, aber es handelt sich dennoch um unterschiedliche Güter (Breuss, F., 2004:133). Dies ist z. B. der Fall, wenn Erzeugnisse unterschiedlicher Fertigungsstufen zusammengefasst werden, wie das folgende Beispiel zeigt. Die Kategorie „Fahrzeuge" enthält sowohl Vorprodukte und Fahrzeugteile als auch fertige Fahrzeuge. Dies würde dazu führen, dass der Import von Stoßstangen aus Polen nach Deutschland und der Export fertiger Autos nach Polen als Handel mit gleichen Produkten (intra-industriell) verbucht würden.

Dies ist jedoch keine ausreichend genaue Beschreibung des Handels. Um die Zusammensetzung von Im- und Exporten zutreffend zu charakterisieren, wird daher der intra-industrielle Handel in zwei Typen aufgespalten: Den **horizontalen** und den **vertikalen** intra-industriellen Handel. Als Kriterium dient der Umsatzwert pro Stück (Unit Value). Ähnliche Unit Values werden dann als Handel mit gleichen Produkten verbucht und als **horizontaler** intra-industrieller Handel bezeichnet. Deutlich unterschiedliche Unit Values dagegen werden als Beleg dafür gewertet, dass innerhalb der gleichen Güterklasse qualitativ Unterschiedliches ausgetauscht wird. Der Handel mit Gütern aus der gleichen Kategorie aber mit deutlich unterschiedlichen Unit Values wird **vertikaler** intra-industrieller Handel genannt. Die Grenzziehung zwischen ähnlichen und unterschiedlichen Unit Values ist willkürlich; sie wird in empirischen Untersuchungen bei 15 % Preisunterschied bei Im- und Exporten gesetzt. Wenn die Preisrelationen außerhalb dieser Grenze liegen, wird der Handel als vertikaler, innerhalb dieser Grenze als horizontaler Handel bezeichnet.

Handel ist nicht global: „Nähe" und Grenzen

In der Diskussion über die Globalisierung wird angenommen, dass Güter zwischen beliebigen Ländern gehandelt werden. Tatsächlich aber treiben bestimmte Länder bevorzugt miteinander Handel, ohne dass dafür besondere ökonomische Konstellationen im Vergleich zu dritten Ländern festgestellt werden könnten. Zur Erklärung dieses Phänomens wird im „**Gravitationsansatz**" das Kriterium der „Nähe" herangezogen (Schumacher, D. und Trübswetter, P., 2000; Schumacher, D., 2003; Head, K. und Mayer, T., 2013):

- Geringe Entfernungen halten die Transportkosten niedrig,
- die Sprache ist vertraut (Melitz, J. und Toubal, F., 2012) und es hat sich ein ähnliches Rechts- und Regelungssystem herausgebildet, was Kommunikation und Verhandlungen erleichtert,
- die kulturelle Nähe hilft, den Geschmack der ausländischen Kunden zu treffen,
- im Verlauf einer gemeinsamen Geschichte sind wirtschaftliche, politische und persönliche Beziehungen gefestigt worden, auf deren Grundlage vertrauensvolle Geschäftsbeziehungen leichter möglich sind (Guiso, L., Sapienza, P. et al., 2005).

Diese Elemente der „Nähe" sind geeignet, die Transaktionskosten zwischen Geschäftspartnern zu senken, so dass es wirtschaftlich attraktiver ist, mit „nahen" Ländern Handel zu treiben.

Empirisch lässt sich dieser Effekt z. B. an der Entwicklung des Handels zwischen den Beitrittsländern in Mittel- und Osteuropa und den bisherigen Mitgliedsstaaten der EU zeigen: Deutschland und Österreich haben intensive Handelsbeziehungen mit Polen, Tschechien und Ungarn entwickelt, während Bulgarien mit Griechenland enger zusammenarbeitet. Ebenso ist zwischen den baltischen Staaten und Finnland sowie Schweden ein engerer Marktaustausch nachweisbar.

Auch wenn der Güteraustausch mit einem anderen Land möglicherweise vorteilhaft wäre, bleiben die Gütermärkte überwiegend national bestimmt (**Home Bias**). Auch wenn man Landesgröße, Transportkosten und Entfernung berücksichtigt, richten sich Käufer überproportional an heimische Produzenten (Nitsch, V., 2000; Balta, N. und Delgado, J., 2009). Dass die Bedeutung von ehemaligen Grenzen als Handelsbarriere auch dann fortdauert, wenn die Grenzen verschwunden sind, haben Nitsch und Wolf (2010) für den Handel zwischen den alten und neuen Bundesländern Deutschlands gezeigt. In verschiedenen Studien wird die Existenz des **Grenzeffekt**s auch für den Handel innerhalb der EU-15 sowie zwischen den EU-15 und den neuen Mitgliedsstaaten aus Mittel- und Osteuropa nachgewiesen (Cheptea, A., 2010, 2012; Pacchioli, 2011). Ghemawat (2011:42–62) entdeckt an der Grenze zwischen USA und Kanada das „**Geheimnis des fehlenden Handels**": Die Handelsaktivitäten sind über die Landesgrenze hinweg deutlich geringer als innerhalb des Landes. Darin zeigen sich die beschränkten Möglichkeiten einer positiven oder negativen Integration von Gütermärkten.

Wertschöpfung in globalen Netzwerken (Global Value Chain)

Herkömmlich wird der Außenhandel als Import oder Export fertiger Produkte verstanden; in der Statistik wird der Bruttowert der grenzüberschreitend gehandelten

Güter erfasst. Im Verlauf der Globalisierung und mit der Verbreitung des Internet spalten viele Unternehmen die einzelnen Stufen ihrer Wertschöpfung auf und verlagern einen Teil an andere, ausländische Standorte, an denen sie für den jeweiligen Arbeitsschritt bessere Bedingungen sehen. Damit entstehen globale Wertschöpfungsketten (**Global Value Chain**) (Kaplinsky, R. und Morris, M., 2001; Hartwich, F. und Kormawa, P., 2009; UNCTAD, 2013; Amador, J. und diMauro, F., Eds., 2015). Durch die Verlagerung von Arbeitsschritten ins Ausland („offshoring") findet die Wertschöpfung an verschiedenen Orten der Welt statt; die Zwischenprodukte müssen zur Weiterverarbeitung in einem Unternehmensnetzwerk weitergereicht werden. So entsteht statistisch gesehen grenzüberschreitender Handel. Dieser Handel mit Vorleistungen und Zwischenprodukten umfasst schätzungsweise 25 % des gesamten Handels; in den Ländern der Eurozone liegt der Anteil bei fast 40 %.

Die folgenden Beispiele illustrieren diese Arbeitsteilung und deren Einfluss auf die Handelsstatistik:

- Die arbeitsintensive Fertigung von Kfz-Teilen (Kabelbäume etc.) wird von Deutschland in Billiglohnländer verlagert, z. B. nach Polen, wobei Materialien und Vorprodukte auch aus dem deutschen Stammwerk geliefert werden. Die weiterverarbeiteten Zwischenprodukte werden aus Polen zurück in das deutsche Stammwerk geliefert und gehen dort in die Endmontage eines Autos ein. Die in Deutschland fertiggestellten PKW werden wieder über die Grenze nach Polen verkauft.
- In Griechenland werden auf einer in Frankreich gefertigten CAD-Anlage die Schnittmuster für Kleider entworfen sowie aus Italien gelieferte Stoffe entsprechend mit einem Laser zugeschnitten. Die Stoffteile werden in Bulgarien zu Kleidungsstücken zusammengenäht, die danach in Griechenland einer Endkontrolle unterworfen und für den Versand nach Großbritannien fertig gemacht werden. In der von Griechenland nach Großbritannien gelieferten Kleidung ist also Wertschöpfung aus verschiedenen Ländern enthalten, ohne dass dies in der Handelsstatistik abgebildet würde.
- In der Volksrepublik China wird aus Komponenten, die aus zahlreichen Ländern zugeliefert werden, ein Smartphone zusammengesetzt, wobei der Anteil chinesischer Arbeitslöhne weniger als 6 % des gesamten Produktionswertes ausmacht. Der Marktpreis liegt dreifach über den Produktionskosten; er wird über das Image der Marke beim Endkunden erzielt. Der Extra-Profit fließt nur zu Bruchteilen in die Länder, die die Komponenten geliefert haben.

Aus der Exportstärke eines Landes lässt sich also nicht unmittelbar auf seine Wettbewerbsposition schließen. Vielmehr muss die Position innerhalb der Wertschöpfungskette berücksichtigt werden (Beltramello, A., De Backer, K. et al., 2012; Baldwin, R. E., 2006a).

Politische Lenkung von Handelsströmen

In ökonomisch zentrierten Betrachtungen von Außenhandel wird jeweils unterstellt, dass die Handelsströme sich an ökonomischen Kriterien wie preisliche Wettbewerbsfähigkeit orientieren. In der realen Welt jedoch greifen Staaten durch zahlreiche Maßnahmen in die Handelsströme ein: Sie verfügen Zölle, setzen Höchstmengen fest oder verordnen Produktstandards, die von einheimischen Produzenten besser erfüllt werden können (Kapitel 2.1.1). Um diese Barrieren zu verringern haben Länder bzw. Gruppen von Ländern internationale Vereinbarungen abgeschlossen, in denen sie sich wechselseitig zu Verringerung dieser Barrieren verpflichten. Effekte dieser Handelspolitik können die Erzeugung oder Umlenkung von Handel sowie die Einbindung eines Landes in die internationale Wertschöpfung sein. Die größte Ländergruppe hat sich für diesen Zweck in der Welthandelsorganisation (WTO) zusammengefunden. Der europäische Binnenmarkt ist ein regionaler Handelsblock, der weit über die in internationalen Abkommen üblichen Handelserleichterungen hinaus den Marktzugang für die Waren der Teilnehmer Waren erleichtert hat.

Weiterführende Literatur

Krugman, P., Obstfeld, M. et al., 2012. International economics: Theory and policy, Pearson.
Stehrer, R., Borowiecki, M. et al., 2012. Global value chains and the EU industry. wiiw Research Reports (383), Oct.
European Commission, 2012o. European Competitiveness Report 2012. Reaping the benefits of globalisation. Brussels, ch. 2
Trebilcock, M. J., Howse, R. et al., 2012. The regulation of international trade. London, New York, Routledge.
Jovanovic, M., Ed., 2011a. International handbook on the economics of integration, Vol. I: General issues and regional groups. Cheltenham, Northampton, Edward Elgar.

2.3.1.2 Abbau von Handelshemmnissen

Reicht es für den freien Handel aus, ein Importgut nicht mit Zoll zu belegen?
Mit welchen „Tricks" wird die ausländische Konkurrenz behindert?

Nicht-tarifäre Handelshemmnisse sind in der EU verboten

Die Gütermärkte zwischen den EU-Mitgliedsstaaten sind weitgehend offen, wenn auch eine vollständige Freigabe immer noch nicht gelungen ist. Diese Öffnung erfolgte in mehreren Stufen über einen langen Zeitraum. Im Jahr 1958 wurde eine **Zollunion** zwischen den Mitgliedsstaaten vereinbart, die 1968 vollständig umgesetzt war. Damit durften innerhalb der EU keinerlei Zölle mehr erhoben werden und außerdem mussten alle EU-Mitgliedsstaaten gegenüber Drittländern einen einheitlichen Außenzoll erheben. Es dürfen aber auch keine anderen, zollgleichen finanziellen Belastungen beim Grenzübertritt eines Gutes erhoben werden, auch wenn diese nicht Zölle genannt werden. Weiterhin sind mengenmäßige Ein- oder Ausfuhrbeschränkungen sowie alle Maßnahmen gleicher Wirkung zwischen den Mitgliedsstaaten verboten (Artikel 28–33, AEU-V).

Allerdings war auch nach der Einführung der Zollunion und dem Verbot anderer Beschränkungen der Handel zwischen den EU-Mitgliedsländern noch nicht frei von Barrieren, da jedes Land das Recht behielt zu entscheiden, welche Vorgaben Produkte erfüllen müssen, um in dem Land rechtmäßig in Verkehr gebracht zu werden. Dazu zählen z. B. technische Vorschriften, Normen und Standards sowie Sicherheitsauflagen. Diese Regulierungen können sich von Land zu Land für ein und dasselbe Produkt unterscheiden. Dadurch werden die Produzenten zur Herstellung von Produktvarianten für die verschiedenen Märkte der einzelnen Zielländer gezwungen. Sie haben dann höhere Kosten und können weniger Skalenerträge nutzen. In der Konsequenz könnten Produzenten auf den Zugang zu ausländischen Märkten verzichten bzw. die Käufer könnten sich dazu veranlasst sehen, eher einheimische Substitutionsprodukte nachzufragen. Diese nationalen Unterschiede wirken wie **nicht-tarifäre Handelshemmnisse (NTH)** (Kapitel 2.1.1). Sie verzerren die Handelsströme, die wegen dieser Barrieren anders fließen als sie es bei unverfälschtem grenzüberschreitendem Wettbewerb täten.

„Barrieren hinter der Grenze" (Kapitel 2.1.1) sind zwar defacto Hemmnisse für den Außenhandel, zählen jedoch nicht zu den in der EU verbotenen Handelsschranken.

Der Anteil des Warenhandels, der vor 1992, d. h. vor der Einführung der Binnenmarktvorschriften von solchen Barrieren betroffen sein konnte, wurde mit 79 % des innereuropäischen Handels angegeben. Selbst nach der Implementierung des Binnenmarktes waren im Jahr 1995 noch 46 % des Handels von Barrieren betroffen (European Commission, 1998a, Chapter 19 und Tab. 1.3, 1.4).

Nicht-tarifäre Handelshemmnisse sind im Binnenmarkt verboten. Nach der Rechtsprechung des EuGH ist sogar jede Regelung staatlicher Stellen, die geeignet ist, den innergemeinschaftlichen Handel unmittelbar oder mittelbar, tatsächlich oder potenziell, gewollt oder ungewollt zu behindern, verboten (Geiger, R., 2000:232 f.). Damit ist jede offene oder verstecke Diskriminierung von Importware verboten, wie sie z. B. durch das Verlangen von Echtheitszertifikaten oder das Setzen von Quoten für einheimische Lieferungen bei öffentlichen Aufträgen gegeben sein kann. Aber sogar dann, wenn einheimische und ausländische Waren unterschiedslos den gleichen Vorschriften unterworfen werden und somit ausländische Ware **nicht** diskriminiert wird, kann eine verbotene Handelsbeschränkung vorliegen, wie die beiden Beispiele zeigen:
–   Das deutsche Reinheitsgebot für Bier darf nicht den Import von andersartig hergestelltem Bier behindern.

– Vorschriften für den Mindestalkoholgehalt in Likör dürfen nicht zum Importverbot von schwächerem, französischem Likör führen („Cassis-de-Dijon"-Urteil, EuGH, 20. 2. 79, C-120/78).

Darin findet das von der Rechtsprechung entwickelte, weiter gehende Beschränkungsverbot seinen Ausdruck: Die Mitgliedsstaaten müssen es hinnehmen, wenn in anderen Mitgliedsstaaten andere Vorschriften gelten. Es gilt der Grundsatz der **wechselseitigen Anerkennung**: Was in einem EU-Land für den Markt zugelassen ist, darf auch in allen anderen Mitgliedsländern verkauft werden.

Der Artikel 30 verpflichtet die Regierung eines Mitgliedsstaates dazu, alle zulässigen und erforderlichen Maßnahmen gegen die Störung des freien Warenverkehrs zu ergreifen. In seinem **„Erdbeer-Urteil"** (C-265/95, 9.12.1997) sieht der EuGH die französische Regierung als zu nachsichtig gegenüber französischen Bauern an, die mit ihren Aktionen Lieferungen von Obst und Gemüse aus Spanien an der Grenze gewaltsam verhindert hatten. Die französische Polizei ist verpflichtet, den spanischen Erdbeer-Lieferungen den Transportweg auf den französischen Markt frei zu machen. Dazu wurde 1998 die EU-Regulierung 2679/98 verabschiedet, in der die Regierungen der Mitgliedsstaaten sich verpflichten, ernsthafte Behinderungen des grenzüberschreitenden Güterverkehrs nicht nur zu melden, sondern auch unverzüglich zu beseitigen. Dazu zählen auch Demonstrationen des Missfallens in der Bevölkerung – z. B. weil es Bedenken gibt gegen eine mögliche Umweltgefährdung oder den Verlust von Arbeitsplätzen. Ob und wie gut die Beseitigung solcher Hindernisse durch die nationalen Regierungen funktioniert, wurde im Jahr 2005 evaluiert. Es zeigten sich noch erhebliche Defizite bei der Beseitigung von Störungen des Handelsverkehrs. (GHK and Technopolis, 2007). Im Sommer 2015 haben französische Bauern erneut die Grenzen zu Deutschland und Spanien für Importe von Agrarprodukten blockiert, da sie sich der Konkurrenz nicht gewachsen sahen und die Erzeugerpreise sanken. Die französische Regierung wäre gezwungen, die Grenzblockade durch die französischen Landwirte zu beenden, hat dies jedoch nicht getan („Randale statt ...", 2015).

Nur bei „zwingenden Gründen" können Bestimmungen des Ziellandes die Einfuhr von Waren begrenzen. Artikel 36 AEU-V benennt abschließend die Ausnahmefälle: Schutz von öffentlicher Sittlichkeit, Ordnung und Sicherheit, Gesundheit, Leben, Kulturgütern oder Eigentum (Patente, Geschmacksmuster etc.). In der Rechtsprechung des EuGH werden nur Maßnahmen im Allgemeininteresse, wie Umwelt- und Arbeitsschutz anerkannt (Geiger, R., 2000:234 ff.). Der Mitgliedsstaat, der sich auf einen dieser Ausnahmetatbestände berufen will, trägt die Beweislast dafür, dass sich dahinter keine verschleierte Handelsbeschränkung oder Diskriminierung ausländischer Anbieter versteckt. Die Verhältnismäßigkeit der Anwendung muss gewahrt sein: Wenn z. B. eine Produktkennzeichnung ausreicht, darf kein Verkaufsverbot verhängt werden.

Cannabis ist kein frei handelbares Gut
Die niederländische Grenzstadt Maastricht hat Coffee-Shops, in denen Niederländer geduldet Cannabis konsumieren, geschlossen, um den Zustrom eigens zum Drogenkonsum anreisender Touristen einzudämmen. Ab Mai 2012 darf nach einem Beschluss der niederländischen Regierung Cannabis nur noch an Personen mit niederländischem Pass verkauft werden. Dies ist mit dem freien Binnenmarkt vereinbar, da Cannabis kein legal gehandeltes Gut, sondern ein illegales, aber geduldetes Gut ist (C 137/09, Urteil des EuGH vom 16. Dezember 2010).

2.3.1.3 Vereinheitlichung technischer Standards

? Wofür sind technische Standards sinnvoll?
Warum stellen Sicherheitsstandards ein Handelshemmnis dar?
Was sagt das CE-Zeichen (nicht) aus, und worin besteht sein Nutzen?
Funktioniert die wechselseitige Anerkennung?

Die Leistung, die ein Produkt vollbringt, kann auf vielfältigen technischen Konzepten beruhen, für die eine Vielzahl von Materialien zum Einsatz kommen kann. Generell kann jedes Unternehmen seine Innovationskraft hier für eine Lösung einsetzen, mit der es hofft, die Konkurrenz schlagen zu können. Diese Vielfalt der Lösungen ist einerseits ein Element des Wettbewerbs und andererseits eine Herausforderung bei solchen Produkten, deren Marktzutritt von einer behördlichen Genehmigung abhängt. Diese wird dann benötigt, wenn der Konsument vor Gefahren geschützt werden soll, die er nicht selbst einschätzen kann. Weiterhin ist die Vielfalt der technischen Lösungen dann unerwünscht, wenn die Kompatibilität des Produkts mit anderen Produkten oder Komponenten gewünscht wird. In solchen Fällen ist es sinnvoll, dass sich die Hersteller auf einen gemeinsamen technischen Standard – zumindest für die Schnittstellen der Produkte mit einem übergeordneten System – einigen. Standards haben auch den Effekt einer Marktvergrößerung: Sobald ein Standard in vielen Ländern festgelegt ist, können die Produzenten mit einem Produkt einen wesentlich größeren Markt bedienen, ohne dass sie Varianten herstellen müssten; sie können damit eher Skalenerträge erzielen.

Standards sind daher auch für den Binnenmarkt von Bedeutung (EXPRESS, 2010; European Commission, 2011r; Swann, G. M. P., 2000):
– Sicherheitsstandards, die von nationalen Behörden mit Gültigkeit innerhalb des Landes spezifiziert werden, binden auch ausländische Anbieter und können so ihren Marktzutritt erschweren.
– Produktstandards, wie sie von privaten Organisationen der Industrie auf freiwilliger Basis international vereinbart werden können, haben das Potenzial zur Öffnung des Binnenmarktes für mehr Wettbewerb.

Trotz des Diskriminierungs- und Beschränkungsverbots gibt es immer wieder erhebliche Probleme im innergemeinschaftlichen Warenhandel. Diese liegen auch in den technischen Produktvorschriften, die der Sicherheit und dem Schutz des Verbrauchers dienen sollen, wie z. B.

- Sicherheits- und Gesundheitsauflagen (Steckdosen, Abschaltung von Gaskochern, Warnsignale an Maschinen usw.),
- Verpackungsvorschriften (Zwingende Informationen auf der Verpackung, Inhaltsangaben),
- Zulassungsverfahren für Arzneimittel, für die umfangreiche medizinische Versuchsreihen erforderlich sind,
- Inhaltsvorschriften (Reinheitsgebot beim deutschen Bier, Hartweizen in italienischer Pasta usw.),
- sicherheitsrelevante Bauvorschriften.

Wenn nun die Sicherheitsstandards des Herstellerlandes im Zielland nicht bekannt oder nicht anerkannt sind, so kann das Produkt nicht in einem anderen Mitgliedsstaat verkauft werden. Die einfachste Lösung wäre der Grundsatz, dass ein Produkt, das in einem Mitgliedsstaat legal in Verkehr gebracht wurde, auch in alle anderen legal eingeführt werden darf. Allerdings könnte sich daraufhin ein unerwünschter Wettlauf um die niedrigsten Standards entwickeln: Das Land mit den niedrigsten Schutzanforderungen wäre der beliebteste Ort für die Produktion bzw. Zulassung, und von dort könnten Produkte dann frei in der EU zirkulieren. Für die Probleme mit den national unterschiedlichen Standards wurden in der EU drei Lösungen entwickelt (Europäische Kommission, 2015c; Pelkmans, J., Vos, E. et al. 2000; Egan, M. P., 2001; Pelkmans, J., 2003:19, 26):

1. Harmonisierung der Standards („Alter Ansatz").
2. Harmonisierung der Zulassungsverfahren und Bescheinigung der Konformität mit den europäischen Sicherheitsstandards sowie das Prinzip der wechselseitigen Anerkennung („Neuer Ansatz").
3. Zentralisierung der Zulassung in einer europäischen Behörde.

Zu 1.: Harmonisierung

Beim „**alten Ansatz**" versuchte die EU nach Artikel 114 und 115 AEU-V eine Harmonisierung bei den Produkten durch detaillierte Vorschriften durchzuführen: Die sicherheitstechnischen Anforderungen an jedes davon erfasste Produkt sowie die Testverfahren zu deren Überprüfung werden durch die EU in allen Einzelheiten festgelegt; sie gelten dann europaweit und müssen in jedem Land angewendet werden. Es werden also die technischen Spezifikationen eines Produktes festgelegt, durch die seine Sicherheit gewährleistet werden soll. Dieses Verfahren ist jedoch so langwierig und aufwändig, dass sich in den 80er Jahren zahlreiche Genehmigungsverfahren für Produktzulassungen aufstauten. Die lange Dauer war auch auf verdeckte Interessen von Herstellern in verschiedenen Ländern zurückzuführen, die versuchten, diejenigen technischen Lösungen durchzusetzen, von denen sie sich den größten Vorteil versprachen. Angesichts der erforderlichen Einstimmigkeit gerieten die Lösungen zu detailliert und kompliziert (Pelkmans, J., 2006:81). Außerdem behinderte die Festlegung der technischen Lösungen den Wettbewerb durch Technik sowie die rasche Einführung neuer Technologien, da andere, neuere technische Lösungsansätze nicht zulässig waren. Ein neues Vorgehen für die Mehrzahl der Produkte wurde erforderlich. Nur in einigen Branchen (Autos, Nahrungsmittel, Arzneimittel und Chemieprodukte) schreibt die EU noch einheitliche Spezifikationen nach dem Verfahren der Harmonisierung vor.

Zu 2.: Wechselseitige Anerkennung

Der „**neue Ansatz**" verzichtet auf die Harmonisierung der detaillierten technischen Sicherheitsvorschriften für jedes einzelne Produkt. Stattdessen werden die Sicherheitsanforderungen in allgemeiner Form formuliert und für alle Länder der EU als verbindlich festgelegt. Weiterhin gilt nach der Rechtsprechung des Europäischen Gerichtshofs der Grundsatz, dass ein Produkt in der gesamten EU verkauft werden darf, wenn es in einem der EU-Länder legal in Verkehr gebracht wurde („**wechselseitige Anerkennung**").

Nach diesem Ansatz kann jeder Hersteller die technischen Spezifikationen, mit denen er die Anforderungen erfüllen will, selbst festlegen. Das Ergebnis wird also in Form eines hohen und EU-einheitlichen Sicherheitsniveaus festgelegt; die technischen Konzepte und Verfahren zur Erreichung dieses Sicherheitsniveaus werden nicht mehr vorgeschrieben, sondern liegen in der Hand des herstellenden Unternehmens. Die Grundlage für die nationale Zulassung bilden in der Regel nationale Normen, wie die DIN in Deutschland (Hartlieb, B., 2003). Um sicher zu stellen, dass nicht in einzelnen Ländern zu geringe Sicherheitsanforderungen gelten, die dann das Sicherheitsbedürfnis in anderen Ländern verletzen, wurden Mindeststandards für Gesundheitsschutz und Sicherheit bei den zulassungspflichtigen Produkten festgelegt. Diese wurden von den internationalen Normungsorganisationen CEN (European Standardization Committee), CENELEC (European Electrotechnical Standardization Committee), ETSI (European Telecom Standards Institute) entwickelt. Die europaweit gültigen Normen EN (European Norms) mit detaillierten technischen Beschreibungen dienen dafür als Maßstab. Alternativ dazu konnten auch einfachere Verfahren zur Anwendung kommen, wenn von dem Produkt nur ein geringes Gefährdungspotenzial ausgeht.

Für Test und Zertifizierung von Produkten stellt EOTC (European Organization for Testing and Certification) die institutionelle Infrastruktur dar. Sobald ein Produkt die europaweit einheitlichen Tests erfolgreich durchlaufen hat, wird ihm seine „Europäische Konformität" mit dem **CE-Zeichen** bescheinigt; es stellt kein Güte- oder Qualitätssiegel dar, sondern bescheinigt die **Konformität** des Produkts mit den europäischen Sicherheitsstandards (**C**onformité **E**uropéenne).

Ein schlauer Trick: CE = Chinese Exports

Im Europäischen Parlament wurde im November 2007 darauf hingewiesen (P-5938/07), dass ein Zeichen auf Produkten aufgetaucht sei, das optisch genau dem europäischen CE-Zeichen entsprach, jedoch nicht „Conformité Européenne", sondern „Chinese Exports" bedeute. Dies wurde als Irreführung der Verbraucher bezeichnet. Offensichtlich hat die EU versäumt, ihr CE-Zeichen gegen irreführenden Gebrauch schützen zu lassen.

Die bisherigen Fortschritte bei der Etablierung europaweiter Standards waren zu Beginn allerdings nicht zufriedenstellend. So ist der Zeitbedarf für die Verabschiedung einer Norm durch die CEN von 4,5 Jahren im Jahr 1995 auf acht Jahre im Jahr 2001 angestiegen (Europäische Kommission, 2001a). Dieser Zeitverlust führte nicht nur zu steigenden Kosten für die Normungsorganisationen, die überwiegend von privaten Beiträgen getragen werden, sondern behinderte auch den raschen Marktzugang der produzierenden Unternehmen.

Weiterhin entwickeln die nationalen Behörden laufend neue Zulassungsvorschriften, z. B. für neue Produkte, die dann erst wieder auf der europäischen Ebene nach dem neuen Verfahren behandelt werden müssen. Um dieses ständige Nachwachsen neuen Regelungsbedarfs zu begrenzen, hat die EU in einer Richtlinie (98/34) festgelegt, dass nationale Regulierer die Europäische Kommission vorher über geplante neue Regulierungen informieren müssen. Diese kann dann die neue Regulierung verbieten oder selbst zu diesem Thema tätig werden, indem eine Regulierung gleich auf europäischer Ebene erlassen wird.

Mit der Festsetzung von Europa-Normen, deren Überwachung in nationaler Verantwortung liegt, verlagerte sich das Problem auf eine höhere Stufe: Es ist nicht sicher, dass die Test- und Überwachungsverfahren in allen Ländern vergleichbar sind. Die nationalen Behörden haben das Recht, sich darüber zu informieren, ob das Importprodukt, das nach anderen Testverfahren und Vorschriften zugelassen wurde, auch tatsächlich den europaweit vorgeschriebenen Sicherheitsstandards entspricht. Zwar sollen auch die jeweiligen nationalen Standards bei den Testverfahren wechselseitig anerkannt werden, aber in der Praxis tritt häufig auch das Problem auf, dass die nationalen Behörden nicht einschätzen können, ob sie sich auf die Prüfberichte aus anderen Ländern verlassen können. Es besteht sogar der Verdacht, dass einzelne nationale Behörden entweder unfähig sind oder in böswilliger Absicht die Anerkennung verzögern oder gar verweigern (Europäische Kommission, 1999a:6 f.; European Commission, 2002i).

Wenn der Exporteur auf die Entscheidung nicht lange warten kann, muss er stattdessen die für den Export vorgesehenen Produkte an die jeweiligen nationalen Vorschriften anpassen. Dies bringt zusätzliche Kosten und Zeitverluste für den Exporteur mit sich, da er z. B. die Dokumentation anpassen, unterschiedliche Ersatzteile für den Service vorhalten, Änderungen an Verpackung und Beschreibungen vornehmen sowie Tests und Nachweise für die Zulassung in jedem Land erneut erbringen muss. Damit gehen die vom Binnenmarkt-Programm angestrebten Skalenerträge durch die Fragmentierung des Marktes in Produktvarianten verloren.

Die Kommission hat daher vorgeschlagen, die Beweislast für europäische Konformität umzukehren, so dass künftig der Mitgliedsstaat, der den Verkauf eines anderswo zugelassenen Produkts verwehren will, die Berechtigung dafür nachweisen muss. Ab dem Jahr 2010 wurde der innereuropäische Warenverkehr dadurch erheblich erleichtert.

Zu 3.: Zentralisierung der Zulassung

Da die Abstimmung der nationalen Zulassungsbehörden untereinander in der Praxis schwierig ist, wäre es effizienter, die Produktzulassung einmal – und zwar auf europäischer Ebene – zu genehmigen. Dies hätte zur Voraussetzung, dass die nationalen Behörden ihre Aufgaben auf die EU übertrügen; diese müsste dann auch erhebliche zusätzliche Personal- und Sachmittel bekommen. Gegen diesen Bedeutungsverlust haben die Mitgliedsstaaten sich erfolgreich gewehrt.

Für bestimmte biotechnologisch hergestellte oder auf die Verwendung in der Landwirtschaft zielende Arzneimittel wurde die **Europäische Zulassungsbehörde EMEA** (Evaluation of Medicinal Products) gegründet. Im Sommer 2001 hat die Kommission eine Weiterentwicklung des Rechtsrahmens für die Arzneimittelzulassung in Angriff genommen, da die wechselseitige Anerkennung nicht funktioniere, sondern die Ausnahmen zur Regel gemacht würden: Die nationalen Behörden finden nach Auffassung des Europäischen Verbandes der Arzneimittelhersteller zu oft Gründe, trotz der bereits in einem Mitgliedsland erfolgten Zulassung noch eine jeweilige nationale Zulassung zu fordern. Eine Lösung könnte darin bestehen, dass alle Arzneimittel bei der Europäischen Arzneimittelbehörde in London zugelassen werden; gegen diesen als zentralistisch bezeichneten Ansatz gibt es jedoch Widerstand aus den Mitgliedsstaaten.

RAPEX – Alarm bei gefährlichen Produkten

Die Einhaltung der europäischen Sicherheitsnormen und die entsprechende Verleihung des CE-Zeichens ist ein dezentraler Prozess mit vielen Mitspielern innerhalb und außerhalb der EU. Die Importeure sind dafür verantwortlich, dass die von ihnen importierten Produkte diese Normen einhalten. Sollte sich ein Produkt als gefährlich für den Verbraucher erweisen, so ist es im Interesse des Verbrauchers, über diese Gefahr in allen Mitgliedsstaaten schnell und gleichzeitig zu informieren. Dafür hat die Kommission ein System RAPEX (Rapid Alert System for dangerous non-food products) geschaffen, das diese Informationen verteilen soll (European Commission, 2016e).

ℹ️ Weiterführende Literatur

Europäische Kommission, 2015c. „Blue Guide" – Leitfaden für die Umsetzung der Produktvorschriften der EU 2014. Luxemburg.

European Commission, 2014e. A vision for the internal market for industrial products. Communication from the Commission (COM(2014) 25 final), 22. 1. 2014.

Pelkmans, J., 2012a. Mutual Recognition: economic and regulatory logic in goods and services. Bruges European Economic Research Papers (24).

EXPRESS, 2010. Standardization for a competitive and innovative Europe: a vision for 2020 (EXP 384 final), Expert panel for the review of the European standardization system.

2.3.1.4 Handelseffekte des Binnenmarktes

Wie werden sich die Handelsströme durch den Binnenmarkt verändern?
Mit welchen Indikatoren können die Effekte des Binnenmarktes auf den Handel gemessen werden?

Die Vollendung des Binnenmarktes wirkt sich im **Zeitablauf** unterschiedlich aus, da nicht alle Unternehmen die Anpassung schnell durchführen und außerdem nicht alle Unternehmen von den neuen Möglichkeiten Gebrauch machen (Dierx, A., Ilzkovitz, F. et al., 2002:14 ff.):

- Kurzfristig steigt durch Marktreaktionen die Wettbewerbsintensität, und neue Anbieter treten auf den Markt, wodurch **Preisdifferenzierung** und **Gewinnspannen** zurückgehen.
- Mittelfristige Veränderungen des Verhaltens von Unternehmen werden zu beobachten sein, was sich in **Effizienzsteigerungen** und steigender **Internationalisierung** niederschlägt.
- Langfristig wird die Organisation von Unternehmen sich ändern und dadurch eine **Spezialisierung** und **Konzentration** auf bestimmte Produkte und Standorte durch die Verlagerung von Firmen eintreten.

Seit dem Jahr für die „Vollendung des Binnenmarktes" (1992) wurde in zahlreichen Studien versucht, die im Warenverkehr tatsächlich eingetretenen Effekte festzustellen und sie mit den erwarteten Effekten zu vergleichen. Nicht für alle erwarteten Effekte liegen empirische Ergebnisse vor, zumal auch die mittel- und längerfristigen Anpassungen noch mehr Zeit brauchen; bei Breuss (2004, Kapitel 12.4) findet sich dazu ein guter Überblick.

Unter den frühen Studien ragen die umfangreichen Arbeiten im Auftrag der Kommission heraus, die im Jahr 1996 eine Zwischenbilanz zu den Wirkungen und zum Entwicklungsstand des Binnenmarktes in zahlreichen Einzelstudien sowie in einer Zusammenfassung vorgelegt haben (European Commission, 1996e; Monti, M., Ed., 1996). Sapir (1996) hat den Ansatz der ex ante-Studie von Buigues, P. et al. (1991) aufgegriffen und erste Effekte analysiert. Allerdings ist das Jahr 1996 bei mittel- und längerfristigen Wirkungszusammenhängen bzw. wegen der verzögerten Implementation von Maßnahmen des Binnenmarktes noch zu früh, um den vollen Umfang der Wirkungen abbilden zu können. Zum 10-jährigen (2002) sowie zum

20-jährigen Bestehen (2012) des Binnenmarktes hat die Kommission erneut Arbeiten dazu vorgelegt, aus denen im Folgenden berichtet wird.

Wegen der im vorigen Kapitel dargelegten methodischen Probleme kann kein eindeutiges und einheitliches Urteil zu den Wirkungen des Binnenmarktes auf den Handel gefällt werden. Im Folgenden sollen zu drei Indikatoren empirische Ergebnisse aus verschiedenen Studien und damit zu verschiedenen Zeitspannen berichtet werden:

– Gewinnspannen
– Preisdifferenzierung
– Handelsverflechtung.

Zu: Gewinnspannen

Eine Steigerung der Wettbewerbsintensität und eine dadurch ausgelöste Verminderung der **Gewinnspannen** sowie eine Steigerung von Produktivität und Innovationsaktivitäten haben Griffith u. a. (2006) sowie Allen u. a. (1998) vor allem für diejenigen Branchen nachgewiesen, die von der Einführung des Binnenmarktes besonders betroffen waren. Zu ähnlichen Ergebnissen kam die Kommission (European Commission, 1996e, Kapitel 5). Die Gewinnspannen von Unternehmen gingen nach einer Untersuchung von Sauner-Leroy (2003) zwischen 1989 und 1993 zurück, da der steigende Wettbewerbsdruck die Preise schneller sinken ließ als die Stückkosten. Anschließend gelang es den Unternehmen, ihre Effizienz zu steigern und die gut laufende Konjunktur half, die Preissenkungen zu beenden, so dass die Gewinnspannen wieder stiegen.

Zu: Preisdifferenzierung

Die ökonomische Regel des einen Preises (W. S. Jevons) behauptet, dass sich durch Wettbewerb im Idealfall ein einziger Preis für ein Gut einstellt, von dem es nur noch aufgrund von „natürlichen" Einflüssen wie Entfernungen und Transportkosten Abweichungen gibt. Entsprechend müssten sich bei der Vollendung des Binnenmarktes die Preise der handelbaren Güter EU-weit angleichen. Bei der Untersuchung der Preisdifferenzierung ist zu berücksichtigen, dass die Steuern und Abgaben auf einzelne Produktgruppen in den Mitgliedsstaaten sich stark unterscheiden.

Die Entwicklung der **Preisdifferenzierung** kann daher als Indikator für das Funktionieren des Marktmechanismus herangezogen werden. Allerdings ist zu berücksichtigen, dass durch Einflüsse wie regionale Konsumentenpräferenzen, wirtschaftliche Macht im Vertriebssystem, staatliche Preisregulierung, Marktsegmentierung, Marktzutrittsschranken oder Anbieterkartelle der Marktmechanismus gestört werden kann. Auch die Notwendigkeit zur räumlichen Nähe zwischen Anbieter und Nachfrager, wie sie z. B. frischen Lebensmitteln gegeben sein kann, schränkt die Handelbarkeit und damit den Preisausgleich ein. Aber selbst bei ho-

mogenen Produkten, die durch steigende Skalenerträge und geringe Marktzutritts-
barrieren charakterisiert sind, dürfte der Binnenmarkteffekt auf die Preisdifferenzierung gering sein, da schon vorher Wettbewerb möglich war, bzw. da die
Wettbewerbsintensität nach Einführung des Binnenmarktes nicht deutlich steigt,
da die Anbieter sich untereinander absprechen.

Die Befunde für den Zeitraum 1980 bis 1993 (European Commission,
1997h:131 ff.) zeigen vor der Vollendung des Binnenmarktes erwartungsgemäß eine
höhere Streuung der Preise für die nicht-handelbaren Güter bzw. Dienste im Vergleich zu den handelbaren Gütern. Die Preisdifferenzen sind in den Märkten geringer, in denen die Handelsverflechtung, gemessen als innereuropäische Import-
durchdringung, höher ist. Die Teilregion der EU-6 zeigt die geringste Streuung, die
im Untersuchungszeitraum auch nicht mehr zurückging, während die EU-12 sowie
EU-15 nach dem Hinzukommen weiterer Mitglieder ein rasch abnehmendes Niveau
der Preisdifferenzierung aufweisen, das allerdings noch nicht das geringe Niveau
der EU-6 erreicht hat. Daraus kann geschlossen werden, dass sich nach längerer
Mitgliedschaft im Binnenmarkt das Gesetz des einen Preises soweit durchgesetzt
hat, wie es angesichts von Transportkosten und noch bestehenden Handelshemmnissen möglich ist.

Auch für den Zeitraum 1991 bis 2005 stellen Ilzkovitz, F. et al. (2007:38 ff.) eine
weiter fortschreitende Konvergenz der Preise fest. Diese Entwicklung kann als Be-
leg für das Funktionieren des Binnenmarktes bei den Preisen angesehen werden.
Das Gesamtergebnis setzt sich aus unterschiedlichen Entwicklungen in einzelnen
Produktkategorien zusammen. Die Preise für Konsumgüter haben sich europaweit
in diesem Zeitraum mehr angenähert, während bei Ausrüstungsgütern nur geringe
Preisunterschiede bestanden, so dass hier keine weitere Annäherung stattfand.
Barrieren wie Sprache, Informationsaufwand, Handelbarkeit und noch bestehende
Regulierung entscheiden darüber, ob es sich für den Käufer lohnt bzw. machbar
ist, grenzübergreifende Preisunterschiede auszunutzen.

Seit dem Beitritt der mittel- und osteuropäischen Länder im Jahr 2004 hat sich
die Preisdifferenzierung weiter verringert, da einerseits auf die Preise in die EU-15
ein verschärfter Wettbewerbsdruck einwirkt und andererseits der Aufholprozess in
den neuen Mitgliedsstaaten dort das vorher niedrigere Preisniveau anhebt (Dreger,
C. und Kholodilin, K., 2007). Insgesamt gab es noch im Jahr 2010 unter den 27 EU-
Mitgliedsstaaten solche, in denen das Preisniveau hoch war und solche, in denen
die Lebenshaltungskosten deutlich geringer waren als im Durchschnitt der EU-27.
Für den Endverbrauch eines Haushalts musste in Dänemark 143 % des EU-27 Preis-
durchschnitts ausgegeben werden, während in Polen 60 % des Durchschnitts aus-
reichten (Kurkowiak, B., 2012). Dabei spielten auch unterschiedliche Mehrwertsteu-
ersätze eine Rolle.

Eine Untersuchung der Europäischen Kommission (European Commission,
2001c) im Marktsegment der **Unterhaltungselektronik** zeigt, dass auch bei diesen
vermeintlich homogenen Produkten noch erhebliche Preisdifferenzen zwischen

den Mitgliedsländern bestehen, wobei sich keine einheitlichen Muster zeigen: Ein Land kann den höchsten Preis in einer Produktkategorie der Unterhaltungselektronik und den niedrigsten in einer anderen aufweisen. Auch gibt es keinen klaren Zusammenhang zwischen dem Pro-Kopf-Einkommen in einem Land und dem Preisniveau. Selbst in ein und derselben Produktkategorie – in diesem Beispiel Fernsehgeräte – streuen die Preise europaweit erheblich. Dies liegt u. a. daran, dass in wohlhabenden Ländern die Produkte mit höherer Qualität bzw. bekannteren Markennamen bevorzugt werden. In den Euro-Mitgliedsländern ist die Preisdifferenzierung geringer, was als ein Resultat der gemeinsamen Währung interpretiert werden kann (Imbs, J., Mumtaz, H. et al., 2010).

Am Beispiel des Gutes **Waschmaschine**, das von wenigen Herstellern in alle europäischen Länder exportiert wird, zeigt Fischer (2012), dass die Unternehmen ihre Marktmacht nutzen, um Preisdifferenzierung zu betreiben. Dies führt dazu, dass Waschmaschinen in relativ armen Ländern (Griechenland) teurer sind als in Deutschland. Dies kann auf Unterschiede in der **Wettbewerbsintensität** im Handel zurückgeführt werden.

Da die **regionalen** Preisunterschiede innerhalb eines Landes erheblich geringer sind als die zwischen Ländern, scheint es immer noch Spielraum für Preiskonvergenz zu geben. Entscheidend für die Unterschiede scheint die Marktmacht und die Struktur des Handels zu sein: Wo kleine Händler dominieren und große Supermärkte nicht Fuß gefasst haben, ist das Preisniveau höher. Durch die Etablierung von attraktiven Marken, die überdurchschnittliche Preise zulassen, kann Marktmacht entstehen. Auf dem Markt für frisches Obst und Gemüse spielt erwartungsgemäß die Nähe zum Erzeuger für die Preisunterschiede die wichtigste Rolle; entsprechend sind ein regional und saisonal gehäuftes Angebot bzw. die Transport- und Lagerkosten die wichtigste Erklärung für Preisunterschiede in diesem Segment (European Commission, 2001c).

Auf dem Markt für **Automobile** war es die EU selbst, die das Prinzip des freien Wettbewerbs im Binnenmarkt durch die Freistellung vom Kartellverbot beim Handel mit Automobilen bis Mitte 2002 erheblich eingeschränkt hatte. Die Autohersteller durften ein exklusives Händlernetz unterhalten und damit den Wettbewerb im Handel, wie er z. B. durch unterschiedliche Vertriebswege ausgeübt werden könnte, ausschalten. Dies trug dazu bei, dass für ein identisches Auto innerhalb Europas starke Preisunterschiede bestehen blieben, die auch nicht durch unterschiedliche Steuersätze erklärt werden konnten (Degryse, H., Verboven, F. et al., 2000).

Zu: Handelsverflechtung

Durch die Vollendung des Binnenmarktes werden innerhalb der EU nicht-tarifäre Handelsschranken beseitigt. Dadurch dürften sich die Handelsbeziehungen zwischen den Ländern verändern: Zusätzlicher Handel wird geschaffen und Handel wird von Drittländern zugunsten des Handels der Mitglieder des Binnenmarkts umgelenkt (Allen, C., Gasiorek, M. et al., 1998:443 ff.):

- **Handelsschaffend** wirkt der Ersatz eigener Produktion durch Importgüter, die aus dem EU-Ausland oder Drittländern eingeführt werden, sofern die heimischen Produzenten nicht wettbewerbsfähig sind. Wenn der steigende Wettbewerbsdruck zu sinkenden Preisen führt, vergrößert sich die Kaufkraft und der Konsum von Gütern – auch von importierten – wächst.
- **Handelsumlenkung** findet statt, wenn die EU-Mitgliedsstaaten mehr Güter aus dem EU-Ausland statt aus Drittländern einführen: Die EU ist ein regionaler Handelsblock, der den Handel innerhalb des Blocks vor dem Handel mit Drittländern durch Außenzölle bevorzugt. Dies führt zur Umlenkung von Handelsströmen, wie sie sich bei völlig freiem Welthandel ergeben würden, zu Gunsten der Mitglieder im Handelsblock. (Kokko, A., Mathä, T. et al., 2005).

Also kann vermutet werden, dass das Handelsvolumen steigt und dass die EU-Mitgliedsstaaten füreinander als Handelspartner an Bedeutung gewinnen: Der Anteil des innereuropäischen Handels am gesamten Warenaustausch und der Anteil importierter Güter am inländischen Verbrauch müsste zunehmen. Der empirische Befund zur Entwicklung der Handelsverflechtung der Mitgliedsstaaten für die Jahre 1986 bis 1992 (Sapir, A., 1996:465, Tab. 1) ist auf den ersten Blick widersprüchlich: Unabhängig von der vorherigen Stärke der Handelshemmnisse wurde in allen Sektoren Handel erzeugt, d. h. einheimische Produktion wurde durch Importe aus der EU und aus Drittstaaten ersetzt. Zu erwarten war ein starker Anstieg des Handelsanteils vor allem in den Marktsegmenten, in denen die Handelshemmnisse vorher hoch waren und umgekehrt. Aber auch diese Erwartung wurde nicht bestätigt; vielmehr stieg der Handel im Segment mit hohen Handelshemmnissen nur unterdurchschnittlich an, während in dem Segment mit mittelgroßen Hemmnissen der Anstieg besonders markant war. Dieser empirische Befund hat die Voraussagen also nicht bestätigt. Dafür gibt es zwei Erklärungen:

- Das Binnenmarkt-Programm war in den bisher stark abgeschotteten Märkten zum Untersuchungszeitpunkt 1992 noch nicht implementiert, während es in dem Marktsegment mit mittleren Handelshemmnissen bereits wirkte.
- Die Importbeschränkungen für Nicht-EU-Länder fielen im Untersuchungszeitraum wegen WTO-Vereinbarungen weg, so dass die Importe aus Drittländern – nicht die aus der EU – den Anstieg im mittleren Segment ausmachten. Dieser Befund zeigt auch, dass sich die Befürchtungen einer „Festung Europa", die sich gegenüber Drittländern abschottet, nicht erfüllt haben.

In einer Studie für die EU-Kommission wurde für das Jahr 1994 ein Anstieg des innereuropäischen Handels um 4–5 % auf den Einfluss des Binnenmarktprogramms zurückgeführt (European Commission, 1998c).

Der Außenhandel der EU-28 ist mittlerweile innereuropäisch dominiert: Zwei Drittel aller Exporte der EU-28 gehen in einen anderen Mitgliedsstaat. Mit zunehmender globaler Verflechtung, wie sie sich z. B. in der wachsenden Bedeutung der Schwellenländer Brasilien, Russland, Indien und China zeigt, ging der Anteil des Inner-EU-Handels wieder zurück. Aber auch die krisenbedingt sinkende Nachfrage aus den EU-28-Ländern führt zu der Verschiebung der Exportgewichte.

Nachbarschaft strukturiert Handelsströme

Einige EU-15-Länder haben ihre Exportmärkte stärker außerhalb der EU, während andere überwiegend Intra-EU-Handel betreiben. Diese Unterschiede sind auch auf geschichtlich gewachsene Verbindungen (Großbritannien – Commonwealth; Spanien – Lateinamerika) sowie auf die Passfähigkeit der Spezialisierung der Exportindustrie mit dem spezifischen Bedarf bei den Handelspartnern zurückzuführen. Auch bei den neuen Mitgliedern erreichen die anderen EU-Länder sehr unterschiedliche Anteile am Export: Malta schickt 50 % seiner Exporte in die EU-28, während die Tschechische Republik, Ungarn und die Slowakei mit über 80 % ihrer Exporte von den Abnehmern in der EU-28 abhängen. Diese Unterschiede in der Verflechtung machen die einzelnen Länder auch unterschiedlich verwundbar durch die wirtschaftliche Entwicklung in ihren jeweiligen Abnehmerländern – sie sind eine mögliche Quelle für asymmetrische Nachfrageschocks.

In den Inner-EU-Handelsbeziehungen spielen die großen Länder als Abnehmer eine quantitativ dominierende Rolle: 20 % aller Exporte gehen nach Deutschland, 13 % nach Frankreich und 9 % nach Großbritannien. Aber unabhängig von der absoluten Größe zeigen sich bevorzugte Partnerschaften im Handel, die sich aus der räumlichen Lage sowie aus der historischen und kulturellen Nähe der Länder erklären lassen (UNCTAD Datenbank „Merchandise trade matrix 2010"):

- „Baltischer Raum": Schweden, Dänemark, Finnland und die drei baltischen Staaten
- „Historische Mitte": Deutschland, Frankreich, Österreich, Polen, Niederlande, Belgien, Ungarn
- „Süd-Schiene": Italien, Spanien, Portugal, Griechenland
- „Alte Nachbarn": Griechenland, Bulgarien, Rumänien, Zypern
- „Getrenntes Paar": Slowakei, Tschechische Republik

Die starke Stellung Belgiens und der Niederlande als Handelsnationen dürfte teilweise auf einem statistischen Artefakt beruhen: Lieferungen über die großen Seehäfen werden dort als Im- bzw. Exporte verbucht.

ℹ️ Weiterführende Literatur

European Commission, 1996f:54–68. The 1996 Single Market review: Background information, Brussels.

European Commission, 1996e. Economic evaluation of the Internal Market, European Economy, reports and studies, 4, Brussels.

2.3.1.5 E-Commerce nicht grenzüberschreitend

Kann der Warenhandel über das Internet Grenzen problemlos überwinden? **?**

Mit der Verbreitung des Einkaufens über das Internet hat sich eine neue technische Möglichkeit eröffnet, die es den Verbrauchern ermöglichen kann, eine höhere Preistransparenz zu gewinnen und die Produkte auch im Ausland günstiger einzukaufen. Allerdings entwickelt sich der inländische e-commerce wesentlich stärker als der grenzüberschreitende, so dass zu vermuten ist, dass die Grenze auch im Internet eine Barriere darstellt.

Unternehmen versuchen, ihre Strategie zur Preisdifferenzierung entlang von Landesgrenzen durchzusetzen, indem sie Kunden nur innerhalb ihres Sitzlandes beliefern. Dazu dient z. B. die Weigerung, ausländische Kreditkarten zur Zahlung zu akzeptieren. Ein grenzüberschreitender Kaufversuch scheitert in 80 % der Fälle an der Weigerung der Website, dieses Geschäft abzuwickeln; stattdessen wird der potenzielle Käufer an einen Anbieter aus seinem Sitzland verwiesen (European Commission, 2016c). Der Grund für die Beschränkung der Händler auf das jeweilige Land („geo-blocking") liegt auch in der Fragmentierung der Regulierungen für Verbraucherschutz, Recycling und Zivilrecht im Handel: Jedes Mitgliedsland hat seinen eigenen Rechtsrahmen, z. B. für die Modalitäten von Rücksendung, Umtausch, Reklamation und Haftung. Der Händler müsste sich in all diesen nationalen Rahmenbedingungen bewegen, wenn er an Kunden aus allen anderen 27 Mitgliedsstaaten verkauft; dies würde seine Transaktionskosten erheblich erhöhen. Außerdem sind die Vorschriften über geistiges Eigentum unterschiedlich, so dass z. B. Abonnements für Zeitungen und Musik nicht zwingend jenseits der Landesgrenze in der EU genutzt werden dürfen und können. Auch die Abwicklung von grenzüberschreitenden Zahlungen war bis vor kurzem aufwändiger und der Versand von Paketen über die Landesgrenzen hinweg ist wesentlich teurer als bei gleicher Entfernung im gleichen Land. Die Kommission bezeichnet dies in Analogie zum Mobilfunk als Roaming-Gebühr und strebt an, diese abzuschaffen (Marcus, J. S. und Petropoulos, G., 2016).

Darüber hinaus haben nicht alle Regionen ausreichenden Zugang zur digitalen Infrastruktur und können daher nicht an Käufen über das Internet teilnehmen (Monti, M., 2010:52–54; Copenhagen Economics, 2010; European Commission, 2009g; European Commission, 2011c). Die Vorschläge der EU-Kommission zielen darauf ab, den Rechtsrahmen für Verbraucher zu vereinheitlichen oder – da dies wahrscheinlich von den Mitgliedsstaaten nicht akzeptiert würde – ein separates „28. Recht" als europaweit einheitlichen Rechtsrahmen zu schaffen, der wahlweise von den Käufern und Verkäufern zugrunde gelegt werden könnte. Dies ist ein Beispiel für „positive Integration"; sie wird aber erst mit der Herausbildung eines grenzüberschreitenden Marktes durch Anpassung der Regulierung wirksam.

Was nicht durch Regulierung beseitigt werden kann, ist das Misstrauen der potenziellen Käufer gegenüber ausländischen Anbietern, bei denen sie sich nicht auf die Einhaltung der Verträge, die Zuverlässigkeit bei Zahlungen und bei der Abwicklung von Reklamationen verlassen wollen. Durch Methoden wie Zertifizierung ließe sich die Reputation ausländischer Anbieter steigern. Im Rahmen des Programms für einen „Digitalen Binnenmarkt" (DSM) hat die Kommission einige Aktivitäten angekündigt, die Barrieren im e-commerce beseitigen sollen (European Commission, 2015e, f; Europäische Kommission, 2016a).

2.3.2 Freizügigkeit für Arbeitnehmer im Binnenmarkt

Grenzüberschreitende Mobilität findet derzeit hohe Aufmerksamkeit: Die Flüchtlinge aus dem syrischen Bürgerkrieg sowie Migranten aus vielen armen und unter politischen Spannungen leidenden Regionen der Welt bestimmen die populäre und politische Diskussion in Europa. Aber sogar legal innerhalb der EU wandernde Arbeitskräfte führen zu Forderungen nach „Deckelung" (Schweiz) oder gar Austritt des Landes aus der EU (Großbritannien) sowie zum Erstarken nationalistischer und anti-europäischer Parteien.

Aus diesem Themenspektrum wird im folgenden Kapitel die Freizügigkeit für abhängig beschäftigte Arbeitskräfte aus den EU-Mitgliedsstaaten behandelt. Das Recht der Selbständigen, sich in einem anderen Mitgliedsstaat niederzulassen (Niederlassungsfreiheit) wird in Kapitel 2.3.2.5 behandelt und das grenzüberschreitende Angebot an Dienstleistungen, das auch die Entsendung von Arbeitskräften einschließt, ist Gegenstand von Kapitel 2.3.4.6. Die Wanderungsbewegungen von „Ost" nach „West" nach dem Zusammenbruch der Sowjetunion und verbunden mit dem Beitritt der mittel- und osteuropäischen Länder werden in Kapitel 4.2.4.3 behandelt.

2.3.2.1 Einkommensdifferenzen als Wanderungsgrund

? Warum gehen Arbeitskräfte in ein anderes Land, bzw. warum bleiben sie zu Hause? Inwieweit kann das Einkommen als Wanderungsgrund betrachtet werden?

Zur Erklärung der grenzüberschreitenden Wanderung von Arbeitskräften können zahlreiche kulturelle, soziale und ökonomische Determinanten herangezogen werden (Collier, P., 2016; Bauer, T. und Zimmermann, K. F., 1999a:13 ff.; Alecke, B. und Untiedt, G., 2001a:44 ff. und bes. Übersicht A.1; European Commission, 2001a, Annex 1; Krieger, H., 2004). Im Folgenden steht die Freizügigkeit von Arbeitskräften im Binnenmarkt im Vordergrund; Flüchtlinge und Migranten, die aus anderen Weltregionen in die EU streben, werden nicht einbezogen.

Als Hauptgrund zur Wanderung von Arbeitskräften in der EU gelten hier **Differenzen im Einkommen** zwischen Herkunfts- und Zielland. Dabei kann der Begriff des Einkommens in vielfältigen Varianten konkretisiert werden:

- Werden von der Einkommensdifferenz noch die Kosten der Wanderung abgezogen, so ergibt sich das **Netto**einkommen als Bezugsgröße.
- Die Dimension **Zeit** führt zu zwei weiteren Unterscheidungen beim Einkommen: Erstens kann das heutige mit dem nach der Migration erwarteten Einkommensniveau verglichen werden und zweitens kann das kumulierte restliche **Lebenseinkommen** abgeschätzt werden; es wird also betrachtet, wie viel eine Person in ihrem restlichen Erwerbsleben insgesamt zuhause oder in einem anderen Land verdienen könnte.
- Das **relative** Einkommen bezeichnet das Einkommen einer Person oder eines Haushalts im Vergleich zu den Einkommen der „Nachbarn"; es beschreibt die Einordnung in das soziale Umfeld. Eine hohe Position auf der sozialen Einkommens- und damit Rangskala wird möglicherweise höher bewertet als ein hohes absolutes Einkommen bei niedrigem Rang im Zielland.
- Wenn eine wanderungswillige Person allein ihre Einkommensposition bewertet bleibt unberücksichtigt, dass sich das **Familien**einkommen bei einer Wanderung möglicherweise auch dadurch ändert, dass der Partner keine neue, adäquate Beschäftigung findet und sein bisheriges Einkommen verloren geht.

Im einfachsten Fall wird die Entscheidung zur Wanderung nur fallen, wenn sich dadurch das künftige **Netto**einkommen erhöht, d. h. nach Abzug der Mobilitätskosten muss das Einkommen im Zielland höher sein als es bei Verbleib zu Hause wäre. Dabei wird von einem Arbeitsmarkt mit vollkommener Konkurrenz sowie dem Fehlen von Mobilitätsbarrieren wie Sprache, Kultur, Heimatliebe, Freizeitangebot, Umweltbedingungen, ausgegangen.

Besondere Aufmerksamkeit findet in der öffentlichen Diskussion das Thema der Einwanderung in die Sozialsysteme („**Sozial-Tourismus**"). Hier wird unterstellt, dass Arbeitskräfte – besonders aus den wenig entwickelten Mitgliedsländern Mittel- und Osteuropas – sich in ihrer Einkommenssituation besser stellen können, wenn sie Sozialleistungen in den Zielländern erhalten. Selbst wenn ein solches Kalkül aus der Sicht eines (potenziellen) Arbeitsmigranten rational ist, so hängt die Realisierung von den nationalen und europäischen Regulierungen und Rahmenbedingungen sowie der Rechtsprechung ab (Kapitel 2.3.2.4).

Wanderung findet – unabhängig von den regionalen Lohnunterschieden – oft innerhalb von „**Migranten-Netzwerken**" statt, wo „Pionier-Migranten" die Kosten, Unsicherheiten und Risiken für weiteren Nachzug verringern, da sie mit Informationen und materieller Unterstützung den Anfang im neuen Land leichter machen. Dies kann auch die regionale Konzentration der Zuwanderung aus einzelnen Herkunftsländern („China-Town", „Klein-Istanbul") erklären (Rindoks, A., Penninx, R. et al., 2006; European Commission, 2011d:263).

In die Abschätzung von Kosten und Nutzen einer Wanderung geht auch der ökonomische **Nutzen des Verbleibens** im bisherigen Lebensumfeld ein. Er besteht in sogenannten Insider-Vorteilen, die als soziales Kapital in der Arbeitswelt sowie als firmenspezifisches Wissen aufgebaut wurden, in freizeitbezogenen Kriterien sowie in der Einbettung in ein unterstützendes soziales Umfeld (Fischer, P. A., Holm, E. et al., 2001; David, Q., Janiak, A. et al., 2008). Zu den Insider-Vorteilen zählen alle Quellen des Einkommenserwerbs, was besonders in Ländern bzw. Regionen mit ausgeprägter Schattenwirtschaft auch Schwarzarbeit einschließt. Diese Vorteile kumulieren sich über die Zeit, so dass die Wanderungswahrscheinlichkeit mit zunehmendem Alter auch wegen der kumulierten Insider-Vorteile abnimmt. Der Verlust dieses Nutzens kann als Teil der Wanderungskosten bezeichnet – wenn auch schwer beziffert – werden.

In diesen modellhaften Überlegungen zu Wanderungsentscheidungen wird angenommen, dass die potenziellen Migranten sich ausschließlich nach einem „rationalen" Maximierungskriterium richten und die außerdem erforderlichen Daten wie das künftige Einkommen, die Wanderungskosten und das Risiko, im Zielland arbeitslos zu sein, zuverlässig abschätzen können. Dabei wird außer Acht gelassen, dass so weit gehende Entscheidungen von Menschen meist auf unzureichender Datengrundlage getroffen und stark von Gefühlen und – mehr oder minder realistischen – Erwartungen über die Chancen im Zielland beeinflusst werden.

ⓘ Weiterführende Literatur

Kahanec, M. und Zimmermann, F., Eds., 2016. Labor Migration, EU Enlargement, and the Great Recession, Springer.

Hooghe, M., Trappers, A. et al., 2008. Migration to European countries. A structural explanation of patterns, 1980–2004. International Migration Review 42(2).

Straubhaar, T. und Dima, G., 1993. Ursachen der Migration aus ökonomischer Sicht. Migrationen aus der Dritten Welt: Ursachen, Wirkungen, Handlungsmöglichkeiten. Kälin, W. und Moser, R. Bern, Wien, Stuttgart: 93–122.

2.3.2.2 Regelung der Freizügigkeit in der EU

? Unter welchen Voraussetzungen dürfen Arbeitnehmer in anderen Mitgliedsstaaten arbeiten? Wie versucht die EU, die Mobilität zu fördern?

Die Freigabe der nationalen Arbeitsmärkte war unter den Gründungsnationen der EU nicht reibungslos und erst in mehreren Schritten möglich (European Commission, 2001a). Bis 1964 durften die Mitgliedsstaaten auf dem Arbeitsmarkt Inländern den Vorrang bei der Arbeitsvermittlung vor EU-Ausländern einräumen. Das Recht, sich selbst eine Arbeit im EU-Ausland zu suchen, wurde erst 1968 eingeführt. Allerdings bestand noch bis 1992 die Sicherheitsklausel, nach der die nationale Regierung die Kommission ersuchen konnte, die Arbeitsvermittlung auszusetzen, wenn es auf dem einheimischen Arbeitsmarkt Probleme gab. Seit 1992 dürfen abhängig Beschäftigte aus anderen Mitgliedsstaaten sich den Ort ihrer Beschäftigung auch im EU-Ausland zu suchen, ohne dass sie dabei gegenüber Inländern diskriminiert werden dürften. Eine Einschränkung gilt für die „hoheitlichen Tätigkeiten", z. B. bei Polizei oder Militär (Europäische Kommission, 2002f:20 ff.).

Zur freien Arbeitsplatzwahl in einem anderen EU-Mitgliedsland sind nicht nur EU-Bürger berechtigt, sondern auch deren Familienangehörige – auch wenn diese aus Drittstaaten stammen. Zum Schutz der Familie haben Familienangehörige in absteigender Linie im Alter unter 21 Jahren ein aus der Freizügigkeit des Arbeitnehmers abgeleitetes Zuzugs- und Aufenthaltsrecht, sowie das Recht zur Arbeitsaufnahme. Die Kinder des ausländischen Arbeitnehmers haben das Recht auf Schulbesuch sowie auf soziale Vergünstigungen wie Kindergeld, Fahrpreisermäßigung etc. Das Recht der Familienangehörigen ist durch Rechtsprechung des EuGH konkretisiert und bestärkt worden.

Zur Arbeitsuche darf sich ein Arbeitnehmer für sechs Monate in jedem Land der EU aufhalten; in dieser Zeit muss er seinen vollständigen Unterhalt selbst bestreiten. Er hat noch nicht den sozialen Status eines Arbeitnehmers und damit auch nicht den Zugang zu den beitragsfinanzierten Sozialsystemen, d. h. er kann auch bei Arbeitslosigkeit keine soziale Unterstützung beanspruchen. Mit der Aufnahme einer legalen Arbeit erhält die Erwerbsperson aus einem anderen EU-Mitgliedsland den Status eines Arbeitnehmers. Diesen Status behält sie auch, nachdem sie arbeitslos wurde; dies schließt z. B. das Recht zur Teilnahme an Fortbildung und den Anspruch auf Sozialhilfe ein (Mei, van der, 2003; SVR_IuM, 2013).

Das Recht des Arbeitnehmers zur freien Bewegung in allen Mitgliedsstaaten wurde im Lauf der Zeit zu einem europäischen Bürgerrecht erweitert. Nach den europäischen Verträgen (Artikel 20, AEU-V) hat jeder Bürger eines Mitgliedsstaates das Recht, sich ohne spezifischen Aufenthaltszweck in der EU aufzuhalten, sofern er selbst für seinen Lebensunterhalt und seine Gesundheitsversorgung aufkommen kann.

Bei der Aufnahme der zehn neuen Mitglieder im Jahre 2004 bzw. 2007 wurden Übergangsfristen von bis zu sieben Jahren festgelegt, in denen für die Arbeitnehmer aus den neuen Mitgliedsstaaten die Freizügigkeit eingeschränkt werden konnte. Einzelheiten dazu und zu den Wirkungen dieser Beschränkungen finden sich in Kapitel 4.2.4.3.

Gleichbehandlung als Wettbewerbsverbot
Während sich Arbeitskräfte frei in der EU bewegen dürfen, bleiben die Mechanismen der Lohnfindung, die Ausgestaltung der sozialen Sicherungssysteme sowie der Zugang zu ihnen in nationaler Zuständigkeit. Alle Personen aus den anderen Mitgliedsstaaten müssen bei Beschäftigung, Entlohnung und sonstigen Arbeits-

bedingungen gleich behandelt werden wie die einheimischen Arbeitskräfte. Sie unterliegen somit dem Tarif-, Arbeits- und Sozialversicherungsrecht des Ziellandes. Der Zwang zur Gleichbehandlung ausländischer und einheimischer Arbeitskräfte bei Lohn und Arbeitsbedingungen stellt einen erheblichen Eingriff in die Preisbildung am Markt dar. Arbeitnehmer aus ärmeren EU-Ländern dürfen ihre eventuell gegebene Bereitschaft, auch zu niedrigeren Löhnen sowie für geringere soziale Absicherung zu arbeiten, nicht in ihre Bewerbung um Arbeit in den reicheren Ländern einbringen. Das Grundprinzip des Binnenmarktes, die Verschärfung des Wettbewerbs, ist also auf dem Arbeitsmarkt nicht gegeben. Damit sind Arbeitnehmer mit hohen Einkommen aus den wohlhabenden Ländern zu Lasten der ärmeren aus den neuen Mitgliedsstaaten geschützt, wie auch im Urteil C-346/06 (3. April 2008) von EuGH festgehalten wird (Pelkmans, J., 2006:197–198; Pelkmans, J., 2010a; Berthold, N. und Neumann, M., 2003). Der in diesem Zusammenhang häufig benutzte Begriff des „Sozialdumping" suggeriert, dass Lohnkonkurrenz verwerflich sei – ein analoger Begriff wird bei Produkten oder Kapital jedoch nicht gebraucht (Pelkmans, J., 2010a).

Eine Beschränkung von Marktkräften löst gewöhnlich Umgehungsversuche aus – so auch bei der legalen Zuwanderung von Arbeitskräften: Durch Schein-Selbständigkeit, Schwarzarbeit, Austritt von Unternehmen aus dem Tarifverband, die Verlagerung von Unternehmen in Niedriglohnländer mit anschließender „Entsendung" von Arbeitnehmern und ähnlichen Tricks werden die Schutzmechanismen dennoch unterlaufen.

Positive Integration zur Förderung der Arbeitsmigration

Das Verbot von Diskriminierung („negative Integration") von EU-ausländischen Arbeitskräften reicht aber nicht aus, um die grenzüberschreitende Arbeitsaufnahme zu fördern. Vielmehr verpflichten Artikel 46 und 48 AEU-V die europäischen Gesetzgeber dazu, Maßnahmen zu erlassen, die helfen die Freizügigkeit tatsächlich herzustellen („positive Integration"). Dazu gehören

- Zusammenarbeit der Arbeitsvermittlungen und -verwaltungen,
- Beseitigung von nationalen und zwischenstaatlichen Rechtsvorschriften, die die Freizügigkeit behindern,
- Unterstützung der Vermittlung freier Stellen,
- Sicherung des Transfers von Ansprüchen aus Sozialversicherungen.

Entsprechend Artikel 47 AEU-V soll der Austausch junger Arbeitskräfte gefördert werden, wozu auch die **Anerkennung von Diplomen und Berufsabschlüssen** zählt. Die Informationen über die Details der Berufsausbildung in den einzelnen Ländern bei einzelnen Berufen soll die Vergleichbarkeit der Ausbildungen verbessern, um potenziellen Arbeitgebern die Personalauswahl auch unter Bewerbern aus einem anderen EU-Land zu erleichtern.

Um die **Transparenz über Arbeitsangebote** und -möglichkeiten in den Mitgliedsstaaten zu erhöhen, hat die EU in Zusammenarbeit mit nationalen Arbeitsverwaltungen den Informations- und Vermittlungsdienst EURES in Leben gerufen, der 1993 seine Arbeit aufnahm. Hier wird Orientierungswissen zum Leben, Arbeiten und Studieren in den einzelnen Mitgliedsländern angeboten sowie eine Vermittlung von offenen Stellen betrieben. EURES wird jedoch nur in einem sehr kleinen Anteil an allen grenzüberschreitenden Arbeitsplatzbesetzungen einbezogen – genaue Daten dazu liegen nicht vor. Capuano und Migali (2016) zeigen, dass die tatsächliche Aufnahme von Arbeit in einem anderen EU-Land stark von den Bemühungen der Arbeitsverwaltungen zur Anerkennung ausländischer Abschlüsse abhängt.

Weiterführende Literatur

i

Brücker, H. und Eger, T., 2012. The law and economics of the free movement of persons in the European Union. Research Handbook on the Economics of European Union Law. Eger, T. und Schäfer, H.-B. Cheltenham [u. a.], Edward Elgar.

2.3.2.3 Mobilität von Arbeitskräften in der EU

Welche Wanderungen sind tatsächlich zu beobachten?
Wie wird das europäische Recht auf Freizügigkeit genutzt?

?

Arbeitsmigration fand in der EU auch vor der Einführung der Freizügigkeit statt. Dabei sind mehrere „Wellen" festzustellen, die sich in ihren ökonomischen und politischen Bedingungen unterscheiden.

Anwerbung von „Gastarbeitern" bis 1973

In den Jahren des „Wirtschaftswunder", die vom Wiederaufbau nach dem Zweiten Weltkrieg gekennzeichnet waren (1955–1970), wurden **„Gastarbeiter"** aus den peripheren Ländern Europas zur Arbeit in den industriellen Kernländern angeworben. Sie sollten dort diejenigen Arbeiten übernehmen, für die bei starkem Wirtschaftswachstum nicht genug einheimische Kräfte vorhanden waren. Vor allem schwere, schmutzige und gefährliche Arbeiten (Kohlebergbau, Müllbeseitigung, Bauarbeiten) sowie einfache Montagetätigkeiten in der Industrie wurden von ausländischen Arbeitskräften übernommen (Bade, K. J., 2000). Der Anteil der „Gastarbeiter" an der gesamten Beschäftigung stieg in den EU-9-Ländern von 3 % im Jahr 1960 auf 8 % im Jahr 1973 (Werner, H., 2001). Aber mit der **Rezession 1973** endete in Deutschland die aktive Anwerbung. Die „Gastarbeiter" wurden als Erste arbeitslos, und viele von ihnen gingen dann zurück in ihre Herkunftsländer, um im nächsten Aufschwung zurückzukehren (Brasche, U., 1980; Brasche, U. und Schultz, S., 1982).

Die Migranten aus der Türkei dagegen blieben und bildeten – unterstützt durch umfangreichen Familiennachzug – Gemeinschaften in Deutschland (Werner, H., 2001).

Kaum Zuwanderung nach der Süd-Erweiterung der EU (1981, 1986)

Nach der **Süd-Erweiterung** der EU um vergleichsweise arme neue Mitgliedsländer (Spanien, Portugal und Griechenland) und nach dem Ende der sechsjährigen Übergangsfristen für die Einführung der vollen Freizügigkeit hat sich statt der nun möglichen Zuwanderung in die "reichen" Mitgliedsstaaten die Tendenz zur **Ab**wanderung der „Gastarbeiter" aus diesen Ländern fortgesetzt (Kraus, M. und Schwager, R., 2000). Erstens haben sich die Arbeitsmigranten von der verbesserten politischen und wirtschaftlichen Perspektive in den Heimatländern leiten lassen und zweitens sind die von den „Gastarbeitern" in den 70er Jahren eingenommenen Arbeitsplätze durch den Strukturwandel weggefallen, in sogenannte „Billiglohnländer" verlagert worden oder durch den Einsatz moderner Produktionstechniken sind die Arbeitsanforderungen an jenen Arbeitsplätzen so weit gestiegen, dass sie von vielen Migranten mit ihrer oft geringen formalen Qualifikation nicht mehr erfüllt werden konnten. Bei steigender Arbeitslosigkeit war für Migranten der ersten Generationen die Rückwanderung daher attraktiv.

Mobilität innerhalb der EU eher gering

In welchem Umfang Arbeitskräftemigration im Zeichen der Freizügigkeit „ökonomisch rational" wäre, lässt sich nicht bestimmen. Es wandern jedoch weniger Arbeitskräfte innerhalb der EU, als angesichts erheblicher regionaler Unterschiede in der Arbeitslosenquote und unterschiedlicher Lohnhöhen erwartet werden könnte. Ein Vergleichsmaßstab ist die Migration innerhalb der USA – sie ist doppelt so hoch, wie in der EU (Gáková, Z. und Dijkstra, L., 2008).

Im Jahr 2013 waren rund 5 % aller Arbeitskräfte aus einem anderen Land der EU. Von diesen ca. 10 Mio. Personen waren nur rund 7 Mio. permanent ausgewandert, während die anderen Grenzpendler oder zweitweise entsandte Arbeitskräfte waren (Vaccarino, E. und Darvas, Z., 2016).

Die vergleichsweise höchste Mobilität weisen die jungen, gut ausgebildeten Arbeitskräfte sowie die gering Qualifizierten auf, bei denen die Sprache bei der Arbeitsausübung eine geringere Rolle spielt. Zwischen den „alten" Mitgliedsstaaten der EU-15 ist die Wanderungsintensität geringer, als von den „neuen" Mitgliedern aus Mittel- und Osteuropa, die in unvorhergesehen großem Umfang in die für sie ab 2004 offenen Länder (Großbritannien, Irland, Schweden) zur Arbeitsaufnahme gegangen sind (Kapitel 4.2.4.3). Seit dem Ausbruch der Weltwirtschaftskrise im Jahr 2007 und der steigenden Arbeitslosigkeit in einigen Ländern des „Süden" hat die Migration aus diesen Regionen in den „Norden" wieder zugenommen, wenn auch die Zahlen relativ klein bleiben (Benton, M. und Petrovic, M., 2013;

Bertoli, S. und Brücker, H. et al., 2013; Quitzau, J., Boll, C. et al., 2014; Brinke, A. und Dittrich, P.-J., 2016; Neubecker, N., Fratzscher, M. et al., 2014).

Will man den Nettoeffekt bisheriger Wanderungen auf die **Bevölkerung** messen, indem man z. B. den Anteil der Ausländer an der Gesamtbevölkerung darstellt, stößt man auf methodische Probleme (Münz, R., 2004): So ist z. B. nicht einheitlich definiert, welche Person statistisch als Ausländer zu betrachten ist. Bezieht man sich auf die Staatsbürgerschaft, so zählen alle nicht eingebürgerten, aber möglicherweise seit Generationen im „Gast"-Land integrierten Personen als Ausländer. Bezieht man sich auf den „**Migrationshintergrund**", so werden auch Staatsangehörige als Ausländer definiert. Für eine empirische Darstellung bleibt daher nur der Rückzug auf die in der amtlichen Statistik verwendeten Abgrenzungen, die allerdings nicht europaweit einheitlich sind (SVR_IuM, 2013:99 ff.).

In den EU-27 stammen im Jahr 2010 2,5 % der **Wohnbevölkerung** aus einem anderen Mitgliedstaat und 4,0 % aus einem Drittland. Der Anteil der EU-Ausländer war in Belgien, Zypern, Irland, Großbritannien, Deutschland und Österreich überdurchschnittlich hoch, lag aber immer noch unter 7 %. In den meisten EU-Mitgliedsstaaten machen die EU-Ausländer einen deutlich geringeren Anteil aus als die Menschen aus Drittstaaten. In einigen Ländern stammen die Migranten zu größeren Anteilen aus ehemaligen Kolonien oder Gebieten, zu denen intensivere politische oder wirtschaftliche Beziehungen bestanden, wie dies z. B. bei Frankreich und Algerien, Deutschland und Polen oder Großbritannien und Pakistan der Fall ist (Dustmann, C. und Frattini, T., 2011:34).

Hürden für die Freizügigkeit

Wenn das Niveau der grenzüberschreitenden Mobilität von Arbeitskräften geringer ist, als erwartet werden kann, so weist dies auf noch bestehende Barrieren hin.

Die wesentlichen **rechtlichen** Hürden zur Arbeitsmigration in der EU wurden zwar schrittweise aufgehoben, jedoch ist die freie Mobilität von Arbeitskräften immer noch beeinträchtigt. Dies liegt an einer Vielzahl von Gründen. Zum zehnten Jahrestag des Binnenmarktes hat die Europäische Kommission (2002i) Befragungsergebnisse veröffentlicht, die die wesentlichen Gründe dafür enthalten, dass Unternehmen und Arbeitnehmer sich immer noch auf einen nationalen Arbeitsmarkt orientieren. Der wichtigste Grund liegt für Unternehmen darin, dass der lokale oder **nationale Arbeitsmarkt** für sie ergiebig genug ist; weniger wichtig sind die Hindernisse, an deren Beseitigung die EU mithelfen kann (Informationen, Beurteilung der Berufsabschlüsse, Übertragbarkeit von Ansprüchen an die Sozialversicherung). Für Arbeitnehmer stellen die Lösung aus der **familiären Bindung** und die Überwindung der **Sprachhürde** entscheidende Hindernisse dar. Allgemeine Informationen und Hilfe bei der Arbeitsplatzsuche wären allenfalls für jeden Fünften hilfreich.

Eine an sich rationale Entscheidung zur Abwanderung aus einer Region, in der der betreffende Mensch keine Arbeit findet, in eine prosperierende Region kann auch durch Unterschiede in den **Immobilienpreisen** zwischen Herkunfts- und Zielregion erschwert werden: Wenn in der Herkunftsregion das Wohneigentum nur zu Preisen veräußert werden kann, für die in der prosperierenden Zielregion kein adäquater Ersatz gefunden werden kann, hemmt dies die Mobilität. Dies wird am Beispiel Großbritanniens deutlich, wo die Einkommen in London nach Berücksichtigung der Preise für Wohnen gesunken sind und Krankenschwestern, Lehrer und sogar Akademiker es sich nicht (mehr) leisten können, dort zu arbeiten und zu wohnen, wo Arbeitsplätze zu besetzen wären („Down and ...", 2001; „Living in ...", 2016).

Angesichts relativ ähnlicher Löhne innerhalb der **EU-15** sowie unter Berücksichtigung der Risiken und Kosten der Migration und des Verlustes an Insider-Wissen ist eine Abwanderung zur Arbeitsaufnahme auch wirtschaftlich nicht immer attraktiv.

Personen aus den neuen, in den Jahren 2004 und 2007 beigetretenen, Mitgliedstaaten aus **Mittel- und Osteuropa** versprachen sich von einer Wanderung vor allem bessere Familieneinkommen sowie bessere Lebens- und Arbeitsbedingungen. Die Lohndifferenzen zwischen den alten und neuen Mitgliedsstaaten waren nach dem Beitritt erheblich, was den Nettoertrag der Migration groß machte. Freunde und Familie verlassen zu müssen zählte zu den wesentlichen Gründen gegen die Annahme eines neuen Arbeitsplatzes in einem anderen Land der EU. Als wesentliche Hürden im Zielland sahen sie die Sprachbarriere sowie Probleme am Arbeitsmarkt (European Commission, 2008h: Chapter 3).

Die Arbeitsmigration aus den neuen Mitgliedsstaaten Mittel- und Osteuropas wurde bis Mai 2011 auch noch durch die langen Übergangsfristen begrenzt (Kapitel 4.2.4.3); auch die Bindung offiziell ausgeübter Tätigkeiten an Mindestlöhne und Tarife in den Zielländern begrenzt die tatsächlich genutzte Freizügigkeit.

Das Jahr 2006 war zum „Europäischen Jahr der Mobilität der Arbeitnehmer" erklärt worden, in dem zahlreiche Initiativen zur Beseitigung rechtlicher Mobilitätshürden gestartet werden sollten. Dennoch musste das Mitglied des Europäischen Parlaments, Alain Lamassoure (2008) eine sehr ernüchternde Bilanz über die bisherigen Erfolge der Freizügigkeitsregelungen ziehen. Diese lassen nach seiner Auffassung in der Praxis noch keinen Europäischen Binnenmarkt für Arbeitnehmer erkennen.

Arbeitskräfte – können sie mobil sein?
„Die Mobilität der Bürger ist ein Hauptziel des europäischen Aufbauwerks. Zwanzig Jahre nach der Einheitlichen Europäischen Akte, die den Grundsatz der Freizügigkeit verankert hat, bleibt das Problem jedoch falsch gestellt, falsch verstanden und falsch behandelt. Hier hinkt das europäische Recht einer sich sehr schnell entwickelnden Realität hinterher." (Lamassoure, A., 2008:16)

---

i **Weiterführende Literatur**
Barslund, M. und Busse, M., 2014. Making the most of EU labour mobility. CEPS Task Force Reports: 1–52, October.

European Commission, 2012a. Migrants in Europe — A statistical portrait of the first and second generation. Luxembourg.

Dustmann, C. und Frattini, T., 2011. Immigration: The European experience. IZA Discussion Paper (6261).

2.3.2.4 Kritische Aspekte zur Freizügigkeit

Welche Wirkungen können von Wanderungen ausgehen?
Ist grenzenloser Wettbewerb auf dem Arbeitsmarkt abzulehnen?
Wie sind unterschiedliche Länder und Personengruppen von Wanderungen betroffen?

?

Die (Zu-) Wanderung von Arbeitskräften zählt zu den politisch äußerst sensitiven Themen – besonders in den Aufnahmeländern. Die starken Widerstände in Teilen der einheimischen Bevölkerungen gegen Zuwanderung sind nicht nur in der Befürchtung verschärfter Konkurrenz bei Lohn und Arbeitsplatz begründet, sondern auch in der Ablehnung von „Überfremdung", die aus einer Veränderung der Zusammensetzung der Bevölkerung resultiert (Card, D., Dustmann, C. et al., 2012). Der Wunsch nach einer Aussetzung der Freizügigkeit spielte bei der Entscheidung für den **BREXIT** eine wichtige Rolle und auch der Wahlkampf in den USA im Jahr 2016 wurde um eine Begrenzung der Zuwanderung von Arbeitskräften geführt.

Einige vermutete oder tatsächliche Auswirkungen der Freizügigkeit sollen hier kurz angesprochen werden. Eine umfassende Diskussion aus der Perspektive von Migranten, Herkunfts- und Ziellländern kann hier nicht geführt werden; dazu wird auf die ausgezeichnete Darstellung von Collier (2013) verwiesen.

Nach der Sicht schlichter ökonomischer Theoriebildung ist Wanderung sowohl für das Nutzen maximierende Individuum als auch für die Gesamtwirtschaft positiv, da sie eine Verbesserung des Faktoreinsatzes bedeutet: Arbeitskraft wandert dort ab, wo sie nicht oder wenig produktiv beschäftigt ist und geht dort hin, wo ein (höheres) Einkommen zu erzielen ist. Dadurch gibt es auch eine Tendenz zur Angleichung der Löhne. In dieser Sicht bleibt ausgeklammert, dass es sich bei der Arbeitskraft nicht um ein handelbares Gut handelt, das unter Effizienzdruck besser und billiger wird, sondern um die Lebensgrundlage der Menschen, die keine andere Möglichkeit haben, ein Einkommen zu erzielen. Die Entfesselung des Wettbewerbs am Arbeitsmarkt trifft daher – wenig überraschend – auf politischen und gesellschaftlichen Widerstand.

Die Wirkungen von Zu- bzw. Abwanderung verteilen sich nicht gleichmäßig auf die einzelnen Bevölkerungs- und Beschäftigtengruppen, sondern tritt konzentriert auf. Verallgemeinerte Aussagen sind nicht möglich, da die Wirkungen auch von den jeweiligen Bedingungen und Reaktionen in den Herkunfts- und Ziellländern sowie von der zeitlichen Struktur der Migration abhängt:

- **Temporäre** Migranten, wie z. B. Grenzpendler, nutzen die Differenzen zwischen den Löhnen und versuchen dabei die hohen Lebenshaltungskosten im Zielland zu vermeiden (Dustmann, C. und Görlach, J.-S., 2015).
- **Permanente** Migranten verlegen den Lebensmittelpunkt auf Dauer ins Zielland und auch die Familie zieht nach. Diese Personen können wegen der Lebenshaltungskosten nicht auf Dauer einheimische Löhne unterbieten; ihre Kaufkraft entfalten sie überwiegend im Zielland und sie nehmen die Infrastruktur und andere Staatsleistungen wie Bildung und Gesundheitsversorgung in Anspruch.
- **Entsandte Arbeitnehmer** sind und bleiben Mitarbeiter ihres Arbeitgebers im Heimatland und werden auf Zeit von ihm in ein anderes Land zur Erfüllung von Aufgaben für ihren Arbeitgeber geschickt. Sie unterliegen also den Lohn- und Arbeitsregeln ihres Herkunftslandes. Somit könnten sie die Löhne des Ziellandes unterbieten, was generell politisch unerwünscht ist und daher auch durch die Regularien der EU unterbunden werden soll (Kapitel 2.3.4.6).
- **(Quasi-/Pseudo-) Selbständige** sind Personen, die im Zielland – meist für begrenzte Zeit – ihren Status als „selbständig" deklarieren. So fallen sie nicht unter die Schutzgesetze für abhängig Beschäftigte und können – bzw. müssen – ihre Arbeitskraft zu geringeren Löhnen und ohne soziale Absicherung anbieten.

Im Folgenden sollen einige wirtschaftliche Aspekte herausgegriffen werden, die auch in der Diskussion in der Öffentlichkeit eine Rolle spielen:
- Konkurrenz um Arbeit und Lohndruck
- „brain drain"
- „Sozial-Tourismus"
- Ausgleich für Alterung der Bevölkerung.

Aus systematischen Gründen werden zwei Aspekte der Arbeitskräftemigration in anderen Kapitel dieses Buches besprochen: Die Entsendung von Arbeitnehmern im Rahmen der Erbringung von Dienstleistungen (Kapitel 2.3.4.6) sowie die besondere Situation nach dem Fall des „Eisernen Vorhangs" und dem Beitritt der mittel- und ost-europäischen Länder in den Jahren 2004/2007 (Kapitel 4.2.4.3).

Arbeitsmarkt und Löhne

In gesamtwirtschaftlicher Perspektive geht von der Nutzung der Freizügigkeit kein messbarer Effekt auf das gesamte Lohnniveau aus, zumal der Anteil der Wanderungen an allen Arbeitskräften gering ist und die Löhne in der Regel nach unten starr sind. In einzelnen Segmenten des Arbeitsmarktes oder in bestimmten Regionen dagegen können Effekte der Wanderung spürbar sein (EEAG, 2015:84 ff.). Im **Herkunftsland** (Katseli, L. T., Lucas, R. E. B. et al., 2006) kann eine Entlastung des

Arbeitsmarktes durch Abwanderung (potenziell) arbeitsloser Personen mit gleichzeitiger Erhöhung der verbliebenen, knapper gewordenen, Arbeitskräfte einhergehen. Die Wettbewerbsfähigkeit der einheimischen Industrie könnte dadurch beeinträchtigt werden. Im **Zielland** tragen die Zugewanderten zur Produktion und zum
Wirtschaftswachstum bei, besonders wenn sie eine hohe Konsumquote haben.
Wenn ihr Arbeitseinsatz komplementär zum einheimischen Arbeitskräfteangebot
ist, tragen sie zur Wohlstandsmehrung bei. Bei substitutivem Einsatz der ausländischen Arbeitnehmer werden einheimische Arbeitskräfte gegebenenfalls in die
Arbeitslosigkeit abgedrängt, da wegen der Mindest- und Tariflöhne keine größere
Zahl von nunmehr geringer bezahlten Arbeitsplätzen entstehen kann. Eine **Substitutionskonkurrenz** besteht vor allem gegenüber den gering qualifizierten einheimischen Arbeitskräften, wenn die vermehrt verfügbaren ausländischen Arbeitskräfte zu Beschäftigungen mit niedrigen Anforderungen an Qualifikation und
Sprache besseren Zugang haben oder wenn zur Umgehung von Mindestlöhnen sich
der Schwarzmarkt für diese Arbeit vergrößert. Auch die Verweigerung von Lohn-
zahlungen oder unzumutbare Arbeitsbedingungen sind zu beobachten (FRA, 2015).
Einfache Dienstleistungen im Haushalt, Fleischverarbeitung, Reinigung und Bau-
tätigkeiten sind Beispiele dafür.

Generell lässt sich feststellen, dass die Einwanderer eher in einen Verdrän-
gungswettbewerb mit bereits hier lebenden Migranten treten, während die qualifizierten einheimischen Arbeitskräfte in die besser bezahlten Tätigkeiten aufsteigen
(D'Amuri, F. und Peri, G., 2010; Brücker, H. und Jahn, E. J., 2010; European Commission, 2008h:132–142).

Frankreichs Schlachter attackieren Konkurrenten aus Deutschland

Frankreichs Fleischindustrie warf der deutschen Konkurrenz vor, Zeitarbeiter aus Rumänien, Polen
und Ungarn als Dauerarbeitskräfte zu beschäftigen und so „Sozialdumping" zu betreiben. Da es in
dem Sektor aber keine Mindestlöhne wie in Frankreich gebe und die Beschäftigten deutlich niedrigere Löhne bekämen als deutsche Arbeitskräfte, sorge dies für Wettbewerbsverzerrungen, heißt es
in einer Beschwerde Frankreichs an die EU-Kommission. Die Anwendung des Gesetzes zur Arbeit-
nehmerüberlassung sei nicht im Einklang mit den EU-Richtlinien. Brüssel möge in Berlin darauf
hinwirken, dass die Kontrollen verstärkt würden. („Frankreichs Schlachter ...", 2011)

„Brain drain – brain gain"

Die Wanderung von Arbeitskräften bedeutet eine Verlagerung von Humankapital
und spezifischem Arbeitsvermögen von der Herkunfts- in die Zielregion. Durch den
„brain drain" verliert die Herkunftsregion nicht nur die Investitionen in die Bildung der Abgewanderten sondern kann dadurch möglicherweise unter ein kriti-
sches Niveau der Faktorausstattung mit Humankapital geraten, wodurch sie ihr
endogenes Entwicklungspotenzial einbüßt (Straubhaar, T., 2000a). Ein Beispiel
sind Regionen der „neuen Bundesländer" (ehemalige DDR), wo eine hohe Arbeitslosenquote bei „falsch" Qualifizierten mit Knappheit an qualifizierten Arbeits-

kräften einhergeht und die Unternehmen deshalb ihren Standort nicht in diesen Regionen belassen können. Ebenso ist in den mittel- und ost-europäischen Mitgliedsstaaten eine erhebliche Abwanderung von qualifiziertem Personal aus dem Gesundheitswesen in die EU-15 festzustellen, die erheblich bessere Löhne bieten (können). Dadurch kommt es zu substanziellen Engpässen in der Versorgung der Bevölkerung mit Gesundheitsdienstleistungen (Kapitel 4.2.4.6).

Die im Ausland gewonnenen Erfahrungen und Kenntnisse der Rückkehrer („brain re-gain") sowie deren angespartes Kapital können nach ihrer Rückkehr zur Entwicklung des Herkunftslandes beitragen; vorausgesetzt es kommt zu einer erwerbsorientierten und investiven Orientierung der Rückkehrer. Viele Rückkehrer kehren jedoch – wenn überhaupt – erst mit dem Erreichen des Rentenalters zurück und nutzen ihr Kapital für die Einrichtung eines modernen Eigenheims mit importierten Konsumgütern.

Staatliche Leistungen und „Sozial-Tourismus"

In der Debatte um den BREXIT in Großbritannien spielen die tatsächlichen oder vermeintlichen Belastungen der öffentlichen Kassen durch die Nutzung der Freizügigkeit eine politisch bedeutende Rolle. Ähnliche Diskussionen werden z. B. auch in Deutschland geführt.

So wird darauf verwiesen, dass Arbeitsmigranten nicht nur durch ihren Arbeitseinsatz zur Wohlstandmehrung beitragen, Steuern zahlen und Güter kaufen, sondern auch staatlich erbrachte Leistungen wie Bildung, Kindergärten, Gesundheitsversorgung, Rente und Sozialhilfe für sich und ihre Familienmitglieder in Anspruch nehmen können. Der Saldo von Einzahlungen und Auszahlungen wird als Argument verwendet – wie aber kann er festgestellt werden? Die Antwort hängt wesentlich von dem Modell und dem Zeitraum ab, die zur Berechnung verwendet werden. Wenn von langer Dauer sozialversicherungspflichtiger Beschäftigung bei guter Gesundheit und geringer Anzahl von wirtschaftlich abhängigen Familienmitgliedern ausgegangen wird, kann auch bei geringem Einkommen nach längerer Aufenthaltsdauer eine „Kostendeckung" erreicht werden. Kaum gemessen werden kann, wie sich die gesamte Wertschöpfung entwickelt hätte, wenn keine Zuwanderer zur Verfügung gestanden hätten („counter factual").

Die befürchtete Einwanderung in die großzügigen Sozialsysteme „reicher" Mitgliedsstaaten ist eine populäre, aber empirisch nicht gestützte Befürchtung (Boeri, T., 2010; Giulietti, C., Guzi, M. et al., 2011; Brücker, H. und Eger, T., 2012:173 ff.; Brücker, H., 2013). Giulietti, C. (2014) zeigt, dass es nicht die Aussicht auf generöse Sozialleistungen ist, die Arbeitsmigration auslöst, sondern der Wunsch sich durch Erwerbseinkommen eine Existenz aufzubauen. Wie bereits ausgeführt wurde (Kapitel 2.3.2.4) ist eine Zuwanderung mit der Absicht des Bezugs von Sozialleistungen nach den rechtlichen Regelungen nicht möglich (Europäische Kommission, 2013b); dies haben auch höchstinstanzliche Urteile nationaler und europäischer Gerichte untermauert.

Allerdings kann die Rechtsprechung in einzelnen Mitgliedsstaaten dennoch den Zugang zu Sozialleistungen eröffnen. So ist z. B. in Großbritannien ein Teil der Sozialleistungen für Arbeitnehmer an deren Bedürftigkeit gekoppelt. Von den steuerfinanzierten Zahlungen dürfen EU-Ausländer nicht ausgeschlossen werden. So können Unternehmen sehr geringe Löhne zahlen, die dann aus der Steuerkasse „aufgestockt" werden. In Deutschland hat das Bundessozialgericht nach bereits sechs Monaten einen „verfestigten Aufenthaltsstatus" deklariert, der zum lebenslangen Bezug von Sozialleistungen unabhängig von der Erwerbtätigkeit berechtigt. Damit ist eine „Einwanderung in den Sozialstaat" in Deutschland nicht de-jure, aber defacto möglich. Es ist Aufgabe des Parlaments, eine entsprechende Gesetzesänderung vorzunehmen.

Konkurrenz zwischen ärmeren Haushalten in den Zielländern und zuwandernden Arbeitskräften und ihren Familien gibt es allerdings um bezahlbaren Wohnraum sowie Kindergärten und Gesundheitsdienste in den Ballungszentren.

Alternde Bevölkerung und schrumpfendes Arbeitskräfteangebot

Sowohl die Herkunfts- als auch die Zielländer innereuropäischer Wanderungen haben alternde und einige sogar schrumpfende Bevölkerungen. Durch die Zuwanderungen jüngerer Menschen kann eine entstehende Lücke im Arbeitskräfteangebot teilweise geschlossen werden. Ob dieser Entlastungseffekt tatsächlich eintritt, hängt neben der Größenordnung der Wanderungen auch von der Qualifikationsstruktur der Zuwanderer und ihrer Familienmitglieder und deren Integration in reguläre Beschäftigung ab. Spiegelbildlich dazu kann sich in den Herkunftsländern durch die Abwanderung das demografische Problem am Arbeitsmarkt verstärken. Die Fähigkeit der wohlhabenden Länder, ihre Probleme durch das Zahlen höherer Löhne zu lösen, mag ökonomisch rational sein, kann aber zu erheblichen wirtschaftlichen und sozialen Problemen in den ärmeren Herkunftsländern führen.

2.3.2.5 Keine Freizügigkeit mehr – ein Gedankenexperiment

Wäre ein Ende der Arbeitsmigration erstrebenswert – für wen?
Sind Kompromisse zwischen Freizügigkeit und Ablehnung von Migranten denkbar? **?**

Jenseits ökonomischer Analysen, die außerdem nicht immer zu nachvollziehbaren und verlässlichen Aussagen kommen, hat sich in vielen Ländern der EU ein Missbehagen an der Konkurrenz auf dem Arbeitsmarkt entwickelt. Dies fand seinen Ausdruck u. a. in den Debatten um den Ausstieg Großbritanniens aus der EU sowie im Referendum gegen die Zuwanderung von Arbeitskräften in der Schweiz. So war der Wunsch nach einer Begrenzung des Zuzugs aus den mittel- und osteuropäischen Mitgliedsländern entscheidend für den BREXIT (Arnorsson, A. und Zoega, G., 2016).

Hier soll in einem Gedankenexperiment überlegt werden, welche Effekte von einer Beendigung der freien Arbeitsplatzwahl zu erwarten wären. Damit soll nicht unterstellt werden, dass eine solche Maßnahme erstrebenswert oder politisch umsetzbar wäre.

Als Arbeitskräfte sollen für dieses Gedankenexperiment abhängig Beschäftigte, Selbständige und entsandte Arbeitnehmer verstanden werden, also auch Personengruppen, die in der Systematik des EU-Rechts nicht unter die Freizügigkeit fallen. Der Schwerunkt der Überlegungen liegt auf der Zuwanderung von „armen" in „reiche" EU-Länder (Rumänien und Polen nach Großbritannien). Allerdings sind in diesem Gedankenexperiment nur die Grenzen der anderen EU-Länder geschlossen – eine Auswanderung nach USA, Kanada, Australien etc. bleibt weiterhin möglich. Im Fall der Schließung der Grenzen zwischen den EU-Mitgliedern für Arbeitsmigranten können die folgenden Effekte erwartet werden.

Im **Herkunftsland**, z. B. Polen oder Rumänien, müssten sich die Menschen mit niedrigen Löhnen begnügen und könnten nicht auf besser bezahlte Arbeit im Ausland ausweichen. Da die Abwanderung gering wäre, blieb auch das Angebot an Arbeitskräften hoch, was zu Arbeitslosigkeit beitrüge und den Spielraum für Lohnerhöhungen begrenzen würde.

Bei niedrigen Löhnen und gleichzeitiger Freiheit des Kapital- und Warenverkehrs dürften Arbeitsplätze aus den Ländern mit höheren Löhnen in das bisherige Herkunftsland der Migranten verlagert werden. Es handelt sich überwiegend um industrielle Fertigung, aber teilweise auch um einfache Dienstleistungen, die über das Internet ortsunabhängig ausgeübt werden können. Dadurch würde die heimische Industrie in die globalen Wertschöpfungsketten eingebunden, wodurch auf mittlere Sicht die Entwicklung der industriellen Basis verbessert würde. Zwar wäre ein Gewinn von Arbeitsplätzen aus dem Ausland zu erwarten, gleichzeitig müssten aber auch Rückkehrer aus der EU, wie im Fall des BREXIT, mit Arbeitsplätzen versorgt werden; wie die Gesamtbilanz für die Arbeitslosenquote ausfallen könnte, bleibt offen.

Mehr Arbeitskräfte blieben im Land und der bisherige „brain drain" unterbliebe. In einigen Branchen, wie dem Gesundheitswesen, könnte die Versorgung der einheimischen Bevölkerung besser aufrechterhalten werden. Die Überweisungen der bisher im Ausland arbeitenden Angehörigen fielen weg. Sie können dann keinen Beitrag mehr für einen besseren Lebensstandard und die Entwicklung der Herkunftsländer leisten.

Im **Zielland**, z. B. Großbritannien oder Deutschland, wäre die Wirkung in den Segmenten des Arbeitsmarkts unterschiedlich. Für ortsgebundene Tätigkeiten oder solche, die die unmittelbare Nähe von Arbeitskraft und Empfänger der Arbeitsleistung voraussetzen, wäre ein geringeres Potenzial von Arbeitskräften verfügbar. Dies betrifft z. B. Spezialisten für Finanzdienstleistungen, Pflege- und Gesundheitsdienste, Erntearbeiten, Bauarbeiten, Verkauf, Bildung, Beratung, Haushaltsdienste, etc. Die Löhne für diese Tätigkeiten würden steigen, und es könnte zu Engpässen bei einigen Berufen kommen, sofern nicht einheimische Arbeitskräfte in ausreichendem Umfang und zu den gleichen (geringen) Löhnen zusätzlich mobilisiert werden könnten. So sind im britischen Gesundheitswesen ca. 10 % aller Beschäftigten EU-Ausländer und für die Altenpflege finden sich in Deutschland nicht genug einheimische Arbeitskräfte. Damit müssten für diese Leistungen höhere Preise bezahlt werden.

Grenzüberschreitend mobile Arbeitsplätze, für die Arbeitskräfte knapp oder zu teuer geworden sind, würden ins Ausland verlagert; davon wären auch höherwertige Tätigkeiten betroffen. Die Begrenzung der Freizügigkeit bei gleichzeitiger Beibehaltung der anderen Grundfreiheiten des Binnenmarktes dürfte also für das bisherige Zielland von Arbeitskräftewanderungen erhebliche wirtschaftliche Nachteile mit sich bringen, da sie Arbeitskräfte und -plätze verlören.

Folgewirkungen

Weitere **indirekte** Wirkungen sind zu erwarten, wenn die Länder, deren Arbeitskräfte abgelehnt werden, ihrerseits die Grenzen für Güter, Kapital und Dienstleistungen aus den bisherigen Zielländern ihrer Arbeitsmigranten schließen. Noch gilt das Dogma, dass die vier Grundfreiheiten untrennbar miteinander verbunden wären. Mit dem Hinweis, dass ein „Rosinen-picken" nicht geduldet würde, hat die EU der Schweiz mit der Aufkündigung des Marktzugangs gedroht; ähnliches ist in der Debatte um den BREXIT in den Medien zu vernehmen. Eine Des-Integration der Märkte würde zu schwerwiegenden wirtschaftlichen Schäden führen und die bisherigen Errungenschaften des Binnenmarktes vernichten.

Ein weiterer Effekt einer Begrenzung der Migration wäre, dass die Alterung der Gesellschaft in den bisherigen Zielländern nicht durch den „Import von Jugend" kompensiert werden könnte. Spiegelbildlich wäre der „Verlust an Jugend" in den bisherigen Herkunftsländern, die dem gleichen demografischen Alterungsprozess unterliegen, weniger ausgeprägt.

Kompromisse und neue Modelle

Eine **mildere Alternative** zur vollständigen Schließung des Arbeitsmarktes wäre die Wiedereinführung von Einwanderungsregeln, die sich an der Arbeitsmarktlage im Zielland und der Qualifikation des Arbeitsmigranten orientieren. Den Mitgliedsstaaten könnte zugestanden werden, die Zuwanderung aus der EU vorübergehend zu begrenzen, wenn sie eine Überlastung von Arbeitsmarkt oder Sozialsystemen nachweisen können (Schutzklauseln).

Auch der Zugang zu Sozialleistungen könnte so angepasst werden, dass darin keine (Fehl-) Anreize für Zuwanderung mehr bestehen. So könnten Sozialleistungen für EU-Ausländer auf die beschränkt werden, die vorher entsprechende Beiträge gezahlt haben. Wenn damit eine Ungleichbehandlung von EU-Ausländern verbunden wäre, müsste diese rechtlich belastbar zwischen den Mitgliedsstaaten vereinbart werden.

Ebenso ist vorstellbar, dass nur eine Gruppe von Ländern Freizügigkeit für Arbeitskräfte vereinbart, während andere die Zuwanderung kontrollieren wollen. Diese Vereinbarungen könnten sich in einen größeren Rahmen einfügen, bei dem z. B. Freizügigkeit als Voraussetzung für freien Dienstleistungsverkehr gilt. In der Diskussion um die künftige Position Großbritanniens wurde u. a. diskutiert, dass es grenzüberschreitende Geschäfte für Banken nur geben kann, wenn im Gegenzug auch Arbeitskräfte sich frei bewegen dürfen.

In einigen Assoziierungsverträgen mit „Nachbarn" hat die EU bereits flexible Modelle der Marktintegration bei begrenzter Mobilität vereinbart; diese könnten auch für die EU-28 oder eine Teilgruppe daraus adaptiert werden (Emerson, M. und Movchan, V., Eds., 2016). Auch in den Beitrittsverträgen der mittel- und osteuropäischen Länder wurden solche Klauseln auf Zeit vereinbart.

Die ökonomische Diskussion von Migration kann allerdings die emotionalen Aspekte derer nicht erfassen, die sich jenseits von wissenschaftlichen Ergebnissen gegen weitere Zuwanderung wenden. Hier ist ein politischer Diskurs in der Gesellschaft erforderlich.

Zusammenfassend ergibt sich aus den Überlegungen, dass die Beendigung der freien Arbeitskräftemobilität für diejenigen Länder, die diese einführen wollen, kaum Vorteile bringt. Auch die abgewiesenen Arbeitsmigranten verschlechtern ihre Situation. Gewinnen können allenfalls die Kunden der Arbeitskräfte, die zuhause bleiben müssen sowie diejenigen Arbeitskräfte im Zielland, die in unmittelbarer Konkurrenz um Arbeit, Wohnung und Sozialleistungen standen.

Kompromisse zwischen dem Wunsch nach Begrenzung der Migration und der ökonomisch rationalen Öffnung der Arbeitsmärkte sind möglich; ihre Vereinbarung jedoch politisch schwierig.

2.3.3 Niederlassungsfreiheit im Binnenmarkt

? Ist die grenzüberschreitende Niederlassung problemlos möglich?
Was kann die Kommission zur Erleichterung von Niederlassungen tun, wenn die Regulierung der Tätigkeit in den Mitgliedsstaaten erfolgt?

Die Niederlassungsfreiheit behandelt das Recht natürlicher und juristischer Personen, in anderen EU-Ländern selbstständig erwerbstätig zu werden und in diesem Zusammenhang ein Unternehmen zu gründen, z. B. als Einzelunternehmen, Agentur, Zweigniederlassung oder Tochterunternehmen. Prinzipiell war dies bereits seit 1968 für EU-Bürger möglich. Jedoch wurde die Gründung eines Unternehmens in einem anderen Mitgliedsland durch die Unterschiede in den nationalen Vorschriften behindert. Daher bestimmt der AEU-V (Artikel 49–55), dass Beschränkungen der freien Niederlassung im Grundsatz unzulässig sind. Als Ausnahme bleibt (Artikel 51 AEU-V) der Ausschluss von hoheitlichen Tätigkeiten, die die Ausübung öffentlicher Gewalt – z. B. Justiz, Polizei, Militär – einschließen, jedoch ist damit keineswegs der gesamte öffentliche Dienst gemeint. Die Niederlassungsfreiheit ist mit der Freiheit, grenzüberschreitend Dienstleistungen zu erbringen (Kapitel 2.3.4.3), eng verbunden, da Dienstleistungen oft den engen Kontakt zum Kunden erfordern. Dieser Kontakt kann u. a. durch den Aufbau einer Niederlassung gewährleistet werden.

Die Niederlassungsfreiheit ist besonders bei den **freien Berufen** (Architekten, Anwälte, Notare, Ärzte, Steuerberater, Wirtschaftsprüfer, Ingenieure etc.) von Bedeutung. Die Zulassungsvorschriften und Regelungen zur Berufsausübung werden nicht allein vom Staat erlassen, sondern auch durch die jeweiligen Berufsverbände. Das wirtschaftliche Gewicht der freien Berufe kann empirisch nur näherungsweise bestimmt werden, da keine einheitlichen Statistiken dazu in der EU existieren. Es handelt sich überwiegend um anspruchsvolle Tätigkeiten, für die hohe Anforderungen an die formale Qualifikation gestellt werden (Paterson, I., Fink, M. et al., 2003).

Zur Sicherung der Niederlassungsfreiheit gilt das Diskriminierungsverbot von EU-Ausländern: So dürfen z. B. einem Rechtsanwalt, Arzt, Zahnarzt oder Wirtschaftsprüfer weder die Einrichtung einer Zweitniederlassung verwehrt werden, noch Beiträge zur Sozialversicherung abverlangt werden, wenn er schon im Land des Erstsitzes versichert ist. Besonders bei den Befähigungsnachweisen, die als Voraussetzung zur Zulassung in bestimmten Berufen erforderlich sind, muss die Gleichwertigkeit der in einem anderen Land erworbenen Nachweise geprüft werden, und die Gelegenheit zum Nachweis eventuell noch fehlender Qualifikationen muss gegeben werden.

Über das Diskriminierungsverbot hinaus ergibt sich aus dem AEU-V das Gebot der Förderung grenzüberschreitender Tätigkeit durch aktive Beseitigung von national beeinflussten Regulierungen („**positive Integration**"). Die Kommission geht von der Hypothese aus, dass die Fragmentierung des europaweiten Marktes durch nationale Regulierungen des Marktzugangs eine Marktzutrittsbarriere für EU-Ausländer darstellt, deren Beseitigung die gleichen positiven Effekte hervorbringen würde, wie dies auf dem Gütermarkt der Fall ist (European Commission, 2004a; 2005b). Allerdings ist ein angemessenes Maß an Regulierung im Prinzip nützlich und erforderlich, da im Bereich der freien Berufe **Marktversagen** vorliegen kann (Kapitel 2.1.4). Dies ist immer dann gegeben, wenn **Informationen asymmetrisch** verteilt sind. In der Regel ist der Anbieter von Diensten dem Nachfrager überlegen, da letzterer die Qualität der angebotenen Leistung und die gerechtfertigte Höhe des Preises nicht einschätzen kann. Außerdem handelt es sich bei Dienstleistungen, wie sie in freien Berufen erbracht werden, um ein „Vertrauensgut", das vor seiner Erbringung nicht beurteilt werden kann – lediglich die Reputation des Dienstleisters gibt einen Hinweis auf die erwartbare Qualität. Die Anbieter könnten versuchen, eine zu umfangreiche und zu teure Leistung zu erbringen und den Marktzutritt für neue Anbieter durch die Selbstorganisation der Berufsgruppe sehr stark zu beschränken, um den Wettbewerbsdruck gering zu halten (Fritsch, M., 2014; Dulleck, U. und Kerschbamer, R., 2006, 2011).

Als Schutz vor den negativen Folgen des Marktversagens kann der Marktzugang gesteuert werden, indem Anbieter zertifiziert werden oder durch Lizenzvergabe deren Zahl beschränkt wird, um eine Qualitätsminderung durch Preiswettbewerb zu verhindern. Darüber hinaus kann es eine Vorgabe der Tarife in Gebührenordnungen geben, die ebenfalls den Wettbewerb beschränken.

Wie viele Apotheken soll es geben?

Durch das deutsche Apothekengesetz wird die Zahl der Apotheken, die von einem einzelnen Apotheker betrieben werden dürfen, begrenzt. So soll auch unterbunden werden, dass große Gesellschaften mit zahlreichen Filialen sich auf dem Markt etablieren können. Diese Beschränkung wurde als Verstoß gegen die Niederlassungsfreiheit vor den EuGH gebracht. Der hat allerdings das deutsche Gesetz bestehen lassen und dies mit dem Gewinnstreben angestellter Apotheker begründet (Urteil C-172/07 vom 19. Mai 2009). Die Sicherheit der medizinischen Versorgung hat also Vorrang vor dem Streben nach freien Märkten. Offen bleibt allerdings, ob sich vom Inhaber geführte Apotheken tatsächlich mehr am Wohl des Kunden als am Profit orientieren.

Die Kommission zielt nicht auf die Abschaffung von national erlassenen Regulierungen, da diese wegen der Existenz von Marktversagen erforderlich und gerechtfertigt sind. Vielmehr strebt sie deren Reduzierung auf ein für erforderlich gehaltenes Maß an. Wenn die Unterschiede in den nationalen Regulierungen der freien Berufe groß sind, können verschiedene Lösungen angewandt werden:
- Rechtsangleichung durch Harmonisierung,
- automatische Anerkennung der Zertifikate des Herkunftslandes,
- Festlegung von Ausgleichsmaßnahmen bei unzureichender Qualifikation, wie z. B. eine „Einarbeitungszeit" oder das Absolvieren von zusätzlichen Kursen,
- Einführung eines einheitlichen, europaweit gültigen „Berufsausweises",
- Harmonisierung der Beschreibung der Ausbildungsabschlüsse zur besseren Vergleichbarkeit der Qualifikation („Bologna Prozess").

Rat und Parlament haben die Möglichkeit, Richtlinien zu erlassen, um die Niederlassungsfreiheit herzustellen. Dies betrifft insbesondere die Verbesserung der gegenseitigen Anerkennung von Diplomen, Prüfungszeugnissen und Befähigungsnachweisen. Hierzu wurde in der Richtlinie 2005/36/CE im Einklang mit der bisherigen Rechtsprechung des EuGH die Anerkennung der beruflichen Qualifikation in

800 freien Berufen neu geregelt, um die grenzüberschreitende Niederlassung und das Erbringen von Dienstleistungen zu erleichtern. Sie konsolidiert und aktualisiert die bestehenden Regeln zur Anerkennung von Berufsqualifikationen, um eine größere Liberalisierung der Erbringung von Dienstleistungen, einen stärkeren Automatismus der Anerkennung von Qualifikationen und eine größere Flexibilität bei der Aktualisierung der Richtlinie zu erreichen. Diese Richtlinie hat ihr Ziel allerdings nicht befriedigend erreicht (European Commission, 2011e).

Europäischer Berufsausweis

Eine neues Instrument soll hier Abhilfe schaffen: Der **Europäische Berufsausweis (EBA).** Er besteht in einem elektronischen Verfahren für die Anerkennung von Berufsqualifikationen zwischen den Mitgliedstaaten und soll es den Antragstellern ermöglichen, ihren Antrag auf Anerkennung der Berufsqualifikation zum Zwecke der Niederlassung oder der vorübergehenden Erbringung von Dienstleistungen effizienter zu stellen und seine Bearbeitung zu verfolgen. Er stellt also kein zentral gültiges, von der EU ausgestelltes Zertifikat dar, das den sofortigen Marktzugang in allen Mitgliedsstaaten ermöglicht. Einen vergleichbaren Ansatz hat die Kommission für den Marktzugang von unternehmensbezogenen Dienstleistern gewählt (Kapitel 2.3.4.4).

2.3.4 Dienstleistungsfreiheit im Binnenmarkt

2.3.4.1 Eigenschaften von Dienstleistungen

Welche Merkmale zeichnen Dienstleistungen aus?
Sind Dienstleistungen (international) handelbar?   **?**

Die wirtschaftliche Entwicklung wird meist mit der herstellenden Industrie verbunden. Ungeachtet der tatsächlich großen wirtschaftlichen Bedeutung der Industrie wird jedoch in den Mitgliedsstaaten der EU der überwiegende Teil der Wertschöpfung in den Dienstleistungen erarbeitet. Zum besseren Verständnis dieses sehr heterogenen Wirtschaftsbereichs wird die Entwicklung, Struktur und Größenordnung der Dienstleistungen kurz beschrieben.

Unter dem Begriff Dienstleistungen wird eine heterogene Vielfalt von Aktivitäten zusammengefasst. Die folgenden Strukturdimensionen zeigen Kriterien, nach denen Dienstleistungen gegliedert werden können. Einige davon liegen den Statistiken zu Dienstleistungen zugrunde.

Tab. 2-2: Morphologie von Dienstleistungen.

Merkmal	Ausprägungen
Empfänger	Personen, Unternehmen, Staat
Berufe	Erlernt, ausgeübt
	Landwirt, …, Schlosser, …, Friseur, …, Banker, …,
Tätigkeitsinhalt	Planen, herstellen, reparieren, Dienst erbringen, …
Sektor, Branche	Landwirtschaft, Produktion, Dienstleistungen, Staat
Stellung des Erbringers	Privates Unternehmen, öffentliche Hand
Marktbeziehung	Für Entgelt, unentgeltlich, ehrenamtlich
	Empfänger zahlt, Zahlung durch Dritte/Versicherung

Brasche 2016

In einer **Morphologie von Dienstleistungen** sind die folgenden Strukturierungskriterien zu unterscheiden:
- Nach der **Zielgruppe** werden Dienstleistungen in personen- bzw. unternehmensbezogen unterteilt. Der Empfänger ist im ersten Fall eine Privatperson, die z. B. Leistungen wie Bildung, Gesundheitsdienste, Unterhaltung, Transport oder Sicherheit in Anspruch nimmt. Die Präferenzen und die Kaufkraft der Konsumenten steuern die Struktur und das Volumen der Nachfrage nach diesen Dienstleistungen. Im zweiten Fall ist es ein Unternehmen, das die Dienste in seinen eigenen Leistungserstellungsprozess einbindet; dies sind z. B. Marketing, Beratung, Bildung, Logistik, Informationsverarbeitung oder Reinigung. Die gleiche Leistung kann sowohl von Personen als auch von Unternehmen in Anspruch genommen werden. Unternehmensbezogene Dienstleistungen werden also für andere Industrie- und Dienstleistungsunternehmen angeboten und können sich nur in Abhängigkeit von deren Nachfrage entfalten, so dass ein Rückgang von Arbeitsplätzen in der Industrie nur bedingt durch Arbeitsplätze in den Dienstleistungen kompensiert werden kann.
- Die erlernten oder ausgeübten **Berufe** (z. B. Führungskraft, Handwerker, Bürokraft, Techniker, Ingenieur, Wissenschaftler, Hilfskraft, Bauarbeiter) beschreiben durch Ausbildung und Tradition festgelegte Qualifikationen von Personen. Einige Dienstleistungsberufe wie z. B. Büroberufe, werden in allen Bereichen einer Wirtschaft ausgeübt, während andere weitgehend in einer Branche konzentriert sind (z. B. Lehrer im Bildungswesen).
- Erwerbstätige verrichten unterschiedliche **Tätigkeiten** (z. B. Planen, Herstellen, Informieren, Verteilen, Führen, Beraten etc.) – auch mehrere parallel mit unterschiedlichen Anteilen am gesamten Zeitbudget. Tätigkeiten sind, wie es auch bei Berufen der Fall ist, über die unterschiedlichsten Branchen gestreut (z. B. ist Informieren ein Bestandteil fast aller Tätigkeiten in allen Branchen).
- Die Zuweisung von Unternehmen wird nach dem Schwerpunkt ihrer Produktion zu den drei Sektoren (Landwirtschaft, Industrie, Dienstleistungen) bzw.

Branchen (z. B. Land- und Forstwirtschaft, Fischerei; Produzierendes Gewerbe; Handel, Gastgewerbe und Verkehr; sonstige Dienstleistungen) vorgenommen. Innerhalb der Branchen, die nicht zu den Dienstleistungen gezählt werden, werden allerdings auch Dienstleistungstätigkeiten erbracht (z. B. Schulung im Maschinenbau).

- Nach der **Stellung des Erbringers** werden private oder öffentliche Dienstleistungen unterschieden, wobei der Begriff des „Öffentlichen Dienstes" einen Bereich zusammenfasst, in dem traditionsgemäß staatliche Stellen als Produzenten von Gütern und Diensten auftreten. In öffentlicher Hand waren und sind in vielen Ländern vor allem die Dienstleistungen Bahn und Nahverkehr, Post und Telekommunikation, Energieerzeugung und -verteilung sowie Wasserwirtschaft. Bei einigen Diensten, z. B. bei Bildung und Gesundheit, können ein öffentliches und ein privatwirtschaftliches Angebot nebeneinander bestehen. Für eine Aufteilung der Dienstleistungen zwischen Staat oder privaten Anbietern gibt es keine allgemein akzeptierte Regel. In den Mitgliedsländern der EU sind unterschiedliche Strukturen und Traditionen bei dieser Aufteilung festzustellen. Die Veränderung dieser Eigentümerstrukturen berührt erhebliche wirtschaftliche und politische Interessen und stößt entsprechend auf Widerstand; ihre Neuordnung ist das Kernelement der Durchsetzung des freien Dienstleistungsverkehrs im Binnenmarkt.

Zu den **Eigenschaften** und **Eigenheiten** von Dienstleistungen, die diese von der Produktion materieller Güter unterscheiden, zählen folgende:
- Dienstleistungen bestehen nicht aus Materie, sie können also **nicht angefasst oder gesehen** und auch **nicht transportiert** werden.
- Dienstleistungen werden im Moment ihrer Erzeugung auch „verbraucht", so dass sie **nicht auf Lager produziert** werden können, wie dies am Beispiel des Personentransports oder der inneren Sicherheit deutlich wird.
- Bei Dienstleistungen handelt es sich häufig um **Erfahrungs- bzw. Vertrauensgüter**, da wegen Informationsasymmetrie der Marktmechanismus versagt (Kapitel 2.1.4).

Die **räumliche Nähe** von Anbieter und Nachfrager im Moment der Leistungserstellung ist beispielsweise bei ärztlicher Behandlung, beim Schneiden von Haaren oder bei der Nutzung des touristischen Angebots eines Badestrands erforderlich.

Bei einigen Diensten ist vom Funktionsablauf her zwar eine räumliche Trennung denkbar, aber der Charakter der Leistung erfordert persönlichen Kontakt, wie z. B. bei der Unternehmensberatung oder einer Psychotherapie. Jedoch verändert sich die Notwendigkeit zur Nähe durch die Informationstechnologie, die neue Vertriebswege und räumliche Verteilungen wie z. B. e-commerce, Internet-Banking, Fern-Operieren etc. entstehen lässt. Dadurch eröffnen sich neue Optionen der Internationalisierung, wie die Verlagerungen einzelner

Funktionen in Billiglohnländer („offshoring"). Beispiele dafür sind Programmierung sowie „Back-Office"-Funktionen, die z. B. in Indien oder Ost-Europa durchgeführt werden.

–   Dienstleistungen sind **nicht über die Landesgrenzen exportierbar**, sondern entweder der Erbringer oder der Kunde müssen die Grenze überschreiten, um die erforderliche räumliche Nähe herzustellen (Kapitel 2.3.4.3).

2.3.4.2 Entwicklung und Bedeutung von Dienstleistungen

Warum gibt es einen Trend zur „Dienstleistungsgesellschaft"?
Wofür sind marktbestimmte Dienstleistungen wichtig?

Drei-Sektoren-„Theorie"

Mit der Entwicklung kapitalistischer Wirtschaften geht ein langfristiger Trend zur Verschiebung der Gewichte zwischen primärem Sektor (Landwirtschaft), sekundärem Sektor (Industrie) und dem tertiären Sektor (Dienstleistungen) einher: Die Bedeutung von Landwirtschaft und Industrie geht zurück, während das wirtschaftliche Gewicht der Dienstleistungen zunimmt. Diese Beobachtung wird auch als „Drei-Sektoren-Theorie" bezeichnet. Es werden verschiedene Erklärungen dieser Verschiebung zum „dritten Sektor" (Tertiarisierung) diskutiert (Pohl, H.-J., 1970; Meißner, W. und Fassing, W., 1989; Knottenbauer, K., 2000; Wölfl, A., 2005; Schettkat, R. und Yocarini, L., 2006). Dabei wird besonders verwiesen auf

1. steigende Einkommen mit Verschiebungen der Endnachfrage hin zu Dienstleistungen,
2. Abspaltung der Dienstleistungen von der Produktion und
3. geringere Produktivität von Dienstleistungen im Vergleich zur Produktion von Gütern, die Ressourcen zu den Dienstleistungen verschieben.

Zu: Steigende Einkommen

Mit steigendem Einkommen werden in den privaten Haushalten mehr Dienstleistungen nachgefragt, da sie nach der Befriedigung der Grundbedürfnisse noch Mittel für Bildung, Reisen, Kommunikation, Unterhaltung o.ä. zur Verfügung haben. Da dem Staat in vielen Gesellschaften eine stärkere Rolle für gesellschaftliche und besonders für soziale Vorsorge zugewiesen wurde, wuchs der öffentliche Sektor durch ein vermehrtes Angebot von Bildung, Gesundheit und Altersversorgung überproportional an. Eine **alternde** und wohlhabende Bevölkerung dürfte künftig zusätzlich Dienstleistungen aus dem Bereich Gesundheit und Betreuung nachfragen.

Zu: Abspaltung

In der Produktion von Gütern spielen Dienstleistungen eine wachsende Rolle, da Industriebetriebe **flankierende Dienstleistungen** als Teil der Wertschöpfung nutzen (High Level Group on Business Services, 2014:147). Dazu gehören in den Stationen des Produktlebenszyklus

1. Fertigungsvorbereitung: Forschung und Entwicklung, Design, Test, Marktforschung;
2. Fertigung: Finanzierung, Qualitätssicherung, Lagerverwaltung, Sicherheit, Produktionsplanung und -steuerung;
3. Verkauf: Logistik, Vertriebsnetzwerke, Marketing, Schulung;
4. während der Nutzung des Produkts: Wartung, Reparatur, Updating, Leasing;
5. nach der Nutzung: Recycling, Abfallbehandlung.

Außerdem begleiten Dienstleistungsfunktionen als Querschnittsaufgaben die gesamte Produktion (Reinigung, Planung, Personalwesen, Buchhaltung, Controlling, etc.) Die Dienstleistungstätigkeiten eines Produktionsbetriebs werden in der Statistik nicht gesondert ausgewiesen, sondern dem Sektor „Produzierendes Gewerbe" zugeschlagen. Wenn Industrieunternehmen ihre Organisation ändern, indem sie diese Aufgaben an spezialisierte Dienstleistungsunternehmen **auslagern**, dann wächst bei unverändertem Tätigkeitsspektrum der Dienstleistungssektor statistisch an. Mittlerweile werden mehr als die Hälfte der Dienstleistungen, die ein Unternehmen benötigt, auf diese Weise – allerdings überwiegend bei lokalen Anbietern – zugekauft (Alajääskö, P., 2006; European Commission, 2004b:25; Berlingieri, G., 2014).

Ein weiterer Grund für das Anwachsen des Dienstleistungssektors liegt in der **Globalisierung.** Sie findet ihren Ausdruck auch in einer veränderten Arbeitsteilung zwischen Ländern mit hohen und niedrigen Lohnstückkosten. Besonders einfache Fertigungs- und Montagearbeiten werden verlagert, während unternehmensbezogene Dienstleistungsarbeiten wie Forschung und Entwicklung, Design, Beratung, Finanzierung und Marketing in den ursprünglichen Industrieländern verbleiben. Dadurch ändert sich aus der Sicht der abgebenden Länder deren Wirtschaftsstruktur hin zu einer „Dienstleistungsökonomie".

Zu: Arbeitsproduktivität

Beim Erbringen von Dienstleistungen können die Anbieter sich nicht so stark auf Automatisierung stützen, wie dies bei der Erzeugung von Gütern der Fall ist. Vielmehr sind Dienstleistungen vornehmlich auf immaterielles und geistiges Kapital, wie die spezifische Qualifikation des Personals, die Unternehmensorganisation, Beziehungen und Netzwerke, angewiesen. Für die Steigerung der **Arbeitsproduktivität** bei Dienstleistungen steht weniger Rationalisierungstechnologie zur Verfügung als für die Produktion materieller Güter. Entsprechend steigt die Produktivität im Dienstleistungssektor langsamer als in der Produktion. Dieser vergleichsweise geringere Anstieg in den Dienstleistungen wird auch als „cost disease" bezeichnet (Baumol, W. J. und Blinder, A. S., 1999). Dies trägt dazu bei, dass der Personaleinsatz bei Dienstleistungen im Verhältnis zur Produktion steigt.

Statistische Erfassung von Dienstleistungen

Um die Entwicklung der Dienstleistungen für verschiedene Länder sowie im Zeitablauf vergleichen zu können, ist es erforderlich, das Produktionsergebnis von Dienstleistungen zu messen. Dies stößt jedoch auf methodische Probleme: Der Output kann nicht direkt gemessen werden. Daher wird in den Statistiken stattdessen der Input gemessen, d. h. es wird erfasst, wie viel Faktoreinsatz zur Erbringung der Dienstleistung erbracht wurde (Stille, F., Preißl, B. et al., 2003:44 ff.; Wölfl, A., 2003), wie die folgenden Beispielen zeigen:
- Die Polizei bietet Sicherheitsdienstleistungen im Inland an, deren Output nicht beziffert werden kann; stattdessen werden die Personal- und sonstigen Kosten für die Polizei gemessen.
- Ein Friseur sorgt für „Verschönerung"; das Ergebnis wird durch die Kosten des Friseurbesuchs erfasst.
- Eine Lehrveranstaltung vermehrt die intellektuelle Leistungsfähigkeit bei den Teilnehmenden, die nicht als Ergebnis beziffert werden kann. Stattdessen werden die Kosten für Lehrpersonal, Räume etc. gemessen.

Aus dem gleichen Grund ist es nicht möglich, die Produktivität bei Dienstleistungen als Verhältnis von Input zu Output zu messen. Werden die Kosten für den Input erhöht, wird dies als Erhöhung des Outputs verbucht. Somit erscheinen Lohnerhöhungen im Dienstleistungsbereich statistisch als Erhöhungen des Output.

Gewicht der Dienstleistungen heute

Augenfällig ist das Anwachsen des Anteils der Dienstleistungen an der gesamten Wertschöpfung, aus dem die Entwicklung einer „post-industriellen Gesellschaft" konstatiert wurde (Gershuny, J. I., 1981; Cohen, S. S. und Zysman, J., 1987). Die Land- und Forstwirtschaft trug 1999 in der EU-27 nur noch 2,5 % zur Wertschöpfung bei, und auch die Industrie erreichte nur noch gut ein Fünftel. Zusammen mit der Baubranche (5,6 %) erreichten die herstellenden Branchen 28 % der gesamten Wertschöpfung, die Dienstleistungen dagegen trugen 70 % bei (Plaisier, N., Linders, G.-J. et al., 2012). Die öffentliche Hand erbringt Dienste wie Sicherheit oder öffentliche Verwaltung, dominiert aber auch in Dienstleistungsbereichen wie Gesundheit und Bildung.

Über den **Markt** erbrachte Dienstleistungen tragen zusammen fast die Hälfte der gesamten Wertschöpfung in den EU-25 bei. Der Handel macht fast ein Drittel dieses Sektors aus. Das Transportwesen erwirtschaftet 12 % und die Kommunikationsbranche (Post und Telekommunikation) 7 % der Wertschöpfung. **Dienstleistungen für Unternehmen,** wie Beratung, Ingenieurleistungen, Personalvermittlung oder Reinigung erreichen 19 % der Wertschöpfung des Unternehmenssektors. Andere – meist hochwertige – Dienste wie Datenverarbeitung sowie Forschung und Entwicklung machen 6 % aus. In der EU ist ein Teil dieser Aktivitäten Gegenstand intensiver politischer Diskussionen über die **weitere Entwicklung im Binnenmarkt:** Post und Telekommunikation sowie Bahnverkehr stehen unter dem Druck zur Privatisierung. Der Luftverkehr soll weltweit liberalisiert werden und Unternehmensdienstleistungen sollen von Schranken befreit werden, die das EU-weite, grenzüberschreitende Angebot dieser Dienstleistungen behindern.

Die Verflechtung zwischen den marktbestimmten Anbietern von Dienstleistungen und der Gesamtwirtschaft sind erheblich (Rubalcaba-Bermejo, 1999:143 ff.; Europäische Kommission, 2003b:18): Fast die Hälfte dieser Dienste wird im Sektor ihrer Erzeugung verbraucht. Die Industrie nimmt 29 % dieser Dienstleistungen ab; darin zeigt sich die Wirkung des outsourcing von Dienstleistungstätigkeiten aus der Industrie in eigenständige Dienstleistungsunternehmen. Das Baugewerbe, Gastgewerbe und Grundstücks- und Wohnungswesen (12 %) bilden zusammen mit dem Öffentlichen Sektor (11 %) die anderen Endkunden der Dienstleister.

Die quantitative Bedeutung der Dienstleistungen ist in der Europäischen Union hoch, wenn auch in den einzelnen Mitgliedsstaaten von deutlich unterschiedlichem Gewicht. Zwei Drittel bis drei Viertel aller Erwerbstätigen der EU-15 arbeiteten im Jahr 2005 in diesem Sektor. In Ländern mit einer größeren industriellen Basis (Deutschland, Finnland, Irland, Österreich) oder einem größeren Anteil der Landwirtschaft (Spanien, Griechenland) war der Anteil der Dienstleistungen etwas geringer. In den weniger entwickelten Volkswirtschaften der neuen Mitgliedsstaaten spielen Landwirtschaft und/oder Industrie eine insgesamt noch größere Rolle: So erreichen die Dienstleistungen in Polen, Slowakei, Slowenien und der Tschechischen Republik nur Anteile von ca. 55 % der Erwerbstätigkeit. Besonders gering ist dieser Anteil in Rumänien. Auch in der Türkei ist nur knapp die Hälfte der Erwerbstätigen mit der Erbringung von Dienstleistungen beschäftigt.

Die Rolle des Staates als Anbieter von Dienstleistungen unterscheidet sich in den Mitgliedsstaaten: So betrugen 1999 die über den Markt erbrachten Dienste in Deutschland über 50 % des BIP und die vom Staat erbrachten zusätzlich fast 20 %. In anderen Mitgliedsländern ist diese Struktur bei einer z. T. markanten Streuung ebenso anzutreffen: Luxemburg hat mit 66 % den höchsten Anteil an marktbestimmten Dienstleistungen, während Dänemark mit 23 % den höchsten staatlichen Anteil bei Diensten hat. Neben der Spezialisierung von einzelnen Ländern finden in der Aufteilung zwischen Markt und Staat bei Dienstleistungen auch gesellschaftspolitische Präferenzen bezüglich der Rolle des Staates in der Gesellschaft ihren Ausdruck (Kapitel 2.1.3).

i **Weiterführende Literatur**

Jansson, J. O. 2006. The economics of services: development and policy. Cheltenham, Northampton: Edward Elgar.

Rubalcaba, L., 2007. The European service economy – new challenges and policy implications. Cheltenham, Northampton, Edward Elgar.

Eickelpasch, A., 2012. Industrienahe Dienstleistungen – Bedeutung und Entwicklungspotenziale. Bonn.

Jensen, J. B., 2011. Global trade in services: Fear, facts, and offshoring. Washington D.C.

2.3.4.3 Dienstleistungen im Binnenmarkt

? Können und dürfen Dienstleistungen grenzüberschreitend erbracht werden? Funktioniert der EU-weite Dienstleistungsmarkt?

Es wird angenommen, dass durch eine Liberalisierung und Internationalisierung die unternehmensbezogenen Dienstleistungen billiger und besser werden. Die käme auch den Unternehmen zugute, die solche Dienstleistungen beziehen, weil sie effizienter werden und sich besser mit anderen Unternehmen vernetzen könnten (Barone, G. und Cingano, F., 2011; Francois, J. und Hoekman, B., 2010). Bisher sind unternehmensbezogene Dienstleistungen in weit geringerem Maße als die Güterproduktion dem internationalen Wettbewerbsdruck ausgesetzt. Auch bei haushalts- und personenbezogenen Dienstleistungen könnte mehr Wettbewerb zu geringeren Preisen bzw. besseren Leistungen führen.

Daher strebt die Europäische Kommission an, auch Dienstleistungen den Regeln des Binnenmarktes zu unterwerfen, wie sie schon für den freien Warenverkehr gelten. Allerdings ist bei Dienstleistungen der Widerstand von Interessengruppen besonders hoch, so dass der Binnenmarkt in diesem Bereich auch zwanzig Jahre nach dem Zieljahr 1992 noch nicht vollendet werden konnte.

Vier Modi grenzüberschreitender Dienstleistungen

Um Dienstleistungen grenzüberschreitend anzubieten stehen verschiedene Strategien zur Verfügung. Diese werden auch von der WTO (2010:10) in den Vereinbarungen zum internationalen Dienstleistungshandel (GATS, General Agreement on Trade in Services) beschrieben

- **Modus 1: Grenzüberschreitende Lieferung von Dienstleistungen.** Der Anbieter erbringt von seinem heimischen Standort aus Dienstleistungen, ohne dabei die Grenze zu überqueren und ohne eine Niederlassung im Land des Kunden zu haben. Dies ist der Fall, wenn ein Architekt im Inland einen Plan für einen ausländischen Kunden zeichnet und per Internet verschickt, wenn eine Versicherungspolice ins Ausland verkauft wird, wenn eine Maschine aus der Ferne gewartet wird oder ein Röntgenbild von einem Arzt im Ausland ausgewertet wird.

- **Modus 2: Konsum der Dienstleistung in Ausland.** Der Kunde reist zum Anbieter von Dienstleistungen, wie es z. B. beim grenzüberschreitenden Einkauf im Einzelhandel, bei im Ausland eingekauften medizinischen Dienstleistungen oder im Tourismus gegeben ist.
- **Modus 3: Der Dienstleister errichtet eine Niederlassung im Land des Kunden.** Von ausländischen Unternehmen betriebene Krankenhäuser oder Bankfilialen, der Kauf oder Aufbau eines Vertriebsnetzes, die Gründung einer Tochtergesellschaft oder eines Joint Venture, die Kooperation mit Partnerorganisationen, z. B. im Franchising oder als Lizenznehmer, sind Beispiele dafür. Bei diesem Modus sind in der EU die Regelungen zur Dienstleistungsfreiheit und zur Niederlassungsfreiheit (Kapitel 2.3.2.5) betroffen. Anzumerken ist, dass in diesem Fall die Dienstleistung nicht als Export von Dienstleistungen aus dem Land der Muttergesellschaft statistisch gemessen wird – der internationale Dienstleistungshandel wird dadurch statistisch unterschätzt (Bénassy-Quéré, A., Coeuré, B. et al., 2009).
- **Modus 4: Präsenz natürlicher Personen auf Zeit.** Der Anbieter lebt als Selbständiger auf Zeit im Ausland oder entsendet sein Personal für begrenzte Zeit in das Land, in dem die Kunden bedient werden. Dies kann z. B. ein Architekt zur Bauaufsicht oder ein Projektmitarbeiter sein. Die Entsendung von Personal kann zu erheblichen Konflikten führen (Kapitel 2.3.4.6).

Diese vier Modi werden nicht in dieser Formulierung unmittelbar in den europäischen Regelungen zur Dienstleistungsfreiheit aufgeführt, werden jedoch in den unterschiedlichen Abschnitten des AEU-V implizit behandelt.

Grenzen als „natürliche" Barrieren

Die Internationalisierung von Dienstleistungen setzt voraus, dass Erbringer und Empfänger ungehinderten wirtschaftlichen Austausch miteinander haben können. Diesem stehen jedoch natürliche Barrieren entgegen, die sich aus dem Charakter der Internationalität selbst ergeben: In anderen Ländern werden nicht nur andere Sprachen gesprochen, sondern auch Kultur und Werte sowie die Umgangsformen, Geschäftspraktiken und Rechtssysteme sind unterschiedlich. Gerade bei Dienstleistungen spielt jedoch die „Chemie" zwischen den Geschäftspartnern eine wichtige Rolle, so dass die Anpassung an „das Fremde" eine besondere Anstrengung erfordert. Auch die oft erforderliche persönliche Nähe zwischen Dienstleister und Kunde macht die aufwändige Überwindung von Distanzen – z. B. durch Reisen oder die Errichtung von Niederlassungen – erforderlich und stellt damit einen Kostennachteil für Ausländer dar. Die daraus möglicherweise resultierenden Barrieren stellen eine Herausforderung für das private Unternehmertum dar; deren Beseitigung kann nicht Gegenstand politischer Maßnahmen der EU sein kann.

Grenzen als von Menschen geschaffene Barrieren

Anders verhält es sich mit denjenigen Barrieren, die aus Regelungen oder Normen von staatlichen oder berufsständischen Organisationen entspringen und ausländische Anbieter gewollt oder ungewollt benachteiligen. Außerdem ist der Staat als Anbieter von Dienstleistungen ein ultimatives Hindernis für die Einführung von grenzüberschreitendem Wettbewerb, wenn diese Dienste auch von privaten Unternehmen als Marktleistung erbracht werden könnten. Die Beispiele zeigen, dass diese Hindernisse entlang der gesamten Wertschöpfungskette von Dienstleistungen relevant sind (Europäische Kommission, 2002c, 2004c: Kapitel 4):

- Das Erfordernis, eine Niederlassung in einem Mitgliedsstaat zu gründen, wenn man dort Dienstleistungen erbringen will, z. B. bei Radiosendern.
- Nationale, oft auch staatliche, Monopole, die den Zutritt weiterer Anbieter ausschließen, z. B. Postdienste und Energieversorgung.
- Quantitative Zugangsbeschränkungen, z. B. Vorschriften, die nur einen Optiker je 10 Tsd. Einwohner, einen Schornsteinfeger pro Bezirk oder eine Fahrschule je 15 Tsd. Einwohner zulassen.
- Vorschriften für Anbieter grenzüberschreitender Dienstleistungen, die Auflagen erfüllen sollen, obwohl sie vergleichbare bereits im Heimatland erfüllt haben; dazu zählt die Anerkennung heimischer Qualifikationen als Äquivalent für den Meisterbrief in Deutschland.
- Beschränkungen für Werbung für einzelne Berufe wie Ärzte, Wirtschaftsprüfer und Ingenieure, was sogar als Verbot von Sachinformationen wirken kann.
- Das Verbot von Fernsehwerbung zu bestimmten Zeiten für bestimmte Zielgruppen (Schutz von Kindern).
- Teilnehmer aus anderen Mitgliedsstaaten müssen höhere Eintrittspreise für Kultur- oder Sportveranstaltungen, für den Besuch eines Museums oder die Nutzung des Nahverkehrs zahlen.
- Für eine Fährpassage, für den Abschluss einer Versicherung, für die Nutzung von Sportanlagen oder für das Anmieten eines PKW zahlen Inländer günstigere Preise.

Nationale Regulierung – aber keine wechselseitige Anerkennung

Die Notwendigkeit zur Regulierung von Dienstleistungen ergibt sich aus dem Auftreten von Marktversagen (Kapitel 2.1.4). Die Hoheit zur Regulierung liegt jeweils beim Mitgliedsstaat. National unterschiedliche Regulierungen stellen eine Barriere für grenzüberschreitende Dienstleistungen dar.

Der **Marktzutritt** eines Dienstleister kann kontrolliert werden, indem Befähigungsnachweise verlangt und Zulassungsverfahren durchlaufen werden müssen, bevor eine Lizenz erteilt wird. Damit kann die Qualifikation des Anbieters geprüft werden, so dass der Kunde sich darauf verlassen kann, dass der Anbieter der Dienstleistung ggf. vorhandene Gefahren beherrscht (High Level Group on Busi-

ness Services, 2014:91–94). Die Anforderung der Meisterprüfung in „gefahrenge-
neigten Gewerben" in Deutschland ist ein Beispiel dafür. Weiterhin kann so das
Angebot am Markt gesteuert werden und die bereits tätigen Anbieter vor „ruinö-
sem" Wettbewerb abgeschirmt werden. Dieses Motiv ist jedoch einer wettbewerbsorientierten Marktwirtschaft im Grundsatz fremd und resultiert aus der Lobbyarbeit
der entsprechenden Berufsgruppen.

Weiterhin kann einem Dienstleister das **Verhalten am Markt** vorgeschrieben
werden, indem z. B. die Preise durch eine Gebührenordnung festgeschrieben werden, der Einsatz von Werbemaßnahmen begrenzt wird und bestimmte Verpflichtungen auferlegt werden. Das Taxigewerbe in Deutschland ist ein Beispiel dafür.
Es gibt einheitliche, von der aktuellen Nachfrage unabhängige, Preise, die Verpflichtung jede beliebig kurze Strecke zu fahren und nur im Konzessionsgebiet
Fahrgäste aufzunehmen. Neue Anbieter, die glauben, diesen Regeln nicht zu unterliegen, können dies als Wettbewerbsvorteil ausspielen.

Wenn nun ein Dienstleister auf seinem „Heimatmarkt" zugelassen ist und nach
dessen Regeln arbeitet, bedeutet dies nicht, dass er seine Leistungen auch in den
anderen EU-Mitgliedsstaaten anbieten darf: Er hat dort keine Zulassung. Die einfachste Lösung wäre, analog zur wechselseitigen Anerkennung bei Gütern (Kapitel 2.3.1.3), wenn eine nationale Zulassung auch in allen anderen U-Ländern anerkannt würde. Dies ist jedoch so nicht in der EU vereinbart worden (Pelkmans, J.,
2012a).

Welche Dienstleistungen darf die EU regeln?

Bevor die in der EU geltenden Regulierungen für den freien Dienstleistungsverkehr
dargestellt werden, wird eingegrenzt, für welche Dienstleistungen überhaupt eine
europäische Regelungskompetenz besteht. Für die Liberalisierung und Regulierung von Dienstleistungen gibt es wegen der großen Heterogenität dieses Feldes
in der EU keine einheitliche, durchgängige Strategie. Vielmehr existieren zu den
unterschiedlichen Segmenten des Dienstleistungsmarktes jeweils spezifische Regulierungen. Pelkmans (2006:127) sowie Mustilli und Pelkmans (2013) schlagen zum
besseren Verständnis der EU-Regulierung des Dienstleistungssektors die folgende
Einteilung der Dienstleistungen vor (Abb. 2-1):

- **Nicht handelbare Dienste**, bei denen es weder eine Beschränkung des grenzüberschreitenden Handels noch des Wettbewerbs geben kann, so dass eine
  Zuständigkeit der EU zur Regulierung nicht gegeben ist. Dazu gehören z. B.
  kommerziell erbrachte Dienste, die die Anwesenheit des Dienstleisters beim
  Kunden voraussetzen sowie vom Staat erbrachte Dienste.
- Handelbare Dienste, die **nicht reguliert** werden müssen, da kein Marktversagen vorliegt. Dazu gehören z. B. Tourismus, Beratung, Test und Zertifizierung,
  einfache Reinigung, Datenverarbeitung, Logistikdienste, Marktforschung, etc.
  Hier ist also auch keine EU-Regulierung für den grenzüberschreitenden Marktzugang erforderlich.

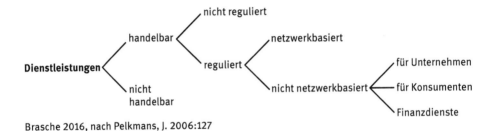

Brasche 2016, nach Pelkmans, J. 2006:127

Abb. 2-1: Systematik: Dienstleistungen und Regulierung.

- Handelbare Dienste, die **Regulierungen** unterliegen und für die die EU – zumindest teilweise – zuständig ist (Kapitel 2.3.4.4). Ein Teil dieser Dienste ist netzgebunden und teilweise unter staatlicher Regie (Post, Telekommunikation, Gas, Strom, Bahn, Luftverkehr), so dass grenzüberschreitender Wettbewerb nur durch besondere Regulierungen ermöglicht wird (Kapitel 2.3.5). Dienste für Unternehmen in dieser Kategorie sind z. B. Werbung, Industriereinigung, Personaldienste, Autovermietung, Zertifizierung von regulierten Produkten. Für Konsumenten erbrachte Dienste, die reguliert werden, sind z. B. Bildungs- und Gesundheitsdienste, Hotel und Gaststätten sowie Unterhaltung.
- Dienste der **Finanzindustrie** (Banken, Versicherungen, Anlage) nehmen eine Sonderstellung ein. Hier besteht eine umfangreiche Regulierung in jedem einzelnen Mitgliedsstaat, jedoch wird derzeit um eine neue Regulierungsarchitektur zwischen den Mitgliedsstaaten und der EU gerungen.

Die EU und die einzelnen Mitgliedsstaaten haben also nur bei denjenigen Dienstleistungen einen Auftrag zur Regulierung, die
1. grenzüberschreitend erbracht werden können und
2. über den Markt in einer kommerziellen Beziehung zwischen Dienstleister und Kunden erbracht werden und
3. wo ein Bedarf an Regulierung gesehen und bereits politisch durchgesetzt wurde, weil z. B. die Sicherheit des Kunden gesichert werden soll oder die Marktstruktur keinen Wettbewerb entstehen lässt.

Der **rechtliche Rahmen**, der im Grundsatz die Beseitigung der Barrieren gegen eine selbständige Tätigkeit in den Dienstleistungen vorsieht, ist in den Artikeln 56 bis 62 des AEU-V zu finden. Dienstleistungen werden als Leistungen **gegen Entgelt** definiert, die selbständig in gewerblicher, kaufmännischer, handwerklicher oder freiberuflicher Tätigkeit von einer natürlichen oder juristischen Person erbracht werden (Artikel 57 AEU-V). So fallen z. B. Hochschulen, die sich aus Studiengebühren finanzieren und Gewinn anstreben, unter die Regelungen der Dienstleistungsfreiheit, nicht aber staatliche Hochschulen, die aus Steuern finanziert werden und keinen Gewinn erzielen dürfen. Es handelt sich auch dann nicht um eine Dienstleistung, wenn diese in einer beweglichen Sache, wie z. B. Tonträger, Film, Druckschrift „verkörpert" ist bzw. in Sachkapital oder Schutzrechten gebunden ist. Für diese Fälle greifen die Regelungen des freien Waren- bzw. Kapitalverkehrs. Sollte es um die Errichtung einer Niederlassung gehen, in der Dienstleistungen erbracht werden sollen, dann sind darauf die Regeln zur Niederlassungsfreiheit anzuwenden. Das Erbringen von Diensten in unselbstständiger Tätigkeit fällt unter die Regelungen der Freizügigkeit. Finanzdienste sind im AEU-V im Kapitel zum freien Kapitalverkehr abgedeckt (Artikel 63–66); sie sind meist mit Aspekten der Niederlassungsfreiheit verknüpft. Verkehrsdienstleistungen fallen nicht unter die Bestimmungen der Dienstleistungsfreiheit, sondern werden im AEU-V separat behandelt (Artikel 90–100).

Von der wirtschaftsliberalen Grundauffassung in der EU, die ihren Ausdruck auch in der Einrichtung des Binnenmarktes gefunden hat, ging ein zusätzlicher Druck zur Privatisierung bisher von der Öffentlichen Hand erbrachter Dienstleistungen aus. Einige Mitgliedsstaaten vollzogen die liberale Wende, während andere sich gegen die Initiativen der Kommission zur Liberalisierung zur Wehr setzen. Als Ergebnis dieses **gesellschaftspolitischen Richtungsstreits** wird die Einführung von Wettbewerb bei kommunalen Dienstleistungen in die Entscheidung des Mitgliedsstaates gestellt. Auch die Vorgaben des AEU-V (Artikel 106) machen einen **Kompromiss**: Sie lassen den Mitgliedsstaaten zwar das Recht, Dienstleistungen als staatliche Monopole zu führen oder Unternehmen für die Daseinsvorsorge (Kapitel 2.3.5.2) zu subventionieren, verpflichten diese aber gleichzeitig, den grenzüberschreitenden Handel mit diesen Dienstleistungen und den Wettbewerb bei diesen Dienstleistungen nicht zu beeinträchtigen.

Ausnahmen von der Dienstleistungsfreiheit sind zulässig, wenn z. B. die Planbarkeit und Finanzierbarkeit des **öffentlichen Gesundheitswesens** durch grenzüberschreitende, freie Arztwahl gefährdet werden kann; diese Einschränkung hat der Gerichtshof bestätigt, wenn auch das grenzüberschreitende Erbringen von Gesundheitsdiensten in der Regel möglich sein soll (Europäische Kommission, 2003a). Diese Regelung gilt vor dem Hintergrund

- des Artikel 168 AEU-V einerseits, der das Gesundheitswesen in **nationaler** Zuständigkeit belässt und
- der Rechtsprechung des EuGH andererseits, der bei **wirtschaftlicher** Tätigkeit im Gesundheitssektor die Regeln des freien Dienstleistungsverkehrs für anwendbar erklärte.

Mit dem Beitritt der mittel- und osteuropäischen Länder im Jahr 2004 wurde befürchtet, dass ein erheblicher „Gesundheitstourismus" in die preiswerten neuen Mitgliedsstaaten einsetzen und das Gesundheitswesen in den EU-15 gefährden könnte. Diese Befürchtungen sind jedoch bisher weitgehend gegenstandslos (Kapitel 4.2.4.6).

i **Weiterführende Literatur**

WTO, 2010. Measuring trade in services – a training module produced by WTO/OMC. Washington D.C., World Trade Organization.

Mustilli, F. und Pelkmans, J., 2013. Access barriers to services markets: Mapping, tracing, understanding and measuring. CEPS Special Report (77), June.

Borchert, I., Gootiiz, B. et al., 2012. Policy Barriers to International Trade in Services – Evidence from a New Database. World Bank policy research working paper (6109), June.

2.3.4.4 Liberalisierung der professionellen Dienstleistungen

? Warum herrschte tiefes Misstrauen gegen die Liberalisierung?
Welche Hürden bestehen nach wie vor?
Ist der „Dienstleistungspass" eine (gute) Lösung?
Wie kam es zur „Inländer-Diskriminierung"?

Dienstleistungen, bei denen eine hohe Qualifikation des Anbieters erforderlich ist (professionelle Dienstleistungen) unterliegen jeweils nationalen Regulierungen. Solche Dienste können auch grenzüberschreitend erbracht werden. Die EU stellte jedoch fest, dass der freie Dienstleistungsverkehr im Binnenmarkt nur unbefriedigend funktioniert. Die Europäische Kommission legte einen Bericht zum Stand des Binnenmarktes bei den Dienstleistungen vor und verwies auf erhebliche Mängel bei der Öffnung. Auch im Bericht über die Umsetzung der Binnenmarktstrategie in den Jahren 2003–2006 kam sie zu dem ernüchternden Befund: „Für den Dienstleistungssektor, d. h. 53,6 % der europäischen Wirtschaft, gibt es noch keinen echten Binnenmarkt." (Europäische Kommission, 2000b, 2002c, 2004a:12).

Die Kommission hatte sich vorgenommen, die Öffnung der Märkte voranzutreiben, indem sie alle unzulässigen Beschränkungen abbaut. Diese bestanden vor allem in den großen Unterschieden der Regulierung der Dienstleistungsmärkte in den einzelnen Mitgliedsstaaten. Die Kommission versuchte, die erhofften wirtschaftlichen Wirkungen einer Öffnung der Märkte für professionelle Dienstleistungen vorher abzuschätzen. Dieses Vorhaben stieß jedoch auf erhebliche methodische und statistische Hindernisse, so dass kaum belastbare Aussagen verfügbar waren (European Commission, 2004c:17). Für einige Aspekte und ausgewählte Bereiche der Dienstleistungen wurden Effekte vermutet, deren Größenordnung der Wirkung des freien Warenverkehrs nahekam:

– Der grenzüberschreitende Handel mit unternehmensbezogenen Diensten könnte ohne Barrieren um ein Drittel größer und das Wirtschaftswachstum könnte um 1,8 %-Punkte höher sein (Kox, H., Lejour, A. M. et al., 2004a)
– Copenhagen Economics (2005) schätzte den Wachstumseffekt auf 0,6 %-Punkte und die Zunahme der Beschäftigung auf 0,3 %-Punkte.

Mit Verweis auf diese viel versprechenden Werte versuchte die Kommission den erheblichen Widerstand in den Mitgliedsstaaten gegen eine Öffnung der Märkte zu mindern. In zwei sich gegenseitig ergänzenden Richtlinien wurde in den Jahren 2005 und 2006 die weitere Öffnung der Dienstleistungsmärkte geregelt:

- Die Anerkennung der Qualifikation und Zulassung von Dienstleistern in den anderen Ländern zu vereinfachen (Richtlinie 2005/36/EC) (Kapitel 2.3.2.5).
- Die sonstigen formalen und prozeduralen Aspekte zu regeln („**Bolkestein**"-Richtlinie 2006/123/EC).

Die erstgenannte wurde bereits unter dem Aspekt der Niederlassungsfreiheit behandelt.

Im Entwurf der zweiten Richtlinie (2006/123/EC), benannt nach dem damals zuständigen Kommissionsmitglied **Bolkestein**, wurde vorgeschlagen (Delgado, J., 2006b), dass

- administrative Anforderungen für die Gründung einer Niederlassung vereinfacht werden, indem jedes Land eine einzige Anlaufstelle für alle Genehmigungen anbietet,
- die Zulassungsverfahren für Dienstleister zu Hause und im EU-Ausland vereinfacht werden,
- die Behörden der Mitgliedsstaaten bei der Genehmigung von grenzüberschreitenden Dienstleistungen besser zusammenarbeiten,
- die nationalen Behörden die Kommission von allen neuen nationalen Regulierungen unterrichten, die den freien Dienstleistungsverkehr beeinträchtigen könnten,
- für die Erbringung der Dienstleistung – mit wenigen Ausnahmen – die Bedingungen des **Herkunftslandes** gelten sollten.

Tiefes Misstrauen siegt über Tatsachen

Dieser Entwurf stieß auf den Protest von Gewerkschaften und Unternehmen, z.B. aus der Bauindustrie (Micossi, S., 2006; deWitte, B., 2007; Pelkmans, J., 2007). Der Widerstand gegen die vermeintliche oder tatsächliche Konkurrenz aus den neuen Mitgliedsstaaten war in Frankreich und Deutschland besonders stark. Es wurde behauptet, die geplante Liberalisierung würde zu einem sogenanntem **Sozial- und Lohndumping** führen, wenn die Anbieter von Dienstleistungen zu den Bedingungen ihres Herkunftslandes, d.h. auch zu den möglicherweise niedrigeren Lohn- und Sozialstandards, in anderen Mitgliedsländern arbeiteten. Sie hätten dadurch Wettbewerbsvorteile und würden dadurch eine Anpassung der Löhne und Sozialleistungen aller Länder auf das niedrigste gemeinsame Niveau erzwingen. Diese Befürchtung wurde durch den anstehenden Beitritt der Mittel- und Osteuropäischen Länder verschärft. Entgegen diesen Befürchtungen war in der geplanten Richtlinie eben diese Konkurrenz **nicht** vorgesehen. Vielmehr sollten bei Löhnen und Sozialleistungen die Bedingungen des **Gast**landes – nicht des Herkunftslandes – gelten.

In der öffentlichen Debatte herrschte unabhängig von Tatsachen **Misstrauen** vor. Durch illegale Umgehungspraktiken, wie z. B. Schein-Selbständigkeit oder Schwarzarbeit, erhielt dies Misstrauen Nahrung. Besonders in Ländern ohne Mindestlöhne (Deutschland, Schweden, Dänemark) wurde befürchtet, dass Unternehmen ihren Sitz in ein anderes europäisches Land mit niedrigen Löhnen verlegen und dann von dort aus Arbeitnehmer als Dienstleister entsenden. Die „Entsende-Richtlinie" ist in engem sachlichen Zusammenhang mit der Herstellung der Dienstleistungsfreiheit (Kapitel 2.3.4.6).

Anzumerken ist hier die irreführende und polemische Verwendung des Begriffs Dumping, mit dem richtigerweise nur der Verkauf unter den Herstellungskosten bzw. unter den Preisen im Herkunftsland bezeichnet wird. Der günstigere Preis eines ausländischen Konkurrenten kann auf legitimen Wettbewerbsvorteilen beruhen.

In der Auseinandersetzung mit dem Parlament und dem Rat und unter dem öffentlichen Druck konnte die Kommission jedoch ihren Kurs der radikalen Liberalisierung – vor allem im Bereich der kommunal erbrachten Dienste – nicht durchsetzen. Die Bolkestein-Richtlinie wurde in mehreren Schritten verwässert (Badinger, H. und Maydell, N., 2009) und nach langem Ringen um einen Kompromiss Ende 2006 vom Europäischen Parlament angenommen. Darin ist das umstrittene Herkunftsland-Prinzip umgedreht worden: Nunmehr gilt das Zielland-Prinzip. Damit ist es nicht gelungen, diese Dienstleistungen ähnlichen Wettbewerbsbedingungen zu unterwerfen, wie sie bei Gütern im Binnenmarkt bestehen. DeBruijn, R. et al., (2006) schätzen, dass sich der mögliche wirtschaftliche Wohlfahrtseffekt von 0,7 %-Punkten zusätzlichen Wachstums um die Hälfte verringert.

Die Richtlinie wird von der Kommission in einem Handbuch zusammenfassend erläutert (European Commission, 2007l).

Transnationale Zusammenarbeit der Behörden

In der neuen Richtlinie wurde also keineswegs das nationale Recht zur Regulierung beseitigt. Ebenso bleiben nationale Lohn- und Sozialstandards auch für ausländische Anbieter maßgeblich. In der Richtlinie wird eine verbesserte Zusammenarbeit der nationalen Behörden angestrebt. So sollte die Anerkennung und Zulassung von Dienstleistern zügiger und mit weniger Aufwand möglich werden.

Ein Problem dabei besteht nach wie vor in der mangelnden **grenzüberschreitenden Kommunikation** bei der Übersetzung der Richtlinie in nationales Recht und bei der „gelebten Praxis":
- Nationale Aufsichtsbehörden stimmen sich nicht untereinander über die Regulierung der einzelnen Dienstleistungen ab. Zur Verbesserung hat die Kommission 2009 das Netzwerk IMI (Internal Market Information System) geschaffen. Damit sollen die Sachbearbeiter in den nationalen Behörden ihren Ansprechpartner in einem anderen EU-Land einfacher finden. Was jedoch bestehen

bleibt sind Sprachbarrieren sowie unterschiedliche Kulturen; auch Vertrauen muss sich erst bilden.
-   Unternehmen haben oft Schwierigkeiten, in der Vielfalt nationaler zuständiger Stellen ihre Ansprechpartner für Zulassungsfragen bei Dienstleistungen zu finden. Zu Verbesserung sollte jeder Mitgliedsstaat einen „einheitlichen Ansprechpartner" (Point of Single Contact) installieren, der als elektronisch basierte Kommunikation zwischen Unternehmen und Aufsichtsbehörden funktionieren soll (E-Government). Hierbei handelt es sich um „Behördenlotsen", die den potenziellen Dienstleister aus dem Ausland auf seinem Weg zu den gegebenenfalls erforderlichen Genehmigungen führt; eine Konzentration der Genehmigungen in einer Hand ist damit nicht verbunden.

Die Übertragung der im Jahr 2006 erlassenen EU-Richtlinie in nationales Recht sowie die Anwendung dieses neuen Rechts in der Praxis der Mitgliedsstaaten liegt wie immer in diesen Fällen in der Verantwortung jedes Mitgliedsstaates. Die Eingriffsmöglichkeiten der Kommission sind hier begrenzt und bestehen im Wesentlichen aus der Drohung mit Sanktionen bei starken Verzögerungen. Um die Umsetzung der Richtlinie in nationales Recht zu beschleunigen und um in deren tatsächliche Anwendung Transparenz zu bringen, wurde ein Prozess der **„wechselseitigen Evaluation"** erfunden, der auf dem Prinzip des Peer Review aufbaut (European Commission, 2011f, 2011g).

Die spezifischen Anforderungen zur Erleichterung grenzüberschreitender Dienstleistungen wurden zusammengetragen und für ausgewählte Sektoren (Groß- und Einzelhandel, Bau- und Immobiliendienste, Tourismus, Dienstleistungen für die Ernährungsindustrie, Freie Berufe, unternehmensbezogene Dienstleistungen und private Bildungsdienste) vertieft untersucht. Anfangs hatte jeder Mitgliedsstaat eine Eigenevaluation zur Transposition der Richtlinie in nationales Recht anzufertigen; diese wurde zuerst auf Sitzungen von je fünf Staaten und dann im Plenum aller 27 diskutiert. Das Ergebnis lässt sich aus der Sicht der Unternehmen zusammenfassen (BUSINESSEUROPE, 2011) als „Es ging voran, es bleibt aber noch viel zu tun":
-   Gute Fortschritte gab es bei der Vereinfachung bei Genehmigungsverfahren und bei der Abschaffung belastender und ungerechtfertigter Anforderungen an nationale und fremde Anbieter von Dienstleistungen. Wiederholt werden jedoch nationale Zulassungsvorschriften beibehalten und durch „öffentliches Interesse" gerechtfertigt.
-   Die Anerkennung von ausländischen Berufsqualifikationen und die unterschiedliche Interpretation europäischen Rechts stellen nach wie vor Hindernisse dar.
-   Die „Einheitlichen Ansprechpartner" existieren zwar, sind aber wenig bekannt und werden wenig genutzt; ihr fremdsprachliches Angebot beschränkt sich auf

Englisch. Sie decken nicht immer alle erforderlichen Bereiche ab, antworten nicht immer schnell genug und verlangen z. T. Gebühren.
- Die Kommunikation mit den Behörden kann nicht immer über das Internet und oft nur in der Landessprache vollzogen werden.

Die Auswirkungen der Dienstleistungsrichtlinie wurden in einer Studie auf der Basis der bisherigen, unvollständigen Implementierung in den Mitgliedsstaaten abgeschätzt (Monteagudo, J., Rutkowski, A. et al., 2012; Canton, E., Ciriaci, D. et al., 2014). Ein zusätzliches Wirtschaftswachstum von 0,3 %–1,5 % wurde für die ersten Jahre ermittelt, das bei vollständiger Implementierung sich verdoppeln dürfte.

Ein neuer Versuch: Der Dienstleistungspass

Bisher darf ein Dienstleister den Markt auch in anderen EU-Mitgliedsstaaten erst bedienen, nachdem er dafür von den nationalen Behörden eine Zulassung erhalten hat. Die Dienstleistungsrichtlinie versuchte, diesen aufwändigen bürokratischen Prozess zu vereinfachen und zu beschleunigen. Selbst wenn dies in einem Land gelingt, so muss der Dienstleister den Zulassungsprozess in jedem zusätzlichen Mitgliedsland erneut durchlaufen. Der Aufwand wird dadurch vervielfacht.

Die Kommission plante daher (Sommer 2016), einen „Dienstleistungspass" einzuführen, der die Zulassung des Dienstleisters durch eine Behörde in einem Mitgliedsstaat dokumentieren sollte. Dieser Pass sollte dann in allen anderen Mitgliedsstaaten den Marktzutritt für den Anbieter erleichtern. Die Befugnisse des einzelnen Mitgliedsstaates bei der Zulassung und Beaufsichtigung sollen davon aber unberührt bleiben. Es wird von der Kommission also ein Verfahren der besseren Information und Kommunikation zwischen nationalen Behörden vorgeschlagen – weiter gehende Kompetenzen kann die EU mangels Ermächtigung in den Verträgen nicht anstreben. Der „Dienstleistungspass" weist ähnlich wie der „Europäische Berufsausweis" (Kapitel 2.3.2.5) auf die relative Ohnmacht der EU bei der Erleichterung des grenzüberschreitenden Marktzugangs hin.

Gleichbehandlung kann zur Inländerdiskriminierung führen

Jedes Land darf zwar nach wie vor eigene Regulierungen für den Zugang von Anbietern zu bestimmten Dienstleistungsmärkten aufstellt, der Zugang für EU-ausländische Anbieter muss jedoch diskriminierungsfrei möglich sein. Wenn nationale Regelungen gleichermaßen für In- und Ausländer gelten, dann dürfte keine Ausländerdiskriminierung vorliegen. Aber in der Rechtsprechung des EuGH hat sich ein „allgemeines Beschränkungsverbot" (Monopolkommission, 2001a) durchgesetzt, das die freie, unbehinderte Erbringung von Dienstleistungen auch für Ausländer ermöglichen soll: Dadurch kann eine Regelung, die Inländern auferlegt wird, als unangemessene Hürde für ausländische Anbieter eingestuft werden. Am

Beispiel des „Meisterbriefes" und des Zwangs zum gebührenpflichtigen Eintrag in die Handwerksrolle lässt sich zeigen, dass nationale Regulierungen zu einer Inländerdiskriminierung führen können. Der EuGH kam zu dem Schluss, dass es einem ausländischen Dienstleistungsanbieter ohne Meisterbrief nicht zuzumuten sei, sich gegen relativ hohe Gebühren in die Handwerksrolle eintragen zu lassen und sich zusätzlich unter hohem bürokratischem Aufwand eine Ausnahmegenehmigung zu besorgen. Es muss ihm daher gestattet sein, auch ohne Meisterbrief Dienstleistungen in Deutschland zu erbringen (C-215/01). Damit werden an einen ausländischen Anbieter geringere Anforderungen gestellt als an einen inländischen, was als Inländer-Diskriminierung kritisiert wird. Im Dezember 2005 hat das deutsche Bundesverfassungsgericht den Meisterzwang für verfassungswidrig bezeichnet, da er die deutschen Anbieter gegenüber ausländischen benachteilige (1 BvR 1730/02).

Weiterführende Literatur

Plaisier, N., Linders, G.-J. et al., 2012. Study on business-related services. Rotterdam, Ecorys, 12 December.

High Level Group on Business Services, 2014. High Level Group on business services – Final Report. Brussels.

Corugedo, E. F. und Pérez Ruiz, E., 2014. The EU Services Directive: Gains from Further Liberalization. IMF working paper (WP/14/113): 1–24.

Bryson, J. R. und Daniels, P. W., 2010. Service Worlds: The 'Services Duality' and the Rise of the 'Manuservice' Economy. The Handbook of Service Science. Spohrer, J., Maglio, P. und Kieliszewski, C. Berlin, Springer: 79–106.

2.3.4.5 Dienstleistungen sind im Internet nicht grenzenlos

Sind Dienstleistungen über das Internet grenzenlos?
Wie können „digitale Barrieren" überwunden werden?

Zwar wird das Internet als genuin grenzenlos wirksames Instrument angesehen, aber im Fall des Warenhandels über das Internet (e-commerce) hat sich diese Erwartung (bisher) nicht erfüllt (Kapitel 2.3.1.5). Auch bei internet-basierten, grenzüberschreitenden Dienstleistungen sind **„digitale Barrieren"** sichtbar geworden. Dies sind z. B. unterschiedliche technische Standards bei der Online-Abwicklung von öffentlichen Ausschreibungen, bei elektronischen Unterschriften und Rechnungen, bei der Verifizierung von Dokumenten und bei der Abwicklung des Zahlungsverkehrs (Meier-Pesti, K. und Trübenbach, C., 2009; European Commission, 2009g; 2010e). Monti (2010:52) sieht eine Reihe von Hindernissen für die Verwirklichung eines „digitalen Binnenmarktes", wie zersplitterte Online-Märkte, den Anforderungen nicht entsprechende Vorschriften über geistiges Eigentum,

mangelndes Vertrauen, fehlende Interoperabilität sowie einen Mangel an Hochge-
schwindigkeits-Infrastruktur und digitaler Kompetenzen. Das zusätzliche Wachstumspotenzial, das aus einem digitalen Binnenmarkt erschlossen werden könnte,
wird auf bis zu 4 % – kumuliert über zehn Jahre – geschätzt (Copenhagen Economics, 2010). Die Kommission will den „Digitalen Binnenmarkt" weiter entwickeln.
Dabei geht es um alle Elemente des Marktes: Die digitale Infrastruktur, die Software und die Inhalte, die auf digitalem Weg gehandelt werden. Damit wird ein
komplexes Feld von Zuständigkeiten und Rechtsgebieten aufgerufen, das neben
privaten Netz- und Technologiekonzernen auch große außereuropäische Konkurrenten (Google, Facebook, Amazon, etc.) und national bestimmte Rechtsgebiete
wie Verbraucher- und Urheberrecht umfasst (European Commission, 2015d, 2015f).
Die Strategie zielt auf

- besseren Zugang zu online erbrachten Gütern und Diensten für Verbraucher
  und Unternehmen – und dies grenzüberschreitend in der EU, d. h. eine Beseitigung des „geo blocking";
- bessere Regulierung für die Verbreitung von schnellem Internet und die Schaffung von Verlässlichkeit und Vertrauen;
- mehr Wachstum der digitalen Wirtschaft durch Investitionen in Infrastruktur
  und Technologien.

Bemerkenswert ist, dass die EU in den entsprechenden Gebieten meist nur als
Moderator und Regelsetzer auftreten kann, jedoch weder hinreichende eigene Mittel für Investitionen noch Entscheidungsbefugnis hat.

Neue Geschäftsmodelle: Kollaborative Wirtschaft

Unter dem Schlagwort der „sharing economy" entstehen derzeit neue Geschäftsmodelle, die auf der Nutzung des Internet aufbauen, um bereits bekannte Dienstleistungen auf neue Weise und global anzubieten. Beispiele sind der Quasi-Taxibetrieb
(z. B. „Uber") oder die Vermittlung von Ferienwohnungen (z. B. „AirBnB"). Im Prinzip sind für die jeweiligen Märkte nationale Regulierungsbehörden zuständig. Die
Tätigkeit der neuen Dienstleister stößt auf erheblichen Widerstand in einzelnen
Ländern. Umstritten ist, ob es sich hier um Geschäftstätigkeiten handelt, die nach
bereits existierenden Regulierungen behandelt werden können, oder ob es sich um
andersartige, innovative Geschäftsmodelle handelt, die weitgehend frei von bestehenden Regulierungen betrieben werden können. In verschiedenen Mitgliedsstaaten sind in diesen Auseinandersetzungen bereits einige Regulierungen geschaffen
worden und Gerichtsurteile gefällt worden, so dass diese Geschäftsmodelle in der
EU auf einen fragmentierten „Flickenteppich" aus Regulierungen treffen – das Ziel
der Standardisierung und des unkomplizierten grenzüberschreitenden Marktzutritts wird gerade bei den neuen, internet-basierten Dienstleistungen verfehlt.

Die Europäische Kommission hat sich zur Aufgabe gestellt, trotz nationaler Zuständigkeiten eine einheitliche und offene Marktsituation für diese neuen Geschäftsmodelle zu fördern (Europäische Kommission, 2016b). Sie stößt dabei erstens auf den Widerstand von „Platzhirschen" in einzelnen Gewerben, die sich von neuer Konkurrenz bedroht fühlen (z. B. Taxi-Innungen) und muss zweitens mit gesellschaftlich unerwünschten Nebenwirkungen umgehen, wie z. B. die Verknappung und Verteuerung von Wohnraum in Ballungsgebieten durch die private Vermietung an Feriengäste über Internet-Plattformen. Weiterhin können diese neuen Geschäftsmodelle herkömmliche Strukturen der sozialen Sicherung von Arbeitnehmern aushöhlen, indem (Pseudo-)-Selbständigkeit an die Stelle von regulärer Beschäftigung gesetzt wird. Auch die Besteuerung sowohl der Leistungserbringer als auch der international agierenden Betreiber der Plattformen ist nicht geklärt. Die starke Fokussierung der Kommission auf Verschärfung des Wettbewerbs durch „innovative" Geschäftsmodelle kann die Akzeptanz der EU in Teilen der Bevölkerung weiter schmälern.

Weiterführende Literatur

Rambøll Management Consulting, 2010. Implementation of the services directive. Brussels, Study for the European Parliament.

Maselli, L., Lenaerts, K. et al., 2016. Five things we need to know about the on-demand economy. CEPS essay (21): 1–11, 8 January.

Europäische Kommission, 2016b. Europäische Agenda für die kollaborative Wirtschaft. Mitteilung der Kommission (COM(2016) 356 final): 1–18.

European Commission, 2016h. European agenda for the collaborative economy – supporting analysis. Commission staff working document (SWD(2016) 184 final).

2.3.4.6 Entsandte Arbeitnehmer als unerwünschte Konkurrenz

Soll auf dem Arbeitsmarkt freier Wettbewerb herrschen?
Wie können soziale Schutzrechte im Binnenmarkt legal umgangen werden?

Der Anbieter von Dienstleistungen darf sich mit seinem Personal (**entsandte Arbeitnehmer**), auch wenn es aus Drittstaaten kommt, frei in der EU bewegen. Unter der Regelung der „entsandten Arbeitnehmer" kamen im Jahr 2009 ca. 200 Tsd. Personen aus Polen, aber auch 170 bzw. 160 Tsd. Personen aus Deutschland und Frankreich in andere EU-Mitgliedsstaaten zur Arbeit (European Commission, 2011d:258). Es handelt sich bei diesem Personenkreis also nicht überwiegend um die Suche nach einer besser bezahlten Arbeit, sondern eher um die Begleitung von Exporttätigkeiten der Unternehmen. Für 2013 werden ca. 1,2 Mio. entsandte Arbeitnehmer in der EU gezählt; diese machen lediglich 0,5 % aller Arbeitnehmer aus. Größte Herkunftsländer waren Polen, Deutschland und Frankreich.

Lohnkonkurrenz führt zu sozialen Unruhen
„British jobs for British workers"

Die Freizügigkeit für entsandte Arbeitnehmer hat z. B. im Verlauf der ökonomischen Krise im Frühjahr 2009 in Großbritannien zu wilden Streiks gegen die Vergabe von Arbeitsplätzen an EU-Ausländer unter dem Motto „British jobs for British workers" geführt. Ausgelöst wurden die Proteste durch die Entscheidung des Ölkonzerns Total, Bauaufträge für eine ostenglische Raffinerie an ein italienisches Unternehmen zu vergeben, das italienische und portugiesische Arbeitskräfte einsetzen wollte („Wilde Streiks ...", 2009; „Discontents, wintry, ...", 2009). Nach erneuten wilden Streiks im Mai 2009 hat das Unternehmen zugesagt, die EU-ausländischen Arbeitnehmer durch Briten zu ersetzen (Vucheva, E., 2009).

In den Mitgliedsstaaten mit hohem Lohnniveau wurde befürchtet, dass die entsandten Arbeitnehmer aus ärmeren Mitgliedsstaaten Druck auf Löhne und Arbeitsbedingungen ausüben würden. Um dieser Gefahr zu begegnen, schreibt die Entsende-Richtlinie nationale Tariflöhne und Arbeitsbedingungen auch für die entsandten Arbeitnehmer von EU-Unternehmen verbindlich vor (Richtlinie 96/71/EG; Europäische Kommission, 2006c, 2007i). Damit können entsandte Arbeitnehmer nur dann die Löhne im EU-Ausland unterbieten, wenn im Zielland die derzeitigen Marktlöhne über den Mindest- oder Tariflöhnen liegen, d. h. wenn eine positive Lohndrift besteht. Die Beiträge zu den Sozialkassen werden jedoch im Herkunftsland und nach dessen Konditionen entrichtet, so dass das Unternehmen durch die Entsendung einen Kostenvorteil hat, wenn die Beiträge des Unternehmens zu den Sozialkassen zuhause geringer sind. Allerdings waren Details, wie die Dauer der Entsendung und der Zeitpunkt, ab dem die gleichen Bedingungen gelten sollen, in der Richtlinie nicht eindeutig geklärt. Die Möglichkeiten zu Missbrauch und „Sozial-Dumping" sollten durch eine weitere Richtlinie (2014/67/EU) beseitigt werden. Im Frühjahr 2016 schlug die Kommission eine weitere Klärung bzw. Verschärfung der Reglungen vor (Europäische Kommission, 2016c), indem z. B.
- der gleiche Lohn wie an einheimische Arbeitskräfte gezahlt werden muss – nicht nur der Mindest- oder Tariflohn,
- für Leiharbeitnehmer und Unterauftragnehmer die gleichen Bedingungen gelten sollen, wie für den Hauptauftragnehmer,
- spätestens nach 24 Monaten der Beschäftigung im Ausland der besondere Status des entsandten Arbeitnehmers entfällt und die Bedingungen des Gastlandes voll zur Anwendung kommen müssen. So hat z. B. ein Arbeitnehmer, der auf eine Arbeitsstelle im Baugewerbe in Belgien entsandt wird, neben dem Mindestlohn seiner Lohnkategorie (zwischen 13,38 und 19,32 EUR/Stunde) auch Anspruch auf Vergütungsbestandteile, die in allgemein verbindlichen Tarifverträgen für den Bausektor geregelt sind (Schlechtwettergeld, Mobilitätsbeihilfe, Zulage für besondere Arbeiten, Entschädigung für Werkzeugverschleiß usw.).

Die Forderung nach „gleicher Bezahlung für die gleiche Tätigkeit am gleichen Ort" ist allerdings nicht immer sinnvoll: Wenn z. B. hochbezahlte Finnen temporär von ihrem Unternehmen nach Rumänien geschickt werden, müssten sie dramatische Lohnkürzungen akzeptieren.

LKW-Fahrten – Konflikt zwischen Dienstleistungsfreiheit und sozialem Schutz

Für Speditionen sind die Löhne für die LKW-Fahrer ein Kostenblock, den sie zur Erhöhung ihrer Wettbewerbsposition beeinflussen können. Fahrer in den EU-Mitgliedsstaaten Mittel- und Osteuropas kosten deutlich weniger an Lohn und Sozialleistungen, als diejenigen in den „alten" Mitgliedsstaaten. Speditionen können ihren Sitz in mittel- und osteuropäische EU-Mitgliedsstaaten verlagern und die Fahrer dort anstellen. Die Fahrer können dann im Rahmen der Dienstleistungsfreiheit in die gesamte EU entsandt werden, wobei sie in der ersten Zeit nur den heimischen Lohn erhalten. Speditionen, die den westeuropäischen Mindestlohn bezahlen müssen, müssten dann aus dem Markt ausscheiden.

Zur Abwehr dieser Konkurrenz haben die deutsche und die französische Regierung verfügt, dass auch ausländische LKW-Fahrer für ihre Arbeitszeit im Land den landesüblichen Mindestlohn erhalten müssen; ausgenommen sein sollten reine Transitfahrten. Die zur Berechnung des Mindestlohns erforderliche Dokumentation der Arbeitszeit wäre mit erheblichem Aufwand verbunden, zumal diese auch jeweils in deutscher bzw. französischer Sprache den Behörden zur Kontrolle vorgelegt werden müsste. Die Kommission beschreitet dagegen den Rechtsweg, da sie in dem bürokratischen Aufwand eine unverhältnismäßige Behinderung des freien Dienstleistungsverkehrs sieht (Europäische Kommission, 2016d).

Weiterführende Literatur

i

Barslund, M. und Busse, M., 2016. Labour Mobility in the EU – Addressing challenges and ensuring 'fair mobility'. CEPS Special Report (139), July.

Pedersini, R. und Pallini, M., 2010. Posted workers in the European Union. Dublin, Eurofound.

Lindstrom, N., 2010. Service liberalisation in the enlarged EU: A race to the bottom or the emergence of transnational political conflict? JCMS: Journal of Common Market Studies 48(5): 1307–1327.

2.3.5 Wettbewerb bei netzgebundenen Dienstleistungen

Was ist ein „natürliches" Monopol?
Welche Voraussetzungen sind für grenzüberschreitende Dienstleistungen in Netzen zu erfüllen?

?

Ein großes Segment der gesamten Wirtschaft weist besondere Bedingungen auf. Es sind die netzbasierten Dienstleistungen, die nur auf der Grundlage eines Netzes erbracht werden können. Dazu zählen Schienenverkehr, Telekommunikation, Elektrizitäts-, Gas- und Wasserverteilung sowie Post- und Paketdienste. Auf netzbasierten Märkten kann aus verschiedenen Gründen Wettbewerb nicht über die freie Konkurrenz mehrerer Anbieter hergestellt werden, vielmehr ist der Eigentümer des Netzes zwingend ein Monopolist. Somit stellt sich auch die Frage, ob das Grundprinzip des Binnenmarktes, die Intensivierung des grenzüberschreitenden Wettbewerbs, auf diesen Märkten überhaupt durchgesetzt werden kann. Von einer Intensivierung des Wettbewerbs versprach sich die Kommission wesentliche wirtschaftliche Vorteile, die auch auf andere Wirtschaftsbereiche ausstrahlen sollten (Copenhagen Economics, 2007).

Die Besonderheiten dieser Dienstleistungen, sind die folgenden.

„Natürliches Monopol": Ein Netz kann in der Regel aus wirtschaftlichen Gründen nur einmal existieren, solange es ausreichend groß ist, um alle Nutzer ohne Engpässe bedienen zu können. Die Kosten zur Errichtung und zum Betrieb des Netzes sind überwiegend Fixkosten, d. h. sie ändern sich kaum mit der Zahl der Nutzer. Jeder zusätzliche Nutzer trägt zur Senkung der fixen Stückkosten bei. Somit verringern sich die gesamten Stückkosten mit jedem zusätzlichen Nutzer. Somit ist der Preis geringer als er beim Aufbau weiterer Netze sein könnte. Der Eigentümer des Netzes hat dadurch ein „natürliches" Monopol und die Nutzer erhalten die Dienstleistungen beim Monopolisten billiger als es bei einer Vervielfachung des Netzes durch konkurrierende Anbieter möglich wäre (Tirole, J., 1995:42 ff., Scherer, F. M. und Ross, D., 1990; Pelkmans, J., 2006: Chapter 8). Ein solches Monopol widerspricht jedoch dem Ziel der Herstellung von Wettbewerb im Binnenmarkt, da der einzige Anbieter ohne Konkurrenz bleibt.

Ein weiterer Nutzen des natürlichen Monopols für den Kunden liegt im **Netzwerk-Effekt**. Er beschreibt, dass der Nutzen für jeden einzelnen Teilnehmer wächst, wenn sich mehr Teilnehmer in diesem Netz befinden. Dies wird an den folgenden Beispielen plausibel. Der Nutzen des Telefons ist umso größer, je mehr Teilnehmer eines besitzen (European Commission, 1999a:85 ff.). Die Einträge in einem „sozialen Netzwerk" (Facebook u. ä.) erreichen umso mehr Leser, je größer der Teilnehmerkreis an diesem Netzwerk ist.

Staatseigentum: Viele netzbasierte Dienstleistungen liegen aus historischen Gründen in der Hand des Staates, der definitionsgemäß als Anbieter kein Marktteilnehmer wie jeder andere ist: Das staatliche Unternehmen kann nicht in Konkurs gehen, ist gegen den Marktzutritt neuer Anbieter abgeschirmt und muss beim Management des öffentlichen Unternehmens nicht im gleichen Maße wie ein privates Unternehmen auf die Effizienz und die Rendite achten. Vor der Öffnung für den Wettbewerb liegt also die Privatisierung ehemals staatlich erbrachter Dienstleistungen, die jedoch auf zahlreiche Vorbehalte stößt (Kapitel 2.1.3).

Soziale Ziele: Über Netze werden Dienstleistungen wie Strom- und Wasserversorgung oder Personentransportdienste angeboten, die zum „Grundbedarf" der

Bevölkerung erklärt werden. In einem rein privatwirtschaftlich organisierten Markt würde die Verfügung über diese Dienste ausschließlich von der Zahlungsfähigkeit der Kunden abhängen, wodurch soziale und gesellschaftspolitische Ziele möglicherweise nicht erreicht würden. Unterstützt der Staat die Bereitstellung sozial- oder gesellschaftspolitisch motivierter Dienstleistungen finanziell, so besteht die Gefahr einer Verzerrung des Wettbewerbs (Kapitel 2.3.5.2).

Technische Kompatibilität: Bei der Öffnung von netzbasierten Dienstleistungen für Anbieter aus dem europäischen Ausland muss die Netzinfrastruktur angepasst und erweitert werden, was zwischen den Ländern koordiniert werden muss. Dies kann den Interessen der lokalen „Platzhirsche" zuwider laufen. So muss z. B. für den grenzüberschreitenden Bahnverkehr die Signal- und Sicherheitstechnik vereinheitlicht werden: Es gewinnt das Land, dessen installierte Technik zum europäischen Standard erklärt wird.

Regulierung und Standards: Bei netzbasierten Dienstleistungen existieren erhebliche Sicherheitsaspekte. Diesen wird durch umfangreiche gesetzliche Auflagen und Überwachung Rechnung getragen. Die Hoheit liegt bei den zuständigen nationalen Behörden, die nicht befugt sind, die Vorschriften aus anderen Ländern anzuerkennen. Ein Verfahren wie die „wechselseitige Anerkennung" bei Gütern (Kap. 2.3.1.3) existiert bei Dienstleistungen nicht. Die Einführung einer EU-zentralen Regulierung würde auf der nationalen Ebene mit einem Verlust an Macht bezahlt.

Lösungsansätze zu diesem Themenkomplex werden in den folgenden Kapiteln dargestellt.

2.3.5.1 Organisation von Wettbewerb in Netzen

Ist ein „natürliches" Monopol günstiger als ein Polypol?
Ist es möglich, bei einem „natürlichen" Monopol Wettbewerb einzuführen?   **?**

Der Eigentümer und Betreiber eines Netzes kann die Marktmacht eines „natürlichen" Monopols ausnutzen, da er nicht unter Wettbewerbsdruck steht. Er kann durch überhöhte Preise Extraprofite erzielen und muss nicht auf seine Effizienz achten, um Kosten zu sparen. Durch Wettbewerb könnten die Monopolpreise sinken und die Qualität des Angebots steigen. Wettbewerb kann aber nicht entstehen, solange neue Anbieter von Diensten nicht über das Netz des Konkurrenten verfügen können, da sie ein eigenes Netz nicht wirtschaftlich sinnvoll aufbauen können. Darüber hinaus könnte der bisherige Monopolist einen Marktzutritt bekämpfen, indem er den Preis zumindest kurzfristig unter die Grenzkosten senkt.

Die Netze für Strom, Gas, Telefon und Eisenbahn befanden sich in den meisten Mitgliedsländern im Eigentum eines einzigen Anbieters, der entweder ein Staatsunternehmen war oder eine gesetzlich geregelte Monopolposition hatte. Die Herausforderung bei der Privatisierung liegt darin, auf diesen Märkten Wettbewerb entstehen zu lassen, ohne dass lediglich das staatliche durch ein privates Monopol ersetzt würde. Die Ausgestaltung des Prozesses der Liberalisierung und Privatisierung entscheidet darüber, ob ein System von Akteuren entsteht, das zu einem reibungsarmen und optimalen Marktgeschehen führt, und das sowohl eine effiziente als auch sichere und qualitativ hochwertige Versorgung mit den entsprechenden Gütern und Diensten sicherstellt. Die folgenden Vorgehensweisen sind dafür im Prinzip möglich; sie werden im Folgenden erläutert.

Wettbewerb in netzgebundenen Dienstleistungen: Strategien

1: Wettbewerb um das Netz
2: Wettbewerb im Netz
    2-1 Privater Netzeigentümer vermietet an viele Nutzer („Unbundling")
    2-2 Privater Netzeigentümer und Betreiber mit reguliertem Zugang
    2-3 Netz beim Staat und viele Nutzer
3: Netze vervielfachen – „natürliches" Monopol aufheben

Strategie 1: Wettbewerb um das Netz

Wenn das Netz nur von einem Anbieter genutzt werden kann oder soll, dann entsteht Wettbewerb durch einen Wettbewerb um die zeitlich befristete Lizenz zur Nutzung des Netzes. Mehrere Bieter bewerben sich um die Lizenz, z. B. bei Bus- oder Bahnlinien oder der Lizenz zur Nutzung einer Funkfrequenz (UMTS). Der Wettbewerb findet hier bei der Auswahl des besten Anbieters statt. Wenn der ausgeschriebene Betrieb gewinnbringend sein kann, findet ein **Preiswettbewerb** statt, bei dem eine genau definierte Leistung ausgeschrieben wird. Gewinner ist der Bewerber, der dem Staat die höchste Lizenzgebühr bietet. Wenn es sich um Daseinsvorsorge (Kapitel 2.3.5.2) handelt, die nicht kostendeckend angeboten werden kann, ist der Staat bereit die Leitungserstellung zu subventionieren. Es gewinnt dann der Bieter, der den geringsten Zuschuss fordert. Die Alternative ist der **Konditionenwettbewerb**, bei dem zu einem gegebenen Zuschuss bzw. einer gegebenen Lizenzgebühr das beste Leistungsangebot (z. B. höchste Taktfrequenz bei einer Buslinie) gemacht wird.

Wichtig ist, dass die Ausschreibung so gestaltet wird, dass tatsächlich alle potenziellen Bewerber zu gleichen Bedingungen teilnehmen können und die Zeitdauer der Lizenzvergabe angemessen ist. Bei zu kurzer Dauer hat der Betreiber kaum Interesse an umfangreichen Investitionen und dem Aufbau einer stabilen Marktposition, und bei zu langer Dauer rückt eine Erneuerung des Wettbewerbs in zu weite Ferne, so dass der Gewinner sich nicht wettbewerbsorientiert verhalten muss und die Konditionen des Betriebs für lange Zeit festgeschrieben sind.

Strategie 2: Wettbewerb im Netz

Im Unterschied zur Strategie 1 ist es auch möglich, das Netz durch mehr als einen Betreiber nutzen zu lassen. In diesem Fall muss geregelt werden, wie der Ex-Monopolist als „Platzhirsch" und die neuen Betreiber in einen fairen Wettbewerb zueinander treten können. Dabei kommt es auf die Regelung der Netznutzung an, für die unterschiedliche Vorgehensweisen denkbar sind.

2-1 Privater Netzeigentümer vermietet an viele Nutzer („Unbundling", vertikale Desintegration)

Die Übergabe des Netzes an einen privaten Eigentümer, der nicht selbst Dienste auf diesem Netz anbietet und die Netznutzung an beliebige Betreiber gewinnbringend vermietet, vermeidet Interessenkollisionen: Der Netzeigentümer kann sich gegenüber anderen Netznutzern neutral verhalten. Er finanziert sich aus den Nutzungsgebühren und ist daher daran interessiert, das Netz leistungsfähig und attraktiv zu halten. Wettbewerb entsteht unter der Vielzahl der Anbieter um die Endkunden. Diese Strategie bevorzugt die Europäische Kommission.

2-2 Privater Netzeigentümer und Betreiber mit reguliertem Zugang

Sollte das Netz in der Hand eines privaten Eigentümers sein, der gleichzeitig auch konkurrierend mit anderen Anbietern Dienste auf diesem Netz anbietet, dann kann Wettbewerb um den Endkunden nur entstehen, wenn der freie Zugang zum Netz des Ex-Monopolisten für alle konkurrierenden Anbieter von Diensten zu gleichen Bedingungen gesichert ist. Die neuen Betreiber müssen für die Nutzung des Netzes einen angemessenen Preis an den Eigentümer, d. h. den konkurrierenden Ex-Monopolisten, bezahlen. Aber in dieser Konstellation besteht ein Interessenkonflikt zwischen altem und neuen Anbietern: Sie stehen miteinander in Konkurrenz um den Endkunden. Der Netzeigner hat kein Interesse daran, sein Monopol aufzugeben, sondern wird durch politische Gestaltung in diese Situation gebracht.

Er wird also versuchen, die auftretenden Konkurrenten beim Marktzugang zu behindern. Die Konkurrenten sind auf angemessene Preise und Konditionen für ihren Zugang zum Netz des Ex-Monopolisten angewiesen, der die Tendenz haben könnte, die Preise für die Nutzung zu hoch anzusetzen oder z. B. in der Telekommunikation die Freischaltung von Kunden des Konkurrenten zu verzögern. Beim Bahntransport könnte neben zu hohen Nutzungsgebühren auch die Behandlung von Engpässen auf den Gleisen zu Lasten der Konkurrenten geregelt werden. Welcher Zug erhält Vorfahrt und damit Pünktlichkeit auf begehrten Strecken zur Hauptverkehrszeit? Die Deutsche Bahn AG musste erst durch Gerichtsurteil dazu gebracht werden, die Fahrpläne ihrer Konkurrenten in das Bahninformationssystem einzubinden.

Der vertikal integrierte Ex-Monopolist muss die volle Transparenz der Buchhaltung für die Teilbereiche Netz und Betrieb im Unternehmen gewährleisten, so dass überprüft werden kann, ob der Ex-Monopolist eine verbotene

Quersubventionierung des Dienstes aus anderen Geschäftszweigen betreibt. Außerdem muss der Betreiber des Netzes die volle Geheimhaltung über die Daten der Mitbewerber sicherstellen, die ihm im Zusammenhang mit der Anmietung der Netznutzung bekannt werden. Dafür wäre eine zumindest organisatorische Trennung der Unternehmensbereiche erforderlich; auch die Managemententscheidungen im Netzbereich dürfen nicht vom Vorstand des Gesamtunternehmens beeinflusst werden.

Da der Ex-Monopolist mit dem neuen Anbieter Preise und Konditionen nicht allein angemessen aushandeln kann und die Einhaltung der „Spielregeln" überwacht werden muss, wird als „Schiedsrichter" eine **Regulierungsbehörde** geschaffen. Sie braucht Unabhängigkeit von politischem Einfluss und wirtschaftlichem Druck und die Ausstattung mit Befugnissen, Instrumenten und Kenntnissen zur Erfüllung ihrer Aufgaben. Sie muss ihre Aufsicht im Übergang zum Wettbewerb angemessen ausüben und darf den ehemaligen Monopolisten, der sich als Anbieter am Markt platzieren will, nicht benachteiligen, um neuen Anbietern mehr Chancen zu eröffnen. Sie muss z. B. die Vorgaben zur Daseinsvorsorge durch Universaldienste durchsetzen und so das „Rosinenpicken" der privaten Anbieter verhindern (Kapitel 2.3.5.2).

Offen bleibt bei dieser Strategie, ob die Regulierungsbehörde die einzelnen Preise der Netzbetreiber vorab genehmigen soll, oder ob sie nur bei offensichtlichem oder angezeigtem Missbrauch tätig werden solle. Die Einzelgenehmigung von Preisen würde erstens einen erheblichen bürokratischen Aufwand voraussetzen und zweitens auf der Basis nachgewiesener Kosten der Netzbetreiber erfolgen, die damit nur einen geringen Anreiz zur Kostensenkung hätten.

Eine Regulierungsbehörde einzuschalten ist die am weitesten verbreitete Strategie in der EU; sie wird auch von der Europäischen Kommission bevorzugt, da diese sich so Einfluss auf die Mechanismen und die Praxis der Liberalisierung verspricht. Die Industrie dagegen befürchtet das Entstehen eines zentralistisch ausgerichteten „Wasserkopfes", der die Rationalisierungsvorteile der Privatisierung wieder aufzehren könnte, zumal wenn die Kosten der Regulierung der Industrie in Rechnung gestellt werden. Außerdem verfestigt sich dadurch die nach Auffassung der zu regulierenden Industrie ohnehin zu hohe Regulierungsdichte in Europa.

2-3 Netz beim Staat und viele Nutzer

Es ist auch denkbar, dass das Netz in der Hand des Staates liegt, da der Wettbewerb ja auf dem Netz ausgetragen wird: Freier Netzzugang zu fairen Konditionen ist dann für alle Betreiber gewährleistet. Diese Variante haben die Niederlande gewählt, wo der Staat bereits über das Stromnetz verfügte und zusätzlich im Herbst 2004 das Gasnetz von privaten Eigentümern gekauft hat, um den Wettbewerb im Gasverkauf zu intensivieren. Der Staat finanziert das Netz vor und refinanziert sich durch Gebühren der Netznutzer. Die Probleme dieses Modells liegen darin, dass der Staat bereit und im Stande sein muss, immer ausreichend und innovativ in Netze zu investieren und diese kostengünstig zu managen. Angesichts defizitärer öffentlicher Kassen und des Widerspruchs zwischen Management und Beamtentum sind hier Zweifel angebracht; der schlechte Zustand des staatlich betriebenen Wasser- und Bahnnetzes in Großbritannien untermauert diese Zweifel.

Eine eher „unkonventionelle" Variante dieses Ansatzes entstand, als Teile der Infrastruktur nicht in das Eigentum des Staates des Sitzlandes übergingen bzw. verblieben, sondern von fremden Staaten als Investoren aufgekauft wurden. Dies ist z. B. bei Vattenfall gegeben: Das schwedische Staatsunternehmen war längere Jahre einer der großen Spieler auf dem deutschen Strommarkt. Auch die Übernahme von Teilen des deutschen Stromnetzes durch ein Unternehmen des niederländischen Staates (TENNET) gehört dazu.

Strategie 3: Netze vervielfachen

In besonderen Situationen kann das Netzmonopol durch Vervielfältigung der Netze aufgehoben werden. Dies gilt bei technischem Wandel sowie bei Substitutionskonkurrenz bei der Dienstleistung.

Durch **technischen Wandel** hat sich das natürliche Monopol in der Telekommunikation grundlegend verändert bzw. aufgelöst. Das Mobilfunknetz entstand parallel als zusätzliches Netz neben dem alten Festnetz und das Kabelnetz zur Verteilung von Fernsehsendungen wurde auch für Sprach- und Datenübertragung erschlossen. Weiterhin wurden Frequenzen für den Mobilfunk frei gemacht, die zuvor für den Rundfunk reserviert waren. Damit wird die flächendeckende Verbreitung sehr leistungsfähiger Mobilfunknetze erleichtert. In einer solchen Konstellation kann Wettbewerb auch ohne regulierenden Eingriff bestehen; lediglich während der Übergangsperiode muss der Staat den neuen Anbietern helfen, einen „fairen" Marktzugang zu erhalten.

Im Mobilfunk haben die Anbieter anfangs jeweils ein eigenes Funknetz installiert und damit die Situation des natürlichen Monopols aufgehoben. Da jedoch Aufbau, Unterhalt und Modernisierung eines Netzes im Mobilfunk hohe Fixkosten verursacht, ist es wirtschaftlich effizienter, ein gemeinsames Netz zu betreiben. Unter dem wachsenden Wettbewerbs- und Kostendruck im Telekommunikationssektor entwickelte sich die Tendenz, das Netz durch Outsourcing an einen eigenständigen Betreiber abzugeben, wobei dieser für mehrere Dienstanbieter gleichzeitig tätig werden kann. Dadurch kann der Netzbetreiber Spezialisierungsvorteile und Skalenerträge erzielen und so die Kosten senken („Netzbetreiber geben ...", 2007; „Sharing the ...", 2009). Somit entsteht aus unternehmerischer Entscheidung ein Modell, wie es in der Strategie 2.1 beschrieben ist. Parallel dazu realisieren einige Anbieter Kooperationen bei der Netzinfrastruktur, indem sie Antennenstandorte gemeinsam nutzen („Mobilfunker teilen ...", 2009). Auch bei der Post haben verschiedene private Anbieter ein gemeinsames Zustellnetz eingerichtet („Eine Allianz ...", 2009).

Die Europäische Kommission, die für die Überwachung des Wettbewerbs in grenzüberschreitenden Geschäften zuständig ist, hat bisher eine internationale Zusammenarbeit der Unternehmen bei den Netzen verboten. Da die anstehende Modernisierung der Netze mit dem Aufbau sehr schneller Verbindungen auch in bisher wenig erschlossenen Gebieten sehr kapitalintensiv ist und die Möglichkeiten der einzelnen Telekommunikationsunternehmen übersteigt, sieht die Kommission die geplante Zusammenarbeit nunmehr als möglich an („Ein Anschluss ...", 2013). Es könnte also ein einheitliches Mobilfunk-Netz in Europa entstehen, das im Eigentum privater Anbieter liegt.

Die zweite Situation, in der die Monopolstellung eines Netzes verloren gehen kann, ist die **Substitution** des Angebots durch einen Leistungsträger, der nicht auf das bisherige Netz zugreifen muss. Dies ist beim Transport zu beobachten, wo der Gütertransport von der Schiene auf Lastkraftwagen oder Schiffe verlagert wird sowie beim Personenverkehr, wo ab dem Jahr 2014 private Fernbus-Betriebe in die Märkte der Bahn eingebrochen sind. Dies wurde erst nach einer Aufgabe der gesetzlich festgeschriebenen Monopolstellung der Bahn in diesem Bereich möglich. Auch die sogenannten Billig-Flieger stellen das Monopol der Bahn im Fernverkehr infrage.

ℹ️ Weiterführende Literatur

Levi-Faur, D., Ed., 2011. Handbook on the politics of regulation. Cheltenham, Northampton, Edward Elgar.

Buigues, P. und Meiklejohn, R., 2011. European economic integration and network industries. International handbook on the economics of integration, Vol. II: Competition, spatial location of economic activity and financial issues. Jovanovic, M. Cheltenham, Northampton, Edward Elgar: 45–76.

Ricketts, M., 2008. Economic regulation: principles, history and methods. International handbook on economic regulation. Crew, M. A. und Parker, D. Cheltenham, Northampton, Edward Elgar: 34–62.

2.3.5.2 Daseinsvorsorge unter Wettbewerbsdruck

❓ Ist Privatisierung von Netzen mit gesellschaftspolitischen Zielen vereinbar?
Ist die Daseinsvorsorge eine soziale Leistung?

Eine weitere Beschränkung für das Wirken der Marktkräfte ist durch das Ziel gegeben, die Daseinsvorsorge (Europäische Kommission, 2002d; Uplegger, S., 2005) sicher zu stellen. Dazu ist ein Eingriff in den Wettbewerb von der EU akzeptiert, der jedoch nicht – so viel sei hier vorweg genommen – zwingend als staatliche Leistungserstellung erfolgen muss.

In ihrem Grünbuch zu Dienstleistungen von allgemeinem Interesse (Europäische Kommission, 2003c:8) definiert die Kommission wie folgt: „Der Begriff

‚Dienstleistungen von allgemeinem wirtschaftlichen Interesse' ... ist weder im Vertrag noch im abgeleiteten Recht näher bestimmt. In der Gemeinschaftspraxis herrscht jedoch weitgehende Übereinstimmung dahingehend, dass er sich auf wirtschaftliche Tätigkeiten bezieht, die von den Mitgliedsstaaten oder der Gemeinschaft mit besonderen Gemeinwohlverpflichtungen verbunden werden und für die das Kriterium gilt, dass sie im Interesse der Allgemeinheit erbracht werden. Das Konzept der Dienstleistungen von allgemeinem wirtschaftlichem Interesse umfasst daher insbesondere bestimmte Leistungen der großen netzgebundenen Wirtschaftszweige wie des Verkehrswesens, der Postdienste, des Energiesektors und der Telekommunikation. Der Begriff gilt jedoch auch für jede sonstige wirtschaftliche Tätigkeit, die mit Gemeinwohlverpflichtungen verknüpft ist."

Von Bedeutung sind bei dieser Definition der Daseinsvorsorge die folgenden Aspekte:

- Die Betonung des **„wirtschaftlichen Interesses"**, das auf über den Markt erbrachte Leistungen abzielt. Dienstleistungen, die ohne Entgelt oder ohne Gewinnabsicht erbracht werden oder für nicht grenzüberschreitend gehandelt werden, sind von den Regulierungen der EU nicht erfasst.
- Es existiert keine verbindliche Definition oder Liste der Dienste, da die Mitgliedsstaaten sich nicht auf eine solche einigen konnten. So wehren sich z. B. in Deutschland die Kommunen, die mit Monopolen in den Bereichen Müll, Energie und Wasser zum Teil erhebliche Gewinne erwirtschaften, gegen einen **Zwang zur Privatisierung**. Die Kommission hat klargestellt, dass die Mitgliedsstaaten selbst entscheiden können, was sie als Leistungen von allgemeinem wirtschaftlichem Interesse ansehen (Europäische Kommission, Pressemitteilung IP/00/1022 vom 20. 9. 2000).
- Die Zielgruppe der Daseinsvorsorge ist die **„Allgemeinheit"**, womit alle Bewohner des Landes erfasst werden – unabhängig von ihrem Wohnort und ihrer sozialen Lage oder Bedürftigkeit.
- Es wird eine **„Gemeinwohlverpflichtung"** formuliert, mit der die Anbieter zu Leistungen und Konditionen verpflichtet werden, die sie aus rein unternehmerischen Überlegungen so nicht anbieten würden.
- Die besondere Stellung von **netzgebundenen** Dienstleistungen wird hervorgehoben.

Vor der Privatisierung waren die netzgebundenen Dienste politisch gesteuert, so dass gesellschaftspolitische Ziele bei der Verteilung und der Preisbildung einfließen konnten. Privatwirtschaftlich agierende Dienstleister dagegen sind bei ihrem Angebot auf Gewinnerzielung aus und bieten deshalb Leistungen, die bei Standardpreisen keinen Gewinn abwerfen, entweder gar nicht erst an oder verlangen kostendeckende Preise. So könnte z. B. die Zustellung von Post in dünn besiedelten Regionen ganz unterbleiben oder das Porto müsste erheblich höher sein als in Ballungsgebieten. Diese Marktergebnisse werden von der EU für unerwünscht erklärt.

Sie will vielmehr sicherstellen, dass bestimmte Dienste in einer bestimmten Qualität allen Verbrauchern und Nutzern im gesamten Hoheitsgebiet eines Mitgliedsstaates unabhängig von ihrem geografischen Standort und unter Berücksichtigung der landesspezifischen Gegebenheiten zu einem erschwinglichen Preis zur Verfügung gestellt werden. Das Ziel wird durch die Einführung einer **Gemeinwohlverpflichtung** in den privaten Marktprozess erreicht. Die Erfüllung der Gemeinwohlverpflichtung erfolgt über die Verpflichtung des Anbieters, eine **Universaldienstverordnung** zu befolgen. Sie „... legt für die einzelnen Wirtschaftszweige Verpflichtungen zur Erbringung bestimmter Dienste zu genau definierten Bedingungen fest, die flächendeckende Versorgung eingeschlossen. In einem liberalisierten Marktumfeld wird mit der Universaldienstverpflichtung gesichert, dass der betreffende Dienst für jedermann zu einem erschwinglichen Preis zugänglich ist und die bestehende Dienstequalität beibehalten bzw. gegebenenfalls verbessert wird." (Europäische Kommission, 2003c:18; European Commission, 1999a:168 ff.).

Beispiele sind die Universaldienste in der Telekommunikation und bei der Post, die den Zugang zu Telefon und Post auch für dünn besiedelte und entlegene Regionen auf einem Mindeststandard und zu einem Durchschnittspreis festlegen. Sie beschreiben genau, welche Leistungen – unabhängig von der Kostendeckung – von den Dienstleistern erbracht werden müssen (Post-Universaldienstleistungen vom 15. Dezember 1999; EU-Richtlinie 2002/22/EG vom 7. März 2002 **Universaldienstrichtlinie**). Beispiele sind Anzahl und maximaler Abstand von Briefkästen und Postämtern oder die Häufigkeit der Zustellung.

Offen bleibt dabei allerdings, wie die Erschwinglichkeit sowie die Qualität der Dienstleistung **definiert** werden könnte. Hinzuweisen ist ferner darauf, dass die Adressaten dieses Anspruchs **nicht** etwa speziell **sozial schwache** Personen sind, sondern alle Bürger in den Genuss dieser Leistungen kommen sollen. So sollen also auch die wohlhabenden Bewohner einer Villa am Waldrand außerhalb der Stadt das Wasser und die Post zu gleichen Preisen erhalten, wie der Bewohner einer dicht besiedelten Stadt, obwohl die Kosten pro Kunde in der Stadt geringer sind. Wird der Preis aus sozialen Gründen niedrig gehalten, kommt es – wie bei vielen Subventionen – zu erheblichen **Streuverlusten**, da alle Nutzer von diesem einheitlichen, subventionierten Preis profitieren würden, also auch diejenigen mit ausreichendem eigenem Einkommen. Daher kann auch der Auffassung von Broß (2003) nicht gefolgt werden, der einen Widerspruch zwischen dem Sozialstaatsprinzip des deutschen Grundgesetzes und dem Wettbewerbsgebot des Binnenmarktes sieht.

Durch diese staatlich auferlegten Universaldienstverpflichtungen entstehen einem privatwirtschaftlichen Unternehmen zusätzliche Kosten, zu deren Finanzierung die EU den Mitgliedsstaaten verschiedene Wege zur Auswahl lässt (Europäische Kommission, 2003c:30–31, 60 ff.). Dazu zählen:
- **Subventionen** oder Steuervergünstigungen aus dem Staatshaushalt, so dass der „Besteller" der Daseinsvorsorge – nicht der Empfänger – diese auch be-

zahlt (Befreiung von der Mehrwertsteuer bei Lieferung von Post „in der Fläche");

– ausschließliche Rechte, z. B. ein gesetzliches **Monopol**, für die Leistungserbringer, so dass sie einen kostendeckenden Preis am Markt durchsetzen können, ohne befürchten zu müssen, dass Wettbewerber durch Marktsegmentierung ihnen die lukrativen Kunden abwerben („Rosinen-picken");

– erhebung eines **einheitlichen Preises** beim Endkunden ungeachtet beträchtli-
cher Kostenunterschiede bei der Erbringung der betreffenden Leistung, so dass
durch die Mischkalkulation eine Quersubventionierung der kostenintensiven
durch die kostengünstigen Nutzer entsteht. Meist wird ein einheitlicher Preis in
der Gemeinwohlverpflichtung vorgeschrieben, da ansonsten das Unternehmen
durch Preisdifferenzierung für einzelne Nutzergruppen höhere als „erschwing-
liche Preise" verlangen könnte.

Die Mitgliedsstaaten dürfen die privaten Unternehmen dafür entschädigen, dass
sie Leistungen der Daseinsvorsorge erbringen. Dabei muss sichergestellt sein, dass
die Ausgleichszahlungen für die Daseinsvorsorge nicht höher ausfallen, als der
tatsächlich anfallende Zusatzaufwand. Darüber hinaus gehende Beträge stellen
eine **verbotene Subvention** dar. Die Abgrenzung zwischen erlaubter und verbote-
ner Subvention führt immer wieder zu Streit mit den nationalen Regierungen. Als
unerlässliche Voraussetzung einer wirksamen Kontrolle in diesem Bereich gilt die
auf transparente Weise getrennte Verbuchung der Aufwendungen und Erlöse: Am
Markt erbrachte Leistungen müssen von den im Rahmen der Daseinsvorsorge
erbrachten Leistungen unterschieden werden können. Dies stellt besondere Anforderungen an das Rechnungswesen der Unternehmen, die Aufgaben der Daseinsvorsorge übernehmen; diese werden in der **„Transparenzrichtlinie"** (80/723/EWG
vom 25. 6. 1980, geändert 2005) spezifiziert.

Die Höhe der Ausgleichszahlung kann auch dadurch festgestellt werden, dass
eine spezifizierte Leistung ausgeschrieben wird. Die Kosten des Unternehmens, das
sich in einem fairen und transparenten **Bieterwettbewerb** als günstigstes durchgesetzt hat, gelten dann als angemessen (Europäische Kommission, 2002d:32 ff.).
Der Europäische Gerichtshof hat im Jahr 2003 in seinem „Altmark-Urteil"
(C-280/00) die Grundlagen geklärt (Europäische Kommission, 2010a:32; Thouvenin, J.-M., 2009). Die Ausgleichszahlung der öffentlichen Hand an ein Unternehmen stellt dann keine staatliche Beihilfe dar, wenn die folgenden vier Kriterien
ausnahmslos erfüllt sind:

– Erstens muss das begünstigte Unternehmen tatsächlich mit der Erfüllung
gemeinwirtschaftlicher Verpflichtungen betraut sein, und diese Verpflichtungen müssen klar definiert sein.

– Zweitens sind die Parameter, anhand derer der Ausgleich berechnet wird,
zuvor objektiv und transparent aufzustellen.

- Drittens darf der Ausgleich nicht über das hinausgehen, was erforderlich ist, um die Kosten der Erfüllung der gemeinwirtschaftlichen Verpflichtungen unter Berücksichtigung der dabei erzielten Einnahmen und eines angemessenen Gewinns aus der Erfüllung dieser Verpflichtungen ganz oder teilweise zu decken („Überkompensation").
- Viertens sind die zusätzlichen Kosten entweder durch Ausschreibung des Auftrags zu ermitteln oder auf der Grundlage der Kosten zu bestimmen, die ein durchschnittliches, gut geführtes, angemessen ausgestattetes Unternehmen zu tragen hat.

ⓘ Weiterführende Literatur

Kramer, N., 2014. Die Dienstleistungen von allgemeinem wirtschaftlichem Interesse im EU-Beihilfenrecht und die Almunia-Reform – Europäische Finanzierungsregeln öffentlicher Leistungen in Zeiten der Schuldenkrise. MES-Perspektiven (01): 1–60.

2.3.5.3 Beispiel: Elektrizität im Binnenmarkt

❓ Welche Ziele werden mit einem EU-weiten Binnenmarkt für Elektrizität verbunden?
Warum funktioniert der Binnenmarkt für Elektrizität (noch) nicht?

Auf den Strommärkten wird ein erhebliches Umsatzvolumen erzielt und die Energiekosten bilden, je nach Branche, einen erheblichen Anteil der Produktionskosten, so dass günstige Energiekosten auch ein Wettbewerbselement für die Industrie darstellen. Auch private Haushalte können profitieren, wenn die Energiepreise für sie selbst sinken bzw. wenn die Preise für Güter und Dienste des Endverbrauchs mit geringeren Energiekosten belastet werden. Im Geist des Binnenmarktes soll der Wettbewerb auch auf den Strommärkten für Kosten- und damit Preissenkungen sorgen.

In der Erzeugung und Verteilung von Elektrizität zeigt sich in herausragendem Maße, wie sehr der Weg zu einem integrierten Binnenmarkt mit Widersprüchen, Widerständen und Schwierigkeiten gepflastert ist. Darüber hinaus kann Energie nicht alleine als nationales oder EU-weites Thema betrachtet werden, da auch globale Aspekte wie Sicherung des Zugangs zu Ressourcen, Schutz des Klimas und Umbau der gesamten Strukturen von der Erzeugung über die Verteilung bis zur Einsparung („Energiewende") berücksichtigt werden müssen. Damit sind auch geostrategische Interessen berührt. In einer solchen Gemengelage kann ein Ansatz der Wettbewerbsförderung durch Einführung von Marktmechanismen nicht alleine erfolgreich sein. Aber auch eine Überstellung des Energiesektors in staatliches Eigentum wäre nicht geeignet, alle Ziele effizient zu erreichen. Der Umbau des Marktes für Elektrizität ist daher ein langfristiges Projekt, in dessen Rahmen sowohl der grundlegende Ansatz des freien Wettbewerbs im Binnenmarkt realisiert werden soll, als auch zusätzliche Ziele erreicht werden sollen. Das Zusammenspiel von Marktkräften und kluger Regulierung entscheidet über den Erfolg.

Strommarkt: Charakteristika und Ausgangslage

Technische Aspekte: Elektrische Energie kann bisher nicht in großen Mengen gespeichert werden, so dass zum Zeitpunkt des Bedarfs die richtige Menge erzeugt, über längere Distanzen transportiert und an die einzelnen Abnehmer verteilt werden muss. Überschüssige elektrische Energie sucht sich einen Weg durch die Leitungen von der Quelle zum Verbraucher innerhalb eines integrierten Netzes. Dies kann zu Überlastungen der Leitungskapazitäten in Abschnitten führen, mit der Folge, dass andere Erzeuger zur Drosselung gezwungen werden, um das Netz stabil zu halten. Ein Beispiel dafür sind erhebliche Strommengen aus den Windparks an der Nordküste Deutschlands, die sich ihren Weg durch Polen nach Bayern bahnen und die polnischen Kohlekraftwerke in Bedrängnis bringen.

In einem integrierten Netz kann ein Problem an einer Stelle des Netzes große Teile des Netzes zusammenbrechen lassen. Entsprechend muss im Netz Reserve- und Regelkapazität vorgehalten werden, die zur Vermeidung solcher Probleme genutzt werden kann – eine solche Kapazität bindet schwach genutztes Kapital, so dass aus einzelwirtschaftlicher Sicht keine Motivation zum Vorhalten von Reserven besteht.

Wirtschaftliche Strukturen: Erzeugung und Verteilung von Strom fand bzw. findet in den meisten Mitgliedsstaaten der EU durch nationale, regionale oder kommunale Monopole statt. Die vertikale Integration erstreckte sich teilweise auf alle Ebenen der Wertschöpfung: Die Ein- und Ausfuhr von Brennstoffen, den Bau und Betrieb von Erzeugungs- sowie Verteilungsanlagen, die Erzeugung und die Verteilung der Elektrizität. Vielfach waren oder sind die Unternehmen in der Wertschöpfungskette des Elektrizitätsmarktes in öffentlicher Hand. In einigen Regionen hängt eine Vielzahl von Arbeitsplätzen von der Energieerzeugung ab, was zu einer starken Verteidigung des Status quo durch lokale Interessengruppen führen kann.

Wettbewerb im Strommarkt

Die Verteilung von Elektrizität findet in einem Netz statt, das die Merkmale eines natürlichen Monopols erfüllt. Wettbewerb ist nur möglich, wenn

- die monopolistischen Anbieter von Strom sich dem Wettbewerb durch weitere Anbieter zu fairen Bedingungen aussetzen, d. h. wie private Unternehmen am internationalen Markt operieren,
- konkurrierende – auch EU-ausländische – Anbieter über das Leitungsnetz des lokalen Monopolisten zu fairen Bedingungen verfügen können oder wenn das Leitungsnetz aus der Verfügungsgewalt des Monopolisten genommen wird,
- technische Voraussetzungen für grenzüberschreitenden Wettbewerb erfüllt sind und

- die Endkunden ihre Anbieter auch wegen relativ geringer Preisvorteile wechseln und so das Angebot zum Preiswettbewerb mit Leben erfüllen.

Vertikale Marktschließung und langfristige Verträge

Für einen schärferen Wettbewerb fehlt es an einem hinreichend großen und flexiblen Angebot von Dritten: Es sind z.B. in Deutschland nur begrenzte Mengen an Strom auf dem freien Markt verfügbar, da die Beziehungen zwischen Erzeugern und Verteilern auf sehr langfristigen Verträgen beruhen. Da die Strommärkte kaum liquide sind, basiert die Preisbildung auf den Spotmärkten, z.B. der Energiebörse in Leipzig, auf geringen Mengen und wird daher von kurzfristigen, manipulierbaren Schwankungen in der Erzeugung beeinflusst. So wurde der Vorwurf an die Stromerzeuger erhoben, sie würden durch die Stilllegung von Kapazitäten die Preise am Spotmarkt in die Höhe treiben, um diese dann als Referenzpreis für den Stromhandel heranzuziehen (European Commission, 2005d:37 f., 47 f.; Becker, P., 2011:157–178). Die Bundesnetzagentur kritisierte Mangel an Transparenz und die Gefahr von Manipulation an den Strombörsen.

Die Rolle der EU im Strommarkt

Der Markt für Elektrizität funktioniert nicht nach dem herkömmlichen Modell eines perfekten Marktes. Erstens liegen verschiedene Aspekte des Marktversagens vor. Dazu zählen

- die Situation des natürlichen Monopols aus der Netzbindung,
- systemische Risiken, d.h. die Störung in einem Teilbereich des Netzes kann die Funktion größerer Teile des Systems von Erzeugung und Verteilung in Mitleidenschaft ziehen,
- grenzüberschreitende externe Effekte, wie z.B. fehlende Investitionen in die Verbindung zwischen nationalen Netzen, die die Anbieter aus angrenzenden Ländern am grenzüberschreitenden Verkauf hindern oder auch die Ausbreitung von Schadstoffen aus dem Regelbetrieb oder aus (nuklearen) Havarien,
- die Asymmetrie von Nutzen und Lasten zusätzlicher Investitionen, wenn z.B. in einer Region in größere Netzkapazität investiert wird, um zusätzlichen Strom konkurrierender Anbieter transportieren zu können.

Weiterhin sind im Energiesektor langfristig zu verfolgende gesellschaftspolitische Ziele verankert (Klimaschutz, Ressourcensicherung), die nur auf globaler Ebene erreicht werden können. Somit sind Kriterien erfüllt, die die Verlagerung der Entscheidungsbefugnis auf die zentrale Ebene der EU sinnvoll machen (Kapitel 1.1.2; European Commission, 2011h:22). Jedoch hat die EU beim Bau der Energieinfrastruktur weder Entscheidungskompetenz noch ausreichend Mittel für Investitionen. Vielmehr ist es öffentliches und privates Kapital in den einzelnen Mitgliedsstaaten, das vorwiegend nach nationalen Bedarfen eingesetzt wird.

Die Kommission wollte die Entscheidung über den Netzausbau auf die gemeinschaftliche Ebene verlagern. In der Konsequenz hätte dann die Kommission die privaten Unternehmen anweisen können, Investitionen ins Netz vorzunehmen. Damit wollte die Kommission die Versorgungssicherheit sicherstellen, die nach dem Black-out in Italien im Sommer 2003 auch in Europa offenbar nicht garantiert ist. Dieser Vorstoß stellte jedoch eine von den Verträgen nicht gedeckte Ausweitung der Kompetenzen der EU dar; eine Mehrheit dafür war weder im Rat noch im Europäischen Parlament zu erreichen. Im Herbst 2016 hat die Kommission erneut Vorschläge vorgelegt, nach denen sie das Recht erhalten soll, Investitionen der Stromkonzerne in das Netz und seine Übergangsstellen zu steuern – eine Zustimmung bleibt ungewiss („EU will ...", 2016).

Da eine zentrale Entscheidungsbefugnis der EU nicht besteht, versucht sie zumindest eine Koordination der unterschiedlichen beteiligten Parteien. Die Europäische Kommission stützt sich dabei auf eine Übertragung von Zuständigkeiten zur Koordination und Planung im Bereich transeuropäischer Netze aus den Europäischen Verträgen (Artikel 170, 171, 194, AEU-V). In diesem Rahmen stehen Mittel für Studien sowie für einige ausgewählte transnationale Verbindungen zur Verfügung (European Commission, 2014k). Zur Moderation und Unterstützung der Kommunikation der verschiedenen „Mitspieler" aus Regierungen, Regulierungsbehörden, Netzbetreibern, Versorgungsunternehmen, Energiehändlern, Strombörsen sowie Verbrauchern hat die Kommission im Jahr 1998 ein „Florenz Forum" ins Leben gerufen, auf dem regelmäßig gemeinsam nach Lösungen für Fragen des transnationalen Strommarktes gesucht wird. Dazu gehören u. a. Themen wie grenzüberschreitender Handel mit Strom und der Umgang mit Leitungsengpässen an den Grenzen.

Außerdem haben sich Teile der Industrie in internationalen Vereinigungen zusammengeschlossen, um die Koordination und Kommunikation sowie die Vertretung ihrer Interessen zu bündeln. Dazu zählen z. B. ENTSO-E (European Network of Transmission System Operators for Electricity) für die Netzinfrastruktur oder CEER (Council of European Energy Regulators) für die Regulierungsbehörden. Diese Dachorganisationen stellen auch Ansprechpartner für die EU dar. ENTSO-E ist verpflichtet, eine Langfristplanung für Energieinfrastruktur zu erstellen, die die Pläne der nationalen Investoren und die europäischen Bedarfe enthalten soll. Die nationalen Regulierungsbehörden wurden verpflichtet, bei ihrer Arbeit den Nutzen des Europäischen Binnenmarktes für Energie mit zu berücksichtigen.

Der Binnenmarkt für Elektrizität funktioniert (noch) nicht

Grundlegende Regulierungen für die Öffnung der Strommärkte hat die EU im Jahr 2003 verabschiedet. So müssen die staatlichen und staatlich geschützten privaten Monopole im Strombereich gemäß der Richtlinie 2003/54/EC (2003) privatisiert und entflochten werden, und es wurde eine schrittweise Öffnung der Netze für grenzüberschreitenden Handel mit Strom verfügt (Richtlinie 2003/1228/EC). Der Prozess der Liberalisierung kommt in den Mitgliedsstaaten unterschiedlich voran und nach Auffassung der Kommission ist noch kein funktionierender Binnenmarkt entstanden (European Commission, 2011h, 2011i).

Freier Netzzugang im In- und Ausland
Angesichts der Netzbindung der Stromverteilung bleibt das Netz selbst der kritische Punkt bei der Liberalisierung: Die Eigentümer des Netzes könnten sich durch unangemessen hohe Nutzungspreise gegen die Konkurrenz abschirmen. Wie kann erstens der „faire" Zugang der konkurrierenden Anbieter zum Netz gewährleistet werden und zweitens die Beseitigung von Engpässen bei der Leitungskapazität im grenzüberschreitenden Handel sichergestellt werden? Prinzipielle Strategien zur Überführung natürlicher Monopole in den Wettbewerb sind in Kapitel 2.3.5.1 beschrieben. Die für den Elektrizitätsmarkt in der EU präferierten werden im Folgenden dargestellt.

Mit der Elektrizitätsrichtlinie 2003/54/EC wurden die Stromunternehmen verpflichtet, Vorsorge für freien und fairen Netzzugang zu schaffen, indem sie die Erzeugung, den Transport und die Verteilung von Strom trennen. Die grundlegenden Elemente der neuen Entflechtungsregelung sind (Vermerk der GD Energie und Verkehr zur Richtlinie 2003/54/EG):

1. **Rechtliche Entflechtung** des Übertragungsnetz-/Fernleitungsnetzbetreibers (ÜNB/FNB) und des Verteilernetzbetreibers (VNB) von anderen Tätigkeiten, die nicht mit der Übertragung/Fernleitung und der Verteilung zusammenhängen.
2. **Funktionale Entflechtung** des ÜNB/FNB und des VNB, um seine Unabhängigkeit innerhalb des vertikal integrierten Unternehmens zu gewährleisten.
3. **Entflechtung der Rechnungslegung**: Anforderung, für die ÜNB-/FNB- und VNB-Tätigkeiten getrennte Rechnungen zu führen.

Durch das strikte „**Unbundling**" von Stromerzeugern und -verteilern sollten alle Interessenkonflikte beseitigt werden (Klees, A. und Langerfeldt, M., Eds., 2005; European Commission, 2007a, 2007b). Im März 2009 haben Kommission, Rat und Parlament zwar die Verordnung 2009/72/EC zur Trennung von Erzeugung und Verteilung bei Strom und Gas beschlossen, aber gleichzeitig für einige Fälle Ausnahmen zugelassen: Integrierte Konzerne dürfen beide Aktivitäten betreiben, müssen dann allerdings die beiden Geschäftsbereiche klar trennen und dürfen auch nicht in anderen EU-Mitgliedsstaaten Stromunternehmen aufkaufen. Diese Abschwächung der Trennung von Netz und Betrieb ist auch auf die erfolgreiche Arbeit der starken Lobby der Industrie zurückzuführen. Die Kommission hat die Aufgabe, Markt- und Eigentümerstrukturen zu überwachen, wenn z. B. Investoren Anteile an Erzeugungs- und Verteilungsunternehmen in verschiedenen Ländern halten und so bei der Trennung der beiden Bereiche Interessenkonflikte auftreten könnten (European Commission, 2013h).

Grenzüberschreitende Engpässe im Netz

Die Netze sind in der Vergangenheit von nationalen Versorgern in deren Einzugsbereich aufgebaut worden und berücksichtigen damit den Kapazitätsbedarf zur EU-weiten Durch- und Weiterleitung noch nicht ausreichend. Eine Reihe von Engpässen ist schon länger bekannt, z. B. zwischen Deutschland und den Niederlanden, Dänemark sowie Frankreich, Spanien und Frankreich oder Österreich und der Tschechischen Republik. Eine neue Herausforderung an die Netzinfrastruktur entstand mit der „Energiewende" und der damit verbundenen dezentralen Energieerzeugung aus Wind, Wasser und Sonne. Die Standorte der Erzeugung und der Nutzung liegen z. T. weit auseinander und brauchen neue bzw. verstärkte Übertragungskapazitäten („Energiewende endet ...", 2012). So muss z. B. in Norwegen aus Wasserkraft erzeugter Strom in großem Umfang nach Deutschland gelangen können, was derzeit wegen Leitungsengpässen nicht möglich ist.

Die Beseitigung von Engpässen bei der Übertragung durch entsprechende Investitionen wurde zwar von den Mitgliedsstaaten beschlossen, aber bisher nicht realisiert, da Aufwand und Nutzen asymmetrisch verteilt sind. Die bisher regional aktiven Stromanbieter und Netzbetreiber haben kein eigenes Interesse daran, in die Netzinfrastruktur zu investieren, wenn sie damit ihren Wettbewerbern die Tür zum „eigenen" Markt öffnen (European Commission, 2011h:13). Darüber hinaus verdienen die Netzinhaber bisher an der Vermarktung der Engpässe sehr gut. Außerdem müssen für den Ausbau transnationale politische Entscheidungen gefällt und aufwändige Genehmigungsverfahren mit zahlreichen Zuständigkeiten auf lokaler und nationaler Ebene durchlaufen werden. Die Situation wird von Puka und Szulecki (2014) am Beispiel der deutsch-polnischen Grenzsituation analysiert. Die Kommission hat in ihrem „Dritten Energiepaket" die Forderung erhoben, dass die grenzüberschreitenden Verbindungsleitungen stark genug sein müssen, um 10 % der nationalen Erzeugung ins Ausland durchleiten zu können (Europäische Kommission, 2015d).

Der Nutzen grenzüberschreitender Verteilungskapazitäten wurde im Herbst 2016 deutlich. Erhebliche Erzeugungskapazitäten in Frankreich mussten aus dem Netz genommen werden, da die entsprechenden Atomkraftwerke einer dringenden und ungeplanten Inspektion unterzogen werden mussten. Durch Lieferungen aus Deutschland kann ein Zusammenbruch der Stromversorgung verhindert werden („Deutsche Stromhilfe ...", 2016).

Preise und Anbieterwechsel als Indikator für Wettbewerb

Die Preise für Strom unterliegen zahlreichen Einflüssen, wie z. B. Rohstoffpreise, Steuern, Subventionen, Umweltabgaben, Gleichgewicht von Angebot und Nachfrage und Mix an Primärenergieträgern und deren Preisentwicklung. Es ist methodisch schwierig, die Wirkung der Liberalisierung auf den Preis von diesen anderen Einflüssen zu isolieren. In einer Studie von Copenhagen Economics (European

Commission, 2005d, Technical Annex:18) wird nachgewiesen, dass bei größerer Marktöffnung die Preise zurückgehen.

Noch haben nicht alle Länder die EU-Richtlinie zur Öffnung der Märkte vollständig in nationales Recht umgesetzt. So wurden z. B. in Spanien die Preise für Strom und Gas staatlich festgelegt und in Frankreich waren die Preise der Ex-Monopolisten EdF und GdF bis 2010 so stark subventioniert, dass konkurrierende Anbieter kaum Kunden gewinnen konnten (ERGEG, 2007). Die Kommission geht gegen Verstöße vor, wenn auch der EuGH die Preisregulierung auf nationalen Märkten unter einigen Bedingungen zugelassen hat. Die Wettbewerbsintensität hat insgesamt zugenommen, was sich am zunehmenden **Wechsel des Stromlieferanten** zeigt. Bei funktionierendem, grenzüberschreitendem Wettbewerb wird erwartet, dass **Preisdifferenzen** zwischen verschiedenen Ländern der EU verschwinden. Da die Erzeuger in unterschiedlichen Ländern auch unterschiedliche Energiequellen (Gas, Kohle, Atom, erneuerbare Quellen) nutzen, sind schon die Erzeuger- und Großhandelspreise unterschiedlich; entsprechend kann auch die Konvergenz der Preise für Endkunden nicht vollständig sein (European Union, 2014a:23–24).

> **i** **Weiterführende Literatur**
> Europäische Kommission, 2015 f. Rahmenstrategie für eine krisenfeste Energieunion mit einer zukunftsorientierten Klimaschutzstrategie. Mitteilung der Kommission (COM(2015) 80 final), 25. 2. 2015.
> Chari, R., 2015. Life after Privatization. Oxford, Oxford Uni Press. Chapter 5.
> Zachmann, G., 2013. Electricity without borders: a plan to make the internal market work. BRUEGEL BLUEPRINT SERIES XX: 1–99.

2.3.6 Freiheit des Kapitalverkehrs

Neben dem „Produktionsfaktor Arbeit" soll sich auch Kapital ungehindert im Binnenmarkt bewegen können; dies herzustellen ist Ziel der Kapitalverkehrsfreiheit, wie sie in den Europäischen Verträgen behandelt wird. Daraus werden im Folgenden grenzüberschreitende Investitionen (Kapitel 2.3.6.2) sowie die Finanzindustrie (Kapitel 2.3.6.3) behandelt. Die EU hat – auch unter dem Eindruck der Finanzkrise – eine Banken- und Kapitalmarkt-Union konzipiert, durch die die Funktion der Finanzmärkte verbessert und krisenfester gemacht werden sollen (Kapitel 2.3.6.5; 2.3.6.6).

2.3.6.1 Dimensionen und Regelung der Kapitalverkehrsfreiheit

Für welche Arten von Kapital gilt die Verkehrsfreiheit? **?**

Privates Produktionskapital ist das konstitutive Element kapitalistisch organisierter Volkswirtschaften. Die Organisation von globalen Kapitalströmen über Finanzdienstleister (Börsen, Banken, Versicherungen, Hedgefonds, etc.) sowie der Handel mit vielfältigen – auch sogenannten „innovativen" – Finanzprodukten soll eine optimale Allokation von Kapital sicherstellen. Diese gilt dann als gegeben, wenn das Kapital sich global auf diejenigen Einsatzzwecke verteilt hat, bei denen es den maximalen Profit erzielen kann.

Was ist „Kapital" für den Binnenmarkt?

Viele verschiedene Arten der Kapitalbewegung (Anhang zur Richtlinie 361/1988) fallen unter die Freiheit des Kapitalverkehrs in der EU, so u. a.

- Direktinvestitionen, sei es in bestehende Unternehmen („Merger and Acquisition", „Brown Field Investment") oder neue Unternehmen („Green Field Investment"). Ziel von Direktinvestitionen ist die Beeinflussung der Geschäftstätigkeit des Unternehmens.
- Portfolioinvestitionen, die mit dem Ziel der Gewinnmaximierung, auch als kurzfristiges Engagement, getätigt werden.
- Immobilieninvestitionen, z. B. in landwirtschaftlich genutzte Flächen sowie privat oder gewerblich genutzte Gebäude.
- Geschäfte mit Wertpapieren aller Art.
- Zahlungen im Zusammenhang mit Versicherungen.
- Kredite und Bürgschaften.

Damit deckt die Kapitalverkehrsfreiheit sowohl Investitionen in die Realwirtschaft, als auch Geschäftstätigkeit innerhalb der Finanzindustrie ab.

Regelungen des freien Kapitalverkehrs in der EU

Grenzüberschreitende Bewegungen von Kapital können erhebliche gesamtwirtschaftliche Auswirkungen haben: Zu- und Abfluss von Kapital kann den Wechselkurs und damit den Außenhandel sowie die Zinsen eines Landes erheblich beeinflussen. Noch bis in die 1980er Jahre kontrollierten nationale Regierungen die Finanzindustrie in ihrem Land sowie die grenzüberschreitenden Kapitalbewegungen. Im Rahmen des Europäischen Binnenmarktes wurde der grenzüberschreitende Kapitalverkehr schrittweise von Beschränkungen befreit. Bereits in den Jahren 1960 und 1962 wurden die rechtlichen Voraussetzungen geschaffen, aber die Mitgliedsstaaten haben die Freigabe unterschiedlich schnell umgesetzt. Vollständig freigegeben wurde der Kapitalverkehr in vielen Mitgliedsstaaten erst in der Mitte der 80er Jahre (European Commission, 1996c; European Commission, 2016i:23–25). Im AEU-V (Art. 63–66) wird festgelegt, dass im Grundsatz weder innerhalb der EU noch gegenüber Drittstaaten der Zahlungs- und Kapitalverkehr beschränkt werden darf. Damit liberalisiert der AEU-V beim Kapital – anders als bei Arbeitskräften – auch das Verhältnis zwischen den EU-Mitgliedsstaaten und Drittländern.

Grenzüberschreitende **Zahlungsströme** als Gegenleistung für den Warenverkehr sind in den Bestimmungen zum Warenverkehr geregelt; auch sie dürfen nicht beschränkt werden. Das grenzüberschreitende Angebot von **Finanzdienstleistungen** wird auch in der Dienstleistungsfreiheit und der Niederlassungsfreiheit abgedeckt.

Sonderregelungen und Ausnahmen

Bei der Aushandlung der Kapitalverkehrsfreiheit haben sich verschiedene Sonderinteressen durchgesetzt und Ausnahmetatbestände wurden akzeptiert. Dies trifft auf den Handel mit Immobilien und Agrarland, die Beschränkung des Kapitalverkehrs in Finanzkrisen sowie die Steuergesetze zu.

a) Investition in Immobilien und Agrarland

In einigen Ländern besteht bei Immobilien und landwirtschaftlichen Flächen eine besondere Sensitivität: Sie sollen nicht oder nicht unbegrenzt „in die Hände von Ausländern fallen". So wurde Dänemark gestattet, den Verkauf von Zweitwohnungen an EU-Ausländer zu begrenzen, was besonders auf (deutsche) Käufer von Ferienhäusern abzielte (AEU-V, Protokoll 32).

In den Ländern aus Mittel- und Osteuropa, die im Jahr 2004/2007 der EU beitraten, war die Landwirtschaft vor der Transformation (Kapitel 4.2.1) Teil der sozialistischen Planwirtschaft und die nach der „Wende" neu entstehenden Agrarbetriebe waren meist nicht konkurrenzfähig am Weltmarkt. Kapitalstarke Agrarunternehmen aus der EU-15 planten ihre Expansion in den „Osten" und wollten dafür große, vergleichsweise billige Agrarflächen kaufen. Diese Pläne stießen als „Ausverkauf der Heimat" auf Ablehnung. Einige der neuen Mitglieder durften daher den Verkauf von Agrarland an Käufer aus anderen EU-Mitgliedsstaaten für eine lange Übergangsfrist begrenzen (European Commission, 2016i: Chapter 5.3). Als diese Länder allerdings versuchten, diese Übergangsfrist in eine permanente Ausnahme umzuwandeln, ist die Europäische Kommission (Pressemitteilung IP-15-4673, 26. März 2015) gegen sie wegen einer Verletzung der Kapitalverkehrsfreiheit vorgegangen.

b) Kapitalverkehr, Krisen und Fremdwährungen

Der Rat darf befristete Ausnahmen von der Kapitalverkehrsfreiheit beschließen, wenn z. B. schwerwiegende Turbulenzen auf den internationalen Kapitalmärkten die wirtschaftliche Stabilität der EU bedrohen. Dies war im Rahmen der Finanzkrise bei Island, Zypern und Griechenland der Fall, wo der grenzüberschreitende Kapitalverkehr eingeschränkt wurde, um Kapitaleigner in die Haftung nehmen zu können und einen Zusammenbruch des Bankensystems zu verhindern.

Ein weiterer Eingriff in die Kapitalströme erfolgte im Rahmen der Finanzkrise bei Krediten in fremder Währung. Vor der Krise hatten Haushalte in Ungarn, Polen und Kroatien den Kauf eines Eigenheims nicht in einheimischer Währung finanziert, sondern bei Schweizer Banken in Schweizer Franken, denn für diese Kredite waren die Zinsen viel niedriger. Als allerdings der Franken gegenüber den einheimischen Währungen dramatisch aufwertete, mussten die Kreditnehmer nunmehr einen erheblich größeren Betrag der eigenen Währung zur Bedienung des Kredits aufwenden. Viele gerieten dadurch an den Rand ihrer finanziellen Leistungsfähigkeit und sie drohten das Eigenheim zu verlieren. Die Regierungen haben mit verschiedenen Maßnahmen eingegriffen und z. B. die Umwandlung der Franken-Kredite in Kredite mit einheimischer Währung per Gesetz verfügt. Diese Umwandlung wurde zu einem für die Kreditnehmer attraktiven Wechselkurs erzwungen. Dieser Eingriff in bestehende Kreditverträge verlagerte das Wechselkursrisiko auf die Kreditgeber und es kann ein Verstoß gegen europäisches Recht vorliegen (European Central Bank, 2014a:121–126; European Commission, 2016i:33–35).

c) Besteuerung und bi-laterale Abkommen

Die unterschiedlichen Behandlungen von Kapitalverkehr und -erträgen nach In- und Ausländern, wie sie in nationalen Steuergesetzen vorgeschrieben sein können, bleiben wegen der Hoheit der Nationalstaaten über ihre Steuergesetze zwar möglich, aber die Grenzziehung zwischen der legitimen nationalen Ausgestaltung des Steuerrechts und der Diskriminierung von Ausländern mit Mitteln des Steuerrechts ist immer wieder strittig und Anlass zu Gerichtsverfahren vor dem EuGH.

Der Rechtsrahmen der Europäischen Verträge für grenzüberschreitende Investitionen in der EU steht im Konflikt mit bi-lateralen Investitionsabkommen (BIT) zwischen EU-Mitgliedsstaaten. Die Kommission verlangt, dass diese Abkommen auslaufen und nimmt zur Kenntnis, dass dort verankerte Schiedsverfahren europäischem Recht widersprechen können, ohne dass die Kommission durchgreifen könnte (European Commission, 2016i:27–28).

2.3.6.2 Investitionen im Binnenmarkt

? Wie erklärt das OLI-Paradigma Direktinvestitionen?
In welcher Beziehung stehen Direktinvestitionen und Handel zueinander?
Welche Wirkungen können von Direktinvestitionen ausgehen?

Motive des Investors

Durch die Freigabe von Investitionen können die Unternehmen ihre Produktionsstandorte innerhalb der EU ohne Rücksicht auf Landesgrenzen wählen. Sie tätigen
Direktinvestitionen in bestehende oder neue Unternehmen im Ausland, wenn es
ihnen um den Einfluss auf deren Geschäftstätigkeit geht. Diese können verschiedene Formen annehmen, wie der Aufbau eines neuen Unternehmens, der Aufkauf
eines bestehenden Unternehmens oder Zusammenschlüsse und Joint Ventures mit
Eigentümern von Unternehmen im Zielland. Mit Direktinvestitionen (FDI) wird in
der Regel eine langfristig wirksame Bindung des Investors an das Unternehmen
eingegangen. Davon sind Portfolio-Investitionen zu unterscheiden, die als eher
kurzfristige Finanzanlagen getätigt werden, ohne dass dabei Einfluss auf die Ge-
schäftsführung gesucht würde. Dieser Typ von Investition gilt als volatil, d. h. das
Kapital kann schnell wieder abgezogen werden, was für das Land, aus dem es
plötzlich abfließt, erhebliche Probleme auslösen kann.

Von der OECD wird die Grenze zwischen Direktinvestitionen und anderen Formen von Kapitaleinsatz bei einem Anteil von 15 % des Eigenkapitals gewählt
(OECD, 2008a); diese Grenze ist willkürlich und für statistische Zwecke aus prag-
matischen Gründen gewählt, da über die Absichten der einzelnen Investoren
bezüglich der Beherrschung des Unternehmens keine verlässlichen Daten vorliegen.

Eine allgemeine Theorie der Direktinvestitionen existiert nicht. Stattdessen
wird hier das „O-L-I-Paradigma" von Dunning (2001) herangezogen, um die Entscheidung für eine Direktinvestition auf der Unternehmensebene zu beschreiben.
Es geht davon aus, dass der Schritt ins Ausland für den Investor sich aus der Abwägung zweier Optionen ergibt: Entweder Produktion im eigenen Unternehmen im
Inland, was mit geringeren Transaktionskosten (Koordination, Vertrauen, Verhandlungen, etc.) verbunden ist, oder Verlagerung der Arbeiten in ein Unternehmen im
Ausland, mit geringeren Kosten für Transport, Arbeitskraft etc., aber höheren Kosten für Koordination, Überwindung kultureller Schranken und Auseinandersetzung mit anderen Regulierungen. Die Verlagerung lohnt sich nur, wenn die folgenden Kriterien erfüllt sind:
- Ein firmenspezifischer Vorteil gegenüber konkurrierenden Unternehmen existiert und soll kommerziell genutzt werden (**Ownership advantage**). Dieser
  kann z. B. in einem Patent oder einem (temporären) Monopol an einer Techno-

logie bestehen, wobei den wissensbasierten Vorteilen größere Bedeutung zukommt als dem materiellen Kapital (Markusen, J. R., 1995).

- Als Standort (**Location**) für die Leistungserstellung ist ein anderes Land besser geeignet als der ursprüngliche Unternehmensstandort, wenn es z. B. niedrigere Löhne hat, über bestimmte Ressourcen verfügt oder weniger Transportkosten entstehen. Dem stehen Barrieren gegen Auslandsinvestitionen gegenüber (Verbote, Diskriminierungen, fremde Sprachen und Kulturen, politische Instabilität), die die Kommunikation mit ausländischen Unternehmen und Kunden erschweren können. Auch die Rechts- und Steuersysteme bleiben unterschiedlich und die Überwindung der Entfernung verursacht Aufwand.
- Die Nutzung des firmenspezifischen Vorteils sollte innerhalb des eigenen Unternehmens, ggf. im Ausland, erfolgen (**Internalisation**) und nicht z. B. als Lizenz oder innerhalb einer Kooperation an ein anderes, ausländisches Unternehmen weitergegeben werden.

Wenn die Vorteile geringer sind als die Transaktionskosten der Verlagerung, dann tätigt das Unternehmen keine Direktinvestitionen, sondern bedient den Auslandsmarkt aus heimischer Produktion durch Export oder vergibt eine Lizenz an andere Produzenten.

Wechselwirkungen zwischen den Grundfreiheiten

Zwischen den Grundfreiheiten **Freizügigkeit für Arbeit, Handel und Direktinvestitionen** bestehen Wechselbeziehungen, so dass die Implementierung des Binnenmarktes vielfältige gesamtwirtschaftliche Anpassungsbewegungen auslösen dürfte, die sich z. T. wechselseitig aufheben können (European Commission, 1998e:13–34; Dunning, H. J., 1997a, b):

- Direktinvestitionen ersetzen **Arbeitskräftemobilität**, wenn das Kapital in das Land der Arbeitskräfte abwandert, anstatt dass die Arbeitskräfte in das Ursprungsland des Kapitals wandern.
- Direktinvestitionen sind **handelsflankierend.** International verflochtene Gütermärkte erfordern teilweise auch begleitende Investitionen, z. B. zum Aufbau von Service- und Vertriebsnetzen, und steigern damit die Direktinvestitionen. Dunning (1997b:198 ff.) fasst verschiedene Studien zu dem Ergebnis zusammen, dass die handelsflankierenden Direktinvestitionen zugenommen haben, wenn auch der statistische Nachweis dieses Zusammenhangs nicht immer gelingt.
- Direktinvestitionen sind **handelsersetzend.** Der erste Schritt der Internationalisierung von Unternehmen ist der Verkauf der Produkte im Ausland. Im nächsten Schritt kann die Produktion ins Ausland verlagert werden und so den entsprechenden Anteil an Handel ablösen.
- Wenn das ins Ausland verlagerte Produktionsvolumen über die Nachfrage im Produktionsland hinausgeht und preisgünstig exportiert werden kann, können

Direktinvestitionen **handelsschaffend** sein. Dies gilt auch für die Verlagerung der – meist arbeitsintensiven – Vorleistungen ins Ausland und den Import der Halbfertigwaren für die Endmontage im Inland („verlängerte Werkbänke" oder auch „Lohnveredlung").

Bisherige Direktinvestitionen in der EU

Die Größenordnung der Direktinvestitionen wird in verschiedenen Statistiken erfasst, wobei in den Daten produktive Investitionen nicht immer zutreffend von reinen Finanzinvestitionen abgegrenzt werden können (Vetter, S., 2014:4). In globaler Perspektive ist der Anteil der EU an allen Zuflüssen von Direktinvestitionen zwischen 1995 und 2013 erheblich zurückgegangen, während die Schwellenländer (BRIC) mehr Produktivkapital anziehen konnten. Die Wirtschaftsbereiche, die die meisten Direktinvestitionen erhielten, waren Finanzdienstleistungen sowie Informations- und Kommunikationsdienste. Aber auch in die herstellende Industrie wurde investiert. Hier zeigen sich landesspezifische Spezialisierungen sowie der Einfluss von Zweckgesellschaften, die reale und Finanzinvestitionen kanalisieren (EUROSTAT web; European Commission, 2016i; Darvas, Z., Hüttl, P. et al., 2015).

Beim Aufbau neuer Produktionskapazitäten durch Direktinvestitionen („Greenfield Investment") zeigten sich in der EU zwischen 2004 und 2013 die folgenden Befunde (Canton, E. und Solera, I., 2016):
- Der größte Anteil des Kapitals kam aus Nicht-EU-Ländern, besonders aus den USA.
- Die Investoren aus der EU kamen hauptsächlich aus den großen Ländern (Deutschland, Frankreich, Großbritannien, Spanien).
- Die größten Empfänger waren Großbritannien, Spanien, Deutschland und die aufholenden neuen Mitgliedsländer Polen und Rumänien.
- Wirtschaftsbereiche, die einen großen Anteil der Greenfield Investitionen empfingen, waren produzierendes Gewerbe, unternehmensbezogene Dienstleistungen (Handel, Transport, informations- und kommunikationstechnische Dienste, Beratung und Energienetze).

Wirkungen grenzüberschreitender Investitionen in der EU

Die freie Standortwahl in der EU für Direktinvestitionen kann zu **Marktkonzentration** führen, wenn Unternehmen **Größenvorteile** suchen und dadurch Kapital an ausgewählten, für die jeweilige Branche günstigen Standorten konzentrieren. Dies ist bei innereuropäischen Direktinvestitionen in „informationsintensive Branchen" nachgewiesen und bei Direktinvestitionen aus Drittländern in den Branchen Finanzdienstleistungen (London), Pharmazie (Großbritannien, Frankreich) und Automobil (Spanien) (Dunning, H. J., 1997a:203 f.).

Durch Direktinvestitionen ergeben sich positive und negative Wirkungen auf das Ziel- und das Herkunftsland (Vaidya, 2006:93 ff.; European Commission,

2012o:167). Unter anderen sind die folgenden Effekte zu erwarten, die z. T. erhebliche Anpassungslasten für einzelne Beschäftigtengruppen, Branchen oder Regionen auslösen können.

Ressourcentransfer (Kapital, Technologie, Knowhow) mit möglichen Spillover-Effekten in andere Unternehmen des Landes, seien es Zulieferer, Kunden oder Unternehmen im gleichen Marktsegment, die durch den ausländischen Investor unter Wettbewerbsdruck geraten. Ein Transfer von Wissen kann auch durch Zusammenarbeit und den Arbeitsplatzwechsel von Beschäftigten zustande kommen. Diese Effekte sind besonders in Transformationsländern ein wichtiger Beitrag zur wirtschaftlichen Entwicklung.

Beschäftigungseffekte: Arbeitsplatzschaffung kann eine Folge der zusätzlichen Investitionen sein, aber auch Arbeitsplatzvernichtung durch Rationalisierung. Eine Steigerung des Lohnniveaus und Verlagerung von Arbeitsplätzen aus dem Herkunftsland des Investors ist zu erwarten. Allerdings wurde für Deutschland empirisch nachgewiesen, dass Unternehmen, die ins Ausland expandieren auch im Inland weniger Arbeitsplätze abbauen als nur im Inland aktive, vergleichbare Unternehmen (Becker, S. O. und Mündler, M.-A., 2007).

Produktivitäts- und Wachstumssteigerung: Als qualitative Begleiteffekte von Direktinvestitionen kann ein Transfer von Qualifikation, Technologie und Marktzugang auftreten, der sowohl in den Unternehmen als auch bei ihren Zulieferern auf längere Sicht zu einer Verbesserung der Wettbewerbsfähigkeit beiträgt. Durch die gestiegene Produktionsmenge, höhere Effizienz und steigenden Wettbewerbsdruck kann das Wachstum gesteigert werden, aber um den Preis höherer Anpassungslasten, z. B. in Form des Untergangs nicht wettbewerbsfähiger Unternehmen. Für weniger entwickelte Länder sowie die Transformationsländer Mittel- und Osteuropas stellen ausländische Direktinvestitionen eine Chance zum „Upgrading", d. h. zur Verbesserung der Wirtschaftsstruktur und des Wirtschaftswachstums dar.

Spezialisierung und regionale Konzentration: Wenn Kapital und Güter sich frei über Grenzen bewegen können, können Unternehmen ihre Produktion dort konzentrieren, wo sie das günstigste Umfeld vorfinden. So können sich Cluster von Technologien, Arbeitskräften und Produkten herausbilden („Silicon Valley"; Automobilcluster Stuttgart, etc.). Diesen regionalen Konzentrationen stehen dann Räume gegenüber, in denen allenfalls Funktionen wie Wohnen, Erholung oder Naturschutz angelagert sind. Diese Arbeitsteilung ist zwar ökonomisch effizient, führt aber gleichzeitig dazu, dass die in den verschiedenen Regionen erzielbaren Einkommen sehr unterschiedlich sind. Große Einkommens- und Wohlstandsunterschiede führen zu politischer Unzufriedenheit und lösen Ausgleichsforderungen aus.

Tatsächliche Wirkungen kaum nachweisbar

Über die tatsächliche Wirkung der internationalen Direktinvestitionsströme gibt es kaum aussagekräftige Studien. Die Entwicklungen in einzelnen Ländern zu bestimmten Zeitabschnitten werden von so vielen Einflüssen gleichzeitig bestimmt, dass die Isolierung des Faktors Direktinvestitionen methodisch kaum gelingt.

Eine Restrukturierung der europäischen Industrie zur Nutzung von Skalenerträgen und Lohnunterschieden **innerhalb** der EU war wenige Jahre nach Vollendung des Binnenmarktes (noch) nicht statistisch nachweisbar (European Commission, 1996e: 95; 1998e; Dunning, H. J., 1997b). Die EU-Mitgliedsstaaten haben viel mehr Direktinvestitionen angezogen als ähnlich entwickelte Länder. Die Kommission hielt es für „nicht unplausibel", dass dies auf das Binnenmarktprogramm zurückzuführen sei (European Commission, 1996e:95 ff.).

Dunning (1997a, b) zieht aus seinen Untersuchungen zu den Wirkungen des Binnenmarktes auf die Direktinvestitionen einige vorsichtige Schlüsse für die ersten Jahre des Binnenmarktes:
- Direktinvestitionen erfolgten verstärkt in technologie- und informationsintensiven Branchen.
- Der Beitritt der „peripheren" Länder Griechenland, Spanien und Portugal hat nur zu geringfügigen Verlagerungen arbeitsintensiver Industrien geführt.
- Der wesentliche Einfluss des Binnenmarktprogramms auf Direktinvestitionen erfolgt über die Variablen Marktgröße, Agglomerationseffekte und Einkommenshöhe.

Den Einfluss der EU-Mitgliedschaft auf die Direktinvestitionen haben Bruno u. a. (Bruno, R., Campos, N. F. et al., 2016a, b) durch Verwendung eines Gravitationsansatzes am Beispiel Großbritanniens abgeschätzt. Sie kommen zu dem Schluss, dass die Direktinvestitionen zwischen 14 % und 28 % höher liegen, als es ohne Mitgliedschaft der Fall gewesen wäre. Die Vermutung ist plausibel, dass dieser Effekt durch den BREXIT wieder verloren gehen kann.

Widerstand gegen Direktinvestitionen

Dem freien Kapitalverkehr in Form von Direktinvestitionen stellt sich in der EU immer wieder ein **„Wirtschaftspatriotismus"** entgegen, der sich zusammen mit den Aversionen gegen die Globalisierung verstärkt hat. In den Ländern des Kapitalexports wird über einen Verlust an Arbeitsplätzen geklagt, während in den empfangenden Ländern der wachsende Einfluss ausländischer Kapitaleigner kritisiert wird. Hinter diesem tatsächlichen oder vermeintlichen Patriotismus stehen verschiedene Motive:
- Die trügerische Sicherheit, die sich Arbeitnehmer und Bürger von einem Kapitaleigner aus dem eigenen Land versprechen. Dies kann sich auch mit einer allgemeinen Ablehnung von ausländischem Einfluss im eigenen Land verbinden. Tatsächlich jedoch hat privates Kapital kein „Vaterland" und entscheidet nicht nach Nationalität, sondern nach Profit.

- Der Wunsch der Regierungen, über das Schicksal von „wichtigen" privaten Unternehmen im eigenen Land mit entscheiden zu können, um durch Industriepolitik die Strukturentwicklung und die Beschäftigung zu beeinflussen.
- Der Widerstand des Managements gegen eine Aufgabe seiner Eigenständigkeit bei einer ausländischen Übernahme.

Keines dieser Motive hält einer Prüfung der wirschaftlichen Rationalität stand und widerspricht dem Ziel des Binnenmarktes, durch grenzüberschreitenden Wettbewerb ein optimales Wirtschaftsergebnis zu befördern.

„Feindliche" Übernahme

Auf die Öffnung der Märkte reagieren multinationale Unternehmen mit Fusionen und Übernahmen von Konkurrenten aus anderen Ländern, um Skalenerträge auszuschöpfen. Gegen die – möglicherweise auch **feindliche Übernahme** – sind nicht nur beim unterlegenen Management Widerstände zu beobachten, sondern auch bei Gewerkschaften und lokalen oder nationalen Regierungen. Somit bestand die Notwendigkeit, die Übernahme auf europäischer Ebene zu regeln. Dabei war auch zu klären, ob das Management besondere Rechte zur Abwehr einer Übernahme erhalten sollte. Bei der Einigung über die Richtlinie zur Verschmelzung von Unternehmen war von deutscher Seite besonderer Wert auf die Beibehaltung der deutschen Regelungen zur Mitbestimmung der Arbeitnehmer gelegt worden, was auf die Ablehnung anderer Mitgliedsstaaten stieß.

Die Kommission war viele Jahre um eine Weiterentwicklung der Übernahme-Richtlinie bemüht, stieß aber auf den Widerstand aus verschiedenen Mitgliedsländern auf jeder Stufe, die der Richtlinien-Entwurf nehmen muss (Berglöf, E. und Burkart, M., 2003). Der Rat konnte sich erst Ende 2004 – nach 20 Jahren Verhandlungen – auf die Richtlinie 2004/25/EG einigen. Sie enthält harmonisierte Regeln für das Übernahmeverfahren und Vorschriften für den Schutz der Minderheitsaktionäre. Die Europäische Kommission (2004q:3) nannte das Ergebnis eine enttäuschende Mindestregelung mit Optionsklauseln und sah darin einen Rückschritt für die Wirtschaftsreform, da der Kompromiss keine sinnvolle Harmonisierung der wichtigsten Bestimmungen erbracht habe. Viele Mitgliedsstaaten haben die Möglichkeiten der Richtlinie genutzt, um den Schutz der nationalen Industrie aufrecht zu erhalten. Damit hat die EU vor nationalen Interessen kapituliert und eine konsequente Öffnung des Binnenmarktes in diesem Bereich aufgegeben.

Gegen die Übernahme eines Unternehmens durch ausländische Bieter wurden weitere Strategien, mit denen die Kapitalmehrheit „im Lande" gehalten werden soll, eingesetzt: In der französischen Regierung wurden im Jahr 2005 Pläne diskutiert, eine Liste von **„strategisch wichtigen" Industriesektoren** zu schaffen, bei denen die Übernahme der Mehrheit durch Ausländer verboten werden sollte. Die Kommission nannte diese Pläne unvereinbar mit dem europäischen Recht – sie wurden daraufhin nicht weiter verfolgt. Im Jahr 2014 stand die Übernahme des französischen Technologiekonzern Alstom auf der Tagesordnung, da dieser nachhaltig mit wirtschaftlichen Schwierigkeiten zu kämpfen hatte, die er ohne Zusammengehen mit einem starken Partner nicht bewältigen konnte. Als Kandidaten galten General Electrics (USA) und Siemens (Deutschland). Erneut formulierte die französische Regierung das Konzept der „strategischen Industrie", um die Übernahme politisch steuern zu können.

Vertragsverletzungen der Kapitalverkehrsfreiheit

Ein spezielles Hindernis gegen den freien Kapitalverkehr stellen Vorschriften einiger Länder dar, nach denen die Anteilseigner gegen den Verkauf von Aktien bzw. gegen die (feindliche) Übernahme bestimmter Unternehmen Maßnahmen ergreifen können. Die „**Goldene Aktie**" oder das Mehrfachstimmrecht sichern ihrem Inhaber besondere Rechte, z. B. die Stimmenmehrheit oder ein Vetorecht. Diese Regelung wird auch bei der Privatisierung getroffen, um dem Staat auch als Minderheitsaktionär mehr Einfluss auf das Unternehmen zu sichern. Die EU-Kommission stuft diese Regelungen als Behinderungen des freien Kapitalverkehrs ein und will sie abgeschafft wissen. Dabei verweist sie auch auf Forschungsergebnisse, nach denen solche besonderen Rechte sich negativ auf das Ergebnis des Unternehmens auswirken (OXERA, 2005; European Commission, 2005n). Auch der Europäische Gerichtshof hat solche Rechte immer wieder als Verstoß gegen den AEU-V eingestuft:

–   So kann sich der Volkswagen-Konzern in **Deutschland** auf das niedersächsische „**VW-Gesetz**" berufen, nach dem das Stimmrecht eines beliebig großen Aktienanteils auf 20 % begrenzt ist, für eine Sperrminorität 20 % ausreichen und das Land Niedersachsen als Anteilseigner zwei Mitglieder in den Aufsichtsrat entsenden darf. Damit kann das Bundesland eine Übernahme des Unternehmens blockieren. Die Kommission hielt diese Regelung für unvereinbar mit dem EU-Recht des freien Kapitalverkehrs und der EuGH hat diese Auffassung bestätigt (C-112/05, Urteil vom 23. 10. 2007). Im Herbst 2011 hat die Kommission auch die von Deutschland als Reaktion auf das Urteil durchgeführten Änderungen des VW-Gesetzes als unzureichend gerügt und ein erneutes Verfahren vor dem EuGH angestrengt. Dies hat sie allerdings im Oktober 2013 endgültig verloren: Das VW-Gesetz mit seinem Schutz vor einer Übernahme ist vereinbar mit der europäischen Kapitalverkehrsfreiheit.

–   In **Frankreich** erhielt der Staat (Dekret von 1993) eine Sonderaktie der Gesellschaft **Elf-Aquitaine**, die den Erwerb von Anteilen oder Stimmrechten bei Überschreitung bestimmter Schwellenwerte von der vorherigen Genehmigung des Wirtschaftsministers abhängig macht und diesem die Möglichkeit gibt, gegen Entscheidungen über die Abtretung der Aktiva oder deren Verwendung als Sicherheit Widerspruch einzulegen. Dies ist vom EuGH als vertragswidrig verworfen worden (C-483/99, Pressemitteilung des EuGH vom 4. 6. 2002, CJE/ 02/49).

–   In **Portugal** ließ das Gesetz es zu, den Anteil, den ausländische Investoren an einem privatisierten Unternehmen halten dürfen, auf 25 % zu begrenzen und stellte den Verkauf von mehr als 10 % des stimmberechtigten Kapitals an einen Ausländer unter ministeriellen Genehmigungsvorbehalt. Beide Regelungen hat der EU-Gerichtshof als Verstoß gegen die Kapitalverkehrsfreiheit verworfen (C-367/98; C-171/08).

–   In **Italien** waren sogenannte strategisch wichtige Unternehmen vor der Übernahme aus dem Ausland geschützt. Die Kommission hat ein Verfahren gegen Italien angestrengt, das dann unter der neuen Regierung von Mario Monti – dem ehemaligen Kommissar für Wettbewerbsfragen der Europäischen Kommission – im Frühjahr 2012 einlenkte.

Gegen die im **Steuerrecht** liegenden Behinderungen des grenzüberschreitenden Kapitalverkehrs kann die EU nur schwer vorgehen, da das Steuerrecht in der Hoheit der Mitgliedsstaaten verblieben ist. Sie verfolgt jedoch Regelungen z. B. in Österreich und Deutschland, da in diesen Ländern Dividendenzahlungen an ausländische Unternehmen höher besteuert werden als an inländische. Der EuGH hat (C-284/09, 20. 10. 2011) diese Diskriminierung im deutschen Steuerrecht verboten.

2.3.6.3 Besonderheiten der Finanzmärkte

Sind Finanzmärkte anders?
(Warum) Ist die Finanzindustrie wichtig?   **?**

Die Finanzindustrie hat in einer kapitalistischen Wirtschaft eine Schlüsselstellung. Gleichzeitig sind die Funktionsprinzipien und Produkte der Finanzindustrie schwer durchschaubar und widersprüchlich. Auch die Behandlung des Finanzsektors in den Wirtschaftswissenschaften (Werner, R. A., 2011) sowie in der staatlichen Regulierung ist voller Ungereimtheiten: Einerseits wird postuliert, Finanzmärkte seien „effizient" und rational funktionierend, andererseits werden Marktversagen und systemische Risiken in der Finanzindustrie gesehen und daraus die Notwendigkeit einer engen staatlichen Regulierung dieser Märkte abgeleitet.

Im folgenden Abschnitt werden Grundzüge der Finanzindustrie vorgestellt und begründet, warum hier besondere Regulierungen erforderlich sind. Die EU hat in der Finanzkrise schnell reagiert und eine Banken-Union (Kapitel 2.3.6.5) geschaffen – aber kann diese ihre Aufgaben erfüllen? Weiterhin will die EU die immer noch bestehende Fragmentierung der Finanzmärkte überwinden, indem sie einen grenzüberschreitenden europäischen Kapitalmarkt schafft. Dieses laufende Projekt wird kurz vorgestellt (Kapitel 2.3.6.6).

Das Finanzsystem

Die Strukturen und Funktionen der Finanzindustrie werden hier mit Schwerpunkt auf Banken skizziert werden, um die Krisenursachen und die Diskussion zur Regulierung der Finanzindustrie in der EU verständlich zu machen. Auf die auch für den interessierten Laien gut erschließbare Einführung von Pilbeam (2010) sowie Valdez und Molyneux (2013) stützen sich die folgenden Ausführungen im Wesentlichen.

Auf dem Markt für Kapital und Finanzdienstleistungen ist eine Vielzahl unterschiedlicher Institutionen tätig. Dazu zählen z. B. öffentliche oder private Banken, Sparkassen, Versicherungen, Wertpapierhäuser, Investmentgesellschaften, öffentliche oder private Vermögensverwaltungen, Pensionskassen, Wagniskapitalgesellschaften und Börsen. Sie vermitteln zwischen Sparern und Investoren, sammeln Kapital um es (sehr) langfristig anzulegen, versorgen Unternehmen, Haushalte und den Staat mit Krediten und handeln untereinander mit Finanzprodukten.

Sie unterscheiden sich in ihren Geschäftsfeldern und in ihrem Geschäftsmodell, das jeweils in unterschiedlichem Maße Risiken beinhaltet und sich an unterschiedliche Kundengruppen richtet. So sind z. B. die Sparkassen in Deutschland mit der regionalen Versorgung der Bevölkerung und kleiner Unternehmen beauftragt, während international agierende Investmentbanken großvolumige und riskante Finanzgeschäfte abwickeln.

Die Finanzindustrie hat eine Schlüsselstellung

Die Finanzindustrie hat für das Funktionieren einer kapitalistisch organisierten Gesellschaft die folgenden wesentlichen, unverzichtbaren Funktionen.

Kredite bereitstellen: Konsumenten benötigen Kredite für Anschaffungen für langlebige Konsumgüter oder Immobilien, Unternehmen finanzieren ihre Investitionen teilweise mit Fremdkapital und Staaten finanzieren ihre Defizite über Anleihen. In den meisten europäischen Volkswirtschaften sind Banken die hauptsächliche Quelle dieser Kredite. Sie schöpfen Kredite aus den Spareinlagen von Haushalten, nehmen Kredite am Kapitalmarkt, z. B. bei anderen Banken, auf und schaffen selbst Kredite „aus der Luft" (McLeay, M., Radia, A. et al., 2014). Im Prinzip können Banken unbegrenzt Kredite schaffen, solange sie die vorgeschriebenen Sicherungsmaßnahmen durch Bereitstellung von Eigenkapital erfüllen.

Risiko streuen und Fristentransformation durchführen: In der Finanzindustrie treffen – vereinfacht gesehen – zwei Marktseiten mit unterschiedlichen Präferenzen zusammen: Die Sparer sind risikoscheu und wollen ihre Spareinlagen meist mit kurzer Kündigungsfrist wieder verfügbar haben. Die Investoren dagegen gehen ein unternehmerisches Risiko in Projekten mit langer Laufzeit ein. Die Bank kann die Spareinlagen in Investitionskredite transformieren, da sie erstens aus dem ständigen Zu- und Abfluss von Spareinlagen ein längerfristig verfügbares Kreditvolumen bereitstellen kann und zweitens über ihre Liquiditätsreserve, durch ihr

Eigenkapital und ihre Zinspolitik die Risiken der Kreditvergabe kompensieren kann.

Transaktionskosten senken: Wenn der Investor den Kredit nicht bei der Bank, sondern bei einer Vielzahl von kleinen, kurzfristig orientierten Sparern einsammeln und verlängern müsste, hätten alle beteiligten Seiten einen erheblichen Aufwand aus der Prüfung des potenziellen Geschäftspartners, der Kommunikation sowie von Vertragsabschluss und -überwachung. Durch die Bündelung der Kreditbeziehungen bei der Bank wird dieser Aufwand der Geschäftsanbahnung und -tätigkeit (Transaktionskosten) erheblich geringer.

Finanzindustrie als Standortfaktor

Die Finanzindustrie stellt in einigen Ländern eine große Anzahl gut bezahlter Arbeitsplätze bereit und leistet erhebliche Steuerzahlungen. Dies gilt insbesondere für Großbritannien, wo die Finanzindustrie ein wirtschaftliches Gewicht ähnlich der Autoindustrie in Deutschland hat (TheCityUK, 2016). Finanzzentren, wie City of London, Wall Street/New York, Frankfurt/M., Shanghai oder Hongkong, treten untereinander in globalen Wettbewerb. Dafür müssen sie eine breite Produktpalette anbieten und ein hohes Volumen umsetzen, um jederzeit Liquidität für viele unterschiedliche Finanzierungsbedarfe und Finanzprodukte bereitstellen zu können. Die informationstechnischen Systeme der Finanzindustrie stellen einen hohen Fixkosten-Block dar, was große Unternehmen bevorzugt. Nicht nur die schon erreichte Größe, sondern auch die Sprache sowie die Zeitzonen verschaffen dem Finanzplatz London eine Vorzugsposition: Bevor die Märkte in Asien schließen, hat die Arbeit in London begonnen, und wenn der Abend in London aufzieht, können die Geschäfte an der Wall Street fortgeführt werden.

Der anstehende Ausstieg Großbritanniens (BREXIT) stellt in Frage, ob Banken vom Standort London aus auch weiterhin Geschäfte in der ganzen EU machen dürfen („passporting rights"). Folglich diskutiert die Finanzindustrie bereits die Verlagerung ihrer Tätigkeit an einen anderen Standort, was zu einem erheblichen Verlust an Arbeitsplätzen und Steuereinnahmen in Großbritannien führen würde.

Weitere Kriterien für einen attraktiven Finanzplatz stellen die Rahmenbedingungen dar: Sicherheit und Rechtsschutz müssen im Umgang mit Banken und Finanzprodukten gelten und durchsetzbar sein. Die „angemessene" staatliche Regulierung der Finanzindustrie stellt einen Balanceakt zwischen Sicherheit und unternehmerischer Freiheit dar: Wenn die Regulierung die Finanzgeschäfte zu sehr einschränkt, werden die Gewinnaussichten der Finanzintermediäre im Vergleich zu anderen Standorten beschnitten. Ist die Regulierung dagegen zu „lasch", ist mit systemgefährdenden Krisen und entsprechenden wirtschaftlichen Verlusten zu rechnen. Eine Regulierung, die die Interessen der Finanzindustrie respektiert, soll sicherstellen, dass diese Unternehmen nicht in Länder mit geringeren Regulierungsanforderungen abwandern, um dort von einer lockeren Aufsicht zu profitieren (regulatory arbitrage).

ℹ **Weiterführende Literatur**
Pilbeam, K., 2010. Finance and financial markets. Houndsmill.
Valdez, S. und Molyneux, P., 2013. An introduction to global financial markets. Basingstoke.
Lannoo, K., 2015. The Great Financial Plumbing – From Northern Rock to Banking Union. Brussels.

2.3.6.4 Marktversagen und Regulierung in der Finanzindustrie

? „Kopf und/oder Bauch" – wie agieren Finanzmärkte?
Was soll eine Regulierung der Finanzindustrie leisten?

Funktionieren Finanzmärkte effizient?

Die Wirtschaftswissenschaften haben den Finanzen und dem Finanzsektor bisher wenig Raum in den grundlegenden Lehrbüchern eingeräumt. Zwei (Ein-) Sichten erklären diese Vernachlässigung.

Erstens, seien Finanzgeschäfte als Handhabung von Schulden und Forderungen nicht von Bedeutung, da Schulden und Forderungen in gesamtwirtschaftlicher Sicht zu Null saldieren. Diese vereinfachte Sicht wird jedoch offensichtlich den tatsächlichen Problemen nicht gerecht. Eine Überschuldung kann einzelne Unternehmen, Banken oder Staaten in den Bankrott führen, was durch „Ansteckung" letztlich das ganze Wirtschaftssystem betreffen kann. Aber selbst bei gut laufenden Geschäften sehen sich hoch verschuldete Unternehmen sowie private und öffentliche Haushalte zu einem Abbau ihrer Schuldenlast gezwungen, so dass sie aus dem laufenden Einkommen einen Teil zur Schuldentilgung verwenden. Dadurch sinken die gegenwärtigen Ausgaben, was die gesamtwirtschaftliche Aktivität schrumpfen lässt.

Zweitens, so wird behauptet, kommen Finanzmärkte mit ihrer schnellen Reaktion und dem umfassenden Informationsangebot dem Ideal des vollkommenen Marktes nahe und funktionieren weitgehend effizient und rational zur Optimierung von Gewinn und Nutzen. Dazu gehört auch, dass die umfassend informierten Akteure die Risiken und Erträge korrekt bewerten können und sie entsprechend in Kaufentscheidungen von Wertpapieren einpreisen (Pilbeam, K., 2010:235–255; Frydman, R. und Goldberg, M., 2011). Kurse und Preise auf Finanzmärkten können daher nicht falsch sein – Blasenbildungen auf Vermögensmärkten gibt es in einer solchen fiktiven Modellwelt nicht.

Psychologische Erklärungen für Boom-Bust-Zyklen

Die Schwächen der Theorie effizienter Finanzmärkte werden mittlerweile breit diskutiert (Quiggin, J., 2010: Chapter 2; Prasch, R. E., 2011; Keen, S., 2011; Hansen, 2013). Wesentliche Kritikpunkte liegen in der Behandlung der Zukunft, in der Vernachlässigung zirkulärer und kumulativer Prozesse („Aufschaukeln") und in der

Unterstellung rationalen Entscheidungsverhaltens anstelle psychologisch basierter Erklärungsansätze.

Der „richtige" heutige Preis eines Vermögensgegenstandes (Aktie, Anleihe, Immobilie etc.) wird über den diskontierten Wert der künftigen Nettorückflüsse bestimmt. Dabei müssen auch künftige Risiken in die Abschätzung der Nettoerträge einbezogen werden. Somit ist die Theorie der rationalen und effizienten Finanzmärkte implizit auf Prognosen angewiesen. Diese sind jedoch mit hoher Unsicherheit behaftet, die durch psychologische Einflüsse, wie Gier, Angst, Optimismus, gleichgerichtetes Verhalten etc., noch vergrößert wird.

Es sind nicht nur die erwarteten künftigen Gewinnaussichten, sondern auch die Annahmen über die Erwartungen anderer Marktteilnehmer, die die Kaufentscheidungen und damit die Kurse bestimmen. Wenn ein potenzieller Käufer glaubt, dass eine Vermögensart (z.B. Aktien, Immobilien, Gold) von einer großen Zahl anderer potenzieller Käufer (auch) künftig hoch bewertet wird, dann wird er diese jetzt kaufen. Es geht dabei nicht um die künftigen Erträge (Mieteinnahmen, Zinseinnahmen, Dividenden etc.) sondern um die Mehrung des Vermögens aus künftigen Kurssteigerungen. Bei gleichgerichteten Erwartungen und entsprechenden Kauforders einer großen Zahl von Marktteilnehmern kommt es zu Kurssteigerungen, die die bisherigen Erwartungen bestätigen und weitere Käufe auslösen. Dieser Vorgang kann sich bis zur Bildung einer Vermögensblase fortsetzen, ohne dass die Marktteilnehmer dies als Fehlentwicklung wahrnehmen.

Erwartungen können sich jedoch schnell ändern, was dann zu einem kumulativen Prozess in Richtung sinkender Kurse führt. Die verhaltensorientierte Finanzwissenschaft nutzt psychologische Erklärungen (Herdenverhalten, Furcht und Gier, Risikoaversion und Selbstüberschätzung bei kognitiver Dissonanz) für das Entscheidungsverhalten auf Finanzmärkten (U.v.a. Shiller, R.J., 2002; 2005; Akerlof, G.A. und Shiller, R., 2009; Bruce, B., 2010; Baker, H.K. und Nofsinger, J. R., Eds., 2010; Kahneman, D., 2011; Wilkinson, N. und Klaes, M., 2012). Auf den Vermögensmärkten kommt es aus den o.g. psychologischen Verhaltensmustern immer wieder zu spekulativen Übertreibungen mit anschließenden Zusammenbrüchen, sogenannten „Boom-Bust-Zyklen". In seiner „Theorie inhärent instabiler Finanzmärkte" hat Minsky diese Ansätze aufgegriffen (Kapitel 3.5.1).

Systemisches (globales) Risiko

Der Zusammenbruch einer Bank unterscheidet sich vom Zusammenbruch eines Unternehmens der Realwirtschaft grundlegend. Von der Insolvenz eines einzelnen Unternehmens sind dessen Kapitaleigner, Lieferanten und Beschäftigte betroffen, aber sein frei werdender Marktanteil wird reibungsarm von den Konkurrenten übernommen und das gesamte Wirtschaftssystem bleibt unberührt. Eine Insolvenzordnung schafft dafür ein geordnetes Verfahren.

Banken gehen untereinander umfangreiche Kreditverflechtungen ein. Der Untergang einer einzelnen Bank führt zu Abschreibungen dieser Kredite bei anderen Banken, die dadurch ihrerseits in die Insolvenz geraten können. In einer Kettenrektion kann das gesamte Finanzsystem destabilisiert werden. Aber nicht alleine der Abschreibungsbedarf kann ein **systemisches Risiko** darstellen. Da auf dem Inter-Bankenmarkt sehr große Umsätze kurzfristig getätigt werden, kann dafür jeweils keine Prüfung der Kreditwürdigkeit des Geschäftspartners vorgenommen werden; die Prüfung wird durch Vertrauen ersetzt. Sobald das **Vertrauen** erschüttert wird, brechen diese Geschäftsbeziehungen zusammen und ein entscheidender Teil des Finanzsystems ist „schock-gefrostet". Angesichts der internationalen Verflechtung der gesamten Finanzbranche über alle Typen von Intermediären hinweg kann sich eine **globale Ansteckung** entwickelt, die eine Abschirmung und Eindämmung von Risiken kaum noch zulässt (Pericoli, M. und Sbracia, M., 2003; Zedda, S., Cannas, G. et al., 2012; Forbes, K. J., 2012). Der unerwartete Bankrott der Investmentbank Lehman's im Jahr 2008 war ein solches Ereignis.

Weiterhin neigen Banken dazu, gleichgerichtet und gleichzeitig verstärkt in bestimmte Anlageklassen zu investieren, wie z. B. Immobilien, Staatsanleihen oder Rohstoffe. Dadurch entstehen „Klumpen-Risiken" im Finanzsystem, die dieses bei einem ausgeprägten Kursverlust der entsprechenden Anlageklasse in seiner Existenz gefährden können.

Fazit: Marktversagen erfordert „gute" Regulierung

Finanzmärkte funktionieren weder rational noch effizient, wie die obige Darlegung zu psychologischen Effekten und systemischem Risiko gezeigt haben. Zusätzliche Elemente des Marktversagens sind Informationsasymmetrie und moral hazard (Pilbeam, K., 2010: 459–468):

- **Informationsasymmetrie:** Einige Marktteilnehmer verfügen nur über unzureichende Informationen und Kenntnisse und können daher ihre Entscheidungen nicht immer auf einer soliden Grundlage treffen. Dies trifft z. B. auf die meisten Sparer zu, die über die Vertrauenswürdigkeit einer Bank oder das Risikoniveau eines Finanzprodukts nicht kompetent urteilen können. Auch können besser informierte Teilnehmer am Marktgeschehen (Insider) die anderen durch ihren Informationsvorsprung übervorteilen.
- **Moral hazard:** Da der Untergang einzelner Unternehmen der Finanzindustrie die gesamte Branche und sogar die gesamte Wirtschaft schwer in Mitleidenschaft ziehen kann, kann jedes einzelne Unternehmen davon ausgehen, dass es ggf. vom Steuerzahler gerettet werden wird. Große und mit anderen Finanzinstituten eng verflochtene Banken gelten als „zu groß und zu verflochten, um unterzugehen" („too big to fail", „too entangled to Ffail"). Diese Situation verleitet jene Institute dazu, große Risiken einzugehen um höhere Profite erzielen zu können. Es ist nachgewiesen, dass große Banken tatsächlich riskantere Geschäfte tätigen und durch die implizite Staatsgarantie eine verdeckte Subvention erhalten, da sie sich Kredite am Finanzmarkt billiger beschaffen kön-

nen. Die Skalenerträge aus der Betriebsgröße dagegen sind relativ gering (Barrell, R., Davis, P. et al., 2010; Ratnovski, L., Laeven, L. et al., 2014; The Greens, EFA et al., 2013).

Bei Vorliegen von Marktversagen ist eine Eindämmung bzw. Korrektur der unerwünschten Effekte durch Regulierung auf nationaler und internationaler Ebene erforderlich. Die Regulierungen sollen einerseits hinreichend sicher sein und andererseits der Finanzindustrie genug unternehmerischen Spielraum lassen, um den Optimierungsprozess bei der Vermittlung zwischen Kapitalanbietern und -nachfragern im Wettbewerb zu gestalten. Es geht also nicht um viel oder wenig, sondern um „gute" Regulierung.

Pilbeam (2010:462) weist auf Maßnahmen hin, die die zuständigen nationalen Gesetzgeber und die zuständigen staatlichen Stellen ergreifen können; dazu gehören u. a.:

- Lizenzierung von Finanzinstituten, um nur zuverlässigen Anbietern den Marktzutritt zu gewähren und eine Mindestsicherheit zu gewährleisten.
- Festlegung von Veröffentlichungsvorschriften, um Transparenz über die wirtschaftliche Lage von Anbietern herzustellen.
- Verpflichtung zur Bereitstellung von Ausfallsicherheiten, z. B. für Spareinlagen (Einlagensicherungsfond der Banken) oder einer Mindestausstattung mit Eigenkapital (Eigenkapitalquote, Leverage).
- Begrenzung der Geschäftätigkeit auf bestimmte Risikoklassen von Finanzgeschäften bei Instituten, die sich an die weniger informierte Allgemeinheit wenden.
- Verbraucherschutzvorschriften mit Transparenzvorschriften und Haftungsregelungen, die den Schwächeren vor der „unfairen" Verfolgung der Eigeninteressen der besser Informierten abschirmen sollen.

Regulierungen werden spezifisch für bestimmte Finanzaktivitäten und/oder Finanzintermediäre formuliert. Generell gilt, dass die Regulierungsdichte dann höher sein sollte, wenn einzelne Aspekte des Marktversagens besonders ausgeprägt sind. Da Regulierung auch als Restriktion für einen risiko- und gewinnorientierten Finanzakteur wirken, besteht der Anreiz für die Anbieter von Finanzdienstleistungen, sich legal aus dem Zugriffsbereich der strengen Regulierung zu entfernen. Die Kreativität und Innovationskraft der Finanzanbieter führt zur Erfindung von Institutionen und Produkten, die von der bisherigen Regulierung nicht oder nur schwächer erfasst werden. So entstehen sogenannte **Schattenbanken**. Sie handeln legal aber außerhalb der Regulierung; zu diesen Schattenbanken gehören z. B. Geldmarktfonds und Hedgefonds. Immer wenn die Regulierung strengere Regeln erlässt, verlagert die Finanzindustrie ihre Geschäftätigkeit in den „Schatten". Seit der Finanzkrise wird ein wachsender Anteil der gesamten Finanztransaktionen in Schattenbanken abgewickelt (IMF, 2014b; Deutsche Bundesbank, 2014a;

Schrooten, M., 2012). Die Europäische Kommision bemüht sich darum, auch diesen Bereich besser durch Regulierung zu erfassen (European Commission, 2014l, 2015g).

Zwischen dem Regulierer und den Regulierten findet also ein Wettlauf statt, in dem auch politische Macht und die Organisation von Interessen der Finanzbranche in Lobbys eine erhebliche Rolle spielen. Da die Materie kompliziert ist, muss der Gesetzgeber bei der Neuformulierung der Regulierungen auf Sachverstand aus der Finanzindustrie zurückgreifen und unterliegt somit der Gefahr des „regulatory capture": Die zu Regulierenden schreiben sich ihre Regeln selbst (Igan, D., Mishra, P. et al., 2009; Haar, K., Pohl, C. et al., 2009; Croley, S. P., 2011). Der relative geringe Fortschritt bei der Verschärfung der Finanzmarktregulierung nach der Finanzkrise ist auch auf den erheblichen Einfluss der Lobby zurückzuführen.

Die Regulierung der Finanzindustrie stellt ein komplexes und sehr umfangreiches Gebiet dar, das hier nicht dargestellt werden kann. Vielmehr werden im Folgenden zwei wichtige Aktivitäten der EU in diesem Bereich hervorgehoben: Die Banken-Union und die Kapitalmarkt-Union.

i **Weiterführende Literatur**
European Systemic Risk Board (ESRB), 2014. Flagship Report on Macro-prudential Policy in the
  Banking Sector. Frankfurt (M), Europäische Zentralbank.
Pilbeam, K., 2010. Finance and financial markets. Houndsmill.
Sornette, D., 2003. Why Stock Markets Crash? Critical Events in Complex Financial Systems.
  Princeton.
SVR, 2015a. Der weite Weg zu mehr Finanzstabilität in Deutschland und Europa. Mehr Vertrauen
  in Marktprozesse. Berlin: 169–214.
Hansen, F., 2013. The efficient-markets hypothesis after the crisis: a methodological analysis of
  the evidence. Before and beyond the global economic crisis – economics, politics and
  settlement. Benner, M. Cheltenham [u. a.], Edward Elgar: 55–71.

2.3.6.5 Banken-Union

? Warum wurde eine Banken-Union geschaffen?
Welche Elemente machen die Banken-Union aus?
Wird die Banken-Union die in sie gesetzten Erwartungen erfüllen?

Die EU hatte zwar die Kapitalverkehrsfreiheit als Teil des Binnenmarktes verankert, aber die erforderlichen Institutionen, Kompetenzen und Verfahren nicht gleichzeitig geschaffen. Der Bankensektor war daher durch die folgenden Schwächen und Risiken charakterisiert.

Nationaler Fokus

Jeder EU-Mitgliedsstaat hat eine spezifische Struktur seiner Finanzindustrie: So gibt es z. B. in Deutschland neben Geschäftsbanken auch Sparkassen als Banken mit öffentlichem Auftrag sowie zahlreiche Landesbanken in staatlichem Eigentum. Auch gibt es in Deutschland einen von den Banken gefüllten Fonds zur Sicherung der Spareinlagen bis 100.000.– pro Konto im Fall der Insolvenz einer Bank. Banken sind in der Regel Unternehmen des Sitzlandes und unterliegen den jeweiligen nationalen Regulierungen, werden von nationalen Aufsichtsbehörden überwacht und bedienen überwiegend Kunden aus dem Sitzland. Für private Haushalte und kleine und mittlere Unternehmen stellen sie den hauptsächlichen Zugang zu Kapital dar. Sie sind die größten Käufer von Staatsanleihen „ihres" Landes und erwarten implizit, vom Steuerzahler des Landes aus finanziellen Problemlagen gerettet zu werden. Diese Wechselbeziehung zwischen Banken und Staat führte z. B. in Irland dazu, dass der Staat durch die Bankenrettung in den Bankrott geriet. Andererseits können überschuldete Banken ihre bisherige Rolle als Käufer von Staatsanleihen nicht mehr spielen und bringen so den Staat in Probleme bei der Finanzierung.

Die Bankenaufsicht könnte versucht sein, „ihre" Banken mit weniger strengen Forderungen zu konfrontieren und sie im Ernstfall zu spät und dann zulasten des Steuerzahlers in die Abwicklung zu schicken. Zu dieser „Milde" könnte auch die Angst vor dem Verlust von Arbeitsplätzen und internationalen Marktanteilen verführen.

Grenzüberschreitende Schäden

Der nationale Fokus im Bankensektor geht einher mit einer globalen oder zumindest internationalen Wirkung von Problemen von Banken (Kapitel 2.3.6.4). Angesichts grenzüberschreitender negativer Effekte einer Bankenpleite ist ein **moral hazard-Effekt** zu erwarten: Die nationale Aufsicht könnte „ihre" Banken riskantere Geschäfte mit geringerer Absicherung tätigen lassen. Die möglichen Extra-Profite kommen dann der Bank zugute. Sollte sich dagegen das Risiko materialisieren, dann wäre ein grenzüberschreitendes Ausstrahlen des Schadens zu erwarten, da Misstrauen und Panik der Anleger an Landesgrenzen nicht haltmachen und die Banken Wertpapiere vom internationalen Markt in ihrem Portfolio halten, die dann abgeschrieben werden müssten. Folglich können sich andere Länder genötigt sehen, zur Rettung der Bank finanziell beizutragen, um die eigenen Folgeschäden geringer zu halten. Diese Probleme treten verschärft bei sehr großen und eng untereinander verflochtenen Banken auf: Diese gelten dann als „too big to fail" bzw. „too entangled to fail". Eine Rettung durch den (internationalen) Steuerzahler scheint dann unabweisbar.

Fortschritt durch die Krise

Die Lösung der o. g. Probleme war konzeptionell nicht schwierig, aber ihre Implementation stieß auf erheblichen politischen Widerstand in allen Mitgliedsstaaten, da erstens die nationale Zuständigkeit teilweise aufgegeben werden musste und zweitens – je nach den Details des neuen Systems – eine Vergemeinschaftung der

Schadenshaftung drohte. Erst in der Finanzkrise und dem drohenden Zusammenbruch des gesamten Finanzsystems gelang es, in der EU einen großen Schritt voran zu tun: Die Vereinbarung und schrittweise Einführung einer **Banken-Union**. Die auslösende Krise wurde auch als Krise des Euro interpretiert und daher sollten zumindest alle 19 Euro-Mitgliedsstaaten sich beteiligen.

Elemente der Banken-Union

Eine Banken-Union kann als ein voll integriertes System zur Regulierung und Beaufsichtigung von Banken mit einer föderalen Struktur (Lannoo, K., 2015:99) bezeichnet werden.

1. Einheitliches Regelwerk

Da die nationalen Aufseher unterschiedliche Normen und Regeln bei der Bankenaufsicht verfolgten und insgesamt zu milde gegenüber „ihren" Banken waren, wurde ein einheitliches Regelwerk für die künftige Aufsicht über sowie für die Schließung von Banken vereinbart. Dazu gehören auch einheitliche Anforderungen an die Sicherheitsmaßnahmen der Banken. Mit der Vereinheitlichung der Regeln wird den Banken auch die Möglichkeit genommen, sich das Land mit den „angenehmsten" Aufsichtsregeln als Sitzland auszusuchen (regulatory arbitrage). Damit wird ein „Wettlauf nach unten" hin zu den geringsten Anforderungen an die Sicherheit unterbunden.

2. Gemeinsame Aufsicht

Die Bankenaufsicht erfordert hohe fachliche Kompetenz und Präzision sowie Unabhängigkeit von allen Interessen – einschließlich der nationalen Regierungen. Sie muss Beurteilungen zur wirtschaftlichen Lage von Banken abgeben und Maßnahmen verfügen, die bei Fehlern sehr große Schadensersatzansprüche auslösen könnten. Auch Konsequenzen für Arbeitsplätze und Standorte der Finanzindustrie können folgen. In den EU-Verträgen war für diese Aufgabe noch keine neue, unabhängige EU-Aufsicht vorgesehen; diese hätte die einstimmige Änderung der Verträge erforderlich gemacht. Um eine langwierige Vertragsänderung mit ungewissem Ausgang zu vermeiden, wurde die Aufsicht der Europäischen Zentralbank (EZB) übertragen; der Artikel 127,6 der AEU-V liefert dafür die Grundlage. Damit sind aber nur die Länder mit dem Euro zur Teilnahme verpflichtet. Diese pragmatische Lösung kann die EZB jedoch in **Zielkonflikte** bringen: Wenn sie zur Inflationsbekämpfung die Zinsen erhöhen will, bringt sie damit Finanzierungen in Probleme, die auf niedrige Zinsen angewiesen sind, so dass mit Bankzusammenbrüchen zu rechnen ist. Macht sie andererseits in der Bankenaufsicht Fehler, so könnte sie versuchen, diese durch geldpolitisch eingekleidete Liquiditätshilfen und niedrige Zinsen zu kompensieren.

Außerdem konnte sich der Rat nicht darauf einigen, die Aufsicht vollständig auf die supranationale Ebene zu verlagern. Vielmehr müssen nationale Aufsichtsbehörden europäisches Recht anwenden und miteinander und mit der EZB im Euro-Raum kooperieren. Schäfer (2013) bezeichnet dieses Konstrukt als einen Irrgarten, in dem Kommunikations- und Abstimmungsprobleme lauern.

3. Einheitlicher Abwicklungsmechanismus und Abwicklungsfond

Bisher führten wirtschaftliche Schwierigkeiten einer Bank zu einem ungeordneten Zusammenbruch, dessen schlimmsten Folgen mit dem Geld des Steuerzahlers abgefedert wurden; ein Insolvenzverfahren war nicht definiert. Hier setzen die Regelungen der Banken-Union an, indem sie ein Verfahren zur geordneten Abwicklung einführen.

Sobald negative Gerüchte über eine Bank zirkulieren, setzt ein „Bank Run" ein, d. h. alle Sparer und andere Anleger versuchen hastig und gleichzeitig, ihr Vermögen aus der Bank abzuziehen. Selbst eine gesunde Bank wäre nicht imstande, die dafür benötigten Mittel bereitzustellen – ein chaotischer Zusammenbruch findet statt. Die zwingende Folge ist die Vernichtung von Forderungen gegen die Bank, die bei einem geordneten Verfahren in mittlerer Sicht unter Minimierung der Verluste hätten ausgeglichen werden können. Für eine geordnete Abwicklung sind zwei Voraussetzungen zu erfüllen: Erstens müssen der Entschluss zur Abwicklung und die Schließung „über Nacht" erfolgen, um die chaotische Flucht der Anteilseigner und der Gläubiger unterbinden zu können. Zweitens ist kurzfristig frisches Kapital erforderlich, um Ressourcen und Zeit für die geordnete Abwicklung zu gewinnen.

Auch in der Finanzkrise ab 2008 verliefen Bankenkrisen chaotisch und der Steuerzahler wurde zur Rekapitalisierung und zum Ausgleich geplatzter Forderungen herangezogen. Die Eigentümer und Kreditgeber der Bank dagegen wurden geschont (Hau, H., 2013:187–189). Um diesem systemwidrigen Verlagern des Risikos auf den Steuerzahler ein Ende zu bereiten wurde eine **Haftungskaskade** eingeführt: Zuerst müssen die Aktionäre auf ihr eingesetztes Kapital verzichten, danach die großen Kreditgeber und zum Schluss die „kleinen" Sparer – bis auf 100.000,– € pro Kunde. Dieses In-die-Haftung-Nehmen der Eigentümer und Gläubiger wird **Bail-in** genannt. Die Abwicklung wird durch einen **Abwicklungsfond** unterstützt, in den die Bankindustrie selbst einzahlt. Der **Einlagensicherungsfond** soll die „kleinen" Spareinlagen garantieren.

Diese Haftungskaskade und die beiden Fonds können einen großflächigen Zusammenbruch im Bankensystem nicht abdecken. Wenn viele kleine Banken gleichzeitig oder wenn eine sehr große Bank zusammenbricht, dann muss zum Schluss doch der Steuerzahler herangezogen werden (**fiscal backstop**). Ausnahmeklauseln legen den Verdacht nahe, dass im Ernstfall die großen Kapitalgeber ihren politischen Einfluss geltend machen könnten, um aus der Haftung entlassen zu werden. Dann würde auch in der Banken-Union letztlich wieder der Steuerzahler die Last tragen (Hau, H., 2013:194–195; Hellwig, M., 2014).

Die Schritte zur Banken-Union

Der Übergang von nationaler Kompetenz in EU-Zuständigkeit war – wie üblich – von dem Bestreben nationaler Akteure geprägt, möglichst wenig Macht abzugeben. Gleichzeitig wollte die EU-Ebene eine möglichst umfassende „Vergemeinschaftung" erreichen. In diesem Spannungsfeld wurde ausgehandelt, dass nur die großen **„systemisch relevanten"** Banken unter die EU-Aufsicht und EU-Abwicklung gestellt werden. Damit bleiben z. B. die relativ kleinen Sparkassen in Deutschland, die außerdem keine riskanten Investment-Geschäfte tätigen dürfen, unter nationaler Aufsicht. Die nationalen Behörden sollen allerdings unter Anleitung der EU-Aufsicht arbeiten.

Der Zustand des Bankensystems war in vielen Mitgliedsstaaten nicht transparent: Das Volumen „fauler" Kredite und die damit verbundenen Risiken wurde in einem **Qualitäts-Check** ermittelt. Anschließend wurden die Banken einem **Stress-Test** unterzogen, um zu prüfen, welche Bank eine nächste Krise nicht überstehen würde. Die Prüfungen schlossen mit Auflagen an einige Banken, die ihr Eigenkapital vergrößern mussten. Damit sollte Vertrauen in die neue Aufsicht geschaffen werden und verhindert werden, dass Mitgliedsstaaten ihre Problembanken in einen europäischen Verbund einbringen und so vergemeinschaften.

Verschiedene Mitgliedsstaaten der Banken-Union hatten noch keine **Einlagensicherung** aufgebaut, während andere mit wohl gefüllten Kassen versehen waren. Eine gemeinsame Einlagenscherung hätte denen, die bisher keine Vorsorge getroffen hatten, den Zugriff auf die Ressourcen der anderen Länder gegeben. Dies wurde in zähen Verhandlungen modifiziert; der weitere Verlauf ist noch offen. Da die Einlagensicherung dem Verbraucherschutz dient und da diese Aufgabe in nationaler Verantwortung liegt, ist es nicht zwingend, dass der Fond überhaupt vergemeinschaftet wird (Lannoo, K., 2015:133–136).

Fazit und Ausblick

Mit der Banken-Union hat die EU in erstaunlichem Tempo eine tiefgreifende Strukturveränderung zustande gebracht, die in die richtige Richtung weist, aber ihre Bewährungsprobe noch vor sich hat. Künftig müssen vor allem die Bankenaufsicht aus der EZB herausgelöst und in eine unabhängige Institution gegeben werden. Weiterhin muss die Banken-Union in die EU-Verträge integriert und für alle Mitgliedsstaaten verbindlich gemacht werden. Auch der Einlagensicherungsfond sollte erst vergemeinschaftet werden, wenn alle Länder ihre Bankenrisiken bereinigt und zum Fond adäquat beigetragen haben. Die immer noch großen Volumina „fauler" Kredite, z. B. in italienischen Banken, dürfen nicht durch wettbewerbswidrig großzügige Staatshilfen abgefedert werden. Vielmehr verlangen die neuen

Regeln, dass die Käufer von Bank-Anleihen vorher einen Haircut hinnehmen. Dies wäre politisch sehr unpopulär, da viele „kleine Sparer" diese Papiere gekauft hatten. In einem vorigen Haircut hat ein verzweifelter Rentner in Italien Selbstmord begangen, was in der Öffentlichkeit zur Ablehnung eines weiteren Haircut beitrug. Weiterhin kann die neue Regel privates Kapital davon abschrecken, in Banken zu investieren, was eine privatwirtschaftliche Verbesserung der Eigenkapitalausstattung erschwert.

Weiterführende Literatur

European Central Bank: Financial integration in Europe, lfd. Jg.

Micossi, S., Bruzzone, G. et al., 2016. Fine-tuning the use of bail-in to promote a stronger EU financial system. CEPS Special Report (136).

Schoenmaker, D. und Veron, N.Eds. 2016. European banking supervision: the first eighteen months. Brussels: Bruegel.

Lannoo, K., 2015. The Great Financial Plumbing – From Northern Rock to Banking Union. Brussels, CEPS.

SVR, 2015a. Der weite Weg zu mehr Finanzstabilität in Deutschland und Europa. Mehr Vertrauen in Marktprozesse. Berlin: 169–214.

Bremus, F. und Lambert, C., 2014. Bankenunion und Bankenregulierung: Stabilität des Bankensektors in Europa. DIW Wochenbericht (26): 614–625.

2.3.6.6 Kapitalmarkt-Union

Gibt es einen grenzenlosen Markt für Finanzdienste in der EU?
Welche Ziele verfolgt die EU in der Kapitalmarkt-Union?

Fragmentierte Finanzmärkte – Bankkredite dominieren

Trotz der Freigabe des Kapitalverkehrs bleibt der Binnenmarkt für Kapital in **nationale Teilmärkte** zersplittert. Unternehmen, private Haushalte und auch Regierungen in den meisten Mitgliedsstaaten haben Geschäftsbeziehungen überwiegend mit den nationalen Banken. Auch die Regulierung und Aufsicht der Finanzwirtschaft ist national organisiert, was eine grenzüberschreitende Expansion des Finanzgeschäfts behindert. Mit dem Ausbruch der Finanzkrise ist die Integration der Kapital- und Finanzmärkte in der EU noch weiter zurückgegangen, da die Banken die in den Peripherieländern investierten Überschüsse wieder abgezogen und „repatriiert" haben (Schoenmaker, D., 2013b; Valiante, D., 2016). Gerade im Marktsegment der Bankkunden mit relativ kleinen Anlage- bzw. Kreditbeträgen existierte noch kein europaweit integrierter Markt, so dass die Banken noch Spielräume für **Preisdifferenzierung** zwischen den einzelnen Ländern haben.

Als Finanzintermediäre für Kapital und Kredit dominieren in der EU die Banken, während andere Zugänge zu Kapital, wie Aktienbörsen und Anleihenmärkte, weniger genutzt werden, als z. B. in den USA.

Aktionsplan für eine Kapitalmarkt-Union

Die EU-Kommission geht von der Hypothese aus, dass es Reibungsverluste zwischen Angebot und Nachfrage auf dem Kapitalmarkt gäbe, so dass die Versorgung mit Finanzmitteln nicht so reibungslos ist, wie es für ein höheres Investitionsvolumen erforderlich wäre. Wären andere Angebotskanäle durchlässiger, dann würde auch mehr investiert. Die Bekämpfung der im „Juncker-Plan" (European Commission, 2015h) behaupteten Investitionsschwäche erfordert nach Auffassung der Kommission die Öffnung zusätzlicher Kapitalquellen. Aus dieser Problemanalyse hat die Europäische Kommission einen Aktionsplan zur Errichtung einer **Kapitalmarkt-Union** entwickelt, mit den Zielen:

„1. Durch die Beseitigung von Hindernissen für grenzüberschreitende Investitionen einen Binnenmarkt für Kapital schaffen

2. Den Zugang zu Finanzmitteln für alle Unternehmen in Europa verbessern

3. Die Finanzierung der Wirtschaft diversifizieren und die Kosten der Kapitalaufnahme verringern

4. Die Vorteile von Kapitalmärkten maximieren, so dass sie zu wirtschaftlichem Wachstum und der Schaffung von Arbeitsplätzen beitragen können

5. KMUs helfen, leichter Kapital aufzunehmen

6. Der EU helfen, Investitionen aus der ganzen Welt anzuziehen und wettbewerbsfähiger zu werden" (Europäische Kommission, 2015e).

Durch eine Vielzahl von Maßnahmen sollen Kapitalgeber und Investoren effizienter zusammengebracht werden. In einem ersten Statusbericht (European Commission, 2016h) werden der Stand und die weiteren Schritte beschrieben.

Es wird jedoch kaum geklärt, ob und wie die festgestellten Defizite bei Investitionen, Arbeitsplätzen und Wachstum mit Unzulänglichkeiten des Kapitalmarkts zusammenhängen. Damit bleibt offen, inwiefern die vorgeschlagene Lösung zu dem vermeintlichen oder tatsächlichen Problem passt.

Auf diesen Arbeitsplan könnten zwei künftige Ereignisse einwirken und die Richtung und Erfolg der Kapitalmarkt-Union verändern: Eine erneute Banken-Krise, die ihren Ausgang in den italienischen Banken im Sommer 2016 nehmen könnte sowie die Umstrukturierungen in der Finanzindustrie, die aus einem BREXIT möglicherweise folgen wird.

i Weiterführende Literatur

European Central Bank: Financial integration in Europe, lfd. Jg.

Valiante, D., 2016. Europe's Untapped Capital Market: Rethinking integration after the great financial crisis. London, Rowman & Littlefield International.

European Commission, 2016 f. European Financial Stability and Integration Review (EFSIR): A focus on Capital Markets Union. Commission staff working document (SWD(2016) 146 final).

European Commission, 2016s. State of the Union 2016: Questions and Answers on Capital Markets Union – Accelerating Reform. Fact sheet (MEMO/16/3012).

3 Die gemeinsame Währung

Als die Währungsunion vor mehr als einem Jahrzehnt auf den Weg gebracht wurde, hielten das viele für eine Illusion. Die großen Visionäre haben sich am Ende des Jahrhunderts als die eigentlichen Realisten erwiesen.

Währungen waren in der Geschichte schon immer mehr als nur ein Zahlungsmittel; sie waren und sind stets auch ein Stück gemeinsamer Identität und Kultur und ein Gradmesser politischer, wirtschaftlicher und sozialer Stabilität. Und: Stabilität ist nicht alles, aber ohne Stabilität ist alles nichts.

(Der Euro, Karlspreisträger 2002 (entgegengenommen von Wim Duisenberg))

Der Euro wird „... den Gemeinsamen Binnenmarkt nicht ‚krönen‘, sondern aufs schwerste gefährden, ja möglicherweise zum schwersten Rückschlag der Europäischen Integration ... führen".

(Hankel, W., Nölling, W., Schachtschneider, K. A., Starbatty, J. (1998:18))

Mehr als jedes andere europäische Projekt war die Einführung des Euro mit hohen positiven und negativen Erwartungen besetzt. Der Diskurs über den Euro unter Fachleuten und in der Öffentlichkeit war und ist kontrovers. Die Sichten wechseln je nach theoretischer Basis und aktuellen Ereignissen (3.1). der Euro wurde als politisches Projekt eingeführt und mit einer Eintrittsprüfung versehen (3.2). Es ergab sich eine fehlerhafte Konstruktion für Wirtschaft und Währung (3.3). Zur Startgruppe gehörten zwar Länder, deren Teilnahme Stirnrunzeln auslöste, aber am Anfang schien alles gut zu laufen (3.4). Die privaten und öffentlichen Schulden stiegen danach unaufhaltsam und die Finanzkrise offenbarte die Schwäche des Konzepts der gemeinsamen Währung. Nur mit unkonventionellen und problematischen Maßnahmen der Zentralbank konnte der Zusammenbruch bisher aufgehalten werden (3.5).

3.1 Eigene oder gemeinsame Währung?

3.1.1 Der Euro: Motive und Positionen

Welche gegensätzlichen Positionen zum Euro wurden vertreten?
Wurde der Euro ökonomisch begründet?

Die Wirtschaftsunion mit den „Vier Grundfreiheiten" im Binnenmarkt und den flankierenden Politiken (Kapitel 2.2) hat den grenzüberschreitenden Wettbewerb auf den Märkten verschärft. Bestehen blieben der Wechselkurs als Scharnier im grenzüberschreitenden wirtschaftlichen Austausch sowie die nationale Hoheit über

DOI 10.1515/9783110495485-003

Staatsausgaben und Steuereinnahmen (Fiskalpolitik) ebenso über Zinsen und Geldmenge (Geldpolitik). Bei diesem Stand der Integration war zu fragen, ob die Wirtschaftsunion zu einer Wirtschafts- und Währungsunion weiterentwickelt werden sollte, indem eine gemeinsame Währung eingeführt würde.

Der Schritt zur Währungsunion sowie deren Ausgestaltung waren und sind nicht vorrangig fachlich zu begründen: Es handelt sich auch um ein politisches Projekt (Delors, J., 2001). Die idealistische Lesart sah den Euro als Schritt zur Einigung Europas sowie zur endgültigen Überwindung von Kriegen und Spaltung in Europa. So wurde angenommen, dass sich nach der Einführung einer gemeinsamen Währung ein Sachzwang zur Einführung einer gemeinsamen Fiskalpolitik ergäbe. So könnte sich die politische Union als zwangsläufiges Resultat darstellen.

Parallel zu politischen Strategien lagen auch wirtschaftliche Interessen dem Euro mehr oder minder offen zugrunde. Dazu gehörte der Wunsch Deutschlands nach einer Erleichterung seiner Exporte durch die Entschärfung der „Abwertungswaffe" seiner Hauptkonkurrenten Italien und Frankreich ebenso wie der Wunsch Frankreichs nach einer Rückgewinnung geldpolitischen Einflusses gegenüber einer in Europa übermächtigen Deutschen Bundesbank. Auch Hoffnung auf eine Vergemeinschaftung von Staatsschulden und Staatseinnahmen könnte ein verdecktes Motiv gewesen sein (Eichengreen, B., 1993; Feldstein, M., 1997; Tsoukalis, L., 1996; Abelshauser, W., 2010; Bagus, P., 2010; Wyplosz, C., 2006; Starbatty, J., 2013, Blankart, C. B., 2013; Fichtner, F. und König, P., 2015). Umstritten ist, inwiefern Frankreich seine Zustimmung zur deutschen Einigung 1990 von der Zustimmung Deutschlands zur Einführung des Euro abhängig gemacht hat (Blankart, C. B. und Ehmke, D., 2014; Juncker, J.-C. 2016).

Die Fachwissenschaft hat den Euro sehr kontrovers diskutiert. Neben Befürwortern der Währungsunion gab es auch ein breites Spektrum von Kritik. In Deutschland haben 1992 und 1998 zwei große Gruppen von Fachleuten Manifeste gegen die (zu frühe) Einführung des Euro publiziert (Ohr, R., 2012:26; Cooper, R., 1994:72–81; Bagus, P., 2010:Fn 12; Jonung, L. und Drea, E., 2009). Gegen die – nach ihrer Meinung – zu frühe Einführung des Euro klagten vier Personen vergeblich vor dem deutschen Verfassungsgericht; nachdem sie aber diese Klage verloren hatten, entstand fälschlicherweise der Eindruck, der Euro sei in seiner Konzeption vom obersten deutschen Gericht gebilligt worden (Hankel, W., Nölling, W. et al., 1998). Auch von US-amerikanischen Wissenschaftlern wurde das Konzept der gemeinsamen Währung skeptisch gesehen und gar deren baldiger Untergang vorausgesagt (Feldstein, M., 1992, 1997).

In der öffentlichen Debatte spiegelte sich die Polarität wider: Die Befürworter des Euro versprachen große wirtschaftliche Vorteile für alle, während die Gegner vor gravierenden Folgeschäden warnten. Eine Währungsunion zwischen entwickelten, aber wirtschaftlich und gesellschaftlich so unterschiedlichen Ländern wurde in Europa ohne historische Vorerfahrung konzipiert und umgesetzt. Eine abschließende Meinungsbildung dazu fiel und fällt selbst ökonomisch Geschulten schwer.

3.1.2 Eigene Währung als Instrument

Was bedeutet es für ein Land, eine eigene Währung zu haben?
Was bewirkt die Aufgabe der eigenen Währung zugunsten des Euro?

?

Eine eigene Geldpolitik und Währung geben dem Nationalstaat Instrumente zur Steuerung seiner Wirtschaft an die Hand: Den Leitzins und den Wechselkurs.

Der Leitzins, den die Zentralbank festsetzt, bestimmt über den Preis für Kredite, die die Finanzmärkte an Unternehmen, Haushalte und Regierungen geben. Die Zentralbank kann die Geldpolitik auf die **konjunkturelle** Situation des Landes zuschneiden. So kann z. B. in der Rezession der Zins als Preis für Kredite gesenkt werden, um die kreditfinanzierte Nachfrage nach Konsum- und Investitionsgütern anzuregen und damit zusätzliche Arbeitsplätze zu schaffen. Analoges gilt im Boom. Die Feinsteuerung der Konjunktur durch geldpolitische Maßnahmen ist allerdings nicht möglich, da zwischen Maßnahme und Reaktion in der Wirtschaft längere Zeit vergeht (time lag).

Ökonomische Schocks sind plötzlich auftretende, zeitweilige oder dauerhafte Veränderungen der Nachfrage oder des Angebots, die z. B. zu Inflation oder Arbeitslosigkeit führen können. Beispiele sind starke Verteuerung von Rohstoffen, Rezession in Zielländern der Exporte oder Katastrophen. Die Zentralbank kann Schocks, die zu einer steigenden Inflation führen, mit einer Veränderung des Leitzinses oder des Wechselkurses entgegenwirken und so helfen, die negativen Effekten des Schocks auf das Land zu mildern.

Duldet die Zentralbank eine erhöhte Inflation, so trägt sie damit zu einer nominalen Entwertung der Schulden von Privaten und Staat bei; dies kann dazu beitragen, eine hohe **Verschuldung tragfähig** zu machen – wenn auch auf Kosten der Inhaber von finanziellen Forderungen.

Wenn die Zentralbank am Kapitalmarkt Anleihen des Staates, der Banken und von privaten Unternehmen aufkauft, kann sie damit Illiquidität und Insolvenz verhindern und das **Finanzsystem stabilisieren**. Die Zahlungsfähigkeit eines Staates hängt von seiner Kreditwürdigkeit ab: Wenn neue Kredite aufgenommen oder auslaufende Kredite verlängert werden sollen, müssen die Finanzmärkte diese Mittel bereitstellen, um die Zahlungsfähigkeit des Staates zu sichern. Sobald die Anleger den Verdacht hegen, der Staat könnte zahlungsunfähig werden, wird er zu akzeptablen Konditionen keinen Zugang zu Krediten mehr haben und deshalb illiquide werden. Wenn die Zentralbank eines Landes bereit ist, bei einer drohenden Illiquidität des Staates, diesem unbegrenzt Kredit zu gewähren, dann kann der Staat niemals illiquide werden. So wird alleine durch die Existenz des „**Kreditgebers der letzten Instanz**" („Lender of Last Resort") das Vertrauen des Kapitalmarktes in die Kreditwürdigkeit des Staates bewahrt (DeGrauwe, P., 2013c; Gorton, G. B. und Metrick, A., 2013; LeMaux, L. und Scialom, L., 2013; Calomiris, C., Flandreau, M. et al., 2016). Mit dem Eintritt in die Währungsunion haben die Nationalstaaten diese „Rettungsleine" verloren, da es der europäischen Zentralbank vertraglich verboten ist, diese Rolle zu übernehmen.

Der **Wechselkurs**, wie er sich an den internationalen Devisenmärkten bildet, wird z. B. von der Inflationserwartung oder den Zinsdifferenzen zwischen verschiedenen Währungsräumen beeinflusst; dies sind Größen, auf die die Zentralbank begrenzt Einfluss nehmen kann. Eine Abwertung kann zumindest kurzfristig die **preisliche Wettbewerbsfähigkeit der einheimischen Exporteure** verbessern und so die Arbeitslosigkeit verringern. Der unerfreuliche Nebeneffekt ist, dass Anleger in einer abwertungsverdächtigen Währung einen Risikoausgleich für den befürchteten Vermögensschaden verlangen. Die Zinsunterschiede (Spreads) zwischen Anleihen in inflationsgeneigten Ländern (u. a. Italien, Griechenland) und preisstabilen Ländern wie Deutschland vor der Einführung des Euro zeigen diesen Zusammenhang deutlich (Sinn, H.-W., 2010b:7). Wird eine Währung häufig abgewertet, so führt dies zu steigenden Zinsen für Fremdkapital und damit sinkenden Investitionen, gebremster Modernisierung des Maschinenparks und verringerten Wachstumschancen. Außerdem können Anleger ihr Kapital aus einer abwertungsverdächtigen Währung plötzlich abziehen (sudden stop), was zu weiteren Finanzierungsengpässen führen kann.

Ein besonderes Problem globaler Devisenmärkte besteht in der spekulativen Bewegung großer Devisenmengen zwischen Währungsräumen. Dadurch kann sich der Wechselkurs auch jenseits gesamtwirtschaftlicher Gründe stark verändern und damit Erhöhungen des Zinses der betroffenen Währung erzwingen, was der Konjunktur schadet.

Diese geldpolitischen Optionen wirken nicht immer und nicht immer in der gewünschten Schnelligkeit und Intensität; auch können sie unerwünschte Nebenwirkungen haben. Dennoch ist Geldpolitik zur Flankierung anderer Politiken (Fiskal-, Tarif- und Strukturpolitik) hilfreich und kann dazu beitragen, die Härten des wirtschaftlichen Auf und Ab und struktureller Anpassungen zu mildern.

Vor- und Nachteile schwer zu bestimmen

Wird die eigene Währung zugunsten des Euro aufgegeben, dann verzichtet das Land auf eine eigene Geld- und Währungspolitik, mit der sie die Nachfrage am einheimischen Gütermarkt, die Exporte und die Inflation beeinflussen kann. Der Vorteil einer gemeinsamen Währung liegt in der Beseitigung von Schwankungen der Wechselkurse zwischen den Mitgliedern der Währungsunion, die die Kalkulationen der Auslandsgeschäfte von Unternehmen unsicherer machen.

Die Aufgabe der eigenen Währung ist nur dann sinnvoll, wenn die Vorteile einer gemeinsamen Währung größer sind als die Vorteile einer nationalen Währung. Die Bilanzierung der Vor- und Nachteile ist jedoch nicht einfach möglich und mit zahlreichen Unsicherheiten über die möglichen wirtschaftlichen Effekte behaftet. Die Fachwissenschaft hat dazu (noch) keine klare Antwort gefunden – die Realität der Krise jedoch stellt einige Nachteile der gemeinsamen Währung zurzeit deutlich heraus. Im politischen Entscheidungsprozess zur Einführung des Euro in den 1980er Jahren konnte jedoch nur auf den damals verfügbaren Wissensstand zurückgegriffen werden.

Weiterführende Literatur

DeGrauwe, P., 2009. Economics of monetary union. Oxford, Oxford Uni Press.
Beetsma, R. und Giuliodori, M., 2010. The macroeconomic costs and benefits of the EMU and other monetary unions: An overview of recent research. Journal of Economic Literature 48(3): 603–641, September.

3.1.3 Optimismus bei der Europäischen Kommission

Welche Annahmen zur Wirkung des Euro wurden gemacht?

Einige der damaligen Überlegungen der Kommission (European Commission, 1990, 1991) sollen hier vorgestellt werden. Die Kommission hatte von der Einführung des Euro überwiegend positive Auswirkungen erwartet. Sie ging davon aus, dass die Konvergenzkriterien (Kapitel 3.2.2) tatsächlich auf Dauer eine disziplinierende Funktion zur Herstellung dauerhafter Preisstabilität ausüben würden. Sie ging von den folgenden Wirkungen der Einführung des Euro aus.

Auswirkungen auf Effizienz und Wachstum

Mit dem Wegfall des Wechselkursrisikos kann auch der diesbezügliche Risikoaufschlag auf die Zinsen wegfallen, was das Wachstum begünstigt. Die Umtauschkosten bei Devisentransaktionen entfallen, wodurch der grenzüberschreitende Wirtschaftsaustausch im Binnenmarkt unterstützt wird. Die Opportunitätskosten einer Devisenvorratshaltung entfallen, und durch die Vergrößerung der langfristigen Transaktionssicherheit können eine Ausweitung des internationalen Kapitalverkehrs und damit mehr Wettbewerb auf dem Kapitalmarkt mit der Folge niedrigerer Zinsen erwartet werden. In dieser Sicht wurde der Euro als Vollendung des Binnenmarktes verstanden, da der wirtschaftliche Austausch nicht mehr durch Währungsturbulenzen behindert würde.

Auswirkungen auf die Preisstabilität

Die gemeinsame unabhängige Zentralbank soll konsequent Preisstabilität als Ziel verfolgen, so dass dies dann auch in denjenigen Mitgliedsstaaten greift, die bisher weniger Wert auf Preisstabilität gelegt haben („Stabilitätsexport"). Dadurch kann kurzfristig die Arbeitslosigkeit vergrößert werden. Der Euro soll mehr Preistransparenz herstellen und durch verschärften internationalen Wettbewerb den Spielraum für internationale Preisdifferenzierung verringern.

Auswirkungen auf die öffentlichen Finanzen

Die Notwendigkeit, übermäßige Defizite und Schulden abzubauen wird die Handlungsfähigkeit nationaler Regierungen einschränken. Mit dem Wegfall des Wechselkurses als außenwirtschaftlichem Instrument hat der öffentliche Haushalt zusätzliche makroökonomische Anpassungslasten zu tragen. Der sich verschärfende internationale Standortwettbewerb führt dazu, dass sich die Besteuerung verringert. Durch die Zusammenfassung der in nationaler Währung operierenden Finanzmärkte entsteht ein größerer Markt für Staatsanleihen, der damit auch liquider ist und so für Anleger attraktiver.

Auswirkungen auf Regionen

Neben diesen Bereichen erwartete die EU-Kommission, dass die Einführung des Binnenmarktes und des Euro sich in den Regionen und Ländern unterschiedlich auswirken würden, so dass Ausgleichsmaßnahmen für erforderlich gehalten wurden (Delors, J., 1989a:17; European Commission, 2000a). Da der verschärfte Wettbewerb auf größer gewordenen Märkten zu Agglomerationseffekten führen dürfte, war zu erwarten, dass sich Verlierer- und Gewinner-Regionen herausbilden. Ein Ausgleich dieser Unterschiede könnte zwar theoretisch durch Mobilität der Arbeitskräfte und des Kapitals erfolgen, aber angesichts relativ geringer internationaler Arbeitsmobilität im Binnenmarkt war nicht mit nennenswertem Ausgleich zu rechnen. Als Alternative galt ein Finanzausgleich durch Zahlungen an benachteiligte Regionen, der offiziell als Hilfe zur Herstellung größerer Wettbewerbsfähigkeit deklariert wird, aber von Empfängerländern auch als Transfer zur Kompensation von Einkommensunterschieden (miss-) verstanden wird. In der Finanzkrise zeigte sich, dass die „schwachen", peripheren Regionen der Euro-Mitgliedsstaaten besonders negativ betroffen wurden, da sie nicht abwerten konnten (Fingleton, B., Garretsen, H. et al., 2015; Andersson, A. E., Andersson, D. E. et al., 2014).

3.1.4 Unterschätzte Effekte

Einige mögliche Effekte der Einführung einer gemeinsamen Währung wurden (zu) wenig beachtet, erwiesen sich aber nach der Einführung als bedeutsam. Auf die folgenden wird kurz eingegangen:

– Asymmetrische Schocks
– Divergierende Inflationsraten
– Fehlbewertung und Ansteckung im Finanzsystem.

3.1.4.1 Asymmetrische Schocks

Wann wirken Schocks nicht symmetrisch?
Welche Instrumente gibt es, um asymmetrische Schocks abzufedern?

?

Geldpolitik wirkungslos – Euro kein Zusatzproblem

Asymmetrisch sind wirtschaftliche Schocks, wenn ihre Wirkung nicht flächendeckend, sondern selektiv in einzelnen Ländern, Regionen oder Branchen auftritt oder wenn die Richtung des Schocks sich in den betrachteten Ländern unterscheidet. Asymmetrische Schocks umfassen eine Vielzahl von Phänomenen. Wenn sich die Auswirkungen des Schocks auf einen Wirtschaftssektor oder eine Region konzentrieren, sind Maßnahmen der Geld- oder Währungspolitik ungeeignet, da deren Wirkung nicht auf ausgewählte Sektoren oder Regionen konzentriert werden kann. Die Einführung einer gemeinsamen Währung ist in diesen Fällen also kein Nachteil (OECD, 1999:93; Patterson, B. und Amati, S., 1998).

– Landesweite Schocks der gesamtwirtschaftlichen Nachfrage, die z. B. durch einen Rückgang der Exporte ausgelöst werden können.
– Branchen- oder regionenspezifische Nachfrageschocks, wie der zeitweise Rückgang des Fleischverbrauchs nach Ausbruch von Tierseuchen oder die permanente Veränderung der Präferenzen der Verbraucher.
– Regional oder sektoral konzentrierte Nachfrage- oder Angebotsschocks (Naturkatastrophen, Konzentration schrumpfender Branchen in einer Region).
– Angebotsschocks, z. B. als Reaktion auf einen zeitweisen, starken Anstieg der Ölpreise, einen dauerhaften Anstieg der Löhne oder einen dauerhaften Verlust der Wettbewerbsfähigkeit.

Alternative Anpassungsmöglichkeiten in der Währungsunion

Bei einigen landesweit wirkenden Schocks könnten nationale Geld- und Währungspolitik Lösungen anbieten, die in einer Währungsunion nicht mehr zur Verfügung stehen, da die Geldpolitik vergemeinschaftet und eine Währungsanpassung definitionsgemäß nicht mehr möglich ist. Wenn sich die Wirtschaft in einzelnen Ländern der Währungsunion unterschiedlich entwickelt, könnten stattdessen die folgenden Alternativen geprüft werden (European Commission, 1997n; Patterson, B. und Amati, S., 1998).

Bei hoher Arbeitslosigkeit könnte durch Lohnsenkung sowie Abwanderung in andere Berufe, Branchen oder Regionen (Flexibilisierung der Arbeitsmärkte) ein

Ausgleich angestrebt werden. Spiegelbildlich dazu könnte auch die Produktion innerhalb der Währungsunion in Länder mit hoher Arbeitslosigkeit und entsprechend niedrigeren Löhnen verlagert werden.

In Länder mit schlechter wirtschaftlicher Lage und entsprechend geringen Einkommen könnte durch Fiskaltransfers eine **Umverteilung** erfolgen und die schwächeren Länder könnten durch den Einsatz expansiver Fiskalpolitik das Wirtschaftswachstum vergrößern.

Allerdings sind alle vier Maßnahmen nur bedingt geeignet, Unterschiede in Wirtschaftswachstum, Arbeitslosigkeit oder Inflation auszugleichen, wie die folgenden Gründe zeigen. Bei kurzzeitigen asymmetrischen Schocks auf der Nachfrage- oder Angebotsseite, die mit steigender Arbeitslosigkeit einhergehen, ist nicht mit einer schnellen Senkung der Löhne zu rechnen, da diese in der Regel für einige Zeit vertraglich gebunden sind und Arbeitskräfte Kündigungsschutz haben. Auch werden die Gewerkschaften eine Rolle als „Schockabsorber" nicht übernehmen wollen oder können.

Die Wanderung von Arbeitskräften in andere Länder oder Berufe mit besseren Arbeitsmarktaussichten wirkt nicht kurzfristig, zumal die Wanderungsintensität im Binnenmarkt ohnehin gering ist und Zuwanderung von Arbeitskräften zunehmend politisch unerwünscht ist (Kapitel 2.3.2). Auch die Verlagerung von Arbeitsplätzen liegt in der eher langfristig angelegten Planung von Unternehmen und erfolgt nach einer Vielzahl von Gesichtspunkten; der Ausgleich von Unterschieden in der wirtschaftlichen Lage ist nicht Aufgabe von Unternehmen.

Die Solidarität zwischen Mitgliedsstaaten ist zwar ein von der EU propagiertes Ziel, sie umfasst aber nicht einen nennenswerten Transfer von Steuereinnahmen in ärmere Länder der Union; schon die für Regionalentwicklung geleisteten, relativ geringen Netto-Transfers sind politisch sehr umstritten (Kapitel 1.3.2).

Für eine expansive Fiskalpolitik, die nach wie vor in nationaler Verantwortung liegt (Kapitel 3.3.3), braucht die Regierung zumindest vorübergehend einen zusätzlichen Spielraum bei der Staatsverschuldung; dieser ist aber gerade in den besonders von schwachem Wirtschaftswachstum betroffenen Ländern kaum gegeben. Daher wird die Einführung einer EU-weiten Arbeitslosenversicherung diskutiert, die die asymmetrischen Schocks zumindest teilweise abfedern könnte (Alcidi, C. und Thirion, G., 2016).

3.1.4.2 Pro-zyklische Realzinsen

? Warum unterscheiden sich Inflationsraten zwischen den Ländern?
Warum sind Inflationsdifferenzen wirtschaftlich kritisch?
Wie kann Inflationsdifferenzen gegengesteuert werden?

Der Euro kann für das Entstehen von Ungleichgewichten zwischen den Euro-Ländern verantwortlich sein. Dies kann dann auftreten, wenn die Inflationsraten in den einzelnen Ländern sich unterschiedlich entwickeln und gleichzeitig aber nur ein einheitlicher Zinssatz von der gemeinschaftlichen Geldpolitik angeboten werden kann. Wenn die einzelnen Länder keine wirtschaftspolitischen Mechanismen zur Beeinflussung der Inflationsrate in ihrem Land einsetzen können oder wollen, können die Inflationsdifferenzen zu einer fortschreitenden Verstärkung von Problemen führen. Diese Gefahr wurde vom Wirtschaftsberater der damaligen britischen Regierungschefin Thatcher, Sir Alan Walters, im Vorfeld des Maastrichter Vertrags formuliert und wird seither als **Walters Critique** diskutiert (Miller, M. und Sutherland, A., 1990; Baldwin, R. E., Gros, D. et al., Eds., 2010a:5–6, Tab. 2).

Woher kommen Unterschiede in den Inflationsraten?

Aus den zahlreichen Gründen für Unterschiede in den Inflationsraten waren die Folgenden bei der Einführung des Euro gewichtig.

Zum Beginn der Integration der Gütermärkte können die Preisniveaus in den einzelnen Ländern noch unterschiedlich sein. Sobald sich Lohnkosten, Preise für Vorleistungen und Kaufkraft angleichen, kommt es in den bisher billigeren Ländern zu einem Preisanstieg – hier handelt es sich um einen wirtschaftlich „harmlosen" Vorgang der Preiskonvergenz (Fischer, C., 2007). Auch **strukturelle Unterschiede** zwischen den Ländern können zu divergierenden Inflationsraten beitragen. So sind z. B. die Länder in unterschiedlichem Maße von importierter Inflation betroffen: Frankreich hat einen höheren Anteil an Atomenergie, so dass die **Ölpreissteigerung** sich nicht so stark auswirkt wie z. B. in Deutschland. **Konjunkturelle Einflüsse** können sich über einen Nachfrageüberhang auf dem Gütermarkt und über die Kostenseite, z. B. durch eine starke Lohnerhöhung, auf die Preise auswirken.

Auch wenn die **Konjunkturzyklen** in den einzelnen Ländern nicht **synchron** verlaufen, dürften sich daraus auch Divergenzen der Inflationsraten ergeben. In Ländern mit einem Boom treibt die hohe Güternachfrage die Preise, während in Ländern mit schwacher Konjunktur der Preisauftrieb gering bleibt. In den ersten Jahren des Euro hatten die Euro-Länder deutlich unterschiedliche Konjunkturverläufe.

Inflationsdifferenzen und Realzinsen

Die Zinsen, die die Banken von ihren Kreditkunden verlangen, hängen von mehreren Faktoren ab:

- Die Zentralbank (EZB) verlangt von den Geschäftsbanken für die Herausgabe von Zentralbankgeld den Leitzins; dieser ist für alle Euro-Länder gleich. Er bestimmt den Zins, den Banken von ihren Kunden für Kredite mit kürzerer Laufzeit verlangen.
- Das Risiko, das die Bank bei ihren jeweiligen Kreditkunden vermutet, führt zu einem Aufschlag auf den Kreditzins.

– Die für die Zukunft erwartete Inflationsrate bestimmt darüber, um wieviel das Geld an Wert verliert, das Kreditnehmer im Laufe der Zeit an die Bank zurückzahlen. Da die Bank keine Verluste durch künftige Inflation erleiden will, erhöht sie den Kreditzins um die Rate der erwarteten Inflation (Fisher-Effekt; Krugman, P., Wells, R., 2009a:268).

Die Höhe der Zinsen spielt für das gesamtwirtschaftliche Kreditvolumen eine wichtige Rolle: Wenn der Zins hoch ist, dann werden weniger Investitionsgüter und weniger Konsumgüter durch Kredite finanziert – und umgekehrt. Wenn mehr gekauft wird, muss mehr produziert und es müssen mehr Arbeitskräfte beschäftigt werden. Kurz gesagt: Niedrige Zinsen treiben die Konjunktur bis zu einem Boom an. Als Nebeneffekt steigender Nachfrage ist ein Anstieg des Preisniveaus, d. h. Inflation, zu erwarten. Analoges gilt, wenn der Zins hoch ist.

Nun ist zu klären, an welchem Zins Investoren und Konsumenten sich orientieren. Wenn sie die heutige und künftige Inflation außer Acht lassen, orientieren sie sich am Nominalzins. Beziehen sie die Inflation mit in ihre Überlegungen ein, dann ist der Realzins entscheidend (Realzins = Nominalzins – Inflationsrate). Wir nehmen im Folgenden an, dass der Realzins entscheidend ist. Ist die Inflationsrate hoch, dann ist der Realzins geringer und umgekehrt. Ist die Inflationsrate gar höher als der Zins, dann sind die Realzinsen sogar negativ.

Der Nominalzins wird durch die EZB für alle Euro-Länder einheitlich gesetzt. Die Euro-Länder mit höherer Inflationsrate haben dann geringere oder gar negative Realzinsen, so dass die Nachfrage nach kreditfinanzierten Ausgaben hoch ist. Da in der Regel die Inflationsraten in solchen Ländern höher sind, die sich in einem Konjunkturhoch befinden und niedriger, wenn die Konjunktur schwach ist, wirken die Realzinsen bei unterschiedlichen Inflationsraten und einheitlicher Geldpolitik prozyklisch – sie verstärken den Inflationsdruck in Ländern mit hoher Inflation und dämpfen die Inflation und das Wirtschaftswachstum in Ländern mit niedriger Inflation weiter.

Diese Entwicklung im Euro-Raum setzt sich aus sehr heterogenen Entwicklungen der einzelnen Mitgliedsstaaten zusammen. Dabei lassen sich für die Zeit zwischen der Einführung des Euro (1999) und dem Ausbruch der Krise (2008) Gruppen von Ländern unterscheiden:

1. „Hartnäckige Inflation"

Griechenland, Portugal, Irland und Spanien begannen ihre Euro-Mitgliedschaft mit deutlich unterdurchschnittlichen Realzinsen; in Griechenland waren sie sogar negativ. Diese Mitglieder starteten also durchaus mit einem expansiven Impuls durch die Realzinsen, wenn dieser „Vorteil" auch durch eine überdurchschnittliche Inflationsrate zustande kam. Da diese Länder ihre überdurchschnittliche Inflation nicht senken konnten, lagen auch im Jahr 2008 die Realzinsen deutlich unter dem Durchschnitt.

2. „Relativer Nachteil hält an"

Am anderen Ende des Spektrums lagen im Jahr 1999 Luxemburg, Deutschland, Österreich und Frankreich mit deutlich überdurchschnittlichen Realzinsen und damit höheren realen Lasten bei den Kreditkosten. Bei anhaltend stabiler Preisentwicklung blieben diese Länder auch im Jahr 2008 über dem Durchschnitt der Realzinsen in der Euro-Zone.

3. „Stabilitätsgewinn"

Italien hatte im Jahr 1999 noch überdurchschnittliche Inflation und damit niedrige Realzinsen, verzeichnete aber im Jahr 2008 wegen gewachsener Preisstabilität überdurchschnittliche Realzinsen.

In den Ländern mit den geringsten Realzinsen flossen die zinsgünstigen Kredite in den Konsum (Griechenland) bzw. in den Aufbau einer Immobilienblase (Spanien, Irland) (Fagan, G. und Gaspar, V., 2007). Am anderen Ende des Spektrums blieben die Länder mit niedriger Inflation und daher hohen Realzinsen zwar ohne Spekulationsblase, mussten aber durch zusätzliche Rationalisierung ihre höheren realen Fremdkapitalkosten kompensieren.

Was könnte ein Euro-Land gegen überdurchschnittliche Inflation unternehmen?

Die überdurchschnittliche Inflation in einzelnen Euro-Ländern kann nicht mehr durch die Geldpolitik bekämpft werden. So kommen nur noch Fiskal- und Lohnpolitik in Betracht.

Die **Fiskalpolitik** könnte durch eine Senkung der staatlichen Nachfrage und Steuererhöhungen die gesamtwirtschaftliche Nachfrage mindern. Jedoch sind nicht alle staatlichen Ausgabepositionen aus rechtlichen, sozialen, politischen oder funktionalen Gründen zum Zweck der Nachfragesteuerung veränderbar. So kann z. B. das Personal im Gesundheits- und Bildungswesen oder bei der Justiz nicht kurzfristig abgebaut werden und auch in anderen Bereichen ist der Widerstand gegen Kürzungen stark. Lobbygruppen in der Wählerschaft widersetzen sich einer Kürzung von Staatsausgaben und das Interesse an der Wiederwahl bei in der Hochkonjunktur reichlichen Steuereinnahmen erzeugt auch einen Druck zu mehr Staatsausgaben. Auch Steuererhöhungen sind unpopulär und in der Regel nicht kurzfristig einsetzbar.

Die Tarifvertragsparteien könnten durch eine **zurückhaltende Lohnpolitik** zur Dämpfung der Kaufkraft und damit der Nachfrage sowie zur Senkung der Arbeitskosten beitragen. Dies stößt jedoch auf politische Probleme, wenn die Gewerkschaften in Ländern mit guter Konjunktur, hohem Beschäftigungsstand und daher steigendem Inflationsdruck sich nicht auf einen Verzicht bei Lohnforderungen einlassen können. Sie haben die Interessen ihrer Mitglieder zu vertreten und können sich nicht konträr dazu in die gesamtwirtschaftliche Verantwortung für die Preisniveaustabilität einbinden lassen. Die Bereitschaft der Gewerkschaften gesamtwirt-

schaftliche Verantwortung zu übernehmen ist in den Mitgliedsstaaten unterschiedlich ausgeprägt; in dem eher korporatistisch verfassten Deutschland gelingt dies
besser als im eher klassenkämpferisch gestimmten Italien oder Frankreich (Streeck,
W., 1999; Wissenschaftlicher Beirat beim Bundesministerium für Wirtschaft und
Technologie, 2000).

i Weiterführende Literatur

European Central Bank ECB, 2003c. Inflation differentials in the euro area: potential causes and
policy implications. Frankfurt/M.
European Central Bank ECB, 2005a. Monetary policy and inflation differentials in a heterogenous
currency area. ECB Monthly Bulletin (May): 61–77.
Darvas, Z. und Wolff, G. B., 2014. So far apart and yet so close: should the ECB care about
inflation differentials? BRUEGEL policy contribution (10): 1–10, September.

3.1.4.3 Fehlbewertung und Ansteckung

? Haben die Finanzmärkte als rationales Korrektiv für Kreditvergabe gewirkt?
Trägt der Verursacher von Finanzproblemen auch die Verantwortung alleine?

Die Euro-Länder geben zwar ihre eigene Geldpolitik und Währung auf, behalten
aber die Aufsicht über die Kreditvergabe durch das Finanzsystem und die Hoheit
über Staatseinnahmen und -ausgaben. Damit liegen die Entscheidung über die
Staatsausgaben und die gesamtwirtschaftliche Kreditvergabe beim Mitgliedsstaat.
Aber die Verantwortung für Fehlentwicklungen in einem Land wird nicht von diesem Land alleine getragen, sondern diese wirken auch über die Landesgrenze
hinaus und können sogar das gesamte europäische Finanzsystem gefährden. Dies
wurde bei der unangemessenen Kreditvergabe durch Banken zum Problem, für das
bisher keine Lösungsansätze vorgesehen waren. Erst mit der Einführung der Banken-Union (Kapitel 2.3.6.5) wurde ein Teil des Problems angegangen.

Fehlbewertung von Kreditrisiken

Die Zinsen für Kredite sollten das allgemeine Zinsniveau, die Erwartung der künftigen Zinsentwicklung über die Laufzeit des Kredits, die Erwartung über die Entwicklung von Inflation und Wechselkurs sowie das Ausfallrisiko widerspiegeln. Da das
Ausfallrisiko länderspezifisch ist, unterschieden sich die Kreditzinsen vor der Einführung des Euro in den einzelnen Mitgliedsstaaten voneinander. Die Differenz
der landesspezifischen Zinsen zu den Zinsen des „besten" Landes wird **Spread**
genannt. So zahlte die Regierung Griechenlands deutlich mehr Zinsen als die
Deutschlands. Auch Italien und Frankreich sowie Spanien und Portugal mussten
noch in den 80er Jahren mit hohen Zinsen für ihre höhere Inflation und häufigen
Abwertungen bezahlen. Mit der Aussicht auf die Übernahme des Euro verschwanden die Spreads für Staatsanleihen fast vollständig; alle Zinsen näherten sich dem

Niveau Deutschlands. Die Finanzmärkte haben die Risiken unterschiedlicher Schuldnerstaaten nicht mehr differenziert: Entweder, weil sie daran glaubten, dass die Mitgliedsstaaten ihre Bemühungen und die Verpflichtung zur Konvergenz politisch und wirtschaftlich auch nach dem Beitritt zum Euro durchhalten würden, oder weil sie mit einer Vergemeinschaftung der Schulden zwischen den Mitgliedsstaaten rechneten – trotz anderweitiger Vorkehrungen im Europäischen Vertrag.

Nach dem Ausbruch der Finanzkrise haben die Anleger wieder länderspezifische Risiken in ihren Zinsforderungen abgebildet: Die Spreads stiegen für die als kritisch angesehenen Länder Griechenland, Portugal und Irland wieder deutlich an. Auch Italien und Spanien mussten einen – wenn auch geringeren – Anstieg ihrer Zinsen hinnehmen. Dies verschärfte die Finanzierungsprobleme dieser Länder bis hin zum drohenden Staatsbankrott.

Das Verschwinden der Spreads nach der Übernahme des Euro bis zum Ausbruch der Finanzkrise im Jahr 2007 wirft ein bezeichnendes Licht auf die Hypothese der „effizienten Finanzmärkte" (Kapitel 2.3.6.4). Die starke Verbilligung der Kredite ermöglichte den Staaten und den privaten Haushalten und Unternehmen einiger Länder den Aufbau einer erheblichen Verschuldung, mit der ein Immobilienboom (Irland, Spanien) bzw. öffentlicher und privater Konsum (Griechenland) finanziert wurde.

Ansteckung über die Finanzindustrie

Die Verschuldung von Staaten und Privaten ist wegen der davon ausgehenden Gefährdung des **Bankensystems** ein systemisches Risiko.

Banken leihen sich am Inter-Bankenmarkt untereinander erhebliche Beträge, um ihre Liquiditätsüberschüsse bzw. -defizite auszugleichen. Diese kurzfristigen Geschäfte werden nicht nach sorgfältiger Prüfung des Geschäftspartners, sondern auf Vertrauensbasis abgeschlossen. Als beim Zusammenbruch der Bank Lehman's in den USA im Jahr 2008 dieses Vertrauen erschüttert wurde, kam der Verkehr am Geldmarkt schockartig zum Erliegen, was dann die befürchteten Probleme auslöste oder bestehende verstärkte.

Die Banken leiden in einigen Ländern unter ihrer Vergabe von nicht mehr einbringbaren Krediten, die sie zu erheblichen – möglicherweise existenzgefährdenden – Abschreibungen zwingen. Dies kann Banken in die Insolvenz treiben, was dann die Forderungen anderer Finanzinstitute an diese Bank wertlos macht und einen international wirksamen Schneeball-Effekt der Herabstufung von Vermögenswerten und den Zusammenbruch weiterer Banken auslösen kann.

Nach dem Platzen der Spekulationsblase stehen nicht mehr werthaltige Forderungen der Banken einem Schuldner gegenüber, der nicht mehr im Stande ist, die Kredite zu bedienen. Auch Immobilien, die als Sicherheit für den Kredit dienen sollten, sind nach einem Zusammenbruch der Spekulation nicht mehr genug wert, um den ausstehenden Kredit abzulösen. Die Banken müssten diese Kredite abschreiben, wofür aber das vorhandene Eigenkapital der Banken nicht ausreicht.

Wenn der Staat in der Lage und willens ist, die Unterkapitalisierung der Banken auszugleichen, verlagert er erhebliche Schulden – zumal aus anderen Mitgliedsstaaten – auf die Schultern künftiger Generationen von Steuerzahlern.

Als **Fazit** ist festzuhalten, dass bei der Konzipierung des Euro wesentliche systemische Risiken noch nicht hinreichend berücksichtigt wurden. Inwiefern die später auf den Weg gebrachte Banken-Union (Kapitel 2.3.6.5) diese Lücke vollständig schließen kann, bleibt zu beobachten.

ℹ️ Weiterführende Literatur

Deutsche Bundesbank, 2011a. Renditedifferenzen von Staatsanleihen im Euro-Raum. Monatsbericht (Juni): 29–47.

Favero, C. A. und Missale, A., 2012. Sovereign spreads in the Eurozone: which prospects for a Eurobond? Economic Policy 27(70 April): 231–273.

3.2 Voraussetzungen für eine gemeinsame Währung

Die Einführung einer gemeinsamen Währung ohne gemeinsame Fiskalpolitik war ein Experiment ohne Vorerfahrungen. Die zentrale Frage bei der Konzipierung der Währungsunion war, welches Land unter welchen Voraussetzungen den Euro einführen sollte. Dabei können stark vereinfacht zwei Positionen unterschieden werden:

1. Ähnlichkeit vor der Übernahme des Euro und flexible Arbeitsmärkte

Die Theorie des **optimalen Währungsraums** sah die Voraussetzungen erfüllt, sobald die „Ähnlichkeit" der Ökonomien durch Konvergenz hinreichend war und gleichzeitig die Arbeitskräfte bereit und in der Lage waren, bei Arbeitslosigkeit im gesamten Währungsgebiet ihre Arbeitskraft anzubieten, um Ungleichgewichte der wirtschaftlichen Entwicklung kompensieren zu können. Wenn diese Voraussetzungen nicht erfüllt seien, könnten Unterschiede in makroökonomischen Größen wie Arbeitslosigkeit, Wirtschaftswachstum und Inflation ohne nationale Geldpolitik nicht bewältigt werden.

2. Absicherung gegen Ansteckung und Disziplinierung durch Märkte

Die künftigen Mitglieder der Euro-Zone sollten zu Beginn ein Mindestmaß an wirtschaftlicher Ähnlichkeit aufweisen und gegen das Überschwappen von makroökonomischen Problemen aus anderen Mitgliedsstaaten durch Verhaltensregeln für die nationale Wirtschaftspolitik geschützt werden. Die Regeln sollten bindend und sanktionsbewehrt im Vertrag verankert werden. Zusätzlich wurde erwartet, dass die Finanzmärkte über den Kreditzins die einzelnen Regierungen so disziplinieren, dass diese keine unangemessene Wirtschaftspolitik verfolgen und sich nicht zu hoch verschulden.

Keine der beiden Sichten hat sich bei der Konstruktion der Währungsunion in reiner Form durchgesetzt.

3.2.1 Der optimale Währungsraum

Was sagt die Theorie des optimalen Währungsraums über die Euro-Teilnahme?

Die einflussreichste Theorie zur Begründung und Gestaltung einer Währungsunion ist die von Mundell (1961) formulierte Theorie des „**optimalen Währungsraums**". In dieser Theorie werden drei Aspekte eines einheitlichen Währungsraums hervorgehoben:

1. **Symmetrie von makroökonomischen Schocks**: Wenn wirtschaftliche Verschiebungen in allen Ländern gleichzeitig, in die gleiche Richtung und mit gleicher Intensität auftreten, dann kann eine einheitliche Geldpolitik alle Länder unterstützen, indem z. B. die Zinsen angepasst werden.
2. **Flexibilität der Arbeitsmärkte**: Der Schock in einer Region, wie z. B. der Niedergang einer in dieser Region wichtigen Branche, kann dann durch die Wanderung von Arbeitskräften zwischen Branchen und Regionen aufgefangen werden.
3. **Starke Handelsverflechtung**: Eine einheitliche Währung ist dann besonders nützlich, wenn zwischen den Ländern vorher sowohl erhebliche Währungsturbulenzen bestanden als auch ein großer Teil der Produktion grenzüberschreitend gehandelt wurde und daher von diesen Turbulenzen betroffen war.

Mundell (DeGrauwe, P., 2006b:714) hat ergänzend zu bedenken gegeben, dass in einer Welt mit freiem Kapitalverkehr die Wechselkurse nicht nur ein hilfreiches Instrument sein müssen, sondern selbst die Quelle von Schocks sein können, wenn sie durch Währungsspekulationen stark fluktuieren. Eine Währungsunion würde dann diese Störungsquelle beseitigen. Diese Sicht hat im Verlauf der Konzipierung des Euro eine wichtige Rolle gespielt.

Länder können sich auf ihre Teilnahme an der Währungsunion vorbereiten, indem sie z. B. ihre Regulierung des Arbeitsmarktes flexibler machen; so erfüllen sie auch die Kriterien des optimalen Währungsraums besser (Mayert, A., 2015). Durch einen Beitritt kann sich die Handelsverflechtung vergrößern und die größeren, weil integrierten Kapitalmärkte können zum Ausgleich von Zinsschocks beitragen (DeGrauwe, P., 2006b:715–719; Mongelli, F. P., 2005, 2008).

Ob die Theorie des optimalen Währungsraums tatsächlich die Auswahl der Euro-Teilnehmer hätte leiten können, ist zu bezweifeln, da der größte Teil der bisher aufgetretenen Schocks in der EU in Branchen oder auf Regionen konzentriert war. Es lässt sich also kein Gebiet abgrenzen, innerhalb dessen eine eigene Währung geeignet ist, durch Anpassung des Wechselkurses asymmetrische Schocks

abzufangen. Da die Schocks vor der Einführung des Euro nicht entlang von Staats-
grenzen verliefen, fällt bei einer Vereinheitlichung der Währung auch kein Instrument zur Reaktion auf asymmetrische Schocks weg – der Euro schmälert also nicht
die bisherige Fähigkeit der Länder, sich auf Schocks einzustellen (Patterson, B.
und Amati, S., 1998:15).

i **Weiterführende Literatur**
Corsetti, G., 2008. A modern reconsideration of the theory of optimal currency areas. European
    Economy, economic papers (308).

3.2.2 Die Konvergenzkriterien

? Berücksichtigen die Konvergenzkriterien die wichtigen Aspekte für die Euro-Teilnahme?
In welcher Hinsicht aber können sich Länder unterscheiden und inwiefern ist dies für die Gemeinschaftswährung wichtig?

Vor der Einführung des Euro hat sich die EU im Maastrichter Vertrag (1992) auf
das Konzept der Konvergenz festgelegt, um die Teilnehmerländer auszusuchen.
Konvergenz beschreibt einen Prozess der wirtschaftlichen Annäherung bis hin zu
einer „Ähnlichkeit", die für eine spannungsfreie Übernahme des Euro für erforderlich gehalten wurde.

Mehrere Kriterien werden herangezogen, um eine „Vielfalt von kapitalistischen
Gesellschaften" zu kennzeichnen (Hall, P. A. und Soskice, D., 2001; Boltho, A. und
Carlin, W., 2012; Hall, P. A., 2015). Vereinfacht lassen sich zwei Typen von Ländern
bilden, die sich in ihrer Fähigkeit, eine gemeinsame Währung anzuwenden, unterscheiden.

Typ A: Sozial, vertrauensvoll und wettbewerbsstark
Einige Länder haben ein hohes Wohlstandsniveau – gemessen als BIP pro Kopf –
erreicht, verfügen über eine starke Industrie, die im globalen Wettbewerbsdruck
bestehen und Arbeitsplätze mit hohem Einkommen anbieten kann. Meist knüpfen
sie damit an eine lange technologieorientierte Tradition an, die sie auch durch Ausgaben für Bildung und Forschung fortführen können. Sie erreichen den gesellschaftlichen Konsens auch für schwierige Reformen, da die Unterschiede zwischen
„Arm" und „Reich" nicht zu groß sind, der soziale Ausgleich durch Arbeitslosenversicherung, Rente und Gesundheitsversorgung gewahrt wird. Solche Gesellschaften
verfügen über großes „Soziales Kapital" (Putnam, R., 2001) und das Vertrauen der
Menschen untereinander und in die Institutionen ist hoch (Alesina, A., 2015). Die
öffentliche Verwaltung funktioniert und das Rechtssystem ist verlässlich. Dies findet
auch in geringer Steuervermeidung und geringer Korruption seinen Ausdruck. Auch

das Klima zwischen Gewerkschaften und Arbeitgebern ist im Prinzip von Konsensbildung geprägt. In einer solchen gesellschaftlichen und wirtschaftlichen Struktur können Unternehmen eher langfristig planen und investieren. So reproduziert sich der wirtschaftliche Erfolg aus sich selbst heraus. In grober Näherung liegen Schweden, Österreich, die Niederlande oder Deutschland nahe bei diesem Typ A.

Typ Nicht-A: Gruppenbezogen, misstrauisch und wettbewerbsschwach

Einige Länder sind durch das Fehlen wesentlicher Merkmale des Typ A geprägt. Sie sind z. B. auf Branchen mit geringer Wertschöpfung spezialisiert (Tourismus, Landwirtschaft) und konnten bisher keine neuen, international wettbewerbsfähigen Industrien entwickeln, aus denen besser bezahlte, höherwertige Arbeit entstehen könnte. Ausgaben für Bildung und Forschung bleiben gering und das Umfeld für innovative Unternehmen ist nicht günstig. Verwaltung und Justiz funktionieren nicht gut und die Korruption ist hoch. Das geringe Vertrauen in das schlecht ausgestattete Gemeinwesen befördert die Steuervermeidung – stattdessen wird von der Familie Rückhalt und Unterstützung erwartet. Die Kluft zwischen „Arm" und „Reich" wird als unfair empfunden und Strukturwandel und schwierige Reformen werden abgelehnt, da die Gesellschaft die Betroffenen mit den Anpassungslasten alleine lässt. In grober Näherung weisen Griechenland, Portugal, Rumänien und Bulgarien einige Merkmale von Typ Nicht-A auf.

Konvergenzkriterien mit (zu) engem Blick

Länder des Typ A können eher eine gemeinsame Währung einführen, da sie wirtschaftlich stark genug sind, die wirtschaftlichen Anpassungslasten zu tragen, die durch den Wegfall der nationalen Geldpolitik entstehen können. Unabhängig von dieser Überlegung wurden die Teilnehmer an der Währungsunion der EU in einem politischen Verfahren ausgewählt. Vertraglich hat die EU sich auf einige monetäre und fiskalische Kriterien sowie die institutionellen Vorgaben zur Zentralbank als Zugangsschranke zum Euro geeinigt. Konvergenz bei anderen Kriterien, wie Wachstumsraten, Arbeitslosenquoten oder institutionelle Kapazitäten, wurde nicht berücksichtigt, was als grundlegender Fehler der Währungsunion bezeichnet wurde (Wyplosz, C., 2006:216; Schmidt, C. und Straubhaar, T., 1995). Auch fehlen Kriterien wie institutionelle Kapazität zur Durchsetzung der Steuerforderungen, Schutz von Eigentum und von Investoren, Funktionsfähigkeit des Rechtssystems, geringe Bürokratie und Korruption und funktionsfähige öffentliche Verwaltung (Papaioannou, E., 2015; Masuch, K., Moshammer, E. et al., 2016).

Voll Misstrauen wurde in der öffentlichen Diskussion problematisiert, ob erstens die „Eingangskontrolle" auch streng genug sei und ob zweitens nach Erlangen der Mitgliedschaft weiterhin Disziplin bei der Konvergenz garantiert sei. Insbesondere Länder mit geringer Inflation befürchteten ihre „harte" Währung gegen eine inflationsgefährdete „Weich-Währung" aufgeben zu müssen. DeGrauwe (2009:145) führt die Auswahl der Konvergenzkriterien auf den Druck Deutschlands zurück, das verhindern wollte, dass die Euro-Mitglieder ihre Tradition der hohen Inflation auf den Euro übertragen; gemeint war hier insbesondere Italien.

Die Konvergenzkriterien sind im Artikel 140, Absatz 1 AEU-V sowie im Protokoll Nr. 13 festgelegt. Sie enthalten als finanzpolitische Kriterien das laufende Defizit und den Schuldenstand der öffentlichen Hand, und als monetäre Kriterien die Inflationsrate, die langfristigen Zinsen, die Teilnahme am EWS sowie die Stabilität des Wechselkurses (Tab. 3-1).

Tab. 3-1: Die Konvergenzkriterien für die Übernahme des Euro.

	Eintrittsprüfung	Nach der Übernahme des €
Fiskalische Kriterien		
Staatsverschuldung	Begrenzung auf 60 % des BIP (Muss nicht nur von den Euro-Ländern, sondern von allen Mitgliedsstaaten eingehalten werden)	Begrenzung auf 60 % des BIP
Defizit	Begrenzung auf 3 % des BIP	Begrenzung auf 3 % des BIP; Sanktionen durch Stabilitäts- und Wachstumspakt
	(Muss nicht nur von den Euro-Ländern, sondern von allen Mitgliedsstaaten eingehalten werden)	
Monetäre Kriterien		
Inflation	Nicht mehr als 1,5 %-Punkte über den drei stabilsten Ländern	Inflation im Durchschnitt der Euro-Mitgliedsstaaten von EZB geldpolitisch auf unter 2 % begrenzt
Wechselkurs und EWS	Zwei Jahre Teilnahme am EWS Keine willentliche Abwertung	Existiert innerhalb der Euro-Zone nicht mehr; Wechselkurs des Euro gegenüber Drittländern durch Marktkräfte bestimmt Alle anderen EU-Mitglieder müssen sich um stabile Wechselkurse bemühen
Langfristige Zinsen	Nicht mehr als 2 %-Punkte über dem Niveau der drei inflationsstabilsten Länder	Wird nicht mehr beobachtet; Erwartungen der Marktteilnehmer entscheiden über Zinsdifferenzen
Nachrichtlich		
Institutionelle Voraussetzung	Unabhängigkeit der nationalen Zentralbanken von den Regierungen	Unabhängige Europäische Zentralbank (EZB) mit alleiniger Zuständigkeit für die Geldpolitik; Verbot der direkten Finanzierung von Staatshaushalten durch die EZB
„no bail-out"-Klausel		Staaten müssen nicht für die Schulden anderer Staaten einstehen

Brasche 2016.

Auf die einzelnen Kriterien sowie auf ausgewählte Fragen dazu wird in den folgenden Kapiteln eingegangen. Die institutionellen Voraussetzungen bei der Zentralbank werden im Kapitel 3.3.2 behandelt.

Weiterführende Literatur

Beetsma, R. und Giuliodori, M., 2010. The macroeconomic costs and benefits of the EMU and other monetary unions: An overview of recent research. Journal of Economic Literature 48(3 September): 603–641.

DeGrauwe, P., 2009. Economics of monetary union. Oxford, Oxford Uni Press., chapter 2 und 5.

Franzmeyer, F., Ed., 1994a. Das Konvergenzproblem: Wirtschaftspolitik im Europa von Maastricht. DIW Sonderhefte. Berlin.

McKay, J., 1997. Evaluating the EMU Criteria: Theoretical Constructs, Member Compliance and Empirical Testing. Kyklos (1): 63–81.

3.2.3 Fiskalische Konvergenz

3.2.3.1 Grenzen für Defizit und Schuldenstand

Warum darf ein Euro-Mitglied keine (zu) hohen Schulden haben?
Werden die Schulden umfassend gemessen?

Grenzen für Defizit und Schuldenstand für alle Mitgliedsstaaten

Die ökonomische Theorie legt nahe, dass hohe Schulden zu Inflation führten. Die schuldenfinanzierte Übernachfrage des Staates könne auf die Preise durchschlagen. Auch könne die Regierung versuchen, durch Druck auf die Notenbank zu einer Lockerung der Geldpolitik und damit zu einer Steigerung der Inflation zu kommen, um so den realen Wert der staatlichen Schuldenlast zu mildern. Weiterhin sei nicht auszuschließen, dass die weniger zinselastische staatliche Kreditnachfrage zu Zinssteigerungen führe, wodurch private Investoren vom Kapitalmarkt verdrängt würden (Crowding out) und die Investitionen sinken könnten (Gale, W. G. und Orszag, P. R., 2002; Faini, R., 2006). Auch können zu hohe staatliche Schulden zu Instabilität des Finanzsystems führen und letztlich andere Länder zwingen, sich an der Sanierung der Staatsfinanzen zu beteiligen.

Nach Artikel 126 AEU-V müssen die Mitgliedsstaaten ständig, d. h. auch unabhängig vom Euro-Beitritt, **Haushaltsdisziplin** wahren. Diese wird nach den folgenden Referenzwerten (Artikel 126 sowie Protokoll Nr. 12) festgestellt:

- Das Verhältnis zwischen dem geplanten oder tatsächlichen öffentlichen **Defizit** und dem Bruttoinlandsprodukt zu Marktpreisen darf 3 % und
- das Verhältnis zwischen dem öffentlichen **Schuldenstand** und dem Bruttoinlandsprodukt zu Marktpreisen darf 60 %

nicht überschreiten. Diese Werte sind wissenschaftlich nicht begründet und will-kürlich gewählt.

Über die Einhaltung der Schuldengrenze könnte „automatisch", d. h. anhand eines Grenzwertes, entschieden werden („regelgebundene Politik"). Dies haben die Mitgliedsländer jedoch nicht gewollt. Vielmehr entscheiden die Vertreter der Regierungen (Rat) mit qualifizierter Mehrheit, ob ein übermäßiges Defizit besteht. Damit haben die Regierungsvertreter einen politischen Ermessensspielraum. Diesen können sie dafür nutzen, aktuelle wirtschaftliche Umstände bei der Bewertung des Defizits zu berücksichtigen. Allerdings wird auch die Möglichkeit für **politischen „Kuhhandel"** und damit für eine Verwässerung der Kontrolle eröffnet.

Wenn Defizit oder Schuldenstand vom Rat als „übermäßig" im oben genannten Sinne bezeichnet werden, wird ein mehrstufiges Verfahren in Gang gesetzt, das von der Androhung von Strafe bis zu einer Geldbuße von 0,2 % bis 0,5 % des BIP des „Sünders" reichen kann.

Grenzen für Defizit und Schuldenstand als Eingangsprüfung für den Euro

Die Defizit- und Schuldengrenzen gelten auch für die fiskalische Konvergenzprüfung zum Euro-Beitritt: Ein Land darf nur dann dem Euro beitreten, wenn der Rat kein übermäßiges Defizit festgestellt hat.

Flankierend zu den Konvergenzkriterien für Defizit und Schuldenstand hat der Maastrichter Vertrag zwei weitere Sperren gegen den unersättlichen Finanzbedarf der öffentlichen Hand errichtet:

- Die öffentliche Hand darf **keinen bevorzugten Zugang zu Finanzmitteln** bei der Notenbank oder anderen Finanzierungsinstitutionen haben (Artikel 124, 125 AEU-V), sondern muss sich wie andere Nachfrager auch am Kreditmarkt zu den dort erreichbaren Konditionen mit Krediten versorgen. Damit muss der jeweilige Staat im Falle einer starken Verschuldung den Rückgang der eigenen Bonität auch mit höheren Zinsen bezahlen bzw. in Zeiten knappen oder teuren Kapitalangebots seine Kreditaufnahme reduzieren. So sollen die Finanzmärkte den staatlichen Kreditnehmer disziplinieren.
- Letztlich könnten einzelne Mitgliedsstaaten dem Problem des moral hazard unterliegen, indem sie sich unverantwortlich hoch verschulden, weil sie erwarten, dass die Gemeinschaft sie aus einer „Verschuldungsfalle" befreien werde. Um dies auszuschließen, wurde eine **„no bail-out"**-Klausel in den AEU-V (Artikel 125) aufgenommen (Eichengreen, B. und Wyplosz, C., 1998). Danach dürfen Staaten nicht gezwungen werden, für die Schulden anderer Staaten einzustehen – allerdings dürfen sie dies „freiwillig" tun.

„Blinde Flecken" beim Schulden-Kriterium

Im Vertrag wird nur die Verschuldung des Staates behandelt. Aber auch eine hohe Verschuldung privater Unternehmen und Haushalte kann das gesamte Finanzsystem destabilisieren, wie die Finanzkrise gezeigt hat. Diese Möglichkeit war jedoch nicht im Fokus des Vertrags bei der Schaffung des Euro-Rahmens.

Es wurde angenommen, dass die Finanzmärkte die Regierungen disziplinierten, indem sie bei höherem Verschuldungsgrad auch höhere Zinsen als Risikoprämie forderten und so zu hohe Verschuldung mit anschließendem Staatsbankrott verhinderten. Allerdings haben die Finanzmärkte darin versagt und die einzelnen Mitgliedsstaaten nicht differenziert, sondern alle Euro-Mitgliedsstaaten auf dem gleichen Risiko- und damit Zinsniveau eingestuft.

Der Zusammenhang zwischen den Banken eines Landes und dem Staat hat sich als sehr problematisch erwiesen: Banken sind die Hauptkreditgeber für „ihren" Staat und der Staat ist implizit verpflichtet, Banken aus Existenzkrisen zu retten. Dieser „doom loop" hat in der Finanzkrise bestehende Probleme verschärft (Brasche, U., 2015a).

Weiterführende Literatur

European Commission, 1993a. Stable money – sound finances. Community public finance in the perspective of EMU. Luxembourg.

Spahn, H., 1997a. Schulden, Defizite und die Maastricht-Kriterien: Eine theoretisch-empirische Bestandsaufnahme. Konjunkturpolitik (1): 1–15.

3.2.3.2 Stabilitäts- und Wachstumspakt

War der Stabilitäts- und Wachstumspakt klug gefasst?
Hat der Pakt funktioniert?

Die Regeln zur Begrenzung von Staatsschulden im Vertrag konnten nicht genug Vertrauen auf ihre Einhaltung herstellen. So wurde auf deutsche Initiative ein „Stabilitätspakt" vereinbart, mit dem die Haushaltsdisziplin zusätzlich abgesichert werden sollte (European Commission, 1997n; Deutsche Bundesbank, 1997f). Frankreich leistete Widerstand gegen eine weitere Dominanz der deutschen „Stabilitätsversessenheit" in der europäischen Politik, die in der Vergangenheit als „Diktatur der Bundesbank" beklagt wurde. Als Kompromiss wurde noch ein Wachstums- und Beschäftigungsziel in den Pakt geschrieben. Die Intention Frankreichs war, damit einen Einstieg in eine europäische Beschäftigungspolitik nach dem Konzept von Keynes anzubahnen (Schatz, K.-W., 2001; Juncker, J.-C., 2016). Diese Dimension wurde in den folgenden Jahren nicht weiter ausgebaut.

Fehlerhaftes Konzept

Ursprünglich durfte der Staathaushalt der Mitgliedsstaaten höchstens ein Defizit von 3% bezogen auf das BIP aufweisen. Bei Überschreitung sollte zuerst eine

Abmahnung erteilt werden, auf die weitere Eskalationsschritte bis hin zum Verhängen von Geldstrafen folgen sollten. So sollten die Regierungen gezwungen werden, ihre Verschuldung immer in den zulässigen Grenzen zu halten.

Gegen dieses Konzept wurden gewichtige Kritikpunkte vorgebracht. Im Oktober 2002 machte der damalige Kommissionspräsident Romano Prodi europaweit Schlagzeilen, als er den Pakt unflexibel und das Festhalten an einer starren Regel „dumm" nannte (Le Monde, 18.10.2002). Er kritisierte insbesondere, dass der Pakt zu einer pro-zyklisch wirkenden Kürzung der Staatsausgaben zwingen kann.

Pro-zyklische Wirkung: Es ist makroökonomisch nicht sinnvoll, dass Länder, die bisher auch in Zeiten der Hochkonjunktur keine Haushaltsüberschüsse angesammelt haben und die fiskalischen Kriterien verletzen, zusätzliche Sparanstrengungen unternehmen müssen, weil das den Abschwung noch verstärkt.

Geldstrafe vergrößert Schulden: Ein Land, das bereits stark verschuldet ist, kann nicht zusätzlich eine erhebliche Geldstrafe an die EU bezahlen, ohne dadurch seine Problemlage weiter zu verschärfen.

Politischer „Kuhhandel": Der Pakt ist entstanden, weil die Durchsetzung der fiskalischen Disziplin, die im Vertrag festgelegt ist, als nicht gesichert galt. Es ist nicht zu erwarten, dass im politischen Verhandlungsprozess im Rat Sanktionen auf der Grundlage des Paktes gegen (mächtige) Mitgliedsstaaten mit qualifizierter Mehrheit verabschiedet werden.

Demokratie und Budget: Ein erheblicher Eingriff in die nationale Fiskalpolitik durch die politisch unabhängige Kommission, d.h. in die Haushalte einzelner Mitgliedsstaaten und an deren Parlamenten vorbei, ist nicht demokratisch legitimiert. Ein nationales Parlament hat im Grundsatz das Recht, sich gegen die Erfüllung der internationalen Verpflichtungen zu entscheiden.

Zwang zur Rettung: Bei drohendem Staatsbankrott und daraus resultierenden Ansteckungseffekten sind alle Regeln de facto außer Kraft, wenn der „Sünder" mit seinem Untergang drohen kann. Die anderen Mitgliedsstaaten sind dann gezwungen, die Schulden auf ein tragbares Maß zu reduzieren, auch wenn dies gegen den Buchstaben der Verträge und des Pakts verstoßen mag.

Auch der verbesserte Stabilitätspakt funktioniert nicht

Der Pakt wurde mehrfach – auch nach dem Ausbruch der Krise – verändert, da er offenbar seine Funktion nicht erfüllen konnte. Die nationalen Haushalte müssen nun schon vor ihrer Verabschiedung in den nationalen Parlamenten mit der Kommission „diskutiert" werden. Insgesamt wurde er „flexibler" bei der Feststellung eines übermäßigen Defizits und bei der Berücksichtigung von Sondereinflüssen sowie der Konjunkturlage (European Commission, 2016m). So muss der Haushalt nicht in jedem einzelnen Jahr die Schuldengrenze einhalten, sondern über Boom und Rezession hinweg. Damit darf der Staatshaushalt zur Konjunktursteuerung genutzt werden. Die Flexibilisierung eröffnet jedoch weiteren politischen Ermessensspielraum, der letztlich zur völligen Aushöhlung der Grundidee führen kann. Gleichzeitig wurde zwar die politische Einflussnahme des Rats abgeschwächt, da gegen eine von der Europäischen Kommission verfügte Strafe nur noch mit starker Mehrheit im Rat angegangen werden konnte. Jedoch nahm die Kommission immer mehr eine politische Sicht ein und nahm Rücksicht auf anstehende Wahlen in den Mitgliedsstaaten. Auch gestattete sie „besonderen" Ländern (Frankreich) eine wiederholte deutliche Überschreitung der Defizitgrenze.

Das Misstrauen, das zur Einführung des Paktes führte, hat sich bewahrheitet: Die Staatsschulden waren nicht zu begrenzen (Kapitel 3.4.2) und die schlimmsten Befürchtungen – Staatsbankrotte und der Zusammenbruch des Finanzsystems – sind nicht mehr auszuschließen bzw. stehen nach wie vor drohend bevor (Kapitel 3.5).

Weiterführende Literatur

Blumenwitz, D. und Schöbener, B., 1997. Stabilitätspakt für Europa: Die Sicherstellung mitgliedsstaatlicher Haushaltsdisziplin im Europa- und Völkerrecht. Frankfurt/M. u. a., Peter Lang.

Allen, F., Carletti, E. et al., Eds., 2011. Life in the Eurozone with or without sovereign default? Philadelphia, FIC Press.

Costantini, O., 2015a. The Cyclically Adjusted Budget: History and Exegesis of a Fateful Estimate. INET Working Paper (24), October.

European Commission. 2016m. Vade Mecum on the Stability and Growth Pact – 2016 edition. European Economy Institutional Papers, (021).

3.2.4 Monetäre Konvergenz

3.2.4.1 Konvergenzkriterium: Inflation

Warum ist die Bekämpfung von Inflation das Hauptziel?

Das oberste Ziel der gemeinsamen Geldpolitik in Europa ist die Stabilität des Geldwertes, d. h. die Vermeidung von Inflation. Diese strikte Inflationsorientierung wurde in der EU besonders stark von den Deutschen vertreten und politisch durchgesetzt; dies ist auch darauf zurückzuführen, dass Deutschland zweimal eine vollständige Entwertung aller Geldvermögen erlebt hat, was zu einer „kollektiven Inflationswachsamkeit" geführt hat, die auch als „Stabilitätskultur" in die institutionellen Regelungen der Geldpolitik Eingang fand. Die „Härte" der D-Mark wurde von der Bundesbank durchgesetzt, was in den wirtschaftlich verbundenen Nachbarländern einerseits mit Bewunderung aufgenommen wurde und andererseits als „Diktatur der BuBa" kritisiert wurde. Denn durch das wirtschaftliche Gewicht Deutschlands in Europa waren die anderen Länder gezwungen, die gleiche strikte

Anti-Inflationspolitik zu verfolgen, um ihre Wirtschaft vor höheren Zinsen und entsprechenden Wachstumseinbußen und ihre Währung vor einem Abwertungsdruck an den Devisenmärkten und daraus folgenden Vermögensverlusten zu schützen.

In der Diskussion um die Einführung einer gemeinsamen Währung hat daher auch in Deutschland die Furcht vor einem „weichen" Euro dominiert. Es wurde festgesetzt, dass nur Länder mit geringer Inflation den Euro gefahrlos übernehmen können. Mitgliedsländer wie Griechenland und Italien hatten in der Vergangenheit deutlich höhere Inflationsraten und sind damit auch „entspannter" umgegangen als Deutschland: Sie haben häufig abgewertet und sich gegen die Inflation abgeschirmt. Dafür wurden z. B. in Verträge (Tarif, Miete, Kredit, etc.) Klauseln aufgenommen, die automatisch einen Inflationsausgleich herbeiführten (Index-Klauseln).

Diesen Ländern wurde vorgehalten, dass sie nicht über eine „Stabilitätskultur" nach deutschem Maßstab verfügten. Das Bundesverfassungsgericht hat 1993 entschieden, dass der Beitritt Deutschlands zum Euro nur dann verfassungsgemäß sei, wenn der Euro in eine „Stabilitätsgemeinschaft" eingebettet würde (BVerfG 89, 155, Leitsätze). Dies ist nach der Auffassung des Gerichts durch die Konvergenzkriterien sichergestellt.

Das Konvergenzkriterium gilt als erfüllt, wenn ein Mitgliedsstaat während des letzten Jahres vor der Prüfung eine durchschnittliche Inflationsrate aufweist, die um nicht mehr als 1,5 Prozentpunkte über der Inflationsrate jener – höchstens drei – Mitgliedsstaaten liegt, die auf dem Gebiet der Preisstabilität das beste Ergebnis erzielt haben. Das Kriterium beschreibt also nicht einen absoluten Wert für die höchstens zulässige Inflationsrate, sondern hebt auf den „Gleichschritt" der Mitgliedsländer ab. Dahinter steckt die Annahme, dass Länder mit stark voneinander abweichenden Inflationsraten nicht spannungsfrei in einer gemeinsamen Währung bleiben können: Erstens müssten Inflationsdifferenzen nach der Theorie der Kaufkraftparität des Wechselkurses Druck in Richtung von Auf- bzw. Abwertungen auslösen, und zweitens kann eine einheitliche europäische Geldpolitik nach der Einführung des Euro nicht auf individuelle Inflationsraten einzelner Länder eingehen, sondern muss für den Durchschnitt des gesamten Euroraums konzipiert werden.

ⅈ Weiterführende Literatur

Häder, M. und Niebaum, H., 1997. EWU und Stabilitätskultur aus institutionenökonomischer Sicht. Wirtschaftsdienst 77(2): 94–98.

Steuer, W., 1997. Gibt es eine europäische Stabilitätskultur? Wirtschaftsdienst 77(2): 86–93.

Enderlein, H., Gnath, K. et al., 2016. Germany and the stability of Europe's economic and monetary union. Jaques Delors Institute and Bertelsmann Stiftung policy paper (157).

3.2.4.2 Konvergenzkriterium: Wechselkurs und EWS-I

Könnte ein System fester Wechselkurse besser als der Euro wirken?
Welches Land hat vor dem Euro unter einer „starken" Währung gelitten?
Wie stark dürfen Nicht-Euro Länder ihren Wechselkurs schwanken lassen?

?

Der Wechselkurs einer Währung ist erstens eine mögliche „Waffe" im Handel mit anderen Ländern: Durch eine Abwertung kann ein Land sich – zumindest vorübergehend – Vorteile verschaffen. Zweitens ist der Wechselkurs, wie er sich am Markt bildet, ein Indikator für das Vertrauen des internationalen Kapitals in die wirtschaftliche Stabilität eines Landes: Bei hohem Vertrauen wird die Währung nicht verkauft, so dass es nicht zu einer Abwertung kommen muss.

Stabilisierung der Wechselkurse scheiterte vor dem Euro
In Europa kam es immer wieder zu starken Währungsturbulenzen. Der damalige deutsche Bundeskanzler Helmut Schmidt und sein französischer Kollege, Staatspräsident Valéry Giscard d'Estaing, propagierten daraufhin das **„Europäische Währungssystem"** (**EWS**), das im März 1979 in Kraft trat. Für jeweils ein Währungspaar wurde ein bilateraler Kurs festgelegt, um den die beiden Währungen nur in einer Bandbreite von +/– 2,25 % schwanken sollten; für die italienische Lira war von vornherein ein weiterer Korridor (+/– 6 %) vorgesehen. Drohte eine Währung ihren Korridor aufgrund von Marktkräften zu verlassen, sollten die Notenbanken durch koordinierte Devisenmarktinterventionen gemeinsam die Stabilität der Wechselkurse sichern: Die abwertungsbedrohte Währung wurde aufgekauft und so ihr Überangebot vom Markt abgeschöpft, während die aufwertungsverdächtige Währung aus den Devisenreserven der Notenbanken auf den Markt geworfen wurde. So sollten Angebot und Nachfrage auf den Devisenmärkten derart beeinflusst werden, dass sich das vorherige Gleichgewicht für die einzelnen Währungen wieder einstellen würde. Flankierend sollte durch die Koordination der nationalen Wirtschaftspolitiken, besonders durch anti-inflationäre Politik, Zinspolitik und Kapitalverkehrskontrollen eine Stabilisierung der Wechselkurse unterstützt werden: Wenn die wirtschaftlichen Fundamentaldaten keinen Ab- oder Aufwertungsdruck erzeugen, muss auch am Devisenmarkt gar nicht erst interveniert werden.

Die Schwankungen der Wechselkurse blieben erheblich (Abb. 3-1): Für die Deutsche Mark gab es überwiegend eine Tendenz zur Aufwertung, was für die Exporteure Wettbewerbsnachteile mit sich brachte. Besonders ausgeprägt war dies bei den großen europäischen Handelspartnern Italien, Großbritannien und Frankreich, deren Währungen von 1965 bis 1998 auf weniger als 30 % des Ursprungswertes abwerteten. Österreich und die Niederlande dagegen haben sich in den 80er Jahren für eine Kopplung ihrer Währungen an die D-Mark entschieden (Ohr, R. und Schmidt, A., 2001; Steinherr, A., Ed., 1994).

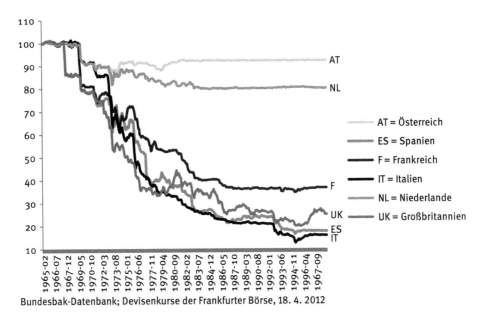

Bundesbak-Datenbank; Devisenkurse der Frankfurter Börse, 18. 4. 2012

Abb. 3-1: Abwertung gegenüber der DM, 1965–1998 (1965 = 100).

Als 1993 Spekulationen mit Währungen erneut erheblichen Abwertungsdruck auf einige Währungen verursachten, beschloss der Rat der Finanzminister, die Bandbreite, um die die Währungen schwanken durften, von +/− 2,25 % auf +/− 15 % zu erweitern (Caporale, G., Hassapis, C. et al., 1995). Das EWS war mit der Öffnung der Bandbreite auf 30 % als Ansatz zur Begrenzung von Wechselkursschwankungen letztlich gescheitert.

EWS-II: Ein neues Währungssystem für die Nicht-Euro-Länder

Parallel zur Vorbereitung der gemeinsamen Währung wurde ein **modifiziertes EWS** (EWS-II) geschaffen (Deutsche Bundesbank, 2005e:76–82); es trat Anfang 1999 in Kraft. Die Wechselkurse der Währungen der EU-Mitgliedsstaaten, die den Euro (noch) nicht übernommen haben, sollen gegenüber dem Euro relativ stabil bleiben. Es wurde für jede Währung ein offizieller Leitkurs gegenüber dem Euro festgelegt, um den sie um +/− 15 % abweichen darf. Daraus ergeben sich für den Wechselkurs jeder Währung gegenüber dem Euro obere und untere Grenzwerte, deren Einhaltung durch die Wirtschafts- und Finanzpolitik des jeweiligen Landes gesichert werden soll. Wenn an den Devisenmärkten eine größere Auf- oder Abwertung gegenüber dem Euro droht, dann müssen die Zentralbanken der Länder zusammen mit der EZB intervenieren, indem sie aus ihren Devisenbeständen die schwache Währung kaufen und die starke Währung verkaufen. Die Währungen der Länder, die den Euro nicht übernommen haben, dürfen untereinander frei schwanken.

Konvergenzkriterium Wechselkurs

Als eines der **Konvergenzkriterien** wurde festgelegt, dass ein Land vor seinem Beitritt mindestens zwei Jahre **spannungsfrei** am Europäischen Währungssystem (EWS-II) teilgenommen haben muss. Dazu sind die normalen Bandbreiten des Wechselkursmechanismus des EWS seit mindestens zwei Jahren gegenüber der Währung eines anderen Mitgliedsstaates einzuhalten. Insbesondere darf das Land nicht von sich aus gegenüber der Währung eines anderen Mitgliedsstaates abgewertet haben. Dies bedeutet den Verzicht auf einen „Abwertungswettlauf" in den letzten zwei Jahren vor dem Beitritt zum Euro. Dieses Kriterium soll darüber Auskunft gegeben, ob die nationale Wirtschaftspolitik in letzter Zeit für die internationalen Kapitalmärkte so glaubwürdig und stabil war, dass bereits vor der Teilnahme am Euro keine Spekulationsbewegungen gegen die Währung aufgetreten sind.

Auch jene Mitgliedsstaaten der EU, die den Euro noch nicht eingeführt haben, müssen sich um die Stabilität des Wechselkurses ihrer Währung bemühen.

Weiterführende Literatur

Buiter, W. H., Corsetti, G. M. et al., 1998. Interpreting the ERM crisis: Country-specific and systemic issues. Princeton.

Abelshauser, W., 2010. Eine kurze Geschichte der Europäischen Währungsunion. Aus Politik und Zeitgeschichte (43). S. 39–45.

3.2.4.3 Konvergenzkriterium: Zinsen

Was sagt der langfristige Zins über die Euro-Reife?
Ist der langfristige Zins ein verlässlicher Indikator?

In einer Volkswirtschaft werden für Kredite je nach Laufzeit und Risiko unterschiedliche Zinsen verlangt. Die **kurzfristigen** Zinsen können von der Zentralbank durch geldpolitische Maßnahmen verändert werden. Langfristige Zinsen bilden sich an den Kapitalmärkten unter Berücksichtigung von Laufzeit, Inflationserwartung, Abwertungserwartung und Ausfallrisiko. Diese Erwartungen können von der Wirtschaftspolitik nur begrenzt beeinflusst werden.

Zinsen sind Kosten für die Finanzierung kreditbasierter Investitionen und Konsumgüter sowie für Kredite an den Staat. Je höher der Zins, desto geringer das nachgefragte **Kreditvolumen** und damit auch die kreditfinanzierte Nachfrage und die Zahl der Arbeitsplätze. Je höher der Zins, desto schwerer wiegt der Anteil der laufenden Zinszahlungen gemessen am laufenden Einkommen. Steigende Zinsen engen den finanziellen Handlungsspielraum des Kreditnehmers ein: So kann der Staat umso weniger aktive Konjunkturpolitik betreiben oder in langfristige Aufgaben wie Bildung und Forschung investieren je mehr er für seinen Schuldendienst aufwenden muss.

Da die staatliche Kreditaufnahme weniger zinsreagibel ist als die private kann eine steigende Staatsverschuldung zur Verdrängung privater Kreditnachfrage durch den Staat am Kapitalmarkt führen (crowding out). Ein hohes staatliches Defizit kann zinstreibend und damit investitionssenkend sein und als Wachstumsbremse wirken.

Bei langfristigen Krediten enthalten Zinsen neben der Durchschnittsrendite am Kapitalmarkt zwei weitere Faktoren: Erwartete Ausfall**risiken** sowie die Auf- bzw. Abwertungserwartungen gegenüber der Währung des Kredite. Ein Kreditnehmer mit geringerer Bonität muss höhere Zinsen bezahlen und Kredite in einer Landeswährung mit überdurchschnittlicher Inflationsrate werden mit einem Zuschlag belegt, der die erwarteten Abwertungsverluste kompensieren soll. Langfristige Zinsen bilden sich also aus **Zukunftserwartungen** von Investoren und Sparern über Kurse, Renditen und Risiken am Markt. In diesem Sinn sind Differenzen in den langfristigen Zinsen auch ein Indikator für unterschiedliches **Vertrauen** des Kapitals in die jeweiligen Länder. Die langfristigen Zinsen, die der Staat eines Euro-Kandidaten zahlen muss, zeigen, ob die Kapitalmärkte an die bisherige Konvergenz und künftige Stabilität des jeweiligen Landes glauben.

Konvergenzkriterium langfristiger Zins

Das Konvergenzkriterium für den langfristigen Zins zeigt nach der Auffassung der Autoren des EG-V die „... Dauerhaftigkeit der von dem Mitgliedsstaat erreichten Konvergenz und seiner Teilnahme am Wechselkursmechanismus des Europäischen Währungssystems, die im Niveau der langfristigen Zinssätze zum Ausdruck kommt". Der Zinssatz langfristiger Staatsschuldverschreibungen oder vergleichbarer Wertpapiere wird herangezogen.

Das Zinskriterium ist **relativ** formuliert, d. h. es kommt auf die Differenz zu den „Besten" an, nicht auf einen absoluten Wert der Zinsen. Dies basiert darauf, dass Kapitalbewegungen zwischen Ländern und damit Änderungen der Wechselkurse nicht von der absoluten Höhe der Zinsen, sondern von Zinsdifferenzen ausgelöst werden. Die Referenzländer für das Zinskriterium sind diejenigen mit den geringsten Inflationsraten, nicht diejenigen mit den niedrigsten Zinsen. Darin drückt sich der Zusammenhang von Inflation und Zins als Risikoprämie bei überdurchschnittlicher Inflationserwartung aus. Jedoch hat sich auch hier gezeigt, dass die Finanzmärkte die Risiken vor der Finanzkrise (2008) nicht richtig eingeschätzt haben: Sie haben in der hohen Staatsverschuldung einiger Euro-Krisenländer kein Risiko gesehen, was sich in der geringen Zinsdifferenz (Spread) zwischen Staaten mit hoher und niedriger Tragfähigkeit der Schulden niederschlug (Kapitel 3.5).

3.3 Die Wirtschafts- und Währungsunion

Der Eintritt in den Kreis der Euro-Länder ist an das Bestehen einer Eingangsprüfung gebunden. Die Prüfung gilt als bestanden, wenn die Konvergenzkriterien erfüllt sind. Damit wird suggeriert, dass die Euro-Länder untereinander ähnlich genug sind, um auf eine landesspezifische Geldpolitik und die Änderung des Wechselkurses verzichten zu können.

Tatsächlich sind und bleiben die gesellschaftlichen und wirtschaftlichen Strukturen der Länder sehr unterschiedlich, so dass sie auch in unterschiedlichem Maße fähig sind, sich zu entwickeln und wirtschaftliche Schwierigkeiten zu bewältigen. Es wird behauptet, dass das bisherige Konzept der Wirtschafts- und Währungsunion (WWU) für diese Vielfalt unterschiedlicher Mitglieder nicht geeignet ist.

3.3.1 Die Arbeitsteilung in der Wirtschafts- und Währungsunion

Was umfasst die Wirtschafts- und Währungsunion?
Ist die Arbeitsteilung in der Wirtschafts- und Geldpolitik sinnvoll?

Binnenmarkt und Euro zusammen bilden die Wirtschafts- und Währungsunion (WWU); sie ist Ergebnis vieler politischer Kompromisse, ist nicht zwingend voll funktionsfähig und beruht nicht auf einem konsistenten Konzept. Bereits im Delors-Bericht (Delors, J., 1989a:16–20) wurden vier grundlegende Elemente für eine WWU angeführt:

1. Ein Binnenmarkt mit den vier Grundfreiheiten als Verschärfung des grenzüberschreitenden Wettbewerbs
2. Eine Wettbewerbspolitik und andere Maßnahmen, die den Marktmechanismus stärken
3. Gemeinsame Maßnahmen zum Ausgleich struktureller und regionaler Ungleichgewichte
4. Koordination der makroökonomischen Politik, insbesondere der nationalen Haushaltspolitiken (Defizit, Schuldenstand)

Diese Elemente wurden dann auch im Maastrichter Vertrag (1992) umgesetzt und bilden den Kern der WWU. Insgesamt ist daraus ein „Bauplan" zu erkennen, der eine Verteilung der Zuständigkeiten auf die gemeinschaftliche und auf die nationale Ebene enthält (Tab. 3-2). Die Elemente der Tabelle werden in den folgenden Kapiteln erläutert.

Tab. 3-2: Die Wirtschafts- und Währungsunion. Ziele, Instrumente, Zuständigkeiten.

Verantwortlichkeit und Politiken	Ziel(e), Maßnahmen
Wirtschaftsunion / Binnenmarkt	
EU: „Vier Freiheiten" ohne Diskriminierung ungehinderter grenzüberschreitender Wettbewerb National: Keine Zuständigkeiten	Positive Integration; Weiterentwicklung Binnenmarkt; Rechtsaufsicht; Wettbewerbsaufsicht; keine Subventionen oder „Nationale Champions"
Geldpolitik	
EU: Europäische Zentralbank (EZB); unabhängig von Regierungen und nationalen Bedarfen und Einflüssen; keine direkte Finanzierung von Staatshaushalten National: keine Zuständigkeit; Umsetzung der EZB-Politik im nationalen Rahmen	Preisstabilität (Inflation nicht über 2 %) Geldmenge und (kurzfristiger) Leitzins
Fiskalpolitik	
EU: keine Zuständigkeit, aber „Euro-Gruppe" zur Kommunikation Obergrenzen für Defizit und Schulden der Mitgliedsstaaten (Maastricht-Kriterien) National: Parlamente und Regierungen Steuern und Staatsausgaben festlegen Koordination mit EU; Berichtspflicht Grenzen durch Stabilitäts- und Wachstumspakt beachten (Defizit, Schuldenstand)	Dialog der Mitgliedsstaaten zur Koordination der Fiskalpolitik organisieren Nationale Haushalte überwachen Keine Übernahme von nationalen Staatsschulden Verbot der Finanzierung von Staatsschulden durch EZB Makroökonomische Konjunkturstabilisierung Politische Ziele erfüllen Steuern: Umverteilung; Anreize; Widerstand Ausgaben: Erfüllung der Wähler-Präferenzen

Verbesserung der Wettbewerbsfähigkeit

EU: Keine Zuständigkeit, aber Wettbewerbspolitik, u. a. Verbot von Subventionen („Industriepolitik")

Gemeinschaftliche „Visionen" organisieren („Lissabon 2010", „EU 2020", ...)

Struktur- und Kohäsionsfonds auf Wettbewerbsfähigkeit orientieren

Funktionieren von grenzüberschreitendem Wettbewerb im Binnenmarkt sichern

Durch die Organisation von „Benchmarking" die Mitgliedsstaaten zu mehr und gemeinsamen Anstrengungen bringen

Gemeinsame Forschungsprojekte finanzieren

Über die Vergabe von EU-Subventionen in der Regionalförderung Einfluss nehmen

National (landesspezifisch):

Löhne in Tarifhoheit; nur im öffentlichen Dienst durch den Staat beeinflussbar; Klima zwischen den Tarifvertragsparteien (Korporatismus oder Klassenkampf)

Bereitschaft zu Strukturwandel und Reformen

„Gute Regulierung" für die Wirtschaft

Funktionierende Verwaltung und Rechtssystem (Governance)

Innovationsförderung, Bildung

In den einzelnen Mitgliedsstaaten ergibt sich aus einem landesspezifischen Mix vieler Faktoren die internationale Wettbewerbsfähigkeit der Wirtschaft.

Politische Gestaltung unter vielen „Mitspielern" Gruppeninteressen, Lobbyismus

Sozialpolitik

EU: Allgemeine Grundsätze

Soziale Mindeststandards in der EU (Kommunikation; Benchmarking; Sekundärrecht)

National (landesspezifisch): Absicherung bei Arbeitslosigkeit, Krankheit/Invalidität und Alter; Sozialhilfe

Versicherung bzw. steuerfinanzierte Ansprüche; Je nach Land: „Fördern und Fordern"

Eigene Darstellung in Anlehnung an Baldwin, R. E. und Gros, D., 2010:1–3.

3.3.2 Die Geldpolitik der EZB

? Was wird von der Geldpolitik in der Euro-Zone erwartet?
Was darf die Geldpolitik (nicht)?

Es existieren zwei konträre Auffassungen über die „richtige" Rolle der Geldpolitik und damit auch über die Stellung der Zentralbank in der Wirtschaftspolitik.

Geldpolitik dient der Regierung: Die Geldpolitik wird als Instrument in den Händen der jeweiligen Regierung gesehen, die durch die Variation des Zinses ihre politischen Ziele Wachstum und Vollbeschäftigung unterstützen will. Es wird angenommen, dass die Wähler in einem gewissen Rahmen auf Inflation weniger kritisch reagieren als auf Arbeitslosigkeit. Wenn die Geldpolitik unter dem Kommando der Regierung steht, könnte möglicherweise die Inflation nicht konsequent bekämpft werden, da dies Arbeitsplätze kosten kann.

Geldpolitik dient der Geldwertstabilität: Eine inflationsfreie, stabile Währung wird als erforderliche Grundlage für eine erfolgreiche Wirtschaft angesehen. Da die Regierung im Interesse ihrer Wiederwahl die Geldwertstabilität vernachlässigen könnte, muss die Geldpolitik unabhängig von den Interessen und Weisungen der Regierung betrieben werden – auch wenn dies Arbeitsplätze kosten kann. Diese Auffassung wird auch als **Stabilitätskultur** bezeichnet. Länder mit einer unabhängigen Zentralbank weisen tatsächlich ein höheres Wirtschaftswachstum und mehr Preisstabilität auf (Ehrmann, M. und Fratzscher, M., 2008; Berger, H., de Haan, J. et al., 2010; European Commission, 1997n:7–10, Fn. 5). Allerdings wird z. B. in Frankreich kritisiert, dass die Zentralbank zwar wesentlichen Einfluss auf die wirtschaftliche Entwicklung hat, aber keiner demokratischen Kontrolle unterliegt. In Deutschland dagegen war eine Zentralbank nur als unabhängig denkbar (Juncker, J.-C. 2016).

„Der Euro wird stark wie die Mark"

Bei der Konzipierung der europäischen Geldpolitik haben sich die Deutschen mit ihrem Konzept einer unabhängigen, vorrangig der Preisstabilität verpflichteten Zentralbank nach harten politischer Auseinandersetzungen durchgesetzt (Dyson, K. und Featherstone, K., 1999; Scheller, H. K., 2006; Görgens, E., Ruckriegel, K. et al., 2008). Grund war die Befürchtung der deutschen Bevölkerung, sie müsse die stabile D-Mark für eine inflationsgeneigte Währung aufgeben. Der damalige Finanzminister reagierte darauf mit dem Slogan „Der Euro wird stark wie die Mark" (BMF, 1994). Damit waren alle Euro-Länder gezwungen, künftig mit einer Geldpolitik zu leben, die mehr Gewicht auf Inflationsbekämpfung legte. In bisherigen Hochinflationsländern führte dieser „Stabilitätsimport" zu Anpassungslasten, da sie zur Bekämpfung der Inflation den Zins erhöhen musste, was sich negativ auf die kreditgetriebene Nachfrage und in deren Folge negativ auf die Zahl der Arbeitsplätze auswirkte.

Stabilität und Wachstum

Geldwertstabilität ist als Inflationsrate von „nahe bei, aber unter 2,0 % pro Jahr" definiert. Bei drohender Überschreitung der Grenze interveniert die EZB mit ihren geldpolitischen Instrumenten (Europäische Zentralbank, 2004b). Da die EZB dabei nicht auf die Situation in einzelnen Ländern eingehen kann und darf, kommt es zu einer **„One-Size-Fits-All"** Geldpolitik, die möglicherweise für kein Land vollständig zur wirtschaftlichen Situation passt.

Die EZB hat als zweites Mandat – solange die Preisniveaustabilität dadurch nicht gefährdet ist – die Unterstützung der sonstigen wirtschaftlichen Ziele der EU wie Wirtschaftswachstum und Vollbeschäftigung (Art 127, AEU-V). Damit darf sie – zumal in Zeiten drohender Deflation – auch aggressiv expansive Geldpolitik betreiben.

Staaten nicht (direkt) finanzieren

Der EZB ist es außerdem verboten, einer Regierung bevorzugten Zugang zum Kapitalmarkt zu gewähren, d. h. Staatsanleihen direkt von den Regierungen zum vollen Ausgabekurs zu kaufen. Bei einer direkten Finanzierung durch die EZB könnte ein Staat jede Sorge um seine Kreditwürdigkeit verlieren und sich grenzenlos verschulden. Regierungen müssen vielmehr ihren Kreditbedarf an den Finanzmärkten decken. Diese setzen ihre Kreditkonditionen – vermeintlich – marktgerecht und sollen so die Regierungen zur Disziplin bei der Verschuldung zwingen: Hoch verschuldete Staaten stellen ein höheres Kreditrisiko dar und müssen daher höhere Zinsen zahlen. Die Finanzmärkte haben jedoch entgegen der Erwartung die Kreditrisiken von Staaten falsch bewertet und damit zur Entstehung der Krise beigetragen.

Diese Regel schließt jedoch nicht aus, dass die EZB legal Staatsanleihen an den Finanzmärkten aufkauft. Dies tat sie in der Finanzkrise, um – wie sie argumentiert – die Funktionsfähigkeit der Finanzmärkte wieder herzustellen. Diese „Grenzüberschreitung" der Geldpolitik ist kritisch zu sehen und die Grenze zur verbotenen Staatsfinanzierung ist fließend.

Mängel des geldpolitischen Konzepts

Am ursprünglichen Konzept der EU-Geldpolitik wurde bereits frühzeitig – dann aber vermehrt in der Finanzkrise – Kritik angemeldet.

Die Inflationsmessung basiert auf einem Warenkorb von Gütern des Endverbrauchs und schließt Preisentwicklungen bei Anlagen (Anleihen, Aktien, Gold, Immobilien etc.) nicht ein – eine Inflation bei Vermögen („**Vermögensblasen**") kann also nicht identifiziert werden. Solche Blasen sind jedoch Ursache von Finanzkrisen.

Nicht als Aufgabe der EZB beschrieben ist die Bereitstellung von großen Beträgen an **Liquidität für Geschäftsbanken** in Krisenzeiten. Die Existenz eines solchen Problems war bis zum Ausbruch der Krise im Jahr 2007 nicht im Fokus der Wissenschaft oder der Politik. Die Zentralbanken anderer Länder dürfen „ihrem" Staat dann Geld leihen, wenn dieser vorübergehend vom Zugang zu den Finanzmärkten abgeschnitten ist. Ein solcher Staat kann daher niemals illiquide werden. Diese Funktion des „**Lender of Last Resort**" darf die EZB nicht ausüben, so dass in der Finanzkrise die Zahlungsunfähigkeit von Regierungen der Euro-Zone für möglich gehalten wurde (DeGrauwe, P., 2013c). Die EZB nimmt sich erst seit der Finanzkrise der Frage der Stabilität des gesamten Finanzsystems stärker an (Schoenmaker, D., Ed., 2014).

3.3.3 Fiskalpolitik in der WWU

? Warum liegt die Fiskalpolitik immer noch in nationaler Zuständigkeit?
Welche Kräfte wirken auf die Staatsausgaben ein und zu welchem Ergebnis führen diese?

Die Fiskalpolitik liegt in der Zuständigkeit der einzelnen Mitgliedsstaaten. Sie umfasst die Festlegung von Abgaben und Besteuerung sowie die Ausgaben der öffentlichen Hand und ihrer sozialen Sicherungssysteme. Wenn die Ausgaben die Einnahmen übersteigen, kann der Staat das Defizit am Kapitalmarkt durch Kredite decken.

Dieses Politikfeld ist der Kern gesellschaftlicher und politischer Gestaltung. Welche Gruppe in der Gesellschaft wie viel von ihrem Einkommen als Steuern in den gemeinsamen „Topf" geben muss und welche Gruppen daraus wie viel erhalten, ist Resultat eines Aushandlungsprozesses, der von Macht und Einfluss geprägt wird. Die grundsätzlichen Entscheidungen fallen im nationalen Parlament, das den Haushaltsplan verabschiedet und in seine Durchführung intervenieren kann. Damit sind Volumen und Struktur der öffentlichen Kasse unter der Kontrolle des Wählers.

Die Fiskalpolitik hat zwei Hauptaufgaben zu erfüllen: Sie muss erstens die öffentlichen Aufgaben wie Infrastruktur, Militär, soziale Sicherung etc. finanzieren und soll zweitens die Konjunktur durch die Variation von Steuern und Staatsausgaben steuern. Als Nebenbedingung gilt, dass das Defizit und der Schuldenstand des Staates bestimmte Grenzen nicht übersteigen dürfen, um einen Staatsbankrott zu vermeiden. Die Grenzen für Defizit und Schuldenstand sind im EU-Vertrag festgelegt (Kapitel 3.2.3.1). Bei einer Verletzung der Grenzen haben die Europäische Kommision und der Rat das Recht und die Pflicht, in die nationalen Haushalte einzugreifen (Kapitel 3.2.3.2).

Die Konjunktursteuerung erfolgt durch eine Variation der gesamtwirtschaftlichen Nachfrage im Sinne keynesianischer Konjunkturpolitik. Die beiden Hauptaufgaben können in erheblichem Konflikt mit der Nebenbedingung der Schuldenkontrolle stehen. Die Fiskalpolitik stößt bei der Konjunktursteuerung schnell an Grenzen:

1. Wenn in der Hochkonjunktur keine Rücklagen gebildet wurden, sind in der Rezession keine Mittel für Ausgabeerhöhungen verfügbar – es sei denn, das zulässige Defizit ist noch nicht ausgeschöpft. Wenn die Verschuldung des Staates bereits zu hoch ist und daher abgebaut werden soll, dann kann es sogar zu einer unerwünschten Verstärkung einer Rezession führen, wenn der Staatshaushalt gekürzt werden muss.

2. Ausgabenkürzungen stoßen auf den Widerstand von Interessengruppen und sind politisch oft nur schwer durchsetzbar.

3. Viele Arten von Steuern und Staatsausgaben können im Konjunkturverlauf nicht sinnvoll variiert werden, da die dort finanzierten Aufgaben im Boom und in der Rezession gleichermaßen erfüllt werden müssen. Beispiele dafür sind die öffentliche Verwaltung, die Institutionen der Justiz und der inneren Sicherheit, das Bildungs- und Gesundheitswesen oder die Feuerwehr.

4. Allenfalls einige Investitionen des Staates können als „Konjunkturpuffer" fungieren; sie machen jedoch nur einen kleinen Teil der gesamten Staatsnachfrage aus und werden vorrangig im Bausektor getätigt.

5. Strukturelle Probleme, wie sie sich z. B. im Niedergang einzelner Branchen zeigen, führen zwar dort zu Arbeitslosigkeit, können aber nicht durch eine allgemeine Stimulierung der Gesamtnachfrage bekämpft werden.

Die Finanzierung und Durchführung der Fiskalpolitik liegt ausschließlich in den Händen der nationalen Regierungen, die EU hat hierfür weder Mittel noch Zuständigkeit. Dies ist darauf zurückzuführen, dass die Mitgliedstaaten bisher nicht bereit waren, die Bestimmung über ihre Haushalte sowie die Gestaltung ihrer Politiken der supranationalen Ebene zu übergeben. So kann die EU keinen länderübergreifenden Ausgleich von Boom und Rezession versuchen.

Ob und wie durch eine Vergemeinschaftung der Fiskalpolitik die Unterschiede in der wirtschaftlichen Leistungsfähigkeit abgebaut werden könnten oder ob ein erheblicher fiskalischer Transfer über die Landesgrenzen hinaus in den „Zahler-Ländern" politisch akzeptiert würde, muss hier offen bleiben. Teilen und Solidarität ist ein schwieriger Prozess, der das Gefühl der Zusammengehörigkeit voraussetzt; die ist allenfalls innerhalb eines Landes gegeben. Zwischen den europäischen Mitgliedstaaten ist ein ausgeprägtes „Wir-Gefühl" jedoch (noch) nicht vorhanden. Nicht zuletzt die politische Akzeptanz bei den Bevölkerungen der Mitgliedstaaten sowie die demokratische Legitimation einer Verlagerung des Budgetrechts auf eine supranationale Ebene stellen ungelöste Probleme dar.

Da die meisten nationalen Staatshaushalte die Grenzen der Verschuldung verletzen, hat die EU immer mehr Verfahren entwickelt, um „von außen" in den nationalen Haushaltsprozess zu intervenieren (Bouwen, P., 2013; Marhold, H., 2015). Dies bleibt jedoch ohne ausreichende demokratische Legitimation und ist außerdem von der Sache her erfolglos. Offen bleiben muss hier, ob eine von der EU auf supranationaler Ebene betriebene Fiskal- und Konjunkturpolitik prinzipiell die Schwächen und Fehler national betriebener Politik vermeiden könnte und mehr Erfolg haben würde.

3.3.4 Förderung der Wettbewerbsfähigkeit

? Sollte die EU für die Förderung der Wettbewerbsfähigkeit zuständig sein?

Jedes Land strebt danach, ein hohes Wohlstandsniveau zu erreichen. Ungehinderter, grenzüberschreitender Wettbewerb auf freien Märkten als Grundlage des Europäischen Binnenmarktes soll zu diesem Ziel beitragen. Es wird erwartet, dass wirtschaftliche Unterschiede zwischen den Mitgliedsstaaten der EU durch Marktkräfte ausgeglichen werden, indem z. B. Preise und Löhne sich an die Wettbewerbslage anpassen und Arbeit und Kapital dorthin wandern, wo sie die höchste Rendite bzw. die höchsten Löhne erzielen. Auch Innovation und Spezialisierung als Elemente des Wettbewerbs sollen zu wirtschaftlichem Wachstum beitragen. Offen bleibt, ob tatsächlich jedes Land sich in diesem Wettbewerb erfolgreich positionieren kann. Möglicherweise profitieren vorrangig die bereits starken Länder, während die anderen weiter zurückfallen. Ursachen für geringe Wettbewerbsfähigkeit können vielfältig sein; sie liegen – sofern sie überhaupt einer politischen Gestaltung zugänglich sind – im Einflussbereich nationaler Politiken.

Wettbewerbsfähigkeit als nationale Gestaltung
Über die richtigen Maßnahmen zur Schaffung von gut dotierten Arbeitsplätzen durch Steigerung der wirtschaftlichen Wettbewerbsfähigkeit wird seit langem gestritten. Grob vereinfacht lassen sich zwei Ansätze unterscheiden: Die Angebotspolitik und die Nachfragepolitik. Die **Angebotspolitik** vertraut auf die „Kräfte des Marktes", will den intervenierenden Staat aus der Wirtschaft zurückdrängen und setzt auf eine Verbesserung der Rahmenbedingungen für innovative Unternehmen (SVR, 1997, Ziff. 292 ff.; Pätzold, J. und Baade, D., 2008). In den einzelnen Mitgliedsstaaten haben sich zu unterschiedlichen Zeiträumen unterschiedliche Positionen durchgesetzt – es gibt keine einheitliche Linie dazu in der EU. Die Arbeitsmarkt- und Sozialpolitik haben Einfluss auf die Lohnkosten sowie auf die Höhe der staatlichen Sozialleistungen; sie liegen in nationaler Kompetenz. In einigen Ländern wird

Flexibilität der Arbeitsmärkte gefordert. Dies verlagert die Anpassungslasten von Konjunktur und Strukturwandel auf den Einzelnen, der auch geringer bezahlte Tätigkeiten außerhalb seiner Heimatregion aufnehmen soll. In anderen Ländern wird der Staat zu **vor- und versorgenden Maßnahmen** bei Qualifizierung, Vermittlung und Einkommensersatz verpflichtet. Ob einer der beiden Ansätze erfolgreicher ist als der andere und ob Erfahrungen aus einem Land auf ein anderes übertragbar sind, kann hier nicht behandelt werden.

In den EU-Ländern, die infolge der Finanzkrise internationale Hilfen in Anspruch nehmen mussten, wird diese in der Regel nur gewährt, wenn das Land sich „Strukturreformen" unterwirft, die die Wettbewerbsfähigkeit nach den o. g. Kriterien stärken sollen (Varga, J., Roeger, W. et al., 2013; Varga, J. und In 't Veld, J., 2014; OECD, 2015; European Commission, 2014c).

Generell aber ist die Belastung der öffentlichen Kassen geringer, wenn die Anpassungslast mehr von den Betroffenen zu tragen ist. Ein fürsorglicher Staat dagegen dürfte eher die Zustimmung der Wähler finden. Daraus resultiert die Verlockung für die Regierung, den Machterhalt durch steigende Staatsausgaben zu befördern.

Für die **technologische Wettbewerbsfähigkeit und industrielle Innovationen** sind Aufwendungen für Bildung, Forschung und Entwicklung als Input wichtig – die Wirkung vermehrter Ausgaben tritt eher mittel- bis langfristig ein. Die Bereitschaft, aktuell Ressourcen von anderen Anwendungsbereichen abzuziehen um sie in diese Felder zu investieren, setzt einen politischen Konsens im jeweiligen Land voraus. Während einige Mitgliedsstaaten viel investieren und auch Erfolge aufweisen, bleiben andere zurück.

Die EU hat hier keine Entscheidungsbefugnis über die nationale Innovationspolitik sowie nur ein sehr kleines eigenes Budget zur Förderung von Forschung. Ersatzhalber betreibt sie nach der Methode der „offenen Koordination" (Kapitel 1.2.6) Programme, in denen die Mitgliedsstaaten sich gemeinsam verpflichten, mehr Mittel für Forschung und Innovation aufzuwenden. Verantwortung und Finanzierung liegen bei den jeweiligen Mitgliedsstaaten. Beispiele sind die „Lissabon-Strategie", die die EU zur wettbewerbsfähigsten Region der Welt machen sollte und deren Nachfolgeprogramm „EU 2020". Diese Programme sind weitgehend erfolglos geblieben.

Weiterführende Literatur

European Commission, 2015d. Single Market integration and competitiveness in the EU and its member states. Commission staff working document (SWD(2015) 203 final): 1–115.

Sapir, A., 2014. Still the right agenda for Europe? The Sapir report ten years on. JCMS: Journal of Common Market Studies 52 (Annual Review): 57–73.

3.4 Die Einführung des Euro

Der Euro wurde bei einer ersten Gruppe von Ländern eingeführt. Die ersten Erfahrungen mit der neuen Zentralbank und der Währung waren positiv, bis mit dem Ausbruch der weltweiten Finanzkrise und den darauf folgenden politischen Reaktionen viele Rahmenbedingungen sich änderten und die vereinbarten Grundlagen de facto nicht mehr galten.

3.4.1 Konvergenzprüfung und Beitritte

Bei der Entscheidung zur Einführung des Euro in einem Mitgliedsstaat hat die politische Ebene aus den Mitgliedsstaaten, also der Rat, das letzte Wort. Die Kommission und die EZB berichten zum Stand der Konvergenz des Euro-Kandidaten und das Parlament wird gehört (Artikel 140 AEU-V). Grundlage für die Prüfung sind die Erfüllung der Konvergenzkriterien (Kapitel 3.2) sowie die institutionelle Unabhängigkeit der Zentralbank (Kapitel 3.3.2).

3.4.1.1 Die erste Gruppe

? Sind alle Kandidaten reibungslos in die Euro-Gruppe aufgenommen worden?
Welche Probleme waren von Anfang an sichtbar?

Die öffentliche Diskussion beschäftigte sich intensiv mit der Befürchtung, dass die Konvergenzkriterien aus politischen Gründen vom Rat nicht „eng und strikt" ausgelegt würden, um einer möglichst großen Teilnehmergruppe aus den damals fünfzehn Mitgliedsstaaten die Übernahme des Euro zu ermöglichen. Es schien aus politischen Gründen unumgänglich, zumindest die Gründungsmitglieder der EU dabei zu haben, auch wenn Italien und Belgien das Kriterium der Staatsverschuldung offensichtlich nicht erreichten. Eine Verweigerung der Übernahme des Euro wäre als negatives Zeugnis über den Zustand der Wirtschaft gewertet worden und hätte entsprechenden Druck auf die Landeswährung nach sich gezogen.

Insgesamt fiel die Bewertung der Konvergenz bei den Kriterien Inflation, Wechselkursstabilität und EWS-Teilnahme sowie langfristige Zinsen positiv aus, während beim Defizit und dem Schuldenstand Probleme sichtbar wurden.

Im Verlauf der Anstrengungen der nationalen Notenbanken und Regierungen zur Vorbereitung der Konvergenzprüfung – unterstützt durch eine zeitweise schwache Konjunktur – war eine starke Konvergenz (fast) aller nationalen **Inflationsraten** „nach unten" gelungen; nur Griechenland konnte das Ziel nicht erreichen, was angesichts seiner zuvor weit überdurchschnittlichen Inflationsrate auch nicht zu erwarten war.

Die Bemühungen der Kandidatenländer zur Übernahme des Euro erzeugten Vertrauen der Kapitalmärkte in diese Länder: Alle **langfristigen Zinsen** für Staatsanleihen näherten sich einem niedrigen, gemeinsamen Niveau; die Spreads verschwanden fast vollständig. Hierbei handelte es sich aber eher um einen „Überschuss an Vertrauen" (Artus, P. und Bourguinat, H., 1994:148–151), das sich bald darauf in der Entwicklung der Realwirtschaft und des Finanzsystems als völlige Fehleinschätzung erwies. Die Vernachlässigung des Ausfallrisikos bei den Staatsanleihen einiger Länder kann auch anders interpretiert werden: Die Finanzmärkte nahmen von vorne herein an, dass ein Euro-Land bei finanziellen Schwierigkeiten von den anderen Ländern unterstützt würde. Die „no bail-out"-Klausel war nicht glaubhaft.

In der öffentlichen Diskussion, die die Einführung des Euro begleitete, kam den fiskalischen Kriterien besonderes Gewicht zu: Die ohnehin mit Misstrauen betrachteten Schulden der öffentlichen Hand wurden zum Symbol und Gradmesser für die Solidität und Verlässlichkeit der Partnerländer, die gemeinsam eine neue stabile Währung schaffen wollten. Mit großer Aufmerksamkeit wurde daher der Entscheidungsprozess bei **Defizit und Schuldenstand** verfolgt.

Das **Defizitkriterium** konnten einige Staaten zum Zeitpunkt der Prüfung nur einhalten, weil sie sogenannte Einmal-Effekte nutzten, die nicht auf eine nachhaltige Konsolidierung des Staatshaushalts hinweisen, sondern z. T. den Eindruck einer **„kreativen Buchführung"** erwecken (Europäisches Währungsinstitut, 1998; Koen, V. und van den Noord, P., 2006; Gordo Mora, L. und Nogueira Martins, J. N., 2007):

- Italien verringerte das Defizit durch eine rückzahlbare „Europa-Sondersteuer" um 0,6-Prozentpunkte.
- Eine einmalige Zahlung der France Telecom an den französischen Staatshaushalt als Gegenleistung für die Übernahme von künftigen Pensionsverpflichtungen reduzierte das Defizit momentan um 0,5-Prozentpunkte, erhöhte aber die Staatsausgaben in der Zukunft um die zusätzlichen Pensionszahlungen.
- Belgien, Deutschland, Frankreich, Griechenland und Großbritannien hatten durch Kürzung der öffentlichen Investitionen erforderliche Staatsausgaben in die Zukunft verlagert.

Ohne diese Einmal-Effekte hätten Italien und Frankreich den Grenzwert von 3 % überschritten. Außerdem war im Prüfungsjahr 1997 das Zinsniveau insgesamt niedrig, was zu einer Entlastung der Länder mit hohem Schuldenstand beitrug. Am anderen Ende der Skala lagen Dänemark, Irland und Luxemburg, deren Staatshaushalte im Jahr 1997 sogar Überschüsse auswiesen. Als einziges Land hat Griechenland das Defizitkriterium nicht erfüllt.

Die **Schuldenstandsquote** stellte das deutlichste Problem bei einer strikten Konvergenzprüfung dar. Die meisten anderen lagen geringfügig über dem Wert, wenn auch die Tendenz z. B. bei Frankreich und Deutschland in den letzten Jahren deutlich in die falsche, d. h. steigende, Richtung zeigte. Nur Finnland, Frankreich, Luxemburg und Großbritannien lagen überhaupt unter der 60 %-Marke. Drei Länder wiesen 1997 Werte auf, die weit jenseits der 60 %-Grenze lagen: Belgien und Italien mit je 122 % sowie Griechenland mit 108 %. Die Teilnahme der beiden EU-Gründungsmitglieder Belgien und Italien an der ersten Runde der Euro-Einführung wurde in der Entscheidung des Rats aus politischen Gründen dennoch befürwortet.

Darüber hinaus wurde der Verdacht geäußert, dass auch die vom Statistischen Amt der EU (EUROSTAT) bereitgestellten Daten zu den Konvergenzkriterien nicht in allen Ländern korrekt ermittelt wurden, um die Position dieser Länder zu schönen. Das ehemalige deutsche Mitglied im Präsidium des EU-Rechnungshofes, Bernhard Friedmann, hatte einen solchen Verdacht im Oktober 2001 der Presse in einem Gespräch mitgeteilt („Rechnungshof zweifelt ...", 2001). Für Griechenland hat sich später ein solcher Verdacht erhärtet.

Die zuständigen europäischen Institutionen kamen zu dem Schluss, dass elf Mitgliedsländer für die Teilnahme am Euro in Frage kämen. Von den damals fünfzehn Mitgliedsstaaten führten folgende den Euro **nicht** sofort ein:

- **Griechenland**, weil es keines der Konvergenzkriterien erfüllen konnte. Erst zwei Jahre später hat sich Griechenland mit gefälschten Zahlen (EUROSTAT, 2004; European Commission, 2010a) für den Euro „qualifiziert".
- **Schweden**, das als einziges Land die Unabhängigkeit seiner Zentralbank nicht hergestellt hatte, was auch darauf zurückzuführen ist, das es so seine unerwünschte Teilnahme am Euro blockieren konnte.
- **Großbritannien** und **Dänemark**, die aufgrund von Sondervereinbarungen im Maastrichter Vertrag das Recht hatten, (noch) nicht an der gemeinsamen Währung teilzunehmen (**Opt-out**-Klausel) – eine Option, die dem politischen Prozess geschuldet war: Die Einstimmigkeit beim Maastrichter Vertrag wäre sonst nicht erreichbar gewesen.

Zusammenfassende Bewertung

Der Start des Euro in diesen elf Ländern verlief insgesamt erfolgreich. Kam es doch darauf an, eine inflationsfreie Währung zu installieren. Diesem Ziel dienen die anderen Kriterien. Die Absicherung dieses erreichten Standes an Konvergenz wurde einem institutionellen Rahmen anvertraut: Die neu geschaffene, unabhängige Europäische Zentralbank sollte künftig die Inflation im Euro-Raum begrenzen und die Überwachung von Staatsdefiziten sollte durch den Stabilitäts- und Wachstumspakt geleistet werden. Das Scheitern der Schuldenbegrenzung wurde nicht für möglich gehalten bzw. in der politischen Diskussion ausgeblendet. In der Folgezeit haben allerdings die Instrumente zur Begrenzung der Staatsschulden vollständig versagt.

Ob der Euro als Projekt insgesamt ein Erfolg ist, soll damit nicht behauptet werden. Seine Nachteile und Mängel traten in der Finanzkrise deutlich zutage (Kapitel 3.5).

3.4.1.2 Neue EU-Mitglieder und der Euro

Sollten die mittel- und osteuropäischen Mitglieder mit dem Euro warten?

Mit dem Beitritt der acht mittel- und osteuropäischen Länder (MOEL) im Jahr 2004 sowie mit Bulgarien und Rumänien im Jahr 2007 kamen erstmals Transformationsländer (Kapitel 4.2) hinzu. Damit standen nun zehn neue Kandidaten für die Übernahme des Euro an. Bei den Transformationsländern, die den Übergang aus dem Wirtschaftssystem der zerfallenen Sowjetunion in eine jeweils neu zu definierende Organisation von Wirtschaft und Gesellschaft zu bewältigen haben, stellt sich die Frage nach dem Tempo der Übernahme des Euro anders als bei den bisherigen Mitgliedsstaaten (Bolle, M., Ed., 2004; Bolle, M. und Pamp, O., 2006; Onorante, L., 2006). Die Anstrengungen zur Erfüllung der Konvergenzkriterien können die Bewältigung der Transformation beeinflussen – positiv und negativ. Auch aus der Sicht des Euro-Raums ist zu klären, ob eine zu frühe Übernahme den Euro destabilisieren könnte.

Die Konvergenzkriterien verlangen eine geringe Inflation. Beim Übergang von einer Planwirtschaft in die Marktwirtschaft kann es aber zu einem vorübergehenden **inflationären** Schub kommen. Eine zu rasche oder starke Begrenzung des Preisauftriebs durch restriktive Wirtschaftspolitik kann das **aufholende Wachstum** unerwünscht bremsen. Damit wäre auch der Spielraum zur Unterstützung sozial schwacher Gruppen der Gesellschaft geschmälert. Andererseits trifft eine hohe Inflation gerade diese gesellschaftlichen Gruppen empfindlich, da die Kaufkraft ihrer Transfereinkommen sinkt, ohne dass sie Verhandlungsmacht für einen Inflationsausgleich hätten. Hier gibt es also eine Abwägung zwischen rascher Übernahme des Euro und der Unterstützung der Transformation. Der Staat kann in der Transformation ein höheres **Defizit** in Kauf nehmen, um z. B. die Infrastruktur zu verbessern, Zeit für die Privatisierung von Staatsbetrieben zu gewinnen, soziale Sicherungssysteme aufzubauen oder die Folgen der Transformation für ausgewählte Gruppen der Gesellschaft abzufedern. Eine Begrenzung oder rasche Rückführung von Defiziten zur Erfüllung der Konvergenzkriterien erschwert die Erfüllung dieser Aufgaben und kann zu Frustrationen in der Bevölkerung und **politischer Destabilisierung** führen. Andererseits kann gerade ein wenig verschuldeter Staatshaushalt zu positiven Erwartungen an die wirtschaftlichen Perspektiven beitragen und so das Wachstum unterstützen. Allerdings gilt auch für die neuen EU-Mitgliedsländer bereits vor der Übernahme des Euro das sanktionsbewehrte Verbot, übermäßige Defizite einzugehen; dies begrenzt ihren fiskalischen Spielraum.

Die Fixierung des **Wechselkurses** durch die Mitgliedschaft im EWS-II verwehrt einem Transformationsland eine Abwertung auch dann, wenn der Wechselkurs wegen transformationsbedingt vorübergehend hoher Inflation korrigiert werden sollte, um die internationale Wettbewerbsfähigkeit wieder herzustellen. Andererseits kann gerade eine frühzeitige Aufgabe der eigenen Währung eventuelle Spekulationen gegen diese Währung und daraus resultierende Störungen beenden.

Weitere Übernahmen des Euro

Nach der Einführung des Euro mit einer „Startgruppe" im Jahr 1999 haben weitere Mitgliedstaaten nach ihrer Erfüllung der Konvergenzkriterien und dem Bestehen der Prüfung den Euro als Währung übernommen: Griechenland (2001), Slowenien (2007), Zypern und Malta (2008), Slovakei (2009), Estland (2011), Lettland (2014), Litauen (2015). Für die anderen Mitgliedstaaten berichtet die Kommission alle zwei Jahre über den Stand der Konvergenz (European Commission, 2016g).

ℹ️ Weiterführende Literatur

Bolle, M.Ed. 2004. Eurozone enlargement: Exploring uncharted waters, EZONEPLUS final report. Berlin: BWV.

Bolle, M. und Pamp, O., 2006. It's policital, stupid! – EMU enlargement between an economic rock and a political hard place. CESifo Forum, 7, 4, 22–28.

Angeloni, I., Flad, M. et al., 2007. Monetary integration of the new EU member states: What sets the pace of Euro adoption? Journal of Common Market Studies 45(2): 367–409.

3.4.1.3 Erste Erfahrungen

❓ Ist die EZB erfolgreich gestartet?
Hatte die Euro-Einführung messbare Effekte für den Binnenmarkt?
Welcher unerwartete Neben-Effekt hat zur Krise geführt?

Die EZB gewinnt Respekt und die Inflation ist gering

Die EZB war eine neue Institution, die für die Währungsunion geschaffen wurde. Sie hatte daher noch keine Reputation und es war nicht von vornherein klar, wie sie ihre geldpolitische Linie tatsächlich ausgestalten würde. Die EZB hat sich schnell **Respekt verschafft** und Zweifel an ihrer Unabhängigkeit zerstreuen können. In ihrer zentralen Aufgabe, der Bekämpfung der Inflation, war sie insgesamt erfolgreich und hat dabei eine Geldpolitik „mit Augenmaß" entwickelt, die das Wachstum nicht durch zu große „Stabilitätsversessenheit" gebremst hat. Die Glaubwürdigkeit der EZB bei der Inflationsbekämpfung zeigt sich an der **längerfristigen Inflationserwartung**: Diese war auch in Phasen von preistreibenden Einflüssen stabil. Die in den Medien geführte Diskussion um den „Euro als Teuro" war nicht durch die messbaren Fakten gestützt, sondern beruhte auf einer Reihe von Sondereinflüssen und Fehleinschätzungen.

Allerdings wird das Problem divergierender Inflationsraten bei einheitlicher Geldpolitik deutlich, das zu pro-zyklischen Wirkungen in den Euro-Ländern führt und zur Krise beträgt (Kapitel 3.1.4.2). Dieses Konstruktionsmerkmal der Währungsunion darf jedoch nicht als Versagen der EZB interpretiert werden.

Der Euro verstärkt den Handel – ein wenig

Eine der Wirkungen, die von der Einführung des Euro zu erwarten war, ist die Erleichterung des **internationalen Warenaustauschs,** da dieser nicht mehr durch ein Wechselkursrisiko behindert wird. Ein Anstieg des Handelsvolumens nach der Euro-Einführung kann auf zwei Effekte zurückgeführt werden. **Erstens** werden Unternehmen, die bisher schon exportiert haben, durch den Wegfall des Wechselkursrisikos dazu ermuntert, noch mehr zu exportieren; der Handel zwischen Euro-Ländern müsste daher steigen. Allerdings sind die Transaktionskosten, die im Wechselkursrisiko liegen, nicht groß genug, um den geschätzten Anstieg allein zu erklären. Daher wird ein **zweiter** Effekt vermutet: Die kleinen und mittleren Unternehmen, die in der Industrie Europas dominieren, tätigten wegen des Wegfalls des Wechselkursrisikos erstmals Auslandsgeschäfte im Euro-Raum.

Der Beitrag des Euro zum Anstieg des Handels wird jedoch von anderen Faktoren überlagert und ist daher nur schwer zu isolieren. Ein Indiz dafür ist der deutliche Anstieg des Handels mit den EU-Mitgliedsstaaten, die nicht am Euro teilnehmen. Ebenso ist im Rahmen der Globalisierung mit dem Ausbau globaler Wertschöpfungsketten ein Anstieg des Handelsvolumens zu erwarten (Kapitel 2.3.1.1).

Seit der Einführung des Euro ist nun empirisch überprüfbar, inwiefern die einheitliche Währung das Handelsvolumen der beteiligten Länder beeinflusst hat. Rose (2000, 2001; Rose, A. K. und Stanley, T., 2005) ermittelte eine erhebliche Steigerung des Handelsvolumens durch die Einführung des Euro und eröffnete damit eine lebhafte Kontroverse (Baldwin, 2006b:67). In weiteren Untersuchungen wurde der positive Effekt des Euro auf die Handelsverflechtung zwar bestätigt, die Größenordnung wurde mit 5–15 % zusätzlichen Handelsvolumens als deutlich geringer als in den Arbeiten von Rose eingestuft (Baldwin, R. E., DiNino, V. et al. 2008.). Für Deutschland, das einen großen Teil seiner Exporte in den Euro-Raum verkauft, soll die Einführung der gemeinsamen Währung einen besonders großen und positiven Effekt gehabt haben (Stephan, S. und Vega-Gordaliza, E., 2002). Glick und Rose (2015a) haben nach der Auswertung neuer Daten dann den Handelseffekt für gering bzw. für kaum empirisch ermittelbar eingestuft.

Nebeneffekt mit dramatischen Folgen

Der Fokus von Politik und Wissenschaft war auf die ursprünglich intendierten Effekte der Einführung des Euro auf den Binnenmarkt gerichtet. Unterhalb des Radar dieser Betrachtungen hat sich jedoch ein Nebeneffekt der Euro-Einführung eingestellt, der zu dramatischen Folgen geführt hat: Die Fehlbewertung der Länderrisiken durch die Kapitalmärkte, wie es sich im Verschwinden des Spreads ausdrückte (Kapitel 3.1.4.3). Aus den dadurch begünstigten Kapitalströmen in die späteren Krisen-Länder hat sich die Finanzkrise entwickelt (Kapitel 3.5.2).

ℹ Weiterführende Literatur
Berger, H. und Nitsch, V., 2010. The Euro's Effect on Trade Imbalances. IMF working paper (WP/10/226): 1–31.
Baldwin, R. E., DiNino, V. et al., 2008. The Rose effect: The Euro's impact on aggregate trade flows – study on the impact of the Euro on trade and foreign direct investment. Brussels.
Glick, R. und Rose, A. K., 2016. Currency Unions and Trade: A Post-EMU Reassessment.

3.4.2 Staatsschulden wachsen weiter

❓ Warum wachsen Staatsschulden immer weiter?

Schon vor der Einführung des Euro wiesen die Staatshaushalte vieler Mitgliedsstaaten hohe Defizite auf, die sich zu hohen Schuldenständen kumuliert hatten. Da auch in der Währungsunion die Hoheit über die Staatshaushalte in nationaler Hand blieb, waren Staatsbankrotte nicht auszuschließen. Diese hätten grenzüberschreitende Schäden verursacht. Daher wurden die fiskalischen Konvergenzkriterien festgelegt: Das Staatsdefizit muss unter 3 % des BIP liegen und der Schuldenstand darf nicht mehr als 60 % des BIP betragen. Zur Verstärkung der Finanzdisziplin wurde zusätzlich der Stabilitäts- und Wachstumspakt verabschiedet (Kapitel 3.2.3). Die Sorge um überbordende Staatsschulden war begründet, wie sich nach der Einführung des Euro bereits vor dem Ausbruch der Finanzkrise zeigte. Die Maßnahmen zur Schuldenbegrenzung aus dem europäischen Vertragswerk griffen nicht.

Steigende Ansprüche an den Staat oder geringe Zahlungsbereitschaft?
Die politische Theorie erklärt das Entstehen von Staatsschulden durch die Nachfrage der Bürger oder einzelner Interessengruppen nach staatlichen Leistungen, ohne dass ihre Zahlungsfähigkeit oder -bereitschaft für diese Leistungen entsprechend mithält. Mit dieser Nachfrage sehen sich Politiker als Anbieter staatlicher Leistungen konfrontiert und sind dann im Wettbewerb um Wählerstimmen bemüht, ihr Angebot jeweils dieser Nachfrage anzupassen. Dabei wird die Finanzierung über Schulden als politisch weniger konfliktreiche Variante der Steuererhöhung meist vorgezogen und die Steuereinnahmen werden als „Allmende-Gut" oder auch „common pool" betrachtet, bei dem man sich bedient, bevor andere es tun (Alesina, A. und Perotti, R., 1994; de Haan, J., 2014).

Die Abschaffung nicht (mehr) aus Einnahmen finanzierbarer staatlicher Leistungen stößt in der Regel auf erhebliche Proteste der Betroffenen und ihrer Lobbyisten, was die Wiederwahl der Regierung gefährden kann. Diese Quelle der Staatsverschuldung ist also eng mit dem Kampf um die politische Macht verbunden, wobei die langfristige ökonomische Sicht ebenso wie das übergeordnete Interesse der gesamten Gesellschaft meist nachrangig bleiben. Vielmehr setzen sich diejenigen Gruppeninteressen durch, die über starken Einfluss auf den parlamentarischen Prozess verfügen; sei es direkt über Lobbyisten oder indirekt über die „veröffentlichte Meinung" (European Commission, 2008d:140). Kleine Gruppen sind dabei auch deshalb durchsetzungsstark, weil sie ihre Ressourcen auf ein Hauptinteresse konzentrieren, das für sie zentral ist.

Eine andere Auffassung vertritt Streeck (2014), der ausführt, dass nicht steigende Staatsausgaben für die Bürger sondern **ausbleibende Steuereinnahmen** die Staatsschulden treiben. Er sieht als Ursachen sowohl eine Wachstumsschwäche als auch die Macht von Reichen und Mächtigen, ihre Steuerlast zu mindern. Wenn das Wirtschaftswachstum für lange Zeit gering bleibt, wie dies z. B. in Frankreich und Italien der Fall ist, dann verschlechtert sich die finanzielle Position des hoch verschuldeten Staates chronisch weiter.

Fehler der Finanzmärkte und moral hazard

Wenn Staaten sich auf den Kapitalmärkten mit Krediten versorgen, so müsste sich das Ausfallrisiko im Zins niederschlagen: Ein hoch verschuldeter Staat erhält nur noch erschwert und gegen höhere Zinsen Zugang zu Krediten. Wenn die Finanzmärkte das Ausfallrisiko fälschlicherweise als zu niedrig klassifizieren oder wenn sie damit rechnen, dass ein bankrotter Staat von anderen gerettet wird (moral hazard), dann sind sie bereit, mehr Kredite zu gewähren. Übermäßige Verschuldung hat übermäßige Kreditgewährung als Gegenpart. Wenn Staaten erwarten, dass sie trotz der vertraglich verankerten „no bail-out"-Klausel von anderen Mitgliedsstaaten gerettet werden, könnten die Hemmungen zur Neuverschuldung sinken.

Konjunktur und Krise

In rezessiven Phasen ist der Staat aufgefordert, durch zusätzliche Ausgaben die Konjunktur zu glätten. Dazu können auch die „automatischen Stabilisatoren" der Sozialversicherung beitragen. In dieser Situation ist es auch sinnvoll, wenn die Staaten Defizite eingehen, um zusätzliche Nachfrage zu generieren. Das Gegenstück dieser Politik des „deficit spending" ist der Aufbau von Überschüssen in der Hochkonjunktur. Dies wird jedoch von den meisten Staaten nicht geleistet – allenfalls die Verringerung der Defizite ist in der Hochkonjunktur festzustellen. Da diese von Keynes inspirierte Konjunkturpolitik meist nur asymmetrisch angewandt wird – der Aufbau von Überschüssen unterbleibt – kumulieren sich über die Zeit Schulden.

Besonders gravierend sind Finanzkrisen für den Staatshaushalt: Die Steuereinnahmen gehen zurück, die Ausgaben für soziale Sicherung steigen und vor allem die Rettung von Banken kann den Staatshaushalt gravierend überfordern. Dies zeigt sich in der Finanzkrise z. B. in Irland und Spanien. Zur Eindämmung dieses Problems hat die EU eine Banken-Union (Kapitel 2.3.6.5) geschaffen, deren Bewährung allerdings noch bevorsteht.

Konsequenzen für die Währungsunion
Da auch in Zeiten „normaler" Konjunkturschwankungen die Staatsschulden wachsen und kaum Puffer für eine Krisenintervention zur Verfügung stehen, ist die Stabilität des Euro chronisch dadurch gefährdet, dass einzelnen Mitgliedsstaaten der Bankrott droht. Diese finanzielle Problematik wird durch die weiter wachsende Verschuldung von privaten Haushalten und Unternehmen noch verschärft. Die Konsequenzen daraus sind umstritten: Die Einen schlagen eine Vergemeinschaftung von Schulden vor, so dass die finanzstarken Länder die Probleme der finanzschwachen mittragen. Die Gegenposition fordert eine Rückkehr zur Grundidee des Maastrichter Vertrags, so dass die Entscheidung über die Staatsausgaben und die Verantwortung für eine Überschuldung wieder an der gleichen Stelle liegen. Voraussetzung für diese zweite Position ist allerdings, dass Staaten bankrottgehen können, ohne dass dadurch nicht beherrschbare Schäden in anderen Staaten entstehen. Auch die Bewältigung der bereits angehäuften Altschulden ist dadurch nicht geklärt (Brasche, U., 2015a).

ℹ Weiterführende Literatur
Dyson, K., 2014. States, Debt, and Power – 'Saints' and 'Sinners' in European History and Integration. Oxford, Oxford Uni Press.
EUROSTAT, 2016a. Government finance statistics – Summary tables, Data 1995–2015. Luxembourg.
European Commission, 2016a. Fiscal Sustainability Report 2015. EUROPEAN ECONOMY Institutional Paper (018).
Dobbs, R., Lund, S. et al., 2015. Debt and (not much) deleveraging. London, San Francisco, Shanghai.

3.5 Die Finanzkrise und der Euro

3.5.1 Entstehung von Krisen

Sind Finanzkrisen überraschende und singuläre „Pannen"?
Wie erklärt Minsky das regelmäßige Auftreten von Finanzkrisen?

?

Krisen werden in der herkömmlichen Volkswirtschaftslehre – wenn überhaupt – als überraschende Ausnahme und singuläres Ereignis behandelt; ansonsten wird unterstellt, dass Märkte von sich aus zurück in ein Gleichgewicht von Angebot und Nachfrage finden. Auch existieren in dieser Denkwelt weder systemischen Risiken noch Spekulationsblasen. Insbesondere Finanzmärkte werden als weitgehend „effizient" angesehen, so dass Finanzkrisen nicht existieren können. Diese Auffassung hält sich hartnäckig in den Lehrbüchern, wenn sie auch durch die Realität vielfach widerlegt wurde.

Wirtschaftshistorische Betrachtungen haben eine lange Reihe von spekulativen Zusammenbrüchen dokumentiert, die bei Reinhart und Rogoff (2009) 800 Jahre zurück reichen. Auch Kindleberger und Aliber (2011) und Hsu (2013) können bei Finanzkrisen auf zahlreiche Studienobjekte zurückgreifen. Dazu gehören z. B. die „Tulpen-Blase" (1636) sowie die „Südsee-Blase" und die „Mississippi-Blase" (1720). Sogar ein so überragend kluger Mensch wie Sir Isaak Newton hatte dabei sein Vermögen verloren und der damals führende Wirtschaftswissenschaftler Irwin Fisher hatte in der „Großen Depression" der 1930er Jahre sein Vermögen durch gravierende Fehleinschätzung der Entwicklung eingebüßt – beide Schicksale sind Hinweise dafür, dass bei Spekulationen nicht rationale Entscheidungsgrundlagen dominieren müssen.

In diesem Kapitel liegt der Schwerpunkt auf Krisen des Finanzsystems, bei denen durch Überschuldung von privaten Haushalten, Unternehmen und Staaten es zu Zusammenbrüchen von Banken kommt. Die Überschuldung entsteht meist durch eine über-optimistische Spekulation in einzelnen Anlageklassen wie Aktien, Immobilien, Rohstoffen.

Minsky's instabile Finanzmärkte

Eine der vielen möglichen Erklärungen für die immer wiederkehrenden Spekulationsblasen gibt Minsky (1986, 1992) für das Verhalten privater Anleger. In einem dreistufigen Prozess bauen sich aus spekulativen Erwartungen hohe Verschuldungen privater Akteure auf, die zur Finanzierung von Vermögen (Aktien, Immobilien, Gold etc.) eingegangen werden. In der letzten Stufe überschreiten die Zahlungsverpflichtungen die Zahlungsfähigkeit und das System bricht früher oder später unter der Schuldenlast zusammen – dann beginnt der Prozess von vorn. Krisen sind nach seiner Auffassung also kein Ausnahmezustand, der ansonsten vorherrschende

Gleichgewichtslagen unterbricht, sondern ein regelmäßig wiederkehrendes Element. Dies verdichtete er zu der These der „inhärent instabilen Finanzmärkte".

Minsky stellt zwei Größen gegenüber und macht an deren Relation die Tragfähigkeit von Schulden fest: Zahlungsverpflichtungen und Cashflow zur Erfüllung der Zahlungsverpflichtungen. Solange der Cashflow die Verpflichtungen abdeckt, ist die Finanzierung der Schulden möglich.

Zahlungsverpflichtungen bestehen aus Zinszahlungen und Tilgung für laufende Kredite. Wenn das Zinsniveau ansteigt, führt die Verlängerung bestehender Kredite bei konstantem Kreditvolumen zu steigenden Zahlungsverpflichtungen

Cashflow kann aus verschiedenen Quellen generiert werden; dazu zählen laufendes Einkommen (Gewinne, Löhne), Zuflüsse aus Kapitalanlagen (Zinsen, Rückzahlung, Entnahmen), Verkauf von Vermögen (Kapital- und Finanzanlagen, Immobilien, etc.). Der Cashflow und seine Veränderung werden vom Wirtschaftswachstum (Einkommen, Arbeitslosigkeit, Gewinne), vom allgemeinen Zinsniveau sowie von der Preis- bzw. Kursentwicklung von Vermögenswerten bestimmt. Bei einer Verschlechterung dieser Größen kann auch bei bestehendem Schuldenbestand die Zahlungsfähigkeit fraglich werden.

Die immer wiederkehrende Instabilität des Finanzsystems vollzieht sich nach Minsky in den folgenden drei Stufen (Abb. 3-2):

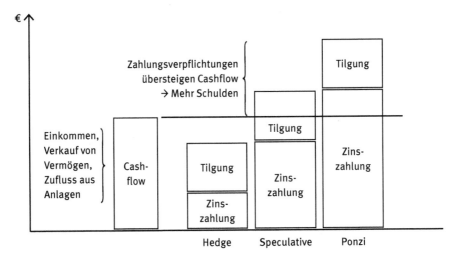

Abb. 3-2: Minskys „instabile Finanzmärkte" – 3 Stadien.

„Hedge" (vorsichtig)

Die Wirtschaft kommt aus einer Krise und die Akteure sind daher noch vorsichtig: Sie verschulden sich nur soweit, dass der erwartete Cashflow die Zahlungsverpflichtungen aus Krediten übersteigt. Sie können also nicht nur die Zinsen bezahlen, sondern auch die Tilgung auslaufender Kredite leisten.

„Speculative" (mutiger spekulierend)

Mit florierender Wirtschaft werden die Akteure optimistischer und erwarten weiter wachsende Einkommen und den künftigen Anstieg der Werte ihres Vermögens, z. B. durch steigende Aktienkurse. Zur Finanzierung weiterer Vermögensanlagen werden also mehr Kredite aufgenommen, so dass der Cashflow zwar die Zinsverpflichtungen abdeckt, aber nicht mehr die gesamte fällig werdende Tilgung: Auslaufende, nicht getilgte Kredite werden durch neue Kredite abgelöst. Da in einer insgesamt optimistischen Stimmung auch die Banken von künftig wachsenden Einkommen und Vermögen ausgehen, halten sie die Finanzierung für sicher. Optimismus und wachsende Kreditfinanzierung führen zu einer sich selbst erfüllenden Prophezeiung: Die Wirtschaft wächst, wozu auch der Vermögenseffekt des Konsums beiträgt.

„Ponzi" (Schneeball-System)

Nach dem gescheiterten Spekulanten Charles Ponzi ist die dritte Stufe benannt. Bei weiter wachsender Wirtschaft werden die Zukunftserwartungen (über-)optimistisch: Es werden noch mehr kreditfinanzierte Geschäfte getätigt, so dass der Cashflow nicht die Tilgungen und nicht einmal mehr die Zinszahlungen abdeckt. Die fehlenden Mittel werden durch weitere Kredite aufgebracht, d. h. es werden neue Kredite aufgenommen, um die Zinsen auf bestehende Schulden zu bezahlen. Dieses Finanzierungsmodell setzt ein fortlaufend starkes Wachstum von Einkommen und Vermögenswerten voraus: Aus künftig höheren Werten soll später der Cashflow zur Abdeckung der gewachsenen Schulden abgesichert und aufgebracht werden. Damit nimmt im letzten Stadium die Finanzierung den Charakter eines „Schneeball-Systems" an. Trotz vergangener Zusammenbrüche des Finanzsystems glauben die Akteure nicht, dass der Boom jemals zu Ende gehen könnte bzw. sie halten sich mehrheitlich für schlau genug, um zu denen zu gehören, die frühzeitig aus ihren Finanzengagements aussteigen – was nur individuell aber nicht in der Summe möglich ist.

Auch die Banken finanzieren in diesem Stadium weiter – nicht zuletzt auch, weil sie in der Konkurrenz mit anderen Banken stehen, hohe Bonuszahlungen erzielen wollen und das Risiko über „innovative" Finanzprodukte ausverlagert haben. Wenn sie auf eine „Rettung" durch den Staat setzen, gehen sie höhere Risiken ein, da sie die Erträge privat vereinnahmen können und die eventuell entstehenden Verluste auf die Steuerzahler abwälzen können (moral hazard).

Das Ponzi-Stadium kann durch zwei Auslöser beendet werden. Ersten kann im Boom, der mit der Vermögensblase einhergeht, die **Inflation** steigen. Darauf muss die Zentralbank früher oder später mit einer Erhöhung der Zinsen reagieren. Dies erhöht die Kreditkosten und damit die Zahlungsverpflichtungen, die ohnehin bereits den Cashflow übersteigen. Zweitens können einige Akteure beginnen, ihre Anlagen zu verkaufen. Dies kann auf ein Umschlagen des Optimismus in eine **skeptische Sicht** auf die künftigen Vermögenspreise zurückzuführen sein oder auch darauf, dass einzelne Investoren in Zahlungsprobleme geraten und dadurch gezwungen sind, in Notverkäufen ihre Anlagen billig loszuschlagen. Damit sinken die Kurse dieser Anlagen, was andere Anleger ebenfalls zu einem „Ausstieg" veranlasst: Eine sich selbst verstärkende Spirale sinkender Kurse kommt in Gang.

Mit dem Zusammenbruch der Finanzierung geht ein Zusammenbruch von Banken und realer Wirtschaft einher; Arbeitslosigkeit und die Vernichtung von Vermögen und Forderungen ist die Folge. Hohe Bestände von Schulden haben sich bei Haushalten und Unternehmen angehäuft, die nicht mehr bedienbar sind und auch durch die gefallenen Vermögenswerte nicht mehr im vollen Umfang besichert werden können. Nach dem Abflauen der Krise beginnt der Zyklus wieder von vorn mit „hedge", da die Akteure nicht oder nur begrenzt lernfähig sind.

Psychologie statt Rationalität

Wie auch bei Minsky angelegt können einige Eigenarten menschlichen Verhaltens zur Erklärung von Krisen herangezogen werden. Klodt (2009:192 ff.) zieht die psychologische Theorie der kognitiven Dissonanz heran. Diese versteht menschliches Verhalten als Vermeidung von Konflikten und Widersprüchen zwischen Meinung und Realität. Eine Finanzblase wird von den folgenden Effekten begleitet und beeinflusst.

Selbstüberschätzung: Wenn viele Marktteilnehmer in eine bestimmte Vermögensart investieren und damit eine „Blase" aufbauen, so greift die Selbstüberschätzung der eigenen Fähigkeiten: Jeder hält sich für überlegen und glaubt, er könne sich aus einer solchen Preisübertreibung durch Verkauf rechtzeitig herauslösen.

Bestätigende Konfliktüberwindung: Nachdem die Investition getätigt wurde, werden nur diejenigen Marktdaten berücksichtigt, die die bereits getroffenen Entscheidungen im Nachhinein rechtfertigen und unterstützen, während andere Daten ausgeblendet werden. Damit minimieren die Akteure das Missbehagen, das aus Widersprüchen resultiert.

Ausstattungseffekt und Verlustaversion: Sobald Informationen manifest werden, die den Wert bisheriger Anlagen nach unten korrigieren, verhindert die hohe Wertschätzung für den augenblicklichen Besitz (Ausstattungseffekt) gepaart mit der großen Angst vor einem Verlust (Verlustaversion) den frühzeitigen Ausstieg aus der Fehlinvestition, der den Verlust realisieren würde. Damit wird auch eine Minimierung des Verlusts durch frühzeitigen Ausstieg verhindert.

„Nachhinein-Effekt": Nachdem die Blase geplatzt ist, werden keine objektive Analyse angestrebt und keine Lehre für die Zukunft gezogen. Vielmehr setzt sich das Gefühl durch, man habe den Zusammenbruch schon geahnt und ihn auch kommen gesehen, so dass man auch in der Zukunft richtig und rechtzeitig entscheiden könne und daher beruhigt auch in der Zukunft Risiken eingehen könne. So wird die Dissonanz zwischen der damaligen Anlageentscheidung und ihrem nunmehr offensichtlichen Scheitern kleiner („Der Fluch des Wissens", „Habe-es-schon-immer-gewusst"-Effekt).

Da wir unsere Fähigkeit zur Voraussage künftiger Ereignisse systematisch überschätzen, lernen wir nicht aus den Erfahrungen – und das nächste Mal verläuft alles genauso.

3.5.2 Die Euro-Finanzkrise

Wie „erzählt" die Autorengruppe um Baldwin und Giavazzi die Krise?
Welcher Konstruktionsfehler des Euro hat die Krise vertieft?

?

Krisen werden „erzählt"

Krisen können meist nicht auf eine einfache Ursache zurückgeführt werden. Die Entstehung einer Krise wird in verschiedenen „Geschichten erzählt", in denen Ereignisse so aneinander gereiht werden, dass plausible Ursache-Wirkung-Ketten daraus entstehen. Die Auswahl der Einflussgrößen und Ereignisse enthält implizit die Vermutung der Krisenursachen, woraus dann wiederum Maßnahmen abgeleitet werden (Gorton, G. B., 2010:2 ff.). Es handelt sich beim derzeitigen Stand des Wissens über Krisen nicht um belastbare Krisentheorien, sondern eher um Narrative (Della Sala, V., 2010; Marengo, B., 2013). Zur Erklärung der 2008 ausgebrochenen Finanzkrise und ihrem Übergreifen auf die Euro-Zone wird dem „konsensualen Blickwinkel" gefolgt, wie er von Baldwin und Giavazzi (2015) zusammengetragen wurde – der folgende Abschnitt stützt sich weitgehend auf diese Darstellung.

Grenzüberschreitende, spekulative Verschuldung

In den 1990er Jahren schwankten die Wechselkurse in Europa heftig, so dass das Abwertungsrisiko sich in erheblichen Zinsdifferenzen niederschlug. Weniger stabile Länder mussten hohe Zinsen für Kredite in ausländischer Währung zahlen und konnten sich daher nicht hoch verschulden.

Mit der Vorbereitung auf den Euro und mit seiner Einführung vernachlässigten die Finanzmärkte die nach wie vor großen Unterschiede in der wirtschaftlichen Situation der Kandidatenländer und der Kreditzins sank für alle auf ein niedriges Niveau – eine Fehleinschätzung, wie sich später erwies.

In der Euro-Zone hatten einige exportstarke Länder mehr Ersparnisse als Investitionen und bei anderen galt das Gegenteil. Dieser Sachverhalt wird in der Leistungsbilanz abgebildet: Die Leistungsbilanz setzt sich aus dem Warenhandel, den

Dienstleistungen, den Primäreinkommen und den Sekundäreinkommen zusammen. Ein Leistungsbilanzüberschuss bedeutet, dass die betreffende Volkswirtschaft mehr produziert als sie an eigenen und fremden Gütern verbraucht. Dadurch baut sie Auslandsvermögen auf. Bei einem Leistungsbilanzdefizit ist es umgekehrt. Alle Länder, die später in ein „Rettungsprogramm" aufgenommen werden mussten (Griechenland, Irland, Portugal, Spanien), hatten erhebliche Defizite in der Leistungsbilanz.

Große Mengen an Krediten – vermittelt über die Banken – strömten aus den Überschuss-Ländern in die Defizit-Länder. Es ist generell nicht problematisch, wenn Kapital aus reichen in arme Länder fließt, wenn es dort eine höhere Profitrate erzielt und zum Aufbau der Wirtschaft im Zielland beiträgt. Jedoch kommt es darauf an, wofür die Kredite verwendet werden. Werden produktive Investitionen getätigt, dann kann aus deren künftigen Erträgen auch der Auslandskredit bedient werden. Fließt es dagegen in Anlagen ohne Werthaltigkeit und ohne Ertrag oder in den Konsum, dann bauen sich Schulden auf, die möglicherweise nicht mehr bedient werden können. Außerdem können die reichlichen Kredite dazu führen, dass die Inflation angeheizt wird und die Löhne so stark steigen, dass die Exportindustrie nicht mehr wettbewerbsfähig ist.

Die Kredite flossen in Spanien und Irland in den privaten Sektor, wo sie eine Immobilienspekulation befeuerten. Die Mechanismen, die zur spekulativen Übertreibung führten, wurden von Minsky grundlegend geklärt (Kapitel 3.5.1). Die Staatshaushalte dieser Länder dagegen waren in überdurchschnittlich guter Verfassung. In Griechenland dagegen war es der Staat, der einen stark wachsenden öffentlichen Dienst aus Auslandskrediten aufbaute und so nicht nur die Löhne sondern auch die Staatsverschuldung in nicht mehr nachhaltige – aber eine Zeit lang versteckte – Höhen trieb. Die relativ hohen Löhne des öffentlichen Sektors trieben auch die Löhne in der Privatwirtschaft nach oben und minderten so die Wettbewerbsfähigkeit der griechischen Wirtschaft.

Als Spiegelbild zu der Verschuldung der späteren Krisen-Länder baute sich in den Bilanzen der Banken der Überschussländer (Deutschland, Frankreich, Niederlande, Belgien, Österreich) ein erheblicher Bestand an Forderungen an die Banken der Krisen-Länder auf. Diese Forderungen erwiesen sich bald als weitgehend wertlos und brachten die Banken an die Grenze des Bankrotts. Auch in den Schuldnerländern gerieten die Banken in eine gefährliche Situation, da sie sich im Ausland mit Mitteln versorgt hatten, die sie an „ihren" Staat und private Haushalte und Unternehmen weiter verliehen hatten. Diese konnten aber nach dem Platzen der Immobilienblase (Spanien, Irland) ihre Kredite nicht mehr bedienen.

Der Aufbau großer Schuldenbestände war kein Privileg in der Euro-Zone, sondern fügte sich in einen weltweiten Trend (USA, Japan, Großbritannien, etc.). Da die Banken weltweit verflochten sind und die „toxischen Papiere" aus anderen Weltregionen in ihren Büchern hielten, verstärkten sich die Probleme gegenseitig über die gesamte kapitalistische Welt. Dazu hat auch die „Finanzinnovation" der

Verbriefung (securitization) beigetragen, durch die nicht mehr durchschaubare und mit falschem Rating versehene Wertpapiere weltweit gehalten wurden.

Ein Funke reichte ...

Am Vorabend des Ausbruchs der Finanzkrise (2007) waren also die Banken zu hoch verschuldet, bzw. hatten zu wenig Eigenkapital, um erwartete Ausfälle abzudecken. Nun reichte ein Funke, um die Krise auszulösen. Dieser Funke kam mit dem Zusammenbruch der US-amerikanischen Bank Lehman's im August 2008 sowie mit der Entdeckung, dass die griechischen Defizitzahlen gefälscht worden waren und doppelt so hoch waren, wie berichtet. Eigentlich waren beide Ereignisse nicht von finanziell erheblicher Größenordnung. Was sie aber zerstörten, war das Vertrauen der Investoren in die bisherigen Anlagen. Plötzlich schien der Bankrott von Staaten und Banken möglich. Der Kapitalstrom aus den Überschussländern in die Defizitländer riss plötzlich ab (sudden stop). Die Refinanzierung der laufenden Schulden wurde erschwert oder gar unmöglich, da die Zinsen für die Problemländer stark anstiegen, um das neu bewertete Risiko abzudecken. Notwendigerweise reduzierten die Regierungen der Krisenländer ihre Ausgaben und setzten so eine konjunkturelle Spirale abwärts in Gang: Die Wirtschaft schrumpfte, die Ausgaben für Sozialleistungen stiegen und die Steuereinnahmen sanken. Dadurch stiegen trotz der Sparanstrengungen die Defizite im Staatshaushalt. Als paradoxe Konsequenz des Sparens verschlechterte sich das Verhältnis der Schulden zum Sozialprodukt weiter, was die Zinsen für Staatsanleihen am Kapitalmarkt weiter in die Höhe trieb.

Schulden-Strudel zwischen Banken und Staat

Der Staat platziert Anleihen am Kapitalmarkt, um sich Kredite zu beschaffen. Diese werden überwiegend von Banken, Versicherungen, Pensionsfonds etc. gekauft. Damit sind Banken eine der wichtigsten Kreditquellen des Staates. Andererseits wird implizit angenommen, dass der Staat eine Bank, die in Probleme gerät, mit dem Geld des Steuerzahlers rettet. Damit sind Banken und Staat voneinander abhängig. In den Krisenländern fielen die Kurse der Staatsanleihen dramatisch, was in den Bilanzen der Banken zu erheblichen Abschreibungen führte und z.B. die Banken in Zypern und Griechenland in den Bankrott trieb. Die entsprechenden Staatshaushalte waren jedoch nicht imstande, die Banken zu retten, so dass das Finanzsystem zusammengebrochen wäre, wenn nicht Hilfen aus anderen Ländern gewährt worden wären. In Irland und Spanien hingegen waren die Banken durch Immobilienspekulationen untergegangen und der irische Staat ist bei der Bankenrettung selbst bankrottgegangen.

Die Krise erfasst die Kernländer

Waren es zuerst wirtschaftlich relativ schwache Länder (Griechenland, Irland, Portugal), die in finanzielle Schwierigkeiten gerieten, so griff die Krise bald auch auf

Länder über, die bislang noch für finanziell stabil gehalten wurden (Belgien, Italien, Frankreich). Schien es noch möglich, kleine Länder vor dem Bankrott zu bewahren, so war klar, dass ein großes Land alle Kapazitäten überfordern würde. Entscheidend ist die sich selbst erfüllende Prophezeiung: Wenn an den Finanzmärkten der Verdacht gegen die Bonität eines Landes sich verdichtet, dann werden die Zinsen für die Refinanzierung und für neue Kredite steigen. Mit steigenden Zinsen werden Staatsausgaben, Investitionen und Konsum gedämpft und die Tragfähigkeit der bestehenden Schulden verschlechtert sich. Deshalb werden die Zinsen weiter steigen – bis zum Zusammenbruch.

Konstruktionsfehler der Euro-Zone trägt zum Zusammenbruch bei
In dieser Situation stiegen die Zinsen so stark, weil die Kreditgeber fürchteten, ihre Forderungen bald völlig abschreiben zu müssen. Sie wollten dem mit Notverkäufen zuvorkommen, so dass die Kurse verfielen: Eine sich selbst erfüllende Prophezeiung. DeGrauwe (2011c, 2013c) weist drauf hin, dass in Nicht-Euro-Ländern die Zentralbank in einer solchen extremen Situation verspricht, die notleidenden Papiere aufzukaufen und so die Liquidität der Banken und der Finanzanlagen sicherstellt (lender of last resort; buyer of last resort); der EZB war dies jedoch verboten, so dass die Panik der Investoren nicht beruhigt werden konnte. Erst mit seinem berühmten Versprechen „… what ever it takes …" konnte der Präsident der Europäischen Zentralbank den Spekulanten klar machen, dass eine Spekulation auf den Zusammenbruch einzelner Länder der Euro-Zone sich nicht lohnt, da er bereit und in der Lage sei, Staatsanleihen in beliebigem Umfang vom Markt zu nehmen (siehe nächstes Kapitel).

Wenn die EZB in solchen Krisen einspringt, ist das nicht einer direkten Finanzierung des Staats gleichzusetzen.

3.5.3 Krise und Politik

Welche Maßnahmen wurden zur „Rettung" in der Krise eingesetzt – haben sie gewirkt?
Wie ist die „… what ever it takes …"-Intervention der EZB einzuschätzen?

Zwar ist die andauernde Krise nicht die erste ihrer Art, aber dennoch waren Politik und Wissenschaft innerhalb und außerhalb Europas oft überrascht und auch überfordert. Nicht nur die mangelhafte analytische Durchdringung der Krise, sondern auch unterschiedliche Interessen bei den Maßnahmen zu ihrer Überwindung führten zu häufig widersprüchlichen und strittigen Vorschlägen und Maßnahmen. Jede Maßnahme zu Bewältigung bewirkt auch eine Verlagerung der Kosten auf bestimmte Länder und Gruppen, ohne dass dies immer offengelegt wird. Offiziell stand die Überwindung der Krise im Fokus, aber hinter den Kulissen wurde um die

Schadensverteilung gerungen. Im Folgenden werden einige Maßnahmen skizziert (Marhold, H., 2015).

Securities Market Programme (SMP)

Da die Anleihen der Problem-Staaten von den Investoren abgestoßen wurden, sank ihr Kurs – entsprechend stieg der Zins – und die Anleihen konnten nicht mehr im gleichen Umfang wie bisher von den Banken als Pfand für Zentralbankgeld bei der EZB hinterlegt werden. Deshalb begann die EZB im Mai 2010 diese Papiere am Finanzmarkt aufzukaufen – angeblich um dadurch das Funktionieren der Geldpolitik sicherzustellen. Der möglicherweise intendierte Nebeneffekt war, dass diese Staaten überhaupt noch Anleihen begeben konnten: Wenn Investoren damit rechnen können, dass diese Papiere in letzter Instanz von der EZB gekauft werden, sind sie bereit, dem Staat weiterhin Kredite zu gewähren. Der Verdacht wurde geäußert, dass es sich hier um verbotene Staatsfinanzierung durch die EZB handelt, wenn auch formal die Regeln nicht verletzt wurden (Sinn, H.-W., 2014:261–265).

Bonitätsverleih durch Finanzvehikel (EFSF, EFSM, ESM)

Im Jahr 2010 konnte **Griechenland** keine Kredite am Kapitalmarkt mehr zu tragbaren Bedingungen aufnehmen. Die fällig werdenden Staatsanleihen konnten nicht mehr refinanziert werden und ein Überschuss im griechischen Staatshaushalt zur Ablösung dieser Schulden war nicht erreichbar. Somit drohte ein Staatsbankrott. Um eine solche Situation in weniger entwickelten Ländern zu bewältigen wurde der Internationale Währungsfond (IWF) eingerichtet. Er kann Kredite an Länder gewähren, die vom Kapitalmarkt abgeschnitten sind – verbindet dies aber mit harten Auflagen zur Sanierung der Staatsfinanzen (Konditionalität). In der EU schien der Staatsbankrott eines Euro-Mitglieds undenkbar und die Lösung sollte auch aus der Mitte der europäischen Mitgliedsstaaten kommen – der IWF sollte sich aber auf deutschen Wunsch hin beteiligen. Dafür war jedoch in den Verträgen weder ein Instrument noch Mittel vorgesehen. Eine einstimmige Ergänzung der Verträge um Maßnahmen, bei denen letztlich die Steuerzahler der Mitgliedsstaaten für die Finanzierung der Schulden eines anderen Mitgliedsstaates herangezogen werden sollten, war nicht in angemessener Zeit – wenn überhaupt – erreichbar. In hastigen Aktionen wurden dann im Jahr 2010 außerhalb der EU-Verträge in Verträgen zwischen den teilnehmenden Regierungen verschiedene Finanzvehikel (EFSF, EFSM, ESM) geschaffen, mit denen die Euro-Länder ihre (noch) gute Bonität dafür einsetzten, um den Krisenländern Zugang zu neuen Krediten zu schaffen – sie verleihen ihre Bonität an Länder, die keine Bonität mehr haben:

– Sie verbürgten sich für neue Kredite, die die Krisenländer aufnehmen. Eine Bürgschaft ist ohne Kosten, solange sie nicht fällig wird. Es konnte aber nicht erwartet werden, dass die Krisenländer ihre Kredite künftig tatsächlich bedie-

nen könnten – die Bürgschaft war also von vorne herein ein verdeckter Finanztransfer.
– Die teilnehmenden Mitgliedsstaaten nahmen selbst über den ESM Kredite am Kapitalmarkt auf, für die sie uneingeschränkt in der Verantwortung stehen. Diese reichen sie an die Krisenländer zu geringen Zinsen weiter, die das Risiko nicht angemessen abbilden.

Strittig war, ob die nationalen Parlamente als oberste Instanz über den nationalen Haushalt vorher zu fragen waren. Auch drohte eine grenzenlose Ausweitung des Bürgschaftsvolumens, sofern große Länder wie Spanien und Italien noch mehr in finanzielle Schwierigkeiten geraten sollten.

Die EZB als Nothelfer: „What ever it takes …"

Die Maßnahmen kamen spät, hatten ein zu geringes Volumen und konnten daher die Finanzmärkte nicht beruhigen. Mit dem Überspringen des Misstrauens auf die bisher als stabil angesehenen Länder hätten die Mitglieder der Euro-Zone grundlegende Schritte ergreifen müssen. So wäre eine unbegrenzte Ausweitung der gemeinsamen Haftung durch Euro-Bonds oder ein deutlicher Schuldenschnitt erforderlich gewesen. Dazu bestand jedoch keine Bereitschaft und die Wähler sträubten sich gegen die Übernahme von Schulden anderer Länder. In dieser Situation hat der Präsident der EZB, Mario Draghi, in einer Rede im Juli 2012 überraschend verkündet, die EZB würde alles tun, um den Euro zu retten (Draghi, M., 2012). Gemeint war der unbegrenzte Aufkauf von Staatsanleihen der Krisenländer am Kapitalmarkt. Damit brauchen Investoren nicht mehr zu befürchten, dass ihre Anlagen wertlos und unverkäuflich werden, da die EZB diese jederzeit und unbegrenzt kaufen würde (buyer of last resort). Die Panik verschwand und auch gezielte Spekulationen auf fallende Kurse (short selling) wurden damit sinnlos. Die Zinsen für die Krisenländer sanken auf das Niveau, das sie vor der Krise hatten. Die Abgabe des Versprechens reichte – es musste bisher (November 2016) nicht in Anspruch genommen werden.

Ob sich die EZB damit jenseits ihres Mandats bewegt, und ankündigt, verbotene Staatsfinanzierung zu betreiben, ist Gegenstand heftiger wissenschaftlicher und politischer Kontroversen. Aber vor dem deutschen Verfassungsgericht hatte diese Maßnahme Bestand.

Geldpolitik an der Grenze

Angesichts der Überschuldung von privaten und öffentlichen Haushalten sowie Unternehmen in vielen EU-Mitgliedsstaaten könnte die Geldpolitik zwei „Auswege" zur Bewältigung der Altschulden bieten (Brasche, U., 2015a):
– Verstärktes Wachstum durch billige Kredite könnte mehr Mittel zur Bedienung der Schulden bereitstellen.

– Eine höhere Inflationsrate würde zu einem generellen Anstieg der nominalen Einkommen führen und so die Altschulden im Vergleich zu den nominal gestiegenen Einkommen schrumpfen lassen.

Beides würde die Tragfähigkeit der Altschulden verbessern, was sich in einem Sinken der „Schulden-zu-Sozialprodukt"-Quote zeigen würde.

Durch Senkung der Zinsen für Zentralbankgeld kann sie die Kosten für Kredite der Banken an Investoren, Konsumenten und den Staat senken und damit zusätzliche kreditfinanzierte Ausgaben anreizen. Steigen die Käufe auf dem Markt für Güter und Dienstleistungen über die Kapazitätsgrenze der Produzenten, dann stellt sich Inflation ein, die von der EZB geduldet werden könnte, auch wenn sie die angestrebten 2 % überstiege. Eine höhere Inflation würde die nominal definierten Schulden im Verhältnis zum inflationierten Einkommen sinken lassen und den Schuldendienst erleichtern.

Die EZB hat die Zinsen nicht nur drastisch gesenkt, sondern sogar negative Zinsen eingeführt. Darüber hinaus hat sie durch den Ankauf von Wertpapieren von Staaten und Unternehmen am Finanzmarkt große Mengen zusätzlicher Liquidität in den Wirtschaftskreislauf gegeben (Micossi, S., 2015; Wieladek, T. und Garcia Pascual, A. I., 2016). Die Erwartung, dass diese große Liquidität und die billigen Kredite wieder zu einer gemäßigten Inflation führen, hat sich nicht erfüllt. Jedoch zeigen sich unerwünschte und systemisch gefährliche Nebenwirkungen. So fällt es Banken, Versicherungen und Bausparkassen schwer, die strengeren regulatorischen Anforderungen zu erfüllen, wenn sie gleichzeitig bei sinkenden Zinsen immer weniger Erträge erwirtschaften können. Sie können in einem Null-Zins-Umfeld die vertraglich zugesagten Erträge nicht erwirtschaften. Außerdem wird das überreichliche Kreditangebot von Anlegern für den Kauf von Aktien und Immobilien genutzt, was zu spekulativen Übertreibungen bei den Kursen führt, die bereits 2001 („Internet-Blase") und 2007 („Immobilien-Blase") zu Finanzkrisen geführt haben. Der Versuch, die Folgen der Überschuldung durch noch mehr billige Kredite zu bekämpfen, führt bestenfalls zu einer kurzfristigen Verschiebung des Problems.

3.5.4 Strittige Aspekte der Krisenpolitik

Wer zahlt wie viel der Verluste der Krise?
Ist die Verteilung der Lasten gerecht?
Werden Anreize für Fehlverhalten beseitigt?   **?**

Die Krise sowie die zur Bewältigung ergriffenen Maßnahmen haben zu Kontroversen bei zahlreichen Themen geführt. Einige Punkte werden im Folgenden herausgegriffen.

Lastenverteilung und Widerstand

Die Bewältigung einer Schuldenkrise legt den beteiligten Akteuren Lasten auf, wie z. B. den Verzicht auf Forderungen, Kürzungen bei Staatsausgaben und sozialen Leistungen, Umbau von Institutionen, Regulierungen oder Änderungen im Steuersystem. Alle Reaktionen auf die Krise greifen in die Interessen einzelner Gruppen ein, die sich gewöhnlich gegen eine Verschlechterung ihrer Situation zur Wehr setzen. Dabei kann eine unterschiedliche Durchsetzungsmacht zu einer als ungerecht empfundenen Verteilung der Lasten führen. Besonders kritisiert wird, wenn Gewinne von Banken privatisiert, aber Verluste sozialisiert werden oder wenn die wirtschaftlich Schwächeren mehr herangezogen werden als die Stärkeren.

Entscheidend für den gesellschaftlichen Prozess der Krisenbewältigung sind die Akzeptanz bzw. der Widerstand gegen Veränderungen. Wenn die Gesellschaft in den betroffenen Ländern sich nicht als „Eigentümer" notwendiger Veränderungen sieht, sondern sich gegen eine Fremdbestimmung von außen wehrt, können Reformen keinen Erfolg haben. Proteste, Abwahl von Regierungen und soziale Unruhen bis hin zum Zusammenbruch der öffentlichen Ordnung sowie das Erstarken radikaler und nationalistischer Strömungen können die Folge von Krisen und ihres Anpassungsdrucks sein. Besonders die EU wird zunehmend als Teil des Problems und nicht mehr als Beitrag zur Lösung gesehen.

Fehlanreize und Moral Hazard

Viele Akteure haben die Risiken ihrer Entscheidungen zu niedrig bewertet. Jetzt, wo in der Krise das Risiko eintritt und Verluste entstehen, sollte nach der „reinen Lehre" derjenige, der das Risiko einging, auch den Verlust tragen. Werden die Risiken von dritter Seite gedeckt, verändert sich das Verhalten: Es werden künftig höhere Risiken eingegangen, in der Erwartung, dass die Gewinne privatisiert werden können, während die Verluste abgewälzt werden können (**moral hazard**). Dieses Verhalten ist auch von Kreditnehmern und Anlegern zu erwarten, wenn die Anpassungslasten der Krise nicht so weit wie möglich von ihnen getragen werden müssen. Aber auch die Regierungen dürften in ihren Reformbemühungen wieder nachlassen, wenn sie mit einer „Rettung" rechnen können.

3.5.4.1 Sparen und/oder Wachsen?

? Wurden die Krisen-Länder „kaputt gespart"?
Könnte eine kräftige Konjunkturspritze die Krise beenden?

Vom Finanzmarkt abgeschnittene Staaten wurden vor dem Bankrott bewahrt, indem sie – betreut von der Troika (EZB, EU-Kommission, IWF) – Kredite zu günstigen Konditionen bekamen. Diese Hilfen waren jedoch an Bedingungen geknüpft,

wie eine Begrenzung der künftigen Defizite, Anstrengungen zum Abbau der Altschulden, Reformen des Arbeitsmarktes und der öffentlichen Verwaltung und Öffnung bisher vor Konkurrenz geschützter Marktsegmente. An dieser Konditionalität
entzündete sich ein Streit zwischen zwei entgegengesetzten Positionen.

Diejenigen, die von einer keynesianisch inspirierten Auffassung über die Stimulierung der Wirtschaft ausgingen, sahen die erzwungenen Einsparungen und
Steuererhöhungen als kontraproduktiv an, da sie die Konjunktur dämpfen und die
Schrumpfung der Wirtschaft die Schuldenquote verschlechtere. Statt Sparen sei
jetzt eine kräftige Erhöhung der Staatsausgaben angesagt, um die Wirtschaft wieder zur Vollauslastung zu bringen. Die Schuldentragfähigkeit würde sich dadurch
wieder einstellen.

Die Gegenposition betonte, dass ohne Ausgabenkürzung und Schuldenabbau
eine eigenständige Rückkehr an den Kapitalmarkt unmöglich sei und somit ein
„Fass ohne Boden" durch Hilfen anderer Länder zu füllen sei. Außerdem würden
die weiter bestehenden Probleme, wie Abschottung gegen Wettbewerb, Überbüro-
kratisierung und Korruption, Steuerhinterziehung, zu geringe Innovationskraft
und zu hohe Lohnstückkosten die Wettbewerbsfähigkeit der Wirtschaft begrenzen
und so künftiges Wachstum behindern. Eine Stimulierung der Nachfrage sei im
bisherigen System weder erfolgreich möglich noch würden die darunter liegenden
Probleme gelöst. Außerdem bliebe offen, wer überhaupt bereit und in der Lage sei,
die geforderten Zusatzausgaben und den Schuldendienst für die Altschulden zu
finanzieren.

In der politischen Auseinandersetzung zwischen den Krisenländern und den
Geberländern setzte sich die Position „Sparen und Reformen" durch. Diese Politik
führte bisher nicht zum gewünschten Erfolg, da einerseits die Reformen als Eingriff
in nationale Souveränität und Interessen einzelner Gruppen zurückgewiesen und
verschleppt wurden und andererseits die Wirtschaft wegen der andauernden Unsicherheit über die künftige Entwicklung und wegen der scharfen Senkung der
Staatsausgaben bzw. der Erhöhung der Steuern schrumpfte. Die „Schulden-zu-
Sozialprodukt"-Quote verschlechterte sich weiter. Sogar der IWF, der in der Vergangenheit als harter Sanierer aufgetreten war, räumte das Versagen der Strategie ein
(IEO-IMF, 2016). Für eine herkömmliche Wachstumspolitik durch zusätzliche Verschuldung aus ausländischer Finanzierung oder für einen deutlichen Schuldenschnitt gab es jedoch bisher keine politische Bereitschaft in den Geberländern.

3.5.4.2 Wäre ein GREXIT besser gewesen?

Hätte Griechenland besser den Euro aufgegeben?
Könnte sich Griechenland außerhalb der EU besser entwickeln?   **?**

Staatsbankrotte haben eine lange Geschichte. Die Staaten kehren nach einer Übergangszeit wieder an den Finanzmarkt zurück und erholen sich wirtschaftlich. So

ist zu fragen, ob es nicht auch für Griechenland besser gewesen wäre, frühzeitig die Zahlungsunfähigkeit zu erklären und so den größten Teil der Schulden zu annullieren. Stattdessen wird das Land unter harten Sparauflagen finanziell vor dem Bankrott bewahrt, aber seine Schulden wachsen schneller als das Sozialprodukt (SVR, 2015b). Die Beantwortung dieser Frage kann nur spekulativ erfolgen. Sie erfordert die Abwägung zwischen den tatsächlichen Abläufen und einer unbekannten Alternative. Dennoch sollen hier einige denkbare Ereignisse eines Staatsbankrotts mit anschließendem Austritt aus dem Euro und der EU (GREXIT) zur Diskussion gestellt werden.

Staatsbankrott und Schuldenschnitt

Wenn Griechenland den Euro hätte verlassen wollen, dann hätte es seine Banken schließen und auch die grenzüberschreitende Kapitalflucht – einschließlich über das Internet – unterbinden müssen. Es wäre sofort vollständig von Krediten abgeschnitten gewesen. Es hätte daher seine Staatsausgaben zumindest um den Betrag des bestehenden Defizits sofort kürzen müssen; dieser Einschnitt wäre stärker gewesen, als die von den Gläubigern auferlegten Kürzungen, die ja immer noch ein – wenn auch reduziertes – Defizit erlauben und finanzieren. Auch wichtige Importe, wie Energie, Medikamente und Ersatzteile wären nur noch gegen Vorkasse erhältlich. Die Funktionen des öffentlichen Sektors (Gesundheit, Bildung, Renten, innere Sicherheit, Militär) hätten nicht mehr in vollem Umfang finanziert werden können. Das Leiden der Bevölkerung, besonders der Schwachen, wäre wahrscheinlich dramatisch und ginge über die derzeitigen Härten weit hinaus. Die Reaktion der Bürger und die Folgen eines Zusammenbruchs der öffentlichen Ordnung bleiben der Phantasie überlassen.

Die Wirtschaft wäre wegen der Unsicherheit und wegen fehlender Nachfrage und Finanzierung in dramatischem Maße geschrumpft und die Arbeitslosigkeit wäre entsprechend gestiegen. Auch nach einem Schuldenschnitt wäre eine begrenzte Finanzierung lebensnotwendiger Ausgaben durch den IWF notwendig; diese würde nur unter Auflagen gewährt werden.

Aus dem Euro und der EU in die Nea-Drachma

Die Einführung einer eigenen Währung (Nea-Drachme) hätte einen erheblichen Kraftakt dargestellt. Diese Währung würde gegenüber dem Euro um ca. 40–60% abwerten. Davon gingen drei Effekte aus:

- Exporte würden zwar preislich attraktiver, aber es bleibt offen, ob das Land überhaupt über exportfähige Güter verfügt und ob es diese in dieser Situation in größeren Mengen herstellen könnte, da es die erforderlichen Vorleistungen nur schwer im Ausland beschaffen könnte.
- Notwendige Importe würden deutlich verteuert, was zu einem inflationären Druck führen könnte.

– Die Fähigkeit Auslandsschulden in Euro zu bedienen, würde sich nochmals verringern und damit den Zugang zu neuen Krediten weiter erschweren.

Die Schwächen der griechischen Wirtschaft und Gesellschaft, wie Spezialisierung auf Geschäftsfelder mit geringem Einkommen (Tourismus, Landwirtschaft), Bürokratisierung, Korruption, Steuerhinterziehung und geringes „soziales Kapital" (Putnam, R. 2001) könnten in einer existenziellen Krise kaum überwunden werden.

Nach den Europäischen Verträgen wäre nach einem Austritt aus dem Euro auch das Verlassen der EU und damit des Binnenmarktes die Folge. Damit würde Griechenland ein „Drittland" und müsste seinen Zugang zum Binnenmarkt aus einer schwachen Position heraus neu mit der EU verhandeln, was längere Jahre dauern würde. In der Zwischenzeit unterläge der wirtschaftliche Austausch den Regeln der Welthandelsorganisation (WTO), die wesentlich ungünstiger sind, als die Mitgliedschaft im Binnenmarkt.

Längerfristig könnte das Land an den Kapitalmarkt zurückkehren, sofern es durch den Aufbau einer wettbewerbsfähigen Wirtschaft das Vertrauen in seine künftige Kreditwürdigkeit und die Stabilität seiner neuen Währung nach innen und außen herstellen konnte. Die Dauer der Übergangszeit könnte aus der Analogie mit anderen Staatsbankrotten abgeleitet werden; sie betrüge wahrscheinlich zwischen fünf und zehn Jahren (Reinhart, C. M., Reinhart, V. R. et al., 2012; Reinhart, C. M. und Rogoff, K., 2013).

Für die **Geberländer** wären die noch ausstehenden Kredite abzuschreiben, was die Rettung von Banken durch den Steuerzahler erforderlich machen könnte. Ein GREXIT war politisch in der EU nicht gewollt, da befürchtet wurde, dass von diesem eine nicht mehr beherrschbare Ansteckung auf die anderen Krisenländer (Portugal, Spanien, Italien, etc.) ausgegangen wäre – das Ende des Euro mit erheblichen Turbulenzen an den Weltfinanzmärkten war zu befürchten. Die Einbuße von Griechenland als Absatzmarkt wäre kaum ins Gewicht gefallen, da dieses Land im Vergleich zur gesamten EU sehr klein ist. Die geostrategische Bedeutung Griechenlands für die Absicherung der NATO nach Osten sowie die denkbare Hinwendung Griechenlands zu Russland ließ auch die USA gegen einen GREXIT plädieren.

Fazit

Die „Rettung" Griechenlands durch die Troika führte zu einer Verlagerung der Schulden privater Banken in die öffentlichen Kassen (ESM, EZB) bei gleichzeitiger Verlängerung der Laufzeiten, der Gewährung einer zins- und tilgungsfreien Zeit und der Einräumung äußerst geringer Zinsen. Als Voraussetzung ist ein strenges Reformprogramm mit erheblichen sozialen Härten einzuhalten; diese sind allerdings milder, als sie bei einem Bankrott zu erwarten gewesen wären. Das weiter bestehende Problem der griechischen Überschuldung wird also für einige Jahre nicht sichtbar - es wurde für Griechenland und die Geberländer Zeit gekauft. Darüber hinaus werden nicht nur die Länder zur Sanierung herangezogen, deren Banken reichlich Kredite an Griechenland verliehen hatten, sondern alle Länder, die sich über ihre Teilnahme am ESM „solidarisch" verhalten.

Ein frühzeitiger und tiefer Schuldenschnitt dagegen hätte in den Geberländern zu erheblichen Problemen geführt und auch Griechenland in eine lange Periode harter Sanierung aus eigener Kraft geführt. Aktuell haben sich die Rahmenbedingungen für einen hypothetischen Austritt verändert: Ein erheblicher Teil der Schulden Griechenlands liegt nicht mehr in den Bilanzen privater Kreditgeber, die bei einem Staatsbankrott ebenfalls untergingen, sondern bei öffentlichen Kreditgebern, die definitionsgemäß nicht bankrottgehen können. Die Ansteckungseffekte für den Bankensektor sind mittlerweile durch die Banken-Union (Kapitel 2.3.6.5) gedämpft, so dass ein weiteres Lehman's-Ereignis nicht zu befürchten wäre. Die politischen Folgen für Griechenland und deren Ausstrahlung auf andere Länder blieben nach wie vor unkalkulierbar hoch.

3.5.4.3 Zentrale Aufsicht über nationale Haushalte

? Könnte die EU die Staatsschulden der Mitgliedsstaaten besser begrenzen?
Verlagerung der Fiskalpolitik zur EU: erforderlich oder Zerstörung der Demokratie?

Verhinderung einer erneuten Überschuldung

Auch nach einer von der Krise erzwungenen Senkung von Defiziten und Schulden bleibt die Tendenz zur erneuten Akkumulation von Schulden in den Mitgliedsstaaten bestehen. Die EU geht implizit von der Annahme aus, dass nur die nationalen Parlamente und Regierungen bei der Begrenzung der Schulden versagen, während Entscheidungen in der EU von diesen Fehlern frei wären. Es ist jedoch anzunehmen, dass auch auf supra-nationaler Ebene ähnliche Mechanismen wirken würden, wie sie auf nationaler Ebene zum Überziehen des Budgets führen.

Das grundlegende Problem ist in der EU jedoch, dass die Kommission nicht die erforderlichen Befugnisse hat, um die Kontrolle über nationale Haushalte wirkungsvoll auszuüben. Auch fehlt ihr das Budget für eine unabhängige Konjunkturpolitik und Krisenhilfe. Deshalb wurden im Rahmen der bestehenden Verträge Maßnahmen zur Schuldenbegrenzung verabschiedet, die besser als der bisherige Stabilitäts- und Wachstumspakt wirken sollen. Dazu gehören (Heinemann, F. und Jopp, M. 2012b; Breuss, F., 2011; Seng, K. und Biesenbender, J., 2012; Marhold, H., 2015):

- Eine Verschärfung der Prozeduren im Stabilitätspakt, so dass z. B. die von der Kommission eingeleiteten Sanktionen nur noch von einer qualifizierten Mehrheit im Rat aufgehalten werden können – nicht wie bisher von einer qualifizierten Mehrheit beschlossen werden müssen,

- die Pflicht der Mitgliedsstaaten, in ihrem Rechtssystem nationale Schulden-grenzen so zu verankern, dass die Überschreitung der zulässigen Verschuldung nunmehr auch gegen das Recht des Mitgliedsstaates verstößt (nationale Schul-denbremse),
- die Beratung der geplanten nationalen Staatshaushalte auf der europäischen Ebene vor deren Verabschiedung, so dass die Kommission die Gelegenheit hat, den Mitgliedsstaaten die Gefahr überzogener Verschuldung ex-ante aufzuzei-gen und sie zur Abhilfe aufzufordern („Europäisches Semester").

Die Wirksamkeit dieser Maßnahmen bleibt jedoch gering. Die Verletzung der „nati-onalen Schuldenbremse" kann von der EU nicht sanktioniert werden; das Gesetz zur Schuldenbremse kann sogar jederzeit vom nationalen Parlament wieder geän-dert werden. Somit ist die Zusage zur sparsamen Haushaltsführung nach wie vor nicht von der EU gegen das Parlament des jeweiligen Mitgliedsstaates durchsetz-bar.

Die vorherige Vorlage der nationalen Haushaltspläne zur Beratung bei der Kommission im „Europäischen Semester" führt zwar dazu, dass die für die nächs-ten drei Jahre erwartete Haushaltslage der Nationalstaaten transparent wird und nach einheitlichen Grundsätzen kalkuliert wird, aber die von der Kommission gemachten Vorschläge bleiben weitgehend unberücksichtigt, da die Hoheit über das Budget nach wie vor beim nationalen Parlament liegt (Deroose, S. und Griesse, J., 2014; Darvas, Z. und Leardro, A., 2015).

Budget und Demokratie

Die von Befürwortern einer engeren Integration gewünschte Aufsicht der EU über nationale Haushalte wäre allerdings mit dem demokratischen Grundverständnis nicht vereinbar, da das Budgetrecht des Parlaments durch den Wähler beaufsich-tigt werden muss – diese Möglichkeit ist jedoch in der derzeitigen Verfasstheit der EU nicht gegeben. Alternativ dazu könnte auch die jetzige EU sich zu einem „Maas-tricht 2.0" bewegen, indem Entscheidung und Verantwortung für den Staatshaus-halt wieder in nationale Hand gegeben werden. Dazu müsste die „no bail-out"-Klausel glaubhaft eingesetzt werden und der Bankrott eines Mitgliedsstaates durch entsprechende Insolvenzverfahren geregelt werden (Eichengreen, B. und Wyplosz, C., 2016; Feld, L. P., Schmidt, C. M. et al., 2016). Flankierend ist Vorsorge dafür zu treffen, dass der Bankrott eines Landes nicht zur Ansteckung in anderen Ländern führt – dies ist mit der Banken-Union bereits auf den Weg gebracht.

Weiterführende Literatur

Corsetti, G., Feld, L. P. et al., Eds., 2016. Reinforcing the Eurozone and Protecting an Open Society. Monitoring the Eurozone. London, CEPR Press.

Begg, I., Belke, A. et al., 2011. European economic governance – impulses for crisis prevention and new institutions. Gütersloh, Bertelsmann Stiftung.

Pernice, I., 2015a. Financial Crisis, National Parliaments and the Reform of the E(M)U. WHI-Paper (06/15).

Scharpf, F. W., 2013. Political Legitimacy in a Non-optimal Currency Area. KFG Working Paper Series (52): 1–34, October.

3.5.5 Die Krise dauert an

 Ist die Finanzkrise bereits überwunden?
Welche Probleme bestehen fort – und könnten sich zuspitzen?

Die unmittelbare Gefahr eines Zusammenbruchs des Finanzsystems schien gebannt und die Krise verschwand ab 2014 aus den Schlagzeilen. In Deutschland herrscht das Gefühl von Normalität oder gar Prosperität vor: Die Konjunktur ist stabil, die Steuereinnahmen hoch und die Arbeitslosigkeit gering. Es ist gelungen, mit der Banken-Union (Kapitel 2.3.6.5) und strengeren Regulierungen der Finanzindustrie die Krisenresistenz der Mitgliedsstaaten zu verbessern.

Aber sogar der IWF warnt davor, dass die Krise keineswegs – auch nicht in Deutschland – überwunden sei. Für eine weiterhin prekäre Lage sprechen die folgenden Aspekte (Dobbs, R., Lund, S. et al., 2015; Micossi, S., 2016; IMF, 2016a):

- Viele Banken sind immer noch mit einem großen Bestand an möglicherweise nicht einbringbaren Forderungen belastet und z. B. einige italienische Banken würden eine nächste Krise nicht überstehen.
- Die Schulden vieler Staaten wachsen weiter und das Wirtschaftswachstum bleibt gering.
- Die Schulden Griechenlands sind mit sehr niedrigen Zinsen sowie einer tilgungsfreien Zeit bis 2022 „eingefroren" – danach stellt sich die Frage des Staatsbankrotts erneut.
- Die strengere Regulierung der Banken hat zu einer Verlagerung der Finanzgeschäfte in die sogenannten „Schattenbanken" (Gorton, G. B. und Metrick, A., 2010; Financial Stability Board, 2011; European Commission, 2015g) geführt; die dort entstehenden Risiken werden gegebenenfalls in das globale Finanzsystem übergreifen.
- Die Geldpolitik hat mit der „quantitativen Lockerung" und der „Dehnung" ihres Mandats einen Zusammenbruch des Kapitalismus bisher aufgehalten; nunmehr droht nicht nur die Wirksamkeit ihrer neuen Instrumente zu schwinden, sondern sie könnte sogar zu neuen Problemen beitragen.
- In vielen EU-Mitgliedsstaaten ist das Wachstum gering und die Arbeitslosigkeit hoch. Mit der Abwanderung der jungen und gut ausgebildeten Arbeitskräfte (brain drain) wird das Potenzial für eine wirtschaftliche Erholung in den Krisenländern geschmälert.

- Der soziale Frieden ist gefährdet und populistische, xenophobe und EU-feindliche Strömungen gewinnen an Einfluss. Sie können eine Weiterentwicklung zu einer leistungsfähigeren EU blockieren.
- Die Krise hat das Vertrauen in die EU geschmälert – sie wird nicht mehr als Lösung gesehen, sondern als Problem. Die EU-Skepsis in vielen Ländern bis hin zum Austritt Großbritanniens gefährdet die Existenz der EU.
- Zusätzliche Krisen, wie Terrorismus und Migration, verunsichern die Bevölkerung und die EU hat weder ein Mandat noch Instrumente und Budget zur Bewältigung.

Eine Stabilisierung der Situation kann nur erfolgen, wenn die EU sichtbare Beiträge zur Lösung der Probleme liefern kann. Dazu muss sie sich jedoch entscheidend weiterentwickeln und verändern (Kapitel 6.2).

4 Erweiterung der EU

Der europäische Einigungsprozeß verlief in den vergangenen Jahrzehnten unter dem Vorzeichen des „Kalten Krieges" und einer geteilten Welt.

Diese Einheit Europas baute jedoch auf der Teilung des Kontinents auf. Die Berliner Mauer teilte nicht nur Deutschland, sondern auch ganz Europa; solange diese Teilung nicht überwunden wurde, hatte die europäische Konstruktion einen brüchigen und vorläufigen Charakter. Sie war ein Haus ohne Fundamente.

Der Kommunismus in Europa zerfiel, die Sowjetunion hörte auf zu existieren, die Teilung Deutschlands wurde aufgehoben. Und dann, erst dann konnte die wirkliche Einigung Europas einsetzen.
(Bronislaw Geremek, Karlspreisträger 1998)

Die EU hat seit ihrer Gründung immer wieder neue Mitglieder aufgenommen. Die Frage nach den Grenzen der EU blieb dabei offen (4.1). Der Zusammenbruch der Sowjetunion hat letztlich zur ungeplanten Erweiterung um viele Mitglieder mit besonderer Situation geführt (4.2). Die Integration der mittel- und osteuropäischen Länder in den Binnenmarkt hat auch in den bisherigen EU-Mitgliedsländern erhebliche wirtschaftliche Veränderungen ausgelöst (4.2.4). Dadurch sind auch Spannungen in der EU ausgelöst worden (4.2.4.3, 4.2.4.6).

4.1 Die Aufnahme neuer Mitglieder in die EU

4.1.1 Bisherige Erweiterungen

 Welche Länder wurden Mitglieder?
Welche Motive für die Aufnahme gab es?
Wie hat sich die EU durch die Aufnahme neuer Mitglieder verändert?

Die Europäischen Gemeinschaften wurden 1957 in Rom von sechs Ländern gegründet. Seitdem ist die Union auf zurzeit 28 Mitglieder angewachsen. Reihenfolge und Zeitpunkte der Beitritte wurden von politischen und wirtschaftlichen Umständen bestimmte. Jede Neuaufnahme war ein separater Akt, über den zwischen dem Kandidatenland und der Union verhandelt wurde. Eine definierte, verbindliche Liste von Kriterien (Kopenhagen-Kriterien) wurde erst 1992 für die „Ost"-Erweiterung von 2004 aufgestellt.

Gründung 1957: Sechs Mitglieder
Die sechs **Gründungsmitglieder** Belgien, Niederlande, Luxemburg, Frankreich, Deutschland und Italien bildeten nach dem Zweiten Weltkrieg das geografische

DOI 10.1515/9783110495485-004

und wirtschaftliche Zentrum des westlichen Teils des Kontinents, der unter dem Einfluss der USA stand. Sie waren in ihrem Entwicklungsstand ähnlich und umfassten Länder, die in der Vergangenheit häufig in Kriege gegeneinander verwickelt waren: Die gemeinsame Mitgliedschaft war auch ein Projekt zur Sicherung des Friedens in der Region. In diesem Zusammenhang war die Zusammenfassung der kriegswichtigen Ressourcen Kohle und Stahl, die zu Konflikten zwischen Deutschland und Frankreich geführt hatten, in einer supranationalen „Europäischen Gemeinschaft für Kohle und Stahl" (EGKS) ein wichtiger Schritt (Delors, J., 2001:5). In wirtschaftlicher Hinsicht war nach dem Krieg die Öffnung der Märkte der Nachbarländer für den Export von Industriegütern besonders für Deutschland von großem Interesse: Die vereinbarte Zollunion schuf dafür den Rahmen. Im Gegenzug erreichte Frankreich eine Unterstützung der Landwirte durch die Schaffung einer „Gemeinsamen Agrarpolitik".

1973: Neun Mitglieder

In der **ersten Erweiterung 1973** wurden Dänemark, Irland und Großbritannien Mitglieder. Die Anträge waren bereits 1961 gestellt worden, aber der französische Präsident De Gaulle war gegen die Aufnahme Großbritanniens, das er als Konkurrenz zur Vormacht Frankreichs in der Gemeinschaft ansah. Erst nach seinem Abtritt von der politischen Bühne konnte die Mitgliedschaft vollzogen werden. Norwegen wurde wegen der Ablehnung durch die norwegische Bevölkerung in einem Referendum 1972 nicht Mitglied.

Mit der Mitgliedschaft der beiden Inseln jenseits des Kanals wurde die vermeintliche Grenze Kontinentaleuropas überwunden, wie sie im Bewusstsein Großbritanniens besteht, das seine politische Position und geografische Lage in der Geschichte eher als „bei Europa" denn als „in Europa" verstanden hat. Für das vergleichsweise arme Irland eröffneten sich einerseits Chancen auf großen Märkten jenseits seines langjährigen dominanten Handelspartners Großbritannien und andererseits war es für Irland – ebenso wie für Dänemark – eine Frage des wirtschaftlicher Prosperität, ihrem Haupthandelspartner Großbritannien in die Zollunion zu folgen, wollten sie nicht als Drittländer vor einer neuen Zollschranke stehen.

1981/1986: Süd-Erweiterung, zwölf Mitglieder

Diese Erweiterungsrunde brachte mit dem Beitritt Griechenlands (1981) sowie Spaniens und Portugals (1986) erstmals peripher gelegene Länder in die Gemeinschaft. Deren Beitritt wurde erst mit dem Ende der in diesen Ländern herrschenden Militärdiktaturen möglich. In ihrer wirtschaftlichen Entwicklung lagen sie deutlich hinter den bisherigen Mitgliedsstaaten zurück: Ihr Agraranteil war wesentlich höher und viele ihrer Regionen waren arm, d. h. wiesen ein weit unterdurchschnittliches BIP-pro-Kopf auf.

1990: DDR – Eine Erweiterung, die nicht so heißt

Mit dem Zusammenbruch der DDR kam im Rahmen der deutschen Vereinigung ein weiteres Gebiet in die Mitgliedschaft. Das Verfahren war informell und singulär: Der Beitritt der DDR zum Bundesgebiet wurde von den anderen EU-Mitgliedern akzeptiert.

1995: Nord-Erweiterung, fünfzehn Mitglieder

Die Aufnahme **Finnlands, Österreichs und Schwedens** im Jahr 1995 brachte drei wirtschaftlich hoch entwickelte neue Mitglieder in die Gemeinschaft. Diese Länder hielten sich als Folge des Zweiten Weltkriegs in einer neutralen Position zwischen den beiden Machtblöcken in Europa und stellten daher erst nach dem Zerfall der Sowjetunion einen Antrag auf Mitgliedschaft.

2004: („Ost-") Erweiterung, 25 Mitglieder

Europa war nach dem Zweiten Weltkrieg bis zum Zusammenbruch der Sowjetunion zu Beginn der 90er Jahre entlang des „Eisernen Vorhangs" geteilt. Die Grenze des politisch definierten Westeuropas, dessen sicherheitspolitische Orientierung „atlantisch" (NATO) war, verlief durch das geteilte Deutschland. Die **mittel- und osteuropäischen** Staaten Polen, Ungarn, Tschechien, Slowakei, Lettland, Litauen und Estland lösten sich nach dem Fall des „Eisernen Vorhangs" aus dem ex-sowjetischen Machtbereich und bezogen sich auf ihre europäischen Wurzeln: Sie strebten „zurück nach Europa" (Schlögel, K., 2013). Die Einbindung in die NATO und die EU sollte nach den Erwartungen der Bevölkerungen nicht nur Sicherheit vor einem unberechenbaren Russland, sondern auch ein rasches Aufschließen zum Wohlstandsniveau des „Westens" bringen. Ihre Aufnahme war auch eine geostrategische Entscheidung des „Westen" zugunsten einer Ausweitung seiner Einflusszone in Europa.

Die Mittelmeerinsel **Malta** ist klein, wirtschaftlich gut entwickelt und politisch spannungsfrei eingebunden. Das aus dem Zerfall Jugoslawiens in den 90er Jahren des vorigen Jahrhunderts hervorgegangene **Slowenien** hat sich rasch politisch stabilisiert, ist relativ klein und wirtschaftlich gut entwickelt; es hat historisch enge Bindungen an Kern-Europa. Die Mitgliedschaft dieser beiden Länder gilt als unproblematisch.

Zypern ist seit der völkerrechtswidrigen militärischen Besetzung des Nordteils durch die Türkei im Jahr 1974 ein geteiltes Land und ein internationaler Krisenherd, der nur durch Aufsicht der UNO stabilisiert werden kann. Die Aufnahme erfolgte ohne vorherige Lösung des Problems, da das EU-Mitglied Griechenland, das sich Zypern in besonderer Weise verbunden fühlt, damit gedroht hatte, andernfalls die gesamte Ost-Erweiterung zu blockieren. Wirtschaftlich ist Zypern – mit Ausnahme des türkisch besetzten Teils – gut entwickelt.

2007: „Stille Erweiterung", 27 Mitglieder

Ohne große Aufmerksamkeit der Öffentlichkeit sind **Bulgarien** und **Rumänien** trotz erheblicher Bedenken bezüglich ihrer politischen und gesellschaftlichen Beitrittsreife Mitglieder geworden: Beide Transformationsländer waren nicht nur wirtschaftlich wenig entwickelt, sondern konnten auch ihre neuen demokratischen und rechtsstaatlichen Strukturen noch nicht hinreichend stabilisieren. Sie haben jedoch für NATO und EU sicherheitspolitische Relevanz. Die andauernden Probleme haben zu einem historisch beispiellosen Vorgang geführt: Diese beiden neuen Mitgliedsstaaten unterliegen auch nach ihrer Mitgliedschaft einer ständigen Beobachtung durch die EU, die bei mangelnden Fortschritten in den Problembereichen Korruption und Unabhängigkeit der Justiz auch Sanktionen verhängen kann. Außerdem ist dadurch die Skepsis in der EU gegenüber einer „übereilten" Aufnahme gestiegen, da die EU nur bis zum Moment der Mitgliedschaft über Druckmittel gegenüber den Kandidatenländern verfügt.

2013: Kroatien wird Mitglied, 28 Mitglieder

Kroatien wurde nach der Beilegung seiner Konflikte mit Serbien und nach Ansätzen zur Bewältigung seiner Kriegsverbrechen als Mitglied der EU aufgenommen.

Künftige Erweiterungen

Der Europäische Rat hat die Bewerbung weiterer Länder akzeptiert, damit wurde ihr Beitrittsprozess formal eingeleitet: Albanien, Montenegro, die ehemalige jugoslawische Republik Mazedonien, Serbien und die Türkei. Mit Serbien, Montenegro und der Türkei (Kapitel 5) haben die Beitrittsverhandlungen bereits begonnen. Potentielle Kandidaten sind Bosnien und Herzegowina sowie das Kosovo.

Die Mitgliedschaft weiterer Länder wie Ukraine und Moldawien wird immer wieder diskutiert, ohne dass daraus eine Chance oder gar formale Schritte zu einer Aufnahme in die EU folgten. Bei diesen Ländern gibt es einen fließenden Übergang zwischen einer EU-Mitgliedschaft und der EU-Nachbarschaftspolitik. Letztere will zwar die Beziehungen zwischen der EU und angrenzenden Ländern besonders pflegen und gestalten, verbindet dies aber nicht mit einer Beitrittsperspektive (Straten-schulte, E. D., 2007).

Zusammenfassend lässt sich sagen, dass die EU bisher in verschiedenen Erweiterungsrunden

- einen markanten Zuwachs an Bevölkerung erhielt,
- einen erheblichen Zuwachs an landwirtschaftlicher Fläche sowie an armen Regionen erhalten hat,
- eine deutliche Absenkung des durchschnittlichen Wohlstandsniveaus erfahren hat, da die meisten neuen Mitglieder wesentlich ärmer waren als die früher beigetretenen Länder; eine Ausnahme macht hier die Nord-Erweiterung 1995,
- potenzielle bzw. tatsächliche Krisenherde in ihre Grenzen integriert hat,

- näher an tatsächliche oder potenzielle Krisenherde gerückt ist,
- in Sprache, Kultur, Geschichte, politischer Kultur und Auffassungen über Aufgaben und Bestimmung der EU vielfältiger geworden ist.

ℹ️ Weiterführende Literatur

Bache, J. und George, S., 2006. Politics in the European Union. Oxford, S. 535–563.

Barnes, I. und Barnes, P., 2009. Enlargement. European Union Politics. Cini, M. und Perez-Solorzano Borragan, N. Oxford: 418–435.

Pelkmans, J., 2006. European integration – Methods and economic analysis. Harlow et al., Pearson Education, S. 426–447.

4.1.2 Grenzen Europas und der EU

❓ Müssen die Mitgliedsstaaten ein Mindestmaß an Ähnlichkeit untereinander aufweisen? Sind die Grenzen der EU objektiv feststellbar?

Europäische Identität

Der Zusammenschluss von Nationalstaaten zu einer wirtschaftlichen und politischen Union verlangt von diesen, einen Teil ihrer Rechte zur Gestaltung von Wirtschaft und Gesellschaft auf die übergeordnete Instanz EU zu transferieren und Solidarität über die Grenzen des Nationalstaates hinaus zu üben, was sich z. B. im Transfer finanzieller Ressourcen niederschlagen kann. Darüber hinaus befindet sich die EU in einem ständigen Prozess der Weiterentwicklung, der von den Mitgliedern verlangt, sich in Kompromissen auf Ziele zu verständigen, deren Verfolgung in die gesellschaftlichen Strukturen und Prozesse der Mitgliedsstaaten eingreifen kann. Es wird von der Hypothese ausgegangen, dass es Menschen leichter fällt mit anderen zu teilen, sich einem Mehrheitsbeschluss zu beugen oder gar das eigene Leben in Militäreinsätzen aufs Spiel zu setzen, wenn dies für Mitglieder der „eigenen" Gruppe geschieht. Damit wird die subjektiv empfundene Grenze zwischen dem „**Wir**" und den „**Anderen**" zum entscheidenden Kriterium. In der Diskussion um Erweiterung und Vertiefung wird meist implizit von der Annahme ausgegangen, dass die Menschen sich mit ihrem Land identifizieren. Eine Ausdehnung des „Wir" auf die anderen Mitglieder der EU oder auf die EU als supranationale Einheit ist nicht selbstverständlich. Bevölkerungen der Mitgliedsstaaten fühlen sich zuerst als Mitglieder ihres Landes und erst in zweiter Linie als Europäer (Cerutti, F. und Rudolph, E., Eds., 2001; Mayer, F. C. und Palmowski, J., 2004).

Neben dem Nationalstaat als Identität stiftende Einheit dient die – subjektiv empfundene – **Homogenität** zur Grenzziehung zwischen dem „Wir" und den „Anderen": Die Mitglieder einer Gruppe, z. B. die Bürger eines Nationalstaats, empfinden bestimmte Merkmale als Ausdruck der Zugehörigkeit und deren Fehlen als

Ausdruck von Andersartigkeit, die den Träger des Merkmals in der Sicht einer Gruppe aus dieser ausschließt. Solche Merkmale können z. B. **Sprache, Religion, Hautfarbe, Weltanschauung**, gemeinsam erlebte **Geschichte** sein; deren Kombination kann zur Definition von **ethnischen Gruppen, Völkern oder Nationen** dienen (Weiler, J. H. H., Haltern, U. et al., 1995). Mit dem Begriff des Nationalstaates wird implizit angenommen, dass Nation und Staatsgebiet deckungsgleich seien (Schulze, H., 1995), was jedoch dann nicht gegeben ist, wenn
– Völker ein Gebiet besiedeln, das mehreren Nationalstaaten zugehört (z. B. Kelten, Kurden, Basken, etc.) oder
– in einem Nationalstaat mehrere Völker leben (z. B. Belgien, Schweiz, Spanien).

Die ethnische Homogenität des Nationalstaates ist in vielen Fällen ein historisches Konstrukt, das durch gemeinsame Mythen geschaffen und gestützt wird (Schulze, H., 1989, 1995) bzw. durch die politische Unterdrückung von ethnischer Andersartigkeit erzwungen wird. Mit dem Verweis auf die ethnische Andersartigkeit innerhalb eines Staatsgebiets wurden „ethnische Säuberungen", d. h. die gewaltsame Vertreibung einer Bewohnergruppe, begründet. Beispiele dazu sind
– der „Bevölkerungsaustausch" – heute „ethnische Säuberung" genannt – zwischen Griechenland und der neu entstandenen Türkei, der nach dem Angriffskrieg der Griechen mit Billigung des Völkerbunds, der Vorläuferorganisation der Vereinten Nationen, Mitte der zwanziger Jahre des vorigen Jahrhunderts vollzogen wurde,
– die Vertreibung von Deutschen aus Polen und die Vertreibung von Polen aus dem der Sowjetunion zugeschlagenen ehemals polnischen Staatsgebiet infolge des Zweiten Weltkriegs,
– die Vertreibungen auf dem Balkan nach dem Zerfall Jugoslawiens seit den neunziger Jahren des vorigen Jahrhunderts.

Einige dieser blutigen Aktionen wurden im- oder explizit mit der Behauptung begründet, dass unterschiedliche Ethnien nicht friedlich in einem Gebiet zusammen leben könnten. Gerade die Betonung von einzelnen, ausgewählten Merkmalen und die Zuordnung von Menschen zu Gruppen entlang dieser Merkmale kann eine Strategie der Trennung und des Konflikts sein. So zeigt Amartya Sen (2007), dass z. B. die Betonung der Religionszugehörigkeit erstens zu einer unzulässigen Reduktion der Vielfalt führt, in der Menschen ihr Leben organisieren und zweitens zum Schüren von Konflikten in heterogenen Bevölkerungen missbraucht werden kann.

Diese historischen Erfahrungen werfen im Zusammenhang mit der Erweiterung und Vertiefung der EU die Fragen auf, ob
– die Schaffung einer europäischen Identität, die die nationale Identität überwindet, gelingen kann und
– die Heterogenität zwischen den Mitgliedsstaaten ein unverträglich hohes Maß erreichen könnte, wenn die Anzahl der Mitgliedsstaaten zunimmt.

Dabei wird in der öffentlichen Debatte häufig vermutet, dass die bisherigen Mitglieder untereinander die erforderliche Homogenität aufweisen, während dies bei der Aufnahme neuer Mitglieder zu prüfen sei. Diese Annahme trifft jedoch nicht zu, da
- auch innerhalb eines Staates eine mit Konflikten beladene Heterogenität bestehen kann,
- die Heterogenität in der politischen Auffassung von der künftigen Gestalt der Union schon in der Gründungsgruppe und durch die Aufnahme Großbritanniens im Jahr 1973 unvereinbar groß war: Ob Bundesstaat oder Staatenbund am Ende der Integration stehen sollte, war und ist umstritten. Ebenso wird die Rolle des Staates in der Wirtschaft sehr unterschiedlich gesehen: Sie reicht von wirtschaftsliberal bis zu interventionistisch.

Das höchst **subjektive Kriterium** der Homogenität ist weder eindeutig definiert noch einer wissenschaftlich präzisen Messung zugänglich (Rozmahel, P., Kouba, L. et al., 2013). Seine Brisanz liegt in der Stimmung der Bevölkerungen: Ohne deren Bereitschaft, Andersartigkeit in vielerlei Hinsicht friedlich und produktiv zu akzeptieren, können Erweiterung und Vertiefung der EU nicht gelingen.

Geografie und Geschichte

Es ist offen, wo Europa endet: Die **Geografie** und die **Geschichte** Europas ergeben keine klare Trennlinie: Die Identität stiftende klassische Antike erstreckte sich im Mittelmeerraum auch über den Nahen Osten sowie Nordafrika und noch bei der Unterzeichnung der Römischen Verträge zur Gründung der EWG saßen Abgeordnete Algeriens stimmberechtigt im französischen Parlament, der Norden Europas hingegen war nicht einbezogen. Die Landmassen Europas und Asiens treffen sich zwar am Bosporus und der größte Teil der Landmasse der Türkei liegt auf dem asiatischen Kontinent, aber auch Zypern liegt nicht auf dem europäischen Kontinent – und deutlich weiter östlich als die großen türkischen Städte. Auch nach Osten ist die Trennung zwischen Europa und den „Anderen" wenig klar: Die Ukraine und Teile Russlands könnten zum europäischen Kontinent gezählt werden, ohne dass daraus zwingend ein Recht auf Beitritt abzuleiten wäre. Im Bewusstsein vieler „West"-Europäer gehörten zu Zeiten des Kalten Kriegs sogar die Länder hinter dem „Eisernen Vorhang" nicht zu Europa. Dem Europarat können ausdrücklich nur **„europäische Staaten"** angehören; dies sind insgesamt 41 Länder, darunter auch Georgien, Moldawien, Russland und die Ukraine – diese Grundgesamtheit kann nicht ohne weiteres für eine Kandidatur akzeptiert werden.

Christliches Abendland

In der Diskussion um die Europäische Verfassung wurde von einigen Ländern nachdrücklich der Bezug auf das Christentum eingefordert. Das Gewicht der christlichen Religion für die Identität ist aber in der EU-27 umstritten: Polen und Spanien kämpften für den Gottesbezug in der Europäischen Verfassung, während das säkulare Frankreich und die nordischen Länder sich dagegen wandten. Die Religionszugehörigkeit, aus der ein **christliches Abendland** abgegrenzt werden könnte, liefert keine brauchbare Trennlinie, da viele gläubige Nicht-Christen sowie Atheisten – mit oder ohne EU-Staatsbürgerschaft – in der EU leben. Außerdem ist mit der Trennung von Kirche und Staat auch Religionsfreiheit und damit auch Freiheit von Religion verbunden: Eine Zuweisung aller Bewohner der EU zum Christentum würde diese Freiheit verletzen. Darüber hinaus gehörten die Bevölkerungen Armeniens und Georgiens bereits zum frühen Christentum und Russland hat eine lange und wieder auflebende christliche Tradition. Die regionalen Wurzeln der christlichen Religion reichen über den Nahen Osten bis in den arabischen Raum im Zweistromland – wohl kaum eine brauchbare Grenzziehung für die EU.

Der Verweis auf die Andersartigkeit des **muslimischen** Glaubens ist nicht geeignet, eine Trennlinie zwischen Europa und „Nicht-Europa" zu begründen: In der EU-28 leben ca. 25 Mio. Menschen muslimischen Glaubens. Die Phobie vor der muslimischen Religion resultiert auch aus der Gleichsetzung von Muslimen mit Islamisten oder gar mit Terroristen. Diese ebenso populistische wie falsche Gleichsetzung wurde in der öffentlichen Diskussion seit den Terroranschlägen in den USA am 11. September 2001 und weiteren Anschlägen in Europa sowie durch die Denkfigur des „Kampfes der Kulturen" (Huntington, S. P., 1996) befördert. Sen (2007) warnt vor der „Identitätsfalle", in die diese Denkfiguren führen. Der Zusammenbruch des wechselseitigen Vertrauens ruft die Probleme erst hervor.

Kulturelle Vielfalt

Eine **kulturelle** Definition der **Grenzen Europas** ist nicht möglich, da schon innerhalb einzelner Mitgliedstaaten und erst recht innerhalb der bisherigen EU die bestehende kulturelle Vielfalt als schützenswerte Bastion gegen eine Zentralisierung und Vereinheitlichung gesehen wird. Es könnte auch nicht gelingen, eine „europäische Leitkultur" zu definieren, zu der sich allein die bisherigen Mitglieder bekennen. Die EU verfolgt – entgegen populären Mythen – nicht eine Strategie des Gleichmachens, sondern handelt unter ihrem Motto **„in Vielfalt geeint"**. Europaweite Einheitlichkeit wird z. B. bei technischen Normen und der Regulierung von Märkten, nicht dagegen bei Kultur, Sprache oder Religion angestrebt.

Zu den Grenzen Europas äußerte die Kommission (European Commission, 2006n:19): „In den letzten Jahren wurde die Frage nach den endgültigen Grenzen der Europäischen Union gestellt. .... Der Begriff ‚europäisch' setzt sich aus geographischen, historischen und kulturellen Elementen zusammen, die alle zur europäischen Identität beitragen. Die gemeinsame Erfahrung von Ideen, Werten und historischen Wechselwirkungen lässt sich nicht zu einer einfachen, zeitlosen Formel verdichten, sondern unterliegt der Neuauslegung durch jede nachfolgende Generation."

„Überdehnung" durch Erweiterung?

Durch die Aufnahme neuer Mitglieder werden auch mehr (potenzielle) Krisenherde eingebunden bzw. rücken sie näher an die Grenzen der EU heran. In einer historischen Parallele zu vergangenen Imperien wird die Gefahr einer „**Überdehnung**" der EU thematisiert: Das Überschreiten einer – nicht präzise definierbaren – kritischen Größe könnte das gesamte Gebilde unregierbar machen, so dass es nicht mehr im Stande sein könnte, Probleme zu lösen (Kennedy, P., 1989; Calleo, D. P., 1998). Die EU ist jedoch kein Imperium mit zentralisiertem Herrschaftsanspruch gegenüber unterworfenen, tributpflichtigen Völkern, dessen Verteidigung es überfordern könnte. Vielmehr stellt sie eine neue Form der Verteilung und Kontrolle von Macht sowie der politischen und wirtschaftlichen Koordination dar. Sie ist ein Mehr-Ebenen-System der Regierung, das auf Diskurs, Konsens und Koordination in verteilten Strukturen ausgelegt ist (Bache, J. und George, S., 2006:33–40). Für die EU sind also aus einem befürchteten „imperial overstretch" keine überzeugenden Grenzziehungen ableitbar.

ℹ **Weiterführende Literatur**

Triandafyllidou, A. und Gropas, R., 2015. What is Europe? London, Palgrave Macmillan.

Datler, G., 2012. „Europäische Identität" jenseits der Demos-Fiktion. Aus Politik und Zeitgeschichte 62(4 Europa): 57–61.

Kylstad, I., 2010. Turkey and the EU: A 'new' European identity in the making? LEQS Paper (27), October.

Berglund, S., Duvold, K. et al., 2009. Where does Europe end? Borders, limits and directions of the EU. Cheltenham, Northampton, Edward Elgar.

Paparella, E., 2005. A new Europe in search of its soul: Essays on the European Union's cultural identity and the transatlantic dialogue. Bloomington, Ind., AuthorHouse.

4.2 Die Erweiterung nach „Osten"

Die Erweiterungen von 2004 und 2007 waren die Reaktion auf ein singuläres, nicht vorhergesehenes Ereignis: Der Zusammenbruch der Sowjetunion und damit auch ihrer politischen, militärischen und wirtschaftlichen Bündnisse. Daraus ergaben sich Umwälzungen im ehemaligen „Ost-Block" und damit verbunden auch die Frage an die EU, wie sie auf diese Veränderungen eingehen wolle. Für beide Fragen gab es keine historischen Vorerfahrungen und daher auch keine erprobten Konzepte.

4.2.1 Ende des Kalten Krieges und Transformation

Welche Herausforderungen stellten sich durch die Transformation dar?
Welche Optionen gab es nach dem Zusammenbruch der Sowjetunion?
Wodurch unterschieden sich die Kandidatenländer?

?

Zusammenbruch und Neuorientierung

Mit der offensichtlichen wirtschaftlichen Überlegenheit des kapitalistischen Wirtschaftssystems sowie der höheren Attraktivität des Gesellschaftsmodells westlicher
Demokratien verloren die Staaten des RGW die politische Akzeptanz in ihren eigenen Bevölkerungen und konnten auch die ökonomischen Ressourcen für den militärischen Wettlauf und die Modernisierung ihrer Produktionsmittel nicht (mehr)
aufbringen. Die einzelnen Ex-RGW-Länder waren bis zum Zusammenbruch politisch und wirtschaftlich stark miteinander verflochten und hatten ihre Produktionsstruktur aufeinander und auf die Bedürfnisse und Ressourcen der Sowjetunion
ausgerichtet. Dies führte zur Handelsumlenkung zu Gunsten des **RGW**, der nicht
in konvertiblen, frei handelbaren Währungen, sondern in gesetzten Verrechnungs-
einheiten bezahlt wurde. In die internationale Arbeitsteilung waren sie auf der
Grundlage planwirtschaftlich erzeugter komparativer Vorteile eingebunden. So
fanden noch im Jahr 1989 durchschnittlich 52 % des Außenhandels der RGW-Länder im **Intra-Block-Handel** statt, während dieser Anteil schlagartig zurückging,
als 1991 eine Verrechnung des Handels in konvertibler Währung erfolgte. Mit dem
Zusammenbruch der bisherigen wirtschaftlichen und politischen Ordnung zerris-
sen auch Lieferketten und die Öffnung gegenüber dem Weltmarkt zeigte die preisliche und technologische Überlegenheit vieler „westlicher" Produkte. Viele einheimische Produzenten mussten schließen oder mit erheblichen Subventionen aus
einem überforderten Staatshaushalt unterstützt werden.

Die **Auflösung der Sowjetunion** mit ihren politischen Umwälzungen hat in
den Ländern Mittel- und Osteuropas mit dem Beginn der 90er Jahre eine vollständige Revision des politischen, gesellschaftlichen und ökonomischen Systems
ermöglicht bzw. erzwungen (Applebaum, A., 2014). Dabei war die Richtung, die die
einzelnen Länder einschlagen wollten, in einer politischen Auseinandersetzung zu
klären. Diskutiert wurden
- ein „moderner" Sozialismus, d. h. die Fortsetzung des Wirtschafts- und Gesellschaftsmodells bei gleichzeitiger Einführung von Verbesserungen und starker
   Orientierung an Russland;
- eine hohe Eigenständigkeit mit wirtschaftlicher Anbindung an die EU, wie es
   z. B. die Schweiz oder Norwegen vereinbart haben;
- die Orientierung nach „Westen" mit voller Mitgliedschaft in der EU und in der
   NATO.

Transformation

Letztlich wurde die EU-Mitgliedschaft als Ziel gewählt. Damit verschmolzen drei Entwicklungsprozesse miteinander: Die Transformation von der Planwirtschaft zur Marktwirtschaft, die Erfüllung der Aufnahmekriterien für die EU (Kapitel 4.2.2) und der Einbruch der globalen Konkurrenz in die ehemals geschlossene Wirtschaft.

In der **Transformation** des Wirtschafts- und Gesellschaftssystems mussten die Rahmenbedingungen für eine freiheitliche Demokratie geschaffen und die Liberalisierung der Märkte mit einer Einführung der Marktwirtschaft vollzogen werden. Dazu gehörten auch die Herstellung der ordnungspolitischen Rahmenbedingungen für Wettbewerb, die Privatisierung der Staatswirtschaft, Aufbau eines Finanzsektors und Um- bzw. Aufbau sozialer Sicherungssysteme. Da beim Zusammenbruch Ineffizienzen und mangelnde Wettbewerbsfähigkeit des planwirtschaftlichen Systems ebenso aufgedeckt wurden, wie die erhebliche verdeckte Arbeitslosigkeit sowie die zurückgestaute Inflation, stellten sich krisenhafte makroökonomische Störungen des Geldwertes, eine Destabilisierung der öffentlichen Haushalte und außenwirtschaftliche Ungleichgewichte ein. Die Transformation verursachte **hohe volkswirtschaftliche und soziale Kosten**, wie die Entwertung großer Teile des bestehenden Kapitalstocks, wachsende Arbeitslosigkeit und Armut in großen Bevölkerungsgruppen. Die unterentwickelten bzw. finanziell überforderten Systeme der sozialen Sicherung konnten die Härten des Wandels bei erheblichen Teilen der Bevölkerung nicht abfedern. Insbesondere Gruppen mit geringer Verhandlungsmacht, wie Rentner, mussten z. T. dramatische Verschlechterungen ihrer Existenzbedingungen hinnehmen (IMF, 2000a, Kapitel 3; Landesmann, M., 2000; Gros, D. und Suhrcke, M., 2000).

Stufen der Transformation

Der Zusammenbruch der Sowjetunion und damit auch ihrer Einflusszone im Jahr 1989 hat die Teilung Europas in ein politisches West und Ost beendet. Die EU wurde von diesem Prozess überrascht und musste sich gegenüber der veränderten Situation positionieren. Da nicht von vorn herein klar war, welche Richtung die neuerdings wieder unabhängigen Staaten nehmen würden, da die Balance der Macht zwischen den konkurrierenden Mächten neu zu finden war, und da die Transformation von der sozialistisch geprägten Planwirtschaft in eine neue Wirtschafts- und Gesellschaftsverfassung einen ungeheuren Umbruch in den Ländern auslöste, gab es keine bekannten und bewährten Strategien für die Neuordnung Europas. Die EU hat auf diese Situation mit einem Kooperationsangebot an die acht Transformationsländer reagiert: Der Handel wurde erleichtert und auf neue, marktwirtschaftliche Basis gestellt. Das neunte Transformationsland brauchte nicht berücksichtigt zu werden: Es war als „Neue Bundesländer" in der Bundesrepublik Deutschland aufgegangen.

Die Entwicklung verlief für jedes Transformationsland anders. Hier wird ein vereinfachtes Schema der Transformation dargelegt, das die Stufen des Prozesses

Tab. 4-1: Von der Transformation zum globalen Wettbewerb.

Stufe 1	Zusammenbruch und Aufbau neuer gesellschaftlicher und wirtschaftlicher Strukturen
Stufe 2	Ersatz der veralteten Produktionstechnologie und Steigerung der Produktivität, Import „westlicher" Konsumgüter
Stufe 3	Geringe Löhne bei guter Qualifikation und verbesserter Produktionstechnik führen zur „verlängerten Werkbank" für internationale Konzerne, exportgestützte Entwicklung
Stufe 4	Herausbildung einer wohlhabenden Mittelschicht und damit eines wachenden heimischen Marktes, Entwicklung von höherwertigen technologischen Kompetenzen, Reduzierung von „Lohnfertigung" bei steigenden einheimischen Löhnen
Stufe 5	Kampf um eine Position in der globalen Arbeitsteilung, Entwickeln komparativer Vorteile jenseits geringer Löhne. Die starken Unterschiede zu den alten EU-Mitgliedern sind weitgehend eingeebnet

Brasche 2016.

idealtypisch fasst (Tab. 4-1). Es unterstellt einen gesellschaftlichen und wirtschaftlichen Entwicklungspfad, der vom Zusammenbruch der alten Ordnung über den Neuaufbau der Gesellschaft zur Eingliederung in den Binnenmarkt der EU als gleichwertiges Mitglied führt.

Auf der ersten Stufe war der Aufbau neuer gesellschaftlicher Strukturen zu leisten. Zweitens musste die Produktionstechnologie weltmarktfähig gemacht werden. Da die Gütermärkte schon früh für Importe geöffnet wurden, richtete sich die Kaufkraft auf attraktivere „West-Waren", was die Produzenten in den Transformationsländern zusätzlich unter Druck setzte. Auf der dritten Stufe entwickelten sich die typischen Strukturen eines Entwicklungslandes, das günstige Löhne mit moderner Produktionstechnologie an „verlängerten Werkbänken" ausländischer Eigentümer kombiniert. Durch den Veredlungshandel wurden Arbeitsplätze geschaffen. Auf der vierten Stufe wächst die Bedeutung des inländischen Marktes durch die entstehende Mittelschicht und die Produktionsstruktur wandelt sich von der Lohnveredlung zur Produktion von Gütern mittlerer oder hoher Technologie. Dies geht mit steigenden Löhnen für die qualifizierten Arbeitskräfte einher. In der fünften Stufe dieses Entwicklungsprozesses ist die Transformation abgeschlossen und das ehemalige Transformationsland kämpft „auf Augenhöhe" mit den anderen um einen Platz in der globalen Arbeitsteilung.

Die gesellschafts- und wirtschaftspolitische Neuorientierung der acht Transformationsländer stabilisierte sich bis zur Mitte der 90er Jahre als Orientierung am „Erfolgsmodell Kapitalismus" mit einer zusätzlichen Einbindung in das westliche Militärbündnis, die NATO. Diese Orientierung hat die EU durch ein Angebot zur Mitgliedschaft unterstützt. Gleichzeitig hat sie durch das Setzen von Regeln und Anforderungen sowie durch finanzielle Unterstützung die politische und wirtschaftliche Entwicklung in diesen Ländern stark beeinflusst. Die Aussicht auf Mitgliedschaft in der EU war auch ein positives Signal für internationale Investoren, die für die nachholende wirtschaftliche Entwicklung der meist technologisch rückständigen Länder eine zentrale Rolle übernahmen.

Der Kern der EU, der Binnenmarkt, führte schon in Vorbereitung der Mitgliedschaft zu einer verstärkten Handelsverflechtung und größeren Investitionsströmen. Dagegen wurde die Freizügigkeit der Arbeitskräfte, die sich sonst rasch entfaltet hätte, von den Verteidigern des Status quo in den alten Mitgliedsstaaten für eine Übergangsfrist von elf Jahren außer Kraft gesetzt; nur drei Länder öffneten ihre Arbeitsmärkte sofort (Kapitel 4.2.4.3).

Mittlerweile ist der Transformationsprozess weit fortgeschritten und die meisten Länder haben zu den alten Mitgliedern aufgeschlossen (Stufe 5).

ℹ️ Weiterführende Literatur

Roaf, J., Atoyan, R. et al., 2014. 25 years of transition: post-communist Europe and the IMF. IMF Regional economic issues special report: 1–72.

Kuznetsov, A., 2005. The European Union and Central and Eastern Europe. European Economic Integration. McDonald, F. und Dearden, S. London, Pearson Education: 337–352.

Svejnar, J., 2002. Transition economies: Performance and challenges. Journal of Economic Perspectives 16(1): 3–28.

4.2.2 Die Kopenhagen-Kriterien

? Warum wurden die Kopenhagen-Kriterien aufgestellt?
Welche Mindestanforderungen gelten für die „Aufnahme-Prüfung"?
Welche Wirkungen gehen von den Kriterien aus?

Über den Wunsch eines Landes, der EU beizutreten wird in einem politischen Prozess von Fall zu Fall entschieden. Es wurde keine abschließende Liste von Ländern aufgestellt, die versuchen könnten, den Anspruch auf Beitritt einzulösen. Vielmehr gilt Artikel 49 AEU-V: „Jeder europäische Staat, ..., kann beantragen, Mitglied der Union zu werden. Er richtet seinen Antrag an den Rat; dieser beschließt einstimmig ...". Unbestimmt bleibt dabei, welcher Staat europäisch im Sinne des Vertrags ist; dies wird implizit dadurch entschieden, dass die Kandidatur eines Landes von der EU akzeptiert wird.

Die Beitrittskandidaten müssen nachweisen, dass sie bereits vor dem Beitritt ein Mindestmaß an Ähnlichkeit mit den anderen Ländern der EU erreicht haben, so dass sie nicht durch eine Vergrößerung der wirtschaftlichen und politischen Diskrepanzen die Integrationsfähigkeit der EU überfordern. Zum Nachweis ihrer Beitrittsreife müssen sie sich einer Prüfung unterziehen, deren **Kriterien** auf der Sitzung des Europäischen Rates in Kopenhagen 1993 spezifiziert wurden. Erfüllt ein Kandidat die Kopenhagen-Kriterien, so resultiert daraus kein Automatismus zum Beitritt. Vielmehr wird die Mitgliedschaft nur erreicht, wenn alle bisherigen Mitglieder zustimmen und der Beitrittsvertrag in allen bisherigen Mitgliedsstaaten sowie im Kandidatenstaat ratifiziert wurde. In einigen Ländern ist dazu auch ein Referendum erforderlich.

Die Kopenhagen-Kriterien lassen sich in drei Gruppen einteilen (Geiger, R., 2000:130):
- Verfassungsstaatlichkeit (politische Kriterien)
- Binnenmarktfähigkeit (wirtschaftliche Kriterien)
- Integrationswilligkeit (Acquis Communautaire).

Als informelles viertes Kriterium kam dann noch die Absorptions- oder auch Integrationsfähigkeit der EU hinzu, mit der festgestellt werden soll, ob die EU überhaupt imstande ist, neue Mitglieder aufzunehmen und zu integrieren.

Zu: Verfassungsstaatlichkeit (politische Kriterien)

Die Verfassungsstaatlichkeit, die auch im Artikel 6 EU-V zur Voraussetzung gemacht wird, ist einzuhalten: „Als Voraussetzung für die Mitgliedschaft muss der Beitrittskandidat eine institutionelle Stabilität als Garantie für demokratische und rechtsstaatliche Ordnung, für die Wahrung der Menschenrechte sowie die Achtung und den Schutz von Minderheiten verwirklicht haben; ...". Die Verfassungsstaatlichkeit muss zu einem Mindestmaß gewährleistet sein, bevor das Bewerberland in Beitrittsverhandlungen eintreten darf, während die anderen Kriterien zum Zeitpunkt des Beitritts erfüllt werden müssen.

Die Justiz war in einigen Transformationsländern nicht hinreichend unabhängig bzw. nicht frei von Korruption (Open Society Institute, 2002) und der Umgang mit den nationalen Minderheiten war in einigen Bewerberländern nicht akzeptabel. So wurde und wird z. B. die Volksgruppe der Roma diskriminiert. Die Behandlung der russischsprachigen Bevölkerung in den baltischen Staaten war problematisch und der Status der deutschen Minderheit in Polen musste geklärt werden (Heidbreder, E. G. und Carrasco, L., 2003; Kochenov, D., 2004; Emiryan, H., 2009; Gatti, R., Karacsony, S. et al., 2016; Fagan, A. und Sircar, I., 2015).

Zu: Binnenmarktfähigkeit (wirtschaftliche Kriterien)

Die Binnenmarktfähigkeit „.... erfordert ... eine funktionsfähige Marktwirtschaft sowie die Fähigkeit, dem Wettbewerbsdruck und den Marktkräften innerhalb der Union standzuhalten."

Die Transformationsländer des ehemaligen „Ost-Blocks" mussten für einen Beitritt ihr Wirtschaftssystem zur Marktwirtschaft umbauen, in dem die Preisbestimmung über den Markt erfolgt, freier Marktzugang für alle Anbieter gewährleistet ist, der Marktaustritt durch ein Konkursrecht geregelt wird, Eigentumsrechte gesichert werden und ein entwickelter Finanzsektor und makroökonomische Stabilität existieren. Die Wettbewerbsfähigkeit gegenüber den Anbietern aus den anderen entwickelten Industriestaaten und damit gegenüber den anderen Mitgliedern der EU soll sicherstellen, dass die noch fragilen Transformationsökonomien im freien Wettbewerb mit ausländischen Produzenten bestehen können. Andernfalls könnte der bisher erzielte wirtschaftliche Transformationsgewinn durch den Untergang von Unternehmen und die daraus resultierende Arbeitslosigkeit verloren gehen (Quaisser, W., 1999). Die künftige Wettbewerbsfähigkeit war damals jedoch nur schwer vorherseh- und prüfbar.

Mit diesem Kriterium wird jedoch keineswegs impliziert, dass „arme" Länder nicht Mitglied werden könnten. Vielmehr wird davon ausgegangen, dass Länder mit unterschiedlichem Lohn- und Einkommensniveau sich in der internationalen Arbeitsteilung so positionieren, dass sie ihren jeweiligen Wettbewerbsvorteil nutzen können. Das heißt für die Transformationsländer, dass sie zuerst arbeitsintensive Montagetätigkeiten übernehmen könnten.

Zu: Integrationswilligkeit (Acquis Communautaire)

Die Integrationswilligkeit zeigt sich darin, ob die Kandidaten bereit sind, alle Anpassungsleistungen auf sich zu nehmen, die erforderlich sind, um den „gemeinsamen Besitzstand" der EU (Acquis Communautaire) zu übernehmen und sich die Ziele der EU zu eigen zu machen. Damit müssen sie ohne Ausnahme alle bis zum Beitrittszeitpunkt der EU verabschiedeten Verträge sowie die darauf basierenden Verordnungen und Richtlinien übernehmen und in ihrem Land anwenden sowie allen Verträgen der EU mit Drittstaaten beitreten. Außerdem müssen sie die rechtlichen, finanziellen und institutionellen Voraussetzungen für die Durchführung der sektoralen Politiken der EU, d. h. der Agrar- und Regionalpolitik, erfüllen.

Die Kandidatenländer sind wegen ihrer Orientierung auf den Beitritt bereit, Anstrengungen zur Erfüllung der Kriterien zu unternehmen. Die EU legt erheblichen Wert auf diese Anpassungen, da sie bei mangelhafter Umsetzung der gemeinsamen Normen und Standards nicht nur Schäden im Bereich des öffentlichen Gesundheits- und Verbraucherschutzes und auch Umweltschäden befürchtet, sondern darüber hinaus Wettbewerbsverzerrungen zu Lasten der alten EU-Mitglieder sonst nicht auszuschließen sind: Weniger EU-Auflagen bedeuten für das Kandidatenland geringere Kosten. Es ist also auch im Interesse von Produzenten aus den bisherigen Mitgliedsstaaten, dass ihre künftigen Rivalen keine als unfair bezeichneten Kostenvorteile haben (Salop, S. C. und Scheffman, D. T., 1983; Boockmann, B. und Vaubel, R., 2007).

Absorptionsfähigkeit der EU als informelles Kriterium

Das Thema „**Absorptionsfähigkeit**" der EU – es wurde in Frankreich als Assimilationsfähigkeit diskutiert – umschreibt die Fähigkeit der EU, zusätzliche Mitglieder aufzunehmen, bleibt aber in seinen Dimensionen und seiner Konsequenz weitge-

hend unklar (Emerson, M., Aydin, S. et al., 2006; Schultz, S. und Brasche, U.,
2007). Mit der Erweiterungsstrategie für 2006/07 hat die Kommission erstmals auch
einen Sonderbericht über die Fähigkeit der Union vorgelegt, neue Mitglieder aufzunehmen (European Commission, 2006n). Sie verwendet dabei den politisch korrek-
ten Begriff der **„Integrationsfähigkeit"**. Diese Fähigkeit erhält damit aber **nicht**
den Status eines „offiziellen" Kriteriums, das – ähnlich wie die Kopenhagen-Kriterien von den Beitrittskandidaten – nachweislich von der EU erfüllt werden müsste.

Bei vielen Entscheidungsprozessen in den **Institutionen der EU** ist Einstimmigkeit erforderlich oder erwünscht. Die Bildung von themenbezogenen Koalitionen und der „Kuhhandel" gehören zu den Verfahren der Bildung von Mehrheiten.
Es kann vermutet werden, dass zwischen der Anzahl der Verfahrensbeteiligten und
der Effektivität und Effizienz der Entscheidungsprozesse ein Zusammenhang
besteht: Je mehr Beteiligte, desto schwieriger wird eine Einigung. Die Auswertung
der Entscheidungen im Rat nach der Erweiterung um zehn Mitglieder im Jahr 2004
ergab dagegen, dass die Entscheidungsprozesse nicht schwieriger geworden sind,
da Länder ihre politische Position nicht durch Gegenstimmen, sondern durch Min-
derheitenvoten zeigen und die Konsensbildung statt in dem großen Gremium in
kleinere und informelle Gruppen vorverlagert wurde (Hagemann, S. und DeClerck-
Sachsse, J., 2007).

Darüber hinaus könnte man vermuten, dass mit wachsender Mitgliederzahl
auch die Heterogenität der Mitglieder steigt und damit die Fähigkeit zum Konsens
sinkt. Die Heterogenität der Mitglieder steigt jedoch nicht zwingend mit der Anzahl
an; vielmehr kommt es auf deren inhaltliche Präferenzen an. Mit der Mitgliedschaft
Großbritanniens 1973 ist die Heterogenität in grundlegenden Auffassungen der
Wirtschafts-, Gesellschafts- und Europapolitik stärker gestiegen als es z. B. durch
den Beitritt Sloweniens und Polens im Jahr 2004 der Fall gewesen war.

Wirtschaftliche Effekte der Kopenhagen-Kriterien

Zur Erfüllung der Kriterien, insbesondere mit dem Acquis, war in den meisten Ländern ein tiefgreifender **Umbau ihres bisherigen Rechtssystems** verbunden. Dies
machte schon in den Jahren der Vorbereitung auf den Beitritt immer neue Anpassungen erforderlich, um die laufende neue Gesetzgebung der EU zu integrieren.
Dies wurde in der Öffentlichkeit einiger Kandidatenländer fälschlicherweise als
unfaires Verhalten der EU interpretiert, die „ständig die Ziele verändert und die
Hürden höher setzt". Auch binden die mehrheitlich verfolgten politischen Ziele der
EU die neuen Mitglieder, so dass die Präferenzen der ehemals nationalen Politik
nicht mehr dominieren können. Dies ist, u. a. bei der Verpflichtung den Euro zu
übernehmen und sich der stabilitätsorientierten Geldpolitik der EZB zu „unterwerfen", nicht spannungsfrei.

Die Erfüllung der Beitrittskriterien bringt für die Kandidatenländer ambiva-
lente **Wirkungen** hervor, die sowohl positive als auch negative Aspekte haben.

Eine Einschätzung der Effekte der Kopenhagen-Kriterien hängt von dem jeweils gewählten **Referenzszenario** ab: Wenn als Alternative zugrunde gelegt wird, dass die Länder der EU nicht beitreten, so könnten sie zwar die negativen Seiten der Wirkungen vermeiden, zu fragen ist aber, welchen Weg die Länder dann in der Zukunft gehen würden und ob sie ohne Beitritt eine insgesamt bessere wirtschaftliche und politische Entwicklung nehmen könnten.

Viele Kandidatenländer mussten vor dem Beitritt erst eine angemessene **institutionelle Infrastruktur** aufbauen, was einen erheblichen Personalaufwand darstellt. Dazu gehören z. B.

- eine verlässliche nationale Finanzverwaltung und -kontrolle, die u. a. eine ordnungsgemäße Verausgabung der EU-Mittel gewährleisten kann sowie
- Einrichtungen, die die Zertifizierung von Produkten für die wechselseitige Anerkennung und die Überwachung der Sicherheits- und Umweltvorschriften in verschiedenen Bereichen handhaben können.

Allerdings sind solche Institutionen auch unabhängig von einem EU-Beitritt in gewissem Umfang für das Funktionieren einer Marktwirtschaft nützlich bzw. erforderlich.

Die finanziell größte Anstrengung müssen die Kandidatenländer dort leisten, wo sie zur Anpassung an **EU-Standards**, die im **Acquis** festgeschrieben sind, zu nachholenden Investitionen sowie laufenden Aufwendungen gezwungen sind. Die Größenordnung kann zwar nicht eindeutig beziffert werden, jedoch erreichten Schätzungen allein für die **Umweltanforderungen** – je nach dem Anpassungszeitraum – durchaus Größenordnungen von 5 % bis 10 % des jährlichen BIP und damit alarmierend hohe Werte (Europäische Kommission, 2001f; Hager, W., 2000; Dziegielewska, D. A., 2000; Bayer, G.; Wennström, N. et al., 2002). Für die **Transportinfrastruktur** sind bis zu 2,5 % des BIP zu investieren, um erstens die Vernachlässigungen der Vergangenheit aufzuholen und zweitens für die künftig wachsenden Güterströme Kapazitäten bereitzustellen (Hirschhausen, C. von, 2002). Um die Anforderungen im Bereich der **Lebensmittelverarbeitung** zu erfüllen, mussten z. B. in Polen ca. 40 % der Fleischverarbeitungsbetriebe und 25 % der Molkereien grundlegend modernisiert werden (Baum, S., Frohberg, K. et al., 2004).

Zwar zahlt die EU während des Anpassungszeitraums vor dem Beitritt „**Heranführungshilfen**" speziell für Umweltschutz, Transportinfrastruktur und Anpassung im ländlichen Raum, diese EU-Hilfen decken jedoch nur einen verschwindend geringen Teil des Gesamtaufwands, so dass diese zum größten Teil von den Beitrittsländern **selbst getragen** werden mussten. Die Hilfen der EU erreichen nur eine Größenordnung von ca. 0,8 % des BIP der Beitrittsländer (Quaisser, W. und Woodward, R., 2002:125, Tab. 5), während die Anpassungskosten auf bis zu 15 % des BIP geschätzt werden.

Diese Anstrengungen zur Erfüllung des Acquis sind nicht nur als Lasten zu sehen, sondern können z. T. auch als **notwendige Investitionen** in die künftige

Wettbewerbsfähigkeit und als Wachstumsvoraussetzung bezeichnet werden. **Auch ohne Beitritt** müssen die z. T. gesundheitsbedrohenden Umweltverschmutzungen reduziert und die Transportinfrastruktur erweitert werden. Allein aber die Größenordnungen der erforderlichen Ausgaben können die Finanzierungsmöglichkeiten einzelner Beitrittsländer überfordern. Durch den Beitritt wird der Zugang zu internationalen Kapitalmärkten verbessert, so dass privates Kapital eher in diesen Ländern angelegt wird; dies kann auch für die Finanzierung der Aufwendungen zur Erfüllung des Acquis dienen. Eine private Finanzierung der Infrastruktur wird jedoch nicht in erheblichem Umfang gelingen, so dass die Staatshaushalte dafür herangezogen werden müssten, die dadurch aber zu einer erheblichen weiteren Verschuldung gezwungen wären.

Alle Regelungen des Acquis müssen übernommen werden – auch solche, die ökonomisch nicht sinnvoll sind und um deren Abschaffung die EU bisher vergeblich ringt. So hatte z. B. Estland eine effiziente Landwirtschaft mit geringem Subventionsniveau; dennoch musste es das protektionistische System der europäischen Agrarpolitik einführen.

Es ist zu fragen, ob nicht die frühe und vollständige Übernahme des Acquis – z. B. im Umweltbereich – Ressourcen gebunden hat, die möglicherweise an anderer Stelle größere Wirkungen bei der nachholenden Wirtschaftsentwicklung hätten entfalten können (Jovanovic, M. N., 1999). Länder wie die Bundesrepublik Deutschland nach dem Zweiten Weltkrieg oder China nach 1979 haben zuerst den Schwerpunkt auf Investitionen für die Produktion und Infrastruktur gelegt und die Umwelt wurde bzw. wird kaum geschont. Erst nachdem die Grundbedürfnisse eines großen Teils der Bevölkerung befriedigt waren, trat eine saubere Umwelt als Ziel in den Vordergrund. Hätten die genannten Länder schon zum Beginn ihrer Entwicklung einen entsprechenden Acquis zu erfüllen gehabt, wäre das „Wirtschaftswunder" möglicherweise deutlich magerer ausgefallen.

Politische und soziale Effekte der Kopenhagen-Kriterien

Neben den wirtschaftlichen Effekten der Kopenhagen-Kriterien können auch **politische und soziale Effekte** in den Beitrittsländern auftreten. Der Anpassungsprozess zum Beitritt vollzieht sich in den Transformationsländern unter den Beitrittskandidaten gleichzeitig mit den Umwälzungen, die nach dem Zusammenbruch des RGW begannen, so dass die Wirkungen beider Entwicklungen ineinander fließen und kaum analytisch sauber voneinander getrennt werden können. Die Schließung von veralteten und unrentablen Unternehmen der Planwirtschaft, die Modernisierung der Produktionstechnologie zur Herstellung von Wettbewerbsfähigkeit und die Kürzung von Subventionen für alte Industrien ist auch mit dem Abbau von Arbeitsplätzen verbunden. Dadurch verelendeten z. T. ganze Regionen. Dies führten Betroffene auf die Anpassung an die EU-Vorgaben zurück. Aber auch ohne Modernisierung, die meist mit Hilfe ausländischer Direktinvestition erfolgt, wäre die Schließung bestehender Unternehmen wegen mangelnder Wettbewerbsfähigkeit unvermeidlich gewesen wäre.

Die Transformation von der Plan- zur Marktwirtschaft folgt keinem „naturgesetzlichen" Pfad und Ziel, sondern wird in einem politischen Prozess **gestaltet**, der in der **Autonomie** der politischen Akteure eines jeden Nationalstaates liegt. Doch diese eigene Richtungsbestimmung wird durch die Orientierung auf den Beitritt von den Vorgaben der EU abgelöst. Dies wird von einem Teil der Bevölkerung als ein erneuter Verlust der gerade erst gewonnenen Selbstbestimmung und politischen Freiheit empfunden: „Die Diktatur Moskaus wird durch die Diktatur Brüssels abgelöst.".

Als positiv kann gewertet werden, dass die Vorgaben der EU der Transformation Richtung, Ziel und Stabilität geben und damit Vertrauen in die jungen Staaten bei ihren Bürgern selbst und bei den in- und ausländischen Investoren schaffen: Dadurch wird es einfacher, das für die Modernisierung der Wirtschaft benötigte Auslandskapital zu gewinnen. So kann die Übernahme des Acquis das Wirtschaftswachstum der Beitrittsländer steigern. Wenn allerdings die Anpassung an den Acquis zu schnell erfolgt, können auch jene Industrien aus dem Markt gedrängt werden, die in der derzeitigen Entwicklungsphase ohne die Erfüllung der strengen Forderungen der EU noch ertragreich gewesen wären, wie es z. B. bei Umweltauflagen und Vorschriften der Lebensmittelproduktion der Fall war.

Die Bevölkerungen der Transformationsländer könnten ihre schwierige Lebenssituation, die von Arbeitslosigkeit, Mangel an sozialer Sicherung, Instabilität gesellschaftlicher Strukturen geprägt ist, nicht als Folge des untergegangenen Wirtschaftssystems und seiner Transformation interpretieren, sondern den Auflagen der EU sowie der Gesellschaftsform der Demokratie **zuschreiben**. Die **politische Akzeptanz** des Beitritts sowie der Aufbau einer stabilen Demokratie würden darunter leiden (Pridham, G., 2002; Caplanova, A., Orviska, M. et al., 2004).

Bilanz der Kopenhagen-Kriterien

Versucht man die positiven und negativen Wirkungen der Kopenhagen-Kriterien in langer Sicht zu bilanzieren, so bleibt bei optimistischer Betrachtung die Hoffnung, dass diese Kriterien
- schneller einen **stabilen Rahmen** für die gesellschaftliche und wirtschaftliche Entwicklungsrichtung entstehen lassen und damit dem Transformationsprozess unterstützen;
- Sicherheit und Stabilität für die Entscheidungen ausländischer Investoren herzustellen helfen und so den für die Modernisierung und Entwicklung notwendigen Zustrom von **Direktinvestitionen beschleunigen** und vergrößern. Damit dürfte auch der aus der EU-Mitgliedschaft erhoffte wirtschaftliche Wohlstand eher entstehen;
- die Unterschiede in den nationalen Regelungen einebnen und so den Handlungsrahmen für grenzüberschreitende wirtschaftliche Aktivitäten übersichtli-

cher machen. Für alle sinken damit die Transaktionskosten dauerhaft, während der Anpassungsaufwand nur einmal anfällt.

Weiterführende Literatur

Breuss, F., 2004. Reale Außenwirtschaft und Europäische Integration. Frankfurt/M. u. a., Peter Lang, Tab. 13.2.

Barnes, I. und Barnes, P., 2009. Enlargement. European Union Politics. Cini, M. und Perez-Solorzano Borragan, N. Oxford: 418–435.

Schimmelfennig, F., Börzel, T. et al., 2015. Enlargement and the Integration Capacity of the EU: Interim Scientific Results. MAXCAP Report (1).

4.2.3 Vom Antrag zum Beitritt

4.2.3.1 Die acht Kandidaten (2004)

Wie ist das Verfahren bis zur Mitgliedschaft strukturiert?
Welche Konflikte und welche Lösungen gab es bis zum Beitritt?

Den Auftakt zur Erweiterung nach Osten bildete die dortige politische Entwicklung. Die Willensbildung in der EU-15 hin zu einer einheitlichen Reaktion auf diese Veränderungen nahm einige Zeit in Anspruch, da die europäischen Regierungen zu Beginn der 90er Jahre mit zahlreichen Herausforderungen und Konflikten konfrontiert waren, die sie von der Ost-Erweiterung ablenkten. Dazu gehörten die Umsetzung des Maastrichter Vertrags mit der Einführung des Euro, der Krieg im zerfallenden Jugoslawien, der Golfkrieg um die Besetzung Kuwaits durch den Irak sowie der Zusammenbruch der DDR und die damit verbundene Veränderung der Position Deutschlands im politischen Machtgefüge der EU. Entsprechend nahm auch die Ausgestaltung des Erweiterungsprozesses erst über verschiedene Zwischenschritte seine endgültige Ausprägung an.

Wie der Beitrittsprozess ablaufen soll, ist in den Verträgen nicht festgelegt; vielmehr hat sich eine Abfolge von Schritten bei den bisherigen Beitrittsverfahren herausgebildet, die nun allgemein zur Anwendung kommen (Avery, G. und Cameron, F., 1998). Die folgenden Aktivitäten (Tab. 4-2) wurden für die Ost-Erweiterung durchgeführt, um die Kandidatenländer bei ihrer möglichst raschen Anpassung an die EU-Vorgaben zu unterstützen.

Vor der Aufnahme von Verhandlungen hat die EU den Kandidatenländern eine **Mindestreife** attestiert und ihren Beitritt damit für prinzipiell möglich erklärt. Diese Mindestreife war dadurch gegeben, dass die politischen (Verfassungsstaatlichkeit) und die wirtschaftlichen (Binnenmarktfähigkeit) Kopenhagen-Kriterien für erfüllt angesehen wurden. Es gab auch keine ernsthafte Debatte darüber, ob die Länder Mittel- und Osteuropas **europäisch** seien, zumal auch an ihrer koordi-

Tab. 4-2: Stationen der Erweiterung.

Europa-Abkommen (Handelsöffnung)
Teilnahme an EU-Programmen (ohne Förderung)
Aufnahme von Beitrittsgesprächen (Attestierung von Verfassungsstaatlichkeit und Binnenmarkt-fähigkeit)
Screening (Bestandsaufnahme für Anpassung an EU-Anforderungen)
Beitrittspartnerschaft (Begleitung bei der Erfüllung der Anforderungen)
Förderung durch die EU (Hilfen zur Transformation, aber unter Konditionalität)
Nationale Umsetzungsprogramme für den Acquis (Jährliche Selbstverpflichtungen der Kandidaten)
Abschluss der Beitrittsverhandlungen und Formulierung des Beitrittsvertrags (einschließlich Übergangsfristen, Sicherheitsklauseln und Opt-out)
Beitrittsvertrag
– Abstimmung in Rat und Europäischem Parlament
– Unterzeichnung (EU und Kandidatenland)
– Ratifizierung in allen Mitgliedsstaaten und im Kandidatenland

---

Brasche 2016.

nierten Aufnahme in die NATO und die EU ein übergeordnetes strategisches Interesse bestand, das auch von den USA artikuliert wurde (Bache, J. und George, S., 2006:550 ff.).

In den bilateralen Assoziierungsabkommen – auch „**Europa-Abkommen**" genannt – wurde mit Beginn der 90er Jahre eine wirtschaftliche, politische, soziale und kulturelle Konvergenz der Kandidatenländer an die EU angestrebt. Diese Abkommen wurden als schnelle Reaktion auf den Zusammenbruch des Ost-Blocks konzipiert, als die Vollmitgliedschaft der mittel- und osteuropäischen Länder noch nicht geplant war.

Der nächste Schritt war ein **Screening** der Länder durch die Kommission in den Jahren 1998 und 1999, in dem der aktuelle Stand der Anwendung der 31 Themenfelder des Acquis sowie erforderliche Verhandlungsthemen identifiziert und vereinbart wurden.

Weiterhin hatte die EU zur Heranführung der Kandidaten an die Mitgliedschaft eine **Beitrittspartnerschaft** mit ihnen gebildet. In diesem Rahmen hatte die EU zur Unterstützung der Kandidaten bei ihren Bemühen um die Erfüllung der Beitrittsbedingungen verschiedene Programme aufgelegt. Die finanziellen Beiträge der EU wurden nicht als allgemeine Unterstützung der Transformation gewährt, sondern es erfolgte eine Bündelung aller EU-Hilfen und deren Kopplung an „Nationale Programme zur Übernahme des Acquis". Diese **Konditionalität** ließ EU-Unterstützung nur noch für solche Projekte in den Beitrittsländern zu, die der Annäherung an die EU dienen.

Der Fokus aller Bemühungen lag auf einem erfolgreichen Abschluss der **Beitrittsverhandlungen**, die damit das wichtigste und abschließende Element des Prozesses darstellten. Verhandlungspartner sind die Regierungen der Beitrittskandidaten und der Rat; diesem arbeiten Experten der Kommission zu. Die Verhandlungen finden zwischen der EU und den einzelnen Beitrittskandidaten statt, auch wenn mehrere Länder gleichzeitig beitreten wollen. Ziel der Verhandlungen ist ein Beitrittsvertrag, in dem dargelegt ist, wie und wann die einzelnen Kandidaten den Acquis übernehmen. Die Kopenhagen-Kriterien selbst sind jedoch nicht verhandelbar; ihre Erfüllung zum Zeitpunkt des Beitritts wird von der EU verlangt und überprüft. Damit handelt es sich **nicht** um Verhandlungen im herkömmlichen Verständnis, bei denen typischerweise beide Seiten Kompromisse zu machen bereit sind, sondern im Grundsatz um eine **Aufnahme-Prüfung** der Kandidatenländer durch die EU. Dies wurde in Verkennung des Sachverhalts von Akteuren aus den Kandidatenländern als Arroganz und Härte der EU missverstanden, da diese nicht zu Kompromissen bereit sei.

Dennoch können in den Beitrittsverträgen auf Initiative der EU oder der Kandidatenländer **Abweichungen vom Acquis** vereinbart werden:
- Übergangsfristen
- Sicherheitsklauseln und
- Opt-out-Klauseln.

Kurze und begrenzte **Übergangsfristen** wurden z. B. vereinbart, um einzelne Elemente des Acquis im entsprechenden Land erst nach dem Beitritt in Kraft treten zu lassen. So wollten Österreich und Deutschland eine Begrenzung des Arbeitsmarktzugangs der Menschen aus den neuen Mitgliedsländern für sieben Jahre erreichen, während der Kauf von Land durch EU-Ausländer z. B. in Polen für zwölf Jahre ausgeschlossen wurde.

Besonders brisant sind die Übergangsregelungen beim Zugang zu den Subventionen: Während die Beitrittsländer sofort „gleichberechtigte" Empfänger sein wollen, votiert die EU-15 für ein lang gezogenes Phasing-in in die Agrar- und Regionalpolitik, um die finanziellen Lasten zu begrenzen und um die Kapazitäten zum effektiven Einsatz der Mittel bei den Empfängern wachsen zu lassen. In einigen Fällen wurden Kompromisse bei der Umsetzung des Acquis vereinbart: Eigentlich mussten die Vorschriften zur Lebensmittelproduktion vor dem Beitritt erfüllt sei. Da aber wegen des hohen Aufwandes bei der Modernisierung sehr viele Schlachthöfe in Polen deshalb hätten schließen müssen, durften diese ihre Modernisierung erst nach dem Beitritt nachweisen. Allerdings durften ihre Produkte bis zum Nachweis nur in Polen verkauft werden.

Eine **Sicherungsklausel** sieht vor, dass der Acquis zwar sofort und uneingeschränkt in Kraft tritt, seine Gültigkeit jedoch auf Antrag eines Landes zeitweise wieder außer Kraft gesetzt werden kann, wenn es zu Problemen in einem Land kommt. Dies kann für den Arbeitsmarkt gelten, wo die Freizügigkeit bei hoher Arbeitslosigkeit in einzelnen Teilarbeitsmärkten ausgesetzt werden kann.

Eine **Opt-out-Klausel** oder auch **Ausnahmeregelung** ist im Grundsatz nicht mit dem europäischen Recht vereinbar, da sie einem Land die Möglichkeit gäbe, europäisches Recht auf Dauer nicht anzuwenden. Dies wird abgelehnt, da es zu einem „Europa à la carte" führen würde, in dem jeder Mitgliedsstaat sich nur diejenigen Teile des Rechts herauspickt, die ihm genehm sind – dies hätte eine unübersichtliche rechtliche Zersplitterung der EU zur Folge. Der politische Prozess hat dennoch zu solchen Klauseln geführt: Dänemark und Großbritannien haben de facto die Freiheit, den Euro nicht einzuführen und Schweden kann den Kauf von Zweitwohnungen durch Ausländer unterbinden. Diese Ausnahmen wurden zugelassen, um den Widerstand dieser Länder bei der Vereinbarung des Maastrichter Vertrags zu überwinden – dieser wäre ansonsten gescheitert.

Über den Entwurf zum Beitrittsvertrag entscheidet der Rat **einstimmig**, nachdem das Parlament mit absoluter Mehrheit für die Aufnahme gestimmt hat und die Kommission gehört wurde (EU-V, Artikel 49, 1). In den Mitgliedsstaaten und in den Bewerberländern muss der Beitrittsvertrag ratifiziert werden, um in Kraft zu treten, was in einigen Ländern auch ein Referendum einschließt.

Die **Vertragsunterzeichnung** für die Ost-Erweiterung erfolgte im Jahr 2003 in Athen; sie beendete den mehr als 10 Jahre laufenden Prozess zum Beitritt, der nach der erfolgreichen Ratifizierung in allen 25 Ländern zum **1. Mai 2004 rechtskräftig** wurde. Die politische Teilung Europas nach dem Zweiten Weltkrieg war damit überwunden.

 Weiterführende Literatur

Verheugen, G., 2005. Europa in der Krise – Für eine Neubegründung der europäischen Idee. Köln, Kiepenheuer u. Witsch.

Jovanovic, M., 2004c. Eastern enlargement of the EU: a topsy-turvy endgame or permanent disillusionment. Journal of Economic Integration 19(4): 830–868.

4.2.3.2 Die „stille" Erweiterung (2007)

Wurden Bulgarien und Rumänien zu früh aufgenommen?
Sind die besonderen Probleme gelöst bzw. lösbar?

Zu den Transformationsländern gehören auch Bulgarien und Rumänien. In diesen Ländern verlief der Übergang zur Marktwirtschaft insgesamt erfolgreich, und das Wirtschaftswachstum war insgesamt stark. Allerdings betrug der Lebensstandard – gemessen am Pro-Kopf-BIP – weniger als ein Drittel der EU-15 und nur die Hälfte der EU+10 (Economic Policy Committee, 2004). Der Aufbau stabiler und demokratischer administrativer und politischer Institutionen dagegen stieß auf Schwierigkeiten, und ließ Zweifel an der Beitrittsreife dieser Länder aufkommen.

Die **Beitrittsverhandlungen** begannen im Februar 2000, aber in beiden Ländern war der Fortschritt in zentralen Kapiteln langsamer als bei den anderen zehn Ländern; sie sind die „Nachzügler der fünften Erweiterung". Die öffentliche Diskussion in der EU-15 um die Erweiterung konzentrierte sich auf die anderen mittel- und osteuropäischen Länder, während die langsamen Kandidaten im Windschatten der öffentlichen Aufmerksamkeit verblieben. Dem steht gegenüber, dass die beiden Länder (Bulgarien: 8 Mio., Rumänien: 22 Mio. Bevölkerung) im Vergleich zu einigen der anderen MOEL groß sind.

In den **Fortschrittsberichten** vom Oktober 2002 schätzte die Kommission, dass Bulgarien und Rumänien etwa 2007, d. h. drei Jahre nach der Gruppe der EU+10, beitreten könnten, ohne dass dieses Datum damit zugesichert wurde. Im Jahr 2004 wurde festgelegt, dass der Beitritt auf 2008 verschoben werden könnte. Die **unvollendete „Reife"** beider Kandidaten wurde in den Fortschrittsberichten besonders in den folgenden Verhandlungskapiteln gesehen:

- Fehlende Unabhängigkeit und Funktionsfähigkeit der Justiz,
- mangelnde Bekämpfung von Korruption, organisiertem Verbrechen und Geldwäsche,
- Tierseuchen und Mängel bei der Umsetzung phytosanitärer Vorschriften,
- Verzögerungen beim Aufbau von administrativen Systemen zur Kontrolle der Verwendung europäischer Mittel im Bereich Landwirtschaft und Regionalförderung.

Mit der Drohung, den Beitritt um ein Jahr, d. h. bis 2008, aufzuschieben, konnte die EU den Druck auf die politischen Akteure aufrechterhalten, um die Reformen voranzutreiben. Allerdings wurde der Beitritt dann bereits Anfang 2007 vollzogen, obwohl die Kommission monierte, dass wesentliche Aufgaben bei der Beseitigung der oben aufgelisteten Mängel noch nicht erledigt seien. Stattdessen wurde in den Beitrittsverträgen eine „Beaufsichtigung" des Reformfortschritts **nach** dem Beitritt und eine Drohung mit „angemessenen", aber wenig beeindruckenden Schutzklauseln (Seidel, M., 2005) und Sanktionsmechanismen festgeschrieben:

- Alle Mitgliedsstaaten können in den ersten drei Jahren nach dem Beitritt **handelspolitischen** Schutz bei der Kommission beantragen, „um wirtschaftlichen Schwierigkeit zu begegnen".
- Außerdem können sie die Kommission bitten, Störungen aus **grenzüberschreitender Wirtschaftstätigkeit** im Bereich des Binnenmarktes, der Wettbewerbspolitik, von Energie, Verkehr, Telekommunikation, Landwirtschaft sowie Gesundheits- und Verbraucherschutz durch geeignete Maßnahmen zu beseitigen.
- Die Kommission konnte bis zu drei Jahre nach dem Beitritt den beiden Ländern Export **unsicherer Lebensmittel** verbieten.
- Bei einer unrechtmäßigen **Verwendung von EU-Geldern** (Agrarpolitik, Regionalförderung) kann die Kommission Zahlungen aussetzen oder kürzen.

Fragwürdig im Beitrittsprozess dieser beiden Kandidaten war, dass der Beitrittstermin in der politischen Diskussion für das Jahr 2007 angesetzt wurde, anstatt ihn offen zu lassen und ihn von der vorherigen Erfüllung der Kopenhagen-Kriterien abhängig zu machen. Die Sanktionen greifen kaum: Kommission und Rat beschlossen im Frühjahr 2007 entgegen ihren vorherigen scharfen Tönen, die strenge Überprüfung **nicht** vorzunehmen und auch **keine Sanktionen** zu verhängen. Damit wurde Bulgarien und Rumänien eine geringere Anpassungslast abverlangt als anderen Bewerbern und ihr Reformdruck gemildert. Dies zeigt sich bereits an einem deutlichen Nachlassen des Reformtempos in den beiden Ländern – der EU sind jedoch weitgehend die Hände gebunden. So hat z. B. die rumänische Regierung kurz nach dem Beitritt die Justizministerin, die sich als Vorkämpferin gegen Korruption in hohen gesellschaftlichen Kreisen hervorgetan hatte, entlassen.

Anhaltende Probleme bei Justiz, Korruption und organisierter Kriminalität
Im ersten Monitoring-Bericht nach dem Beitritt rügte die Kommission im Jahr 2008 in deutlicher Schärfe die Stagnation im Kampf gegen Korruption und organisierte Kriminalität beider Länder. Dazu hat möglicherweise auch das Durchsickern eines negativen Reports der Anti-Betrugseinheit OLAF über Bulgarien beigetragen. OLAF verfügte daher das Einfrieren von EU-Geldern aus dem PHARE-Programm für Bulgarien. Im November 2008 wurden dann 220 Mio. € endgültig gestrichen (Schiltz, C. B., 2008).

Diese Sanktionen haben den Reformern in den Ländern keinen Rückenwind gegeben: Im Jahr 2012, fünf Jahre nach dem Beitritt, zieht die Kommission eine weiterhin negative Bilanz der Fortschritte in beiden Ländern (Europäische Kommission, 2012c, 2012d; Geissler, T., 2012). Auch im Jahr 2016 weisen die Evaluationen der Kommission auf weiterhin bestehende schwere Defizite hin (Europäische Kommission, 2016e).

Es sollte jedoch nicht vernachlässigt werden, dass die beiden Länder einer besonderen „Beobachtung" unterliegen, was auf andere Mitgliedsländer nicht zutrifft: Zu ihnen gibt es daher auch keine EU-offizielle Diskussion über Korruption und organisierte Kriminalität. Daraus darf jedoch noch nicht geschlossen werden, dass dieses Problem in anderen EU-Ländern nicht existiere.

Übergangsvorschriften
In den Beitrittsverträgen wurden **Übergangsvorschriften zur Freizügigkeit** vereinbart. Während der ersten beiden Jahre (Januar 2007–Dezember 2008) haben die Tschechische Republik, Estland, Zypern, Lettland, Litauen, Polen, Slowenien, Slowakei, Finnland und Schweden den Zugang von bulgarischen und rumänischen Arbeitnehmern zu ihren Arbeitsmärkten freigegeben. In Finnland, Zypern und Slowenien muss lediglich die Beschäftigung nachträglich zu Überwachungszwecken registriert werden. Vereinfachte Verfahren haben Dänemark und Malta eingeführt, während Frankreich, Ungarn, Italien, Luxemburg, Österreich, Deutschland und Belgien die Restriktionen im Grundsatz aufrechterhalten, die auch für die MOEL

gelten; lediglich für ausgewählte Berufe oder Branchen wurde in einigen Ländern der Zugang erleichtert. In Großbritannien ist der Zugang für Bulgaren und Rumänen nicht mehr so einfach, wie er noch für die MOEL war: Der Arbeitgeber muss eine Arbeitsgenehmigung und der Arbeitnehmer eine „Accession Worker Card" beantragen. Die Zahl geringqualifizierte Arbeitnehmer wird auf bestehende Quotenregelungen in der Landwirtschaft und der Lebensmittelverarbeitung beschränkt, qualifizierte Arbeitnehmer können arbeiten, wenn sie die Voraussetzung für eine Arbeitsgenehmigung erfüllen oder unter das Programm für hochqualifizierte Zuwanderer fallen. In den Niederlanden wird eine Arbeitsgenehmigung unter der Bedingung ausgestellt, dass in den Niederlanden bzw. den anderen EU-15 keine entsprechenden Arbeitskräfte verfügbar sind und der jeweilige Arbeitgeber angemessene Arbeitsbedingungen und Unterkunft bieten kann. Spanien, Portugal und Irland fordern ebenfalls eine Arbeitserlaubnis. Bulgarien und Rumänien beschränken den Zugang zu ihren Arbeitsmärkten für Arbeitnehmer aus den EU-25 Staaten nicht, d. h. sie verzichten auf „reziproke" Maßnahmen.

Der **freie Kapitalverkehr** darf von Rumänien und Bulgarien – ähnlich wie von Polen – für eine **Übergangsfrist** beschränkt werden, indem der Erwerb von Zweitwohnsitzen und landwirtschaftlichen Flächen durch EU-Ausländer begrenzt wird.

Unabhängig von den politischen Verwerfungen dieses Beitritts verläuft die **wirtschaftliche Integration** der beiden neuen Mitglieder reibungsarm.

Die **Freizügigkeit** wirkt trotz bestehender Beschränkungen: Die Abwanderung aus den beiden Ländern sowie der wegen guter Wirtschaftsentwicklung steigende Arbeitskräftebedarf haben in Rumänien bereits zu Arbeitskräftemangel besonders in den prosperierenden Regionen sowie bei besser Qualifizierten geführt. Es wurde sogar erwogen, diese Lücke durch eine zeitweise Arbeitsmigration aus China zu decken („Der lange ...", 2007).

Wirtschaftliche Effekte des Beitritts

In längerer Sicht dürften beide Länder ähnlich wie die EU+10 von dem Beitritt wirtschaftlich profitieren: Das Wirtschaftswachstum könnte pro Jahr 0,5%-Punkte höher sein. Für die anderen Länder dürfte der positive Impuls, allein schon wegen der Größenverhältnisse, mit 0,02%-Punkten geringer sein; lediglich Österreich profitiert etwas mehr (Breuss, F., 2009).

4.2.4 Transformation und Binnenmarkt

Mit der EU-Mitgliedschaft wurden die mittel- und osteuropäischen Staaten auch Mitglieder im Binnenmarkt. Sie sind damit nicht nur Kunden und Produzenten auf den Märkten für Güter und Dienstleistungen, sondern bieten auch neue Produktionsstandorte sowie einen großen Pool an unterbeschäftigten und relativ gering bezahlten Arbeitskräften. Dadurch ergeben sich zahlreiche Anpassungsprozesse, die für unterschiedliche Gruppen der Gesellschaften der alten und neuen Mitglieder zu Gewinnen und Verlusten führten und führen.

4.2.4.1 Der Agrarsektor

? Konnte die große, unmoderne Landwirtschaft reibungsarm integriert werden?

Der Agrarsektor war seit der Gründung der EWG ein besonderer Bereich: Marktgesetze waren weitgehend ausgeschaltet; Mengen und Preise wurden durch eine „europäische Planwirtschaft" bestimmt. Der Hintergrund dieses Kuriosums war das Interesse Frankreichs an einem Schutz seiner großen, wenig wettbewerbsfähigen Landwirtschaft in der ersten Phase der Integration. Die Hälfte des Budgets der EU wurde dafür aufgewendet. Der Beitritt so vieler mittel- und osteuropäischer Länder mit ihren z. T. großen Agrarsektoren drohte die Konkurrenz um die überversorgten Märkte für Lebensmittel und um die Subventionen aus der EU zuzuspitzen. Der Agrarsektor ist zwar formal kein Segment des Binnenmarktes, wird wegen seiner wirtschaftlichen Bedeutung hier dennoch behandelt.

Landwirtschaft im Umbruch

Der Landwirtschaftssektor in den **Planwirtschaftsländern** (Baum, S., Frohberg, K. et al., 2004; Swain, N., 1999) war, mit Ausnahme Polens, überwiegend verstaatlicht und wegen geringer Investitionen von niedriger Produktivität (Pouliquen, A., 2001). Er band einen erheblich größeren Teil der Gesamtbeschäftigung als in den westlichen Industrieländern. Während der Transformation wurde zuerst die Industrie modernisiert, während die verdeckte Arbeitslosigkeit bzw. Unterbeschäftigung in der Landwirtschaft als Puffer für Arbeitskräfte diente. Eine raschere Effektivierung hätte erhebliche Freisetzungen und eine Verschärfung der Armut verursacht. Somit spaltete sich die Landwirtschaft in den meisten Kandidatenländern in einen Subsistenzbereich, in dem Kleinstbauern – oft im Nebenerwerb – für den eigenen Bedarf oder den lokalen Markt produzierten und in einen professionellen Bereich, der auf die industrielle Erzeugung und internationale Vermarktung orientiert war.

Auch nachdem in der Transformation bereits **Arbeitsplätze in der Landwirtschaft** weggefallen waren, hatten noch 2000 – gemessen am Anteil der im Agrarsektor Beschäftigten – besonders Rumänien (43 %), Bulgarien (1999: 27 %), Litauen (20 %) und Polen (19 %) einen erheblichen Anteil ihrer Beschäftigten in der Landwirtschaft, der auch deutlich über dem Durchschnitt der EU-15 lag. In der Slowakei und der Tschechischen Republik dagegen lag der Anteil der Beschäftigten in der Landwirtschaft nur geringfügig über dem Niveau der EU-15. In den Mitgliedsländern erreicht nur Griechenland (20 % in 1997) einen vergleichbar hohen Wert.

Diese Größenordnungen sind allerdings aufgrund statistischer Unschärfe bei der Zuweisung von Erwerbstätigen zum Sektor Landwirtschaft und wegen der weit verbreiteten Nebenerwerbslandwirtschaft nur näherungsweise abzuschätzen. So produzierten in Polen im Jahr 2000 nur 40 % der landwirtschaftlichen Betriebe direkt für den Markt, während die anderen von Teilzeitbauern oder Rentnern („Subsistenz-Landwirte") bearbeitet wurden (European Commission, 2002b:12; 2006a:100 ff.); letztere fallen nicht unter die gemeinsame Agrarpolitik der EU (GAP).

Die **Lebensmittel verarbeitende Industrie** der Beitrittsländer war oft noch unter Staatskontrolle und produzierte ineffizient; daher waren auch die Verbraucherpreise für Lebensmittel nicht so günstig, wie sie es aufgrund der geringen Erzeugerpreise hätten sein könnten (European Commission, 1997i). Einige Länder produzierten trotz geringerer Arbeitslöhne wegen geringer Produktivität über dem EU-Kostenniveau (Ackrill, R., 2000, Tab. 4.9; Baum, S., Frohberg, K. et al., 2004:22 ff.). Auch Qualität, Verpackung und Marketing entsprachen nicht immer den Wünschen der Verbraucher. Die Verbraucherpreise in den MOEL, die in den meisten Fällen noch unter dem Preisniveau in der EU lagen (Weise, C., Banse, M. et al., 2001b, Abb. 2.2–5), haben sich schnell an das höhere EU-Niveau angepasst; dazu trug auch das Auslaufen von Subventionen für Nahrungsmittel bei. Durch die Anpassung der Lebensmittelpreise an Marktpreise entwickelte sich ein inflationärer Druck in diesen Ländern.

Agrarsektor und -politik im Beitrittsprozess

Die Vorbereitung auf den Beitritt erforderte von den Kandidatenländern auch die Einführung einer EU-konformen Agrarpolitik, obwohl diese unter vielen Gesichtspunkten zu Recht kritisiert wird. Viele Kandidatenländer hatten während der Transformation die ehemals hohen Subventionen für Landwirte abgeschafft und die Produzenten in diesem Sektor den Marktbedingungen ausgesetzt (European Commission, 2006a:103); diesen Ansatz mussten sie wieder zu Gunsten der ineffizienten EU-Agrarpolitik aufgeben.

Die **Privatisierung** als eine Voraussetzung der Modernisierung des Landwirtschaftssektors schritt in den einzelnen Beitrittsländern unterschiedlich schnell voran; in Polen existierte die stark kleinstbetrieblich strukturierte private Landwirtschaft schon vor der Wende (Mayhew, A., 1998, Tab. 9.4) und erwies sich als besonders anfällig für den Rationalisierungsdruck zur Anpassung an den EU-Agrarmarkt, so dass viele kleine Landwirte aufgeben mussten. Die Unterbeschäftigung wurde damit aufgedeckt und den freigesetzten Arbeitskräften gelang es nicht immer, in die modernisierten Bereiche von Industrie und Dienstleistungen zu wechseln.

Konflikte bei den „Direktzahlungen" für Landwirte

Die Agrarpolitik der EU unterliegt einem ständigen Wandel. Die Zahlungen der EU an die Landwirte der bisherigen Mitgliedsstaaten erfolgten im Zeitraum der Annäherung der Kandidatenländer nach dem Grundsatz der **Direktzahlungen**. Danach erhält ein Agrarproduzent eine fixe Summe als Subvention, die sich aus seiner früheren Produktionsmenge ableitet. Erhebliches Konfliktpotenzial im Beitrittsprozess lag in der Frage, wie die neuen Landwirte in dieses System der **Direktzahlungen** einbezogen werden sollten. Wenn die neu hinzu gekommenen Landwirte aus der bisherigen Kasse bezahlt werden sollten, so müssten die „alten" Bauern auf einen Teil „ihrer" Subventionen verzichten oder die Mitgliedsstaaten müssten bereit sein, mehr Geld für Landwirte nach Brüssel zu überweisen: Beide Optionen waren konfliktreich. Die Beitrittskandidaten verlangten eine **Gleichstellung** bei diesen Zahlungen, während die bisherigen Landwirte bestritten, dass überhaupt ein Grund für Direktzahlungen vorlag. In diesem Konflikt wurde deutlich, dass die EU-15 es nicht geschafft hat, ihre Erweiterungsfähigkeit durch eine vorherige Reform der Agrarpolitik zu sichern.

ⅰ **Weiterführende Literatur**
Brosig, S. und Hockmann, H., Eds., 2005. How effective is the invisible hand? Agricultural and food markets in Central and Eastern Europe. Studies on the Agricultural and Food Sector in Central and Eastern Europe. Halle.

4.2.4.2 Handelsbeziehungen

? Warum war die Handelsentwicklung einmalig?
Welche Partner treiben bevorzugt Handel miteinander?

Der Handel zwischen den mittel- und osteuropäischen Ländern und der EU-15 durchlief seit dem Fall des „Eisernen Vorhangs" eine stürmische Entwicklung im Volumen und eine rasche Veränderung in seinen Strukturen. Dies ist nicht mit den herkömmlichen Effekten einer wirtschaftlichen Integration zu erklären; vielmehr greifen hier zahlreiche, z. T. singuläre und temporäre Einflüsse ineinander:
- Die Wirtschaftsstrukturen der Transformationsländer waren nach der Öffnung noch von der Planwirtschaft im RGW geprägt, was das Handelsvolumen mit dem „Westen" gering hielt und die Struktur verzerrte.
- Mit dem Fortgang der Transformation gingen bisherige komparative Vorteile der Beitrittsländer verloren, da z. B. Subventionen von Nahrungsmitteln und Öl eingestellt wurden, der Strukturwandel alte Produktionspotenziale vernichtet hat und eine Anpassung an die internationale Arbeitsteilung stattfand.
- Die rasch wachsende Mittelschicht in den Beitrittsländern verlangte nach importierten „West-Waren", was ebenso wie der Import von Maschinen für die Modernisierung des Kapitalstocks zu einer negativen Handelsbilanz beitrug. Dies war für Polen bereits im Jahr 2005 festzustellen (Laaser, C.-F. und Schrader, K., 2005a, b; European Commission, 2006e).

- Durch Direktinvestitionen in den Beitrittsländern aufgebaute „verlängerte Werkbänke" zogen wachsende Einfuhren von Materialien und Vorprodukten und Ausfuhren von Industriegütern nach sich.
- Mit fortschreitender Transformation wuchs die Fähigkeit, den wachsenden einheimischen Markt mit hochwertigen Erzeugnissen selbst zu versorgen und die Überschüsse zu exportieren, so dass sich die Handelsbilanz durch Importsubstitution bei gleichzeitig wachsender Weltmarktfähigkeit verbesserte.
- Da sich auch die Löhne und Preise nach oben anpassen, bleiben die anfangs arbeitsintensiv hergestellten Produkte im globalen Wettbewerb nicht mehr konkurrenzfähig und müssen durch wissens- und kapitalintensive Produkte ersetzt werden.

Diese Prozesse der Transformation und zunehmenden Handelsverflechtung finden nicht isoliert zwischen den mittel- und osteuropäischen Ländern und der EU-15 statt, sondern sind in den Prozess der Globalisierung und der Handelsliberalisierung (WTO) eingebettet; damit beeinflusst auch die Entwicklung auf anderen Märkten der Welt die Handelsintegration der alten und neuen EU-Mitglieder.

Vom inter- zum intra-industriellen Handel

Der Güteraustausch der EU-15 mit MOEL war zu Beginn der 90er Jahre vor allem vom Typ des **inter-industriellen Handels,** d. h. es wurden komplementäre Güter gehandelt, die auf der Arbeitsteilung zwischen beiden Wirtschaftsräumen basierten. Demnach exportierte die EU in die MOEL verstärkt technologie- und wissensintensiv hergestellte Investitionsgüter (Maschinenbau, Elektrotechnik, Fahrzeuge) und importierte aus den MOEL arbeitsintensiv hergestellte Verbrauchsgüter wie Textilien, Bekleidung, Möbel etc. (Smith, A., 2000; European Commission, 2006a:67). Das Muster der Arbeitsteilung veränderte sich und der **intra-industrielle Handel** gewann an Bedeutung. Es handelte sich hierbei aber immer noch überwiegend um **vertikalen** intra-industriellen Handel, bei dem zwar die statistisch gleiche Güterklasse im- und exportiert wurde, aber die Stückkosten sich deutlich unterschieden: Die MOEL exportieren Produkte mit geringerem Wert pro Stück in die EU, während die EU-Länder solche mit höheren Stückwerten in die MOEL exportierten (Aturupane, C., Djankov, S. et al., 1999; Gabrisch, H. und Segnana, M.-L., 2003). Crespo und Fontoura (2007) ermitteln in den Exporten der MOEL in die EU-15 einen deutlichen Anstieg des Anteils der technologiebasierten Branchen zwischen 1995 und 2003.

Nähe zählt

Die Expansion des Handels zwischen der EU-15 und den Beitrittskandidaten verlief nicht für alle EU-Länder gleich; es bildeten sich **Schwerpunkte** heraus, die nicht nur durch die relative Größe und Exportorientierung einzelner EU-Länder erklärt werden können. Vielmehr spielt auch die „Nähe" eine Rolle. Im **Gravitationsansatz** des Handels wird angenommen, dass die Größe zweier Handelspartner positiv und verschiedene Widerstandsfaktoren negativ auf die Intensität des Güteraustausches wirken. Zu diesen Widerstandsfaktoren zählen Transportkosten sowie Schwierigkeiten im wirtschaftlichen Austausch, wie sie z. B. aus tarifären und nicht-tarifären Handelsbarrieren, kulturellen und sprachlichen Unterschieden und Präferenzen in den einzelnen Ländern resultieren können. Es ist die „kulturelle Nähe", die sich oft in gemeinsamer Geschichte ergeben hat, die den Handelsaustausch einfacher gestalten kann. Damit ergibt sich die Gruppierung „natürlicher" Handelspartner in Europa, wie z. B. Tschechien und Ungarn mit Österreich, Polen mit Deutschland, Bulgarien mit Griechenland oder die skandinavischen Länder mit den baltischen Staaten (Laaser, C.-F. und Schrader, K., 2002). Allerdings sind die „Nachbarn" nicht immer auch große Volkswirtschaften, so dass der zusätzliche Warenaustausch dann nur geringe Größenordnungen annimmt.

Vier EU-Länder konnten die neuen Exportmärkte besonders intensiv nutzen: Österreich sowie Finnland, Deutschland und Griechenland. Dies sind die Länder, die ihre Nähe zu den neuen Märkten und die lange Tradition von Wirtschaftsbeziehungen ausbauen konnten. Außerdem liegt eine hohe **Passfähigkeit** von Produktionsstrukturen einzelner EU-Länder zum Bedarf in den MOEL vor: Die Transformation der Industrie löst besonders hohen Bedarf an Investitionsgütern (Maschinen- und Anlagenbau, Chemie, Fahrzeuge) aus, auf deren Herstellung z. B. Deutschland spezialisiert ist (Deutsche Bundesbank, 2002b; Stephan, J., 2003a, c).

4.2.4.3 Migration aus Mittel- und Osteuropa

Für wen sind freie Arbeitsmärkte positiv – für wen eine Bedrohung?
Wie haben sich die EU-15 abgeschottet?
Wie groß waren die Wanderungsbewegungen?

Zwischen Hoffnung und Befürchtung

Die sozialen und wirtschaftlichen Folgen der Transformation führten zu Härten und eine schnelle Besserung war nicht in Sicht. Die **Lebensverhältnisse** in den Beitrittsländern wurden von der Bevölkerung als erheblich schlechter im Vergleich zur EU-15 empfunden (Alber, J. und Fahey, T., 2004). Die Einkommen betrugen in den Beitrittsländern auch zum Zeitpunkt des Beitritts z. T. nur ein Drittel der Einkommen in den EU-15. Der Wunsch nach einer Verbesserung der individuellen Lebenslage durch Nutzung der Freizügigkeit kann eine Konsequenz daraus sein. Was für Menschen aus den Beitrittsländern eine Hoffnung war, wurde auf der anderen Seite als Bedrohung empfunden: Steigender Druck auf einem überlasteten Arbeitsmarkt und die Bereitschaft der Menschen aus den neuen Mitgliedsstaaten, zu erheblich geringeren Löhnen zu arbeiten. Die **Befürchtungen** in den potenziellen Einwanderungsländern konzentrierten sich auf Arbeitsmarkt- und Lohneffekte („Lohn-Dumping") sowie auf die vermutete Überlastung sozialer Sicherungssysteme. In der **Sicht der potenziellen Abwanderungsländer** entlastet die Abwanderung der meist jungen und gut ausgebildeten Arbeitskräfte zwar momentan den Arbeitsmarkt, stellt aber einen **Brain-Drain** dar, der früher oder später in einigen Segmenten des Arbeitsmarktes bzw. in einigen Regionen zu Engpässen führen und die aufholende Entwicklung behindern kann (Atoyan, R., L. Christiansen, et al., 2016). Dies ist z. B. im Gesundheitssektor Polens und Rumäniens spürbar, wo Ärzte und Pflegekräfte fehlen. Die demografische Entwicklung wird in den nächsten Jahrzehnten auch die neuen EU-Mitgliedsstaaten betreffen, so dass sich auch von daher ein **Verlust der Jugend** negativ auswirkt.

Übergangsfristen bei der Freizügigkeit

Unabhängig von der wissenschaftlichen Kontroverse über die künftig erwartbaren Wanderungen haben die EU-15 in den Beitrittsverhandlungen durchsetzen können, dass die Freizügigkeit nicht bereits mit dem Beitritt galt. So sollte ein Kompromiss zwischen dem Wunsch der Menschen aus den neuen Mitgliedsstaaten nach Zugang zum Arbeitsmarkt der EU-15 und dem Bedürfnis in der EU-15 nach Schutz vor Arbeitsmarktproblemen gefunden werden (Becker, U., 1999; European Commission, 2002g).

Im Grundsatz soll es keine **dauerhaften** Ausnahmen vom Acquis geben: Die Freizügigkeit darf also nur in einer Übergangszeit oder unter besonderen Umständen vorübergehend begrenzt werden. In den Beitrittsverträgen wurde eine **Übergangszeit mit drei Phasen nach der Formel „2 plus 3 plus 2"** vereinbart, in der der Zugang der Arbeitnehmer der MOEL zu den EU-15 beschränkt werden kann. In jeder Phase gelten andere Bedingungen (Europäische Kommission, 2006a):

- Die Mitgliedsstaaten der EU-15 konnten in der **ersten** Phase (1. 5. 2004–30. 4. 2006) den Zugang zu ihren Arbeitsmärkten für Arbeitnehmer aus den acht mittel- und osteuropäischen Mitgliedsstaaten nach nationalen Regeln oder bilateralen Abkommen begrenzen.
- In der **zweiten** Phase der Übergangszeit (1. 5. 2006–30. 4. 2009) konnten die Mitgliedsstaaten der EU-15 die Regelungen der ersten Phase um drei Jahre verlängern.
- EU-15-Mitgliedsstaaten durften in der **dritten** Phase (1. 5. 2009–30. 4. 2011) Einschränkungen beibehalten, sofern sie die EU-Kommission davon überzeugen konnten, dass eine schwerwiegende Störung des Arbeitsmarktes vorlag oder zu befürchten war.

Zusätzlich haben Deutschland und Österreich für die Dauer der Begrenzungen der Freizügigkeit auch Begrenzungen für die Erbringung von Dienstleistungen durch

„entsandte Arbeitnehmer" (Kapitel 2.3.4.6) in sogenannten sensitiven Bereichen (Bau, Gebäudereinigung, gärtnerische Dienstleistungen, Be- und Verarbeitung von Natursteinen, Herstellung von Stahl- und Leichtmetallkonstruktionen, Schutzdienste, Hauskrankenpflege, Sozialwesen) ausgehandelt. Damit sollte eine Umgehung der Barrieren unterbunden werden.

Durch die Übergangsfristen wurde „Zeit gekauft", um dem unmittelbaren innenpolitischen Druck zu begegnen; der geschützte und unflexible Arbeitsmarkt in den EU-15 wurde dadurch aber nicht wettbewerbsfähiger.

Entwicklung der Ost-West-Wanderungen

Legale temporäre oder permanente Wanderungen von „Ost" nach „West" waren in der Zeit **vor dem Beitritt** nur eingeschränkt möglich. Die damaligen Hauptzielländer Deutschland und Österreich. Wegen der Beschränkungen machten die Migranten dort weniger als 2 % an der gesamten Erwerbsbevölkerung aus; in allen anderen EU-Mitgliedsstaaten waren es unter einem halben Prozentpunkt (European Commission, 2001i:49). Aus Osteuropa kamen überdurchschnittlich hoch Qualifizierte, die auch weit unterhalb ihres Ausbildungsniveaus arbeiteten, da das Lohngefälle anfangs so hoch war (Wolter, A., Ed., 1999a). Auch stießen sie teilweise auf Sprachbarrieren, die einem ausbildungsadäquaten Einsatz entgegenstanden, oder die Anerkennung von Abschlüssen gelang nicht. Die Arbeitsmigranten füllten meist Arbeitsplätze aus, für die es angesichts hoher Lohnersatzleistungen für einheimische Arbeitslose kaum einheimische Bewerber gab.

Mit dem Beitritt blieben die Beschränkungen der Freizügigkeit bestehen; nur Schweden, Großbritannien und Irland hatten ihre Arbeitsmärkte sofort, d. h. ab dem 1. Mai 2004, vollständig geöffnet. Die Unterschiede in der Abschottung zwischen dem Beitritt (2004, 2007) und dem Ende der Übergangsfrist (2011) haben die **Wanderungsströme** in die drei Länder **umgelenkt**, die keine oder wenige Restriktionen verfügt hatten (OECD, 2012b). Außerdem erleichtert in Irland und Großbritannien die Sprache sowie die gute Arbeitsmarktlage die Zuwanderung.

Die Migration aus der EU nach **Schweden** machte im Jahr 2011 3 % der Bevölkerung und die Hälfte aller Einwanderer nach Schweden aus. Sie arbeiteten überproportional häufig im Gesundheitswesen und wiesen einen überdurchschnittlich hohen Ausbildungsstand auf.

Irland war fast immer ein Auswanderungsland – seit 1995 ist es ein Einwanderungsland. Im Jahr 2011 machten die Arbeitskräfte aus der EU 6,5 % der Bevölkerung und damit den größten Teil aller Ausländer in Irland aus. Sie arbeiten überproportional in der Produktion, auf dem Bau und in Hotels und Gaststätten.

In **Großbritannien** stieg der Anteil der Einwanderer aus der EU bis 2011 auf 3,3 % der Bevölkerung; sie machten weniger als die Hälfte aller Migranten aus. Die größte Gruppe stellen die Polen, Slowaken, Rumänen und Bulgaren (Daten zu 2011: Benton, M. und Petrovic, M., 2013).

In allen drei Ländern ist zwar ein großer Anstieg in absoluten Zahlen, aber relativ betrachtet nur ein geringer Anteil der Migranten aus den MOEL an allen Arbeitskräften im Zielland zu verzeichnen. Die Migrationsströme hängen stark von der wirtschaftlichen Entwicklung in den Herkunftsländern ab. Hier zeichneten sich bereits ab 2005 in einzelnen Arbeitsmarktsegmenten und Regionen **Engpässe** ab, auf die die Arbeitgeber mit Lohnerhöhungen reagiert haben; der Wanderungsanreiz sank dadurch. Insbesondere Migranten aus Polen waren bereits 2008 wieder auf dem Rückweg aus Großbritannien. Dazu trug neben der guten Konjunktur im Heimatland auch der Fall des Wechselkurses des britischen Pfunds um 40 % gegenüber der Währung Polens bei (Pollard, N., Latorre, M. et al., 2008; Home Office Border and Immigration Agency, 2007; House of Lords Economic Affairs Committee, 2008; Drinkwater, S., Eade, J. et al., 2006; Office of the Committee for European Integration, 2009; European Commission, 2009i:122 ff.).

Jenseits der Fakten: Der Konflikt spitzt sich zum BREXIT zu

Unabhängig von der Frage, ob die Arbeitsmigranten komplementär oder substitutiv eingesetzt werden oder ob sie die Löhne drücken hat sich in Großbritannien eine scharfe Kritik an der Zuwanderung entwickelt, die von einem erheblichem Teil der Bevölkerung getragen wird. Neben der tatsächlichen oder vermuteten Konkurrenz auf dem Arbeitsmarkt wird auch die Konkurrenz um billige Wohnungen sowie Sozial- und Gesundheitsleistungen thematisiert. Vor allem Menschen mit geringer Qualifikation in den unteren Segmenten der Einkommensskala fühlen sich – teilweise berechtigt – im Wettbewerb mit Einwanderern, die zu nicht akzeptablen Bedingungen zu arbeiten bereit sind (House of Commons, 2016).

Die nicht von der nationalen Regierung steuerbare Freizügigkeit in der EU wurde jenseits der wissenschaftlich etablierten Befunde zum zentralen Thema der Befürworter eines **BREXIT** – des Austritts Großbritanniens aus der EU, der in einem Referendum im September 2016 beschlossen wurde.

Weiterführende Literatur

Kahanec, M. und Zimmermann, F., Eds., 2016. Labor Migration, EU Enlargement, and the Great Recession, Springer.

European Commission, 2011d. Employment and Social Developments in Europe 2011. Luxembourg, Chapter 6.

Marin, D., 2010. The opening up of Eastern Europe at 20 – jobs, skills, and 'reverse maquiladoras' in Austria and Germany. Bruegel Working Paper (02).

4.2.4.4 Dienstleistungs- und Niederlassungsfreiheit

? Welche Chancen eröffneten sich für Dienstleister aus der EU-15?
Welche Ängste löste die Niederlassungsfreiheit in der EU-15 aus?

Der **Dienstleistungssektor in den RGW-Staaten** war weniger entwickelt als in den westlichen Marktwirtschaften: Die unternehmensbezogenen Dienste waren entweder in die Kombinate integriert und damit „statistisch unsichtbar" oder wurden nicht im gleichen Umfang angeboten, wie in den westlich-kapitalistischen Ländern (Finanzdienstleistungen, Marketing, Beratung). Auch Dienste für den Endverbraucher, wie Bank- und Versicherungsdienste, Unterhaltung und Tourismus waren weniger gebräuchlich. So betrug der Anteil der Dienstleistungen am Sozialprodukt im Jahr 1991 nur 40 % und an der Beschäftigung 45 % (OECD: 63 % bzw. 60 %). Dieser Strukturunterschied war sowohl auf die Vorgaben der Planwirtschaft als auch auf den Entwicklungsrückstand dieser Wirtschaftssysteme zurückzuführen. Bis 2003 war der Rückstand beim Wertschöpfungsanteil fast aufgeholt (Broadman, H. G., Ed., 2005:285).

Mit dem Beitritt galt EU-Recht und damit auch die Dienstleistungsfreiheit mit ihrem Ziellandprinzip (Kapitel 2.3.4.4). Der Dienstleistungshandel mit den neuen Mitgliedsstaaten unterliegt damit den gleichen Regeln wie in den EU-15. Unterschiede in Sprache und Präferenzen, die erforderliche Nähe zum Kunden, verschiedene Rechtssysteme und Zulassungsverfahren sowie die Wettbewerbsbeschränkungen beeinflussen die Entwicklung von und den grenzüberschreitenden Handel mit Dienstleistungen.

Durch die Marktöffnung wurden erhebliche Veränderungen ausgelöst:
- Der **Handel mit Dienstleistungen** konnte sich in beiden Richtungen (fast) ungehindert entwickeln.
- Der „nachholende" Aufbau privat erbrachter Dienstleistungen eröffnete Chancen für **Investoren**, wie Banken, Versicherungen und Tourismusunternehmen.
- Bei arbeitsintensiven Diensten war erheblicher Wettbewerb um die Nutzung **niedriger Löhne** zu erwarten. Die Lohndifferenzen können durch Standortverlagerungen (Back Office, Forschung und Entwicklung, etc.), durch Nutzung des Internet zur Überbrückung der Entfernung zum Kunden (Hotline, etc.) oder durch den Einsatz sogenannter entsandter Arbeitnehmer (Kapitel 2.3.4.6) genutzt werden. Die politische Brisanz dieses Austauschs ist angesichts des noch bestehenden Lohngefälles zwischen alten und neuen Mitgliedern groß.
- Die **freie Niederlassung** für Selbständige ist besonders für solche Dienstleistungen von Bedeutung, die die Nähe von Erbringer und Empfänger brauchen. Hier liegt auch ein Gestaltungsspielraum für Erwerbstätige aus den neuen Mitgliedsstaaten, denen die volle Freizügigkeit als abhängig Beschäftigte in einigen Ländern der EU-15 für bis zu sieben Jahre nach dem Beitritt verwehrt bleibt.

Über den **Handel mit Dienstleistungen** zwischen EU-15 und EU+10 während der Transformation liegen nur lückenhafte Daten vor. Beide Ländergruppen haben ihre Auslandsumsätze mit Dienstleistungen zwischen 1996 und 2005 in ungefähr gleichem Tempo steigern können (European Commission, 2006a:63 f.). Im Jahr 2003 erreichten die Exporte von Dienstleistungen sowohl in den MOEL als auch in den EU-15 eine Größenordnung von 8 % des BIP (Broadman, H. G., 2005:290). Die Erlöse mit Dienstleistungsexporten stiegen zwischen 1996 und 2003 schwächer, als die Erlöse mit Industrieexporten; diese stiegen wegen der guten Auslandskonjunktur sowie der gestiegenen internationalen Wettbewerbsfähigkeit der Produzenten in den MOEL sehr viel stärker an (Broadman, H. G., 2005:289).

Die Niederlassung von Selbständigen aus den neuen Mitgliedsstaaten

In den **Europa-Abkommen** wurde den damaligen Beitrittsländern zwar die **Niederlassung** erleichtert – Selbstständige aus den Beitrittsländern durften in der EU-15 gewerblich, kaufmännisch, handwerklich oder freiberuflich tätig werden – eine Gleichstellung mit den EU-Mitgliedern war damit aber nicht verbunden; diese wurde erst mit dem Beitritt 2004 vollzogen, wenn auch in einigen Ländern noch Übergangsfristen einzuhalten waren.

In den EU-15 wurde befürchtet, dass gerade in den Bereichen aus der Niederlassungsfreiheit (Bau, Handwerk) der **Druck auf den Arbeitsmarkt** resultiert, wie er eigentlich durch die Beschränkung der Freizügigkeit ausgeschlossen werden sollte. Da es ausreicht, wenn der **Status des Selbständigen** vorliegt, haben sich in den EU+10 Unternehmen gebildet, die ausschließlich Anteilseigner beschäftigen: Jeder „eigentlich" abhängig Beschäftigte wurde formal Gesellschafter einer GmbH und durfte damit seine Dienste in den EU-15 auch vor Ablauf der Sperrfristen anbieten. Angesichts der angespannten Arbeitsmarktlage in den EU-Ländern löste das zusätzliche Arbeitskräfteangebot aus den Beitrittsländern Befürchtungen aus. So spielte z. B. in Frankreich die Angst machende Figur des „polnischen Klempners" in der öffentlichen Diskussion eine erhebliche Rolle. Ironischerweise bestand in Frankreich eine Angebotslücke bei Klempnern, die wesentlich größer war als das geschätzte Zuwanderungspotenzial dieses Berufes.

Bei den haushaltsnahen Diensten und der Altenpflege wurde die Niederlassung von Dienstleistern häufig durch Schwarzarbeit ersetzt.

Banken – vor allem aus Österreich – haben Finanzdienstleistungen in die EU+10 gebracht, indem sie Zweigstellen aufmachten oder lokale Banken aufkauften. Sie haben sich stark im Immobiliengeschäft engagiert, was mit Ausbruch der Finanzkrise zu erheblichen Verlusten und Währungsrisiken führte.

4.2.4.5 Direktinvestitionen

? Wer hat(te) Vor- und Nachteile von den Direktinvestitionen?
Welche Voraussetzungen waren für Direktinvestitionen zu schaffen?

Der freie Kapitalverkehr als eine der vier Grundfreiheiten des Binnenmarktes (Kapitel 2.3.6) gilt mit dem Beitritt auch für die neuen Mitgliedsstaaten. Für die 2004 beigetretenen Transformationsländer ist der Zustrom von **Produktionskapital** aus dem Ausland (**Direktinvestitionen**) von besonderer Bedeutung für die Modernisierung ihrer Volkswirtschaften; darauf konzentrieren sich die folgenden Abschnitte.

Von der Staatswirtschaft zum privaten Kapital

Die RGW-Länder verstanden sich als **Gegenmodell zum Kapitalismus:** Sie nahmen am marktbestimmten internationalen Kapitalverkehr nicht teil und die Produktionsmittel waren überwiegend in Staatseigentum, so dass private Verfügungsgewalt über Produktivkapital und privates Unternehmertum stark eingeschränkt waren. Die Entscheidungen über das Was, Wie und Wo der Produktion fielen in Planbehörden und unterlagen politischen Zielen. Damit gab es auch keinen profitorientierten Handel mit Kapital an Börsen und ein privatwirtschaftlich organisierter Finanzsektor als Dienstleister für private Vermögensverwaltung existierte nicht. Die Währung war gegenüber dem kapitalistischen Ausland nicht frei handelbar, so dass auch kein marktbestimmter Wechselkurs existierte. Mit dem Zusammenbruch des sozialistischen Gesellschafts- und Wirtschaftssystems und seiner Transformation zu einer kapitalistischen Ordnung waren die Institutionen und Rahmenbedingungen des **Finanzsystems** neu zu schaffen. Weiterhin war die staatliche Verfügungsgewalt über Produktionsmittel durch **Privatisierung** aufzulösen.

Mit der Systemtransformation wurde auch deutlich, dass ein großer Teil des bestehenden Produktivkapitals veraltet war und mit erheblichen **Investitionen** modernisiert werden musste (Hunya, G., Ed., 2000c). Außerdem entstand durch die Notwendigkeit zur Erfüllung des Acquis ein zusätzlicher Investitionsbedarf. Derart umfangreiche Finanzmittel konnten von diesen Ländern angesichts der Größenordnungen des Bedarfs und der transformationsbedingten Wirtschaftskrisen nicht in akzeptablen Zeiträumen durch Kapitalbildung aus eigener Ersparnis aufgebracht werden. Eine Öffnung für weltweit agierendes Kapital, d. h. für **Direktinvestitionen**, war auch daher eine Voraussetzung für eine rasche aufholende Entwicklung. Bereits die Europa-Abkommen hatten die formalen Voraussetzungen für den freien Kapitalverkehr in den meisten Beitrittsländern geschaffen.

Voraussetzung für einen Zustrom privaten Kapitals ist die Schaffung von positiven Rahmenbedingungen für längerfristige Kapitalbindung; dazu gehören neben einem funktionierenden Kapitalmarkt und Bankensystem

- Demokratie sowie Rechtssicherheit für Investoren (Guerin, S. S. und Manzocchi, S., 2006),
- eine stabile politische und wirtschaftliche Entwicklungsperspektive,
- die Privatisierung von Staatsbetrieben und damit auch die Reduzierung des Staatseinflusses auf die operativen und strategischen Managemententscheidungen.

Diese wurden durch den Rechtsrahmen der EU sowie durch die Beitrittsperspektive für das internationale Kapital unterstützt – wenn nicht gar erst geschaffen.

Die Bedeutung der ausländischen Investoren für die Wirtschaft der Transformationsländer und deren Einbindung in den Weltmarkt zeigt sich an ihrem Anteil an **Beschäftigung, Investitionen und Exporten:** Rund ein Drittel aller Arbeitsplätze wurde 2001 von diesen Unternehmen angeboten, sie tätigten deutlich mehr als die Hälfte aller Investitionen und produzierten einen erheblichen Anteil aller Exporte. Im Jahr 2007 stellten die Tochterunternehmen ausländischer Konzerne in Ungarn, der Tschechischen Republik und in der Slowakei 40–50 % aller Arbeitsplätze. Die ausländischen – meist multinationalen – Unternehmen konnten in allen Branchen eine weitaus höhere Arbeitsproduktivität erzielen als die einheimischen. Damit trugen sie zur Modernisierung in den Transformationsländern bei. Der Vorsprung bei der Produktivität dürfte jedoch eher aus der Tatsache der Einbindung in einen multinationalen Unternehmenskontext resultieren als aus der ausländischen Eigentümerschaft (European Commission, 2012o:167–171).

Standortvorteile und Markterschließung

Der Zufluss von privatem Kapital aus der EU-15 in die Transformationsländer hat seit Mitte der 90er Jahre deutlich zugenommen (EUROSTAT, 2002; Buch, C. M., Heinrich, R. P. et al., 1999). Dies ist wesentlich darauf zurückzuführen, dass die Investoren mit dem Willen der Beitrittsländer, die politischen, rechtlichen und wirtschaftlichen Rahmenbedingungen zur Erfüllung des Acquis zu entwickeln, eine sichere Perspektive gewinnen konnten. Diese Stabilisierung der Investitionsbedingungen unterschied die Beitrittsländer deutlich von Ländern wie Russland und der Ukraine, was sich auch in den Kapitalströmen ausdrückt.

Für die Investoren aus der EU-15 spielten die Kandidatenländer nur eine geringe Rolle: Im Zeitraum 1994–1998 sind nur 8 % aller Investitionen, die aus der EU-15 in Drittländer gingen, in eines der Beitrittsländer geflossen. Für die Beitrittsländer dagegen spielt die EU eine herausragende Rolle: Zwei Drittel alles Auslandskapitals kam von dort. Die Bestände an Direktinvestitionen in den MOEL stammten 1999 überwiegend aus Deutschland (33 %); den Niederlanden (14 %) und Frankreich (10 %). Drei Empfängerländer absorbierten 1998 76 % aller Direktinvestitionen aus den EU-15: Tschechien, Ungarn und Polen. Besonders auffällig ist der starke Anstieg des Kapitalzuflusses nach Polen seit 1997; der relative geringe

Zustrom von Direktinvestitionen nach Polen vor 1994 war auf ungelöste Umschuldungsprobleme zurückzuführen (Buch, C. M., Heinrich, R. P. et al., 1999:30).

Durch den Zustrom von Direktinvestitionen akkumuliert sich in einem Land über die Zeit ein Bestand an Produktivvermögen, das ausländischen Eigentümern gehört. Dadurch vergrößerten sich der Kapitalstock des Landes und damit sein Produktionspotenzial. Dies ist für Transformationsländer ein wichtiger Beitrag zur nachholenden Entwicklung. Auch die beiden „Nachzügler" der Erweiterung, Bulgarien und Rumänien, hatten trotz des verzögerten Beitritts bei den ausländischen Investoren bereits den Bonus des Kandidatenlandes: Die Investitionen stiegen zwar später, dann aber deutlich an.

Nähe und Geschichte prägen Investitionsströme

In der Verteilung zwischen Herkunfts- und Zielländern kommen historisch und geografisch geprägte Affinitäten zum Ausdruck: So engagierte sich Österreich überdurchschnittlich stark in der Tschechischen Republik, der Slowakei und Bulgarien, während Italien in Bulgarien, Polen und Rumänien überdurchschnittlich aktiv ist. Die skandinavischen Länder sind unter den EU-15 die größten Investoren in den baltischen Staaten und Griechenland konzentrierte sich auf Rumänien. Diese Schwerpunktbildung kann in Analogie zum **Gravitationsansatz** des Handels mit der relativen Nähe und Vertrautheit der Partnerländer erklärt werden. Aber auch die industriellen Spezialisierungen der Investoren und die Nähe zu den Absatzmärkten spielen für die Wahl des Ziellandes bei der Investition eine Rolle.

Die Kapitalzuflüsse dienten am Anfang im Wesentlichen der **Markterschlie-ßung** in den MOEL; ihr Schwerpunkt lag im verarbeitenden Gewerbe, in den nicht handelbaren Dienstleistungen sowie in den Versorgungsbetrieben und in der Telekommunikationsbranche (Broadman, H. G., Ed., 2005:292 f.). Mit den Investitionen im produzierenden Bereich bauen die Investoren eine **Produktionsbasis** auf, von der aus sie die noch **günstigen Löhne** der Gastländer nutzten, um sowohl den heimischen Markt als auch den Weltmarkt bedienen zu können. Dies zeigt sich z. B. an der Arbeitsintensität der Produktion deutscher Investoren, die in den Beitrittsländern erheblich höher lag als im Durchschnitt aller Länder (Boeri, T. und Brücker, H., 2001:69 f., Tab. 5.11/12). Die Voraussetzung für die betriebswirtschaftliche Rationalität dieser Strategie ist allerdings, dass es gelingt, die niedrigeren **Stundenlöhne** durch Technologietransfer und Managementerfolge tatsächlich auch in niedrigere Lohn**stück**kosten zu übersetzen.

Ein Standortvorteil der neuen Mitgliedsstaaten im globalen Wettbewerb liegt in ihrer geografischen und kulturellen Nähe zu den großen europäischen Märkten, so dass sie trotz höherer Löhne gegenüber China im Wettbewerb bestehen können (**Nearshoring**) (European Commission, 2012o:57).

Wirkung der Direktinvestitionen auf die Transformationsländer

Die Direktinvestitionen trugen in den Transformationsländern zu einer steigenden Produktion bei gleichzeitig steigender Produktivität bei. Insgesamt wurden steigende Exporte und ein positiver Wachstumseffekt ermittelt (European Commission, 2009i:83–97, 2012o:150–206). Die Ansiedlung von Zulieferbetrieben, die Einbindung in internationale Wertschöpfungsketten, der Zugang zu Managementwissen und Technologie sowie zu internationalen Märkten kann auch zu Ausstrahlungseffekten führen. Dadurch wird die Kompetenz von Unternehmen und Personen im Zielland auch unabhängig vom internationalen Investor gestärkt (Javorcik, B. S. und Spatareanu, M., 2009).

Politisch brisant ist die Befürchtung in den EU-15, dass durch Direktinvestitionen Arbeitsplätze in die „Billiglohnländer des Ostens" verlagert werden. Aus der Sicht einzelner Unternehmen kommt eine Verlagerung dann eher in Betracht, wenn es ein Gefälle bei den Steuern gibt, der Preiswettbewerb und damit der Kostendruck hoch ist und die Verlagerung des Standorts nicht mit hohen „versunkenen Kosten" verbunden ist. Einige Studien zeigen jedoch, dass die im Ausland aufgebauten Kapazitäten komplementär zu den verbliebenen Kapazitäten sein können und die internationale Wettbewerbsfähigkeit der heimischen Produktion durch kostengünstige Vorleistungen aufrechtzuerhalten helfen. Der Anteil der Vorleistungen an den Importen der EU-15 aus den EU+10 ist hoch und hat andere – auch europäische – Länder als Lieferanten abgelöst (European Commission, 2009i:Graph IV.1.6; Aiyar, S., Augustyniak, B. et al., 2013). Je nach Branche und Land sind also auch direkte Verlagerungen von Arbeitsplätzen aus den alten in die neuen Mitgliedsstaaten zu beobachten. Am Beispiel Österreichs wurde gezeigt, dass die Verlagerung der herstellenden Industrie in die EU+10 zur De-Industrialisierung der EU-15 sowie zum Verlust von anspruchsvollen Arbeitsplätzen beigetragen hat (Stöllinger, R., 2016; Marin, D., 2010).

Beispiel: Autoindustrie

Erwartungsgemäß haben sich Ungarn und die Slowakei als bedeutender Standort der europäischen **Autoproduktion** qualifiziert. Im Jahr 2005 wurde bereits jedes zehnte Auto, das in der EU-25 hergestellt wurde, in einem der neuen mittel- und osteuropäischen Mitgliedsstaaten produziert; ungefähr ein Zehntel des gesamten Bestandes an Direktinvestitionen in diesen Ländern gehörte zu dieser Branche (UNCTAD, 2006:123 f.). Damit erhalten diese Länder die Perspektive, von der Zuarbeit an der „verlängerten Werkbank" sich zu einem Standort für den Automobilbau weiterzuentwickeln, an dem auch höherwertige Tätigkeiten angesiedelt werden (Kawecka-Wyrzykowska, E., 2009; Fortwengel, J., 2010). Voraussetzung dafür ist die passende Qualifikation der Arbeitskräfte.

i **Weiterführende Literatur**

Pavlinek, P. und Zizalova, P., 2016. Linkages and spillovers in global production networks: firm-level analysis of the Czech automotive industry. Journal of Economic Geography 16(2016) pp. 331–363.

Javorcik, B. S., 2014. Does FDI Bring Good Jobs to Host Countries? World Bank policy research working paper (WPS 6936).

Jevcák, A., 2014. Monetary policy frameworks: gradual implementation of steadily evolving theory. ECFIN Economic Briefs: 1–14.

Bevan, A. und Estrin, S., 2004. The determinants of foreign direct investment into European transition economies. Journal of Comparative Economics 32(4): 775–787.

4.2.4.6 Im Fokus: Probleme im Gesundheitswesen

? Welche Schattenseiten kann der freie Binnenmarkt im Gesundheitswesen haben?

Der im Grundsatz ökonomisch positive Wettbewerb kann zu sozial und politisch ungewollten Verwerfungen führen. Am Beispiel des Gesundheitswesens kann gezeigt werden, wie offene Märkte für Dienstleistungen und Arbeitskräfte sowohl zu positiven als auch zu negativen Effekten führen können.

Im Binnenmarkt können Gesundheitsdienstleistungen grenzüberschreitend erbracht bzw. empfangen werden (Cattaneo, O., 2009:3):

1. Patienten können sich im EU-Ausland behandeln lassen,
2. Ärzte, Pflegekräfte etc. können im EU-Ausland arbeiten,
3. Anbieter von Gesundheitsleistungen können sich im EU-Ausland niederlassen.

Voraussetzung für 2. und 3. ist die Zulassung nach den Regeln des Ziellandes.

Angesichts des erheblichen Lohngefälles zwischen den EU+10 und den EU-15 können die Krankenversicherungen der Patienten aus den EU-15 ihre Leistung kostengünstiger finanzieren und auch die Patienten können ihren möglicherweise zu erbringenden Eigenbeitrag senken. Allerdings wurden auch Befürchtungen laut. Wenn viele Patienten aus den alten Mitgliedsstaaten in einem sogenannten „Gesundheitstourismus" von den geringen Löhnen in den neuen Mitgliedsstaaten profitieren wollen, so kann es zu erheblichen Verwerfungen auf beiden Seiten kommen: In den alten Mitgliedsstaaten könnten die Kapazitäten weniger ausgelastet werden, was zu deren Abbau führen könnte, und in den neuen Ländern könnte sich die ohnehin angespannte Versorgungslage der einheimischen Bevölkerung durch die Konkurrenz der „reichen" Patienten weiter verschlechtern.

Für grenzüberschreitende Gesundheitsdienste gelten einige rechtliche Besonderheiten: So konnte zwar die ambulante Versorgung, die in einem anderen Mitgliedsstaat gewährt wurde, auch ohne vorherige Genehmigung von den Krankenkassen ersetzt werden, aber für eine geplante stationäre Behandlung war bis 2013 eine vorherige Genehmigung im Herkunftsland erforderlich (Europäische Kommission, 2003a, 2006b; McKee, M., MacLehose, L. et al., 2004a). Danach wurde den Kassen aufgegeben, die Leistungen, die für ihre Versicherten im EU-Ausland erbracht wurden, nach den im Land des Versicherten geltenden Sätzen abzurechnen (RL 2011/24/EU).

Wenn auch der Preisvorteil bei gleicher Qualität gegenüber Deutschland z. B. in der Tschechischen Republik bis zu 40 % ausmachte (Nebling, T. und Schemken, H.-W., 2006), so bleibt die Nutzung dieser Möglichkeiten bisher noch sehr gering. Auch Wartelisten für Gesundheitsleistungen in einigen Ländern der EU-15 haben bisher nicht zu einem verstärkten **Gesundheitstourismus** in die EU+10 geführt (Europäische Kommission, 2015g). Dafür spielen vielfältige Gründe ein Rolle (McKee, M. et al., Eds., 2004). Wichtig ist das partielle Marktversagen wegen der **Informationsasymmetrie** zulasten des Patienten, ein Mangel an Kenntnissen über die rechtlichen Möglichkeiten zur Versorgung im EU-Ausland sowie der Wunsch, möglichst nahe am Wohnort behandelt zu werden, um den Kontakt zum familiären Umfeld zu wahren und auch bei Nachbehandlungen keine weiten Wege in Kauf nehmen zu müssen. So finden bisher Behandlungen im Ausland vorrangig in angrenzenden Regionen des Nachbarlandes statt.

Ob allerdings die neuen Mitgliedsstaaten auf Dauer einen Vorteil auf diesem Markt haben werden, ist zweifelhaft (Rosenmöller, M., McKee, M. et al., Eds., 2006):

– Die Löhne, die den größten Teil der Kosten im Gesundheitswesen ausmachen, steigen bereits jetzt in den neuen Mitgliedsstaaten deutlich an, so dass weniger Patienten z. B. aus Italien nach Slowenien zur Behandlung aufsuchen.

– Die neuen Mitgliedsstaaten haben keine großen freien Kapazitäten und verfügen nicht immer über die erforderliche medizintechnische Qualität.

– Die Umlenkung von knappen Ressourcen des Gesundheitswesens der neuen Mitgliedsstaaten in die bei ausländischen Patienten marktgängigen medizinischen Felder würde die Grundversorgung – besonders des ländlichen Raums – weiter schmälern.

– Die mit der demografischen Entwicklung zunehmenden Krankheitsbilder brauchen eine kontinuierliche Behandlung, wie sie nicht auf einer kurzen Reise abgeschlossen werden kann.

– Im **globalen** Gesundheitsmarkt für wohlhabende Patienten möchten auch Schwellenländer wie Indien und Thailand eine Position erobern. Die Frage bleibt offen, ob die neuen Mitgliedsländer in diesem Wettbewerb angesichts sinkender Reisekosten bestehen könnten.

Im Marktsegment der **Gesundheitsberufe** wird in den MOEL ein erheblicher Brain-Drain beklagt (Zajac, M., 2004; Nicholas, S., 2004), der bereits zu Engpässen in der Gesundheitsversorgung, z. B. in Polen und Rumänien führte. Großbritannien ist in erheblichem Maß auf die Zuwanderung von Gesundheitspersonal angewiesen, das es zunehmend aus der EU statt aus außereuropäischen Ländern rekrutiert (Hardy,

J., M. Calveley, et al., 2015). In Deutschland arbeiten zahlreiche Pflegekräfte aus den mittel- und osteuropäischen Ländern, ohne die die Pflege von Angehörigen im Haushalt nicht zu leisten wäre. Häufig ist deren Einsatz illegal und die Bezahlung liegt deutlich unter dem Tarif (Neuhaus, A., Isfort, M. et al., 2009).

In Zukunft wird wegen der Alterung der Gesellschaften in den alten und in den neuen Mitgliedsstaaten ein wachsender Bedarf an **Pflegekräften** entstehen, der durch einheimische Arbeitskräfte nicht gedeckt werden kann. Bis dahin dürften allerdings die Löhne auch in den neuen Mitgliedsstaaten so weit gestiegen sein, dass die innereuropäische Wanderung von Pflegepersonal keine Lösung sein dürfte. Alle Länder müssen daher andere Lösungsstrategien entwickeln (Yeates, N., 2010).

5 Die Kandidatur der Türkei

Was die Türkei und die Türken Europa zu bieten haben, das ist in erster Linie Frieden, das ist der Wunsch eines moslemischen Landes, an Europa teilzuhaben, und das sind die Sicherheit und das Stärkepotential, die Europa und Deutschland gewinnen würden, sollte diesem friedlichen Anliegen der Türkei entsprochen werden.

Viel wichtiger aber ist, daß heute auch die große Mehrheit der konservativen religiösen Türken und deren politische Vertreter die Türkei in der Europäischen Union sehen und gemeinsam mit ihnen an der Zukunft Europas mitwirken möchten. Es dürfte schwer sein, nach jahrhundertelangen Kämpfen und Kriegen diese freundschaftlich ausgestreckte Hand zurückzuweisen, ohne es später einmal bereuen zu müssen.
(Orhan Pamuk, Rede zur Verleihung des Friedenspreises des Deutschen Buchhandels 2005)

Die Türkei ist ein besonderes Kandidatenland; sie hat die längste Antragsphase (5.1) und bereits eine enge Marktbindung an die EU (5.1.2). Ihre politische Geschichte birgt einerseits großes Konfliktpotenzial und andererseits kann sie gerade für die EU eine fruchtbare Brückenfunktion übernehmen (5.1.3). Die wirtschaftlichen Effekte eines eventuellen Beitritts hängen von der künftigen Entwicklung der Türkei und der EU ab. Wie sich der Handel (5.2.3.1) und die Direktinvestitionen (5.2.3.3) entwickeln könnten, ist nicht so umstritten, wie die Frage der Freizügigkeit (5.2.3.2). Im Beitrittsprozess ist die Türkei nur wenig vorangekommen und wegen gesellschaftlicher und politischer Konflikte wieder von der Beitrittsreife weiter entfernt (5.3.1). Um die Beziehungen zwischen der EU und der Türkei für beide Seiten konstruktiv entwickeln zu können, muss auch über Alternativen zur vollen Mitgliedschaft nachgedacht werden (5.3.2).

5.1 Die Annäherung zwischen Türkei und EU

5.1.1 Eine schwierige Partnerschaft

Warum dauerte der Beitrittsprozess der Türkei so lange?
Welche Faktoren destabilisieren die Türkei immer wieder?　**?**

Mit der Gründung der modernen Türkei durch Mustafa Kemal Atatürk beansprucht die Türkei, ein westlich geprägtes Land zu sein, in dem die Institutionen und Regeln einer europäischen Gesellschaft gelten. Die Beziehungen zu Europa und der westlichen Welt nach dem Zweiten Weltkrieg sind vielfältig und gefestigt. Bereits 1950 wurde die Türkei Mitglied im Europarat und stellte sich damit den dort vertretenen Normen für Demokratie und Menschenrecht. Seit 1952 ist die Türkei Teil der

DOI 10.1515/9783110495485-005

NATO und hatte besonders zu Zeiten des Kalten Kriegs mit seiner großen Armee eine wichtige Position an der Nahtstelle zwischen den beiden Machtblöcken inne. Im Jahr 1960 wurde die Türkei Mitglied der OECD und 1995 der WTO; damit hatte sie ihre Einbindung in den Weltmarkt vollzogen. Ebenfalls 1995 vereinbarten die Türkei und die EU eine Zollunion, wodurch die Türkei im Bereich des Warenaustauschs mit der EU eine privilegierte Position einnimmt und nahezu als Mitglied im Binnenmarkt im Bereich des Warenverkehrs bezeichnet werden kann.

Für lange Zeit wirkten sich z. B. die Dominanz des Militärs über die demokratischen Institutionen sowie Konflikte mit Nachbarländern Griechenland und Zypern negativ auf die Beziehungen zur EU sowie auf die Beitrittsperspektive aus. Auch der Bürgerkrieg mit den Kurden innerhalb und außerhalb der Türkei sowie der Krieg in Syrien ist ein erheblicher Unsicherheitsfaktor für die Stabilität des Landes. Aktuell spitzt sich die Lage besonders zu, da nach dem gescheiterten Militärputsch im Sommer 2016 der Umbau zu einem autoritären Regime betrieben wird, das den Standards der EU nicht mehr entspricht.

Der Beitritt der Türkei zur EU als Vollmitglied war und ist umstritten wie kein anderes Beitrittsgesuch und der Prozess dauert bereits länger als in allen anderen Fällen (Cremer, J., Dietert, A. et al., 2004; Yalcin, E., 2013):

- 1963 wurde ein Assoziierungsabkommen („Ankara-Abkommen") mit der EU geschlossen, das eine spätere Mitgliedschaft in Aussicht stellte.
- Wegen der Militärputsche 1970 und 1980 wurde dieses Abkommen jeweils ausgesetzt und erst nach Wiederherstellung ziviler Regierungen wieder in Kraft gesetzt.
- 1987 stellte die Türkei ihren ersten formalen Beitrittsantrag, der von der EU 1989 abgelehnt wurde, da keine weiteren Mitgliedschaften geplant wären. Die Position der EU zur Erweiterung änderte sich kurz darauf durch den Zusammenbruch der Sowjetunion.
- 1995 unterzeichneten die Türkei und die EU das Abkommen zu einer Zollunion, womit die Marktintegration zwischen den beiden Seiten eine Tiefe erreichte, wie sie bisher mit keinem Nicht-Mitglied vereinbart worden war.
- 1997 nahm der Rat die Türkei nicht in die Gruppe der Kandidaten für einen Beitritt auf und erst 1999 führte eine Verbesserung der griechisch-türkischen Beziehungen zu einem Positionswechsel.
- 2004 wurde beschlossen, im Jahr 2005 formale Beitrittsverhandlungen mit der Türkei aufzunehmen;
- die im Jahr 2005 gestarteten Beitrittsverhandlungen wurden im Jahr 2006 wegen der Konflikte zwischen der Türkei und dem EU-Mitglied Zypern gefährdet: Die Türkei ist nach wie vor nicht bereit, ihre vertragliche Pflicht bei der Anwendung der Zollunion auf das Mitgliedsland Zypern auszudehnen. Als Sanktion hat die EU die Arbeit an acht Verhandlungskapiteln eingefroren.
- Für die Zeit, in der die Ratspräsidentschaft turnusgemäß vom EU-Mitglied Zypern ausgeübt wurde (2012), hat die Türkei die Gespräche mit der EU einge-

froren und damit ihre vertraglichen Verpflichtungen verletzt und ein unüberwindbares politisches Hindernis geschaffen.

- Nach dem gescheiterten Militärputsch (2016) gegen die gewählte Regierung hat die politische Führung „Säuberungen" begonnen, die nicht nur der Aufklärung und Bestrafung der Putschisten zu dienen scheinen, sondern auch die legitime politische und gesellschaftliche Opposition unterdrücken. Auch die Wiedereinführung der Todesstrafe ist nicht ausgeschlossen. Damit droht die Türkei die Mindestanforderungen aus den Kopenhagen-Kriterien zu verlassen.

Der mögliche Beitritt der Türkei bleibt innerhalb vieler EU-27 stark umstritten und es ist nicht abzusehen, ob und wann der Prozess zum Abschluss kommen wird. Offen ist, ob die Abstimmung im Europäischen Rat einstimmig sein wird und ob die in einigen Mitgliedsstaaten erforderlichen Referenden den Beitritt scheitern lassen werden. Besonders in Österreich, Deutschland und Frankreich wird das Beitrittsgesuch von der Bevölkerung mehrheitlich abgelehnt.

Weiterführende Literatur

Aydin-Düzgit, S. und Tocci, N., 2015. Turkey and the European Union. Basingstoke, Palgrave Macmillan.

LaGro, E. und Jorgensen, K. E., Eds., 2007. Turkey and the European Union: Prospects for a difficult encounter. Basingstoke [u. a.], Palgrave Macmillan.

Müller-Graff, P.-C. und Kabaalioglu, H., Eds., 2012. Turkey and the European Union. Baden-Baden, Nomos.

5.1.2 Die „Zollunion PLUS"

Was ist besonders an der Zoll-Union mit der Türkei?
Wie weit ist die Türkei bereits Mitglied im Binnenmarkt?

Die Handelsbeziehungen zwischen der Türkei und der EU sind einzigartig im Vergleich zu allen anderen Kandidatenländern: Beide Seiten sind im Jahr 1995 eine „Zollunion PLUS" eingegangen. Diese wurde bereits 1963 mit dem Assoziierungsabkommen von Ankara angebahnt, ist aber dann wegen Problemen in der türkischen politischen Situation erst 1995 vollendet worden. Die Vereinbarungen gehen über den Rahmen einer reinen Zollunion hinaus und beinhalten:

- einen Wegfall aller Zölle im Handel mit Industriegütern und verarbeiteten Lebensmitteln zwischen der Türkei und der EU,
- die Übernahme der Handelspolitik der EU gegenüber Drittstaaten durch die Türkei und
- zusätzlich zu den üblichen Maßnahmen einer Zollunion die Übernahme des EU-Rechts durch die Türkei in bestimmten Bereichen (Subventionen, Schutz

des geistigen Eigentums, Harmonisierung bzw. wechselseitige Anerkennung von Produktstandards, Öffnung der Märkte für Ausschreibungen der Öffentlichen Hand).

Bemerkenswert ist, dass nicht verarbeitete landwirtschaftliche Produkte, die ca. 15 % der türkischen Produktion ausmachten, nicht einbezogen wurden, da die Agrarlobbys der EU – besonders die der Mittelmeerrainer – die Konkurrenz nicht zulassen wollten. Dienstleistungen bleiben ebenso ausgeklammert.

Im Assoziierungsabkommen wurde auch die Freizügigkeit für türkische Arbeitnehmer in Aussicht gestellt, unter dem Druck der Arbeitsmarktprobleme in den 80er Jahren in der EU aber nicht realisiert.

Eine erhebliche Schwäche der Vereinbarungen zur Zollunion liegt aus türkischer Sicht darin, dass die EU fortlaufend mit Drittländern Handelsabkommen und Vereinbarungen zur Zollsenkung abschließt, ohne die Türkei dabei explizit an den Verhandlungen zu beteiligen oder hinreichend zu berücksichtigen. Dies führte zu einer Asymmetrie der Zollsenkungen: Drittländer können künftig Waren zollfrei in die Türkei einführen, wenn sie den Umweg über die EU nehmen, mit der sie eine Zollsenkung vereinbart haben. Die Türkei dagegen ist in diese Abkommen nicht eingeschlossen und muss nach wie vor die alten Zollschranken überwinden, wenn sie in diese Drittländer exportieren will; dadurch hat sie erhebliche Nachteile im Handel mit diesen Drittländern. So kann die Türkei gezwungen sein, wie in einer Freihandelszone, eine aufwändige Dokumentation nach dem Herkunftsland-Prinzip zu führen, was von den Kosten her einem Zoll von 2 % entspräche. Die EU bittet zwar ihre Handelspartner, auch mit der Türkei entsprechende Verträge zur Zollsenkung abzuschließen, was aber nicht durch ein verbindlicheres Vorgehen abgelöst wurde. Durch die Handelsabkommen der EU mit Drittstaaten verschiebt sich auch die Wettbewerbsposition der türkischen Industrie, die sich nicht mehr durch Zölle schützen kann (Ülgen, S. und Zahariadis, Y., 2004; Yalcin, E., Aichele, R. et al., 2016).

Da die Türkei im Jahr 2001 einen wirtschaftlichen Zusammenbruch erlebte, der mit Hilfe des IWF nach einigen Jahren überwunden werden konnte, war erst danach mit einem starken Anstieg der Produktion in internationalen Wertschöpfungsketten und damit mit einer Ausweitung des Handels zu rechnen. Die Effekte dieser Zollunion und ihrer zusätzlichen Vereinbarungen auf die türkische Wirtschaft wurden (Harrison, G. W., Rutherford, T. F. et al. 1997; Tarr, D., Harrison, G. et al., 1999) wie folgt eingeschätzt:

- Der Zoll zwischen der EU und der Türkei war schon vorher relativ niedrig – der Handelseffekt seiner Beseitigung dürfte daher eher gering ausfallen.
- Die Anpassung an die Produktstandards der EU senkt die Handelskosten und wirkt sich daher positiv aus.
- Die Zölle zwischen der Türkei und den Drittstaaten, mit denen die EU Handelsabkommen hatte, waren deutlich höher; sie mussten auf das Niveau der EU

gesenkt werden, so dass zwar ein höherer Importdruck auf der Türkei lastet, sie aber auch besseren Zugang zu den Märkten der Drittländer gewinnt.
– Der türkische Staat verliert Zolleinnahmen in Höhe von 1,4 % des BIP und erhöht dafür die Mehrwertsteuer; außerdem fallen Ausgaben für Subventionen weg und die Unternehmen müssen sich an die vom Wettbewerb bestimmte Situation anpassen.

Im Ergebnis kommen die Autoren zu einer jährlichen Steigerung des türkischen Sozialprodukts um bis zu 1,5 %-Punkten.

Bei der Umsetzung der Abkommen zur Zollunion sieht die EU in ihrem Fortschrittsbericht von 2016 noch einige Lücken, die die Türkei schließen muss. So hat die Türkei vertragswidrig neue Zölle auf einige Produkte eingeführt. Mangelnde Transportkapazitäten stellen eine Begrenzung für das Wachstum des Handels zwischen der EU und der Türkei dar. Aber auch die restriktive Visa-Regelung der EU behindert die türkischen Geschäftsreisenden. Haupthindernis bleibt die politisch motivierte Blockade gegenüber dem Mitgliedsstaat Zypern, auf den die Türkei die Regeln zur Zollunion rechtswidrig nicht anwendet.

5.1.3 Spannungen und Konflikte

5.1.3.1 Griechenland und Zypern

Welche Last haben die Türkei sowie Länder der EU aus der gemeinsamen Geschichte zu bewältigen? Können alte Feindschaften überwunden werden? ❓

Nachbarn in der Ägäis

Mit dem Beitrittswunsch der Türkei rückte auch der langjährige Konflikt der Türkei mit dem EU-Mitglied Griechenland stärker ins Blickfeld. Die Wurzeln des politischen „Griechenland-Türkei-Problems" sind bereits in der langen gemeinsamen Geschichte angelegt (Clogg, R., 1997; Richter, H. A., 1990). Griechenland existierte für ca. 400 Jahre nicht als eigener Staat, sondern wurde vom Osmanischen Reich, d. h. „von den Türken" beherrscht. Es gab nicht nur friedliche Koexistenz, bei der Griechen wichtige Funktionen in Wirtschaft und im Staatsapparat einnahmen, sondern auch eine rigorose Unterdrückung der griechischen Identität; zahlreiche Aufstände wurden blutig niedergeschlagen. Erst 1820 entstand Griechenland auf einem kleinen Gebiet – im Wesentlichen mit Hilfe Großbritanniens – wieder als eigenständiger Staat und hat sich dann in verschiedenen Kriegen in seine heutige Ausdehnung hinein vergrößert. Es lebten bei der Neugründung fast eine Million muslimische Bürger in dem neuen griechischen Staatsgebiet, während in „Kleinasien", d. h. auf der türkischen Halbinsel fast zwei Millionen orthodox-christliche, griechisch-stämmige Menschen zu Hause waren.

Im Jahr 1921 verfolgte die griechische Politik – gegen den Rat der Militärs und unterstützt von den westlichen Siegermächten des Ersten Weltkriegs – die „Megali Idea" („Große Idee") eines griechischen Großreiches in den Grenzen des Oströmischen Reiches. Dazu wurde die militärische Eroberung großer Teile des untergehenden Osmanischen Reiches begonnen. Der „Blitzkrieg" ging nach anfänglichen Siegen unter dem Druck der überlegenen türkischen Truppen blutig verloren. Einen herausragenden Anteil am Sieg hatte ein junger Militärführer namens Mustafa Kemal – später als Staatsgründer mit dem Namenszusatz Atatürk (Vater der Türken) geehrt. In der Konsequenz wurden unter Anleitung des Völkerbunds, der Vorläuferorganisation der Vereinten Nationen, ethnische Säuberungen entlang religiös-kultureller Gruppengrenzen durchgeführt. Die überlebenden „Anderen" wurden aus ihrer Heimat deportiert und umgesiedelt. Ca. 1,3 Mio. Griechen und ca. 400.000 Türken mussten ihre Heimat verlassen und versuchen in der Fremde einen Platz zu finden. Viele Menschen starben dabei. Dieser Ausgang des Großmachttraums wird in Griechenland als „kleinasiatische Katastrophe" bezeichnet.

Die Grenzziehung zwischen der Türkei und Griechenland ist in der Ägäis mit ihren vielen Inseln umstritten: Nicht nur die Zugehörigkeit einiger Inseln, sondern auch die Ausdehnung des Festlandsockels ist wegen der dort vermuteten Ölvorkommen strittig. Versuche, die Bodenschätze zu erkunden oder gar auszubeuten führten regelmäßig zu einer angespannten politischen Lage. Sowohl die Türkei als auch Griechenland gaben einen überdurchschnittlich hohen Anteil ihres BIP für das Militär aus – die Armee der Türkei ist aber naturgemäß um ein Vielfaches größer als die Griechenlands. Konflikte zwischen den beiden NATO-Mitgliedern Griechenland und Türkei drohten in den 90er Jahren immer wieder aufzuflackern und auch ein militärischer Schlagabtausch in der Ägäis konnte nur durch die politische Intervention der USA verhindert werden. Seit 1999 entspannten sich die traditionell gespannten Beziehungen, als nach einem starken Erdbeben in der Türkei die griechische Regierung und Bevölkerung erstmals mit großer Öffentlichkeitswirkung Hilfe leisteten. Außerdem hat sich eine neue Generation von Politikern nach dem Wechsel der Regierung in Griechenland um eine Annäherung bemüht. Griechenland tritt seitdem als Befürworter des türkischen EU-Beitritts auf und vermittelte sogar in der Zypern-Frage, so dass der Beitrittsantrag der Türkei auch zur Annäherung der traditionell verfeindeten Nachbarn beitrug (Rumelili, B., 2007). Das Aufflackern alter Feindschaft und nationalistischer Stimmungen ist dennoch in Krisenzeiten nicht ausgeschlossen.

Der Zypern-Konflikt

Die selbstständige Republik Zypern ist 1960 aus einer britischen Kolonie hervorgegangen. Sie wird von drei Schutzmächten (Griechenland, Großbritannien, Türkei)

„betreut" Auf Zypern leben zwei Bevölkerungsgruppen: Eine griechisch-zypriotische Bevölkerung, die überwiegend christlich-orthodoxen Glaubens ist und sich kulturell als griechisch definiert sowie eine türkisch-zypriotische Gruppe, die muslimischen Glaubens ist und sich eng mit dem türkischen Kulturkreis verbunden fühlt. Beide Bevölkerungsteile sind Staatsbürger der einen Republik Zypern. Das Klima des Zusammenlebens hat sich in den 60er Jahren verschlechtert, als Radikale von beiden Seiten unter Einsatz von Gewalt und Terror versuchten, die andere Seite zu unterdrücken und die Republik an Griechenland (ENOSIS) bzw. die Türkei (TAKSIM) anzuschließen. Als 1974 ein gewaltsam erzwungener Anschluss Zyperns an Griechenland – unterstützt von der damaligen griechischen Militärdiktatur – drohte, marschierte türkisches Militär in Zypern ein. Nach ethnischen Säuberungen und der strategisch gezielten Ansiedlung türkischer Bauern im Norden Zyperns stehen sich beide Gruppen unter Moderation der UNO gegenüber, haben aber bisher keinen Weg zu einer Lösung des Konflikts und zur Wiedervereinigung gefunden. „Nord-Zypern" wird lediglich von der Türkei völkerrechtlich anerkannt, während hingegen die Türkei die Regierung Zyperns, die in der Republik basiert ist, nicht anerkennt. Der „türkische" Norden ist auch wegen des langen Wirtschaftsembargos sowie des Ausschlusses aus der Völkergemeinschaft erheblich ärmer als der Süden der Republik und wirtschaftlich von der Türkei abhängig. Zwischenzeitlich drohte immer wieder eine Eskalation des Konflikts auf der geteilten Insel. Versuche zu einer Wiedervereinigung unter Vermittlung der UNO scheiterten im Jahr 2004. Erst im Winter 2016 schien eine Einigung zwischen den beiden Bevölkerungsgruppen wieder greifbar nahe.

Der ungelöste Zypern-Konflikt hat die Türkei dazu veranlasst, die EU-Präsidentschaft Zyperns zu boykottieren. Außerdem hat sich die Türkei vertragswidrig geweigert, die 1995 mit der EU geschlossene Zoll-Union auf das 2004 neu dazugekommene EU-Mitglied Zypern auszudehnen. Diese Vertragsverletzungen werden von den Gegnern einer EU-Mitgliedschaft der Türkei hervorgehoben; sie stellen ein wesentliches Hindernis für die weitere Annäherung zwischen der Türkei und der EU dar.

Weiterführende Literatur

Seufert, G., 2012. Turkey's Cyprus policy in the context of Nicosia's presidency of the European Council. SWP Comments (C 34).

Bryant, R. und Yakinthou, C., 2012. Cypriot perceptions of Turkey. Istanbul, TESEV.

Mullen, F., Apostolides, A. et al., 2014. The Cyprus Peace Dividend Revisited: A Productivity and Sectoral Approach. Nicosia, PRIO Cyprus Centre.

5.1.3.2 Größe, Macht und Geopolitik

Ist die Türkei zu groß, um aufgenommen zu werden?
Inwiefern ist die Türkei für die EU und den „Westen" wichtig?

Gewicht bei Entscheidungen in der EU
Jedes neue EU-Mitglied erhält ungefähr proportional zu seiner Bevölkerungszahl Anteil an der Macht in den Gremien der EU. Vor jeder Neuaufnahme können also bestehende Mitglieder abschätzen,
– wie sich dadurch ihre relative Position in der EU verändern dürfte und
– zu welchen Koalitionen und inhaltlichen Positionen das künftige Mitglied wohl neigen dürfte.

Die absolute Größe der Türkei, die binnen einer Generation mehr Menschen haben dürfte als das bisher größte Mitgliedsland Deutschland, würde ihr eine dominante Position in den Abstimmungen in Rat und Parlament verschaffen. Dies wird dadurch noch akzentuiert, dass einige der bisherigen großen Länder mit schrumpfenden Bevölkerungen zu rechnen haben, was künftig zu einer Reduktion ihres Einflusses führen wird. Außerdem kann aus bisherigen historischen Affinitäten und Koalitionen abgeleitet werden, dass die Türkei wahrscheinlich in vielen Fragen zusammen mit Deutschland stimmen wird, so dass dadurch zwei große Länder einen hohen Anteil der Stimmen auf sich vereinen könnten. Besonders kleine Länder verlören damit weiter an relativem politischem Gewicht. Dieser gut bekannte Sachverhalt wird in den Diskussionen um die beantragte Mitgliedschaft der Türkei selten offen benannt, dürfte aber dennoch in den strategischen Überlegungen der bisherigen Mitgliedsstaaten ein erhebliche Rolle spielen und so bei einigen zu der Ablehnung der Mitgliedschaft beitragen. Allerdings kann bei Abstimmungen, die Einstimmigkeit erfordern, jedes Land ein Veto einlegen: Das kleinste Mitglied hat dann die gleiche Macht wie das größte.

Geopolitische Situation
Die Türkei ist NATO-Mitglied und hält die zweitgrößte Armee nach den USA. Die geostrategisch wichtige Stellung der Türkei als Zugangsweg zum Öl in den ehemaligen Sowjetrepubliken am Kaspischen Meer (Isik, Y., 2004; Roberts, J., 2004) sowie als Militärbasis der NATO gegenüber Syrien, Irak und Iran machen eine engere Verbindung zwischen der Türkei und der EU strategisch wünschenswert; dies ist auch der Grund für die deutliche Unterstützung der USA für eine türkische EU-Mitgliedschaft.

Da sowohl der arabische als auch der mittelasiatische Raum auf absehbare Zeiten die wesentlichen Ölvorräte bereitstellt, ist der Zugang zu diesen Energiereserven auf einen gesicherten Transit per Pipeline und unabhängig vom russischen Einfluss angewiesen.

Flüchtlinge und Abschottung

Der fortschreitende Zerfall staatlicher Ordnungen im Nahen und Mittleren Osten rückt die Türkei an die Nahtstelle zwischen diesen Krisenherden und den Mitgliedsstaaten der EU. Das Handeln und die Bündnispolitik der Türkei sind von erheblicher Bedeutung für die EU. Dies zeigt sich z. B. bei der Nutzung von Militärbasen oder bei der Blockade von Flüchtlingsbewegungen, die durch die Türkei in das wohlhabende und friedliche Zentraleuropa streben.

Weiterführende Literatur

Baldwin, R. und Widgrén, M., 2005. The impact of Turkey's membership in EU voting. Turkey: Economic Reform and Accession to the European Union. Hoeckman, B. und Togan, S. Washington D.C., The International Bank for Reconstruction and Development, pp. 331–340.

Cichocki, M. A., 2009. Geopolitical implications of the post-cold war order for EU-Turkey relations. Turkey und the EU: The process of change and neighbourhood. Eralp, A. und Üstün, C. Ankara, Center for European Studies, Middle East Technical University: 20–39.

5.2 Wirtschaftliche Effekte einer Mitgliedschaft

5.2.1 Die Wirtschaft der Türkei heute

Wo steht die Türkei wirtschaftlich heute?
Welche wirtschaftlichen Effekte könnten von einer Mitgliedschaft der Türkei im Binnenmarkt ausgehen?
Welche Herausforderungen für ihre wirtschaftliche Entwicklung hat die Türkei zu bewältigen?

Erhebliche wirtschaftliche Fortschritte

Die Wirtschaft der Türkei hat seit der Jahrtausendwende einen großen Aufschwung genommen. Mitte der 1970er Jahre war sie stark landwirtschaftlich geprägt und wies ein Pro-Kopf-Sozialprodukt von lediglich 25 % des Niveaus der EU-15 auf. Trotz einiger Phasen mit hohem Wachstum erlebte die Türkei danach makroökonomische und politische Krisen mit hoher Inflation, wiederholter Abwertung, hohen Zinsen, geringen Direktinvestitionen, großen Defiziten im Staatshaushalt und einer starken Abhängigkeit von Kapitalzufluss aus dem Ausland (OECD, 2004a, 2006a; World Bank, 2006b; Airaudo, M., Dervis, K. et al., 2004). Dies hat dazu geführt, dass die Türkei bis zum Jahr 2000 nicht an dem Aufholprozess teilnehmen konnte, den die mittel- und osteuropäischen Länder vollzogen haben (World Bank,

2006b:36 f.). Im Jahr 2000 erreichte das Pro-Kopf-BIP in Kaufkraftstandards erst knapp 30 % des Niveaus der EU-25, brach in der Krise von 2001 auf 25 % ein und erreichte erst 2005 wieder die 30 %-Marke (EUROSTAT, 2007a:152). Nach einigen Jahren hohen Wirtschaftswachstums und politischer Stabilität betrug im Jahr 2011 das kaufkraftbereinigte Bruttoinlandsprodukt pro Kopf in der Türkei bereits 52 % des Durchschnitts der EU-27 – eine erfolgreiche wirtschaftliche Aufholjagd, aber immer noch ein großer Rückstand (World Bank, 2014).

Mit dem Erstarken der AKP gerät die Türkei wieder in das alte Muster von Aufschwung und Zusammenbruch. Die gesellschaftlichen und strukturellen Reformen, die unter dem Druck des IWF nach 2001 und mit dem Blick auf die EU-Mitgliedschaft eingeführt worden waren, gehen wieder verloren und die wirtschaftliche Basis wird geschwächt (Acemoglu, D. und Üçer, M., 2015b).

Von der Landwirtschaft zur Industrie mit mittlerer Technologie

Die Türkei hatte einen großen Sektor Landwirtschaft, der mit geringer Produktivität arbeitete und auch in der Zollunion keinen vollen Zugang zum europäischen Markt hat. Allerdings spielt die Landwirtschaft gerade für gering qualifizierte Arbeitskräfte und Familienangehörige eine wesentliche Rolle für den Einkommenserwerb. Seit der Überwindung der Wirtschaftskrise von 2001 konnte die Türkei eine wachsende Fertigungsindustrie entwickeln, die als Produktionsbasis in europäischen und globalen Wertschöpfungsketten dient. Dazu gehören Marktsegmente wie Textil, Haushaltsgeräte, Autos und Autoteile und Unterhaltungselektronik. Die Türkei hat zunehmend Kompetenzen in der Fertigung von Komponenten und Produkten aus dem Bereich der mittleren Technologie entwickelt, so dass sie nicht mehr so stark von billigen Arbeitskräften abhängt.

In der Falle der Schattenwirtschaft

Ein weiteres Strukturmerkmal der türkischen Wirtschaft ist ihr hoher Anteil der **Schattenwirtschaft** (World Bank, 2010a; OECD, 2012a, 2014a, 2016c). Nach Schätzungen der OECD (2010a) arbeiteten über 50 % aller Beschäftigten im Jahr 2010 informell, d. h. ohne Sozialversicherung und außerhalb der Arbeitsschutznormen und Steuersysteme. Ein weiteres Viertel wurde dem halb-formellen Bereich zugewiesen und nur jeder Fünfte arbeitete im formellen Sektor. Den informell Beschäftigten wurde eine Produktivität von 20 % der formell in den Dienstleistungen Beschäftigten zugewiesen, während die Produktivität der halb-formell Beschäftigten mit 36 % ermittelt wurde.

Der Übergang von Unternehmen aus der Schattenwirtschaft in die formelle Ökonomie verursacht hohe Umstellungskosten: Die Unternehmen müssten Mindestlöhne und Sozialversicherungsbeiträge sowie Steuern bezahlen und unterlägen der starren Regulierung des türkischen Arbeitsrechts. Dies wäre betriebswirtschaftlich nur rentabel, wenn gleichzeitig die Produktivität erheblich – in vielen

Fällen um den Faktor Fünf – stiege. Dazu wären erhebliche Investitionen erforderlich. Damit sind große Teile der Wirtschaft in ihrer Spezialisierung auf billige, weil informelle, Arbeit gefangen; die wirtschaftliche Entwicklung wird dadurch blockiert (La Porta, R. und Shleifer, A., 2014; OECD, 2016c). Andererseits ergibt sich durch die Schattenwirtschaft eine erhebliche Wettbewerbsverzerrung zulasten der Unternehmen in der formellen Wirtschaft.

Leistungsbilanz und ausländisches Kapital

Die Türkei ist wie die meisten Schwellenländer für die Finanzierung ihrer Modernisierung von ausländischem Kapital abhängig. Der Zustrom von Direktinvestitionen war jedoch bis nach der Krise von 2001 sehr gering, da den Investoren wegen der früheren wiederholten Zusammenbrüche und innenpolitischen Krisen wenig Vertrauen in die langfristige Stabilität hatten. Mit der Festigung der EU-Beitrittsperspektive nach 2005 stieg der Zustrom an ausländischem Kapital deutlich an. Hierin liegen aber nicht nur Chancen, sondern auch das Risiko eines „sudden stop", d. h. eines plötzlichen Rückzugs der Investoren infolge eines Vertrauensverlusts (OECD, 2014a:6–26, 2016c; Özatay, F., 2014). Ebenso können schwankende Wechselkurse und unerwünschte Zinssteigerungen das Wachstum gefährden.

Politische Spannungen gefährden die weitere wirtschaftliche Entwicklung

Die Türkei hat zwischen 2001 und 2011 das inflationsbereinigte Pro-Kopf-Sozialprodukt um fast 50 % steigern können und ein größerer Anteil der armen Bevölkerungsgruppen konnte an diesem Aufschwung teilhaben. Dies erklärt auch die breite politische Unterstützung der derzeitigen Regierung. Dieses Erfolgsmodell wird in jüngerer Zeit durch Faktoren gefährdet, wie
- Spannungen in der Gesellschaft zwischen Säkularen und Religiösen,
- Bürgerkrieg mit den Kurden innerhalb und außerhalb der Türkei,
- Konflikte mit Russland und in Syrien,
- Spannungen zwischen verschiedenen politischen Strömungen im Nachgang zum gescheiterten Militärputsch 2016.

Besonders der wirtschaftlich bedeutende Tourismus ist auf eine sichere und entspannte Lage angewiesen. Aber auch die ausländischen Kapitalgeber könnten auf eine weitere Zuspitzung und Verhärtung der Konflikte mit Rückzug antworten und so die Refinanzierung des türkischen Wachstums verteuern oder gar unmöglich machen.

Diese Faktoren äußerten sich im Jahr 2016 in einer Abwertung der türkischen Währung um fast 20 %; dies macht die Finanzierung der türkischen Wirtschaft und der türkischen Konsumentenkredite durch Auslandskapital erheblich teurer und zwingt die Zentralbank zur weiteren Anhebung der Zinsen.

i **Weiterführende Literatur**
World Bank, 2014. Turkey's Transitions: Integration, Inclusion, Institutions. Washington D.C., World Bank.

5.2.2 Zeithorizont und Entwicklungsdynamik

? Wie kann die Wirkung eines Beitritts aus heutiger Sicht eingeschätzt werden?
Welche Entwicklungen könnten die EU und die Türkei vor dem Beitritt nehmen?

Über den eventuellen Beitritt der Türkei zur EU wird nicht bald zu entscheiden sein. Zwar geben sich einzelne Akteure optimistisch, aber auch im Jahr 2023 dürfte der Beitrittsprozess nicht zum Abschluss kommen – wenn auch der Beitritt zur 100-Jahr-Feier der Republik Türkei von Erdogan eingefordert wurde. Die EU und die Türkei entwickeln sich gesellschaftlich und wirtschaftlich währenddessen weiter: Eine veränderte Türkei würde einer veränderten EU beitreten. Auch in der übrigen Welt sind, z. B. aus der weiteren Entwicklung der BRIC-Staaten (Brasilien, Russland, Indien, China), des Nahen Ostens sowie Afrikas, politische und wirtschaftliche Dynamiken zu erwarten, die auf Europa einwirken.

Je nachdem, wie sich die EU und die Türkei entwickeln, dürften sich die Beitrittsstrategien und die Auswirkungen des Beitritts unterschiedlich gestalten. Die wirtschaftlichen Effekte eines Beitritts unterscheiden sich danach, welche weitere Entwicklung die Wirtschaft sowohl in der EU als auch in der Türkei bis zum Beitritt nehmen wird. Anstelle einer willkürlichen Prognose werden künftig denkbare Entwicklungskonstellationen hier in vier Gruppen (A) bis (D) eingeteilt (Tab. 5-1).

Tab. 5-1: Konstellationen wirtschaftlicher Entwicklung von EU und Türkei bis 2020.

	EU prosperiert	**EU stagniert**
TR prosperiert	(A) Sonnenschein	(B) Abwendung von Europa
TR stagniert	(C) Verspätetes Aufholen	(D) Europa verblasst

Brasche 2016.

(A) Sonnenschein

Wenn beide Wirtschaftsräume prosperieren, profitieren sie beide durch eine weitere wirtschaftliche Integration und die damit verbundene Stabilisierung der Makroökonomie sowie die Stärkung der globalen Position. Die Risiken aus Ansprüchen an den EU-Haushalt sind geringer als bei den anderen Konstellationen und bei guter wirtschaftlicher Lage auch leichter zu tragen. Der Migrationsdruck sinkt oder verschwindet ganz.

(B) Abwendung von Europa

Wenn die Türkei prosperiert, kann sie zwar die Möglichkeiten der Zollunion weiterhin nutzen, findet aber in einer stagnierenden oder gar zerfallenden EU kaum Expansionsmöglichkeiten. Die Attraktivität der EU nimmt für die Türkei ab und eine Verschiebung des wirtschaftlichen und politischen Gravitationsfeldes führt zu einer Umorientierung der Türkei – weg von der engen Bindung an die EU.

(C) Verspätetes Aufholen

Wenn die Türkei wirtschaftlich stagniert, kann sie dennoch die Kopenhagen-Kriterien erfüllen und versuchen, ihren Beitrittswunsch zu realisieren. Die Mitgliedschaft kann dann – je nach Ursache der Stagnation – der wirtschaftlichen Entwicklung nochmals Impulse verleihen. Aber in der EU werden die Risiken schärfer gesehen und die Lasten relativ höher: Netto-Ansprüche an den EU-Haushalt dürften dann höher sein und der Migrationsdruck größer. Eine prosperierende EU könnte diese Mittel jedoch leichter aufbringen als eine stagnierende EU; die Verteilungskämpfe um den EU-Haushalt dürften den Ausgang eines solchen Szenarios stark bestimmen.

(D) Europa verblasst

Wenn beide Wirtschaftsräume stagnieren, können von einer Mitgliedschaft der Türkei auch kaum Impulse ausgehen. Die Fähigkeit der EU, zusätzliche Haushaltslasten zu tragen wird gering sein und die Spannungen aus einer zusätzlichen Migration aus der Türkei werden zunehmen. Das Versprechen der EU, Frieden und Wohlstand zu bringen, ist dann nicht mehr glaubwürdig und ein Beitritt nicht zwingend im Interesse der Türkei.

Keine dieser vier Konstellationen kann prognostiziert oder mit einer Wahrscheinlichkeit belegt werden. Auch die jeweiligen wirtschaftlichen und politischen Einflussgrößen für die Konstellationen können nur spekulativ benannt werden. Tiefgreifende Schocks, wie sie z. B. aus Politik, militärischen Auseinandersetzungen, Klimaveränderungen und Rohstoffversorgung resultieren können, sind nicht vorhersehbar.

In den folgenden Kapiteln werden die möglichen Effekte eines Beitritts der Türkei auf die vier Grundfreiheiten des Binnenmarktes (Handel, Direktinvestitionen, Mobilität, Dienstleistungen) diskutiert. Dabei sollen
- bisherige Entwicklungen im Austausch zwischen EU und Türkei,
- die oben genannten Konstellationen und
- die Erfahrungen aus der Ost-Erweiterung

berücksichtigt werden.

Von Interesse sind sowohl die bereits eingetretenen bzw. künftig erwartbaren Effekte für die Türkei als auch für die EU. Die Diskussion um eine mögliche Übernahme des Euro durch die Türkei wird hier ausgespart, da diese nicht zeitlich an den Beitritt gekoppelt ist und erst in fernerer Zukunft relevant werden könnte.

5.2.3 Die Türkei im Binnenmarkt

5.2.3.1 Außenhandel der Türkei

? Sind überhaupt noch Impulse aus dem Beitritt auf den Handel zu erwarten?

Die Türkei und die EU-27 sind Handelspartner mit unterschiedlichem Gewicht: Die EU-27 schickten im Jahr 2011 4,5 % ihrer Exporte, die in Nicht-EU-Länder gingen, in die Türkei und bezogen 2,8 % aller Einfuhren aus Nicht-EU-Länder von der Türkei, während die EU-27 der größte Abnehmer türkischer Waren war (46 %). Die Türkei hat ein deutliches Handelsdefizit sowohl mit der EU-27 als auch mit den anderen Ländern; sie importiert fast doppelt so viel, wie sie exportiert. Mit den Handelspartnern EU, Russland, China und USA entsteht der größte Teil dieses Defizites.

Im Handel mit der EU-27 (2011) erzielte die Türkei bei Nahrungsmitteln und bei der Verarbeitung von Gütern einen Exportüberschuss, während sie bei Brennstoffen, chemischen Erzeugnissen und vor allem bei Maschinen und Fahrzeugen ein deutliches Defizit aufwies. Hierin zeigt sich der geringere Entwicklungsstand der türkischen Industrie.

Mit der Zollunion hat die Türkei zwar eine weitreichende Integration in die Gütermärkte der EU erreicht, zum freien Warenverkehr des Binnenmarktes gehören aber zusätzlich noch die Beseitigung der nicht-tarifären Handelshemmnisse durch Harmonisierung und wechselseitige Anerkennung von Produktzulassungen (Kapitel 2.3.1.3). Dieser Schritt wird erst durch einen Beitritt vollzogen. Inwiefern dies den türkischen Außenhandel mit der EU beeinflussen wird, wird von der künftigen Industrie- und Exportstruktur der Türkei abhängen, da diese Handelshemmnisse nicht in allen Sektoren gleichermaßen eine Rolle spielen: Bei technischen, chemischen und pharmazeutischen Produkten, bei Baumaterialien und Fahrzeugen aller Art spielen Sicherheitsvorschriften eine größere Rolle. Wenn die Türkei ihre industrielle Kompetenz in den Bereichen Elektrotechnik und Fahrzeuge weiter ausbaut, wird künftiger Handel durch den Beitritt erleichtert. Hier hat die Türkei jedoch starke Konkurrenten in den neuen Mitgliedsstaaten aus Mittel- und Osteuropa – dies gilt zumal dann, wenn sich die Unterschiede in den Lohnstückkosten weiter angleichen. In der Textil- und Bekleidungsindustrie, in der die Türkei zurzeit noch einen Schwerpunkt hat, dürfte künftig allerdings die globale Konkurrenz wichtiger sein als der EU-Beitritt.

5.2.3.2 Freizügigkeit

Ist eine „Migranten-Welle" aus der Türkei zu erwarten? **?**

Schon im Ankara-Abkommen von 1963 und seinem Zusatzprotokoll von 1970 wurde die Freizügigkeit der Arbeitnehmer aus der Türkei angestrebt, konnte aber aus politischen Gründen nicht verwirklicht werden (Europäische Kommission, 1998a:35,54; Gümrükçü, H., 1997:119 ff.). Spätestens bei einer Vollmitgliedschaft aber wäre nach einer möglichen Übergangszeit dieses grundlegende Recht nicht mehr begrenzbar.

Die Freizügigkeit der Arbeitnehmer ist in der öffentlichen Diskussion über den des Beitrittswunsch der Türkei ein **sensibler** Punkt – besteht doch die Befürchtung, dass eine große Zahl der in der Türkei in Armut lebenden Menschen in die wohlhabenden EU-Länder emigrieren könnte. Dabei würden ihrer Landsleute, die bereits in vielen Ländern der EU leben, helfen. Dies wird in den potenziellen Zielländern abgelehnt, da dort die Arbeitsmarktlage die Aufnahme einer großen Zahl geringqualifizierter Zuwanderer nur bei erheblichen **Lohnsenkungen** in diesem Segment zulassen würde. Außerdem wird die bisher nicht gelungene Integration früherer Zuwanderer in den **Ghettos** der großen Städte als Bedrohung empfunden, die durch weitere Zuwanderung aus der Türkei verstärkt würde. Dabei wird verkannt, dass nicht nur oder besonders bei der Integration der Zuwanderer aus der Türkei Probleme auftreten – die Integration der Zuwanderer bleibt eine dringende Aufgabe auch jenseits eines Beitritts der Türkei.

Die in der Öffentlichkeit der EU-28 vorherrschende negative Sicht auf die mögliche Zuwanderung aus der Türkei vernachlässigt weitere wichtige Aspekte:

- Aus der Sicht der Türkei stellt die Abwanderung der jungen, gut ausgebildeten Arbeitskräfte einen Verlust des künftig wahrscheinlich verstärkt benötigten Humankapitals dar („Brain-Drain"). Wenn auch bisher die im Ausland ausgebildeten nur geringe Rückkehrneigung haben, da sie zu Hause keine adäquate Beschäftigung finden (Güngör, N. D. und Tansel, A., 2007), so dürfte sich dies bei starkem Wirtschaftswachstum in der Türkei ändern.
- Die Bevölkerung in den Mitgliedsstaaten der EU-28 – mit wenigen Ausnahmen – altert und schrumpft bis 2050, so dass die Zuwanderung aus der Türkei die daraus resultierenden Probleme zumindest teilweise kompensieren kann. Die vorrangig erwünschten gut ausgebildeten jungen Menschen sind dabei ebenso angesprochen wie weniger Qualifizierte, die für beschwerliche und wenig attraktive Arbeiten gebraucht würden – in der Tradition der ersten Gastarbeiter in den 60er Jahren des vorigen Jahrhunderts.

Es ist festzuhalten, dass die Freizügigkeit erst in längerer Zeit wirksam werden würde. In der Zukunft könnten sich aber die Interessen an der Migration deutlich verändern. Bei günstiger wirtschaftlicher und politischer Entwicklung in der EU und in der Türkei würde die EU Zuwanderer aus der Türkei benötigen – diese würden dann aber nicht mehr kommen wollen, da sie zu Hause eine Perspektive haben. Die EU kann nicht darauf vertrauen, künftig das bevorzugte Zielland zu sein: Bereits heute ist die Orientierung der gut ausgebildeten Bevölkerungsgruppen der Türkei an den Vereinigten Staaten von Amerika und an Australien stark.

Sollte dagegen die wirtschaftliche und politische Entwicklung in der Türkei weniger günstig verlaufen, dann sind die verfügbaren Zugangsschranken bei steigendem Migrationsdruck wenig wirksam. Auch kämen dann nicht vorrangig gut ausgebildete Personen auf der realistischen Suche nach Arbeit; vielmehr wären verstärkt Zuwanderungen aus den bereits heute benachteiligten Regionen des Südostens sowie aus den Ghettos am Rand der großen Städte zu erwarten. Dann wäre auch künftig eine erfolgreiche Integration in die Gesellschaft des Ziellandes nur schwer möglich.

5.2.3.3 Direktinvestitionen in der Türkei

[?] Warum ist die Türkei so stark von Auslandskapital abhängig?

Die Türkei ist im Unterschied zu den neuen mittel- und osteuropäischen Mitgliedern **kein** Transformationsland, d. h. das Produktionskapital war und ist überwiegend in privater Hand. Die Türkei entwickelt sich schnell und muss dafür den vorhandenen Kapitalstock **modernisieren** und insgesamt die Ausstattung mit Kapital verbessern. Dies kann sie alleine aus heimischen Finanzmitteln der Unternehmen bzw. aus der Ersparnis in der Türkei nicht finanzieren. Deshalb spielt der Zustrom von Investitionsmitteln aus dem Ausland eine Schlüsselrolle. Für lange Zeit war dieser Zufluss aber gering. Offenbar konnte die Türkei ihr Potenzial als Absatzmarkt und als Produktionsbasis in den internationalen Wertschöpfungsketten nicht entfalten und blieb hinter den Entwicklungen in den neuen Mitgliedsländern der EU zurück.

Die **Schwächen** des Investitionsstandorts im Vergleich zu anderen Ländern lagen in den frühen 2000er Jahren (TÜSIAD, YASED, 2004; Togan, S., 2011:35–36) u. a. in
- politischer und makroökonomischer Instabilität,
- Korruption und Einmischung der Regierung in die Wirtschaft,
- den durch Steuern und Abgaben relativ hohen Arbeitskosten,
- den hohen Kosten für Energie,
- durch die Schattenwirtschaft verzerrtem Wettbewerb,
- schlechten und teuren Telefonverbindungen und mangelhafter Infrastruktur und
- geringer Forschungs- und Entwicklungskapazität.

In der Türkei stieg nach der Überwindung der Krise 2001 mit der Annäherung an die EU und unterstützt durch ein liberales Gesetz zu Direktinvestitionen seit 2003 der Bestand an Direktinvestitionen an. Der ausländische Kapitalstock in der Türkei erreichte im Jahr 2010 mit ca. 25 % aber einen kleinen Wert, verglichen mit den Transformationsländern. Auch noch im Jahr 2013 (OECD, 2016c:37) wurden die Korruption, die politische Instabilität, die Konkurrenz durch die Schattenwirtschaft sowie das Steuersystem als wesentliche Hindernisse für ausländische Unternehmen in der Türkei genannt.

Von den Mitgliedsländern der EU zählen Deutschland, Frankreich, Schweden und Italien zu den größten Investoren in der Türkei. Außerhalb der EU sind es vor allem Nordamerika sowie Länder des Nahen und Mittleren Osten, die in der Türkei investieren.

Die Türkei hat in mehreren Gesetzespaketen eine Verbesserungen der Lage in- und ausländischer Investoren geschaffen und Anreize gesetzt OECD, 2012a:55; World Bank, 2010d); dazu gehören u. a.:

- Zuschüsse zu Investitionen und Aussetzen der Sozialabgaben und Einkommenssteuern in den ärmsten Regionen,
- Steuererleichterungen für großvolumige Investitionsprojekte,
- Förderung von Branchen, von denen ein Impuls auch auf andere Wirtschaftsbereiche der Türkei ausgehen kann (Tourismus, Bergbau, Transportsysteme, Pharmazie, Bildung, Wehrtechnik),
- Investitionen zur Bildung von Clustern und Netzwerken (World Bank, 2010d:107–130) bzw. in Hochtechnologiefeldern,
- Verbesserung der Regulierung.

Die künftige Entwicklung der ausländischen Investitionen wird vom weiteren Annäherungsprozess an die EU und der damit verbundenen weiteren Stabilisierung der Türkei bestimmt. Wenn es gelingt, politische, makroökonomische und militärische Krisen zu vermeiden und wenn die Privatisierung weiter voranschreitet, dann dürften Investoren die **Vorteile** des Standortes Türkei verstärkt nutzen. Dazu gehören

- ein großer und wachsender Heimatmarkt,
- die relative Nähe zu den Märkten Kerneuropas und
- die noch relativ geringen Löhne.

Die wachsende industrielle Kapazität in Branchen mit **mittlerer Technologie** sowie der Wettbewerbsdruck in den traditionellen Branchen Textil und Bekleidung verweisen auf den globalen Strukturwandel, von dem auch die Türkei betroffen ist. Angesichts deutlich steigender Löhne in den mittel- und osteuropäischen Ländern und der sich dort abzeichnenden Knappheit bei qualifizierten Arbeitskräften wird die Türkei noch auf einige Zeit ihren relativen Vorteil bei den Lohnkosten nutzen können: Es ist zu erwarten, dass sie sich bei arbeitsintensiven industriellen Prozessen in der Arbeitsteilung in Europa behaupten kann. Diese Strategie ist jedoch angesichts der in China, Vietnam und Indien niedrigen Löhne bei hoher Produktivität nicht auf Dauer tragfähig, sondern vor allem dort, wo es auf geringe Entfernungen zum Markt ankommt.

Auf längere Sicht muss die Türkei ihre industrielle Spezialisierung in Bereichen mit hoher Wertschöpfung ausbauen: Dafür benötigt sie Technologie, Kapital und qualifizierte Arbeitskräfte. Bei starkem Wachstum werden auch in der Türkei die **qualifizierten Arbeitskräfte** knapp werden, zumal eine Mobilisierung der gering qualifizierten Arbeitskräfte aus der Schattenwirtschaft für eine weltmarktfähige Industrie nur begrenzt möglich ist. Infolge dessen werden auch die Löhne steigen und die Lohn**stück**kosten nur bei entsprechend steigender Produktivität so niedrig bleiben, dass die internationale Wettbewerbsfähigkeit gewährleistet ist. Voraussetzung für die Steigerung der Produktivität ist wiederum die umfangreiche Adaption **höherer Technologie**, die nur von qualifizierten Arbeitskräften bedient werden kann. Damit wird deutlich, dass nur simultane Verbindung von Technologieimport durch Direktinvestitionen und Qualifizierung des Humankapitals von der „verlängerten Werkbank" wegführen wird.

5.3 Der Beitrittsprozess

5.3.1 Zur Erfüllung der Kopenhagen-Kriterien

Die Geschichte der Annäherung der Türkei und der EU währt bereits seit den 60er Jahren; im Jahr 1993 hat die EU dann die Kopenhagen-Kriterien für den Beitritt geschaffen, die seitdem alle Kandidaten erfüllen müssen (Kapitel 4.2.2) – dies gilt auch für die Türkei. Der davon ausgehende Druck zur tiefgreifenden Veränderung im beitrittswilligen Land sowie die Tatsache, dass diese Kriterien nicht verhandelbar sind, sondern eine von der EU formulierte „Eingangsprüfung" darstellen, führte immer wieder zu Irritationen in der Türkei. Vergleicht man den ersten Fortschrittsberichts (1998) mit dem von 2016 hinsichtlich der politischen und wirtschaftlichen Kriterien, so wird deutlich, dass sich die Türkei bereits in Richtung der EU-Kriterien entwickelt hatte, aber in jüngerer Zeit wenig Fortschritte und sogar Rückschritte zu verzeichnen sind. Aktuell kritisiert die EU sogar eine Abwendung der Türkei von dem Ziel der Beitrittsreife.

5.3.1.1 Politische Kriterien

Warum müssen die politischen Kriterien vor Aufnahme von Verhandlungen erfüllt werden? Welche Rolle spielen die politischen Kriterien speziell beim Türkei-Beitritt?

?

Für die Aufnahme von Beitrittsverhandlungen hat die EU die Erfüllung der politischen Kopenhagen-Kriterien (Verfassungsstaatlichkeit) zur Voraussetzung gemacht. Hier hatte die Türkei zum Beginn des Prozesses einen erheblichen Rückstand.

Anfangs deutliche Fortschritte

Die Europäische Kommission (1998a) stellte zu Demokratie und Rechtsstaatlichkeit der Türkei im **ersten Bericht 1998** schwerwiegende Mängel fest. Bei der Wahrung der Persönlichkeitsrechte und des Rechts auf freie Meinungsäußerung blieb die Türkei deutlich hinter dem Standard in der EU zurück. Bei der Bekämpfung des Terrorismus im Südosten des Landes hatte die Türkei die Rechtsstaatlichkeit und Menschenrechte nicht geachtet und eine militärische Lösung gesucht. Es gab Fälle von Folter, spurlosem Verschwinden und außergerichtlichen Hinrichtungen, die Zweifel daran aufkommen ließen, ob die Regierung in der Lage sei, ihre Sicherheitskräfte zu überwachen und zu kontrollieren.

Ebenfalls erhebliche Kritik wurde 1998 an der Lage der Menschenrechte und von Minderheiten geäußert. Die türkischen Behörden erkannten die Existenz einer kurdischen Minderheit nicht an. Diese über das ganze türkische Territorium verteilte, überwiegend aber im Südosten des Landes konzentrierte Bevölkerung war wirtschaftlich und sozial benachteiligt und lebte in vielen Provinzen dieser Region unter dem Ausnahmezustand, was den Sicherheitskräften einschneidende Durchgriffsrechte verschaffte.

Diese gravierenden Mängel hatte die Türkei bis 2004 weitgehend beseitigt. Die Justiz wurde grundlegend modernisiert, mit mehr Ressourcen ausgestattet und umfassend geschult. Insgesamt gesehen bietet die türkische Gesetzgebung umfassende Garantien gegen die Anwendung von Folter und Misshandlung und die Todesstrafe wurde abgeschafft. Auch das Militär hat seine politische Macht verloren und wurde der demokratischen Kontrolle untergeordnet. Folglich beschloss der Rat die Aufnahme von Beitrittsverhandlungen für den Oktober 2005.

Zähe Entwicklung und Rückschritte durch Krisen

Seit 2005 erzielte die Türkei unter der Regierung Erdogan weitere, wenn auch geringe, Fortschritte auf dem Weg zur Erfüllung der Kriterien. Als dann soziale und gesellschaftliche Krisen in der Türkei aufbrachen und die militärischen Konflikte in Syrien sich stärker auf die Türkei auswirkten, wurde der Fokus in der Türkei auf die Erfüllung der Kriterien schwächer. Zu nennen sind hier besonders die Proteste einer jungen, urbanen Mittelschicht gegen ein autokratisches, zunehmend religiös orientiertes Regime („Gezi-Park-Unruhen"), die Korruptionsvorwürfe gegen Personen im engen Umfeld von Erdogan sowie das erneute Aufflammen der militärischen Auseinandersetzung mit den Kurden. Nach dem gescheiterten Militärputsch 2016, der von Erdogan dem sogenannten „Gülen-Netzwerk" angelastet wird, wurden alle tatsächlichen oder vermuteten Opponenten der Regierung mit Verfolgungsmaßnahmen überzogen, die in die grundlegenden Bürgerrechte eingriffen.

In ihrem Fortschrittsbericht 2015 (European Commission, 2016p) würdigt die Kommission die schwierige politische und militärische Lage der Türkei und lobt die demokratischen Standards bei den Wahlen, rügt aber die Verabschiedung von Gesetzen, die den europäischen Regeln entgegenstehen. Die Unabhängigkeit der Justiz, der Kampf gegen Korruption, die Meinungs- und Pressefreiheit sowie die Implementation der Gesetze zu Minderheiten und Menschenrechten werden als unzulänglich und teilweise verschlechtert bezeichnet.

Das Europäische Parlament war in seiner Stellungnahme zum Fortschrittsbericht 2015 weniger diplomatisch als die Kommission: Das Reformtempo habe sich verlangsamt und in bestimmten grundlegenden Bereichen wie der Unabhängigkeit der Justiz und der Meinungsfreiheit seien gravierende Rückschritte zu verzeichnen. Der legitime Kampf gegen den Terror verletze grundlegende Rechte und verschlechtere die Position von Minderheiten in den entsprechenden Regionen (2015/2898(RSP)).

Im Fortschrittsbericht 2016 konstatiert die Europäische Kommission (European Commission, 2016q, 2016r) weitere erhebliche Rückschritte, die die Türkei im Gefolge des gescheiterten Militärputsches vom Sommer 2016 vollzogen hat. Unter dem Vorwand der Bekämpfung von Terror und Staatsgefährdung durch den Putschversuch wurden Meinungsfreiheit und politische Opposition unzulässig eingeschränkt.

Noch ist die Richtung offen

Sollte es sich bei der politischen Entwicklung seit Sommer 2016 um eine Überreaktion auf den Putsch handeln, so ist eine Rückkehr zu demokratisch akzeptablen Verhältnissen denkbar. Falls jedoch der Putsch als Anlass genommen wird eine zivile Diktatur zu errichten, dann ist die Mitgliedschaft in der EU grundsätzlich nicht mehr möglich. Bereits die angekündigte Einführung der Todesstrafe müsste zu einer Beendigung der Beitrittsverhandlungen führen. Das Europäische Parlament hat im November 2016 das Einfrieren der Beitrittsgespräche gefordert, was jedoch nicht bindend ist und von der Türkei als bedeutungslos abqualifiziert wurde.

5.3.1.2 Wirtschaftliche Kriterien

Ist die Wirtschaft der Türkei reif für eine EU-Mitgliedschaft?   **?**

Wirtschaft erfüllte Voraussetzungen schon früh

Die Türkei muss bis zum Beitritt auch die wirtschaftlichen Kopenhagen-Kriterien (Kapitel 4.2.2) erfüllen: Sie muss eine Marktwirtschaft aufweisen, mit der sie dem internationalen Wettbewerbsdruck standhalten kann. Schon im **ersten Fortschrittsbericht** hat die Kommission (1998a) festgestellt, dass die Türkei die **institutionelle Struktur** einer funktionsfähigen Marktwirtschaft besitze, in der die Preise für Güter über den Markt bestimmt werden, wenn auch bei dem Angebot aus staatlichen Unternehmen und in der Landwirtschaft damals noch erhebliche Einflussnahme auf die Preisgestaltung erfolge. Die Türkei war offen für ausländische Investitionen, wenn auch einige Sektoren (Finanzen, Energie, Verkehr) noch abgeschottet waren. Die erforderliche **makroökonomische Stabilität** konnte jedoch 1998 nicht bescheinigt werden, was auf das politische Scheitern von Reformen zurückgeführt wurde. Entsprechend wurde kritisiert, dass die chronische Instabilität der Währung dazu führt, dass Kapital eher in öffentliche Schuldtitel fließt und produktive Investitionen nicht finanziert werden können. Mit dem finanziellen Zusammenbruch im Jahr 2001 hatten sich diese Probleme zugespitzt und die Schwächen der Wirtschaft offengelegt.

Die Fähigkeit, dem **Wettbewerbsdruck standzuhalten**, wurde 1998 angesichts der intensiven Handelsverflechtung und der stark gestiegenen Außenhandelsvolumina positiv gesehen. Auch hatten sich die Exporte der Türkei von arbeitsintensiven Gütern (Textil) und Rohstoffen hin zu höher entwickelten Produkten verändert. Die **Privatisierung** dagegen war bis 1998 kaum vorangekommen.

Einschätzung in den aktuellen Fortschrittsberichten der EU

Im Fortschrittsbericht 2015 wurde auf das zu geringe Wirtschaftswachstum verwiesen, wodurch auch die Abhängigkeit von Auslandskapital größer wurde. Die wieder hohe Inflation erfordert Zinserhöhungen, die jedoch wegen der Dämpfung von Investitionen umstritten waren: Die Zentralbank senkte – auch unter politischem Druck – stattdessen den Zins.

Die Strukturreformen, wie Verbesserungen im Bildungssystem und im Energiesektor kamen (zu) langsam voran. Auch die staatlichen Ausschreibungen und die Verteilung von Subventionen erreichten nicht die erforderliche Transparenz. Das Wirtschaftswachstum war 2016 zu gering, um die wachsende Bevölkerung mit Arbeitsplätzen zu versorgen und das Defizit in der Zahlungsbilanz ist nur wegen des gesunkenen Ölpreises geschrumpft. Das ausländische Kapital strömt in Form von volatilen Portfolio-Investitionen und als Kreditaufnahme türkischer Banken im

Ausland zu, während die längerfristig gebundenen Direktinvestitionen schwach bleiben.

5.3.1.3 Erfüllung des Acquis

? Warum ist die Prüfung des Acquis noch nicht vorangekommen?

Die Fähigkeit und Bereitschaft, die gemeinsamen Gesetze und Regeln (Acquis) der EU zu übernehmen und anzuwenden kommt nur langsam voran. Von 31 inhaltlichen Kapiteln sind nur wenige eröffnet und nur eines ist abgeschlossen worden. Zwar hat die Türkei in wichtigen wirtschaftlichen Kapiteln (Unternehmensrecht, Finanzdienstleistungen, Forschung) defacto bereits eine hohe Übereinstimmung mit dem Acquis erreicht, aber die Öffnung weiterer Kapitel wird durch einige EU-Mitglieder blockiert.

5.3.2 Mögliche Ergebnisse des Beitrittsprozesses

? Will die Türkei immer noch Mitglied werden?
Gibt es alternative Formen für die Beziehungen zwischen EU und Türkei?

Am Beitrittswunsch der Türkei hat sich wie bei keinem anderen Land die Frage nach den Grenzen Europas entzündet. Schon mit dem Assoziierungsabkommen von 1963 wurde der Türkei ein Beitritt zur EU in Aussicht gestellt und damit implizit festgesetzt, dass die Türkei ein Teil Europas sei (Geiger, R., 2000:129). Die Diskussion sucht dennoch weiterhin nach Kriterien, die helfen zu entscheiden, ob die Türkei zu Europa gehört.

Erheblicher Widerstand gegen den Beitritt der Türkei wird z. B. von Frankreich ausgeübt. So hat im November 2002 der Präsident des Konvents für eine Europäische Verfassung, der ehemalige französische Staatspräsident Valéry Giscard d'Estaing, der Türkei die Zugehörigkeit zu Europa abgesprochen und gar von einer **Zerstörung der EU** durch den Beitritt gesprochen. Auch der Historiker Wehler (2004) hat sich ähnlich geäußert. Dem ist entgegenzuhalten, dass die Aufnahme der Türkei in die EU das Projekt einer Einigung Europas schon deshalb nicht zerstören kann, da die Ausprägungen einer solchen Einheit weder genauer beschrieben ist noch Konsens unter den derzeitigen Mitgliedern besteht. Auch die implizite Vermutung, die Entwicklung einer Einigung unter den bisherigen EU-28 könnte gelingen, wohingegen ein Beitritt der Türkei dies dann unmöglich machen würde, geht an der Realität vorbei: Auch die bisherigen Mitglieder der EU haben keine gemeinsame Vision für das „Projekt Europa" und bereits mit der Aufnahme Großbritanniens im Jahr 1973 wurde die Unvereinbarkeit der Vorstellungen über die Europäische Integration besiegelt.

Der Weg bis zur Entscheidung über den Beitritt der Türkei ist noch weit – und die durch die Vorbereitung angestoßenen Reformen in der Türkei sind möglicherweise der fruchtbarste Effekt für die türkische Wirtschaft und Gesellschaft: „**Der Weg ist das Ziel**". In der Diskussion wird von türkischer Seite auch immer wieder betont, dass die Änderungen nicht unter dem Diktat der EU vollzogen werden, sondern ohnehin für die Weiterentwicklung der Türkei erforderlich seien. Die Beitrittsperspektive kann innerhalb der Türkei eine Stärkung der laizistischen, westorientierten Fraktion gegenüber den religiösen Fundamentalisten bewirken; dafür muss der Beitritt für die Bevölkerung jedoch mit positiven Erwartungen in einer kurzfristigen Perspektive verbunden sein. Wenn der Prozess sich sehr lange hinzieht, könnte die Bereitschaft auf beiden Seiten nachlassen, sich seinen Anforderungen weiter zu stellen. Die EU könnte auf volle Erfüllung der Kopenhagen-Kriterien pochen, während die Türkei eine weitgehende Erfüllung behauptet und weitere Forderungen der EU als spitzfindige Barriere für einen Beitritt zurückweist. Denn am Beispiel des Beitritts Rumäniens und Bulgariens im Jahr 2007 wird deutlich, dass auch die Bescheinigung der „Reifeprüfung" politisch gestaltbar ist (Kapitel 4.2.3.2).

Wie die Entscheidung über den Beitrittsantrag weitergehen wird, ist auch für den Fall eines erfolgreichen Bestehens der Kopenhagen-Kriterien nicht gesichert. Der Prozess wird im politischen Raum „ergebnisoffen" genannt, womit die Möglichkeit einer Ablehnung des Beitritts trotz Erfüllung aller Voraussetzungen gemeint ist. Die Türkei dagegen geht davon aus, dass die Mitgliedschaft zwangsläufig ein Resultat der Erfüllung der Beitrittskriterien sei. Nach ihrer Auffassung ist dann ein Beitrittsvertrag mit dem Ziel der **Vollmitgliedschaft** zwischen der EU und der Türkei auszuhandeln, in dem es um Übergangsperioden und Sicherheitsklauseln bei sensiblen Themen geht.

Die Gegner einer Mitgliedschaft dagegen halten alternative Konzepte zur vollen Mitgliedschaft bereit, die z. B. „**Privilegierte Partnerschaft**" genannt werden (Macmillan, C., 2010; Dedeoglu, B. und Gürsel, S., 2010). Dabei soll die Türkei zwar wirtschaftlich und politisch eng an die EU gebunden werden, aber nicht die Rechte und Pflichten eines Vollmitglieds erhalten. Damit würden ihr im Wesentlichen die Beteiligung an den Abstimmungen in Rat und Parlament und damit das Recht zur Mitbestimmung und Mitgestaltung vorenthalten. Ein solches Konzept wird z. B. von der CDU in Deutschland vorgeschlagen.

Quaisser (2004) schlägt das Konzept einer „Erweiterten Assoziierten Mitgliedschaft" vor, das neben der Integration in den Binnenmarkt ohne Freizügigkeit der Arbeitnehmer auch die finanzielle Beteiligung an der Agrar- und Regionalpolitik vorsieht sowie ein Anhörungsrecht im Rat. Dies könnte auch dem Westbalkan, der Ukraine, Weißrussland sowie Moldawien angeboten werden. Wenn solche Konzepte etabliert sind und nicht als Diskriminierung des speziellen Kandidaten Türkei verstanden werden können, wären sie auch für die Ausgestaltung des Verhältnisses zwischen der EU und der Türkei politisch gesprächsfähig.

Soll der Beitritt der Türkei vollzogen werden, so sind dafür vier Hürden zu nehmen:

1. Die politische Führung der Türkei muss eine Vollmitgliedschaft politisch und strategisch immer noch erstrebenswert finden und bereit sein, die Anpassungsleistungen an die Kopenhagen-Kriterien zu erbringen.
2. Die Staats- und Regierungschefs der Mitgliedsstaaten müssen den Beitrittsvertrag einstimmig annehmen, d. h. jedes einzelne Land kann ein Veto ausüben.
3. Die Ratifizierung des Beitrittsvertrags erfordert in einigen Mitgliedsstaaten – z. B. in Frankreich – ein Referendum und damit die mehrheitliche Zustimmung in der Bevölkerung.
4. Der Beitrittsvertrag muss im türkischen Parlament angenommen werden, wofür eine Mehrheit nicht zwingend sicher ist.

Wie die Erfahrungen mit den Verträgen von Nizza, Maastricht und Lissabon gezeigt haben, kann die knappe Mehrheit der Bevölkerung eines Landes den gesamten Prozess durch ein Nein scheitern lassen. Meinungsumfragen zeigen, dass es in einigen Ländern der EU-28 – und möglicherweise selbst in der Türkei – keine Mehrheit für einen Beitritt gibt (Ruiz-Jiménez, A. M. und Torreblanca, J. I., 2007; Gerhards, J. und Hans, S., 2011; Baykal, S.; 2009).

Die Perspektive verdunkelt sich

In jüngerer Zeit sind einige politische Krisen aufgeflammt, die die Beitrittsperspektive deutlich verschlechtert haben. Zusätzlich zeichnen sich weitere Krisenherde ab. Dazu gehören:

- Der Konflikt zwischen der Türkei und ihrer kurdischen Bevölkerungsgruppe ist wieder verschärft ausgebrochen.
- Die Türkei wird tiefer in den Krieg in Syrien verstrickt.
- Die Gewährung von Visum-freiem Reiseverkehr für die Türkei droht zu einem schwer überwindbaren Streitpunkt zu werden.
- Die Rolle der Türkei in der Flüchtlingskrise ist nicht vorhersehbar und könnte zu einer Abschottung zwischen der Türkei und der EU führen.
- Die Reaktion auf den gescheiterten Militärputsch (2016) führt die Türkei weiter weg von den erforderlichen Mindeststandards der politischen Kopenhagen-Kriterien.
- Ein erneuter Ausbruch der Finanzkrise in der EU, z. B. durch einen Zusammenbruch des italienischen Bankensystems, könnte die positiven Effekte der wirtschaftlichen Kooperation zwischen der Türkei und der EU zerstören und negative Ansteckungseffekte auslösen.

Ein **endgültiger, erfolgloser Abbruch** des Beitrittsprozesses würde wahrscheinlich zu lang andauernden erheblichen politischen Verwerfungen führen: Die Türkei
könnte sich von Europa abwenden. Im Winter 2016 hat Ministerpräsident Erdogan
die Umorientierung der Türkei hin zu einem engeren Bündnis mit China und Russland angekündigt.

6 Perspektiven der EU

Wir müssen über das Europa der Werte reden und dürfen uns nicht allein auf den sterilen Aspekt eines Europas der Märkte oder die komplizierten Fragen der Gemeinsamen Agrarpolitik beschränken, so unentbehrlich diese Themen auch sein mögen.
Europa sollte nie wieder ein „Srebrenica" auf seinem Gewissen haben.
Den Hassstürmen, die dort im Juli 1995 ihre bittere Ernte einfuhren, hätte man Einhalt gebieten können, wenn wir als ihre Nachbarn die Fähigkeit und die Entschlossenheit zum Handeln gehabt hätten. Dies müssen wir beides finden.
(Pat Cox, Karlspreisträger 2004)

What this continent has achieved is truly fantastic, from being a continent of war to becoming a continent of peace. In this process the European Union has figured most prominently. It therefore deserves the Nobel Peace Prize.
(Aus der Ansprache zur Verleihung des Friedensnobelpreises an die EU, 2012)

Die EU ist politisch und wirtschaftlich insgesamt eine Erfolgsgeschichte. Einige Aspekte sind wenig entwickelt und einige Fehler müssen beseitigt werden, so dass die Bürger die Errungenschaften wieder mehr pflegen und verteidigen (6.1). Lehren aus der Finanzkrise müssen umgesetzt werden (6.2.1) und mehr Flexibilität und Differenzierung in das starre Gefüge der EU gebracht werden, so dass mehr Probleme schneller angegangen werden können. Dabei dürfen keine „heiligen Kühe" geschont werden (6.2.2). Die Stärkung der EU braucht den Diskurs der Bürger über „die EU, die sie wollen".

6.1 Europäische Integration – eine Erfolgsgeschichte

 Welche positiven Ergebnisse der EU-Integration werden (zu) wenig gewürdigt?
Was trägt zu einer skeptischen Sicht auf die EU bei?

Die Europäische Integration nach dem zweiten Weltkrieg ist politisch und wirtschaftlich eine Erfolgsgeschichte. Sie hat zur Überwindung von Grenzen – auch in den Köpfen – und damit zur Sicherung des Friedens beigetragen. Daraus hat sich eine Sinnstiftung für die Europäische Integration entwickelt, die mit den Schlüsselworten **Frieden und Wohlstand** zusammengefasst werden kann. Die Attraktivität dieser „Erzählung über Europa" zeigte sich sowohl in der breiten Akzeptanz in der Bevölkerung der Mitgliedsstaaten für die Integration als auch im Wunsch vieler Völker in der Nachbarschaft, diesem Club beizutreten.

DOI 10.1515/9783110495485-006

Frieden durch die EU

Nach dem Zweiten Weltkrieg gewann die Idee von einem vereinigten Europa erneut an Gewicht: Nationalismus und Kriege sollten ein für alle Mal überwunden werden. Europa sollte der **Garant für Frieden** sein. So war die Einbindung der beiden Rivalen Deutschland und Frankreich in die „Europäische Gemeinschaft für Kohle und Stahl" (EGKS) der erste Schritt dazu, die umstrittenen Ressourcen Kohle und Stahl aus dem nationalen Zugriff zu lösen und sie damit als Kriegsgrund und Kriegswaffen zu neutralisieren.

Es gehört zum kaum hinterfragten allgemeinen Gedankengut, dass der relativ lange Zeitraum ohne kriegerische Auseinandersetzungen zwischen den europäischen Kernvölkern der Europäischen Integration zuzuschreiben ist. Die Institutionen und Verträge der EU bilden ein „verhandeltes System zur Organisation weiterer Verhandlungen" (Bolle, M., 2011) zwischen Nationalstaaten, das die Lösung von Konflikten und die Organisation gemeinsamer Interessen erleichtert.

Es war aber auch der Ost-West-Konflikt im „kalten Krieg", der mit seinem „Gleichgewicht des Schreckens" zwischen den beiden atomar gerüsteten Supermächten USA und Sowjetunion die **lange Friedenszeit** im Kern Europas herbeigeführt hat (Calleo, D. P., 2001). In den turbulenten Entwicklungen nach dem Zusammenbruch der Sowjetunion und Jugoslawiens war es auch die Perspektive auf einen EU-Beitritt, der die Kandidatenländer zu einer friedlichen Entwicklung motiviert hat.

Die Europäische Union erhält den Friedensnobelpreis

Im Jahr 2012 wurde der EU der Friedensnobelpreis dafür verliehen, dass sie über sechs Jahrzehnte zur Verbreitung von Frieden und Verständigung, Demokratie und Menschenrechten in Europa beigetragen hat.

http://www.nobelprize.org/nobel_prizes/peace/laureates/2012/ (5. 12. 2012)

Im Überblick kann man sagen, dass sich die Erwartungen an die EU als Garant von Frieden und Stabilität in Europa erfüllt haben. Die EU konnte dazu unter dem Schirm der NATO und der USA einen Beitrag leisten, wenn auch die Kompetenzen und Strukturen der EU gerade im Bereich der Außen- und Sicherheitspolitik und in der Innen- und Rechtspolitik deutlich schwächer entwickelt sind als im wirtschaftlichen Bereich. Womöglich war es gerade das auf Verhandlung und Konsens zwischen Nationalstaaten angelegte Szenario europäischer Politik, das hierfür hilfreicher war als es eine föderale Struktur hätte sein können.

Wirtschaftliche Prosperität durch den Binnenmarkt

Im bisherigen Verlauf der wirtschaftlichen Integration haben der Abbau von Handelshemmnissen und die Liberalisierung der Märkte zu Wachstum und Wohlstand beigetragen. Durch den Binnenmarkt wurde der Wettbewerb angeregt und der internationale Austausch von Gütern, Dienstleistungen, Arbeit und Kapital effizienter gemacht. Auch auf den globalen Märkten konnten sich so Unternehmen aus der EU besser behaupten. Die unvermeidlichen Anpassungslasten sozial gerecht in den Mitgliedsstaaten zu verteilen, bleibt die Aufgabe jedes einzelnen Mitgliedsstaates – die EU hat dafür weder Zuständigkeiten noch Ressourcen erhalten. Die Unzufriedenheit und Ängste der (vermeintlichen) Verlierer der Globalisierung werden daher zu Unrecht der EU angelastet.

Der Beitrag der EU zum Wohlstand lässt sich nur schwer ermitteln; J. Delors' Bonmot „Niemand verliebt sich in einen Binnenmarkt" weist auf diese Schwierigkeit hin. Der Beitrag des Binnenmarktes könnte nur abgeschätzt werden, wenn die aktuelle Situation mit einer „hypothetischen Welt ohne EU" (counter factual) verglichen würde – dies muss aber willkürlich und strittig bleiben. Die Rückbesinnung auf „gute alte Zeiten" vor der Globalisierung führt in die Irre, da sich die Welt auch ohne EU stark verändert hätte – möglicherweise weniger vorteilhaft, als es mit der EU der Fall ist.

Auch die Gemeinschaftswährung, der Euro, kann einen Beitrag zur wirtschaftlichen Prosperität leisten. Ein Blick auf die Wechselkurse von wirtschaftlich schwachen Mitgliedsstaaten vor der Übernahme des Euro zeigt, wie sehr sie durch hohe Inflation und damit einhergehende Abwertungen in ihrer Entwicklung behindert wurden: Die Zinsen, d. h. die Kreditkosten, waren oft zu hoch für eine wirtschaftliche Entwicklung. Allerdings ist die Konzeption, in die der Euro eingebettet ist, nicht tragfähig und muss weiterentwickelt werden. Die Wiedereinführung nationaler Währungen wird zwar als Ausweg diskutiert, dürfte aber die zugrunde liegenden Probleme nicht lösen.

Schattenseiten des Binnenmarktes

Durch die starke Betonung des Wettbewerbs im Binnenmarkt geraten Daseinsvorsorge oder soziale Dienste unter Druck. Ein Zielkonflikt zwischen sozialem Schutz und gesellschaftlicher Gestaltung einerseits und Wettbewerbsdruck in der EU andererseits wird deutlich. Eine weiter gehende Liberalisierung wird jedoch nicht vorrangig durch den EU-Vertrag gefordert, sondern ist auch Ergebnis der Rechtsprechung des Europäischen Gerichtshofs.

Auf den Arbeitsmärkten postuliert der Binnenmarkt ebenfalls Wettbewerb als Prinzip, aber weder funktioniert die Wanderung von Arbeitskräften wie vorgesehen noch wäre eine vermehrte Wanderung für Herkunfts- und Zielregionen immer positiv.

Automatisierung, Digitalisierung und der Strukturwandel hin zu Dienstleistungen verändern die Arbeitswelt in hohem Tempo. Im europäischen Binnenmarkt sind Länder, Regionen, Berufe und Geschlechter in verschiedenem Ausmaß davon betroffen. Die Verlierer von Globalisierung und Wettbewerb in den Mitgliedsstaaten organisieren sich gegen die befürchteten oder tatsächlichen Anpassungslasten der wirtschaftlichen Integration. In wachsenden Bevölkerungsgruppen hat sich die Meinung herausgebildet, die EU sei nicht die Lösung, sondern die Ursache der Probleme.

Soziale Komponente unterentwickelt

Anders als die Liberalisierung von Güter- und Kapitalmärkten ist die europäische Komponente in der **Arbeitsmarkt- und Sozialpolitik** kaum entwickelt, da einige Länder auch auf diesen Gebieten eine liberale, „anglo-sächsische Linie" verfolgen, während andere eher einer sozialdemokratischen bzw. sozialistischen Tradition verpflichtet sind: Zu einer gemeinsamen Politik kam es aber bisher nicht. Den Zielen **„Solidarität"** und **„regionale Kohäsion"**, zu denen auch das Teilen von Ressourcen zwischen den wohlhabenden und den ärmeren Mitgliedsstaaten beitragen könnte, ist die EU kaum näher gekommen. Die Mittel aus den europäischen Regional- und Kohäsionsfonds können zwar für einige Empfängerländer bis zu 3,5 % ihres nationalen Bruttoinlandsprodukts erreichen, aber die soziale Ungleichheit innerhalb der und zwischen den Ländern wird dadurch nicht ausgeglichen.

Kommission und Parlament thematisieren ihren Mangel an Zuständigkeit und Ressourcen in diesen Bereichen wenig, sondern betonen stattdessen besonders in Krisen das „soziale Europa", das den bedrängten Bürgern helfen will. Dieses Signal muss konsequenterweise zu Enttäuschungen über die EU führen.

Die Sterne der EU verblassen

Die Sterne der EU verblassen, und der Anteil derer, die die Mitgliedschaft ihres Landes für eine gute Sache halten, ist dramatisch gesunken (Frieden, J., 2016). Für die jungen Generationen ist Krieg gegen die Nachbarn keine als realistisch empfundene Gefahr mehr und grenzenlose Mobilität wird für eine Selbstverständlichkeit gehalten. Auf der anderen Seite wird die EU als unfähig angesehen, die Probleme der Finanzkrise, der Arbeitslosigkeit, des Terrors und der Flüchtlingswanderungen zu lösen. Die ökonomische Krisenpolitik wird eher als spalterisch, denn als solidarisch empfunden. Damit leidet die Legitimation der EU, die sich auch auf ihre Leistungen für die Bürger stützt (Scharpf, F., 1999), was sich in sinkender Wahlbeteiligung, in zunehmender Kritik am Demokratiedefizit sowie im Erstarken populistischer und anti-europäischer Parteien äußert. Ein Stimmungswandel macht sich bemerkbar: Vermeintliche nationale Interessen und wirtschaftliche Vorteile treten schärfer in den Vordergrund. Dagegen schwindet die Bereitschaft, für die Sicherung des politischen und sozialen Friedens Kompromisse zu schließen und Ressourcen zu teilen. Die populistische Diskussion spaltet die Völker der EU rasch in „Faulpelze" und „Fleißige" und schlägt den Ausschluss der „problematischen" Mitglieder vor.

Das alte Narrativ von „Frieden und Wohlstand" wird durch eine **Kosten-Nutzen**-Sicht auf die Europäische Integration abgelöst (Göler, D., 2012; Næss-

Schmidt, H. S., Jespersen, S. T. et al., 2010; Brasche, U., 2015b). Das Noch-Mitglied Großbritannien verspricht sich von einem Austritt aus der EU sogar erhebliche wirtschaftliche Gewinne. Neben den wirtschaftlichen Gründen für die Skepsis gegenüber der EU gewinnt auch ein **neuer Nationalismus** an Bedeutung. Verunsicherte Menschen vereinfachen für sich die verwirrend-vielfältige und rasante Entwicklung der globalen Welt durch Rückschritt in einfache Erklärungs- und Lösungsansätze – „die gute alte Zeit".

Weiterführende Literatur

Piris, J.-C., 2012. The future of Europe – towards a two-speed EU? Cambridge [u. a.], Cambridge Univ. Press.

Dülffer, J., 2004. Europäische Zeitgeschichte – Narrative und historiographische Perspektiven. Zeithistorische Forschungen (1): 51–71.

Reflection Group on the Future of the EU 2030, 2010. Project Europe 2030: Challenges and opportunities – a report to the European Council,

BBVA and OpenMind, Eds., 2015. The search for Europe – Contrasting Approaches. Madrid.

6.2 Elemente einer künftigen EU

Die Integration der EU ist nicht ein Zustand, sondern ein Prozess und für diesen liegt kein Plan vor. Die verschiedenen Vorstellungen reichen von den „Vereinigten Staaten von Europa" bis zu einem wirtschaftlichen Verbund unabhängiger Nationalstaaten. Zur endgültigen Gestalt („Finalität") gibt es bisher keinen Konsens (Kapitel 1.1.3). Soll jedoch die erforderliche Weiterentwicklung der EU gelingen, so kann dies nicht nur wie bisher auf Krisenreaktionen aufbauen (Kapitel 1.1.3.1), sondern muss einen Dialog der Bürger der europäischen Mitgliedsstaaten einschließen (Brasche, U., 2015b:359). Sensitivitäten gegenüber bisherigen Integrationsschritten – insbesondere gegenüber der Freizügigkeit von Arbeitskräften – müssen ebenso berücksichtigt werden, wie die große Bedeutung des Nationalstaats für die Identität und Geborgenheit seiner Bürger.

Wesentliche Herausforderungen, für die die EU in ihrer heutigen Verfasstheit nicht gerüstet ist, umfassen u. a. die Sicherung der Außengrenzen und die Bewältigung des Migrationsdrucks aus außer-europäischen Ländern, die Vertretung der gemeinsamen Interessen in den Bereichen Handel, Rohstoffe und Energie sowie Klimafolgen im globalen Kontext. In diesem Zusammenhang ist auch der Aufbau eines gemeinsamen Militärs sinnvoll und erforderlich. Diese Themen können hier nicht vertieft werden; auch kann hier kein umfassendes Konzept für eine „bessere" EU vorgelegt werden. Vielmehr werden einige wirtschaftliche Elemente angesprochen, die für eine zukünftige EU besser als bisher gelöst werden müssten.

6.2.1 Lehren aus der Finanzkrise

Durch welche Maßnahmen kann das Finanzsystem widerstandsfähiger werden? **?**

Altschulden abschreiben

Die größte wirtschaftliche Erschütterung hat die EU durch die Finanzkrise erfahren, die immer noch nicht überwunden ist (Kapitel 3.5). Die Arbeitslosigkeit – vor allem der Jugend – ist immer noch unerträglich hoch. Die Schulden von privaten Haushalten, Unternehmen und Regierungen sind nicht nachhaltig (Brasche, U., 2015b: Chapter 3.2). Es drohen nach wie vor sowohl Zusammenbrüche von Banken als auch der Bankrott von Staaten. Die Last der Alt-Schulden behindert die Kreditvergabe durch das Bankensystem und hemmt Investitionen, Wachstum und damit die Schaffung von Arbeitsplätzen gerade in den am stärksten von der Krise betroffenen Ländern.

Eine Streichung von Altschulden ist erforderlich, da die bisher bereits gewährte Verlängerung der Laufzeiten, die Verbilligung der Zinsen und das Einräumen zins- und tilgungsfreier Jahre nicht ausgereicht haben, die Mitgliedsstaaten Griechenland, Portugal, Spanien und Irland so deutlich von ihren Altschulden zu entlasten dass sie wieder einen wirtschaftlichen Aufschwung nehmen können. Auch die Lage Italiens ist wegen der exorbitanten und steigenden Staatsverschuldung sowie wegen des hohen Anteils „fauler" Kredite in den Bankbilanzen kritisch.

Der Verzicht auf ohnehin nicht mehr einbringbare Forderungen würde Finanzinstitute zu Abschreibungen zwingen, die in einigen Fällen deren Eigenkapitalreserven übersteigen würden. Zwar soll die neu vereinbarte Banken-Union (Kapitel 2.3.6.5) eine geordnete Abwicklung von Banken ermöglichen, aber es ist nicht ausgeschlossen, dass die dafür zur Verfügung stehenden Mittel nicht ausreichen und somit wiederum die heutigen und künftigen Steuerzahler eintreten müssen. Betrifft dieses Problem ohnehin überschuldete Staaten, so haben diese nicht den erforderlichen Zugang zum Kapitalmarkt, um die Rettung systemisch relevanter Finanzinstitutionen zu finanzieren. Um ein Übergreifen der Probleme auf die gesamte EU oder gar das Weltfinanzsystem zu verhindern, bliebe dann nur noch eine Vergemeinschaftung der Schulden unter allen EU-Mitgliedern.

Aber selbst, wenn die Abschreibungen der uneinbringbaren Forderungen ohne Stützung von Banken gelänge, so würde dadurch der Verlust von investiertem Kapital offengelegt und die Verzinsung von Guthaben – meist wohlhabender – Sparer könnte endgültig nicht mehr die Größenordnung erreichen, die einst z. B. für die Altersversorgung geplant war. Die Versicherungen, die sehr langfristige vertragliche Zusagen über hohe Renditen gemacht haben, sind bereits heute nicht mehr in der Lage, diese am Kapitalmarkt zu verdienen und müssen aus der Substanz auszahlen.

Dieser notwendige Schritt einer Streichung von Alt-Schulden ist besonders in den Ländern, die ihre Überschüsse schlecht, d. h. in den jetzigen Krisenländern, angelegt hatten, politisch unpopulär und unterbleibt daher bisher (z. B. Deutschland, Niederlande, Österreich). So wird die derzeitige Bundesregierung wohl erst nach den nächsten Wahlen (2017) den Forderungen des IWF nachgeben und zumindest Griechenland einen Teil der Schulden erlassen.

Ungelöst bleibt dabei, ob nach einem Schuldenschnitt die Mechanismen, die zu der hohen Verschuldung geführt haben, nicht weiterhin wirksam blieben. Dazu zählen sowohl der Aufbau von Spekulationsblasen bei privaten Haushalten und Banken, als auch die Tendenz von Regierungen zu überhöhten Defiziten. Die konsequente Umsetzung der bereits verfügten Mechanismen zur Schuldenbegrenzung von Regierungen sowie die Regelung eines Staatsbankrotts wären notwendige Teile der Lösung.

Insolvenzordnung für Staaten

Die Staatsverschuldung konnte bisher auch deshalb nicht erfolgreich begrenzt werden, weil den Akteuren bewusst war, dass ein ungeregelter Staatsbankrott zu erheblichen Ansteckungen über Ländergrenzen hinweg führen müsste und daher eine Rettung durch andere Länder zu erwarten wäre – die „Erpressung zur Rettung". Weitere Verschuldung ist die Folge (moral hazard).

Wenn dagegen ein geregelter Staatsbankrott möglich wäre, dann könnten die entsprechenden Regierungen nicht mehr mit einer Rettung rechnen, so dass sie von vorne herein die negativen Folgen der Überschuldung in ihr Handeln einbeziehen müssten: Entscheidung und Verantwortung gingen dann wieder miteinander einher. Auch die Kapitalmärkte müssten dann die tatsächlichen Ausfallrisiken realistisch einpreisen und entsprechende Risikoaufschläge auf die Zinsen verlangen. Dafür ist eine Insolvenzordnung für Staaten eine Voraussetzung. Seit längerem liegen dazu Konzepte vor (Krueger, A. O., 2002; Eichengreen, B., 2003; Haldane, A. G., Penalver, A. et al., 2003; Andritzky, J., Christofzik, D. I. et al., 2016), über die jedoch bisher keine Einigung erzielt werden konnte. Stattdessen wird jede Umschuldung eines bankrotten Staates als Einzelfall mit ungewissem Ausgang verhandelt.

Ein Teil des Problems liegt in der engen Verbindung zwischen Staatshaushalten und Geschäftsbanken (Mody, A. und Sandri, D., 2012). Banken sind auch deshalb die wichtigsten Käufer von Staatsanleihen, weil sie durch eine regulatorische Vorgabe dafür ein definitorisches Ausfallrisiko von Null ansetzen dürfen. Somit können Staatsanleihen halten, ohne dafür Eigenkapital einsetzen zu müssen. Dieses Privileg für Staatsanleihen erleichtert den Regierungen die Finanzierung ihrer Verschuldung, setzt aber gleichzeitig die Banken einem „Klumpenrisiko" aus, das besonders bei solchen Staaten hoch ist, deren Schulden nicht nachhaltig sind (Brasche, U., 2015a). Die Abschaffung dieses Privilegs soll das Finanzsystem stabiler machen, bringt aber für einige Länder auch einen problematischen Anstieg der

Finanzierungkosten mit sich (Deutsche Bundesbank, 2014d:95–105; Schäfer, D. und Meyland, D., 2015; BIS, 2013a:10–12, 2015a:113; Corsetti, G., Feld, L. P. et al., Eds., 2016:17–29). Eine Korrektur des Systems ist daher erst nach einer Bereinigung der derzeitigen Altschulden umsetzbar.

Die Banken-Union vollenden

Als rasche Reaktion auf die Finanzkrise hat die EU eine Banken-Union geschaffen, die eine bessere Aufsicht über Banken sowie deren geordnete Abwicklung ermöglichen soll (Kapitel 2.3.6.5). Das Konstrukt ist jedoch noch nicht optimal und sollte in nächster Zeit angepasst werden. Dazu zählen
- die Herauslösung der Europäischen Bankenaufsicht aus der EZB, um mögliche Interessenkonflikte zwischen Geldwertstabilität und Stabilität des Finanzsystems zu vermeiden,
- die hinreichende Füllung der Fonds zur Finanzierung der Abwicklung von Banken sowie des Einlagensicherungfonds zur Beruhigung der Sparer.

Ohne hinreichende Finanzmittel, die aus jedem Teilnehmerstaat beigetragen werden müssen, ist die versprochene Wirkung der Banken-Union nicht glaubwürdig: Letztlich würde ein Bankenzusammenbruch immer noch das gesamte Finanzsystem bedrohen und so den Steuerzahler zur „Rettung" einbinden (fiscal backstop).

„Maastricht 2.0" statt Vergemeinschaftung von Finanzen

Die Finanzkrise wurde nicht hauptsächlich durch die Überschuldung von Regierungen verursacht, sondern auch durch private Spekulationen mit Immobilien. Wegen der Finanzkrise war das Wachstum schwach und die Steuereinnahmen gering. Gleichzeitig stiegen die Ausgaben zur Dämpfung der Folgen der Krise. Diese Kombination hat die Staatsverschuldung in fast allen Mitgliedsstaaten weiter ansteigen lassen. In Griechenland war die Überschuldung des Staates bereits vorher so ausgeprägt, dass ein Bankrott durch Hilfen aus der EU abgewendet werden musste.

Die EU-Kommission möchte zur Bewältigung dieses Problems den Einfluss auf die Staatsfinanzen auf die zentrale, europäische Ebene ziehen. Dieser Ansatz trifft auf drei erhebliche Bedenken. Erstens ist zu bezweifeln, dass ein EU-28-weites „deficit spending" überhaupt erfolgreich sein könnte, zumal sich die Fehler und Schwächen einer nationalen Fiskalpolitik wahrscheinlich auch auf europäischer Ebene wiederholen würden. Zweitens ist der Widerstand in den Mitgliedsstaaten gegen eine Abgabe von Budgethoheit und finanzieller Politikgestaltung erheblich. Sogar Interventionen der Kommission im Rahmen bereits vereinbarter Mechanismen zur Haushaltsüberwachung werden missachtet. Die – offensichtlich vage gehaltene – Diskussion im „Fünf-Präsidenten-Bericht" (Juncker, J.-C., Tusk, D. et al., 2015) wird von der Zielvorstellung einer „immer engeren Union" mit einer Vergemeinschaftung von Staatshaushalten und Schulden getragen, was unter den Mitgliedsstaaten weniger denn je konsensfähig ist.

Am gravierendsten aber bleibt der dritte Einwand. Das Königsrecht eines jeden Parlaments, das Budgetrecht, darf nicht ohne demokratische Legitimation abgegeben werden. Dafür sind aber zurzeit keine Mehrheiten in Sicht. Die Einführung eines föderalen Fiskalsystems „durch die Hintertür der Krise" wäre im Rahmen der heutigen Verfassung der EU und auf der Basis der bestehenden Verträge nicht legitimiert (Kapitel 3.5.4.3).

Das Konzept der Wirtschafts- und Währungsunion hat einige Geburtsfehler, wie (erst) heute allgemein anerkannt wird. Diese haben dazu geführt, dass die finanziellen und wirtschaftspolitischen Entscheidungen national getroffen werden, aber die Verantwortung für die Folgen vergemeinschaftet wurde. Anstelle einer weiteren Vergemeinschaftung in der Gestalt einer Fiskal-Union sollte die Rückkehr zu den Grundgedanken des Maastrichter Vertrags von 1992 erwogen werden. Ein langfristiger Ordnungsrahmen unter dem Schlagwort „Maastricht 2.0" (Dieter, H., 2012; SVR, 2013:Ziff. 269 ff.; SVR, 2015b:26–37; Feld, L. P., Schmidt, C. M. et al., 2016) soll u. a. die Abwälzung der Probleme übermäßiger Verschuldung beenden.

Zwei weitere Änderungen sind erforderlich, um die fehlerhafte Konstruktion der Währungsunion zu reparieren. Erstens sollte der EZB vertraglich und offiziell die Aufgabe des **„Kreditgebers der letzten Instanz"** („Lender of last resort") für Staaten und Banken übertragen werden. So kann verhindert werden, dass erneut solvente aber illiquide Mitgliedsstaaten durch Spekulation in die Zahlungsunfähigkeit getrieben werden können (DeGrauwe, 2013a). Zweitens sollte mit einem **„Europäischen Währungsfond"** (EWF) ein Instrument bereitstehen, das unter strikter Konditionalität die Krisenintervention übernimmt. Bisherige Instrumente (ESM) und die „kreative Nothilfe" durch die EZB können dann wieder eingestellt werden, bzw. darin aufgehen.

6.2.2 Flexibilität in der Integration

? Sollten „heilige Kühe" der bisherigen Integration geschlachtet werden?
Kann eine flexiblere EU die Probleme besser lösen?
Welche EU wollen die Bürger?

Derzeit – verstärkt durch den BREXIT und das Anwachsen anti-europäischer Parteien in den Mitgliedsstaaten – ist der Konsens für ein „immer engeres Europa" nicht (mehr) vorhanden. Die Europäische Union ist vermeintlich nicht imstande Probleme zu lösen, sondern bleibt in einem langwierigen Gerangel um Kompromisse auf dem kleinsten gemeinsamen Nenner stecken, während in der realen Welt sich rasch zusätzliche Bedrohungen aufbauen. Dort wo Entscheidungsmacht durch qualifizierte Mehrheit gegeben ist, kann die unterlegene Minderheit sich der Umsetzung widersetzen. Auch bereits beschlossene Regeln werden aus politischen Gründen nicht immer durchgesetzt.

Im Folgenden wird zur Diskussion gestellt, ob mehr Flexibilität bei der Integration

- die Spannungen zwischen den Mitgliedsstaaten sowie zwischen den Mitgliedsstaaten und der „Zentrale" mindern und
- zu schnelleren Entscheidungen und Maßnahmen führen könnte.

Die EU ist bei der Integration bereits jetzt flexibel, wie an einigen Beispielen deutlich wird (Piris, J.-C., 2012):

- In Beitrittsverträgen wurden einzelnen Ländern Ausnahmen (Opt-out) oder lange Übergangsfristen bis zur vollen Übernahme des Acquis zugestanden.
- Einige Vereinbarungen wurden nicht in Europäischen Verträgen und für alle Mitglieder getroffen, sondern nur für einen Teil der Mitglieder, wobei z. T. auch Nicht-Mitglieder teilnehmen („Schengen").
- Das Verfahren der verstärkten Zusammenarbeit erlaubt es einer Teilgruppe von Mitgliedsstaaten Verträge zu schließen, die nur für diese Gruppe gelten.

Eine Weiterentwicklung der EU kann eher dann gelingen, wenn die Unterschiede in den Präferenzen, Interessen und Sensibilitäten der Mitgliedsstaaten stärker berücksichtigt würden. In einer flexiblen Integration müssen nicht alle Länder zur gleichen Zeit die gleichen Integrationsschritte gemeinsam vollziehen. Daraus können sich zwei neue Typen der Integration entwickeln. Erstens wären in einer Integration der **verschiedenen Geschwindigkeiten** die Richtung und Ziele dieselben, aber der Zeitrahmen für die einzelnen Mitgliedsstaaten unterschiedlich. Davon zu unterscheiden ist eine Integration, bei der einzelne Mitglieder auch unterschiedliche Richtungen und Ziele verfolgen und so ein „**Europa der variablen Geometrie**" gestalten.

Die Vertragspartner einer differenzierten Integration wären Gruppen von Ländern, die sich in ihrer Vorstellung über die gemeinschaftlich zu behandelnden Themen sowie in ihren wirtschaftlichen und gesellschaftlichen Strukturen eher einigen könnten. Bei den Verhandlungen wird es zum üblichen „Kuhhandel" und zu „Paket-Lösungen" kommen, bei denen jedes Gruppenmitglied dem vereinbarten Geben und Nehmen zustimmen kann. Damit werden auch „Trittbrettfahrer" in den Verhandlungen ausgebremst und ein „Rosinen-picken" unterbunden.

Bei einer differenzierten Integration bestände die EU aus verschiedenen Teilgruppen, die sich jeweils durch die Vereinbarung eines gemeinsamen Schrittes bilden. Ein bereits existierendes Beispiel ist der Schengen-Raum, dem nicht alle EU-Mitglieder angehören, dafür aber einige Nicht-EU-Mitglieder. Auch die Euro-Gruppe besteht nur aus 19 der 28 Mitgliedsstaaten. Viele Mitglieder würden gleichzeitig mehreren dieser Teilgruppen angehören. Eine solche EU wäre von der heutigen Gestalt der „Einheitlichkeit mit wenigen Ausnahmen für einige" nicht weit

entfernt. So würde die EU sich vom Konzept eines föderalen Bundestaates wegbe-
wegen.

Der Nachteil einer differenzierten Konfiguration ist die Unübersichtlichkeit und
Komplexität der Vereinbarungen und Beziehungen, wie sie sich z. B. auch bei einer
Vielzahl bi-lateraler internationaler Handelsverträge einstellt. Außerdem wehren
sich Mitgliedsstaaten gegen ihre „Rückstufung" in die vermeintliche „2. Liga", in
der sie nicht mehr gleichberechtigt an allen Entscheidungen teilnehmen könnten.

Themen für Flexibilisierung

Hier sollen die folgenden Handlungsfelder herausgegriffen werden, in denen eine
Abweichung vom bisherigen Verfahren hilfreich sein könnte, um die Gemeinsamkeit zumindest in einer Teilgruppe von Mitgliedsstaaten weiter zu entwickeln:

a) Freizügigkeit von Arbeitskräften und Personen im Binnenmarkt
b) Verpflichtung zur Übernahme des Euro
c) Rücknahme der Abstimmung mit qualifizierter Mehrheit im Rat
d) Gestaffelte Mitgliedschaft jenseits von „drinnen oder draußen"

Es wird hier nicht erörtert, ob für diese Handlungsfelder Lösungen im Rahmen
bestehender EU-Verträge gefunden werden könnten oder ob eine einstimmige
Änderung des Primärrechts erforderlich wäre. Auch die Frage der Umsetzungsstra-
tegie und deren Chanen bleibt hier ausgeklammert.

Zu a) Ist die Migration von Arbeitskräften verhandelbar?

Die freie grenzüberschreitende Wahl des Arbeitsplatzes gilt einerseits als eine der
vier unantastbaren Grundfreiheiten und andererseits als der wichtigste Grund für
die Aversion gegenüber der EU. Anders als beim freien Warenhandel oder freien
Kapitalverkehr spüren oder befürchten Menschen die verstärkte Konkurrenz auf
dem Arbeits- und Wohnungsmarkt als unmittelbare Bedrohung ihrer Existenz.
Übergeordnete, makroökonomische Argumente einer steigenden Effizienz, die
allen nutzen würde, können dies nicht ändern.

Wenn zusätzlich die Zuwanderung von Migranten oder Flüchtlingen von
außerhalb der EU in großer Zahl und unkontrolliert erfolgt, wie dies im Jahr 2015
der Fall war, so verschärft sich der Wunsch danach bestimmen zu können, wer im
Land zuwandern und leben darf. Der ehemalige Richter am Bundesverfassungsgericht, Udo diFabio, hat dies als notwendiges Recht eines Staates bezeichnet (Schuster, J., 2016). Der formal korrekte Beschluss des Rates zur Verteilung der Flüchtlinge auf alle Mitgliedsstaaten stieß entsprechend auf vehemente Ablehnung
einiger Mitgliedsstaaten. Selbst wenn diese Weigerung in fremdenfeindlicher und
nationalistischer Haltung vorgetragen wird, kann daraus nicht geschlossen werden, dass die EU legitim über die Zuwanderung bestimmen kann.

Möglicherweise kann die EU ihre weitere Integration pragmatisch vorantreiben, wenn diese Grundfreiheit aufgegeben wird und jeder Mitgliedsstaat wieder über die Zuwanderung aus der EU bestimmt. Es würde zwar nur geringer ökonomischer Nutzen aus einer Begrenzung der Freizügigkeit resultieren (Kapitel 2.3.2.5), aber die Ablehnung der EU in größeren Teilen der Bevölkerung könnte gemildert werden.

Zu b) Die Pflicht zum Euro

Das Konzept der Wirtschafts- und Währungsunion hat nicht nur einige Mängel, sondern es ist generell zu hinterfragen, ob es für alle Mitgliedsstaaten der EU erstrebenswert ist, ihre eigene Währung und Geldpolitik aufzugeben (Kapitel 3.1). Der Euro ist auch ein politisches Projekt und erfährt Hans Joas zufolge eine „Sakralisierung" (zit. in: Bollmann, R. und Hank, R., 2012). Der Zwang zur Übernahme des Euro nach Bestehen der Konvergenzprüfung wurde im Vertrag festgeschrieben, wohingegen die gelebte Realität sowohl Mitgliedsstaaten kennt, die den Euro
- nicht einführen müssen, obwohl sie die Bedingungen erfüllen,
- besser nicht eingeführt hätten,
- wieder abschaffen sollten, wenn dies ohne übergroße Kosten für den Übergang möglich wäre,
- nicht einführen sollten, auch wenn sie dazu verpflichtet sind.

Die Mitgliedsstaaten könnten sich darauf einigen, den Euro als eine Option, ggf. auch auf Zeit, zu sehen. Dann könnten die nicht wettbewerbsfähigen Länder in einem geordneten Verfahren zu einer eigenen Währung zurückkehren oder eine Parallelwährung zum Euro einführen. Dies gäbe ihnen die Möglichkeit zur Abwertung und würde zumindest kurzfristig die preisliche Wettbewerbsfähigkeit wieder herstellen. Die Bedienung der Alt-Schulden sowie der erwartbare Anstieg der Zinsen würden allerdings zum Problem. Voraussetzung wäre eine Ordnung für Staatsbankrotte verbunden mit einem glaubhaften Ausschluss der Haftung durch andere Länder – m. a. W.: das ursprüngliche Konzept für den Euro, wie es im Maastrichter Vertrag (1992) festgelegt wurde, würde dadurch realisiert.

Zu c) Abstimmung mit qualifizierter Mehrheit

Es gilt als ein Fortschritt der europäischen Integration, dass der Rat nicht immer einstimmig entscheiden muss, sondern mit qualifizierter Mehrheit entscheiden kann und so den einzelnen Mitgliedern die Veto-Position nimmt. Allerdings hat dieser Fortschritt auch einen Preis:
- Die erforderliche Einstimmigkeit bei der Revision der europäischen Verträge ist schwieriger zu erreichen, wenn damit Veto-Positionen aufgegeben werden sollen. Die lange Verhandlungsdauer für die jeweilige Revision der europäischen Verträge ist ein Indiz dafür.

- Die demokratische Legitimation der Abstimmung durch das Mitglied der eigenen, gewählten Regierung wird dadurch ausgehöhlt, dass nunmehr Mehrheiten aus Regierungen anderer Völker das Ergebnis dominieren können. Der Strom demokratischer Legitimation ist dadurch unterbrochen, da es (noch) kein europäisches Wahlvolk gibt (Grimm, D., 2016a).
- Bei Politikfeldern, die starke Gefühle nationaler Identität und Selbstbestimmung berühren, kann eine Abstimmung in inter- oder supranationalen Gremien als Intervention externer Mächte („Brüssel") in die nationale Selbstbestimmung abgelehnt werden. Dies wurde z. B. bei der Zuteilung einer Flüchtlingsquote deutlich.
- Die Durchführung von Beschlüssen und Gesetzen des Rats erfolgt in den Mitgliedsstaaten und mit deren Ressourcen. Die EU hat weder Durchgriffsrechte in die Mitgliedsstaaten noch die erforderlichen Mittel dafür. Mehrheitsbeschlüsse können also nur dann auch in die Praxis umgesetzt werden, wenn auch die in der Abstimmung unterlegene Minderheit sich dem Votum beugt und kooperiert. An den aktuellen Beispielen der Schuldenbegrenzung, der Grenzsicherung und der Aufnahme von Flüchtlingen wird dieses Problem deutlich.

Die Vorbehalte gegenüber Abstimmungen mit qualifizierter Mehrheit brachen sich schon bei deren Einführung Bahn. Mit Rücksicht darauf wurde meist versucht, statt einer (Kampf-) Abstimmung einen Konsens durch Verhandlung zu erreichen (Kapitel 1.2.3.2). Angesichts der wachsenden Aversion gegen Entscheidungen „aus Brüssel" könnte es für die Akzeptanz der EU förderlich sein, wenn die Fälle, in denen mit qualifizierter Mehrheit abgestimmt werden dürfte, auf weniger Politikfelder reduziert würden. Wo keine Einigkeit erreichbar ist, sollten Vereinbarungen außerhalb des europäischen Rechts zwischen den Staaten getroffen werden, die sich einig sind.

Zu d) Gestaffelte Mitgliedschaft

Bisher ist ein Land entweder volles EU-Mitglied oder ein „Drittland" – es sind keine Zwischenformen im Vertrag vorgesehen. In der Realität existieren jedoch bereits Varianten in der Gestaltungen der zwischenstaatlichen Beziehung:
- Norwegen und die Schweiz haben jeweils spezielle Verträge mit der EU, nach denen sie sich in unterschiedlichem Umfang zur Übernahme des Acquis verpflichten und in den EU-Haushalt einzahlen. Das Recht zur Mitgestaltung der EU, das eine Mitgliedschaft zur Voraussetzung hat, steht ihnen aber nicht zu (Kapitel 1.1.4).
- Die Türkei ist eine Zoll-Union mit der EU eingegangen, in der noch zusätzliche Aspekte, wie Investorenschutz und Wettbewerbsrecht, geregelt werden (Kapitel 5.1.2).

- Mit Ländern an der Außengrenze der EU gestaltet die EU eine Nachbarschafts-
  politik, in der sie durch wirtschaftliche Anreize und Auflagen versucht, die
  Entwicklung dieser Länder in ihrem Sinn zu beeinflussen.
- Für die umstrittene Kandidatur der Türkei wurden neue Formen unterhalb der
  Schwelle der Vollmitgliedschaft („privilegierte Partnerschaft", Kapitel 5.3.2) ins
  Gespräch gebracht.

Aus diesen Gestaltungsoptionen könnte sich z. B. die folgende Konfiguration der
EU entwickeln, die hier nicht als fertiges Konzept, sondern als Diskussionsanstöße
dargestellt sind. Die Zuordnung von Ländern zu den einzelnen Gruppen ist tentativ
und dürfte von einigen als Provokation verstanden werden. Hier geht es jedoch
nur um die Öffnung des Horizonts der Möglichkeiten, die aus der derzeitigen
Erstarrung und Perspektivlosigkeit führen könnten.

Ein „**Zentrum**" von Ländern vereinbart in zahlreichen Politikfeldern eine enge
Zusammenarbeit nach der Gemeinschaftsmethode, d. h. mit einer Verlagerung
eines Teils der Souveränität in die „Zentrale". Diese Länder würden z. B. den Euro
als gemeinsame Währung haben, ihre Märkte nach den vier Grundfreiheiten gegenseitig öffnen und eine gemeinsame Außen- und Sicherheitspolitik betreiben. Kandidaten für diesen Kern könnte der „Norden" (Deutschland, Österreich, Niederlande,
Finnland, Schweden, Polen, Lettland, Litauen, Estland, Slowenien) sein.

Die „**Peripherie**" würde mit dem „Kern" und untereinander verschiedene Vereinbarungen zum Marktzugang für Waren, Dienstleistungen, Kapital und Arbeitskräfte abschließen; jedes Land verfügt über eine eigene Währung und Geldpolitik.
Kandidaten könnten u. a. Italien und Spanien sein.

„**Assoziierte Mitglieder**" schließen mit anderen Ländern jeweils für die beteiligten Partner passende Vereinbarungen zur wirtschaftlichen und politischen
Zusammenarbeit ab, müssen aber keine Verpflichtungen aus einer oder zu einer
gemeinschaftlichen Politik übernehmen. Solche Vertragsbeziehungen ist die EU
bereits mit einer Reihe von Nachbarstaaten eingegangen (Kapitel 1.1.4). Kandidaten
wären z. B. Portugal, Griechenland, die Türkei und andere Länder in der näheren
und weiteren „Nachbarschaft" von „Zentrum" und „Peripherie".

Zu bestimmen wäre in einem solchen Modell, welchen unverzichtbaren Kern
von Eigenschaften und Bedingungen ein Land auf einer der drei Stufen jeweils
erfüllen müsste. Die politischen Kopenhagen-Kriterien (Kapitel 4.2.2) müssten für
die assoziierten Mitglieder nicht eingefordert werden.

Die Suche nach der Finalität bleibt ein offener Prozess

Welche Entwicklung die heutige Europäische Union künftig nehmen wird ist nicht
bestimmbar – die Entwicklung bleibt ein offener Prozess, der von verschiedenen
Interessen, Stimmungen und Ereignissen geformt wird. Sowohl rationale Entscheidungen über wirtschaftliche Beziehungen als auch Ängste und Hoffnungen der
beteiligten Völker können Richtung und Wechsel bestimmen.

Ohne dass die verschiedenen Gruppen der Zivilgesellschaft, die Gewerkschaften, die politischen Parteien, die Kirchen und die Medien um die Gestaltung eines künftigen Europa ringen, werden Mutlosigkeit und Enttäuschung zu einer Abkehr von der Vision eines kooperativen und solidarischen Europa führen. Angesichts der globalen und regionalen Probleme wären dann alle Völker schwächer, als sie es bei einem differenzierten aber gemeinsamen Handeln sein könnten (Brasche, U., 2015b).

ℹ️ Weiterführende Literatur

Eppler, A. und Schelle, H., Eds., 2013. Europäische Desintegration in Zeiten der Krise – Zur Konzeptionalisierung europäischer Desintegration: Zug- und Gegenkräfte im europäischen Integrationsprozess. Schriftenreihe des Arbeitskreises Europäische Integration. Baden-Baden, Nomos.

Piris, J.-C., 2012. The future of Europe – towards a two-speed EU? Cambridge [u. a.], Cambridge Univ. Press.

Adler-Nissen, R., 2014. Opting Out of the European Union – Diplomacy, Sovereignty and European Integration. Cambridge, Cambridge Univ. Press.

Schwarzer, D., 2016. Desintegration und Differenzierung – auf dem Weg zu einem anderen Europa. Wirtschaftsdienst 96(6): 390–393.

Literatur

„Brüssel wird zu selten verwarnt. Die nationalen Parlamente könnten gegen den europäischen Regulierungswahn viel öfter aktiv werden". 2014. Handelsblatt.

„Business and government – The new age of crony capitalism". 2014. The Economist.

„Der 400-Millionen Euro-Betriebsrat". 2003. Handelsblatt.

„Der lange Zug gen Westen – Weil es die Rumänen seit dem EU-Beitritt ins Ausland zieht, fehlen dem Land Arbeitskräfte. Nun kommen die Chinesen". 2007. Handelsblatt.

„Deutsche Stromhilfe für Frankreich". 2016. Handelsblatt. 14–15.

„Discontents, wintry and otherwise". 2009. The Economist. 31–32.

„Dockarbeiter legen größte Häfen in Griechenland lahm – Protest gegen geplante Privatisierung – Gewerkschaften kündigen Streikwelle an". 2008. Handelsblatt.

„Down and out up north". 2001. The Economist.

„Ein Anschluss für Europa". 2013. Handelsblatt.

„Eine Allianz gegen die Post". 2009. Tagesspiegel. Berlin.

„Energiewende endet an der Grenze". 2012. Handelsblatt.

„EU will Stromnetze steuern". 2016. Handelsblatt. Live-App.

„Frankreichs Schlachter attackieren Konkurrenten aus Deutschland". 2011. Handelsblatt.

„Hello again, Dalli". 2016. POLITICO, (www.politico.eu/article/hello-again-dalli/ (16.2.2016)).

„In defence of national interests". 2007. The Economist.

„Living in London – The grip tightens". 2016. The Economist (30.4.2017).

„Mobilfunker teilen sich die Netze. Vodofone und Telefonica vereinbaren Zusammenarbeit in vier europäischen Ländern – Sinkende Preise und steigende Datennutzung drücken auf die Marge". 2009. Handelsblatt.

„Netzbetreiber geben ihre Netze ab". 2007. Handelsblatt.

„Ombudsfrau eröffnet Untersuchung, um Transparenz von "Trilogen„ zu fördern". 2015. Der Europäische Bürgerbeauftragte – Pressemitteilung. Brüssel.

„Procurement spending – Rigging the bids". 2016. The Economist.

„Randale statt Reform. Frankreichs Bauern sind auf den Barrikaden. Sie blockieren Grenzübergänge, kippen Lastzüge um, legen Straßen lahm. Paris lässt sie gewähren". 2015. Handelsblatt Live App.

„Rechnungshof zweifelt an EU-Daten". 2001. Handelsblatt.

„Referendum madness – Plebiscite-pushers have got Europe's voters hooked on the cheap rush of direct democracy". 2016. The Economist (16.1.2016).

„Sharing the load: A flurry of deals suggests that mobile networks may become a shared utility". 2009. The Economist.

„Single Sky: Brüssel droht EU-Staaten". 2012. Handelsblatt.

„Slowakischer Premier – "Rationale Argumente wurden einfach niedergewalzt„". 2015. Die Welt.

„Trading places – What the aversion to global trade says about Europe and America". 2016. The Economist (30.4.2016).

„Trump accuses China of 'raping' US with unfair trade policy". 2016. BBC News.

„Wie Lidl in Griechenland abkassiert". 2012. Handelsblatt First iPad App.

„Wilde Streiks legen Kraftwerke lahm. In Großbritannien protestieren die Arbeiter gegen ausländische Kollegen". 2009. Handelsblatt.

„'Yellow cards' from national EU parliaments not very effective". 2014. EUObserver.

BREXIT 2016 – Policy analysis from the Centre for Economic Performance. 2016. London: LSE-CEP.

Abelshauser, W. 2010. „Eine kurze Geschichte der Europäischen Währungsunion". Aus Politik und Zeitgeschichte, (43), 39–45.

Acemoglu, D., Autor, D. H. et al. 2016. „Import Competition and the Great US Employment Sag of the 2000s". Journal of Labor Economics 34, 141.

Acemoglu, D. und Üçer, M. 2015b. „The Ups and Downs of Turkish Growth, 2002–2015: Political Dynamics, the European Union, and the Institutional Slide". BBVA and OpenMind, The search for Europe – Contrasting Approaches. Madrid: 356–85.

Ackrill, R. 2000. The common agricultural policy. Sheffield: Sheffield Acad. Press [u. a.].

Adler-Nissen, R. 2014. Opting Out of the European Union – Diplomacy, Sovereignty and European Integration. Cambridge: Cambridge Univ. Press.

Airaudo, M., Dervis, K. et al. 2004. „Stabilising stabilisation". EU-Turkey Working Paper (7), 35.

Aiyar, S., Augustyniak, B. et al. 2013. „IMF multi-country report German-Central European supply chain – cluster report". IMF Country Report (13/263), 1–87.

Akerlof, G. A. und Shiller, R. J. 2009. Animal spirits: how human psychology drives the economy, and why it matters for global capitalism. Princeton u. a.: Princeton University Press.

Alajääskö, P. 2006. „Nachfrage nach Dienstleistungen gedeckt von externen lokalen Anbietern". Statistik kurz gefasst, Industrie, Handel und Dienstleistungen (26).

Alber, J. und Fahey, T. 2004. „Perceptions of living conditions in an enlarged Europe", Luxembourg: European Foundation for the Improvement of Living and Working Conditions.

Alcidi, C. und Thirion, G. 2016. „Assessing the Euro Area's Shock-Absorption Capacity: Risk sharing, consumption smoothing and fiscal policy". CEPS Special Report (146).

Alecke, B. und Untiedt, G. 2001a. Migration aus den EU-Beitrittsländern Polen und Tschechien in die Europäische Union. Potential und regionale Verteilung. Dresden.

Alesina, A. 2015. „Rules, Cooperation and Trust in the Euro Area" BBVA and OpenMind, The search for Europe – Contrasting Approaches. Madrid: 68–79.

Alesina, A. und Perotti, R. 1994. „The political economy of budget deficits". NBER working paper (4637).

Allen, C., Gasiorek, M. et al. 1998. „The competition effects of the Single Market in Europe". Economic Policy, 441–86.

Amador, J. und diMauro, F. Eds. 2015. The Age of Global Value Chains – Maps and Policy Issues. London: CEPR Press.

Amiti, M. 1998. „New trade theories and industrial location in the EU: A survey of evidence". Oxford Review of Economic Policy 14(2, Trade and Location), 45–53.

Andersson, A. E., Andersson, D. E. et al. 2014. „Unemployment in European Regions: Structural Problems vs. the Eurozone Hypothesis". CESIS Electronic Working Paper Series (355).

Andritzky, J., Christofzik, D. I. et al. 2016. „A Mechanism to Regulate Sovereign Debt Restructuring in the Euro Area". CESifo working paper series (6038).

Applebaum, A. 2014. Der Eiserne Vorhang – Die Unterdrückung Osteuropas 1944–1956. Bonn.

Arnorsson, A. und Zoega, G. 2016. „On the Causes of Brexit". CESifo Working Paper (6056).

Artus, P. und Bourguinat, H. 1994. „The stability of the EMS", Steinherr, A., Thirty years of European monetary integration. London, New York: Pearson Education, 143–64.

Asatryan, Z., Braun, S. et al. 2014a. „Compensating the Losers of Globalisation". WWW for Europe Policy Paper, (04).

Asatryan, Z., Braun, S. et al. 2014b. „Compensating the losers of free trade". WWW for Europe Working Paper (63).

Atoyan, R., Christiansen, L. et al. 2016. „Emigration and Its Economic Impact on Eastern Europe." IMF Staff Discussion Note (SDN/16/07).

Aturupane, C., Djankov, S. et al. 1999. „Horizontal and vertical intra-industry trade between Eastern Europe and the European Union". Weltwirtschaftliches Archiv 135.

Ausschuss unabhängiger Sachverständiger. 1999. „Erster Bericht über Anschuldigungen betreffend Betrug, Mißmanagement und Nepotismus in der Europäischen Kommission".

Aust, A. 2004. „Umbau oder Abbruch des ‚Europäischen Sozialmodells'? Bemerkungen zu einer aktuellen europäischen Strategiedebatte", Glombowski, J., Fuhrmann, N. et al., Erweiterung und Integration der EU. Wiesbaden: VS Verlag, 125–46.

Autor, D. H., Dorn, D. et al. 2016. „The China Shock: Learning from Labor Market Adjustment to Large Changes in Trade". CESifo Working Paper (5825).

Avery, G. und Cameron, F. 1998. The enlargement of the European Union. Sheffield.

Bache, J. und George, S. 2006. Politics in the European Union. Oxford.

Bade, K. J. 2000. Europa in Bewegung: Migration vom späten 18. Jahrhundert bis zur Gegenwart. München.

Badinger, H. und Maydell, N. 2009. „Legal and Economic Issues in Completing the EU Internal Market for Services: An Interdisciplinary Perspective". Journal of Common Market Studies 47(4), 693–717.

Bagus, P. 2010. The tragedy of the Euro. East Sussex: Terra Libertas.

Baker, H. K. und Nofsinger, J. R. Eds. 2010. Behavioral finance – investors, corporations, and markets. Hoboken, NJ: Wiley.

Baldwin, R. und Giavazzi, F. Eds. 2015. The Eurozone Crisis: A Consensus View of the Causes and a Few Possible Solutions. London: CEPR.

Baldwin, R. E. 1994. Towards an integrated Europe. London.

Baldwin, R. E. 2006a. „Globalisation: the great unbundling(s)".

Baldwin, R. E. Ed. 2016a. Brexit Beckons: Thinking ahead by leading economists. London: CEPR Press.

Baldwin, R. E., DiNino, V. et al. 2008. The Rose effect: The Euro's impact on aggregate trade flows – study on the impact of the Euro on trade and foreign direct investment. Brussels.

Baldwin, R. E.; Gros, D. et al. Eds. 2010a. Completing the Eurozone rescue: What more needs to be done? London: VoxEU.org.

Balta, N. und Delgado, J. 2009. „Home Bias and Market Integration in the EU". CESifo Economic Studies 55(1), 110–44.

Bárd, P., Carrera, S. et al. 2016. „An EU mechanism on Democracy, the Rule of Law and Fundamental Rights". CEPS Papers in Liberty and Security in Europe (91).

Barone, G. und Cingano, F. 2011. „Service regulation and growth: Evidence from OECD countries". Economic Journal 121(555), 931–57.

Barrell, R., Davis, P. et al. 2010. „Is there a link from bank size to risk taking?" NIESR Discussion Paper (367).

Barry, F. und Begg, I. Eds. 2003. EMU and cohesion. Blackwell.

Bassford, M., Brune, S.-C. et al. 2013. The European Added Value of EU Spending: Can the EU Help its Member States to Save Money? Exploratory Study. Gütersloh: Bertelsmann Stiftung.

Bauer, T. und Zimmermann, K. F. 1999a. Assessment of possible migration pressure and its labour market impact following EU enlargement to Central and Eastern Europe: A study for the Department for Education and Employment. Bonn, London.

Baum, S., Frohberg, K. et al. 2004. „The future of rural areas in the CEE new member states", Halle: IAMO Network of Independent Agricultural Experts in the CEE Candidate Countries, 244.

Baumol, W. J. und Blinder, A. S. 1999. Economics: Principles and policy. Fort Worth [u. a.].

Bayer, G., Wennström, N. et al. 2002. Umweltpolitiken, -strategien und -programme der Beitrittsländer in Mittel- und Osteuropa: Tschechien, Slowakei, Ungarn, Slowenien, Polen. Wien. www.oegut.at/themen/moe.

Baykal, S. 2009. „Unity in diversity? The challenge of diversity for the European political identity, legitimacy and democratic governance: Turkey's EU membership as the ultimate test case". NYU School of Law Jean Monnet Working Paper (05), 78.

Becker, P. 2011. Aufsteig und Krise der deutschen Stromkonzerne. Bochum: Ponte Press.

Becker, S. O. und Mündler, M.-A. 2007. „The effect of FDI on job separation". Deutsche Bundesbank Discussion Paper Series 1: Economic Studies (1).

Becker, U. 1999. EU-Erweiterung und differenzierte Intergration. Baden-Baden.

Beetham, D. 1991. The legitimation of power. Cheltenham [u. a.]: Macmillan.

Begg, D., Cremer, J. et al. 1993. „Making Sense of Subsidiarity: How Much Centralization for Europe?" Monitoring European Integration (4).

Beltramello, A., De Backer, K. et al. 2012. „The Export Performance of Countries within Global Value Chains (GVCs)". OECD Science, Technology and Industry Working Papers (02).

Bénassy-Quéré, A., Coeuré, B. et al. 2009. „The crisis: policy lessons and policy challenges". Bruegel Working Paper (06), 73.

Benton, M. und Petrovic, M. 2013. „How Free Is Free Movement? Dynamics and Drivers of Mobility within the European Union", Washington D.C.: Migration Policy Institute Europe.

Berger, H., de Haan, J. et al. 2010. „Central bank independence: An update of theory and evidence". Journal of Economic Surveys 15(1), 3–40.

Berger, M. und Heinemann, F. 2016. „Why and How There Should Be More Europe in Asylum Policies". ZEW Policy Briefs (01), 1–20.

Berglöf, E. und Burkart, M. 2003. „European takeover regulation". Economic Policy (36), 173–213.

Berlingieri, G. 2014. „Outsourcing and the shift from manufacturing to services". VOX EU.

Berthold, N. und Neumann, M. 2003. „Zehn Jahre Binnenmarkt: Wie frei ist der europäische Arbeitnehmer wirklich?" Wirtschaftswissenschaftliche Beiträge des Lehrstuhls für Volkswirtschaftslehre, Uni Würzburg (67).

Bertoli, S., Brücker, H. et al. 2013. „The European Crisis and Migration to Germany: Expectations and the Diversion of Migration Flows". IZA Discussion Paper (7170).

Bhagwati, J. 2002. Free trade today. Princeton, Oxford.

Bhagwati, J. 2004. In defense of globalization. Oxford.

BIS – Bank for International Settlements. 2013a. „International banking and financial market developments". BIS Quarterly Review.

BIS – Bank for International Settlements. 2015a. „85th Annual Report – 1 April 2014–31 March 2015", Basel: 243.

Blankart, C. B. 2013. „D-Mark, Euro, Eurokrise und danach". Vierteljahreshefte zur Wirtschaftsforschung 82, 9–23.

Blankart, C. B. und Ehmke, D. 2014. „Are euro and transfer union the price of German reunification?" Kaal, W. A., Schwartze, A. et al., Festschrift zu Ehren von Christian Kirchner: Recht im ökonomischen Kontext. Tübingen: Mohr Siebeck, 665–80.

Blockmans, S., Hoevenaars, J. et al. 2014. „From Subsidiarity to Better EU Governance: A Practical Reform Agenda for the EU". CEPS essay (10), 1–13.

BMF. 1994. „Stark wie die Mark: Die Europäische Wirtschafts- und Währungsunion", Bonn.

Boeri, T. 2010. „Immigration to the land of redistribution". Economica 77, 651–87.

Boeri, T. und Brücker, H. 2001. The impact of eastern enlargement on employment and labour markets in the EU member states. Berlin, Glasgow.

Bolkestein, F. und Gerken, L. 2007. „Der EU-Binnenmarkt: Freie Märkte, Protektionismus und Regulierungswut". Freiburg: Centrum für Europäische Politik CEP 3.

Bolle, M. Ed. 2004. Eurozone enlargement: Exploring uncharted waters, EZONEPLUS final report. Berlin: BWV.

Bolle, M. und Pamp, O. 2006. „It's policital, stupid! EMU enlargement between an economic rock and a political hard place". CESifo Forum 7(4), 22–28.

Bolle, M. 2011. „The EU as a system for negotiations", Berlin

Bollmann, R. und Hank, R. 2012. „Hans Joas: ,Mich schaudert das Tremolo in den Europa-Reden'", FAZ.

Boltho, A. und Carlin, W. 2012. „The problems of European monetary union – asymmetric shocks or asymmetric behaviour?" VOX EU.

Boockmann, B. und Vaubel, R. 2007. „The Theory of Raising Rivals' Costs and Evidence from the International Labor Organization".

Booth, S., Howarth, C. et al. 2015. „What if …? The Consequences, challenges & opportunities facing Britain outside EU", London, Brussels, Berlin: Open Europe.

Borchardt, K.-D. 2010. Das ABC des Rechts der Europäischen Union. Luxemburg: Europäische Union.

Bouwen, P. 2013. „The Two-Pack on economic governance: Establishing an EU framework for dealing with threats to financial stability in euro area member states". European Economy. Occasional Papers (147).

Brasche, U. 1980. „Integrationspolitik vor neuer Herausforderung". DIW Wochenbericht (30).

Brasche, U. 2015a. „Debt-overhang and ways out", Brandenburg: 64.

Brasche, U. 2015b. „Die Zukunft der Europäischen Integration – Zukunft und Richtung". Wirtschaftspolitische Blätter 62(2), 353–64.

Brasche, U. und Schultz, S. 1982. „Ausländer und Ausländerbeschäftigung in der Bundesrepublik Deutschland". DIW Wochenbericht (37).

Breuss, F. 2004. Reale Außenwirtschaft und Europäische Integration. Frankfurt/M. u. a.: Peter Lang.

Breuss, F. 2009. An Evaluation of the EU's Fifth Enlargement With special focus on Bulgaria and Romania. Bruessels.

Breuss, F. 2011. „EU-Wirtschaftsregierung: Eine notwendige aber nicht hinreichende Bedingung für das Überleben der Eurozone und des Euro". FIW Policy Brief (12).

Brinke, A. und Dittrich, P.-J. 2016. „Labour mobility in the Euro Area: cure or curse for imbalances?" Jacques Delors Institut policy paper (159).

Broadman, H. G. Ed. 2005. From disintegration to reintegration: Eastern Europe and the former Soviet Union in international trade. Washington DC: World Bank.

Broß, S. 2003. „Daseinsvorsorge – Wettbewerb – Gemeinschaftsrecht". Juristenzeitung (18), 874–79.

Bruce, B. Ed. 2010. Handbook of behavioral finance. Cheltenham, Northampton: Edward Elgar.

Brücker, H. 2013. „Auswirkungen der Einwanderung auf Arbeitsmarkt und Sozialstaat: Neue Erkenntnisse und Schlussfolgerungen für die Einwanderungspolitik", Gütersloh: Bertelsmann Stiftung, 42.

Brücker, H. und Eger, T. 2012. „The law and economics of the free movement of persons in the European Union", Eger, T. und Schäfer, H.-B., Research Handbook on the Economics of European Union Law. Cheltenham [u. a.]: Edward Elgar, Ch. 7.

Brücker, H. und Jahn, E. J. 2010. „Arbeitsmarktwirkungen der Migration – Einheimische Arbeitskräfte gewinnen durch Zuwanderung". IAB Kurzbericht (26), 8.

Bruno, R., Campos, N. F. et al. 2016a. „The FDI premium from EU membership". VOX EU, (05 May).

Bruno, R., Campos, N. F. et al. 2016b. „Gravitating Towards Europe: An Econometric Analysis of the FDI Effects of EU Membership". CEP BREXIT ANALYSIS (3-annex).

Buch, C. M., Heinrich, R. P. et al. 1999. Foreign capital and economic transformation: Risks and benefits of free capital flows.

Buigues, P., Ilzkovitz, F. et al. 1991. Industrieller Strukturwandel im europäischen Binnenmarkt: Anpassungsbedarf in den Mitgliedsstaaten. Bonn.

Busch, B. 2016. „Finanzielle Beziehungen zwischen den Mitgliedstaaten der Europäischen Union – Eine Bestandsaufnahme". IW Report (21).

Busemeyer, M. R., Kellermann, C. et al. 2006. „Politische Positionen zum Europäischen Wirtschafts- und Sozialmodell – eine Landkarte der Interessen". FES Europäische Politik (8), 16.

BUSINESSEUROPE. 2011. „Unleashing cross-border services – report on implementation of the services directive", Brussels: BUSINESSEUROPE.

Buyse, A., Dewyngaert, N. et al. 2015. „e-Procurement Uptake – Final Report", DG GROW, 166.

Calleo, D. P. 1998. „A new era of overstretch? American policy in Europe and Asia". WORLD POLICY JOURNAL 15(1).

Calomiris, C., Flandreau, M. et al. 2016. „Political foundations of the lender of last resort". VOX EU.

Campos, N. F., Coricelli, F. et al. 2014. „Economic Growth and European Integration: A Counterfactual Analysis". ISNIE working paper.

Canton, E., Ciriaci, D. et al. 2014. „The Economic Impact of Professional Services Liberalisation". EUROPEAN ECONOMY. ECONOMIC PAPERS (533).

Canton, E. und Solera, I. 2016. „Greenfield Foreign Direct Investment and Structural Reforms in Europe: what factors determine investments?" ECOFIN discussion paper (33).

Caplanova, A., Orviska, M. et al. 2004. „Eastern European attitudes to integration". Journal of Common Market Studies 42(2), 271–88.

Caporale, G., Hassapis, Ch. et al. 1995. „Excess returns in the EMS: Do 'weak' currencies still exist after the widening of the fluctuation bands?" Weltwirtschaftliches Archiv (2), 326–38.

Capuano, S. und Migali, S. 2016. The migration of professionals within the EU: any barriers left? IAB Discussion Paper (34).

Card, D., Dustmann, C. et al. 2012. „Immigration, Wages, and Compositional Amenities". Journal of the European Economic Association 10(1).

Cattaneo, O. 2009. „Trade in Health Services – What's in it for Developing Countries?" World Bank policy research working paper (5115).

Cecchini, P. 1988. Europá 92: Die Vorteile des Binnenmarktes. Baden-Baden.

Cerutti, F. und Rudolph, E. Eds. 2001. A soul for Europe: On the political and cultural identity of the Europeans. Leuven: Peeters.

Chalmers, D., Jachtenfuchs, M. et al. Eds. 2016a. The End of the Eurocrats' Dream – Adjusting to European Diversity. Cambridge: Cambridge Univ. Press.

Cheptea, A. 2010. „Border Effects and East-West integration". Working Paper SMART – LERECO (10–15).

Cheptea, A. 2012. „Border effects and European integration", CESIfo, Measuring Economic Integration. Munich.

Clogg, R. 1997. Geschichte Griechenlands im 19. und 20. Jahrhundert – Ein Abriss. Köln.

Cohen, S. S. und Zysman, J. 1987. Manufacturing Matters. The Myth of the Post-Industrial Economy. New York: Basic Books.

Collier, P. 2016. Exodus – Warum wir die Einwanderung neu regeln müssen. München: Pantheon.

Commission of the European Communities. 1988. „Europe 1992 – the overall challenge", Brussels: 11.

Cooper, R. 1994. „Yes to European monetary union, but no to the Maastricht Treaty", Steinherr, A., Thirty years of European monetary integration. London, New York: Pearson Education, 69–82.

Copenhagen Economics. 2005. „Economic assessment of the barriers to the Internal Market for services", Copenhagen: 92.

Copenhagen Economics. 2007. „The potential economic gains from full market opening in network industries", Copenhagen.

Copenhagen Economics. 2010. „The economic impact of a European digital Single Market – final report", Copenhagen.

Corsetti, G., Feld, L. P. et al. Eds. 2016. Reinforcing the Eurozone and Protecting an Open Society. London: CEPR Press.

Cowles, M. G. 1995. „Setting the agenda for a new Europe: The ERT and EC 1992". Journal of Common Market Studies 33(4), 501–26.

Cremer, J., Dietert, A. et al. 2004. „Die Europäische Union und die Türkei. Eine politische Bestandsaufnahme". Deutsches Orient-Institut Hamburg DOI-Focus (17), 36.

Crespo, N. und Fontoura, M. P. 2007. „Integration of CEECs into EU market: Structural change and convergence". Journal of Common Market Studies 45(3), 611–32.

Croley, S. P. 2011. „Beyond capture: towards a new theory of regulation", Levi-Faur, D., Handbook on the politics of regulation. Cheltenham, Northampton: Edward Elgar, 50–69.

Cullmann, A., Nieswand, M. et al. 2016. „Kommunale Energie- und Wasserversorgung im Fokus". DIW Wochenbericht (20), 439–64.

D'Amuri, F. und Peri, G. 2010. „Immigration and occupations in Europe". Centro Studi Luca D'Agliano development studies working papers (302).

D'Apice, P. 2015. „Cross-border flows operated through the EU budget: an overview". European Economy Discussion Papers (019).

Darvas, Z., Hüttl, P. et al. 2015. „Analysis of developments in EU capital flows in the global context – on behalf of European Union", Brussels: Bruegel, 200.

Darvas, Z. und Leardro, A. 2015. „The limitations of policy coordination in the Euro Area under the European Semester". BRUEGEL policy contribution (15).

Darvas, Z. und Wolff, G. B. 2014. „So far apart and yet so close: should the ECB care about inflation differentials?" BRUEGEL policy contribution (10), 1–10.

David, Q., Janiak, A. et al. 2008. „Local social capital and geographical mobility: A theory". IZA Discussion Papers (3668).

de Haan, J. 2014. „Democracy, Elections and Government Budget Deficits". German Economic Review 15(1), 131–42.

de la Baume, M. 2015. „The Parliament is bored", POLITICO.EU. Bruessels: http://www.politico.eu/article/parliament-bored-better-regulation/.

DeBruijn, R., Kox, H. et al. 2006. „The trade-induced effects of the services directive and the country-of-origin principle". ENEPRI working paper.

Dedeoðlu, B. und Gürsel, S. 2010. „EU and Turkey: The analysis of privileged partnership or membership", Betam Research Reports.

DeGrauwe, P. 2006b. „On monetary and political union". CESifo Forum 7(4), 3–10.

DeGrauwe, P. 2009. Economics of monetary union. Oxford: Oxford Uni Press.

DeGrauwe, P. 2011c. „The European Central Bank: Lender of last resort". VOX EU.

DeGrauwe, P. 2013a. „Design Failures in the Eurozone – can they be fixed?" European Economy, economic papers (491).

DeGrauwe, P. 2013c. „The European Central Bank: Lender of last resort in the government bond markets?" CESifo Economic Studies 59(3), 520–35.

DeGrauwe, P. 2016a. „The EU should take the side of those who have lost out from globalisation". blogs.lse.ac.uk/brexit/2016/07/11/the-eu-should-take-the-side-of-the-losers-of-globalisation/.

Degryse, H., Verboven, F. et al. 2000. Car price differentials in the European Union: An economic analysis. Brussels.

Delgado, J. 2006a. „Single market trails home bias". Bruegel Policy Brief (05).

Della Sala, V. 2010. „Crisis, What Crisis? Narrating Crisis and Decline in the European Union", ECPR Standing Group on the European Union Conference. Porto.

Delors, J. 1989a. „Report on economic and monetary union in the European Community", Luxembourg.

Delors, J. 2001. „Where is the European Union heading?"

Deroose, S. und Griesse, J. 2014. „Implementing economic reforms – are EU Member States responding to European Semester recommendations?" ECFIN Economic Briefs (37).

Deutsche Bundesbank. 1997f. „Wichtige Elemente des Stabilitäts- und Wachstumspakts". Informationsbrief zur WWU (6).

Deutsche Bundesbank. 2002b. „Zur außenwirtschaftlichen Entwicklung der mittel- und osteuropäischen Beitrittsländer". Monatsbericht (12), 51–71.

Deutsche Bundesbank. 2005e. „Die Europäische Wirtschafts- und Währungsunion".
Sonderveröffentlichung.

Deutsche Bundesbank. 2014a. „Das Schattenbankensystem im Euro-Raum: Darstellung und geldpolitische Implikationen". Monatsbericht (3), 15–35.

Deutsche Bundesbank. 2014d. „Finanzstabilitätsbericht 2014", Frankfurt/M.: 122.

deWitte, B. 2007. „Setting the scene: How did services get to Bolkestein and why?" Europa Institute Mitchell Working Paper Series (3), 13.

Dieckheuer, G. 2001. Internationale Wirtschaftsbeziehungen. München, Wien.

Dierx, A., Ilzkovitz, F. et al. 2002. „European integration and the functioning of product markets: selected issues", European Commission, European integration and the functioning of product markets. Luxembourg: 13–32.

Dieter, H. 2012. „Maastricht 2.0 – Bei der Weiterentwicklung der Währungsunion hat Europa Alternativen zum Zentralisierungsfetisch". SWP-aktuell (54).

Dinan, D. 2000. Encyclopedia of the European Union. Basinkstoke, London.

Dinan, D. 2005. Ever closer Union – an introduction to European integration. New York, NY: Palgrave Macmillan.

Dobbs, R., Lund, S. et al. 2015. „Debt and (not much) deleveraging", London, San Francisco, Shanghai: McKinsey Global Institute, 1–136.

Draghi, M. 2012. „Verbatim of remarks made at the Global Investment Conference in London, 26 July".

Dreger, C. und Kholodilin, K. 2007. „Preiskonvergenz in der erweiterten Europäischen Union". DIW-Wochenbericht 74(38), 557–61.

Drinkwater, S., Eade, J. et al. 2006. „Poles apart? EU enlargement and the labour market – outcomes of immigrants in the UK". IZA Discussion Paper (2410), 31.

Dulleck, U. und Kerschbamer, R. 2006. „On doctors, mechanics, and computer specialists: The economics of credence goods". Journal of Economic Literature 44(1), 5–42.

Dulleck, U., Kerschbamer, R. et al. 2011. „The economics of credence goods: An experiment on the role of liability, verifiability, reputation, and competition". American Economic Review 101, 526–55.

Dunne, J. 2014. „European Parliament work in the fields of Ex-Ante Impact Assessment and European Added Value Activity Report for June 2012 – June 2014", Brussels: European Parliament, 35.

Dunning, H. J. 1997a. „The European internal market programme and inbound foreign direct investment (1)". Journal of Common Market Studies 35(2), 1–30.

Dunning, H. J. 1997b. „The European internal market programme and inbound foreign direct investment (2)". Journal of Common Market Studies 35(2), 189–230.

Dunning, H. J. 2001. „The eclectic (OLI) paradigm of international production: Past, present and future". Int. J. of the Economics of Business 8(2), 173–90.

Dustmann, C. und Frattini, T. 2011. „Immigration: The European experience". IZA Discussion Paper (6261).

Dustmann, C. und Görlach, J.-S. 2015. „The Economics of Temporary Migrations". SOEP papers on Multidisciplinary Panel Data Research.

Dyson, K. und Featherstone, K. 1999. The road to Maastricht: Negotiating economic and monetary union. Oxford.

Dziegielewska, D. A. 2000. „How much does it cost to join the European Union and who is going to pay for it? Cost estimates for the Czech Republic, Hungary, Poland and Slovenia, complying with the EU environmental standards", IIASA – Interim report IR-00-001. Luxemburg.

Economic Policy Committee. 2004. The structural challenges facing the candidate countries.

EEAG. 2007b. „Report on the European Economy 2007", EEAG, The EEAG Report on the European Economy. Munich: CESifo, 156.

EEAG. 2015. „Migration in the European Union: Too Much of a Good Thing?", EEAG, The EEAG Report on the European Economy. Munich: CESifo, 78–96.

Egan, M. P. 2001. Constructing a European market: Standards, regulation and governance. Oxford.

Ehrmann, M. und Fratzscher, M. 2008. „Politics and monetary policy".

Eichengreen, B. 1993. „European monetary unification". Journal of Economic Literature 31(3), 1321–57.

Eichengreen, B. 2003. „Restructuring Sovereign Debt". Journal of Economic Perspectives 17(4), 75–98.

Eichengreen, B. und Boltho, A. 2008. „The economic impact of European integration". CEPR Discussion Paper (6820), 54.

Eichengreen, B. und Wyplosz, C. 1998. „Stability pact: More than a minor nuisance?" Economic Policy, 67–113.

Eichengreen, B. und Wyplosz, C. 2016. „Minimal Conditions for the Survival of the Euro". Intereconomics (Januar), 24–28.

Eleftheriadis, P. 2014. „Misrule of the Few – How the Oligarchs Ruined Greece?" Foreign Affairs (November/December).

Emerson, M. Ed. 2016a. Britain's Future in Europe – The known Plan A to remain or the unknown Plan B to leave. London.

Emerson, M. 2016c. „Which model for Brexit?" CEPS Special Report (147).

Emerson, M., Aujean, M. et al. 1988. Europas Zukunft – Binnenmarkt 1992: Eine Bewertung der möglichen wirtschaftlichen Auswirkungen der Vollendung des Binnenmarktes in der Europäischen Gemeinschaft. Brüssel.

Emerson, M., Aydin, S. et al. 2006. „Just what is this 'absorption capacity' of the European Union?" CEPS POLICY BRIEF 24.

Emerson, M. und Movchan, V. Eds. 2016. Deepening EU-Ukrainian Relations What, why and how? Brussels: CEPS.

Emiryan, H. 2009. „Roma integration in Europe – mission (im)possible?" spotlight europe (03).

Eppler, A. und Schelle, H. Eds. 2013. Europäische Desintegration in Zeiten der Krise – Zur Konzeptionalisierung europäischer Desintegration: Zug- und Gegenkräfte im europäischen Integrationsprozess. Baden-Baden: Nomos.

ERGEG. 2007. „Status review on end-user price regulation", Brussels: European Regulators' Group for Electricity and Gas ERGEG 37.

ERT European Round Table of Industrialists. 1999. The east-west win-win business experience. Brussels.

Europäische Kommission. 1998a. „Regelmässiger Bericht der Kommission über die Fortschritte der Türkei auf dem Weg zum Beitritt", Brüssel.

Europäische Kommission. 1999a. Die gegenseitige Anerkennung im Rahmen der Folgemaßnahmen zum Aktionsplan für den Binnenmarkt. Brüssel.

Europäische Kommission. 2000b. Eine Binnenmarktstrategie für den Dienstleistungssektor. Brüssel.

Europäische Kommission. 2001a. „Wirtschaftsreform: Bericht über die Funktionsweise der gemeinschaftlichen Güter- und Kapitalmärkte, KOM(2001) 736 endgültig", Brüssel.

Europäische Kommission. 2001f. Die Finanzierung des Umweltschutzes in den Bewerberländern, KOM(2001) 304 endg. Brüssel.

Europäische Kommission. 2002c. Der Stand des Binnenmarkts für Dienstleistungen: Bericht im Rahmen der ersten Stufe der Binnenmarktstrategie für den Dienstleistungssektor, KOM(2002 441 endgültig). Brüssel.

Europäische Kommission. 2002d. „Dienste von allgemeinem wirtschaftlichem Interesse und staatliche Beihilfen, non-paper", Brussels.

Europäische Kommission. 2002f. „Freizügigkeit der Arbeitnehmer – Volle Nutzung der Vorteile und Möglichkeiten, KOM(2002) 694 endgültig". Mitteilung der Kommission.

Europäische Kommission. 2002i. „10 Jahre Binnenmarkt ohne Grenzen". Binnenmarktanzeiger, Sonderausgabe (11).

Europäische Kommission. 2003a. „Anwendung der Binnenmarktvorschriften im Bereich der Gesundheitsdienste. Durchführung der Rechtsprechung des Gerichtshofs durch die Mitgliedstaaten, SEK(2003) 900", Brüssel: 35.

Europäische Kommission. 2003b. „Die Wettbewerbsfähigkeit von unternehmensbezogenen Dienstleistungen und ihr Beitrag zur Leistungsfähigkeit europäischer Unternehmen, Mitteilung der Kommission KOM(2003) 747 endg.", Brüssel.

Europäische Kommission. 2003c. „Grünbuch zu Dienstleistungen von allgemeinem Interesse, KOM(2003) 270 endgültig", Brüssel.

Europäische Kommission. 2004a. „Erster Bericht über die Umsetzung der Binnenmarktstrategie (2003–2006), Mitteilung der Kommission, KOM(2004) 22 endgültig", Brüssel.

Europäische Kommission. 2004c. „Vergabe öffentlicher Aufträge: Kommission verlangt von sechs Mitgliedstaaten Verstöße gegen EU-Vorschriften abzustellen", Pressemitteilungen der Kommission. 4.

Europäische Kommission. 2004q. „Finanzdienstleistungen: Über den Berg, Vorbereitung für die nächste Phase der europäischen Kapitalmarktintegration, Zehnter Fortschrittsbericht", Brüssel.

Europäische Kommission. 2006a. „Bericht über die Anwendung der im Beitrittsvertrag 2003 festgelegten Übergangsregelungen (Zeitraum 1. Mai 2004–30. April 2006)". Mitteilung der Kommission, KOM (2006) 48 endgültig, 25.

Europäische Kommission. 2006b. „Fragen und Antworten zu den Gesundheitsdienstleistungen in der EU, MEMO/06/348", Brüssel: 6.

Europäische Kommission. 2006c. „Zur Durchführung der Richtlinie 96/71/EG über die Entsendung von Arbeitnehmern". Bericht der Kommissionsdienststellen SEK(2006) 439.

Europäische Kommission. 2007i. „Entsendung von Arbeitnehmern im Rahmen der Erbringung von Dienstleistungen – Vorteile und Potenziale bestmöglich nutzen und dabei den Schutz der Arbeitnehmer gewährleisten". Mitteilung der Kommission KOM(2007) 304 endgültig.

Europäische Kommission. 2009a. Die Finanzverfassung der Europäischen Union. Brüssel.

Europäische Kommission. 2010a. „Leitfaden zur Anwendung der Vorschriften der Europäischen Union über staatliche Beihilfen, öffentliche Aufträge und den Binnenmarkt auf Dienstleistungen von allgemeinem wirtschaftlichem Interesse inklusive Sozialdienstleistungen". Leitfaden der Kommission SEC(2010) 1545 endg.

Europäische Kommission. 2011q. „Finanzierung des EU-Haushalts: Bericht über das Funktionieren des Eigenmittelsystems". Arbeitsdokumente der Kommissionsdienststelle SEK(2011) 876 endgültig.

Europäische Kommission. 2012c. „Über Bulgariens Fortschritte im Rahmen des Kooperations- und Kontrollverfahrens". Bericht der Kommission an das Europäische Parlament und den Rat COM(2012) 411 final.

Europäische Kommission. 2012d. „Über Rumäniens Fortschritte im Rahmen des Kooperations- und Kontrollverfahrens". Bericht der Kommission an das Europäische Parlament und den Rat COM(2012) 410 final.

Europäische Kommission. 2013b. „Europäische Kommission hält an der Personenfreizügigkeit fest". Memo der Europäischen Kommission MEMO/13/1041, 1–12.

Europäische Kommission. 2015c. „„Blue Guide" – Leitfaden für die Umsetzung der Produktvorschriften der EU 2014", Luxemburg.

Europäische Kommission. 2015d. „Erreichung des Stromverbundziels von 10 % Vorbereitung des europäischen Stromnetzes auf 2020". Mitteilung der Kommission COM(2015) 82 final.

Europäische Kommission. 2015e. „Aktionsplan zur Schaffung einer Kapitalmarktunion". Mitteilung der Kommission COM(2015) 468 final, 1–35.

Europäische Kommission. 2015g. Die Anwendung der Richtlinie 2011/24/EU über die Ausübung der Patientenrechte in der grenzüberschreitenden Gesundheitsversorgung. Bericht der Kommission COM(2015) 421 final.

Europäische Kommission. 2016a. „Kartellrecht: Geoblocking laut Sektoruntersuchung zum elektronischen Handel in der EU weit verbreitet". Pressemitteilung IP/16/922.

Europäische Kommission. 2016b. „Europäische Agenda für die kollaborative Wirtschaft". Mitteilung der Kommission COM(2016) 356 final, 1–18.

Europäische Kommission. 2016c. „Factsheet – Überarbeitung der Richtlinie über die Entsendung von Arbeitnehmern – häufig gestellte Fragen". MEMO (16/467).

Europäische Kommission. 2016d. „Kommission geht rechtlich gegen systematische Anwendung französischer und deutscher Mindestlohnvorschriften im Verkehrssektor vor". Pressemitteilung (IP-16–2101_DE).

Europäische Kommission. 2016e. „Bericht über die Fortschritte Bulgariens und Rumäniens im Rahmen des Kooperations- und Kontrollverfahrens". Factsheet (MEMO/16/154).

Europäische Zentralbank. 2004b. Durchführung der Geldpolitik im Euro-Währungsgebiet: Allgemeine Regelungen für die geldpolitischen Instrumente und Verfahren des Eurosystems. Frankfurt/M.

Europäischer Rechnungshof. 2015a. Die Bemühungen um eine Lösung der Probleme im Bereich der öffentlichen Auftragsvergabe bei Kohäsionsausgaben der EU sollten verstärkt werden. Luxemburg.

Europäisches Währungsinstitut. 1998. Konvergenzbericht nach Artikel 109j. Frankfurt/M.

European Central Bank. 2014a. „Financial Stability Review – May 2014", Frankfurt/M.

European Commission. 1990. One market, one money: An evaluation of the potential benefits and costs of forming an economic and monetary union. Oxford (u. a.): Oxford Univ. Press.

European Commission. 1991. The economics of EMU: background studies for European economy, No 44 'One market, one money'. Luxembourg.

European Commission. 1996c. Capital market liberalization. Luxembourg.

European Commission. 1996e. Economic evaluation of the Internal Market. Brussels.

European Commission. 1997c. Economies of scale. Luxembourg.

European Commission. 1997f. Public procurement. Luxembourg.

European Commission. 1997h. Price competition and price convergence. Luxembourg.

European Commission. 1997i. The CAP and enlargement: Agrifood price developments in five associated countries. Luxembourg.

European Commission. 1997n. „Economic policy in EMU: Part A – rules and adjustment". European Commission, Directorate-General for economic and financial affairs ECONOMIC PAPERS (124).

European Commission. 1998a. Technical barriers to trade. Luxembourg.

European Commission. 1998c. Aggregate results of the single market programme. Luxembourg.

European Commission. 1998e. Foreign direct investment. Luxembourg.

European Commission. 1999a. Liberalisation of network industries. Luxembourg.

European Commission. 2000a. „The impact of economic and monetary union on cohesion". Regional development studies (35).

European Commission. 2001a. The free movement of workers in the context of enlargement. Brussels.

European Commission. 2001c. Price dispersion in the Internal Market: How far are we from reaching the limits of price convergence in the Internal Market? Brussels.

European Commission. 2001i. „The economic impact of enlargement". European Economy. Enlargement Papers (4).

European Commission. 2002b. „Analysis of the impact on agricultural markets and incomes of EU enlargement to the CEECs", Brussels.

European Commission. 2002g. „Free movement for persons: A practical guide for an enlarged European Union", Brussels.

European Commission. 2002i. „Second biennial Report on the Application of the Principle of Mutual Recognition in the Single Market, COM(2002) 419 final", Brussels: 50.

European Commission. 2004a. „Report on competition in professional services, COM(2004) 83 final", Brussels: 26.

European Commission. 2004b. „Business-related services: a key driver of European competitiveness. An enhanced economic analysis. DG Enterprose working paper", Brussels.

European Commission. 2004c. „Extended impact assessment of proposal for a directive on services in the Internal Market, COM(2004) 2 final". Commission staff working paper SEC(2004) 21.

European Commission. 2005b. „Freiberufliche Dienstleistungen – Raum für weitere Reformen; Follow-up zum Bericht über den Wettbewerb bei freiberuflichen Dienstleistungen, KOM(2004) 83 vom 9. Februar 2004, SEK(2005) 1064, KOM(2005) 405 endgültig", Brüssel: 12.

European Commission. 2005d. „Energy sector inquiry – issues paper", Brussels: 54.

European Commission. 2005n. „Special rights in privatised companies in the enlarged Union – a decade full of developments". Commission staff working document.

European Commission. 2006a. „Enlargement, two years after: an economic evaluation", European economy, occasional papers No. 24. Brussels: Bureau of European Policy Advisers and the Directorate-General for Economic and Financial Affairs, 127.

European Commission. 2006e. Country Study: Growth and competitiveness in the Polish economy: the road to real convergence. Brussels.

European Commission. 2006n. „Enlargement strategy and main challenges 2006–2007, including annexed special report on the EU's capacity to integrate new members, COM (2006) 649", Brussels: 27.

European Commission. 2007a. „An energy policy for Europe", Communication from the Commission. Brussels: 29.

European Commission. 2007b. „Prospects for the internal gas and electricity market", Communication from the Commission. Brussels: 21.

European Commission. 2007l. Handbook on implementation of the Services Directive. Luxembourg: Office for Official Publications of the European Communities.

European Commission. 2008d. EMU@10: successes and challenges after 10 years of Economic and Monetary Union. Brussels.

European Commission. 2008h. „Employment in Europe 2008", Brussels: 290.

European Commission. 2009g. „Report on cross-border e-commerce in the EU, final". Commission staff working document SEC(2009) 283, 75.

European Commission. 2009i. Five years of an enlarged EU – Economic achievements and challenges. Brussels.

European Commission. 2010a. „Report on Greek government deficit and debt statistics, COM(2010) 1 final". 30.

European Commission. 2010e. „On retail services in the internal market, accompanying document to the report on retail market monitoring: "Towards more efficient and fairer retail services in the Internal Market for 2020„, COM(2010)355 final". Commission staff working document SEC(2010) 807.

European Commission. 2011c. „Online services, including e-commerce, in the Single Market". Commission staff working document SEC(2011) 1641, 141.

European Commission. 2011d. „Employment and Social Developments in Europe 2011",
Luxembourg: 290.

European Commission. 2011e. „Evaluation of the professional qualifications directive (2005/36/
EC)", Bruessels: 89.

European Commission. 2011f. „Towards a better functioning Single Market for services – building
on the results of the mutual evaluation process of the Services Directive". Communication
from the Commission COM(2011) 20 final, 13.

European Commission. 2011g. „On the process of mutual evaluation of the Services Directive".
Commission staff working paper SEC(2011) 102 final, 124.

European Commission. 2011h. „Proposal for a regulation on guidelines for trans-European energy
infrastructure and repealing Decision No 1364/2006/EC – Impact assessment". Commission
staff working document SEC(2011) 1233 final.

European Commission. 2011i. „2009–2010 Report on progress in creating the internal gas and
electricity market". Commission staff working document.

European Commission. 2011p. „On the implementation of the Single Sky legislation: time to
deliver, COM(2011) 731 final", Brussels: 12.

European Commission. 2011r. „Impact assessment". Commission staff working paper SEC(2011)
671 final.

European Commission. 2012o. European Competitiveness Report 2012 – reaping the benefits of
globalisation. Brussels.

European Commission. 2013h. „Ownership unbundling – the Commission's practice in assessing
the presence of a conflict of interest including in case of financial investors". Commission
staff working document SWD(2013) 177 final, 1–11.

European Commission. 2014c. „Market Reforms at Work in Italy, Spain, Portugal and Greece".
EUROPEAN ECONOMY (5).

European Commission. 2014g. „Annual Public Procurement Implementation Review 2013".
Commission staff working document SWD(2014) 262 final, 1–38.

European Commission. 2014k. „Implementation of TEN-E, EEPR and PCI Projects". Commission
staff working document SWD(2014) 314 final.

European Commission. 2014l. „Structural measures to improve the resilience of EU credit
institutions – frequently asked questions". MEMO (MEMO/14/63).

European Commission. 2015d. „Single Market integration and competitiveness in the EU and its
member states". Commission staff working document SWD(2015) 203 final, 1–115.

European Commission. 2015e. „A Digital Single Market Strategy for Europe – Analysis and
Evidence". Commission staff working document SWD(2015) 100 final.

European Commission. 2015f. „A Digital Single Market Strategy for Europe". Communication from
the Commission COM(2015) 192.

European Commission. 2015g. „Commission welcomes agreement on improving transparency of
certain financial transactions in the shadow banking sector". Press release (IP/15/5210).

European Commission. 2015h. „Action Plan on Building a Capital Markets Union – Economic
Analysis". Commission staff working document SWD(2015) 183 final.

European Commission. 2016c. „Geo-blocking practices in e-commerce SWD(2016) 70 final",
Brussels.

European Commission. 2016d. „EU Public Procurement reform: Less bureaucracy, higher
efficiency – An overview of the new EU procurement and concession rules introduced on
18. April 2016", Brussels: 11.

European Commission. 2016e. „Q&A – Rapid Alert System for non-food dangerous products in
2015". Fact sheet.

European Commission. 2016h. „European agenda for the collaborative economy – supporting
analysis". Commission staff working document SWD(2016) 184 final).

European Commission. 2016i. „On the movement of capital and the freedom of payments". Commission staff working document SWD(2016) 105 final.

European Commission. 2016l. „State-Owned Enterprises in the EU: Lessons Learnt and Ways Forward in a Post-Crisis Context". European Economy Institutional Papers (ip0031).

European Commission. 2016p. „Turkey 2015 report". Commission staff working document SWD(2015) 216 final.

European Commission. 2016m. Vade Mecum on the Stability and Growth Pact – 2016 edition. European Economy Institutional Papers (021).

European Commission. 2016q. „Turkey 2016 report". Commission staff working document SWD(2016) 366 final.

European Commission. 2016r. „2016 Communication on EU Enlargement Policy". Communication . from the Commission COM(2016) 715 final.

European Commission – DG GROW. 2016. „Public procurement indicators 2014".

Ombudsman, European. 2016. „Ombudsman welcomes Eurogroup proactive transparency proposals". Press release (3/2016).

Union, European. 2014a. „EU energy markets in 2014", Luxembourg: 173.

EUROSTAT. 2002. „Die Entwicklung der Direktinvestitionen in den Beitrittsländern von 1995 bis 2000". Statistik kurz gefasst, Wirtschaft und Finanzen Thema 2.

EUROSTAT. 2004. „Report by Eurostat on the revision of the Greek government deficit and debt figures", Luxembourg: 63.

EUROSTAT. 2007a. Europe in figures –Eurostat yearbook 2006–07. Luxembourg.

EXPRESS. 2010. „Standardization for a competitive and innovative Europe: a vision for 2020 (EXP 384 final)", Expert panel for the review of the European standardization system, 45.

Fagan, A. und Sircar, I. 2015. „EU Integration and Minority Protection in the Western Balkans: Mapping the Way Ahead – Conference Report, MAXCAP Report No. 2".

Fagan, G. und Gaspar, V. 2007. „Adjusting to the Euro". ECB working paper (716).

Faini, R. 2006. „Fiscal policy and interest rates in Europe". Economic Policy 47(July), 445–89.

Feld, L. P., Schmidt, C. M. et al. 2016. „Maastricht 2.0: Safeguarding the future of the Eurozone", Corsetti, G., Feld, L. P. et al., Reinforcing the Eurozone and Protecting an Open Society. London: CEPR Press, 46–61.

Feldstein, M. 1992. „Europe's monetary union – the case against EMU". ECONOMIST (June).

Feldstein, M. 1997. „The Political economy of the European economic and monetary union: Political sources of an economic liability". Journal of Economic Perspectives 11(4), 23–42.

Fichtner, F. und König, P. 2015. „Über die Krise zur Einheit? 25 Jahre monetärer Integrationsprozess in Europa". DIW Wochenbericht (27), 639–47.

Financial Stability Board. 2011. „Shadow banking: Strengthening oversight and regulation – recommendations of the Financial Stability Board", Basel.

Fingleton, B., Garretsen, H. et al. 2015. „Shocking aspects of monetary union: the vulnerability of regions in Euroland". J Econ Geogr 15(5), 907–34.

Fischer, C. 2007. „An assessment of the trends in international price competitiveness among EMU countries". Deutsche Bundesbank Discussion Paper Series 1: Economic Studies (8).

Fischer, C. 2012. „Price convergence in the EMU? Evidence from micro data". European Economic Review 56(4), 757–76.

Fischer, P. A., Holm, E. et al. 2001. „Why do people stay? Insider advantages and immobility". HWWA discussion paper (112).

FitzGerald, J. und Honohan, P. 2016a. „Ireland and Brexit", Baldwin, R. E., Brexit Beckons: Thinking ahead by leading economists. London: CEPR Press, 129–36.

Forbes, K. J. 2012. „The "Big C": Identifying and mitigating contagion". Jackson Hole Meeting 2012.

Fortwengel, J. 2010. „Upgrading through integration? The case of the Central Eastern European automotive industry". Transcience Journal 2(1) 1–25.

FRA – European Union Agency for Fundamental Rights. 2015. „Severe labour exploitation: workers moving within or into the European Union – States' obligations and victims' rights", Vienna. Luxembourg: FRA – European Union Agency for Fundamental Rights, 108.

Francois, J. und Hoekman, B. 2010. „Services trade and policy". Journal of Economic Literature 48(3), 642–92.

Frieden, J. 2016. „The crisis, the public, and the future of European integration", Caselli, F., Centeno, M. et al., After the Crisis: Reform, Recovery, and Growth in Europe. Oxford: Oxford Uni Press, 146–70.

Fritsch, M. 2014. Marktversagen und Wirtschaftspolitik – Mikroökonomische Grundlagen staatlichen Handelns. München Vahlen.

Frydman, R. und Goldberg, M. 2011. Beyond mechanical markets: Asset price swings, risk and the role of the state. Princeton: Princeton University Press.

Gabrisch, H. und Segnana, M.-L. 2003. Vertical and horizontal patterns of intra-industry trade between EU and candidate countries.

Gáková, Z. und Dijkstra, L. 2008. „Labour mobility between the regions of the EU-27 and a comparison with the USA". Regional Focus (02), 1–8.

Gale, W. G. und Orszag, P. R. 2002. „The economic effects of long-term fiscal discipline", Urban-Brookings Tax Policy Center Discussion Paper. Washington DC.

Galloway, D. 2001. The treaty of Nice and beyond: Realities and illusions of power in the EU. Sheffield.

Gatti, R., Karacsony, S. et al. 2016. „Being Fair, Faring Better Promoting Equality of Opportunity for Marginalized Roma", Washington D.C.: World Bank.

Geiger, R. 2000. Kommentar zu EUV/EGV. München.

Geissler, T. 2012. „Lob und Tadel für Bulgarien – Scharfe Kritik an rumänischer Regierung – Die EU-Kommission zieht nach fünfjähriger Mitgliedschaft beider Länder in der EU eine Bilanz". KAS Rechtsstaatenprogramm – Länderberichte.

Gerhards, J. und Hans, S. 2011. „Why not Turkey? An updated analysis of citizens' attitudes towards Turkish membership in the EU". Berliner Studien zur Soziologie Europas (23).

Gerhards, J. und Hessel, P. 2008. „Das Globalisierungsskript der Europäischen Union und seine Unterstützung bei den Bürgerinnen und Bürgern in 15 Mitgliedsländern der EU". Berliner Journal für Soziologie 18(4), 596–622.

Gershuny, J. I. 1981. Die Ökonomie der nachindustriellen Gesellschaft: Produktion und Verbrauch von Dienstleistungen. Frankfurt/M., New York.

Ghemawat, P. 2011. World 3.0: Global prosperity and how to achieve It. Boston: Mcgraw-Hill Professional.

GHK and Technopolis. 2007. Evaluation of the functioning of regulation (EC) no. 2679/98, Brussels.

Giulietti, C. 2014. „The welfare magnet hypothesis and the welfare take-up of migrants". IZA World of Labor, 1–10.

Giulietti, C., Guzi, M. et al. 2011. „Unemployment benefits and immigration: Evidence from the EU". IZA Discussion Paper (6075).

Glick, R. und Rose, A. K. 2015a. „Currency Unions and Trade: A Post-EMU Mea Culpa".

Göler, D. 2012. „Die Grenzen des Cost-of-Non-Europé-Narrativs: Anmerkungen zur Sinnstiftung der Europäischen Integration". Integration 35(2), 129–35.

Gómez-Ibáñez, J. A. und Rus, G. Eds. 2006. Competition in the railway industry: an international comparative analysis. Cheltenham, Northampton: Elgar.

Gordo Mora, L. und Nogueira Martins, J. N. 2007. „How reliable are the statistics for the Stability and Growth Pact?" European Economy, economic papers (273).

Görgens, E., Ruckriegel, K. et al. 2008. Europäische Geldpolitik. Stuttgart: Lucius & Lucius.

Gorton, G. B. 2010. Slapped by the invisible hand – the panic of 2007. Oxford: Oxford Uni Press.

Gorton, G. B. und Metrick, A. 2010. „Regulating the shadow banking system". NBER Working Paper Series.

Gorton, G. B. und Metrick, A. 2013. „The Federal Reserve and Panic Prevention: The Roles of Financial Regulation and Lender of Last Resort". Journal of Economic Perspectives 27, 45–64.

Griffith, R. S., Harrison, R. et al. 2006. „Product market reform and innovation in the EU". CEPR Discussion Paper (5849).

Grimm, D. 2016a. Europa ja – aber welches? Zur Verfassung der europäischen Demokratie. München: C.H. Beck.

Grimm, D. 2016b. „Europe's legitimacy problem and the courts", Chalmers, D., Jachtenfuchs, M. et al., The End of the Eurocrats' Dream – Adjusting to European Diversity. Cambridge: Cambridge Univ. Press, 241–65.

Groeben, H. von der. 1987. Legitimationsprobleme der Europäischen Gemeinschaft. London [u. a.]: Routledge.

Gros, D. und Micossi, S. 2005. „A better budget for the European Union: More value for money, more money for value". CEPS POLICY BRIEF (66).

Gros, D. und Suhrcke, M. 2000. „Ten years after: What is special about transition countries?" CESifo Working Paper (327).

Guerin, S. S. und Manzocchi, S. 2006. „When FDI flows from rich to poor countries: Do democracy and economic reform matter?" CEPS Working Document (251), 18.

Guiso, L., Sapienza, P. et al. 2005. „Cultural biases in economic exchange".

Gümrükçü, H. 1997. Türkei und Europäische Union im Lichte der vollendeten Zollunion: die Geschichte der Irrungen und Wirrungen der EU-Türkei-Beziehungen. Hamburg: ITES.

Güngör, N. D. und Tansel, A. 2007. „Brain Drain from Turkey: The Case of Professionals Abroad". IZA Discussion Paper (2617).

Haar, K., Pohl, C. et al. 2009. „A captive commission – the role of the financial industry in shaping EU regulation", Alliance for Lobbying Transparency and Ethics Regulation (ALTER-EU) 24.

Häge, F. 2013. „Coalition Building and Consensus in the Council of the European Union". British Journal of Political Science 43(3), 481–504.

Hagemann, S. und DeClerck-Sachsse, J. 2007. „Old rules, new game: Decision-making in the Council of Ministers after the 2004 enlargement", CEPS Thinking ahead for Europe. Brussels: CEPS, 45.

Hager, W. 2000. The environment in European enlargement. Brüssel.

Haldane, A. G., Penalver, A. et al. 2003. „Analytics of Sovereign Debt Restructuring". Bank of England working paper.

Hall, P. A. 2015. „The Euro Crisis and the Future of European Integration", BBVA and OpenMind, The search for Europe – Contrasting Approaches. Madrid: 46–67.

Hall, P. A. und Soskice, D. 2001. Varieties of Capitalism. Oxford: Oxford University Press.

Hankel, W., Nölling, W. et al. 1998. Die Euro-Klage: Warum die Währungsunion scheitern muss. Reinbek bei Hamburg.

Hansen, F. 2013. „The efficient-markets hypothesis after the crisis: a methodological analysis of the evidence", Benner, M., Before and beyond the global economic crisis – economics, politics and settlement. Cheltenham [u. a.]: Edward Elgar, 55–71.

Hardy, J., Calveley, M. et al. 2015. „Arbeitsmigration im Gesundheitswesen". APuZ (4/5), 28–36.

Harrison, G., Rutherford, T. et al. 1994. „Product Standards, Imperfect Competition, and Completion of the Market in the European Union". World Bank policy research working paper (1293).

Harrison, G. W., Rutherford, T. F. et al. 1997. „Economic implications for Turkey of a customs union with the European Union". European Economic Review (41), 861–70.

Hartlieb, B. 2003. „Gegenseitige Anerkennung: Europäische Normen als Mittel zum Zweck", Caesar, R. and Scharrer, H.-E., Der unvollendete Binnenmarkt. Baden-Baden: 183–200.

Hartwich, F. und Kormawa, P. 2009. „Value Chain Diagnostics for Industrial Development – Building blocks for a holistic and rapid analytical tool". UNIDO Working Paper.

Hau, H. 2013. „Europas Bankenunion oder der Triumph der Hoffnung über die Erfahrung". Perspektiven der Wirtschaftspolitik 14(3–4), 186–97.

Hayes-Renshaw, F. 2012. „The Council of Ministers", Peterson, J. und Shackleton, M., The New European Union Series. Oxford: Oxford University Press, 68–95.

Head, K. und Mayer, T. 2013. „Gravity Equations: Workhorse,Toolkit, and Cookbook". CEPII Working Paper (27).

Heidbreder, E. G. und Carrasco, L. 2003. „Assessing the assessment: a review of the application criterion minority protection by the European Commission". EIPA working paper (W4), 84.

Heinemann, F. 2005. EU-Finanzplanung 2007–2013: Haushaltsoptionen, Verteilungswirkungen und europäischer Mehrwert. Gütersloh: Bertelsmann Stiftung.

Heinemann, F. und Jopp, M. 2012b. „Wege aus der europäischen Schuldenkrise", Institut für Europäische Politik Arbeitspapier. Berlin.

Hellwig, M. 2014. „Yes, Virginia, There is a European Banking Union! But It May Not Make Your Wishes Come True". Max Planck Institute for Research on Collective Goods (Preprint 12).

High Level Group on Business Services. 2014. „High Level Group on business services – Final Report", Brussels: 169.

Hirschhausen, C. von. 2002. Modernizing infrastructure in transformation economies. Cheltenham, Northampton.

Hix, S. 2005. The political system of the European Union. Houndsmills: Palgrave Macmillan.

Hodson, D. und Maher, I. 2001. „The open method as a new mode of governance". Journal of Common Market Studies 39(4), 719–46.

Höhler, G. 2012a. „Wie Gewerkschafter den staatlicher Stromversorger gemolken haben", Tagesspiegel. Berlin.

Home Office Border and Immigration Agency. 2007. „Accession monitoring report A8 countries 2004–2007", London: 39.

House of Commons. 2010. „How much legislation comes from Europe?" Research Paper (10/62), 1–59.

House of Commons. 2016. „Employment practices at Sports Direct. Third Report of Session 2016–17", London: House of Commons – Business, Innovation and Skills Committee.

House of Lords Economic Affairs Committee. 2008. „The economic impact of immigration", London: 84.

Hsu, S. 2013. Financial crises, 1929 to the present. Cheltenham [u. a.]: Edward Elgar.

Huntington, S. P. 1996. Der Kampf der Kulturen. München, Wien: Europaverlag.

Hunya, G.Ed. 2000c. Integration through foreign direct investment: Making central Europen industries competitive. Cheltenham, Northampton.

Igan, D., Mishra, P. et al. 2009. „A Fistful of Dollars: Lobbying and the Financial Crisis". IMF working paper (287), 72.

Ilzkovitz, F., Dierx, A. et al. 2007. Steps towards a deeper economic integration: the internal market in the 21st century. Bruessels.

Imbs, J., Mumtaz, H. et al. 2010. „One TV, One Price?" Scandinavian Journal of Economics 112(4), 753–81.

IMF. 2000a. World economic and financial surveys, World Economic Outlook: Focus on transition economies (Chapter III). Washington DC.

IMF. 2014b. „Global Financial Stability Report: Risk Taking, Liquidity, and Shadow Banking –
   Curbing Excess while Promoting Growth". Washington DC.

IMF. 2016a. „Debt – Use It Wisely". Washington D.C.

Isik, Y. 2004. „Turkey's energy prospects in the EU-Turkey context". EU-Turkey Working Paper.

Javorcik, B. S. und Spatareanu, M. 2009. „Tough love: Do Czech suppliers learn from their
   relationships with multinationals?" Scandinavian Journal of Economics 111(4), 811–33.

Jonung, L. und Drea, E. 2009. „The Euro: It can't happen, it's a bad idea, it won't last. US
   economists on the EMU, 1989–2002". EUROPEAN ECONOMY. ECONOMIC PAPERS (395), 55.

Jovanovic, M. 1999. „Where are the limits to the enlargement of the European Union?" Journal of
   Economic Integration 14(1), 467–96.

Juncker, J.-C., Tusk, D. et al. 2015. „Die Wirtschafts- und Währungsunion Europas vollenden",
   Brüssel.

Juncker, J.-C. 2016. „Eu and me – speech by european commission president jean-claude juncker
   at the 25th anniversary of the maastricht treaty". European Commission – Speech (SPEECH/
   16/4343).

Kahneman, D. 2011. Thinking, fast and slow. London: Penguin.

Kaplinsky, R und Farooki, M. 2010. „What Are the Implications for Global Value Chains When the
   Market Shifts from the North to the South?" World Bank policy research working paper
   (5205).

Karakaya, E. und Cooke, A. 2002. „Economic integration: An overview of the theoretical and
   empirical literature". Nottingham Trent University, Applied Economic Policy Discussion Paper
   Series (AEP2002/01), 32.

Katseli, L. T., Lucas, R. E. B, et al. 2006. „Effects of migration on sending countries: what do we
   know?" OECD Development Centre Working Paper (250).

Kawecka-Wyrzykowska, E. 2009. „Evolving pattern of intra-industry trade specialization of the
   new member states (NMS) of the EU: the case of automotive industry". European Economy,
   economic papers (364).

Keen, S. 2011. Debunking Economics: the naked emperor dethroned? London, New York: Zed
   Books.

Kennedy, P. 1989. The rise and fall of the great powers. New York: Vintage Books.

Khader, B. 2015. „Muslims in Europe: the construction of a "problem"", BBVA and OpenMind, The
   search for Europe – Contrasting Approaches. Madrid: 303–25.

Kindleberger, C. P. und Aliber, R. Z. 2011. Manias, panics, and crashes – a history of financial
   crises. Hoboken, NJ: Wiley.

Kirsch, W. 2016. „Brexit and the Distribution of Power in the Council of the EU". CEPS
   Commentaries.

Klees, A. und Langerfeldt, M.Eds. 2005. Entflechtung in der deutschen Energiewirtschaft:
   Kostenfalle oder Effizienzquelle? Wiesbaden: Dt. Univ.-Verl.

Klodt, H. 2009. „Psychological pitfalls and the next financial crisis", Klodt, H. and Lehment, H.,
   The crisis and beyond. Kiel: IfW Kiel, 189–95.

Knodt, M. and Hüttmann, M. 2005. „Der Multi-Level Governance-Ansatz", Bieling, H.-J. und Lerch,
   M., Theorien der Europäischen Integration. Wiesbaden: UTB, 223–48.

Knottenbauer, K. 2000. Theorien des sektoralen Strukturwandels. Marburg.

Koch, J. und Kullas, M. 2010. „Subsidiarität nach Lissabon – Scharfes Schwert oder stumpfe
   Klinge?" Freiburg: Centrum für Europäische Politik (CEP), 26.

Kochenov, D. 2004. „Behind the Copenhagen façade. The meaning and structure of the
   Copenhagen political criterion of democracy and the rule of law". European Integration
   online Papers (EIoP) 8(10).

Koen, V. und van den Noord, P. 2006. „Fiscal gimmickry in Europe: One-off measures and creative accounting", Wierts, P., Deroose, E. et al., Fiscal policy surveillance in Europe. Basingstoke: Palgrave McMillan.

Kokko, A., Mathä, T. et al. 2005. „European integration and trade diversion: Yeats revisited", Stockholm: Swedish Institute for European Policy Studies, 66.

Kox, H., Lejour, A. M. et al. 2004a. „The free movement of services within the EU", The Hague: CPB Netherlands Bureau for Economic Policy Analysis 69.

Kraus, M. und Schwager, R. 2000. „EU enlargement and immigration". ZEW Discussion Paper.

Krieger, H. 2004. Migration trends in an enlarged Europe. Dublin: European Foundation for the Improvement of Living and Working Conditions, Dublin.

Krueger, A. O. 2002. „A New Approach To Sovereign Debt Restructuring", Washington: IMF, 47.

Krugman, P. 1991. Geography and trade. Leuven: Leuven Univ. Press [u. a.].

Krugman, P. 1996. Pop internationalism. Cambridge, Mass.; London: MIT-Press.

Krugman, P. 1998. „What's new about the new economic geography?" Oxford Review of Economic Policy 14(2, Trade and Location).

Krugman, P., Obstfeld, M. et al. 2012. International economics: Theory and policy. Pearson.

Krugman, P. und Wells, R. 2009a. Economics. New York, NY: Worth.

Kurkowiak, B. 2012. „Significant differences in consumer prices across Europe – Comparative price levels in 37 European countries for 2011". EUROSTAT Statistics in Focus, Economy and finance (28), 8.

La Porta, R. und Shleifer, A. 2014. „Informality and Development". Journal of Economic Perspectives 28(3), 109–26.

Laaser, C.-F. und Schrader, K. 2002. „European integration and changing trade patterns: The case of the Baltic states". Kiel working papers (1088).

Laaser, C.-F. und Schrader, K. 2005a. „Handelspartner Polen: In der EU angekommen? Eine Analyse des polnischen Außenhandels". Die Weltwirtschaft (2).

Laaser, C.-F. und Schrader, K. 2005b. „Chips statt Paprika: Ungarns Wirtschaft in der europäischen Arbeitsteilung". Die Weltwirtschaft (3), 356–83.

Lamassoure, A. 2008. „Der Bürger und die Anwendung des Gemeinschaftsrechts, Bericht an den Staatspräsidenten N. Sarkozy", Brüssel: Europäisches Parlament RR\744701DE.doc, 200.

Landesmann, M. 2000. „Structural change in the transition economies since 1989; paper prepared for the United Nations Economic Commission for Europe, annual seminar", Geneva.

Lannoo, K. 2015. „The Great Financial Plumbing – From Northern Rock to Banking Union", Brussels: CEPS.

LeMaux, L. und Scialom, L. 2013. „Central banks and financial stability: rediscovering the lender-of-last-resort practice in a finance economy". Cambridge Journal of Economics 37(1), 1–16.

Lewis, J. 2007. The Council of the European Union, Cini, M., European Union Politics. Oxford: 154–73.

Loth, W. 2014. Europas Einigung. Eine unvollendete Geschichte. Frankfurt (M), New York: Campus-Verlag.

Ludlow, N. P. 2007. The European Community and the Crises of the 1960s: Negotiating the Gaullist Challenge. Routledge.

Macmillan, C. 2010. „Privileged partnership, open ended accession negotiations and the securitisation of Turkey's EU accession process". Journal of Contemporary European Studies 18(4), 447–62.

Majone, G. 2014b. Rethinking the Union of Europe Post-Crisis – Has Integration Gone Too Far? Cambridge: Cambridge Univ. Press.

Marcus, J. S. und Petropoulos, G. 2016. „E-commerce in Europe: Parcel delivery prices in a digital Single Market". BRUEGEL policy contribution.

Marengo, B. 2013. „Europe: truth and narration in assessing the roots of the crisis and its possible solutions".

Marhold, H. 2015. Die EU-Krisenpolitik – Chaos oder Kosmos? Tübingen.

Marin, D. 2010. „The opening up of Eastern Europe at 20 – jobs, skills, and 'reverse maquiladoras' in Austria and Germany". Bruegel Working Paper (02), 32.

Mariniello, M., Sapir, A. et al. 2015. „The long road towards the European Single Market". Bruegel Working Paper (01), 1–36.

Marks, G., Hooghe, L. et al. 1996. „European integration since the 1980s: State-centric vs. multi-level governance". Journal of Common Market Studies 34(3), 341–78.

Markusen, J. R. 1995. „The boundaries of multinational enterprises and the theory of internatonal trade". Journal of Economic Perspectives 9(2), 169–89.

Masuch, K., Moshammer, E. et al. 2016. „Institutions and Growth in Europe". CEPS Working Document (421).

Mayer, F. C. und Palmowski, J. 2004. „European identities and the EU: The ties that bind the peoples of Europe". Journal of Common Market Studies 42(3), 573–98.

Mayert, A. 2015. „Arbeitskräftewanderung zur Stabilisierung des Euroraums?" APuZ (4/5), 20–28.

Mayhew, A. 1998. Recreating Europe: The European Union's policy towards Central and Eastern Europe. Cambridge.

McKee, M., MacLehose, L. et al. 2004a. „Free movement of patients", McKee, M., MacLehose, L. et al., Health policy and European Union enlargement. Maidenhead: Open University Press, 157–75.

McLeay, M., Radia, A. et al. 2014. „Money creation in the modern economy". Bank of England Quarterly Bulletin (1).

Mei, van der. 2003. Free movement for persons within the European Community: Cross-border access to public benefits. Oxford.

Meier-Pesti, K. und Trübenbach, C. 2009. „Mystery shopping evaluation of cross-border E-commerce in the EU, conducted on behalf of the European Commission, Health and Consumers Directorate-General, final report", YouGovPsychonomics 106.

Meiklejohn, R. 1999a. „The economics of state aid", European Commission, State aid and the single market. Luxembourg: 25–31.

Meißner, W. und Fassing, W. 1989. Wirtschaftsstruktur und Strukturpolitik. München.

Melitz, J. und Toubal, F. 2012. „Native language, spoken language, translation and trade". CEPR Discussion Paper (8994).

Micossi, S. 2006. „Fixing the services directive". CEPS POLICY BRIEF (100).

Micossi, S. 2015. „The Monetary Policy of the European Central Bank (2002–2015)". CEPS Special Report (109).

Micossi, S. 2016. „The glass is still half-empty: Eurozone stability under threat of a 'bad shock'". VOX EU.

Miller, M. und Sutherland, A. 1990. „The 'Walters' Critique of the EMS: A case of inconsistent expectations". CEPR Discussion Paper (480).

Minford, P., Gupta, S. et al. 2015. Should Britain leave the EU? An economic analysis of a troubled relationship. Cheltenham, Northampton: Elgar.

Minsky, H. P. 1986. Stabilizing an unstable economy. Yale: Yale University Press.

Minsky, H. P. 1992. „The Financial Instability Hypothesis". The Jerome Levy Economics Institute Working Paper (74).

Mody, A. und Sandri, D. 2012. „The eurozone crisis: how banks and sovereigns came to be joined at the hip". Economic Policy 27(70), 199–230.

Mongelli, F. P. 2005. „What is European Economic and Monetary Union telling us about the properties of optimum currency areas?" JCMS: Journal of Common Market Studies 43(3), 607–35.

Mongelli, F. P. 2008. European economic and monetary integration, and the optimum currency area theory. Brussels.

Monopolkommission. 2001a. Folgeprobleme der europäischen Kartellverfahrensreform. Bonn.

Monopolkommission. 2014a. „Kommunale Wirtschaftstätigkeit und der Trend zur Rekommunalisierung", Monopolkommission, Eine Wettbewerbsordnung für die Finanzmärkte – Zwanzigstes Hauptgutachten. Bonn: 439–510.

Monteagudo, J., Rutkowski, A. et al. 2012. „The economic impact of the services directive: a first assessment following implementation". European Economy, economic papers (456).

Monti, M. Ed. 1996. The Single Market and tomorrow's Europe: A progress report from the European Commission. Luxembourg.

Monti, M. 2010. „A new strategy for the Single Market. Report to the European Commission", Bureau of European Policy Advisers (BEPA) 107.

Moravcsik, A. 2002. Reassessing legitimacy in the European Union. Journal of Common Market Studies 40(4), 603–24.

Moravcsik, A. 2008. „The European Constitutional Settlement". The World Economy 158–83.

Mundell, R. 1961. „A theory of optimum currency areas". American Economic Review 51, 657–65.

Münz, R. 2004. „Migration, labour markets and migrants' integration in Europe: A comparison", EU-US Seminar on Integrating Immigrants into the Workforce. Washington DC.

Mustilli, F. und Pelkmans, J. 2013. „Access barriers to services markets: Mapping, tracing, understanding and measuring". CEPS Special Report (77).

Næss-Schmidt, H. S., Jespersen, S. T. et al. 2010. „The Cost of Non-Europe in the Crisis", Brussels: European Parliament.

Nebling, T. und Schemken, H.-W. 2006. „Cross-border contracting: the German experience", Rosenmöller, M., McKee, M. et al., Patient Mobility in the European Union: Learning from experience. Copenhagen: WTO, 137–56.

Neubecker, N., Fratzscher, M. et al. 2014. „Migration in der Europäischen Union". DIW Wochenbericht (30), 711–22.

Neuhaus, A., Isfort, M. et al. 2009. „Situation und Bedarfe von Familien mit mittel- und osteuropäischen Haushaltshilfen", Köln: Deutsches Institut für angewandte Pflegeforschung e.V., 106.

Nicholas, S. 2004. „The challenges of the free movement of health professionals", McKee, M., MacLehose, L. et al., Health policy and European Union enlargement. Maidenhead: Open University Press, 82–108.

Nitsch, V. 2000. „National Borders and International Trade: Evidence from the European Union". Canadian Journal of Economics / Revue canadienne d'Economique 33(4), 1091–105.

Nitsch, V. und Wolf, N. 2010. „Zur Dauerhaftigkeit von Handelsbarrieren: Evidenz von der deutsch-deutschen Wiedervereinigung". ifo Dresden berichtet (5), 28–30.

Nitsche, R. und Heidhues, P. 2006. „Study on methods to analyse the impact of state aid on competition". Economic Papers, 244.

Noury, A. G. und Roland, G. 2002. „More power to the European Parliament?" Economic Policy (Oct.), 281–320.

Nugent, N. 2010. The government and politics of the European Union. Basingstoke: Palgrave Macmillan.

OECD. 1999. EMU: Facts, challenges and policies. Paris: OECD Publishing.

OECD. 2004a. Employment outlook – Chapter 5: Informal Employment and Promoting the Transition to a Salaried Economy. Paris: OECD Publishing.

OECD. 2006a. Economic surveys 2006: Turkey. Paris: OECD Publishing.

OECD. 2008a. Benchmark definition of foreign direct investment; Fourth Edition. Paris: OECD Publishing.

OECD. 2012a. OECD Economic Surveys: Turkey. Paris: OECD Publishing.

OECD. 2012b. Free Movement of Workers and Labour Market Adjustment: Recent Experiences from OECD Countries and the European Union. Paris: OECD Publishing.

OECD. 2014a. Economic surveys 2014: Turkey. Paris: OECD Publishing.

OECD. 2015. „Economic Policy Reforms 2015 – Going for Growth", Paris.

OECD. 2016c. Economic surveys 2016: Turkey. Paris: OECD Publishing.

Office of the Committee for European Integration. 2009. „5 years of Poland in the European Union", Warschau: 540.

Ohr, R. 2012. „Wie viel Euro braucht Europa?" Aus Politik und Zeitgeschichte 62(13), 23–28.

Ohr, R. und Schmidt, A. 2001. „Europäische Geld- und Währungspolitik: Konsequenzen der gemeinsamen Währung", Ohr, R. und Theurl, T., Kompendium Europäische Wirtschaftspolitik. München: 419–66.

Olson, M. 1965. The logic of collective action. Cambridge, MA.: Harvard University Press.

Olson, M. 1996. „The varieties of Eurosclerosis: the rise and decline of nations since 1982", Crafts, N. und Toniolo, G., Eonomic growth in Europe since 1945. Cambridge: Cambridge University Press, 73–94.

Onorante, L. 2006. „Fiscal convergence before entering the EMU". ECB working paper (664).

Open Society Institute. 2002. „EU accession monitoring program".

OXERA. 2005. „Special rights of public authorities in privatised EU companies: the microeconomic impact, Sonderrechte von Behörden in privatisierten Unternehmen in der EU – mikroökonomische Auswirkungen, Bericht im Auftrag der Europäischen Kommission", Oxford: 109.

Özatay, F. 2014. „Turkey's distressing dance with capital flows", Ankara: TEPAV.

Pacchioli, C. 2011. „Is the EU internal market suffering from an integration deficit? Estimating the 'home-bias effect'". CEPS Working Document (348).

Papaioannou, E. 2015. Eurozone Original Sin? Nominal rather than institutional convergence, Baldwin, R. und Giavazzi, F., The Eurozone Crisis: A Consensus View of the Causes and a Few Possible Solutions. London: CEPR, 162–69.

Parker, D. 1998. „Privatisation in the European Union – An Overview", Parker, D., Privatisation in the European Union. New York.

Parsons, C. und Matthijs, M. 2015. „European Integration Past, Present and Future: Moving Forward through Crisis?" Matthijs, M. und Blyth, M., The Future of the Euro. Oxford: Oxford Univ. Press, Ch. 10.

Paterson, I., Fink, M. et al. 2003. „Economic impact of regulation in the field of liberal professions in different member states", Vienna: Institut für Höhere Studien (IHS), Wien/Institute for Advanced Studies, Vienna.

Patterson, B. und Amati, S. 1998. „Absorption asymmetrischer Schocks", European Parliament, DG IV, Working paper, Economic Affairs Series ECON 104 DE.

Pätzold, J. und Baade, D. 2008. Stabilisierungspolitik – Grundlagen der nachfrage- und angebotsorientierten Wirtschaftspolitik. München: Vahlen.

Pelkmans, J. 2003. Mutual recognition in goods and services: an economic perspective. ENEPRI Occasional paper (16).

Pelkmans, J. 2006. European integration – Methods and economic analysis. Harlow [u. a.]: Pearson Education.

Pelkmans, J. 2007. „Deepening Services Market Integration – A Critical Assessment". Romanian Journal of European Affairs 7(4).

Pelkmans, J. 2010a. „How social the single market?" Social welfare policies CEPS Commentaries 6.

Pelkmans, J. 2012a. „Mutual Recognition: economic and regulatory logic in goods and services". Bruges European Economic Research Papers (24).

Pelkmans, J., Vos, E. et al. 2000. „Reforming product regulation in the EU: A painstaking, iterative two-level game", Galli, G. und Pelkmans, J., Regulatory reform and competitiveness in Europe. Cheltenham, Northampton: 238–91.

Pericoli, M. und Sbracia, M. 2003. „A primer on financial contagion". Journal of Economic Surveys 17.

Piedrafita, S. 2013. „EU democratic legitimacy and national parliaments". CEPS essay (7).

Pilbeam, K. 2010. Finance and financial markets. Houndsmill: Palgrave Macmillan.

Piris, J.-C. 2012. The future of Europe – towards a two-speed EU? Cambridge [u. a.]: Cambridge Univ. Press.

Plaisier, N., Linders, G.-J. et al. 2012. „Study on business-related services", Rotterdam: Ecorys, 74.

Pohl, H.-J. 1970. „Kritik der Drei-Sektoren-Theorie". Mitteilungen aus der Arbeitsmarkt- und Berufsforschung 3(4).

Pollak, J. 2004. „Democracy and the European Constitution: Majority Voting and Small Member States". Constitutionalism Web-Papers, ConWEB Paper (4), 24.

Pollard, N., Latorre, M. et al. 2008. „Floodgates or turnstiles? Post-EU enlargement migration flows to (and from) the UK", London: Institute for Public Policy Research 70.

Poptcheva, E.-M. 2013. „Breach of EU values by a Member State". Library of the European Parliament Briefing (15/10/2013 – 130633REV2), 1–6.

Poptcheva, E.-M. 2015. „Member States and the rule of law – Dealing with a breach of EU values". EPRS Briefings (PE 554.167).

Poptcheva, E.-M. 2016. „Understanding the EU Rule of Law mechanisms". EPRS Briefings.

Pouliquen, A. 2001. „Competitiveness and farm incomes in the CEEC agri-food sectors – implications before and after accession for EU markets and policies", Paris: Institut National de la Recherche Agronomique (INRA) 95.

Prasch, R. E. 2011. „The instability of financial markets: a critique of efficient markets theory", Leclaire, J., Jo, T.-H. et al., Heterodox analysis of financial crisis and reform – history, politics and economics. Cheltenham, Northampton: Edward Elgar.

Pridham, G. 2002. „EU enlargement and democracy in post-communist states". Journal of Common Market Studies 40(5), 953–73.

Puka, L. und Szulecki, K. 2014. „Beyond the "Grid-Lock„ in Electricity Interconnectors: The Case of Germany and Poland". DIW discussion paper (1378).

Putnam, R. 2001. „Social Capital: Measurement and Consequences". Canadian Journal of Policy Research [Internet] (2), 41–51.

Quaisser, W. 1999. „Osterweiterung: Aussenhandel und Wettbewerbsfähigkeit der MOE-Länder in einer erweiterten Union". Osteuropa-Institut München Working Papers (223).

Quaisser, W. 2004. „Alternative EU-Integrationsstrategien für die Türkei und andere EU-Kandidatenländer". OEI Kurzanalysen und Informationen (12).

Quaisser, W. und Woodward, R.Eds. 2002. Absorptionsprobleme der EU-Struktur- und Regionalpolitik in den MOE-Ländern. Berlin.

Quiggin, J. 2010. Zombie economics: How dead ideas still walk among us. Princeton: Princeton University Press.

Quitzau, J., Boll, C. et al. 2014. „Arbeitskräftemobilität – Macht der Euro mobil? Arbeitskräftemobilität in Europa während der Krisenjahre", Hamburg: HWWI & Berenberg Bank, Hamburg.

Ratnovski, L., Laeven, L. et al. 2014. „Are banks too large?" VOX EU.

Regout, B., Goudin, P. et al. 2011. „European value added key ways in which Europe adds value to European citizens and member states". BEPA working paper.

Reinhart, C. M. und Rogoff, K. S. 2009. This time is different: A panoramic view of eight centuries of financial crises. Princeton: Priceton Uni Press.

Reinhart, C. M., Reinhart, V. R. et al. 2012. „Public debt overhangs: Advanced-economy episodes since 1800". Journal of Economic Perspectives 26(3), 69–86.

Reinhart, C. M. und Rogoff, K. 2013. „Financial and Sovereign Debt Crises: Some Lessons Learned and Those Forgotten". IMF working paper (WP/13/266), 1–21.

Richter, H. A. 1990. Griechenland im 20. Jahrhundert, Band 1: 1900–1940. Köln.

Rindoks, A., Penninx, R. et al. 2006. „Gaining from Migration – What works in networks? Examining economically related benefits accrued from greater economic linkages, migration processes, and diasporas", Amsterdam: 189.

Roberts, J. 2004. „The Turkish gate: Energy transit and security issues". EU-Turkey Working Paper.

Rosamond, B. 2009. „New theories of European Integration", Cini, M. und Perez-Solorzano Borragan, N., European Union Politics. Oxford.

Rose, A. K. 2000. „One money, one market: The effect of common currencies on trade". Economic Policy (April), 9–45.

Rose, A. K. 2001. „Currencies unions and trade: The effect is large". Economic Policy, 449–61.

Rose, A. K. und Stanley, T. 2005. „A meta-analysis of the effects of common currencies on trade". Journal of Economic Surveys 19(3), 347–65.

Rosenmöller, M.; McKee, M. et al.Eds. 2006. Patientenmobilität in der Europäischen Union. Aus den Erfahrungen lernen.

Rozmahel, P., Kouba, L. et al. 2013. „Integration of Central and Eastern European Countries: Increasing EU Heterogeneity?" WWW for Europe Working Paper (9).

Rubalcaba-Bermejo, L. 1999. Business services in European industry. Luxembourg.

Ruiz-Jiménez, A. M. und Torreblanca, J. I. 2007. „European Public opinion and Turkey's accession. Making sense of arguments for and against". EPIN European Policy Institutes Network Working Paper (16), 52.

Rumelili, B. 2007. „Transforming conflicts on EU borders: the case of Greek-Turkish relations". Journal of Common Market Studies 45(1), 105–26.

Salop, S. C. und Scheffman, D. T. 1983. „Raising Rivals' Costs". American Economic Review 73(2), 267–71.

Sapir, A. 1996. „The effects of Europe's Internal Market program on production and trade: A first assessment". Weltwirtschaftliches Archiv (3), 457–75.

Sapir, A. 2005. „Globalisation and the reform of European social models". Bruegel Policy Brief (01).

Sauner-Leroy, J.-B. 2003. The impact of the implementation of the Single Market Programme on productive efficiency and on mark-ups in the European Union manufacturing industry. Brussels.

Schaefer, S. und Young, E. 2006. „Burdened by Brussels or the UK? Improving the implementation of EU Directives", London: Foreign Policy Centre and the Federation of Small Businesses, 51.

Schäfer, D. 2013. „Irrgarten Bankenunion?" DIW Wochenbericht (22+23).

Schäfer, D. und Meyland, D. 2015. „Verschärfte Eigenkapitalanforderungen für EU-Staatsanleihen – Ein Schritt in Richtung eines stabileren Finanzsystems". DIW Wochenbericht (20), 475–85.

Scharpf, F. W. 1999. Regieren in Europa: Effektiv und demokratisch? Frankfurt/Main; New York.

Scharpf, F. W. 2011. „Monetary Union, Fiscal Crisis and the Preemption of Democracy". LEQS Annual Lecture Paper.

Scharpf, F. W. 2013. „Political Legitimacy in a Non-optimal Currency Area". KFG Working Paper Series (52), 1–34.

Schatz, K.-W. 2001. „Europäische Beschäftigungspolitik: Existiert Handlungsbedarf?" Ohr, R. und Theurl, T., Kompendium Europäische Wirtschaftspolitik. München: 537–76.

Scheller, H. K. 2006. The European Central Bank: History, role and functions. Frankfurt/M.

Scherer, F. M. und Ross, D. 1990. Industrial market structure and economic performance. Boston.

Schettkat, R. und Yocarini, L. 2006. „The shift to services: A review of the literature". Structural Change and Economic Dynamics 17(2), 127–47.

Schiltz, C. B. 2008. „Bulgarien verliert 220 Millionen EU-Fördergelder", Welt-Online.

Schlögel, K. 2013. Grenzland Europa. Hanser.

Schmidt, A. 2001. „Europäische Wettbewerbspolitik: Ordnungspolitische Weichenstellungen", Ohr, R. und Theurl, T., Kompendium Europäische Wirtschaftspolitik. München: 365–413.

Schmidt, C. und Straubhaar, T. 1995. „Maastricht II: Bedarf es realer Konvergenzkriterien?" Wirtschaftsdienst (8), 434–42.

Schmidt, I. und Binder, S. 1998. „Wettbewerbspolitik", Klemmer, P., Handbuch Europäische Wirtschaftspolitik. München: 1231–314.

Schmidt, V. A. 2015. „The Eurozone's Crisis of Democratic Legitimacy. Can the EU Rebuild Public Trust and Support for European Economic Integration?" European Economy Discussion Papers (15).

Schoenmaker, D. 2013b. „Post-Crisis Reversal in Banking and Insurance Integration: An Empirical Survey". EUROPEAN ECONOMY. ECONOMIC PAPERS (496).

Schoenmaker, D.Ed. 2014. Macroprudentialism. London: CEPR Press.

Schraad-Tischler, D. und Schiller, C. 2016. „Social Justice in the EU – Index Report 2016, Social Inclusion Monitor Europe", Gütersloh: Bertelsmann-Stiftung.

Schrooten, M. 2012. „Schattenbanken gehören abgeschafft". Wirtschaftsdienst 92(4).

Schulhoff, W. 1997. Europa auf dem Weg zur Selbstfindung: Eine historische und politische Betrachtung. Baden-Baden.

Schultz, S. und Brasche, U. 2007. „Absorptionskapazität der Europäischen Union – eine Orientierungshilfe". Südosteuropa Mitteilungen 47(3), 6–19.

Schulze, H. 1989. Gibt es überhaupt eine deutsche Geschichte? Stuttgart.

Schulze, H. 1995. Staat und Nation in der europäischen Geschichte. München.

Schumacher, D. 2003. „Home market and traditional effects on comparative advantage in a gravity approach". DIW discussion paper (344).

Schumacher, D. und Trübswetter, P. 2000. „Volume and comparative advantage in east-west trade". DIW discussion paper (223).

Schumacher, R. 2013. „Deconstructing the Theory of Comparative Advantage". World Economic Review (2), 83–105.

Schuster, J. 2016. „Udo di Fabio "Wer in Deutschland lebt, darf nur Berlin bestimmen"", Welt+.

Scully, R. 2010. „The European Parliament", Cini, M. und Perez-Solorzano Borragan, N., European Union Politics. Oxford: 162–75.

Seidel, M. 2005. „Die Schutzklauseln der Beitrittsverträge". Zentrum für Europäische Integrationsforschung ZEI policy paper (B 10).

Seifert, M. 2006. Die Durchführung des Gemeinschaftsrechts durch die Europäische Kommission als Teil europäischer „Gesetzgebungstätigkeit", Europainstitut Wirtschaftsuniversität Wien Arbeitspapier. Wien: 81.

Sen, A. 2007. Identity and violence: The illusion of destiny. New York, London: W. W. Norton.

Seng, K. und Biesenbender, J. 2012. „Reforming the Stability and Growth Pact in times of crisis". Journal of Contemporary European Research (JCER) 8(4), 451–69.

Servan-Schreiber, J. J., 1970. Die amerikanische Herausforderung. Reinbek b. Hamburg: Rowohlt.

Shackleton, M. 2012. „The European Parliament", Peterson, J. und Shackleton, M., The New European Union Series. Oxford: Oxford University Press, 124–47.

Shiller, R, J. 2002. „From efficient market theory to behavioral finance". Cowles Foundation Discussion Papers (1385), 43.

Sidjanski, D. 2011. „A new era for Europe: the Lisbon Treaty – from constitution to Lisbon Treaty", Jovanovic, M., International handbook on the economics of integration, Vol. I: General issues and regional groups. Cheltenham, Northampton: Edward Elgar, 279–300.

Sinn, H.-W. 2010b. „Rescuing Europe". CESifo Forum Special Issue 11.

Sinn, H.-W. 2014. The Euro Trap – On Bursting Bubbles, Budgets, and Beliefs. Oxford.

Smith, A. 2000. The return to Europe: The reintegration of Eastern Europe into the European economy. Houndsmills u. a.

Smith, J. 1999. Europe's elected parliament. Sheffield.

Spolaore, E. 2013. „What Is European Integration Really About? A Political Guide for Economists". Journal of Economic Perspectives 27(3), 125–44.

Starbatty, J. 2013. Tatort EURO – Bürger, schützt das recht, die Demokratie und euer Vermögen. Berlin: Europaverlag.

Stehrer, R., Leitner, S. et al. 2016. „The Evolving Composition of Intra-EU Trade". wiiw Research Reports (414).

Steinherr, A.Ed. 1994. Thirty years of European monetary integration. London, New York: Pearson Education.

Stephan, J. 2003a. „Evolving structural patterns in the enlarging European division of labour: sectoral and branch specialization and the potential for closing the productivity gap", Halle Institute for Economic Research IWH.

Stephan, J. 2003c. „EU accession countries' specialisation: patterns in foreign trade and domestic production, What can we infer for catch-up prospects?" IWH discussion papers (184).

Stephan, S. und Vega-Gordaliza, E. 2002. „Deutsche Warenausfuhr in die EWU profitiert vom Euro". DIW Wochenbericht (32).

Stiglitz, J. 2004. Die Schatten der Globalisierung. München: Goldmann.

Stille, F., Preißl, B. et al. 2003. Zur Dienstleistungslücke: Dienstleistungsmuster im internationalen Vergleich. Berlin: Duncker und Humblot.

Stöllinger, R. 2016. „Structural Change and Global Value Chains in the EU". WIIW Working Paper (127).

Stone, J. und Hyun-Hoon, L. 1995. „Determinants of Intra-Industry Trade: A Longitudinal, Cross-Country Analysis". Weltwirtschaftliches Archiv (1), 67–85.

Stratenschulte, E. D. 2007. Europas Politik nach Osten. merus verlag.

Straubhaar, T. 2000a. „International Mobility of the Highly Skilled: Brain Gain, Brain Drain or Brain Exchange". HWWA discussion paper (88).

Streeck, W. 1999. Korporatismus in Deutschland. Zwischen Nationalstaat und Europäischer Union. Frankfurt (M): Campus.

Streeck, W. 2014. „The Politics of Public Debt: Neoliberalism, Capitalist Development and the Restructuring of the State". German Economic Review 15(1), 143–65.

SVR. 1997. Wachstum, Beschäftigung, Währungsunion – Orientierungen für die Zukunft, Jahresgutachten 1997/98. Bonn: Deutscher Bundestag.

SVR. 2013. „Gegen eine rückwärtsgewandte Wirtschaftspolitik", Wiesbaden: Sachverständigenrat zur Begutachtung der gesamtwirtschaftlichen Entwicklung, 1–531.

SVR. 2015b. „Konsequenzen aus der Griechenland-Krise für einen stabileren Euro-Raum", Sondergutachten. Wiesbaden: Sachverständigenrat zur Begutachtung der gesamtwirtschaftlichen Entwicklung.

SVR_IuM. 2013. „Erfolgsfall Europa? Folgen und Herausforderungen der EU-Freizügigkeit für Deutschland Jahresgutachten 2013 mit Migrationsbarometer", Berlin: Sachverständigenrat deutscher Stiftungen für Integration und Migration, 214.

Swain, N. 1999. „Central European agricultural structures in transition". FIT discussion paper (3).

Swann, D. 2000. The economics of Europe: From Common Market to European Union. London: Penguin.

Tarr, D., Harrison, G. et al. 1999. „Economic Implications for Turkey of a Customs Union with the European Union", Washington D.C.: World Bank, 56.

The Greens; EFA, et al. 2013. „Implicit subsidies in the EU banking sector", Brussels.

TheCityUK. 2016. „Key facts about UK financial and related professional services", London.

Thouvenin, J.-M. 2009. „The Altmark case and its consequences", Krajewski, M., Neergaard, U. et al., The Changing Legal Framework for Services of General Interest in Europe: Between Competition and Solidarity. The Hague: T. M. C. Asser Press, 103–16.

Tinbergen, J. 1954. International economic integration. London.

Tirole, J. 1995. Industrieökonomik. München.

Togan, S. 2011. „On the European Union – Turkey customs union". CASE Network Studies & Analyses (426).

Töller, A. E. 2008. „Mythen und Methoden. Zur Messung der Europäisierung der Gesetzgebung des Deutschen Bundestages jenseits des 80-Prozent-Mythos". Zeitschrift für Parlamentsfragen (1), 3–17.

Töller, A. E. 2013. „Die Reform der Komitologie mit und nach dem Vertrag von Lissabon: The end of the world as we know it?" Integration 36(3), 213–32.

Tömmel, I. 2016. „EU Governance of Governance: Political Steering in a Non-Hierarchical Multilevel System". Journal of Contemporary European Research (JCER) 12(1), 406–23.

Trotman, R. 1997. „Experience with utility regulation in Great Britain", Bennett, A., How does privatization work? London.

Tsoukalis, L. 1996. „Economic and monetary union: The primacy of high politics", Nelsen, B. F. und Stubb, A. C. G., The European Union: Readings. Houndsmill [u. a.]: Macmillan, 335–44.

Tsoukalis, L. 1997. The new European economy revisited. Oxford.

TÜSIAD und YASED. 2004. „FDI attractiveness of Turkey: a comparative analysis", Istanbul: 18.

Ülgen, S und Zahariadis, Y. 2004. „The future of Turkish-EU trade relations: Deepening vs widening". EU-Turkey Working Paper (5).

UNCTAD. 2006. World investment report 2006, FDI from Developing and Transition Economies: Implications for Development. New York, Geneva: United Nations Conference on Trade and Development.

UNCTAD. 2013. World Investment Report 2013: Global Value Chains: Investment and Trade for Development. Washington D.C.

Uplegger, S. 2005. „Gemeinwohlorientierte Daseinsvorsorge versus Binnenmarkt ohne Wettbewerbsverzerrungen – Bestandsaufnahme und Problematik". SWP Diskussionspapier 21.

Vaccarino, E. und Darvas, Z. 2016. „Social dumping and posted workers: a new clash within the EU". Bruegel Blog Post (March 7).

Vaidya, A. K.Ed. 2006. Globalization – encyclopedia of trade, labor, and politics. Santa Barbara.

Valdez, S. und Molyneux, P. 2013. An introduction to global financial markets. Basingstoke: Palgrave Macmillan.

Valiante, D. 2016. Europe's Untapped Capital Market: Rethinking integration after the great financial crisis. London: Rowman & Littlefield International.

Varga, J. und in 't Veld, J. 2014. „The potential growth impact of structural reforms in the EU. A benchmarking exercise". EUROPEAN ECONOMY. ECONOMIC PAPERS (541).

Varga, J., Roeger, W. et al. 2013. Growth Effects of Structural Reforms in Southern Europe: The case of Greece, Italy, Spain and Portugal. Brussels: European Commission.

Vetter, S. 2014. „Recent trends in FDI activity in Europe – Regaining lost ground to accelerate growth". Deutsche Bank Research Briefings (21. 4. 2014).

Vucheva, E. 2009. „EU defends free movement of labour in face of UK workers protests",
  EUObserver.

Wagener, H.-J. und Eger, T. 2014. Europäische Integration. Wirtschaft und Recht, Geschichte und
  Politik. München: Vahlen.

Warleigh, A. 2002. Flexible Integration: Which model for the European Union? Sheffield.

Wehler, H.-U. 2004. „Verblendetes Harakiri: Der Türkei-Beitritt zerstört die EU". Aus Politik und
  Zeitgeschichte (B 33–34), 6–8.

Weidauer, M. 2005. „British Rail", Weizsäcker, E. U., Young, O. R. et al., Limits to privatization:
  how to avoid too much of a good thing; a report to the Club of Rome. London [u. a.]:
  Earthscan, 88–93.

Weiler, J. H. H., Haltern, U. et al. 1995. „European democracy and its critique: Five uneasy
  pieces". EUI working paper (11).

Weise, C., Banse, M. et al. 2001b. Reformbedarf bei den EU-Politiken im Zuge der Osterweiterung
  der EU. Berlin, Göttingen.

Werner, H. 2001. „From guests to permanent stayers? From the German guestworker programmes
  of the sixties to the current green card initiative for IT specialists". IAB topics (43).

Werner, R. A. 2011. „Economics as if banks mattered – A contribution based on the inductive
  methodology". The Manchester School, 25–38.

Wessels, W. 2001. „Jean Monnet – Mensch und Methode: Überschätzt und überholt?" Reihe
  Politikwissenschaft, Institut für Höhere Studien (IHS), Wien (74).

Wieladek, T. und Garcia Pascual, A. I. 2016. „The European Central Bank's QE: A New Hope".
  CESifo working paper series (5946).

Wilkinson, N. und Klaes, M. 2012. An Introduction to Behavioral Economics. Basingstoke:
  Palgrave Macmillan.

Willeke, F.-U. 2011. Deutschland: Zahlmeister der EU – Abrechnung mit einer ungerechten
  Lastenverteilung. München: Olzog.

Wilson, J. S., Luo, X. et al. 2010. „European accession and the trade facilitation agenda". Journal
  of International Commerce, Economics and Policy 1(2), 227–49.

Wissenschaftliche Beirat beim Bundesministerium für Wirtschaft und Technologie. 2000. Aktuelle
  Formen des Korporatismus. Berlin.

Wissenschaftlicher Beirat beim BMWi. 2002. „Daseinsvorsorge im europäischen Binnenmarkt",
  BMWi-Dokumentation. Bonn.

Wölfl, A. 2003. „Productivity growth in service industries: an assessment of recent patterns and
  the role of measurement". OECD STI working paper (7), 66.

Wölfl, A. 2005. „The service economy in OECD countries: Statistical Analysis of Science,
  Technology and Industry". OECD STI working paper (3).

Wolmar, C. 2005. On the wrong line: How ideology and incompetence wrecked Britain's railways.
  London: Aurum Press.

Wolter, A.Ed. 1999a. Migration in Europa. Baden-Baden.

Wooton, I. 2016a. „Brexit – a view from north of the border", Baldwin, R. E., Brexit Beckons:
  Thinking ahead by leading economists. London: CEPR Press, 123–28.

World Bank. 2006b. „Turkey, Country economic memorandum promoting sustained growth and
  convergence with the European Union, Volume II expanded report, No. 33549-TR",
  Washington, DC: 349.

World Bank. 2010a. Turkey Country Economic Memorandum: Informality – Causes, Consequences,
  Policies. Washington, D.C.: 75.

World Bank. 2010d. „Turkey investment climate assessment: From crisis to private sector led
  growth", Washington D.C.

World Bank. 2014. Turkey's Transitions: Integration, Inclusion, Institutions. Washington D.C.:
  World Bank.

WTO. 2010. Measuring trade in services – a training module produced by WTO/OMC, Washington D.C.: World Trade Organization.

Wyplosz, C. 2006. „European monetary union: the dark side of a major success". Economic Policy 46(April), 207–62.

Wyplosz, C. 2015. „The Centralization-Decentralization Issue". European Economy Discussion Papers 14.

Wyplosz, C.Ed. 2016a. What To Do With the UK? EU perspectives on Brexit. London.

Yalcin, E. 2013. „50 Jahre Ankara-Abkommen: Bisherige europäisch-türkische Wirtschaftsbeziehungen und zukünftige Perspektiven". ifo Schnelldienst 66(22), 26–34.

Yalcin, E., Aichele, R. et al. 2016. „Turkey's EU integration at a crossroads", Gütersloh: Bertelsmann-Stiftung.

Yeates, N. 2010. „The globalization of nurse migration: Policy issues and responses". International Labour Review, Special Issue: The Global Crisis 149(4), 423–40.

Zajac, M. 2004. „Free movement of health professionals: The Polish experience", McKee, M., MacLehose, L. et al., Health policy and European Union enlargement. Maidenhead: Open University Press, 109–29.

Zedda, S., Cannas, G. et al. 2012. The role of contagion in financial crises: An uncertainty test on interbank patterns. Luxembourg: European Commission JRC.

Ziltener, P. 2001. „Wirtschaftliche Effekte der europäischen Integration: Theoriebildung und empirische Forschung". MPIfG Working Paper 01/7, 77.

Ziltener, P. 2002. „Wirtschaftliche Effekte des EU-Binnenmarktprogramms". CeGE – Discussion Paper 15.

Ziltener, P. 2004. „The economic effects of the European Single Market Project: projections, simulations-and the reality". Review of International Political Economy 11(5) 953–79.

Register